Hubertus Weiser
Auf'm Melm 5
57439 Attendorn-Helden
Tel.: 0 27 22 / 84 69

D1750398

C# in 21 Tagen

Dirk Louis
Shinja Strasser

C#

- Schritt für Schritt objektorientiert programmieren lernen
- Applikationen für die .NET-Plattform entwickeln
- Mit zahlreichen Übungen und Beispielen

Markt + Technik Verlag

Die Deutsche Bibliothek – CIP-Einheitsaufnahme

Ein Titeldatensatz für diese Publikation ist bei
Der Deutschen Bibliothek erhältlich.

Die Informationen in diesem Produkt werden ohne Rücksicht auf einen
eventuellen Patentschutz veröffentlicht.
Warennamen werden ohne Gewährleistung der freien Verwendbarkeit benutzt.
Bei der Zusammenstellung von Texten und Abbildungen wurde mit größter
Sorgfalt vorgegangen.
Trotzdem können Fehler nicht vollständig ausgeschlossen werden.
Verlag, Herausgeber und Autoren können für fehlerhafte Angaben
und deren Folgen weder eine juristische Verantwortung noch
irgendeine Haftung übernehmen.
Für Verbesserungsvorschläge und Hinweise auf Fehler sind Verlag und
Herausgeber dankbar.

Alle Rechte vorbehalten, auch die der fotomechanischen
Wiedergabe und der Speicherung in elektronischen Medien.
Die gewerbliche Nutzung der in diesem Produkt gezeigten
Modelle und Arbeiten ist nicht zulässig.

Fast alle Hardware- und Software-Bezeichnungen, die in diesem Buch
erwähnt werden, sind gleichzeitig auch eingetragene Marken
oder sollten als solche betrachtet werden.

Umwelthinweis:
Dieses Buch wurde auf chlorfrei gebleichtem Papier gedruckt.
Die Einschrumpffolie – zum Schutz vor Verschmutzung – ist aus
umweltverträglichem und recyclingfähigem PE-Material.

10 9 8 7 6 5 4 3 2 1

05 04 03 02

ISBN 3-8272-6069-8

© 2002 by Markt+Technik Verlag,
ein Imprint der Pearson Education Deutschland GmbH,
Martin-Kollar-Straße 10–12, D–81829 München/Germany
Alle Rechte vorbehalten
Lektorat: Melanie Kasberger, mkasberger@pearson.de
Fachlektorat: Thomas Irlbeck, München
Korrektur: Anni Singer, München
Herstellung: Philipp Burkart, pburkart@pearson.de
CD Mastering: Gregor Kopietz, gkopietz@pearson.de
Satz: reemers publishing services gmbh, Krefeld, (www.reemers.de)
Einbandgestaltung: Grafikdesign Heinz H. Rauner, Gmund
Druck und Verarbeitung: Kösel, Kempten/Allgäu
Printed in Germany

Inhaltsverzeichnis

Woche 1 – Vorschau			19
Tag 1	Erste Schritte mit C#		21
	1.1	Warum C#	22
	1.2	Das .NET Framework	23
		Was versteht man unter dem .NET Framework?	23
		Common Language Runtime – CLR	25
		Intermediate Language	26
		JIT-Compiler	28
		Die Ausführung – Execution	29
	1.3	Eine Klasse für sich	30
	1.4	Hallo .NET – Vom Quelltext zum Programm	31
	1.5	Hallo .NET – Der Quelltext	35
	1.6	Hallo .NET – Die Zweite	38
	1.7	Hallo .NET – Groß- oder Kleinschreibung	41
	1.8	Hallo .NET – Die Argumente	42
	1.9	Zusammenfassung	44
	1.10	Workshop	44
		Fragen und Antworten	44
		Quiz	45
		Übungen	46
Tag 2	Die Visual Studio .NET-Umgebung		47
	2.1	Die Entwicklungsumgebung	48
	2.2	Programmerstellung in Visual Studio .NET	50
		Erstellung der Beispielprogramme	54
	2.3	Die Projektverwaltung	54
		Vom Nutzen der Projektverwaltung	55
		Wie unterstützt Visual Studio .NET die Arbeit mit Projekten?	55
		Projektmappen	57
		Projekte speichern, schließen und öffnen	58
	2.4	Der Editor	59
		Dateien laden	59
		Eingabehilfen	60
		Syntax-Hervorhebung und -kontrolle	60

		Automatischer Einzug	60
	2.5	Anweisungsvervollständigung	60
		Quickinfo	62
	2.5	Der Compiler	62
		Compileraufrufe	63
		Das Ausgabefenster	63
		Die Projekteinstellungen	64
		Die Arbeit mit Projektkonfigurationen	65
	2.6	Weitere Tools	66
		Die Klassenansicht	66
		Der UI-Designer	67
		Der Debugger	67
	2.7	Zusammenfassung	68
	2.8	Workshop	68
		Fragen und Antworten	68
		Quiz	69
		Übungen	69
Tag 3		**Variablen und Konstanten**	**71**
	3.1	Was ist eine Variable?	72
		Der Typ	72
		Die Daten	73
		Der Name	73
	3.2	Der Variablenname – die Qual der Wahl	74
		Darstellungsarten	75
	3.3	Variablendeklaration	75
	3.4	Schlüsselwörter	79
	3.5	Elementare Datentypen	81
		Der integer-Typ	82
		Der short-Typ	84
		Der long-Typ	85
		Der byte-Typ	85
		Der character-Typ	85
		Der float-Typ	87
		Der double-Typ	88
		Der decimal-Typ	89
		Der boolean-Typ	91
	3.6	Ist das der richtige Typ?	92
	3.7	Implizite Konvertierungen	92

	3.8	Typumwandlung	93
		Fehler bei der expliziten Konvertierung	94
		Vermeiden von Konvertierungsfehlern	96
	3.9	Konstanten	97
		Literale Konstanten	97
		Symbolische Konstanten	99
	3.10	Aufzählungstyp	100
	3.11	Escape-Sequenzen	102
	3.12	Zusammenfassung	104
	3.13	Workshop	104
		Fragen und Antworten	104
		Quiz	105
		Übungen	106
Tag 4	**Ausdrücke, Anweisungen und Operatoren**		107
	4.1	Anweisungen	108
	4.2	Whitespaces	108
	4.3	Leeranweisungen	110
	4.4	Verbundanweisung und Blöcke	111
	4.5	Ausdrücke	112
	4.6	Operatoren	113
	4.7	Zuweisungsoperator	113
	4.8	Mathematische Operatoren	114
	4.9	Modulo, der Restwertoperator	117
	4.10	Inkrement- und Dekrement-Operatoren	119
	4.11	Zusammengesetzte Operatoren	121
	4.12	Rangfolge und Klammern	123
	4.13	Vergleichsoperatoren	126
	4.14	if-Anweisung	127
	4.15	else-Klausel	130
	4.16	Darstellungsarten und Verschachtelung	132
	4.17	Logische Operatoren	135
	4.18	Bedingungsoperator	138
	4.19	Zusammenfassung	139
	4.20	Workshop	140
		Fragen und Antworten	140
		Quiz	140
		Übungen	141

Tag 5	**Ein-/Ausgabe und Strings**	143
5.1	Strings und die Ein-/Ausgabe	144
5.2	Formatieren mit Escape-Sequenzen	146
5.3	Zahlen formatieren	149
	Standardformatierung von Zahlen	149
	Formatieren von Gleitkommazahlen	150
	Währungsformat	150
	Spezielle Formatierungen	151
5.4	Benutzerdefinierte Formatierung	152
	0-Formatierung	153
	Kreuz-Formatierung	153
	Formatieren von Gruppen	154
	Prozent-Formatierung	155
	Literale Formatierung	156
	Fall-Formatierung	156
5.5	Datums- und Zeitwerte formatieren	157
	Datumsformatierung	159
	Zeitformatierung	160
	Datums- und Zeitformatierung	160
	Ausgabe von Aufzählungen	162
5.6	Methoden der Klasse String	164
	Vergleichen von Strings	164
	Einfügen, Löschen und Ersetzen	168
	Vorbereiten von Strings	169
	Länge eines Strings	170
5.7	Zusammenfassung	171
5.8	Workshop	171
	Fragen und Antworten	171
	Quiz	172
	Übungen	172

Tag 6	**Ablaufsteuerung**	173
6.1	Verzweigungen	174
	if-Anweisung – Review	174
	if-else-Statement – Review	176
	switch-Anweisung	178
6.2	Schleifen	183
	Der Urvater der Schleifen – die goto-Anweisung	183
	while-Schleife	184
	do-while-Schleife	187
	for-Schleife	188

Inhaltsverzeichnis

	6.3	Sprunganweisungen	192
		break-Anweisung	192
		continue-Anweisung	193
	6.4	Zusammenfassung	195
	6.5	Workshop	195
		Fragen und Antworten	195
		Quiz	196
		Übungen	196
Tag 7		**Methoden, Parameter und Gültigkeit von Variablen**	197
	7.1	Definition und Aufruf	198
	7.2	Parameter einer Methode	200
		Parameter definieren	200
		Arten von Parametern	202
		Variable Parameterlisten	206
	7.3	Gültigkeitsbereich von Variablen	210
		Lokale Datenobjekte	211
		Globale Datenobjekte	212
		Global, lokal – hinter den Kulissen	213
	7.4	Rekursive Methoden	215
	7.5	Überladen von statischen Methoden	219
	7.6	Zusammenfassung	223
	7.7	Workshop	223
		Fragen und Antworten	223
		Quiz	224
		Übungen	224

Woche 2 – Vorschau			233
Tag 8		**Grundkurs OOP – Die Klassen**	237
	8.1	Klassen und objektorientierte Programmierung (OOP)	238
		Der Grundgedanke der objektorientierten Programmierung	239
		Objekte und Klassen	242
		Beispiel	244
		Vorteile der objektorientierten Programmierung	248
	8.2	Eigene Klassen	249
		Klassen definieren	249
		Felder	250
		Methoden	251
		Der Konstruktor	254

		Zugriffsspezifizierer	255
		Instanzbildung	259
		Mit Objekten programmieren	260
	8.3	Wert- und Referenztypen	265
		Was passiert bei der Instanzbildung?	265
		Wert- und Referenztypen	266
		Heap und Stack	267
		Warum Referenzen?	268
		Boxing	269
	8.4	Klassen-Design	271
		Was ist eine »gute« Klasse?	271
		Nicht verzweifeln!	271
		Auswahl der Klassenelemente	272
		Einsatz des Konstruktors	273
		Zugriffsrechte und öffentliche Schnittstelle	275
		Klassen als Funktionensammlungen	278
		Klassen versus Strukturen	279
	8.5	Alles Klasse	280
	8.6	Zusammenfassung	281
	8.7	Workshop	282
		Fragen und Antworten	282
		Quiz	283
		Übungen	284
Tag 9		Grundkurs OOP (Forts.) – Die einzelnen Klassenelemente	285
	9.1	Felder	287
		Initialisierung	287
		Objektvariablen als Felder	288
		Konstante Felder	288
		Statische Felder	290
		Variablenterminologie	292
	9.2	Methoden	292
		this	293
		Statische Methoden	296
	9.3	Eigenschaften	299
	9.4	Der Konstruktor	303
		Klassen ohne selbst definierten Konstruktor	304
		Der Standardkonstruktor	307
		Überladene Konstruktoren	309
	9.5	Destruktoren	312

Inhaltsverzeichnis

	9.6	Typdefinitionen	316
	9.7	Indizierer	318
	9.8	Delegates	321
		Delegates einrichten	322
		Methoden mit Delegates verbinden	323
	9.9	Ereignisse	325
		Problembeschreibung	326
		Ereignisse veröffentlichen	327
		Ereignisse abonnieren	329
	9.10	Zusammenfassung	332
	9.11	Workshop	332
		Fragen und Antworten	333
		Quiz	334
		Übungen	334
Tag 10	**Arrays**		**337**
	10.1	Datenverwaltung mit Arrays	338
		Arrays definieren	339
		Auf Array-Elemente zugreifen	340
		Arrays initialisieren	341
		Arrays in Schleifen durchlaufen	341
	10.2	Array-Programmierung leicht gemacht	343
		Arrays von Objekten	343
		Array-Länge bestimmen	344
		Arrayteile löschen	346
		Arrays kopieren	346
		Arrays sortieren	348
		Arrays als Parameter	351
	10.3	Zusammengesetzte Arrays	351
		Mehrdimensionale Arrays	351
		Arrays aus Arrays	355
	10.4	Zusammenfassung	357
	10.5	Workshop	358
		Fragen und Antworten	358
		Quiz	359
		Übungen	359
Tag 11	**Vererbung**		**361**
	11.1	Das Prinzip der Vererbung	363
		Der grundlegende Mechanismus	363
		Der Sinn der Vererbung	365
		Einige wichtige Fakten	366

	11.2	Wie greift man auf geerbte Elemente zu?	366
		Geerbte Elemente bilden Unterobjekte	368
		Drei Zugriffsebenen	370
	11.3	Wie initialisiert man geerbte Elemente?	375
		Konstruktor und Basisklassenkonstruktor	376
		Expliziter Aufruf eines Basisklassenkonstruktors	379
	11.4	Überladen und verdecken	382
		Überladung	382
		Verdeckung	383
	11.5	Vererbung kennt weder Programm- noch Sprachgrenzen	389
		Ableitung von Bibliotheksklassen	390
		Ableitung von Visual Basic .NET-Klassen	396
	11.6	Vererbung und objektorientiertes Design	399
		Wann ist Vererbung gerechtfertigt?	399
		Vererbung versus Einbettung	401
		Verschachtelte Klassen	402
		Klassenhierarchien	403
		Es gibt eine oberste Basisklasse: System.Object	404
	11.7	Zusammenfassung	405
	11.8	Workshop	406
		Fragen und Antworten	406
		Quiz	407
		Übungen	408
Tag 12	**Polymorphie**		411
	12.1	Was bedeutet Polymorphie?	412
	12.2	Polymorphie basiert auf Überschreibung	416
		Methoden überschreiben	416
		Statische und dynamische Bindung	419
		Regeln für die Überschreibung	421
		Überladen, verdecken und überschreiben	422
	12.3	Abstrakte Klassen	422
	12.4	Basisklassen-Arrays	425
	12.5	Basisklassenparameter	428
	12.6	Typidentifizierung zur Laufzeit (RTTI)	430
		Typidentifizierung für Objekte	433
		Typidentifizierung für Klassen	434
	12.7	Schnittstellen (Interfaces)	435
		Was sind Schnittstellen?	437
		Schnittstellen definieren	439

		Schnittstellen implementieren	440
		Schnittstellenmethoden aufrufen	442
		Mehrere Schnittstellen implementieren	444
	12.8	Zusammenfassung	448
	12.9	Workshop	449
		Fragen und Antworten	449
		Quiz	450
		Übungen	450
Tag 13		**Programmieren mit Objekten**	**453**
	13.1	Objekte kopieren	454
		Flaches Kopieren mit MemberwiseClone()	456
		Tiefes Kopieren (und ICloneable)	461
	13.2	Objekte vergleichen	465
		Gleichheit feststellen	465
		Größenvergleiche	472
	13.3	Objekte ausgeben	475
	13.4	Objekte mit Operatoren bearbeiten	476
		Binäre Operatoren überladen	476
		Unäre Operatoren überladen	477
		Nicht überladbare Operatoren	479
	13.5	Zusammenfassung	480
	13.6	Workshop	480
		Fragen und Antworten	480
		Quiz	481
		Übungen	481
Tag 14		**Nützliche .NET-Klassen**	**483**
	14.1	Zeit	484
		Datum und Uhrzeit	484
		Zeitspannen messen	487
		Zeitgeber	489
	14.2	Zufallszahlen	491
	14.3	Die Container-Klassen	493
		Die Container-Klassen	493
		ArrayList	496
		Hashtable	498
		SortedList	499
		Queue	500
		Stack	501
		BitArray	503

	14.4	Zusammenfassung	504
	14.5	Workshop	505
		Fragen und Antworten	505
		Quiz	506
		Übungen	506

Woche 3 – Vorschau ... 521

Tag 15	Dateien und Streams	523
15.1	Streams	524
15.2	Textdateien	525
	In Textdateien schreiben	525
	Aus Textdateien lesen	528
15.3	Binärdateien	531
	In Binärdateien schreiben	536
	Aus Binärdateien lesen	538
15.4	Zusammenfassung	539
15.5	Workshop	540
	Fragen und Antworten	540
	Quiz	540
	Übungen	541

Tag 16	Testen und Debuggen	543
16.1	Grundlagen des Debuggens	544
16.2	Debug, Trace und die defensive Programmierung	548
	Bedingte Methoden	548
	Assert-Anweisung	550
16.3	Direktiven und die defensive Programmierung	553
	Codesteuerung mit #define, #undef und #if, #endif	553
	#warning- und #line-Direktive und der Vorteil von Direktiven	557
	#region – #endregion	561
16.4	Der Visual Studio-Debugger	561
	Vorbereitung des Programms für das Debuggen	562
	Programm in Debugger laden und starten	563
	Programm anhalten	563
	Programm schrittweise ausführen	564
	Die Debug-Fenster	565
	Weitere Debug-Möglichkeiten	567
16.5	Zusammenfassung	569

	16.6	Workshop	569
		Fragen und Antworten	569
		Quiz	570
		Übungen	570
Tag 17		**Von der Klasse zur Komponente**	573
	17.1	Eine einfache Komponente erstellen	574
		Erste Schritte	574
		Eine Methode einbinden	576
		Eine Eigenschaft einbinden	579
		Weiteren Code hinzufügen	581
		Erstellen der Komponente	583
	17.2	Der Client – Das Testprogramm	583
		Das Konsolenprogramm	584
		Referenzieren	586
		Der Client-Code	588
	17.3	Kleine Einführung in die Thread-Programmierung	590
		Der Prozess	591
		Multitasking	591
		Multithreading	592
		Designansätze mit Singlethread und Multithread	592
	17.4	Thread-Programmierung	592
		Multithreading mit Thread.Sleep	594
	17.5	Zusammenfassung	597
	17.6	Workshop	597
		Fragen und Antworten	597
		Quiz	598
		Übungen	598
Tag 18		**GUI-Programmierung: Fenster und Steuerelemente**	601
	18.1	Die erste GUI-Anwendung	602
		Ein einfaches Code-Gerüst	603
		Kompilierung von GUI-Anwendungen	604
		Windows, Fenster und Hauptfenster	605
	18.2	Das Fenster konfigurieren	606
		Größe und Position	607
		Titelleiste	607
		Rahmen und Funktionalität	608
		Farben und Hintergrundbilder	609

	18.3	Auf Ereignisse reagieren	612
		Die Message Loop	613
		Meldungen und Ereignisbehandlung	613
		Mausklicks im Fenster abfangen	615
	18.4	Das Fenster mit Steuerelementen bestücken	618
		Programmieren mit Steuerelementen	618
		Textfelder	619
		Schaltflächen	621
		Weitere Steuerelemente	624
	18.5	GUI-Anwendungen mit Visual Studio	627
		Projekte für GUI-Anwendungen	628
		Das Codegerüst	628
		Oberflächenerstellung im UI-Designer	630
	18.6	Zusammenfassung	634
	18.7	Workshop	634
		Fragen und Antworten	635
		Quiz	635
		Übungen	635
Tag 19	**GUI-Programmierung: Menüs, Dialoge, Grafik**		**637**
	19.1	Grafik	638
		Grafik-Grundlagen	638
		Text ausgeben	640
		Zeichnen	642
	19.2	Menüs	644
		Eigene Menüs aufbauen	644
		Menübefehle konfigurieren	647
		Beenden-Befehle	649
		Menüs mit Visual Studio	649
	19.3	Dialogfenster	650
		Dialogfenster einrichten	650
		Dialogfenster anzeigen	653
		Vordefinierte Dialoge	656
	19.4	Zusammenfassung	658
	19.5	Workshop	658
		Fragen und Antworten	658
		Quiz	659
		Übungen	660

Inhaltsverzeichnis

Tag 20	Attribute und die Ausnahmebehandlung	661
	20.1 Attribute	662
	Benutzerdefinierte Attribute verwenden	664
	Benutzerdefinierte Attribute erstellen	665
	Benutzerdefinierte Attribute anwenden	667
	Benutzerdefinierte Attribute ausgeben	667
	20.2 Ausnahmebehandlung	669
	Einfache Fehlerbehandlung	669
	Ausnahmen abfangen mit try und catch	670
	20.3 Mit Fehlerinformationen arbeiten	672
	20.4 1 catch, 2 catch, …	674
	try-catch-finally	676
	Lokal, Global – try-catch-finally	678
	Eigene Ausnahmen auslösen	681
	Eigene Exception-Klasse definieren	683
	20.5 Zusammenfassung	686
	Fragen und Antworten	686
	Quiz	687
	Übungen	687
Tag 21	XML Web Services in .NET	689
	21.1 Vorbereitungen	690
	Läuft der IIS ?	690
	Laufen ASP.NET-Anwendungen?	692
	21.2 XML - veni, vidi, vici	695
	21.3 SOAP - Simple Object Access Protocol	697
	21.4 Hello Web Service	698
	Erstellen eines Web Service	699
	Implementieren eines Web Service	703
	Verwenden eines Web Service	706
	21.5 Zusammenfassung	709
	Fragen und Antworten	710
	Quiz	710
	Übungen	710
Anhang A	Ausführung der Beispielprogramme	717
	A.1 Programmerstellung mit dem csc-Compiler	718
	A.2 Programmerstellung mit Visual Studio	719
Anhang B	Programme aus mehreren Dateien	721
	B.1 Wie verteilt man Code auf mehrere Dateien?	722
	B.2 Wie kompiliert man Programme aus mehreren Dateien?	723

Anhang C	Namensräume	725
Anhang D	CSC-Compileroptionen	733
	D.1 Syntax und Regeln des C#-Compilers in der Befehlszeile	734
	D.2 Compileroptionen nach Kategorie sortiert	735
	D.3 Compilerfehler CS0001 bis CS9999	738
Anhang E	Workshop-Lösungen	739
Anhang F	Unicode-Zeichen	811
Anhang G	Glossar	815
	Stichwortverzeichnis	827

Feedback

Lassen Sie es uns wissen, wenn Sie an diesem Buch etwas besonders gelungen oder aber unerfreulich finden oder wenn sie Fragen haben.

Am besten, Sie schreiben eine E-Mail an Verlag und Autoren unter:

csharp_21tage@mut.de

Tag 1	Erste Schritte mit C#	21
Tag 2	Die Visual Studio .NET-Umgebung	47
Tag 3	Variablen und Konstanten	71
Tag 4	Ausdrücke, Anweisungen und Operatoren	107
Tag 5	Ein-/Ausgabe und Strings	143
Tag 6	Ablaufsteuerung	173
Tag 7	Methoden, Parameter und Gültigkeit von Variablen	197

WOCHE 1

Tag 8	Grundkurs OOP – Die Klassen	237
Tag 9	Grundkurs OOP (Forts.) – Die einzelnen Klassenelemente	285
Tag 10	Arrays	337
Tag 11	Vererbung	361
Tag 12	Polymorphie	411
Tag 13	Programmieren mit Objekten	453
Tag 14	Nützliche .NET-Klassen	483

WOCHE 2

Tag 15	Dateien und Streams	523
Tag 16	Testen und Debuggen	543
Tag 17	Von der Klasse zur Komponente	573
Tag 18	GUI-Programmierung: Fenster und Steuerelemente	601
Tag 19	GUI-Programmierung: Menüs, Dialoge, Grafik	637
Tag 20	Attribute und die Ausnahmebehandlung	661
Tag 21	XML Web Services in .NET	689

WOCHE 3

Vorschau auf die erste Woche

Willkommen zu »C# in 21 Tagen«! Die erste Woche vermittelt Ihnen ein solides Basiswissen über C# und das .NET Framework. Sie lernen, was C# auszeichnet, welche Philosophie und Konzepte dahinter stecken. Neben der Vermittlung der Programmiersprache selbst wird auch auf die Umgebung eingegangen, unter der C# läuft.

Der erste Tag beschäftigt sich mit dieser Umgebung, dem .NET Framework. Sie lernen, wie Sie Programme in dieser Umgebung kompilieren und ausführen, wie der C#-Compiler eingesetzt wird und welche Vorteile die Intermediate Language und die Common Language Runtime mit sich bringen.

Tag 2 stellt die Entwicklungsumgebung Visual Studio .NET vor. Sie lernen den Umgang mit dem Projektmappen-Explorer und wie Programme mit Visual Studio .NET entwickelt und kompiliert werden.

Am dritten Tag dreht sich alles um die einzelnen Datentypen und Schlüsselwörter. Sie erfahren im Detail, was Variablen und Konstanten sind und lernen den internen Aufbau kennen. Sie erfahren etwas über die verschiedenen Darstellungsarten und werden animiert, eine eigene Konvention zu entwickeln, um die Namensgebung von Bezeichnern sinnvoll zu gestalten.

Tag 4 widmet sich den Ausdrücken, Anweisungen und Operatoren. Sie lernen den Unterschied zwischen Ausdrücken und Anweisungen kennen sowie die Basics, was die C#-Operatoren betrifft.

Der fünfte Tag erklärt den Umgang mit Strings und stellt die Besonderheiten und Fallen der String-Programmierung vor. Sie erfahren, wie die Ausgabe durch Verwendung bestimmter Formate wie Datum, Währung usw. beeinflusst werden kann.

Der sechste Tag hat die Ablaufsteuerung zum Thema. Hier lernen Sie, wie man den Programmfluss steuert und Anweisungen mehrfach ausführt.

Der siebte Tag stellt die Programmierung mit Methoden und Parametern vor. Hier lernen Sie, welche Arten von Parametern es gibt und wie sie in der Praxis richtig eingesetzt werden.

Erste Schritte mit C#

Erste Schritte mit C#

Ein Programm zu schreiben, ohne die Umgebung zu kennen, in der es ausgeführt werden soll, ist wie Autofahren in einer Großstadt ohne Stadtplan. Man erreicht sein Ziel nur durch Umwege und ständiges Anhalten, um nach dem Weg fragen zu können, letztlich wahrscheinlich eher zufällig.

Heute lernen Sie

- Ihre Umgebung kennen – das .NET Framework,
- wie Programme ablaufen – CLR, IL, JIT,
- was im Wesentlichen eine Klasse darstellt,
- was Sie beim Programmieren beachten müssen,
- wie Sie den C#-Compiler verwenden,
- wie Sie Fehlermeldungen interpretieren.

1.1 Warum C#

So mancher Programmierer wird sich fragen, warum eine neue Programmiersprache entwickelt worden ist, wo doch bereits so viele andere existieren. C# ist grundsätzlich keine neue Programmiersprache, zumindest was die Syntax betrifft. C# ist mehr oder weniger aus der Syntax der C/C++-Sprachfamilie hervorgegangen. Das Konzept von C# ist aber von Grund auf neu entwickelt worden und fügt sich hundertprozentig in die neue .NET-Technologie ein.

C++ ist eine äußerst komplexe Sprache und entsprechend eher schwer zu erlernen. C# ist dagegen eine leicht verständliche Sprache. Da sie neu entwickelt wurde, enthält sie im Unterschied zu C++ keine störenden Relikte aus Vorgängerversionen.

Es existieren über 20 Programmiersprachen für die .NET-Technologie. Warum aber nimmt C# eine spezielle Rolle in der neuen Technologie ein?

C# ist die primäre Sprache der .NET-Technologie und wurde speziell für den Einsatz von .NET entwickelt. Viele Teile des .NET Frameworks sind in C# geschrieben.

Außerdem unterstützt C# vollständig die *component-based* (komponentenbasierte) Programmierung. Komponenten sind Bausteine, die – einmal entwickelt – immer wieder verwendet werden können, auch ohne dass Kenntnisse hinsichtlich der internen Arbeitsweise der Komponenten bekannt sein müssen. Komponenten können v.a. projekt- und programmiersprachenunabhängig eingesetzt werden; letztendlich wird dadurch Entwicklungszeit gespart.

C# vereint die hohe Performance von C++ und die Einfachheit von Visual Basic.

1.2 Das .NET Framework

Um mit C# effektiv programmieren zu können, benötigt man ein wenig theoretisches Hintergrundwissen, was das sog. .NET Framework angeht. Deshalb ist das .NET Framework ein wesentlicher Bestandteil dieses Buches. Bevor wir uns mit dem .NET Framework genauer beschäftigen, sollten Sie wissen, dass dieses ein wesentlicher Bestandteil der .NET-Technologie ist.

.NET besteht grundsätzlich aus drei Teilen:

- .NET Framework
- Web Services
- .NET Enterprise Server

Was versteht man unter dem .NET Framework?

Primär ist darunter eine konzeptionelle Plattform zu sehen, die auf der Grundlage des Internets basiert. Das Internet fungiert damit als Basis für Programme und Dienste, und das für verschiedene Plattformtechnologien.

Das Internet wird somit ein Bestandteil des Betriebssystems und von der Programmiersprache C# ohne Einschränkungen unterstützt.

C# und auch alle anderen Programmiersprachen, die für .NET entwickelt wurden und werden, benötigen das .NET Framework als Laufzeitumgebung (englisch *runtime environment*). Genauer gesagt besteht die Laufzeitumgebung des .NET Frameworks aus der Common Language Runtime, kurz CLR genannt. Wie der Name Common Language Runtime bereits andeutet, handelt es sich um eine programmiersprachenübergreifende Laufzeitumgebung.

Die Aufgabe einer Laufzeitumgebung liegt im Wesentlichen darin, den mit der jeweiligen Programmiersprache entwickelten Code auszuführen. Früher musste jedoch in der Regel für jede Programmiersprache – zum Teil auch für jede Version – eine separate Runtime-Bibliothek (Laufzeitbibliothek) mitgeliefert werden, um die entsprechenden Programme ausführen zu können, z.B. bei C++ die Datei MSVCRT.DLL und bei Visual Basic 6 die Datei MSVBVM60.DLL. Die Konzepte der mitgelieferten Laufzeitumgebungen waren und sind bis heute noch grundverschieden.

Aus der sprachenübergreifenden Unterstützung ergeben sich wesentliche Vorteile des .NET Frameworks:

- Es wird nur genau ein Framework benötigt.
- Es können verschiedene (und sehr unterschiedliche) Programmiersprachen eingesetzt werden, je nach Kenntnisstand und persönlicher Vorliebe.

Erste Schritte mit C#

- Es gibt exakt eine Laufzeitumgebung für alle Programmiersprachen.

Aus diesen Vorteilen lassen sich weitere ableiten:

- die sprachübergreifende Integration
- die sprachübergreifende Ausnahmebehandlung, engl. *exception handling* (Mit Ausnahmebehandlung ist die Festlegung gemeint, wie ein Programm reagieren soll, wenn Ereignisse eintreten, die im Normalfall nicht erwartet werden. Dazu gehören z.B. Fehler.)
- eine verbesserte Sicherheit (die Sicherheit kann bis zur Methodenebene kontrolliert werden)
- eine vereinfachte Versionierung (es können mehrere Versionen nebeneinander existieren)
- Da das .NET Framework eine sprachübergreifende Laufzeitumgebung bereitstellt, ist die Interaktion und optimale Zusammenarbeit von Komponenten verschiedener Programmiersprachen sichergestellt.

Sie wissen nun, dass das .NET Framework ein Bestandteil der .NET-Technologie darstellt und welche Aufgaben es zu erfüllen hat. Das .NET Framework besteht wiederum aus drei wesentlichen Bestandteilen:

- Common Language Runtime – die sprachübergreifende Laufzeitumgebung
- Klassenbibliotheken, engl. *class libraries* (zu Klassen und Klassenbibliotheken erfahren Sie später mehr)
- ASP.NET – serverseitige Anwendungen für das World Wide Web

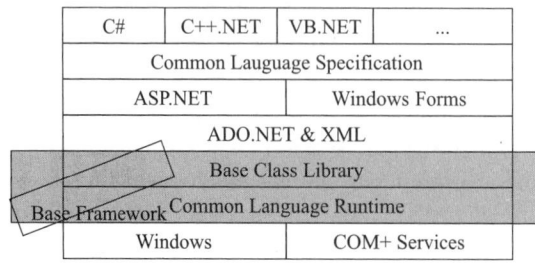

Abbildung 1.1:
Aufbau des .NET Frameworks

Wir beschäftigen uns in diesem Buch ausführlich mit diesen drei Bestandteilen. Die Common Language Runtime und die Class Libraries (Klassenbibliotheken) werden uns zum größten Teil im gesamten Buch begleiten und ASP.NET im Zusammenhang mit den Web Services. Die beiden Bestandteile Common Language Runtime und Class Libraries des .NET Frameworks bezeichnet man auch als *Base Framework*.

Das .NET Framework

Das *Base Framework* ist kein Entwurf des .NET Frameworks, sondern eine gedankliche Einteilung, um die Begriffserklärungen zu erleichtern. Wenn man von Base Framework spricht, so ist nicht das gesamte .NET Framework gemeint, sondern nur die beiden Bestandteile *Common Language Runtime (CLR)* und *Class Libraries (Klassenbibliotheken)*.

Common Language Runtime – CLR

Die sprachübergreifende Laufzeitumgebung des .NET Frameworks bezeichnet man als Common Language Runtime, kurz CLR. Sie hat die Aufgabe, die Ausführung (execution) des Codes zu verwalten und bietet zusätzlich noch Dienste an, welche die Entwicklung auf und mit dem .NET Framework vereinfachen.

Mit der Common Language Runtime wird dem Entwickler sehr viel Arbeit abgenommen. Eine der großen Erleichterungen liegt im vereinfachten Speichermanagement, also der Verwaltung des Arbeitsspeichers. Sie können sich damit als Programmierer mehr auf die eigentliche Aufgabenstellung konzentrieren und werden weniger mit Internas konfrontiert, was die Organisation des Arbeitsspeichers angeht. Zudem existieren in jeder Programmiersprache die gleichen Datentypen, was beim Einsatz verschiedener Programmiersprachen sehr nützlich ist, da man sich nicht mehr laufend in die Eigenheiten der jeweiligen Programmiersprache hineindenken muss. (Ein Datentyp legt fest, welche Art von Daten gespeichert werden, ggf. – bei numerischen Daten – auch deren Wertebereich und Genauigkeit.)

Das Speichermanagement und viele andere Aufgaben übernimmt in großen Teilen oder ganz die Common Language Runtime. Diese Art der Programmierung bzw. den entwickelten Code nennt man im .NET Framework *Managed Code*.

Unter *Managed Code* (verwalteter Code) versteht man, dass es sich um Code handelt, der unter der Kontrolle der Common Language Runtime steht, er darf bestimmte Dinge nicht selbst erledigen, zum Beispiel direkt auf den Arbeitsspeicher zugreifen; darum kümmert sich die CLR, als Vermittler und übergreifende Instanz. Nur wenn Sie Managed Code einsetzen, können Sie von bestimmten Vorteilen profitieren, z. B. der automatischen Speicherverwaltung oder der sprachübergreifenden Integration.

Die Common Language Runtime bietet eine eigene Speicherverwaltung, den sog. *Garbage Collector* (wörtlich etwa Müllabfuhr [für nicht mehr gültige Daten im Speicher]), kurz GC an.

Ohne Einsatz eines Garbage Collectors muss man sich selbst um die Arbeitsspeicherverwaltung und -freigabe kümmern, was sehr aufwändig und fehlerträchtig ist und sogar zu Systemabstürzen führen kann. Der Garbage Collector verwaltet den Speicher automatisch

25

Erste Schritte mit C#

und kontrolliert alle Speicheranforderungen an das System, die Ihr Programm vornimmt, und entfernt alle Daten aus dem Speicher, die nicht mehr referenziert werden, also auf die keine Verweise mehr existieren oder – noch einfacher ausgedrückt –, die nicht mehr verwendet werden.

Base Class Library Support		
Thread Support	COM Marshaler	
Type Checker	Execption Manager	
Security Engine	DebugEngine	
IL to Nativ Compiler	Code Manager	Garbage Collection
Class Loader		

Abbildung 1.2:
Aufbau der Common Language Runtime

Intermediate Language

Stellen Sie sich einmal vor, die ganze Welt spricht eine Sprache und jeder Bewohner auf diesem Planeten würde Sie verstehen. Das ganze klingt sehr philosophisch und ist bei menschlicher Kommunikation nur schwer vorstellbar. Übertragen auf das .NET Framework wurde jedoch genau so etwas geschaffen: eine übergreifende, vermittelnde Sprache, die als Intermediate Language bezeichnet wird (wörtlich: vermittelnde Sprache).

Eines der Konzepte der .NET-Technologie ist es, unabhängig vom Betriebssystem zu sein. Ein weiterer Vorteil ist die große Anzahl verfügbarer Programmiersprachen, die je nach Kenntnisstand und persönlicher Vorliebe gewählt werden können, ohne dass Einschränkungen gemacht werden müssen, z.B. was die Nutzung einer in einer bestimmten Programmiersprache geschriebenen Komponente aus einer anderen Sprache angeht.

Wie aber werden Codeteile, die z.B. in C# entwickelt wurden, mit Codeteilen, die in Visual Basic .NET oder einer anderen Programmiersprache geschrieben wurden, zur Ausführung gebracht? Spätestens hier muss man von der konventionellen Programmierung mit ihren verschiedenen Laufzeitumgebungen Abschied nehmen und umdenken.

Wir wissen von den vorhergehenden Abschnitten, dass das .NET Framework nur exakt eine Laufzeitumgebung besitzt und dass hier alle Programmiersprachen aufsetzen können und vom .NET Framework verstanden werden. Das Problem, das hier entsteht, ist der Zwischenschritt zwischen dem Programm (in einer beliebigen .NET-Programmiersprache geschrieben) und der fertigen Ausführungsdatei. Dieser Zwischenschritt wird in .NET mit einem Zwischencode gelöst. Diesen Zwischencode nennt man Intermediate Language Code, kurz IL-Code.

Dieser IL-Code wird vom .NET Framework verstanden und kann von diesem in eine ausführbare Datei übersetzt werden. Da das .NET Framework zwischen Programm und

Betriebssystem liegt, spielt das Betriebssystem bei der Programmierung in der Regel keine Rolle mehr, da das .NET Framework als Vermittler zwischen Betriebssystem und Programm fungiert.

Für Entwickler, die auf der .NET Plattform programmieren, bedeutet dies, dass zunächst kein Maschinencode erzeugt wird (für einen bestimmten Prozessor), sondern IL-Code. IL-Code kann man sich als Code für einen virtuellen Prozessor vorstellen, einen Prozessor, den es physisch nicht gibt, der »gedacht« ist, nur in Form von Software existiert. Solch ein prozessorunabhängiger Code ist nichts völlig Neues, man bezeichnet diesen bei anderen Technologien meist als P-Code oder Bytecode. Im Unterschied zum IL-Code wird P-Code aber meist nur von einer bestimmten Programmiersprache erzeugt, man ist damit zwar plattformunabhängig, aber gezwungen, eine bestimmten Programmiersprache einzusetzen.

Durch das Konzept des IL-Codes wird klar, warum ein Programm in den unterschiedlichsten Programmiersprachen realisiert werden kann. Unabhängig davon, welche Programmiersprache eingesetzt wird, wird der lesbare Quelltext (also z.B. C#-Anweisungen) in den übergreifenden, allgemeinen IL-Code umgewandelt. Das Programm, das diese Umwandlung vornimmt, wird als Compiler bezeichnet, der Vorgang der Umwandlung heißt Kompilierung.

Die Compiler generieren neben dem IL-Code noch zusätzliche Informationsdaten, die sog. Metadaten. Diese Metadaten beinhalten z.B. Informationen über Typen, Mitglieder (Members) und Verweise (References) aus Ihrem Programm. Die Common Language Runtime benötigt Metadaten, um z.B. die Klassen laden zu können. Metadaten werden, wie Sie der unteren Abbildung entnehmen, zusammen mit dem IL-Code gespeichert.

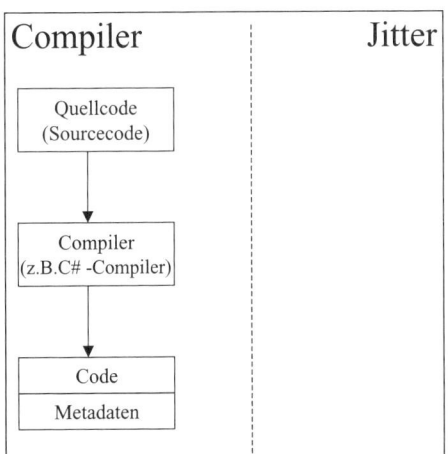

Abbildung 1.3:
Vorgang des Kompilierens

Der IL-Code ist das Produkt der verschiedenen Compiler und wird als Ausführungscode für den JIT-Compiler benötigt.

JIT-Compiler

Zwar basiert das .NET Framework auf dem allgemeinen IL-Code. So erzeugt z.B. der C#-Compiler zwar IL-Code, dieser Code kann aber vom physischen Prozessor des Computers nicht verstanden werden. Jeder Prozessortyp verfügt über seine eigene Maschinensprache. Letztendlich kann der Computer doch nur die Maschinensprache des physischen Prozessors ausführen. Diesen Code bezeichnet man als *Native Code* (oder auch deutsch: nativer Code), was etwa angeboren, ursprünglich bedeutet.

Daraus folgt, dass zu irgendeinem Zeitpunkt der IL-Code doch in den nativen Code übersetzt werden muss. Gewöhnlich wird für vergleichbare Zwecke eine Art Interpreter eingesetzt (P-Code-Interpreter), was aber auf Kosten der Ausführungsgeschwindigkeit geht, da immer die gleichen Anweisungen ständig neu übersetzt werden, auch wenn sich am Programm nichts verändert hat. Alternativ könnte man den Code auch mit einem Compiler, der nativen Code erzeugt, umwandeln. Dadurch würde man eine höhere Geschwindigkeit erzielen, aber die Umwandlung müsste dann vom Programmierer nach Änderungen manuell vorgenommen werden, und es würden noch weitere Nachteile entstehen, die auch die Plattformunabhängigkeit von .NET in Frage stellen würden.

Um die Vorteile von Compiler und Interpreter zu vereinen, kommt daher eine Mischung zwischen beiden Ansätzen in Form eines sog. Just-in-Time-Compilers oder auch Jitters zum Einsatz. Der JIT-Compiler wandelt den IL-Code automatisch in Maschinencode um. Dies geschieht nur bei Bedarf, und zwar konkret dann, wenn ein Programm aufgerufen wird.

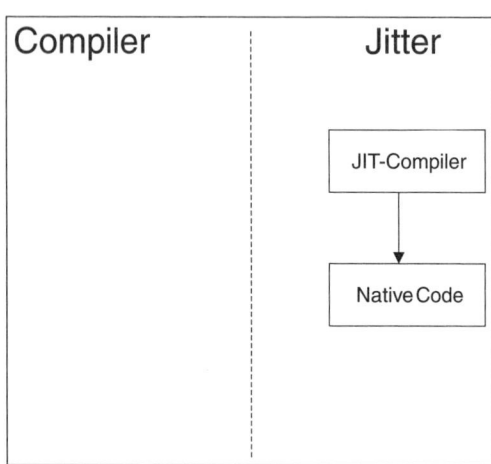

Abbildung 1.4:
Vorgehensweise der JIT-Kompilierung

Diese Umwandlung geht so weit, dass Programmmodule, die nicht verwendet werden, auch nicht durch den JIT-Compiler übersetzt werden. Erst wenn die Programmmodule durch den Anwender oder andere Funktionsaufrufe im Programm aufgerufen werden, erfolgt die Übersetzung. Der Vorteil ist, dass nur ganz unwesentlich Geschwindigkeit verloren geht; wenn das Programmmodul einmal übersetzt ist, läuft es mit der vollen Ausführungsgeschwindigkeit des nativen Codes. Gleichzeitig bleibt .NET ohne Einschränkung plattformunabhängig, sodass der IL-Code nicht auf eine bestimmte Umgebung angewiesen ist.

Die Ausführung – Execution

Mit dem C#-Compiler, *csc.exe*, kompilieren Sie den vorhandenen Code in den IL-Code. Wir werden uns später noch genauer mit dem C#-Compiler auseinander setzen.

Nehmen wir an, Sie haben ein Programm entwickelt, das verschiedene, sehr komplexe Berechnungsarten durchführen kann und haben diese als separate Module realisiert und in einer Berechnungs-Klasse zusammengefasst.

Wenn Sie nun eine bestimmte Berechnung durchführen, sucht sich der JIT-Compiler den Einstiegspunkt im IL-Code und übersetzt das betroffene Berechnungsmodul in nativen Code. Die übrigen Berechnungsmodule liegen jetzt immer noch als IL-Code vor. Wenn das gleiche Modul ein zweites Mal ausgeführt wird, muss der JIT-Compiler den Code nicht noch einmal übersetzen, er führt einfach den bereits übersetzten und vorhandenen Maschinencode erneut aus. Erst wenn weitere, noch nicht übersetzte Module aufgerufen werden, wandelt der JIT-Compiler diese Module wiederum in Maschinencode um. Auf diese Weise wird die Ausführung erheblich beschleunigt. Diese Beschleunigung macht sich v.a. bei größeren Programmen positiv bemerkbar, da beim Aufruf nur die Module übersetzt werden, die derzeit tatsächlich benötigt werden. Der JIT-Compiler ist sogar in der Lage, auf Änderungen der Hardware des Computers zu reagieren und den Maschinencode hierfür zu optimieren.

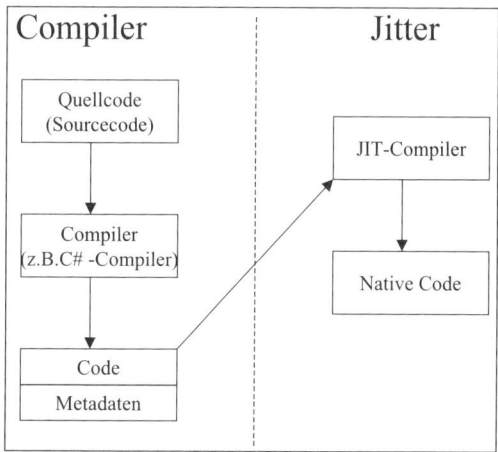

Abbildung 1.5:
Ausführung eines Programms
(IL-Code zu nativem Code)

Erste Schritte mit C#

1.3 Eine Klasse für sich

Bevor wir mit der eigentlichen Programmierung beginnen, sollten wir uns mit den Grundzügen der objektorientierten Programmierung auseinander setzen und hier speziell mit den Klassen. C# ist eine strukturierte Programmiersprache, die auf dem Konzept der Klassen aufbaut. Was eine Klasse im programmtechnischen Sinn darstellt, wird in einem späteren Kapitel noch genauer beschrieben. Aber vorerst ein abstraktes Fallbeispiel, um das Verständnis einer Klasse zu festigen.

Im Allgemeinen ist eine Klasse eine abstrakte Abbildung von realen Problemen des (Programmier-)Alltags, die in sich eine Lösung bereitstellt und/oder diese ihrer Umgebung mitteilt bzw. Aufgaben erfüllt. Hierzu besitzen Klassen Methoden und Eigenschaften, die es miteinander zu kombinieren gilt, um die gestellten Probleme zu lösen. (Eine Methode führt eine konkrete Aktion aus – eine Eigenschaft stellt mehr ein Merkmal da, gibt also eine Information zurück, wie etwas beschaffen ist. Die Bedeutung von Methoden und Eigenschaften wird später noch ausführlich beschrieben.)

Interessant zu wissen ist auch, dass man eine Klasse in einem Programm nicht direkt verwenden kann. Wenn Sie jetzt ein wenig verunsichert sind und sich die Frage stellen, warum man dann in C# alles in Klassen abbildet und was die ganze objektorientierte Programmierung für einen Sinn ergibt, kann ich Sie beruhigen. Mir ist es auch nicht anders ergangen, als ich zum ersten Mal von Klassen und objektorientierter Programmierung gehört habe.

Stellen Sie sich einen Professor vor, der in der ersten Vorlesungsstunde seine Vorlesungsskripte verteilt. Hunderte von Studenten warten wissbegierig und lernbereit darauf, ihr persönliches Skript zu erhalten. Es ist klar, dass der Professor nicht hunderte Male dieses Skript geschrieben hat, sondern Kopien davon angefertigt hat. Das Original besitzt nur der Professor, der den Lernstoff laut Skript abhält und den Studenten Anweisungen gibt, was zum Beispiel wichtig ist und was nicht. Die Studenten arbeiten mit ihrem persönlichen Skript und markieren zum Beispiel mit einem Textmarker wichtige Textpassagen und schreiben sich Notizen in ihr Skript.

Dieses kleine Vorlesungsbeispiel verhält sich ähnlich wie eine Klasse. Den Arbeitsspeicher eines Computers kann man sich ganz entfernt als Vorlesungssaal des Professors vorstellen, in dem die Studenten sitzen. In dem Augenblick, in dem der Professor seine erste Kopie des Originals an einen Studenten verteilt und dieser Student damit arbeiten kann, indem er sich wieder an seinen Platz setzt, existiert ein Skript, das sich vom Original unterscheidet.

Sie werden sich jetzt fragen, wo diese Unterschiede liegen. Um im nächsten Jahr den neuen Studenten wieder eine Kopie des Skripts aushändigen zu können, belässt man das Original so wie es ist – im Gegensatz zur Kopie, mit der die Studenten arbeiten und eventuell Textstellen markieren sowie Notizen hinzufügen. Der Platz, den die Kopie des Originals einnimmt, ist jener, den der Student beim Hinsetzen auswählt.

Eine Klasse ist vergleichbar mit dem Original des Skripts. Wenn man also mit dem Inhalt des Skripts arbeiten möchte, bekommt man eine Kopie des Originals; der Platz, den der Student einnimmt, ist vergleichbar mit dem Speicherplatz, der der Kopie der Klasse im Speicher zugewiesen wird.

In der Programmierung nennt man diesen Vorgang Instantiierung oder Instanzbildung von Klassen. Aus diesem Vorgang der Instanzbildung, also der Erstellung einer Kopie des Skripts des Professors, ergibt sich ein Objekt. Man kann sich ein Objekt als »arbeitende Kopie« vorstellen, in Wirklichkeit ist ein Objekt eine konkrete Darstellung der abstrakten Klassenbeschreibung.

Nun dürfte Ihnen die Vorstellung nicht mehr allzu schwer fallen, dass nicht mit Klassen gearbeitet wird, sondern mit Objekten dieser Klasse, indem eine Instanz der Klasse gebildet wird.

Wenn Sie das nächste Beispiel verstehen, gratuliere ich Ihnen im Voraus, ansonsten lassen Sie sich nicht entmutigen und lesen dieses Teilkapitel noch einmal durch.

```
Ich abstrahiere eine Klasse Student mit den Eigenschaften Haarfarbe und Größe.
Shinja ist ein Student.
```

Daraus ergibt sich, dass `Shinja` eine Instanz (Objekt – konkrete Darstellung) der Klasse (abstrakte Darstellung) Student ist.

```
Shinja.Haarfarbe = schwarz
Shinja.Größe = 172
```

So ergibt sich, dass die Haarfarbe von `Shinja`, einem Studenten, `schwarz` ist und seine Größe `172` cm beträgt. Dieses Beispiel kann ich mit allen Studenten durchführen und viele Objekte der Klasse Student erzeugen.

Der Punkt (.) in `Shinja.Haarfarbe` bedeutet ganz einfach, dass die Eigenschaft `Haarfarbe` etwas Untergeordnetes von `Shinja` ist, in diesem Fall eine Eigenschaft. Der Punkt spielt in der objektorientierten Programmierung eine zentrale Rolle, um Hierarchien anzugeben, entfernt vergleichbar mit dem Trennzeichen \ in Dateisystem-Verzeichnispfaden wie c:\daten\test.

1.4 Hallo .NET – Vom Quelltext zum Programm

Es ist Tradition, dass das erste Programm, das man schreibt, wenn man mit der Erlernung einer Programmiersprache beginnt, nichts anderes durchführt, als den Begrüßungstext »Hello, world!« auf die Konsole auszugeben. Bei mir war es nicht anders. Inzwischen hat sich viel getan; so erlaube ich mir, dass ich im Zeitalter von Internet und .NET diese Begrüßung ein klein wenig verändere.

Erste Schritte mit C#

Tippen Sie den im Anschluss abgedruckten Programmcode einfach einmal ab, indem Sie zum Beispiel das Programm *Notepad* verwenden. Hierzu klicken Sie auf die START-Schaltfläche und anschließend auf den Menüpunkt AUSFÜHREN.

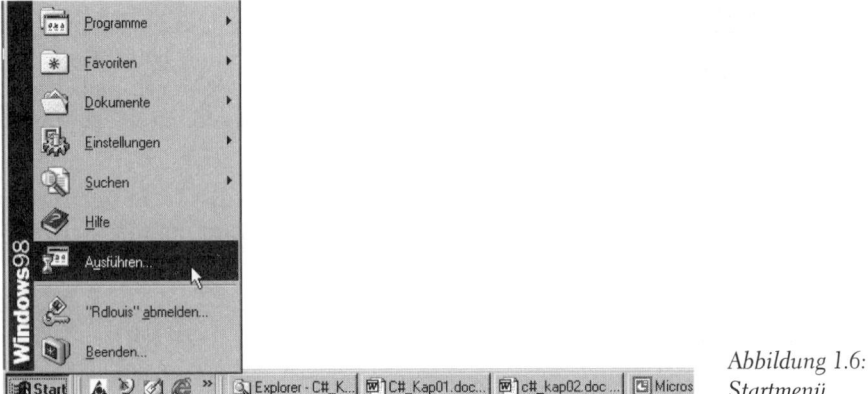

Abbildung 1.6:
Startmenü

Geben Sie im erscheinenden Dialogfeld *notepad* ein und bestätigen Sie mit OK.

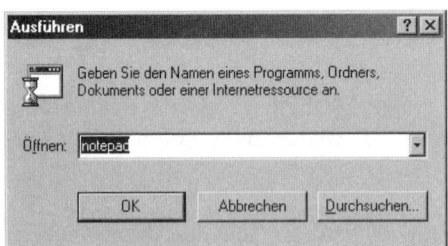

Abbildung 1.7:
Aufruf des Notepad-Editors

Ich möchte Sie zu Beginn nicht mit der Entwicklungsumgebung Visual Studio .NET konfrontieren, da diese für den Anfang den Blick auf das Wesentliche erschwert. Wir werden später noch genauer auf die Entwicklungsumgebung Visual Studio .NET zu sprechen kommen.

Für die Übungen, die wir im Laufe dieses Buches erstellen werden, legen Sie einen Ordner an, am besten unter dem Namen *Beispiele* in der obersten Ebene des Laufwerks C:. Für jedes Buchkapitel empfiehlt sich ein separater Unterordner mit der Kapitelnummer. Verwenden Sie z.B. den *Windows-Explorer*, um die Ordner anzulegen. Die Ordnerstruktur sieht jetzt etwa so aus:

- C:\Beispiele\Kapitel01
- C:\Beispiele\Kapitel03

usw.

Hallo .NET – Vom Quelltext zum Programm

Jetzt, nachdem bekannt ist, wo unsere Programme gespeichert werden, schreiben wir unser erstes Programm. Öffnen Sie das Programm *Notepad*, und geben Sie folgende Zeilen – ohne Zeilennummer und ohne Doppelpunkt – ein:

Listing 1.1: HalloDotNet1.cs – Hallo. NET die Erste

```
01: // Erstes Programm
02: namespace Kap1
03: {
04:    using System;
05:
06:    public class CHalloEins
07:    {
08:       public static void Main(string[] args)
09:       {
10:          Console.WriteLine("Hallo .NET");
11:       }
12:    }
13: }
```

Achten Sie darauf, dass Sie die abschließenden Strichpunkte (;) – z.B. bei using System; – eingeben. Dies ist entscheidend; bei C# muss eine Anweisung immer mit einem Strichpunkt abschließen.

Speichern Sie die Datei in dem eben angelegten Verzeichnis *Kapitel01* unter dem Namen *HalloDotNet1.cs*. Quelltextdateien haben in der Programmiersprache C# immer die Endung .cs.

Starten Sie die Eingabeaufforderung (Konsole) über das Startmenü (je nach Betriebssystem über PROGRAMME/(MSDOS-)EINGABEAUFFORDERUNG oder PROGRAMME/ZUBEHÖR/EINGABEAUFFORDERUNG). In Verbindung mit einigen Betriebssystemen können Sie hierzu auch im Dialogfeld START/AUSFÜHREN das Kommando cmd eingeben. Wechseln Sie in den Ordner, in dem sich das erste Beispielprogramm befindet, und geben Sie folgende Zeile ein:

`csc HalloDotNet1.cs`

Beim Aufruf des C#-Compilers csc können unter Umständen Probleme auftreten, wenn kein Eintrag des Pfades zur Datei *csc.exe* in den Umgebungsvariablen existiert. Die Datei befindet sich im Unterordner *Microsoft.NET\Framework\v1.0.3705* innerhalb des Windows-Ordners, also z.B. *C:\WINNT\Microsoft.NET\Framework\v1.0.3705* (je nach Version des .NET Frameworks kann sich möglicherweise der letzte Bestandteil *v1.0.3705* bei Ihnen etwas unterscheiden).

Um den Pfad aufzunehmen, rufen Sie die *Systemsteuerung* auf (z.B. über den Windows-*Arbeitsplatz*), aktivieren Sie das Menü SYSTEM/ERWEITERT/UMGEBUNGSVARIABLEN, wählen Sie die Systemvariable Path an, klicken Sie auf BEARBEITEN, und ergänzen Sie die Variable um den Pfad zum entsprechenden Ordner (z.B. *C:\WINNT\Microsoft.NET\Framework\v1.0.3705*). Achten Sie darauf, dass die einzelnen Pfaddefinitionen durch Semikola (;) getrennt sind und bestätigen Sie mit OK. Die Änderungen wirken sich erst aus, wenn Sie eine neue Eingabeaufforderung öffnen.

Nach Aufruf des Compilers sollte in etwa folgende Ausgabe zu sehen sein:

```
Microsoft (R) Visual C# .NET Compiler version 7.00.9466
for Microsoft (R) .NET Framework version 1.0.3705
Copyright (C) Microsoft Corporation 2001. All rights reserved
```

Lassen Sie sich nicht von der etwas spartanischen Ausgabe irritieren. Wie schon erwähnt, kann das .NET Framework – genauer gesagt die Common Language Runtime – nur IL-Code verarbeiten. Der lesbare Quelltext der Datei *HalloDotNet1.cs* muss daher zunächst in IL-Code übersetzt, also kompiliert werden. Genau dies ist mit dem obigen Aufruf geschehen. Dass die Ausgabe so knapp ist, liegt einfach daran, dass alles in Ordnung ist und dass keine Fehler aufgetreten sind.

Kompiliert man den Beispiel-Quelltext *HalloDotNet1.cs*, wird der IL-Code in Form der Datei *HalloDotNet1.exe* im selben Ordner abgelegt. Diese Datei wird auch als *assembly* (assembliert, zusammengestellt) bezeichnet.

Der C#-Compiler erzeugt grundsätzlich Dateien, welche den gleichen Dateinamen wie der Quelltext besitzen, aber die Erweiterung *.exe* (engl. execute – ausführen) aufweisen. Führt man die Datei *HalloDotNet1.exe* aus, indem man den Dateinamen ohne Endung in die Kommandozeile schreibt, also HalloDotNet1, wird folgende Zeile ausgegeben.

```
Hallo .NET
```

Ich gratuliere Ihnen zu Ihrem ersten Programm! Bevor wir weitermachen, gehen Sie noch einmal die oben besprochenen Schritte durch. Hierbei ist es im Moment noch nicht wichtig, was die Anweisungen im Quelltext bedeuten. Vielmehr ist die Vorgehensweise vom vorhandenen Quelltext zur ausführbaren Datei von Bedeutung. Nehmen Sie sich die Zeit und betrachten Sie zusätzlich die Abbildung 1.5 aus dem Abschnitt 1 und sehen Sie sich die erzeugte Datei im Verzeichnis *C:\Beispiele\Kapitel01* an.

1.5 Hallo .NET – Der Quelltext

In diesem Abschnitt sehen wir uns den Quelltext etwas genauer an.

Listing 1.2: HalloDotNet1.cs – Bestandteile eines C#-Programms

```
01: // Erstes Programm
02:   namespace Kap1
03:   {
04:     using System;
05:
06:     public class CHalloEins
07:     {
08:       public static void Main(string[] args)
09:       {
10:         Console.WriteLine("Hallo .NET");
11:       }
12:     }
13: }
```

Das obige Programm beginnt mit einem Kommentar:

`// Erstes Programm`

Kommentare dienen dazu, erklärenden Text direkt in den Quelltext einzufügen.

In C# gibt es zwei Formen von Kommentaren:

- Wenn Sie eine einzelne Zeile oder den Rest einer Zeile als Kommentar kennzeichnen möchten, leiten Sie den Kommentar mit der Zeichenfolge // ein. Alles, was hinter der Zeichenfolge // bis zum Ende der Quelltextzeile steht, wird vom Compiler als Kommentar angesehen.
- Mehrzeilige Kommentare beginnen Sie dagegen mit /* und schließen Sie mit */ ab.

Vom Compiler werden die Kommentare gänzlich ignoriert. Wenn Sie also in ein Programm Kommentare einfügen, dann sind diese nur für Sie selbst und für etwaige andere Programmierer bestimmt, die sich mit Ihrem Quelltext auseinander setzen müssen.

Fügen Sie vor allem solche Kommentare ein, die Ihnen und anderen Programmierern helfen, den Quelltext und die Abläufe im Programm besser zu verstehen: Kommentieren Sie die Bedeutung aller wichtigen Bestandteile des Codes. Denken Sie dabei daran, dass selbst Abschnitte und Codefragmente, deren Bedeutung während der Entwicklung absolut klar sind, zu einem späteren Zeitpunkt Fragen aufwerfen können. Daher bietet es sich an, im Zweifelsfall lieber einen Kommentar zu viel als zu wenig zu schreiben.

Erste Schritte mit C#

Unter dem einleitenden Kommentar des Beispiels folgen drei Codeblöcke:

- namespace
- class
- Main

> Sie sollten sich angewöhnen, Programmteile und Blöcke (siehe auch Kapitel 4.4) im Quelltext sauber zu formatieren. Diese Programmteile und Blöcke (ein Block wird durch geschweifte Klammern {} dargestellt), vereinfachen die Lesbarkeit des Quelltextes und die Fehlersuche.

Neben einer sinnvollen Untergliederung in mehrere Zeilen könnten Sie jedoch auch alles in eine Zeile schreiben:

```
namespace Hallo.Net{using System;public class CHalloEins{public static void Main(string[] args){Console.WriteLine("Hallo .NET");}}}
```

Sie sehen natürlich sofort, dass die Lesbarkeit darunter leidet und die Zusammengehörigkeit nur mit sehr viel Mühe zu erkennen ist.

Zerlegen wir einmal den Quelltext in seine einzelnen Blöcke und beginnen mit der besonderen Methode Main().

```
public static void Main(string[] args)
{
    Console.WriteLine("Hallo .NET");
}
```

public ist ein reserviertes Wort und modifiziert die Methode Main(). Damit ist gemeint, dass die Art des Zugriffs auf die Methode Main()definiert wird. public heißt öffentlich, was bedeutet, dass es keine Einschränkungen gibt, auf die Methode Main() zuzugreifen.

static ist wie public ebenfalls ein reserviertes Wort und modifiziert wiederum die Methode Main(). Das Wort static in Verbindung mit einer Methode bedeutet, dass die Methode aufgerufen werden kann, ohne dass eine Instanz der Klasse – im Beispiel CHalloEins – erzeugt werden muss.

void ist ein Datentyp und gibt der Methode Main() zu verstehen, dass sie keinen Wert zurückliefern muss und darf.

Für die Methode Main() stehen zwei Datentypen zur Verfügung: void und int (Ganzzahl). Andere Datentypen können nicht als Rückgabewert der Methode Main()verwendet werden und führen zu einem Fehler bei der Kompilierung.

Als Argument – also Übergabewert – der Methode Main() wird der Datentyp string verwendet, der die Parameter aus der Kommandozeile einliest.

Sehen wir uns nun die Anweisung der Methode `Main()` an. `Console` ist wie unsere Klasse `CHalloEins` selbst eine Klasse des Namensraums `System` (zur Bedeutung von Namensräumen gleich mehr). Des Weiteren besitzt die Klasse `Console` die Methode `WriteLine()`, die eine Zeile – in unserem Fall `Hallo .NET` – in die Konsole schreibt.

Der zweite Block ist der *class-Block*, in dem man den Namen der Klasse und die Zugriffsart auf die Klasse angibt.

```
public class CHalloEins
{
   . . .
}
```

Das reservierte Wort `class` gibt an, dass es sich bei diesem Block um eine Klasse handelt und jede Methode und Eigenschaft ein Mitglied dieser Klasse ist.

`public` steht genau wie in der Methode `Main()` für öffentlich. So kann auf die Klasse `CHalloEins` ohne Einschränkungen zugegriffen werden.

Der dritte und letzte Block ist der *namespace-Block*.

```
namespace Kap1
{
   using System;
   . . .
}
```

namespace bedeutet Namensraum. Mit Hilfe von Namensräumen umgeht man das Problem der Mehrfachbenennung von Klassen. So ist es möglich, gleichnamige Klassen in unterschiedlichen Namensräumen zu verwenden. Zusätzlich kann man in der Projektierungsphase Namensräume dazu verwenden, Projekte zum Beispiel nach thematischen, funktionalen oder anderen Aspekten einzuteilen, v.a. um Überschneidungen bei der Namensvergabe zu vermeiden, wenn in einem Projekt mehrere Entwickler beteiligt sind.

Mit dem reservierten Wort `using` wird das Einbinden eines Namensraums beschrieben.

> Das reservierte Wort `using` wird oftmals auch als `using`-Direktive bezeichnet.

Führt man eine volle Qualifizierung auf die Methode `WriteLine()` durch, entsteht folgende Zeile. Qualifizierung bedeutet hier, dass der volle Pfad angegeben wird – *Namensraum.Klasse.Methode:*

```
System.Console.WriteLine("Hallo .Net")
```

`System` ist hier der Namensraum der Klasse `Console` mit der Methode `WriteLine()`. Mit dem reservierten Wort `using` vereinfachen wir somit den Zugriff auf die Methode `WriteLine()`, da nicht ständig der Namensraum `System` mitangegeben werden muss.

Ein kleines, aber akzeptables Übel bei der Verwendung der *using-Direktive* ist, dass Sie in Ihrem Programm die Konsistenz zweier unterschiedlicher Namensräume sicherstellen müssen. Das heißt, dass zwei unterschiedliche Namensräume, die durch die *using-Direktive* in Ihr Programm eingebunden werden, keine Klassen und Methoden mit gleichem Namen aufweisen dürfen.

1.6 Hallo .NET – Die Zweite

Die besondere Methode `Main()` ist der Einsprungpunkt eines Programms. Hier startet sozusagen das Programm und führt dann die in der Methode `Main()` stehenden Anweisungen aus. Möchten Sie z.B. eine weitere Methode aufrufen, so muss diese in der Methode `Main()` aufgerufen werden. Somit ist klar, dass ein Programm nur eine Methode `Main()` besitzen kann.

Im Grunde stimmt die Aussage und in der Regel trifft es auch zu, dass ein Programm nur eine Klasse mit einer Methode `Main()` enthält. Sie können aber ein Programm entwickeln, das aus mehreren Klassen besteht, sodass die Methode `Main()` doch mehrfach vorkommen kann. Allerdings darf jede Klasse nur einmal eine Methode `Main()` aufweisen.

Woher aber weiß der C#-Compiler, welchen Einsprungpunkt er verwenden soll? Ganz einfach: Man muss über eine Compileroption angeben, welche Methode `Main()` zum Start eines Programms verwendet werden soll. Lassen Sie sich den oberen Absatz noch einmal durch den Kopf gehen: Ein Programm kann mehrere Methoden `Main()` beinhalten, aber eine Klasse kann nur eine Methode `Main()` besitzen. Damit ergibt sich, dass die eindeutige Option der Klassenname ist.

Um dies in der Praxis zu demonstrieren, schreiben Sie ein zweites C#-Programm mit zwei `Main()`-Methoden. Öffnen Sie dazu wieder das Programm *Notepad* und geben Sie folgende Zeilen ein:

Listing 1.3: HalloDotNet2.cs – Hallo .NET mit zwei Main-Methoden

```
01: namespace Kap1
02: {
03:     using System;
04:
05:     public class CHalloEins
06:     {
07:         public static void Main(string[] args)
08:         {
09:             Console.WriteLine("Hallo .NET");
10:         }
```

```
11:    }
12:
13:    public class CHalloZwei
14:    {
15:       public static int Main(string[] args)
16:       {
17:          Console.WriteLine("Hallo .NET");
18:          return(0);
19:       }
20:    }
21: }
```

Speichern Sie die Datei unter dem Namen *HalloDotNet2.cs*. Starten Sie die Eingabeaufforderung, wechseln Sie in das entsprechende Verzeichnis und geben Sie folgende Zeile ein:

```
csc HalloDotNet2.cs
```

Der C#-Compiler hat erkannt, dass es mehr als einen Einsprungpunkt in unserem Programm gibt und zeigt daher folgende Fehlermeldung an:

```
HalloDotNet2.cs(7,26): error CS0017: Das Programm 'HalloDotNet2.exe' hat mehr als
einen Einstiegspunkt definiert: 'Kap1.CHalloEins.Main(string[])'
HalloDotNet2.cs(15,26): error CS0017: Das Programm 'HalloDotNet2.exe' hat mehr als
einen Einstiegspunkt definiert: 'Kap1.CHallozwei.Main(string[])'
```

So sieht eine standardmäßige Fehlermeldung des C#-Compilers aus. Zuerst wird der Name der *Quelltextdatei* angezeigt und in Klammern die *Position* des Fehlers. Die erste Fehlermeldung bzw. der erste Fehler, der durch den Compiler erkannt wurde, liegt in der *7.Zeile* in der *26. Spalte*. Eine Spalte im Quelltext ist die tatsächliche Zeichenposition in der entsprechenden Zeile. Die Zeilen und Spalten im Quelltext werden immer von 1 aus gezählt. Bewegen Sie Ihren Cursor zur entsprechenden Fehlerstelle, also in die *7.Zeile und dort in die 26. Spalte*. Ihr Cursor müsste jetzt in der ersten Klasse CHalloEins bei der Methode Main() stehen und den Buchstaben M markieren.

Als Nächstes wird die Fehlernummer angezeigt. In unserem Beispiel ist das beide Male der Fehler *CS0017*. Nach der Fehlernummer wird der Fehler genau beschrieben. Die Fehlerbeschreibung gibt an, dass mehrere Einstiegspunkte (Entry Points) vorhanden sind. Zusätzlich werden die beiden Methoden Main() mit den zugehörigen Namensräumen aufgelistet. Sie sehen also, dass man mit den Fehlermeldungen schon sehr viel Informationen geliefert bekommt, wodurch die Fehlerbehebung erleichtert wird.

Fehlermeldungen des C#-Compilers bestehen aus drei Teilen, die jeweils durch einen Doppelpunkt getrennt werden:

- Name der Quelltextdatei mit den Koordinaten in Klammern
- Fehlernummer
- Beschreibung des Fehlers

> Die beiden größten Fehlerquellen bei der Programmierung sind im Allgemeinen Syntaxfehler und logische Fehler.

Zur Behebung des Fehlers müssen Sie nun dem C#-Compiler mitteilen, welche Methode `Main()` in welcher Klasse als Einsprungspunkt verwendet werden soll.

Dazu verwenden wir die Compileroption */main:*. Allgemein wird die Compileroption */main:* folgendermaßen verwendet:

- *csc /main:<namespace><class> <filename>* oder kurz geschrieben
- *csc /m:<namespace><class> <filename>*

In unserem Fall, wenn wir als Einsprungmarke die Klasse `CHalloZwei` mit ihrer Methode `Main()` verwenden möchten, müssen wir folgenden Befehl schreiben:

csc /m:Kap1.CHalloZwei HalloDotNet2.cs

In unserem Programm heißt unser *<namespace>* `Kap1`.

> Innerhalb von Namensräumen dürfen Sie übrigens – anders als bei den Namen von Klassen und anderen Programmelementen – auch den Punkt verwenden. Sie könnten also auch `Hallo.NET` als Namensraum angeben.

Der Parameter *<class>* und somit die in der Klasse existierende Methode `Main()` weist den C#-Compiler an, dass er – in unserem Fall – die Klasse `CHalloZwei` und deren Methode `Main()` als Einsprungspunkt verwenden soll. Getrennt mit einem Leerzeichen gibt man die Datei an, die kompiliert werden soll, hier ist es die Datei *HalloDotNet2.cs*.

Wenn Sie die ausführbare Datei starten, sollten Sie Folgendes in Ihrer Konsole sehen.

```
Hallo .NET
```

Probieren Sie nun die andere Methode `Main()` - also die der Klasse `CHalloEins` - als Einsprungspunkt zu wählen und führen Sie die Datei nochmals aus.

1.7 Hallo .NET – Groß- oder Kleinschreibung

In der Programmiersprache C# spielt die Groß- und Kleinschreibung eine wichtige Rolle. Ich könnte es mit der Aussage belassen, dass C# zwischen Groß- und Kleinschreibung unterscheidet, eben eine sog. case-sensitive-Sprache ist. Es ist aber sehr wichtig zu sehen, wie mächtig ein Buchstabe sein kann, je nachdem, ob er klein oder groß geschrieben wird.

Nehmen wir an, dass ein Buchhaltungssystem entwickelt wird und mehrere Programmierer daran beteiligt sind. Dabei könnte sich der unglückliche Fall ergeben, dass ein Programmierer eine Methode MWSt(), der andere eine Methode MwSt() im gleichen Namensraum entwickelt. Die Methode MWSt() könnte den Preis inklusive Mehrwertsteuer ermitteln und die Methode MwSt() nur die Mehrwertsteuer eines Preises. Da die Namen in puncto Groß- und Kleinschreibung nicht identisch sind, handelt es sich tatsächlich um unterschiedliche Methoden. Es ist klar, dass hier eine Konfusion vorprogrammiert ist und man bei Berechungen, wenn man diesen feinen Unterschied beim Methodenaufruf nicht beachtet, schnell zu einem Ergebnis kommen kann, das man eigentlich nicht haben möchte.

Da sich der vorhergehende Abschnitt mit der Methode Main() beschäftigt hat, werden wir ein Programm schreiben, das die Problematik mit der Groß- und Kleinschreibung in Verbindung mit dieser Methode aufzeigt. Die Auswirkungen sind übrigens nicht ganz so gravierend wie bei unserem Gedankenmodell mit dem Buchhaltungssystem.

Öffnen Sie dazu wieder das Programm Notepad und geben Sie folgende Zeilen ein:

Listing 1.4: HalloDotNet3.cs – Hallo .NET mit der Problematik der Groß-/Kleinschreibung

```
01: namespace Kap1
02: {
03:    using System;
04:
05:    public class CHalloEins
06:    {
07:       public static void Main(string[] args)
08:       {
09:          Console.WriteLine("Hallo .NET");
10:       }
11:    }
12:
13:    public class CHalloDrei
14:    {
15:       public static void main(string[] args)
16:       {
```

```
17:         Console.WriteLine("Hallo .NET klein");
18:     }
19: }
20: }
```

Ihnen ist sicherlich aufgefallen, dass die Klasse `CHalloDrei` eine Methode `main()` - jetzt klein geschrieben – besitzt.

Speichern Sie die Datei unter dem Namen *HalloDotNet3.cs*. Starten Sie die Eingabeaufforderung, wechseln Sie in das Verzeichnis und geben Sie folgendes Kommando ein:

csc HalloDotNet3.cs

Auffällig ist, dass der C#-Compiler keine Fehlermeldung ausgibt. Das bedeutet, dass es nur eine Methode gibt, die als Einsprungpunkt verwendet werden kann. Dies ist die Methode `Main()` beginnend mit einem großen M. Diese Aussage kann man leicht nachweisen, indem wir dem C#-Compiler mitteilen, dass die Methode `main()` in der Klasse `CHalloDrei` als Einsprungpunkt verwendet werden soll. Geben Sie folgendes Kommando ein:

csc /m:Kap1.CHalloDrei HalloDotNet3.cs

Sie werden folgende Fehlermeldung vom C#-Compiler erhalten:

```
HalloDotNet3.cs(13,17): error CS1558: 'Kap1.CHalloDrei' hat keine
passende Hauptmethode
```

Der C#-Compiler sucht nach einer Methode `Main()` in der Klasse `CHalloDrei`. Wir können dem C#-Compiler aber nur eine Methode `main()` anbieten, die er aber als Einsprungspunkt nicht akzeptiert.

1.8 Hallo .NET – Die Argumente

Im Allgemeinen kann man jeder Methode Argumente übergeben. In C# stehen sie nach dem Methodennamen in runden Klammern. Wenn eine Methode Argumente besitzt, müssen diese deklariert werden, wie auch alle anderen Elemente in C#. Wenn man von *Deklarieren* von Argumenten (und natürlich auch von Variablen [also Platzhaltern, die (veränderbare) Daten speichern]) spricht, bedeutet das nichts anderes, als dass man dem Argument einen Datentyp zuweist. Der Name des Arguments spielt keine große Rolle, sollte aber natürlich so gehalten sein, dass er sich selbst erklärt, also nicht allzu kryptisch sein.

Wie Sie in den vorherigen Beispielen in diesem Kapitel bereits gesehen haben, besitzt die Methode Main() ein Argument:

public static void Main(string[] args)

oder

public static int Main(string[] args)

Die Methode Main() besitzt ein Argument vom Typ string[]. Die eckigen Klammern bedeuten, dass es sich um ein sog. Array handelt. (Ein Array speichert mehrere Werte, die über einen Index erreichbar sind. Auf diesen und die übrigen Datentypen werden wir im späteren Verlauf dieses Buches noch zu sprechen kommen.)

Geben Sie folgendes Programm ein:

Listing 1.5: HalloDotNet4.cs –Das erste Argument

```
01: namespace Kap1
02: {
03:    using System;
04:
05:    public class CHalloVier
06:    {
07:       public static void Main(string[] args)
08:       {
09:          Console.WriteLine("Mein erstes Argument: {0}",args[0]);
10:       }
11:    }
12: }
```

Wie Sie dem obigen Beispiel entnehmen können, beginnt die Zählung in Arrays bei 0. Wir werden später ausführlich über Arrays sprechen. In diesem Zusammenhang ist nur wichtig, dass Sie, wenn Sie mehrere Argumente beim Aufruf über die Konsole angeben möchten, diese durch Leerzeichen trennen müssen.

Speichern Sie die Datei unter dem Namen *HalloDotNet4.cs*. Starten Sie die Eingabeaufforderung, wechseln Sie in das entsprechende Verzeichnis und geben Sie folgende Zeile ein:

csc HalloDotNet4.cs

Wenn Sie jetzt unser kleines Programm aufrufen und mit einem Leerzeichen getrennt ein beliebiges Wort eingeben – beispielsweise *Strasser* –, sollten Sie folgende Ausgabe in Ihrer Konsole sehen:

HalloDotNet4 Strasser

Mein erstes Argument: Strasser

1.9 Zusammenfassung

Sie sehen nun, dass die Theorien am Anfang des Kapitels notwendig waren, um die Vorgänge zu verstehen, die im Zusammenspiel mit dem .NET Framework geschehen. Manches müssen Sie noch nicht hundertprozentig verstanden haben, werden aber im Laufe der Tage ein immer klareres Bild davon bekommen.

Sie sollten nun mit den Begriffen wie *CLR*, *IL*, *managed Code* und *.NET Framework* vertraut sein und verstehen, wie Programme ablaufen und was im Hintergrund passiert. Ein Grundverständnis über die Architektur des .NET Frameworks und das Zusammenspiel der einzelnen Komponenten ist in der Programmiersprache C# ein Muss.

Sie wissen jetzt, wie man einen Quelltext in C# verfasst, wie man diesen Quelltext kompiliert und wie man Fehlermeldungen analysiert. Damit haben Sie C# in den Grundzügen verstanden und können sich den weiteren Kapiteln widmen.

1.10 Workshop

Der Workshop soll Ihnen dabei behilflich sein, das wesentliche Wissen zu festigen. Der Workshop beinhaltet nicht nur das vermittelte Wissen, sondern spiegelt auch die Erfahrungswerte wider, die Sie mit den Beispielen durchgearbeitet haben. Sie sollten versuchen, die Fragen im Workshop zuerst mit Ihren eigenen Worten zu erklären und anschließend diese mit den Lösungen im Anhang vergleichen.

Fragen und Antworten

F   Ist es z.B. möglich, Objekte, die in VB.NET oder einer anderen Programmiersprache der .NET-Plattform realisiert wurden, problemlos in C# einzubinden?

   A   Ja! Es war noch nie so einfach wie in .NET. Die sprachübergreifende Laufzeitumgebung erlaubt das Einbinden von Objekten, die in einer anderen Programmiersprache der .NET-Plattform geschrieben wurden.

F   Ist es möglich, die Speicherverwaltung (Garbage Collector) von .NET auszuschalten bzw. selber zu verwalten?

   A   Ja. Dazu müssen Sie in den `unsafe`-Modus wechseln. Soweit es sich aber vermeiden lässt, sollte man die Speicherverwaltung dem Garbage Collector überlassen. Die Deklaration der Methode `Main()` z.B. schreibt man auf folgende Weise, wenn der `unsafe`-Modus verwendet werden soll:

Workshop

```
static unsafe void Main()
{
   Console.WriteLine("unsafe Mode");
}
```

F   *Was ist der Unterschied zwischen IL-Code und Maschinencode?*

A   Der IL-Code entsteht, wenn ein in einer .NET-Programmiersprache verfassten Programm kompiliert wird. Der IL-Code an sich kann nicht ausgeführt werden. Hierzu muss der JIT-Compiler den IL-Code in eine für den Prozessor verständliche Form, den Maschinencode übersetzen, was automatisch geschieht.

Quiz

1. Welcher Unterschied besteht zwischen den beiden Methodennamen `Main()` und `main()`?

2. Wie werden Argumente einer C#-Konsolenanwendung getrennt?

3. Wie kompiliert man folgendes C#-Programm ohne eine Fehlermeldung?

   ```
   namespace Kap1
   {
      using System;

      public class CEins
      {
         public static void Main(string[] args)
         {
            Console.WriteLine("wesentlich");
         }
      }

      public class CZwei
      {
         public static void Main(string[] args)
         {
            Console.WriteLine("unwesentlich");
         }
      }
   }
   ```

Übungen

1. Was bedeutet Base Framework und welche Komponenten beinhaltet es?
2. Wie sieht eine Fehlermeldung aus, die der C#-Compiler erzeugt?
3. Erläutern Sie folgende Fehlermeldung:

   Workshop.cs(23,40): error CS0017: Das Programm 'Workshop.exe' hat mehr als einen Einstiegspunkt definiert: LetzteFrage.CEins.Main(string[])'

// Tag 2

Die Visual Studio .NET-Umgebung

Grundsätzlich brauchen Sie zur Erstellung von C#-Programmen nicht mehr als einen geeigneten C#-Compiler (beispielsweise den csc.exe von Microsoft, den Sie bereits im letzten Kapitel kennen gelernt haben) sowie ein Betriebssystem mit installiertem .NET-Framework. Wenn die Programme mit der Zeit jedoch umfangreicher und komplexer werden, wenn sie mehrere Quelldateien mit unterschiedlichen Compilereinstellungen umfassen oder mit grafischer Benutzeroberfläche ausgestattet werden sollen, dann wird die Programmierung mit dem reinen C#-Compiler immer mühsamer. In diesem Fall ergibt der Einsatz einer leistungsfähigen Entwicklungsumgebung Sinn, die den Entwickler bei der Programmierung tatkräftig unterstützt. Eine solche Entwicklungsumgebung ist Visual Studio .NET von Microsoft.

Der heutige Tag ist für Leser, die gleich von Anfang an mit Visual Studio .NET (bzw. Visual C# .NET) arbeiten wollen. In diesem Abschnitt werden die wichtigsten Komponenten der Entwicklungsumgebung vorgestellt. Sie lernen, wie Sie die Programme aus diesem Buch mit Visual Studio .NET nachprogrammieren. Außerdem erfahren Sie etwas über die zahlreichen kleineren und größeren Features, die die Programmierung mit Visual Studio .NET so angenehm und komfortabel machen.

Leser, die lieber mit dem reinen csc-Compiler arbeiten, können das Kapitel einfach überspringen und gegebenenfalls später darauf zurückkommen, wenn Sie auf Visual Studio .NET (oder eine vergleichbare Entwicklungsumgebung) umsteigen wollen.

Im Einzelnen lernen Sie in diesem Kapitel

- was unter einer integrierten Entwicklungsumgebung zu verstehen ist,
- wie Sie mit Visual Studio .NET Programme erstellen (insbesondere die Beispielprogramme zu diesem Buch),
- wie die Projektverwaltung von Visual Studio .NET aufgebaut ist,
- wie der Editor Sie beim Schreiben Ihrer Quelltexte unterstützt,
- wie Sie Ihre Projekte kompilieren und testen,
- wozu die beiden Projektkonfigurationen Debug und Release gedacht sind.

2.1 Die Entwicklungsumgebung

Zur Grundausstattung eines Programmierers gehören ein Editor zum Aufsetzen des Quelltexts und ein Compiler zur Übersetzung in ausführbaren Code. Nicht notwendig, aber meist sehr nützlich, ist ein Debugger, der bei der Lokalisierung von Laufzeitfehlern hilft. Ebenfalls nützlich ist ein Tool, mit dem man die wachsende Zahl erstellter Programme

Die Entwicklungsumgebung

übersichtlich auf der Festplatte verwalten kann. Die Programme selbst werden auch immer komplexer, sodass wir auch noch ein Tool zur Projektverwaltung und einen Browser, mit dem man schnell und gezielt zu bestimmten Stellen im Quelltext springen kann, auf die Wunschliste setzen. Zum Schluss blickt man auf eine Vielzahl von Hilfsprogrammen, die man alle einzeln aufrufen, konfigurieren und ausführen muss.

Hier setzt die Idee der integrierten Entwicklungsumgebung an, kurz IDE[1]. Eine IDE ist eine Art Superprogramm, das die Aufrufe der untergeordneten, in die Umgebung integrierten Programme steuert und koordiniert. Visual Studio .NET ist eine solche integrierte Entwicklungsumgebung, die dem Programmierer den Komfort einer leistungsfähigen, einheitlichen Oberfläche bietet, in die alle zur Anwendungsentwicklung benötigten Programme (Projektverwaltung, Editor, Compiler, Debugger etc.) integriert sind.

Visual Studio .NET starten

Nachdem Sie Visual Studio .NET installiert haben, können Sie das Programm über das Windows-START-Menü aufrufen – beispielsweise über START/PROGRAMME/MICROSOFT VISUAL STUDIO .NET (der genaue Eintrag hängt davon ab, ob Sie Visual Studio .NET oder Visual C# .NET installiert haben und ob Sie bei der Installation einen eigenen Namen für die anzulegende Programmgruppe angegeben oder die Vorgabe übernommen haben). Nach dem Aufruf erscheint nach kurzer Zeit das Hauptfenster von Visual Studio .NET.

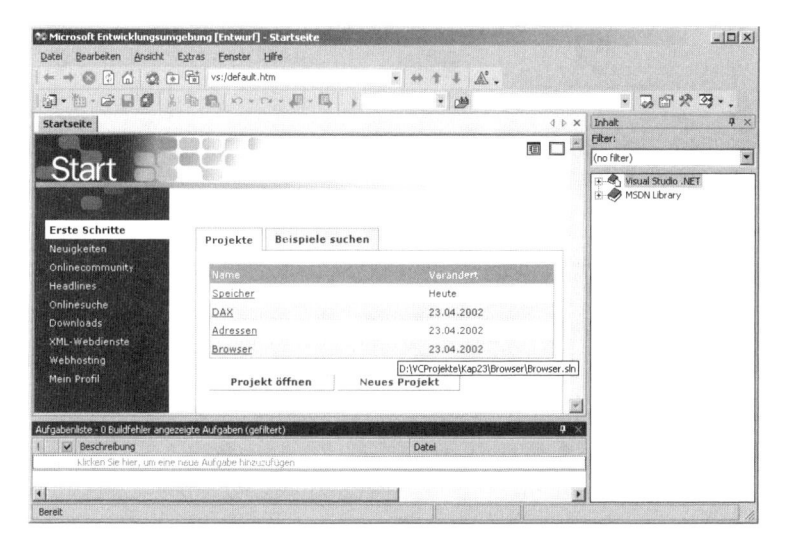

Abbildung 2.1:
Die Visual Studio
.NET-Oberfläche

---

1 Abkürzung für »Integrated Development Environment«

2.2 Programmerstellung in Visual Studio .NET

Zur Eingewöhnung in die Visual Studio .NET-Umgebung möchte ich Ihnen anhand des HalloDotNet-Programms aus Kapitel 1 zeigen, wie Sie die Beispielprogramme aus diesem Buch mit Visual Studio .NET erstellen können.

1. Schritt: Projekt anlegen

Programme werden in Visual Studio .NET in Form von Projekten verwaltet. Der erste Schritt bei der Programmerstellung besteht daher darin, ein neues Projekt anzulegen.

1. Legen Sie ein neues Projekt an (Befehl DATEI/NEU/PROJEKT).

    Es erscheint das Dialogfenster NEUES PROJEKT, in dem Sie angeben, welche Art von Programm Sie erstellen möchten, wie das Projekt heißen soll und in welchem Verzeichnis die Dateien des Projekts abgelegt werden sollen.

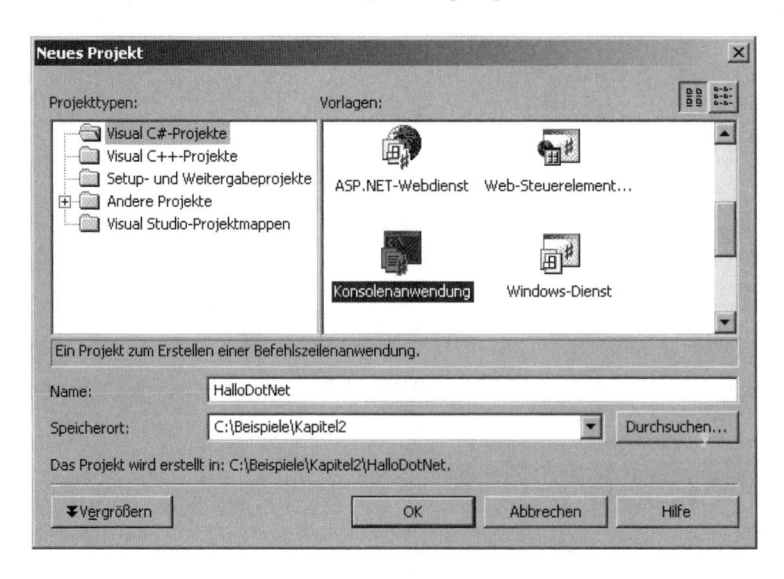

Abbildung 2.2: Neues Projekt anlegen

2. Wählen Sie als Projekttyp den Eintrag VISUAL C#-PROJEKTE aus.

    Welche Projekttypen angeboten werden, hängt davon ab, welche Visual Studio .NET-Version Sie installiert haben und für welche Programmiersprachen Visual Studio .NET eingerichtet ist.

    Im Fenster VORLAGEN werden Ihnen jetzt eine Reihe von Programmtypen angeboten.

3. Wählen Sie die Vorlage aus, die zu der Art von Programm passt, das Sie erstellen möchten. Die Beispielprogramme aus diesem Buch sind größtenteils Anwendungen für die Konsole, wählen Sie also KONSOLENANWENDUNG.

   Welche Vorlagen angeboten werden, hängt davon ab, welche Visual Studio .NET-Version Sie installiert haben.

4. Geben Sie den Namen des zu erstellenden Projekts an (beispielsweise *HalloDotNet*).

5. Wählen Sie das Verzeichnis aus, unter dem das Projekt angelegt werden soll.

   Sie können auch einen neuen Verzeichnispfad eingeben, das gewünschte Verzeichnis wird dann automatisch angelegt.

   Visual Studio .NET wird unter dem angegebenen Pfad ein Verzeichnis mit dem Namen des Projekts anlegen. In diesem Verzeichnis werden die Dateien des Projekts gespeichert.

   > Wenn Sie auf die Schaltfläche VERGRÖSSERN klicken, können Sie Visual Studio .NET so konfigurieren, dass unter dem angegebenen Pfad zuerst ein Projektmappenverzeichnis und dann das Projektverzeichnis angelegt wird. (In Visual Studio .NET können mehrere Projekte zusammen in einer Projektmappe verwaltet werden, mehr dazu in Abschnitt 2.3.)

Nach dem Abschicken des Dialogs wird das Projekt angelegt. Visual Studio .NET erzeugt für Konsolenanwendungen auch gleich eine Quelldatei namens *Class1.cs* und schreibt in diese das Konsolengrundgerüst mit der `Main()`-Methode. Die Datei wird automatisch in den Editor geladen und angezeigt (siehe Abbildung 2.3).

> Im Projektmappen-Explorer (Aufruf über ANSICHT/PROJEKTMAPPEN-EXPLORER) können Sie sich einen Überblick darüber verschaffen, welche Elemente – insbesondere welche Quelldateien – zu dem Projekt gehören. Hier sehen Sie auch den Eintrag für die Quelldatei *Class1.cs*. Wenn Sie den Namen der Quelldatei ändern wollen, rufen Sie das Kontextmenü für die Datei auf (mit der rechten Maustaste anklicken) und wählen Sie den Befehl UMBENENNEN an. Danach können Sie im Projektmappen-Explorer einen neuen Namen für die Datei eingeben. (Mehr zum Projektmappen-Explorer in Abschnitt »Projektmappen«).

2. Schritt: Quelltext aufsetzen

6. Passen Sie jetzt das von Visual Studio .NET aufgesetzte Grundgerüst an die Vorgabe des Beispiellistings an oder löschen Sie das Grundgerüst (Befehl BEARBEITEN/ALLE AUSWÄHLEN aufrufen und dann die `Entf`-Taste drücken) und tippen Sie den Quelltext neu ein.

Die Visual Studio .NET-Umgebung

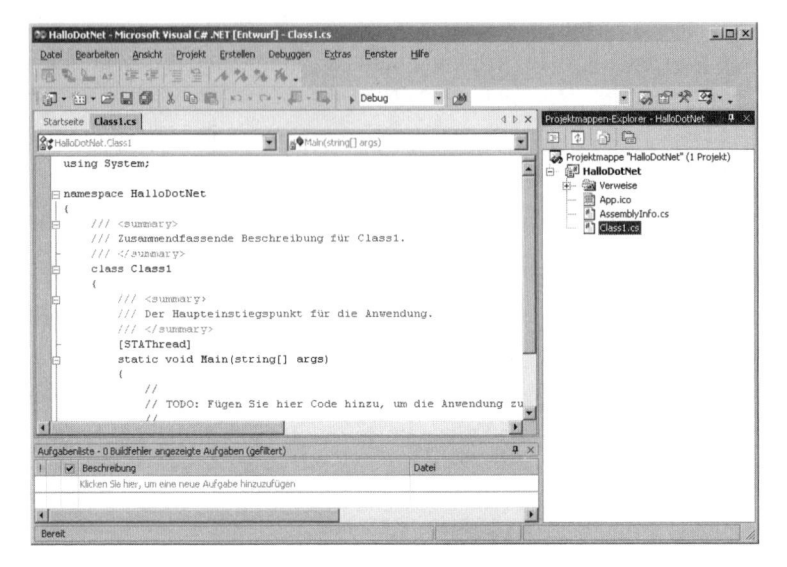

*Abbildung 2.3:
Das geladene
Projekt*

Listing 2.1: HalloDotNet.cs

```
namespace Kap2
{
    using System;

    public class Hallo
    {
        public static void Main(string[] args)
        {
            Console.WriteLine("Hallo .NET");
        }
    }
}
```

3. Schritt: Programm kompilieren

7. Lassen Sie jetzt den Programmquelltext vom Compiler in IL-Code übersetzen. Rufen Sie dazu im Menü ERSTELLEN den Befehl HALLODOTNET ERSTELLEN auf.

   Im unteren Teil des Visual Studio .NET-Hauptfensters erscheint daraufhin das Ausgabefenster, das Sie über den Fortgang der Kompilierung informiert.

   Sofern der Quelltext keine syntaktischen Fehler enthält, erscheint zum Schluss die Meldung, dass die Erstellung erfolgreich abgeschlossen wurde. Sind dagegen Fehler aufgetreten, müssen Sie den Quelltext noch einmal durchgehen und korrigieren. Die

Programmerstellung in Visual Studio .NET

angezeigten Fehlermeldungen können Ihnen dabei helfen. Scrollen Sie hoch zur ersten Fehlermeldung, lesen Sie sich den Text der Fehlermeldung durch und doppelklicken Sie dann auf die Fehlermeldung. Visual Studio .NET springt daraufhin automatisch in die Quellcodezeile, in der der Fehler vermutlich aufgetreten ist.

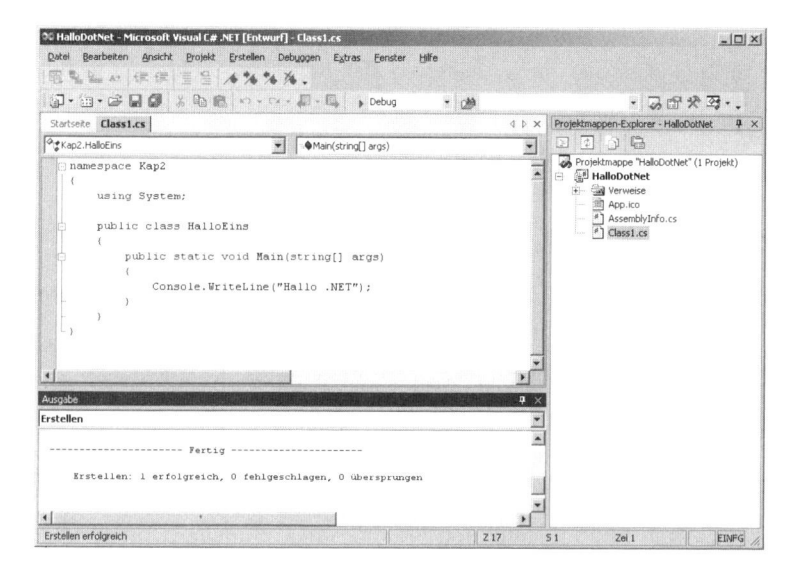

Abbildung 2.4: Das Programm wurde erfolgreich kompiliert

4. Schritt: Führen Sie das Programm aus

Sie können das Programm direkt von der Visual Studio .NET-Umgebung aus aufrufen.

8. Rufen Sie dazu im Menü DEBUGGEN den Befehl STARTEN OHNE DEBUGGEN auf (oder drücken Sie die Tastenkombination [Strg]+[F5]).

Abbildung 2.5: Das fertige Programm

Visual Studio öffnet ein Konsolenfenster und führt das Programm aus. Die Ausgaben des Programms werden in dem Konsolenfenster angezeigt. Nach Beendigung des Programms bleibt das Konsolenfenster noch so lange geöffnet, bis Sie die ⏎-Taste drücken.

> Wenn Sie zum Testen Ihrer Konsolenprogramme statt Strg+F5 nur die Taste F5 drücken, verschwindet das Konsolenfenster direkt nach Abarbeitung des Programms, sodass Sie die Ausgaben in der Regel gar nicht begutachten können. (F5 entspricht dem Menübefehl DEBUGGEN/STARTEN und führt die Anwendung im integrierten Debugger aus (siehe auch Kapitel 15).

Erstellung der Beispielprogramme

Die meisten Programme auf der Buch-CD bestehen nur aus einer einzigen Quelldatei. Um diese anzuschauen und zu testen, können Sie wie folgt vorgehen:

Legen Sie ein neues Konsolenanwendungs-Projekt an (Befehl DATEI/NEU/PROJEKT).

Kopieren Sie die Quelldatei des Programms auf Ihre Festplatte und heben Sie den Schreibschutz für die Datei auf (im Windows Explorer das Kontextmenü zu der Datei aufrufen und den Befehl EIGENSCHAFTEN auswählen).

Wechseln Sie zurück zu Visual Studio. Entfernen Sie die vom Compiler erzeugte Datei *Class1.cs* aus dem Projekt. Klicken Sie die Datei im Projektmappen-Explorer mit der rechten Maustaste an und rufen Sie den Befehl LÖSCHEN auf (wird der Projektmappen-Explorer nicht angezeigt, rufen Sie ANSICHT/PROJEKTMAPPEN-EXPLORER auf).

Nehmen Sie die kopierte Quelldatei in das Projekt auf. Rufen Sie den Befehl HINZUFÜGEN/VORHANDENES ELEMENT HINZUFÜGEN auf (Kontextmenü des Projektknotens im Projektmappen-Explorer) oder VORHANDENES ELEMENT HINZUFÜGEN (Menü PROJEKT) und wählen Sie in dem erscheinenden Dialogfenster die Quelldatei.

Doppelklicken Sie im Projektmappen-Explorer auf den Eintrag der Datei, um diese zur Kontrolle in den Editor zu laden.

Führen Sie das Programm mit Strg+F5 aus.

2.3 Die Projektverwaltung

In Visual Studio .NET beginnt die Arbeit an einem Programm stets mit dem Anlegen eines zugehörigen Projekts. Ein Projekt ist im Grunde ein Bausatz für die Erstellung eines Programms. Es besteht aus:

- den Quelltextdateien des Programms,
- der Information, wie diese Quelltextdateien zu übersetzen und mit Quellcode aus anderen Modulen (Bibliotheken, anderen Programmen) zu verbinden sind,
- einem Verzeichnis auf Ihrer Festplatte, in dem die Dateien des Projekts abgelegt sind.

Vom Nutzen der Projektverwaltung

Solange man nur kleine Programme erstellt, die nur aus einer einzigen Quelldatei bestehen, kommt man auch ganz gut ohne Projektverwaltung aus.

Größere Programme sind dagegen zumeist in mehrere Quelldateien aufgeteilt, die jeweils für sich kompiliert werden und dann erst vom sog. Linker (deutsch *Binder*, ein Bestandteil des Compilers) zu einer ausführbaren Datei zusammengebunden werden. Müssen noch externe Ressourcen (Bilder, Sound etc.) oder zusätzliche Bibliotheken eingebunden werden, kann die Erstellung eines solchen Programms sehr aufwändig werden.

Hier setzt die Projektverwaltung an. Sie verwaltet die zu einem Programm gehörenden Dateien und stellt Ihnen Befehle zum Aufnehmen weiterer Quelldateien bzw. zum Entfernen bestehender Quelldateien zur Verfügung, sie organisiert die zu dem Programm gehörenden Dateien auf der Festplatte und speichert alle Informationen, die nötig sind, um aus den Programmdateien das fertige Programm zu erstellen.

Wie unterstützt Visual Studio .NET die Arbeit mit Projekten?

Die IDE von Visual Studio .NET stellt eine Reihe von Menübefehlen und Dialogfeldern zur Verfügung, mit deren Hilfe Projekte erzeugt, erweitert, überwacht und konfiguriert werden können.

Funktion	Menübefehl / Fenster	Beschreibung
Neue Projekte anlegen	DATEI/NEU/PROJEKT	Im Dialogfeld NEUES PROJEKT werden Sie aufgefordert, alle erforderlichen Angaben zu dem neuen Projekt zu machen (PROJEKTTYP, VORLAGE, NAME, SPEICHERORT). Wenn Sie das Dialogfeld abschicken, wird das neue Projekt angelegt.

Tabelle 2.1: Die wichtigsten Elemente der Projektverwaltung

Funktion	Menübefehl / Fenster	Beschreibung
Quelldateien hinzufügen	PROJEKT/NEUES ELEMENT HINZUFÜGEN PROJEKT/VORHANDENES ELEMENT HINZUFÜGEN Kontextmenü des Projektknotens im Projektmappen-Explorer	Wie Sie sehen, gibt es mehrere Wege, Quelldateien in ein Projekt aufzunehmen. Teilweise führen die Befehle aber zu dem gleichen Ergebnis (sprich zu dem gleichen Dialogfeld). Unterscheiden muss man allerdings, ob man eine bereits bestehende Quelltextdatei in das Projekt aufnehmen will (PROJEKT/VORHANDENES ELEMENT HINZUFÜGEN) oder ob man eine neue Datei anlegen und im Projekt speichern möchte (PROJEKT/ NEUES ELEMENT HINZUFÜGEN).
Quelldateien löschen	Projektmappen-Explorer	Markieren Sie im Projektmappen-Explorer die zu entfernende Datei und drücken Sie die [Entf]-Taste oder rufen Sie den Menübefehl BEARBEITEN/LÖSCHEN auf. Wenn Sie im Kontextmenü der Datei den Befehl AUS PROJEKT AUSSCHLIEßEN aufrufen, wird die Datei lediglich aus dem Projekt entfernt, nicht aber von der Festplatte gelöscht.
Projekte konfigurieren	Projektmappen-Explorer, Befehl EIGENSCHAFTEN	Über die Eigenschaftenseiten können Sie das Projekt konfigurieren (Ausgabeverzeichnis festlegen, Compiler-Optionen für Debugging oder Optimierung einschalten etc.).
Projekte überwachen	Projektmappen-Explorer Klassenansicht Befehl BEARBEITEN/ SUCHEN UND ERSETZEN/IN DATEIEN SUCHEN	Dass die IDE Ihre Quelldateien in Form von Projekten überwacht, hat neben der bequemen Programmerstellung weitere Vorteile. So eignet sich der Projektmappen-Explorer bestens als zentrale Schaltstelle, von der aus Sie Dateien schnell per Doppelklick zur Bearbeitung in den Editor laden bzw. geladene Dateien ansteuern können. Die Klassenansicht (Aufruf über ANSICHT/KLASSENANSICHT) informiert Sie über die in Ihrem Programm verwendeten Klassen, Klassenelemente, Schnittstellen etc. Mit dem Befehl zum Suchen in Dateien können Sie bequem in allen oder ausgewählten Dateien Ihres Projekts nach bestimmten Textstellen suchen.

Tabelle 2.1: Die wichtigsten Elemente der Projektverwaltung (Forts.)

Visual Studio .NET speichert die Informationen über den Aufbau und die Konfiguration des Projekts in einer Datei mit der Endung *.csproj*. (Weitere Projekt- und Arbeitsbereicheinstellungen werden in den Dateien mit den Erweiterungen *.csproj.user*, *.sln* und *.suo* sowie der Datei *AssemblyInfo.cs* gespeichert.) Wenn Sie möchten, können Sie sich die Projektdatei, die im XML-Format aufgesetzt ist, in einem Texteditor (beispielsweise Notepad) anschauen, Sie sollten aber nicht versuchen, die Datei selbst zu editieren, da diese von Visual Studio .NET verwaltet wird.

Projektmappen

In Visual Studio .NET werden Projekte immer in Projektmappen verwaltet. Eine Projektmappe ist nichts anderes als eine höhere Organisationsebene, die es erlaubt, mehrere Projekte zusammen zu verwalten. Auf diese Weise können Sie beispielsweise verschiedene Versionen eines Programms in einer Projektmappe verwalten, oder Sie legen ein Programm und eine DLL (also einer Bibliotheksdatei), die von dem Programm benötigt wird, in einer gemeinsamen Projektmappe ab.

Projekte und Projektmappen

Wenn Sie lediglich ein Projekt für ein einzelnes Programm erstellen möchten, erscheint die Verwaltung in Projektmappen etwas übertrieben. Die IDE führt jedoch viele Arbeiten automatisch durch, sodass Sie nicht unnötig damit konfrontiert werden.

So ist es zur Einrichtung eines neuen Projekts nicht nötig, zuerst eine Projektmappe zu erstellen und im nächsten Schritt ein Projekt in die Projektmappe aufzunehmen. Statt dessen legt man einfach ein neues Projekt an (Befehl DATEI/NEU/PROJEKT) und lässt die Projektmappe für das Projekt automatisch erstellen.

Wenn Sie den Befehl zum Anlegen eines neuen Projekts aufrufen, während noch eine Projektmappe geöffnet ist, können Sie im Dialogfeld NEUES PROJEKT auswählen, ob das Projekt in die bestehenden Projektmappe eingefügt oder ob eine neue Projektmappe angelegt werden soll.

> Wenn Sie eine leere Projektmappe anlegen wollen, in die Sie nachträglich neue oder bestehende Projekte einfügen können, rufen Sie den Befehl DATEI/NEU/LEERE PROJEKTMAPPE auf.

Der Projektmappen-Explorer

Der Projektmappen-Explorer ist die Schaltzentrale der Projektverwaltung.

- Die hierarchische Ansicht gibt Ihnen einen Überblick über den Aufbau Ihrer Programme und die zugehörigen Quelldateien.

Die Visual Studio .NET-Umgebung

- Über die Kontextmenüs der Projektmappen und Projektknoten können Sie das Projekt oder alle Projekte in der Projektmappe erstellen, debuggen, entfernen oder um weitere Elemente erweitern.
- Über die Kontextmenüs der einzelnen Quelldateien können Sie diese entfernen, umbenennen und öffnen.

Wenn Sie sich erst einmal ein wenig an die Arbeit mit dem Projektmappen-Explorer gewöhnt haben, werden Sie ihn gar nicht mehr missen wollen. Sollten Sie ihn einmal versehentlich geschlossen haben, können Sie ihn jederzeit über den Befehl ANSICHT/PROJEKTMAPPEN-EXPLORER wieder anzeigen lassen.

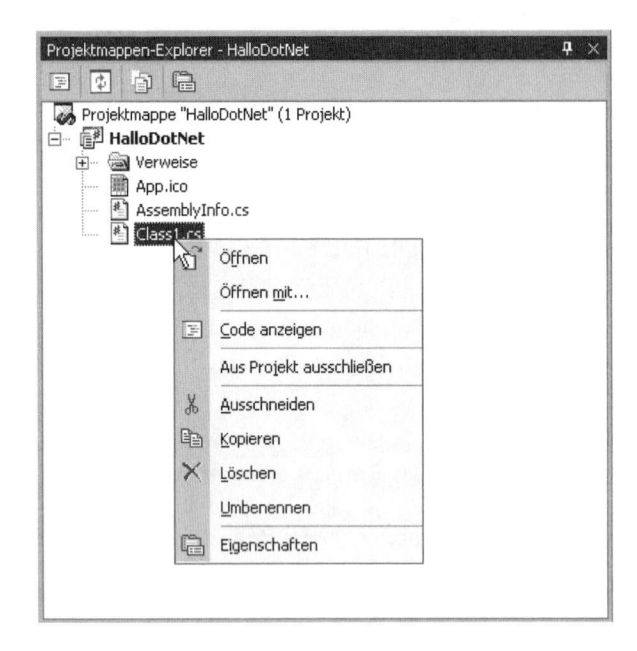

Abbildung 2.6:
Der Projektmappen-Explorer

Projekte speichern, schließen und öffnen

Projekte und Projektdateien speichern

Wenn Sie nur die Datei speichern wollen, die Sie gerade im Editor bearbeiten, klicken Sie in der Symbolleiste auf das Diskettensymbol oder drücken Sie die Tastenkombination [Strg]+[S] (Menübefehl DATEI/<DATEINAME> SPEICHERN). Wenn Sie das ganze Projekt speichern möchten, klicken Sie in der Symbolleiste auf das Mehrfach-Diskettensymbol oder rufen Sie den Menüpunkt DATEI/ALLE SPEICHERN auf.

Projekte schließen

Um die aktuellen Projekte zu schließen, rufen Sie den Befehl DATEI/PROJEKTMAPPE SCHLIEßEN auf. Sollte es in den Projekten Dateien mit noch nicht gespeicherten Änderungen geben, bietet Ihnen Visual Studio .NET an, diese zu sichern.

Projekte öffnen

Falls Sie ein bereits existierendes Projekt öffnen möchten, rufen Sie den Befehl DATEI/PROJEKTMAPPE ÖFFNEN auf und wählen Sie die Arbeitsbereichsdatei des Projekts (Erweiterung *.sln*) oder die Projektdatei (Erweiterung *.csproj*) an.

> Damit Projektdateien im Dialog PROJEKTMAPPE ÖFFNEN angezeigt werden, müssen Sie im Listenfeld DATEITYP ganz unten zuerst die Option ALLE PROJEKTDATEIEN auswählen.

Um ein Projekt zu öffnen, an dem Sie erst vor kurzem gearbeitet haben, können Sie dieses alternativ über die Liste zu dem Befehl DATEI/ZULETZT GEÖFFNETE PROJEKTE aufrufen.

Wenn Sie Visual Studio .NET beenden und später neu starten, wird Ihnen zudem eine Liste mit Links zu den zuletzt bearbeiteten Projekten angeboten.

> Die IDE kann auf Wunsch so konfiguriert werden, dass die zuletzt bearbeitete Projektmappe automatisch beim Starten von Visual Studio .NET geöffnet wird. Rufen Sie dazu den Befehl EXTRAS/OPTIONEN auf und wechseln Sie auf die Seite UMGEBUNG/ALLGEMEIN. Wählen Sie hier im Listenfeld BEIM START den Eintrag LETZTE PROJEKTMAPPE LADEN aus.

2.4 Der Editor

Der Editor dient zur Bearbeitung der Quelltexte und ist speziell auf die Bedürfnisse eines C#-Programmierers abgestimmt.

Dateien laden

Um eine Projektdatei zur Bearbeitung in den Editor zu laden, doppelklicken Sie einfach im Projektmappen-Explorer auf den Knoten der Datei.

Wenn Sie eine Datei laden möchten, die zu keinem oder einem anderen Projekt gehört, rufen Sie den Menübefehl DATEI/ÖFFNEN/DATEI auf. (Die Datei wird dadurch nicht zu einem Teil des aktuellen Projekts; zum Hinzufügen von Dateien zum Projekt verwenden Sie einen der Menüpunkte DATEI/VORHANDENES ELEMENT HINZUFÜGEN oder PROJEKT/ NEUES ELEMENT HINZUFÜGEN).

Am oberen Rand des Editor-Fensters wird auf einem Reiter der Name der geladenen Datei angezeigt. Wenn Sie mehrere Dateien gleichzeitig in den Editor geladen haben, können Sie durch Anklicken der Reiter zwischen den einzelnen Dateien hin und her wechseln.

Eingabehilfen

Der Quelltexteditor von Visual Studio .NET verfügt nicht nur über die »normalen« Editiermöglichkeiten (Texteingabe, Kopieren und Einfügen über die Zwischenablage sowie diverse Suchmöglichkeiten), sondern wartet darüber hinaus noch mit einigen besonderen Funktionen auf, die das Schreiben von Quellcode wesentlich erleichtern können.

Syntax-Hervorhebung und -kontrolle

Der Quelltexteditor bietet eine automatische Syntaxhervorhebung, die die verschiedenen Programmelemente (Quelltext, Kommentare, Schlüsselwörter) unterschiedlich formatiert.

Gleichzeitig überwacht er, ob der vom Programmierer eingegebene Code syntaktisch korrekt ist. Fehlerhaft eingestufter Code wird mit einer roten geschlängelten Linie unterlegt.

Automatischer Einzug

Die meisten Programmierer rücken untergeordnete Codeblöcke ein (beispielsweise Anweisungsblöcke von if-Bedingungen, Schleifen, Klassendefinitionen etc.), um den Quelltext besser lesbar zu machen. Der Quelltexteditor von Visual Studio .NET bietet hier eine besondere Erleichterung, da er die Blöcke automatisch einrücken kann.

Um die automatische Einrückung auszuschalten oder zu konfigurieren, rufen Sie den Befehl EXTRAS/OPTIONEN auf und verändern Sie die entsprechenden Einstellungen auf den Seiten TEXT-EDITOR/C#/TABSTOPPS und TEXT-EDITOR/C#/FORMATIERUNG.

Anweisungsvervollständigung

Mit Hilfe der Anweisungsvervollständigung (diese ist standardmäßig aktiviert) wird die Eingabe von Klassenelementen und der Aufruf von Methoden erheblich erleichtert. Sie ersparen sich häufig das Nachschlagen in der Online-Hilfe und in weiten Teilen sogar das Eintippen der Elementnamen.

Der Editor

*Abbildung 2.7:
Klassenliste*

- Wenn Sie nach einem Methodennamen eine öffnende Klammer eingeben, wird eine Textbox eingeblendet, in der die zu der Methode gehörenden Parameter angezeigt werden – eine Option, die Ihnen das Nachschauen in der Online-Hilfe ersparen kann. Geben Sie z.B. `Console.WriteLine(` ein, so werden die Parameter zur Methode WriteLine angezeigt. Die Parameteranzeige unterstützt auch sog. überladene Methoden; die jeweils zugehörigen Parameter wählen Sie mit Hilfe der Pfeiltasten.

(Mehr über Methoden, Parameter und Überladung in Kapitel 7).

- Wenn Sie über den Punktoperator (.) auf ein Element eines Objekts oder einer Klasse zugreifen, wird ein Listenfeld aufgeklappt (siehe Abbildung 2.7), in dem die verschiedenen Elemente der Klasse aufgelistet werden. Geben Sie z.B. `Console.` ein, um die Elemente der Klasse Console anzeigen zu lassen. Wenn Sie weitertippen, wird das Listenfeld zu dem Eintrag gescrollt, der Ihrer bisherigen Buchstabenfolge am nächsten kommt. Durch Drücken der Eingabetaste oder Tabulatortaste wird das aktuell ausgewählte Listenelement in den Quelltext eingefügt, wobei etwaige Tippfehler in Ihrer Buchstabenfolge korrigiert werden.

(Mehr über Klassen und Klassenelemente in Woche 2).

Da wir Methoden und Klassen erst beim Übergang von der ersten zur zweiten Woche ausführlicher behandeln werden, fehlt Ihnen momentan noch das Hintergrundwissen, das nötig ist, um die Anweisungsvervollständigung komplett verstehen zu können. Falls Sie die Anweisungsvervollständigung aus diesem Grunde vorerst ausschalten möchten, rufen Sie den Befehl EXTRAS/OPTIONEN auf, gehen Sie zur Seite TEXT-EDITOR/C#/ALLGEMEIN und deaktivieren Sie die Optionen MEMBER AUTOMATISCH AUFLISTEN und PARAMETERINFORMATIONEN.

Die Visual Studio .NET-Umgebung

Wenn Sie die Klassenliste explizit aufrufen wollen (weil die automatische Vervollständigung ausgeschaltet ist oder Sie sich einfach nur über die Elemente einer im Quellcode verwendeten Klasse informieren möchten), klicken Sie mit der rechten Maustaste auf die Klasse bzw. das Objekt der Klasse und wählen Sie im Kontextmenü den Befehl MEMBER AUFLISTEN aus.

Analog dazu können Sie auch die Parameterinfo explizit aufrufen (wenn diese deaktiviert ist oder Sie sich über die Parameter einer bereits in den Quelltext eingefügten Methode informieren möchten). Klicken Sie hierfür mit der rechten Maustaste in die Parameterliste der Methode und wählen Sie im Kontextmenü den Befehl PARAMETERINFO aus.

Quickinfo

Wenn Sie eine Hilfestellung zu einem im Programm verwendeten Element der .NET-Framework-Bibliothek abrufen möchten, gibt es zwei Möglichkeiten:

Sie bewegen den Mauszeiger auf das Element und warten, bis das Quickinfo-Fenster mit dem zugehörigen Hilfetext angezeigt wird. (Wenn Sie möchten, dass der Hilfetext auch nach dem Weiterbewegen des Mauszeigers weiter angezeigt wird, klicken Sie das Element mit der rechten Maustaste an und wählen Sie im Kontextmenü den Befehl QUICKINFO aus.

Sie klicken auf das Element und drücken danach die Taste [F1], woraufhin der zugehörige Eintrag aus der Online-Hilfe geladen und als eigene Seite im Editorfenster angezeigt wird.

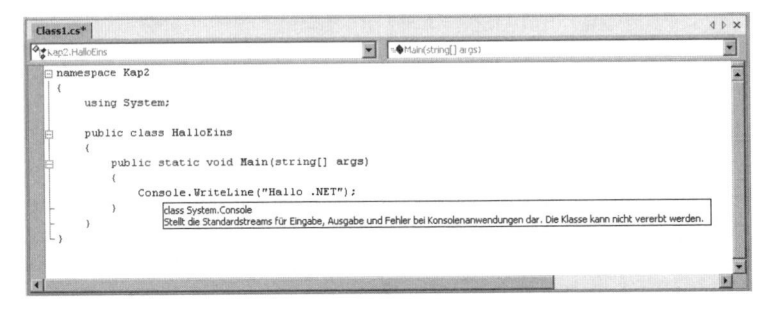

Abbildung 2.8: QuickInfo zu Console

2.5 Der Compiler

Aufgabe des C#-Compilers ist es, Ihren C#-Quellcode in IL-Code zu übersetzen. Obwohl dies unter Umständen eine recht komplexe Aufgabe sein kann, stellt sich die Kompilierung der C#-Projekte recht einfach dar. Sie müssen sich nur für einen der verschiedenen Kompilierbefehle entscheiden. Den Rest erledigen Visual Studio .NET, der Compiler und die Projektverwaltung.

Compileraufrufe

Befehl	Kürzel	Beschreibung
ERSTELLEN/<PROJEKT-NAME> ERSTELLEN		kompiliert das aktuelle Projekt Quelldateien, an denen seit der letzten Kompilierung keine Änderungen vorgenommen wurden, werden nicht neu kompiliert.
ERSTELLEN/<PROJEKT-NAME> NEU ERSTELLEN		kompiliert das aktuelle Projekt Alle Quelldateien des Projekts werden neu kompiliert – auch solche, an denen seit der letzten Kompilierung keine Änderungen vorgenommen wurden. zum Abschluss des Programms zu empfehlen
ERSTELLEN/PROJEKT-MAPPE ERSTELLEN	Strg+⇧+B	kompiliert alle Projekte in der Projektmappe
ERSTELLEN/PROJEKT-MAPPE NEU ERSTELLEN		kompiliert alle Projekte in der Projektmappe neu
DEBUGGEN/STARTEN OHNE DEBUGGEN	Strg+F5	führt das aktuelle Programm aus Wurde das Projekt bisher noch nicht kompiliert oder liegen noch nicht übersetzte Änderungen in einzelnen Quelldateien vor, wird das Projekt automatisch neu kompiliert.
ERSTELLEN (Kontextmenü)		kompiliert das im Projektmappen-Explorer ausgewählte Projekt
NEU ERSTELLEN (Kontextmenü)		kompiliert das im Projektmappen-Explorer ausgewählte Projekt neu

Tabelle 2.2: Befehle zum Kompilieren

Das Ausgabefenster

Während der Kompilierung überprüft der Compiler, ob Ihr Quellcode syntaktisch korrekt ist. Erkennt er dabei syntaktische Fehler, gibt er eine Fehlermeldung aus, die im Ausgabefenster von Visual Studio .NET angezeigt wird. (Warnungen werden ausgegeben, wenn der Compiler auf syntaktisch korrekten Code trifft, der aber womöglich logisch falsch ist.)

Löschen Sie doch einmal im Beispielprogramm HalloDotNet das letzte »e« von WriteLine:

```
namespace Kap2
{
   using System;

   public class HalloEins
   {
      public static void Main(string[] args)
      {
         Console.WriteLin ("Hallo .NET");
      }
   }
}
```

Wenn Sie das Projekt jetzt mit [Strg]+[⇧]+[B] neu kompilieren, erscheint eine Fehlermeldung, die angibt, dass für System.Console kein Element namens WriteLin definiert ist (siehe Abbildung 2.9).

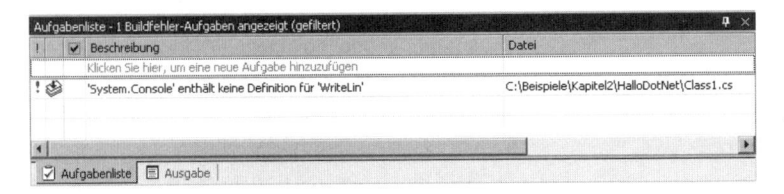

Abbildung 2.9: Fehlermeldung im Ausgabefenster

Doppelklicken Sie jetzt auf die Fehlermeldung. Visual Studio .NET steuert daraufhin die Zeile des Quelltextes an, die die Fehlermeldung ausgelöst hat.

> Wenn Sie mit einer Fehlermeldung nichts anfangen können, klicken Sie die Meldung im Ausgabefenster an und drücken Sie [F1], um die Online-Hilfe zu der Fehlermeldung anzeigen zu lassen.

Die Projekteinstellungen

Über die Projekteinstellungen können Sie nicht nur das Projekt selbst konfigurieren, sondern auch Einfluss darauf nehmen, wie der Compiler das Projekt erstellt.

Zum Bearbeiten der Projekteinstellungen klicken Sie im Projektmappen-Explorer mit der rechten Maustaste auf den Knoten des Projekts und rufen im Kontextmenü den Befehl EIGENSCHAFTEN auf. Die für die Konfiguration des Compilers relevanten Optionen finden Sie auf der Seite KONFIGURATIONSEIGENSCHAFTEN/ERSTELLEN.

Der Compiler

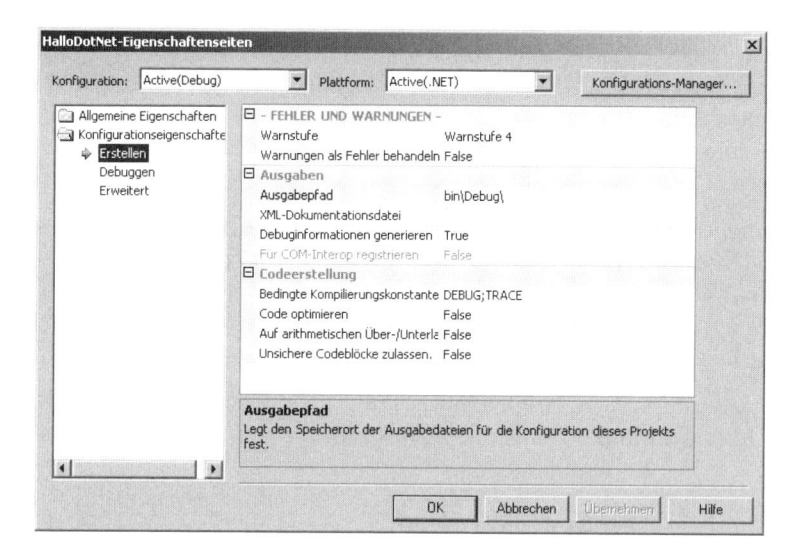

Abbildung 2.10: Einstellungen für die Projekterstellung

Hier können Sie beispielsweise festlegen, ob der erzeugte Code optimiert, die Kompilierung bei Warnungen abgebrochen und/oder Debuginformationen generiert werden sollen.

Die Arbeit mit Projektkonfigurationen

Die Anpassungsmöglichkeiten, die das EIGENSCHAFTENSEITEN-Dialogfeld des Projektknotens bietet, sind sehr vielfältig, doch wenn man die Einstellungen laufend wechseln müsste, um die Projekterstellung an die augenblicklichen Bedürfnisse anzupassen, wäre dies äußerst umständlich. Visual Studio .NET erlaubt es daher, komplette Sätze von Projekteinstellungen als »Konfigurationen« zu speichern und stellt gleich zwei Konfigurationen standardmäßig zur Verfügung:

Debug	In dieser Konfiguration ist die Option zur Aufnahme von Debug-Informationen für den Debugger gesetzt, Optimierungen sind deaktiviert, das Ausgabeverzeichnis ist das Unterverzeichnis /bin/debug. Verwenden Sie diese Konfiguration während der Arbeit an Ihrem Projekt.
Release	In dieser Konfiguration ist die Option zur Aufnahme von Debug-Informationen für den Debugger deaktiviert, Optimierungen sind eingeschaltet, das Ausgabeverzeichnis ist das Unterverzeichnis /bin/release. Diese Konfiguration ist für die abschließende Erstellung des fertigen Programms gedacht. Debug-Informationen, die für das fertige Programm ohne Bedeutung sind, aber dazu führen können, dass die ausführbare Datei wesentlich größer wird, werden daher nicht erzeugt. Dafür wird das Programm optimiert.

Für die Arbeit mit Konfigurationen müssen Sie wissen,

- *wie Sie Konfigurationen anpassen.* Rufen Sie das Dialogfeld EIGENSCHAFTENSEITEN für den Projektknoten auf und wählen Sie im Listenfeld KONFIGURATION die zu bearbeitende Konfiguration aus. Überarbeiten Sie die verschiedenen Einstellungen nach Ihren Vorstellungen.
- *wie Sie Konfigurationen neu anlegen.* Klicken Sie dazu im Dialogfeld EIGENSCHAFTENSEITEN auf die Schaltfläche KONFIGURATIONS-MANAGER und wählen Sie im Listenfeld KONFIGURATION DER AKTUELLEN PROJEKTMAPPE die Option <NEU...> aus. In dem erscheinenden Dialogfeld können Sie dann einen Namen für die anzulegende Konfiguration angeben.
- *wie Sie Konfigurationen auswählen.* Wählen Sie im Projektmappen-Konfigurations-Listenfeld (das erste Listenfeld in der Standard-Symbolleiste) die gewünschte Konfiguration aus.

2.6 Weitere Tools

Unser Streifzug durch die Visual Studio .NET-Oberfläche ist damit im Prinzip beendet. Es gibt jedoch eine Vielzahl von zusätzlichen Hilfsprogrammen. Drei dieser Hilfsprogramme, für die Sie im Moment zwar noch keine Verwendung haben dürften, die Sie jedoch später sehr gut brauchen können, möchte ich zum Abschluss noch kurz vorstellen.

Die Klassenansicht

C#-Code ist in Namensbereiche und Klassen organisiert. In der Klassenansicht (Menüpunkt ANSICHT/KLASSENANSICHT) können Sie sich anschauen, welche Namensbereiche in Ihrem Quelltext definiert sind, welche Klassen in den Namensbereichen angelegt wurden und über welche Elemente die einzelnen Klassen verfügen (siehe Abbildung 2.11).

Durch Doppelklick auf einen der Knoten in der Klassenansicht können Sie schnell zur Definition des betreffenden Elements springen.

> Ergänzt wird die Klassenansicht durch den Objektbrowser, der über den Befehl ANSICHT/ANDERE FENSTER/OBJEKTBROWSER aufgerufen werden kann und der neben den Namensbereichen und Klassen des Projekts auch die Namensbereiche und Klassen der .NET-Framework-Bibliothek anzeigt.

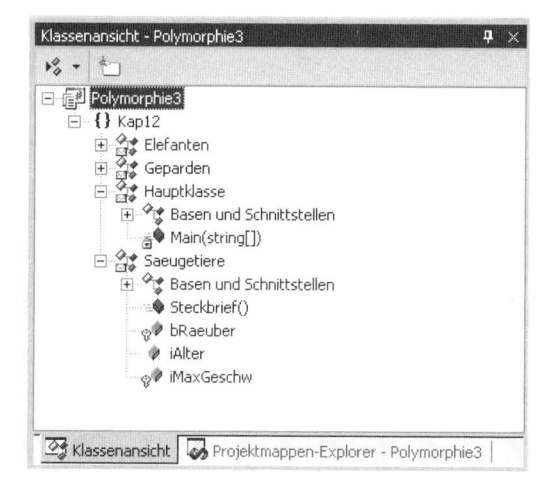

Abbildung 2.11:
Klassenansicht für das Programm
Polymorphie3 aus Kapitel 12

Der UI-Designer

Mit C# und Visual Studio .NET können Sie natürlich nicht nur Konsolenanwendungen entwickeln. Windows ist schließlich ein Betriebssystem mit grafischer Benutzeroberfläche (diese bezeichnet man auch als GUI – für engl. *Graphical User Interface*), sodass die Erstellung von GUI-Anwendungen zu den wesentlichen Aufgaben bei der Programmierung gehört. Eine GUI-Anwendung kann über Mausunterstützung, Fenster, Steuerelemente und alle weiteren, für Windows typischen Elemente verfügen.

Dabei werden Sie schnell feststellen, dass die Entwicklung von GUI-Anwendungen zu einem Großteil aus der Planung der Oberfläche, der Bestückung der Fenster und der Positionierung und Konfiguration der Steuerelemente besteht. Um Ihnen diese Arbeiten zu erleichtern, verfügt Visual Studio .NET über einen grafischen UI-Designer (für engl. *User Interface*). In Kapitel 18 werden Sie diesen noch näher kennen lernen.

Der Debugger

Das Aufspüren von Fehlern in einem Programm, das zwar korrekt kompilierbar ist, aber bei der Ausführung nicht das Erwartete macht, ist ein wesentlicher Bestandteil während der Software-Entwicklung. Daher verfügt Visual Studio .NET über einen integrierten Debugger. Der Debugger führt das Programm in einem speziellen Modus aus, bei dem jede Aktion des Programms überwacht wird. Dadurch wird es für den Entwickler möglich, das Programm Zeile für Zeile oder Methode für Methode zu verfolgen und sich den aktuellen Inhalt von Variablen anzuschauen.

Wie der Debugger eingesetzt wird, wird ausführlich in Kapitel 16 beschrieben.

2.7 Zusammenfassung

In Visual Studio .NET werden Programme in Form von Projekten verwaltet. Die wichtigsten Bestandteile eines Projekts sind die Quelldateien. Visual Studio .NET erzeugt daher für jedes neue Projekt automatisch eine erste Quelldatei mit einem zu dem Projekt passenden Codegerüst. Wenn Sie den Quellcode des Programms auf mehrere Dateien verteilen wollen, müssen Sie den Befehl PROJEKT/NEUES ELEMENT HINZUFÜGEN aufrufen (und z.B. das VORLAGEN-Symbol KLASSE auswählen).

Projekte werden wiederum in Projektmappen organisiert. Glücklicherweise geschieht dies weitgehend automatisch, sodass sich der Programmierer auf seine Projekte konzentrieren kann und nicht mit einem Übermaß an Verwaltungsarbeit konfrontiert wird.

Zum Aufsetzen des Quelltextes werden die Quelldateien in den integrierten Quelltexteditor geladen, der den Programmierer durch Syntaxhervorhebung, Ad-hoc-Syntaxkontrolle, Anweisungsvervollständigung und andere Optionen unterstützt.

Ist der Quellcode fertig gestellt, kann das Projekt mit einem der passenden Befehle aus dem Menü PROJEKT kompiliert und damit erstellt werden. Sollten bei der Kompilierung Fehler auftreten, werden diese im Ausgabefenster angezeigt. Sind alle Fehler korrigiert, kann das Programm aus der IDE heraus getestet werden (Tastenkombination [Strg]+[F5]).

2.8 Workshop

Der Workshop enthält Quizfragen, die Ihnen helfen sollen, Ihr Wissen zu festigen, und Übungen, die Sie anregen sollen, das eben Gelernte umzusetzen und eigene Erfahrungen zu sammeln. Versuchen Sie, das Quiz zu beantworten und die Übungen zu verstehen, bevor Sie zur Lektion des nächsten Tages übergehen.

Fragen und Antworten

F *Ist es sinnvoll, alle Beispielprogramme aus diesem Buch in einer Projektmappe zu verwalten?*

A Nein. Die Projektmappe wird dann mit der Zeit mit Projekten überfrachtet und die Darstellung im Projektmappen-Explorer wird entsprechend unübersichtlich. Ich empfehle, die Programme jedes Buchkapitels jeweils in einer eigenen Projektmappe zu verwalten und die einzelnen Projektmappen unter einem gemeinsamen Verzeichnis auf der Festplatte anzulegen.

F *Ist es egal, in welcher Reihenfolge die bei der Kompilierung auftretenden Fehlermeldungen bearbeitet und korrigiert werden?*

A   Nein. Beginnen Sie stets mit dem ersten Fehler, denn bereits bei dem zweiten Fehler könnte es sich um einen Folgefehler handeln. Sollte Sie diesen Verdacht hegen, empfiehlt es sich, das Projekt gleich nach der Korrektur des ersten aufgetretenen Fehlers erneut zu kompilieren.

F *Wo finde ich weitere Hilfe zur Arbeit mit Visual Studio .NET?*

A   Beispielsweise in der Online-Hilfe von Visual Studio .NET. Rufen Sie dazu den Befehl HILFE/INHALT auf und öffnen Sie in dem daraufhin eingeblendeten Fenster den Knoten VISUAL STUDIO .NET /ENTWICKELN MIT VISUAL STUDIO .NET.

Quiz

1. Wie beginnen Sie die Arbeit an einer neuen Konsolenanwendung?
2. Wie öffnen Sie ein bestehendes Projekt?
3. Wie laden Sie die Datei eines Projekts zur Bearbeitung in den Editor?
4. Wie können Sie zwischen mehreren in den Editor geladenen Dateien hin und her wechseln?
5. Wie kompilieren und erstellen Sie ein Projekt?
6. Wie testen Sie ein Projekt?

Übungen

1. Erstellen Sie mit Hilfe von Visual Studio .NET ein neues Konsolenprogramm, das Sie namentlich begrüßt.
2. Legen Sie ein übergeordnetes Verzeichnis für die Beispielprogramme dieses Buches an. Legen Sie darunter Projektmappen für die einzelnen Tage an.

Tag 3

Variablen und Konstanten

Variablen und Konstanten

Alle Programme haben etwas gemeinsam – sie verwalten, speichern und verarbeiten Daten. Verwendet man diese Daten in einem Programm, müssen diese auch irgendwo gespeichert werden. Hierzu gibt es *Variablen* und *Konstanten*, mit deren Hilfe man die Daten speichern, verarbeiten und manipulieren kann.

Heute lernen Sie

- was eine Variable ist,
- wie man Variablen deklariert und initialisiert,
- wie und wann man die elementaren Datentypen einsetzt,
- den Unterschied zwischen impliziter und expliziter Konvertierung,
- was literale Konstanten sind und was symbolische Konstanten für einen Zweck haben,
- wofür der Aufzählungstyp gut ist.

3.1 Was ist eine Variable?

Wie in jeder Programmiersprache dienen auch in C# Variablen zum Speichern von Informationen. Eine Variable fungiert im Speicher eines Computers als ein benannter Platzhalter bestimmter Größe, in dem Sie Informationen ablegen und wieder abrufen können.

Man unterscheidet verschiedene Variableneigenschaften, die bei der Informationsverarbeitung in einem Programm relevant sind. Dies betrifft grundsätzlich drei Aspekte:

1. Typ der Variablen
2. gespeicherte Daten
3. Name der Variablen

Der Typ

Der Typ einer Variablen legt die Größe fest, die für die Daten im Speicher reserviert wird. Zusätzlich bestimmt der Typ die Art und Weise der Daten, die in dieser Variablen abgelegt werden dürfen und können.

Das bedeutet, dass die Informationen, die in der Variablen abgelegt werden sollen, durch die Typdefinition validiert (evtl. auch konvertiert und verfälscht) werden. Wenn Sie zum Beispiel eine Variable vom Typ `int` (Ganzzahl, engl. *integer*) verwenden, können Sie keine Daten im Format 3.14 in dieser Variablen speichern. Der Typ int repräsentiert in C# die Ganzzahlen des Zahlensystems und die Zahl 3.14 stellt eben eine Gleitkommazahl dar.

```
int iGanzzahl;

    iGanzzahl = 3.14;
```

Der Compiler meldet hier einen Fehler, der folgendermaßen lautet:

```
Implizite Konvertierung des Typs 'double' zu 'int' nicht möglich.
```

Eine Möglichkeit, Daten verschiedener Typen miteinander zu kombinieren, besteht darin, diese durch eine Konvertierungsanweisung umzuwandeln. Hierbei muss man aber mit einer Verfälschung bis hin zu einem teilweisen Datenverlust der bestehenden Information rechnen. Wie man einen Typ einer Variablen umwandelt, wird später noch genauer beschrieben (siehe Abschnitt 3.8).

Die Daten

Die Daten stellen den Inhalt einer Variablen dar. Daten besitzen immer ein bestimmtes Format, das natürlich mit dem Typ einer Variablen übereinstimmen muss, damit Daten in der Variable gespeichert werden können. Die Daten, die Sie in einer Variablen ablegen, stehen in engem Zusammenhang mit dem Typ einer Variablen. Das nächste Beispiel zeigt ein typisches Formatierungsproblem.

```
int iGanzzahl;

    iGanzzahl = 314.0;
```

Die Zahl 314.0 stellt an sich eine Ganzzahl dar und jeder Taschenrechner würde die Nachkommazahl .0 ignorieren. Die Programmiersprache C# nimmt jedoch die Typisierung der Daten sehr streng. Für den C#-Compiler bedeutet das, dass er die Zahl 314.0 als Gleitkommazahl interpretiert und auch hier die gleiche Fehlermeldung ausgibt:

```
Implizite Konvertierung des Typs 'double' zu 'int' nicht möglich.
```

Der Name

Der Name einer Variablen identifiziert eindeutig den reservierten Speicher, um auf die abgelegten Daten zugreifen zu können. Er dient sozusagen als Synonym eines Adressbereichs im Speicher. Wie man die Namensgebung sinnvoll gestaltet, wird anschließend noch genauer besprochen. Der Name kann aus Buchstaben, Zahlen und dem Zeichen »_« (Unterstrich) zusammengesetzt werden. Das erste Zeichen des Namens muss ein Buchstabe oder ein Unterstrich sein.

Variablen und Konstanten

3.2 Der Variablenname – die Qual der Wahl

Die richtige Wahl des Namens einer Variablen ist nicht immer so einfach, wie es auf den ersten Blick erscheint. Variablennamen sollten nach Möglichkeit so kurz wie möglich gehalten werden, aber das Maximum an Aussagekraft haben. Häufig werden in Softwarefirmen eigene Konventionen verwendet, um Variablen zu benennen. Aber auch ohne Konventionen sollten Sie sich Gedanken hinsichtlich der Benennung von Variablen machen. Dieser Abschnitt soll Ihnen einen kleinen Leitfaden zur Verfügung stellen, um Variablen sinnvoll zu benennen.

In der Praxis üblich sind Namensschemata, bei denen die Variablennamen mit einer Typinformation beginnen. So könnte einer Variablen vom Typ `string` der Buchstabe *s* oder die Zeichenfolge *str* vorangestellt werden.

Diese Typinformationen erleichtern dem Programmierer die Zuordnung der Datentypen zu den einzelnen Variablen. Wird diese Namensgebung konsequent durchgeführt, kann der Programmierer den Quellcode besser und schneller verstehen, da nicht ständig nach der Variablendeklaration gesucht werden muss. Die Tabelle 3.1 zeigt Ihnen einige Beispiele, wie Sie Typinformationen in eine Variable einbringen können.

Datentyp	Präfix
boolean	bln, b (bAnrede)
byte	byt, bt (btMonat)
sbyte	sbyt, sbt (sbtWoche)
double	dbl, d (dWaehrung)
int	int, i (iAlter)
long	lng, l (lSekunden)
object	obj, o (oMyObject)

Tabelle 3.1: Präfixe für die wichtigsten Datentypen

Vermeiden Sie unbedingt Namen, die die gleiche Bedeutung haben, aber verschieden geschrieben werden. Solche Beispiele wären:

`iMwSt, iMWST, iMwST, ....`

Darstellungsarten

Es gibt verschiedene Darstellungsarten von Variablen. Je nach Gewohnheit findet man folgende Darstellungen in einem Programm

```
int iNachSteuer;
int inachsteuer;
int inach_steuer;
```

Konstanten (Variablen, deren Werte nach der Zuweisung nicht mehr veränderbar sind[1]) werden in Großbuchstaben geschrieben.

```
const int MWST = 16;
```

Es ist empfehlenswert, wenn man ein fremdes Programm weiterentwickelt, sich an die Darstellungsart des Vorgängers zu halten[2].

Die allgemeine Konvention für die Benennung aller Elemente (Variablen, Klassen, ...) einer Programmiersprache werden meist durch die folgenden Schreibweisen festgelegt.

1. *Pascal Case*: Diese Art der Darstellung verwendet man für fast alle Elemente der Programmiersprache C#. Jedes Wort fängt im *Pascal Case* mit einem Großbuchstaben an. `ToString` (z. B. für eine Methode), `iBackColor` (für Variablen [mit Typpräfix, daher erster Buchstabe klein]) usw.

2. *Camel Case*: Diese Art der Darstellung verwendet man ausschließlich für Parameter. Das erste Wort beginnt mit einem Kleinbuchstaben, die folgenden Wörter mit einem Großbuchstaben: `typeName`, `refValue` usw.

3. *Upper Case*: Diese Art der Darstellung verwendet man ausschließlich für Konstanten. Alle Buchstaben werden hier groß geschrieben: `MWST`, `PI` usw.

3.3 Variablendeklaration

Wir wissen nun, dass eine Variable grundsätzlich drei miteinander eng verbundene Eigenschaften besitzt – Typ, Daten und Name.

---

1 Der Begriff *Konstante* sagt vom Wortlaut eigentlich, dass es sich um das Gegenteil einer Variablen handelt, eben um eine nicht variable Größe. Sie sollten sich nicht daran stören, es hat sich eingebürgert, eine Konstante als eine besondere Form einer Variablen zu betrachten.
2 Welche Darstellungsart Sie wählen hängt prinzipiell von den firmeninternen oder eigenen Konventionen ab. Mit der Zeit werden Sie Ihren eigenen Stil entwickeln, der für Sie oder Ihre Firma die effektivste Codedarstellung verkörpert. Sollten Sie einmal in die Lage kommen, Drittkomponenten zu entwickeln, sollten Sie sich an den empfohlenen Standard Pascal, Camel und / oder Upper Case halten.

Variablen und Konstanten

Bevor man mit einer Variablen in einem Programm arbeiten kann, muss diese vor ihrer Verwendung deklariert werden. Die Anweisung einer Deklaration kann folgendermaßen aussehen.

`int iZahl;`

Diese Anweisung deklariert eine Variable mit dem Namen `iZahl`, in der Daten vom Typ `int` (Ganzzahl) abgelegt werden können.

> In der Literatur werden häufig Variablendeklaration und Variablendefinition gleichgesetzt. Lassen Sie sich dadurch nicht verwirren. Um der Semantik der allgemeinen Programmierung zu entsprechen, muss zwischen Variablendefinition und Variablendeklaration unterschieden werden.
>
> Die *Variablendeklaration* beschreibt eine der drei Eigenschaften einer Variablen, nämlich den Namen der Variablen dem Compiler bekannt zu machen.
>
> Die *Variablendefinition* einer Variablen entspricht dagegen dem Typ der deklarierten Variablen, also den zu reservierenden Speicher.

Der dritte Aspekt betrifft die Eigenschaft der Daten. Wird einer Variablen ein Wert zugewiesen, spricht man von *Variableninitialisierung*.

Dass es solche Unterschiede in der Terminologie gibt liegt daran, dass man Programme in der Regel zeilenweise liest und – wie Sie gleich sehen werden – die Variablendeklaration und die Variablendefinition (evtl. auch die Variableninitialisierung) in einer Anweisung vorgenommen werden.

Eine Variablendeklaration hat folgende Syntax

`Typbezeichner Variablenname;`

z.B. `int iAlter`

Der Typbezeichner spezifiziert den Typ der Variablen. In den folgenden Abschnitten werden Sie mehr über die Typen von C# erfahren.

Mit einem Initialisierungswert sieht die Syntax folgendermaßen aus:

`Typbezeichner Variablenname = Initialisierungswert;`

z.B. `int iAlter = 0`

Jetzt erkennt man auch, warum in der Literatur oftmals verschiedene Bezeichnungen für diese Anweisung zu finden sind. Die Definition und die Deklaration (und eventuell die Initialisierung) fallen in einer Anweisung zusammen.

Beachten Sie, dass eine Variablendeklaration immer mit einem Semikolon endet, wie im Allgemeinen alle Anweisungen in C#.

Neben Deklarationen einzelner Variablen können auch mehrere Variablen innerhalb einer Anweisung deklariert werden, man spricht hier von Mehrfachdeklaration. Hierbei schreibt man nach dem Typbezeichner mehrere Variablennamen und trennt diese mit einem Komma, wie folgendes Beispiel zeigt:

`int iZahl1, iZahl2, iErgebnis;`

oder auch

`int iZahl1 = 0, iZahl2 = 0, iErgebnis = 0;`

Hier werden drei Variablen `iZahl1`, `iZahl2` und `iErgebnis` vom Typ `int` deklariert bzw. mit dem Ganzzahlwert 0 initialisiert.

Sehen wir uns jetzt einmal anhand eines Beispiels an, wie die Variablendeklaration verwendet wird und diskutieren die Eigenschaften und Eigenheiten von deklarierten Variablen. Das Programm gibt die deklarierten Variablen in der Konsole aus. Geben Sie folgendes Listing in Ihren Editor ein, kompilieren Sie es und führen es aus.

Listing 3.1: var1.cs – Variablendeklaration

```
01: using System;
02: namespace Kap3
03: {
04:   public class CVar
05:   {
06:     static void Main(string[] args)
07:     {
08:       int iZahl1 = 0, iZahl2;
09:       int iErgebnis = 7;
10:
11:       iZahl2 = 0;
12:       Console.WriteLine("1.Zahl: {0}", iZahl1);
13:       Console.WriteLine("2.Zahl: {0}", iZahl2);
14:       Console.WriteLine("Ergebnis: {0}", iErgebnis);
15:
16:       iZahl1 = 2;
17:       iZahl2 = 8;
18:
19:       Console.WriteLine("1.Zahl: {0}", iZahl1);
20:       Console.WriteLine("2.Zahl: {0}", iZahl2);
21:       Console.WriteLine("Ergebnis: {0}", iZahl1 + iZahl2);
22:     }
23:   }
24: }
```

Variablen und Konstanten

```
1.Zahl: 0
2.Zahl: 0
Ergebnis: 7
1.Zahl: 2
2.Zahl: 8
Ergebnis: 10
```

Die Zeilen 1 bis 7 kennen wir ja schon aus dem ersten Kapitel. Beginnen wir mit Zeile 8. Hier werden die beiden Variablen iZahl1 und iZahl2 deklariert und die Variable iZahl1 gleichzeitig mit dem Ganzzahlwert 0 initialisiert. Es handelt sich hier um eine Mehrfachdeklaration, da die beiden Variablen in einer Zeile mit dem Typ int definiert werden. In der Zeile 9 wird die Variable iErgebnis deklariert und mit dem Wert 7 initialisiert.

Die Zeile 11 zeigt einen anderen Weg einer Variableninitialisierung, nämlich eine Initialisierung außerhalb der Deklarationsanweisung. Bevor man eine Variable in einem Programm verwenden kann, muss man diese initialisieren, da sonst der Compiler eine Fehlermeldung ausgibt.

In den Zeilen 12 bis 14 werden die Variablen ausgelesen und in der Konsole ausgegeben. Bis jetzt sind die Inhalte der Variablen klar. iZahl1 und iZahl2 enthalten den Wert 0 und die Variable iErgebnis den Wert 7. In den Zeilen 16 und 17 weisen wir den Variablen iZahl1 und iZahl2 einen neuen Wert zu. In der Variable iZahl1 wird der Wert 2 abgelegt und in der Variable iZahl2 der Wert 8. Bei diesem Vorgang werden die ursprünglichen Werte für die beiden Variablen überschrieben. Grundsätzlich besteht zwischen der Zeile 11 und den Zeilen 16, 17 kein Unterschied. In beiden Fällen werden den Variablen Werte zugewiesen. Wird aber einer Variablen zum ersten Mal ein Wert zugewiesen, spricht man von Initialisieren einer Variablen.

In den Zeilen 19 und 20 werden die Werte von iZahl1 und iZahl2 ausgegeben und in Zeile 21 die Summe der beiden Inhalte der Variablen. Die Variable iZahl1 enthält den Wert 2, die Variable iZahl2 den Wert 8 und die Variable iErgebnis den unveränderten Wert 7.

Versuchen Sie einmal, das folgende Programm auszuführen:

Listing 3.2: var2.cs – Fehlen der Initialisierung

```
01: using System;
02: namespace Kap3
03: {
04:     public class CVar
```

```
05:    {
06:        static void Main(string[] args)
07:        {
08:            int iZahl1 = 0, iZahl2;
09:            int iErgebnis = 7;
10:
11:            Console.WriteLine("1.Zahl: {0}", iZahl1);
12:            Console.WriteLine("2.Zahl: {0}", iZahl2);
13:            Console.WriteLine("Ergebnis: {0}", iErgebnis);
14:
15:            iZahl1 = 2;
16:            iZahl2 = 8;
17:
18:            Console.WriteLine("1.Zahl: {0}", iZahl1);
19:            Console.WriteLine("2.Zahl: {0}", iZahl2);
20:            Console.WriteLine("Ergebnis: {0}", iZahl1 + iZahl2);
21:        }
22:    }
23: }
```

Sie sehen, dass die Variable iZahl2 nicht initialisiert wird und der Compiler die folgende Fehlermeldung ausgibt:

```
error CS0165: Verwendung von möglicherweise nicht zugewiesenen lokalen Variablen 'iZahl2'
```

Der C#-Compiler lässt es nicht zu, Variablen zu verwenden, die nicht initialisiert wurden.

3.4 Schlüsselwörter

Schlüsselwörter sind vordefinierte Wörter, mit denen bestimmte Aktionen verbunden sind. Diese Wörter sind also innerhalb des Sprachumfangs von C# reserviert. Die Tabelle unten zeigt eine Auflistung der Schlüsselwörter in C#.

abstract	enum	long	stackalloc
as	event	namespace	static
base	explicit	new	string
bool	extern	null	struct
break	false	object	switch
byte	finally	operator	this

Variablen und Konstanten

case	fixed	out	throw
catch	float	override	true
char	for	params	try
checked	foreach	private	typeof
class	goto	protected	uint
const	if	public	ulong
continue	implicit	readonly	unchecked
decimal	in	ref	unsafe
default	int	return	ushort
delegate	interface	sbyte	using
do	internal	sealed	virtual
double	is	short	void
else	lock	sizeof	while

In C# gibt es auch eine Möglichkeit, reservierte Wörter als Variablennamen zu verwenden. In der Regel sollten Sie aber darauf verzichten, da dies nicht besonders elegant ist. Wenn es doch einmal gewünscht ist, müssen Sie dem Variablennamen ein @-Zeichen voranstellen.

```
01: using System;
02:
03: namespace Demo
04: {
05:
06:    class CDemo
07:    {
08:       static void Main(string[] args)
09:       {
10:          decimal @decimal = 10.0m;
11:
12:          Console.WriteLine("{0}",@decimal);
13:
14:          Console.ReadLine();
15:       }
16:    }
17: }
```

In Zeile 10 wird eine Variable `@decimal` deklariert. Der Name `decimal` alleine führt zu einer Fehlermeldung des Compilers.

```
10:         decimal decimal = 10.0m;
```

```
Identifizierer erwartet, 'decimal' ist ein Schlüsselwort
```

> `Console.ReadLine()` liest eine Zeile aus der Konsole ein, Sie werden also bei der Programmausführung aufgefordert, einen Text einzugeben. Hier wird die Methode `ReadLine()` verwendet, um das Ergebnis in der Konsole sehen zu können. Ohne Verwendung der Methode `ReadLine()` würde sich die Konsole sofort nach der Ausführung des Programms schließen. (Diesen Trick werden Sie noch häufiger in diesem Buch finden; er bewirkt, dass die Konsole sichtbar bleibt, wenn Sie mit Visual Studio arbeiten und dort `Debuggen/Starten` wählen. Bei Einsatz des Kommandozeilen-Compilers *csc* ist der Trick nicht notwendig – Sie können also `ReadLine()` weglassen. Auch bei Visual Studio können Sie auf `ReadLine()` verzichten, wenn Sie das Programm mit `Debuggen/Starten` ohne `Debugger` ausführen).

3.5 Elementare Datentypen

Bevor wir uns mit den elementaren Datentypen der Programmiersprache C# beschäftigen, machen wir einen kleinen Ausflug in die Welt der Bits und Bytes. Wenn Sie ein Programm schreiben und es ausführen, passiert dies im Arbeitsspeicher des Computers. Zu Beginn des Buches, wo wir über den Garbage Collector sprachen, behauptete ich, dass wir uns über die Organisation und die Verwaltung des Speichers keine Gedanken machen müssen. Um aber als Programmierer entscheiden zu können, welchen Datentyp man wählen soll, ist ein Verständnis der inneren Struktur einer Variablen von großer Bedeutung.

Wenn Sie in C# Informationen speichern wollen, so machen Sie das, indem Sie eine Variable deklarieren. Diese besitzt nach der Deklaration einen Namen und einen bestimmten Typ. Die Variable beansprucht Platz im Arbeitsspeicher des Computers, wo das Programm ausgeführt wird. Je nach Typ ist der beanspruchte Platz größer oder kleiner. Was aber genau ist dieser Platz im Arbeitsspeicher eines Computers?

Beginnen wir mit der Einheit des Speichers eines Computers. Jeder Computer hat einen Arbeitsspeicher, den man sich als eine sequentielle Anordnung von Quadern vorstellen kann. Einen solchen Quader in einem Arbeitsspeicher bezeichnet man als Byte. Um aber zu wissen, welches Byte man ansprechen soll, müssen diese Bytes individuell gekennzeichnet werden. Diese Kennzeichnung eines Bytes nennt man Adresse. Jedes Byte in einem Arbeitsspeicher besitzt seine eigene Adresse. Wenn Sie in C# mit verwaltetem Code

Variablen und Konstanten

(managed Code) arbeiten, brauchen Sie sich über die Adressen im Arbeitsspeicher keine großen Gedanken machen. Die Operationen, die mit diesen Adressen vollzogen werden, übernimmt im verwalteten Code der Garbage Colletor.

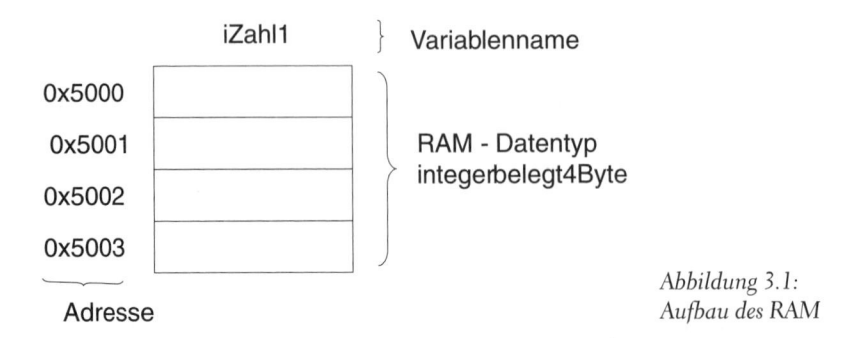

Abbildung 3.1:
Aufbau des RAM

Wenn wir uns ein Byte aus dem Arbeitsspeicher genauer betrachten, müssen wir noch eine weitere Einteilung vornehmen. Ein Byte besteht aus 8 Bit, der kleinsten Einheit des Arbeitsspeichers. Ein Bit kann genau zwei Werte annehmen, entweder eine logische 0 oder eine logische 1.

Wie erkennt man dann aber eine Ganzzahl oder eine Zeichenkette, wenn im Speicher nur Einsen und Nullen existieren? Das möchte ich Ihnen im nächsten Abschnitt anhand einer Integervariablen zeigen.

Der integer-Typ

Jedes der 8 Bits, das zusammen ein Byte ergibt, hat eine Wertigkeit, genau handelt es sich um eine Zweierpotenz, also basierend auf dem Positionssystem mit der Basis 2. Das Bit ganz rechts steht für 2^0 (dezimal 1), das nächste für 2^1 (dezimal 2), das dritte von rechts für 2^2 (dezimal 4) usw. Um den dezimalen Wert eines Bytes zu ermitteln, addiert man die einzelnen Zweierpotenzen, wobei nur gesetzte Bits (1) addiert werden, ungesetzte Bits (0) werden ignoriert.

Hier ein kleines Beispiel mit dem Dezimalwert 7, dieser wird binär folgendermaßen dargestellt:

00000111

Dies lässt sich leicht nachweisen, indem man die Zweierpotenzen aufaddiert:

$X = 0*2^7+0*2^6+0*2^5+0*2^4+0*2^3+1*2^2+1*2^1+1*2^0$

Daraus ergibt sich 0+0+0+0+0+4+2+1, also 7.

Elementare Datentypen

Sie sehen, dass dies recht trivial ist und dass man mit dieser Systematik relativ einfach jede Dezimalzahl in das Binärformat und jeden Binärwert in eine dezimale Zahl umwandeln kann. Hier einige weitere Beispiele:

```
128,64,32,16,8,4,2,1
  0  0 0  0 0 0 0 0   =   0
  0  1 0  0 0 0 0 1   =  65
  0  0 1  0 1 1 0 1   =  45
  1  1 1  1 1 1 1 1   = 255
```

Da ein Byte aus 8 Bit besteht, ergeben sich 256 (2^8) verschiedene Werte, also von dezimal 0 bis 255.

Jetzt wissen wir, wie wir die Bits und Bytes interpretieren müssen. Im Grunde steht uns nichts mehr im Weg, den Datentyp `int` zu analysieren. Um die Größe der Datentypen feststellen zu können, wechseln wir in den `unsafe`-Mode. Das bedeutet, dass dieser Code von der CLR nicht nachprüfbar ist und auch die automatische Speicherverwaltung durch den Garbage Collector keinen Einfluss auf das Programm hat.

Folgendes Beispiel gibt die Anzahl der Bytes zurück, die der Datentyp Integer im Arbeitsspeicher reserviert. Geben Sie das Beispiel ein und kompilieren es danach folgendermaßen:

csc intType.cs /unsave
```
using System;
namespace Kap3
{
   public class CTyp
   {
      static unsafe void Main()
      {
         Console.WriteLine("Integer: {0} Bytes", sizeof(int));
      }
   }
}
```

```
         Integer: 4 Bytes
```

Jetzt wissen wir, wie viele Bytes für den Typ `int` im Arbeitsspeicher reserviert werden. Vier Bytes entsprechen 4 * 8 = 32 Bit.

Jetzt stellt sich die Frage nach dem Wertebereich des Datentyps `int`. 32 Bit ergibt dezimal 2^{32} = 4.294.967.296, also etwas über 4 Milliarden; trotzdem können Sie keine Werte über 2.147.483.647 – also etwa 2 Milliarden – speichern, da der Wertebereich bei diesem Datentyp in einen jeweils gleich großen positiven und negativen Wertebereich aufgeteilt ist. Konkret bedeutet dies, dass Sie in Verbindung mit dem `int`-Datentyp Dezimalwerte von -2.147.483.648 bis +2.147.483.647 speichern können.

In C# können Sie auch noch weitere Integerdatentypen verwenden, je nach Anwendung und Anforderung. Konkret bietet die Familie der Integerdatentypen noch folgende Typen:

- short - System.Int16 (2^{16} Bit)
- long - System.Int64 (2^{64} Bit)

Wie wir bereits wissen, wird jede Programmiersprache in den IL-Code kompiliert. Der Datentyp short (in C#) entspricht somit dem Datentyp System.Int16 (in der Common Language Runtime). Einfach ausgedrückt: Der C#-Datentyp short entspricht im IL-Code dem CLR-Datentyp System.Int16. Das gleiche gilt für den Datentyp long (entspricht dem CLR-Datentyp System.Int32).

In manchen Anwendungsfällen benötigen Sie nur den positiven Bereich des Datentyps int. Hier gibt es die Möglichkeit, den negativen Bereich des int-Datentyps auszuschließen, genauer für die Verwendung von positiven Zahlen zu nutzen. Die Deklaration einer solchen Variablen sieht folgendermaßen aus:

uint uiZahl = 0;

Das u vor dem int teilt dem Compiler mit, dass es sich hier um einen *unsigned integer*, also einen vorzeichenlosen Integerwert handelt. Der Wertebereich liegt zwischen 0 und 4.294.967.295.

Der short-Typ

Im vorherigen Abschnitt erwähnte ich, dass die Familie der Integer-Datentypen nicht nur aus dem 32-Bit-Integer-Datentyp besteht, sondern dass auch noch zwei weitere Integer-Datentypen existieren.

Auch wenn im Allgemeinen ausreichend Arbeitsspeicher zur Verfügung steht und es scheinbar keine große Rolle spielt, ob ein paar Bytes eingespart werden, sollte man sich als Programmierer dennoch Gedanken machen, welche Datentypen wirklich benötigt werden. Läuft Ihr Programm z.B. auf einem Server, auf dem noch eine Vielzahl von anderen Programmen betrieben werden, wirkt sich eine Speicherverschwendung irgendwann negativ auf die Performance aus.

Der Datentyp short reserviert einen Bereich von 2 Bytes im Speicher des Computers, das entspricht 16 Bit (also dezimal 2^{16} = 65.536 verschiedene Werte). Für manche Variablen genügt ein short-Integer. Eine Verwendung des int-Datentyps ist mehr oder weniger eine Verschwendung von Ressourcen, wenn der Wertebereich eines short-Datentyps ausreicht. Auch hier gibt es mit ushort eine vorzeichenlose Variante.

Der Wertebereich des short-Datentyps erstreckt sich von –32.768 bis 32.767, der eines ushort von 0 bis 65.535.

Der long-Typ

Sollten Sie einmal in die Lage kommen, dass ein int-Datentyp ihren benötigten Wertebereich nicht mehr abdeckt, so gibt es einen weiteren Datentyp – den long-Datentyp. Dieser beansprucht 8 Byte des Arbeitsspeichers, das entspricht 64 Bit. Damit können Sie 2^{64} verschiedene Werte darstellen, das entspricht etwa 18 Trillionen. Auch hier gibt es wieder den vorzeichenlosen Datentyp: ulong. Der Wertebereich von einem long-Datentyp reicht von –9.223.372.036.854.775.808 bis 9.223.372.036.854.775.807, der eines ulong von 0 bis 18.446.744.073.709.551.615.

Der byte-Typ

In speziellen Fällen, in denen Sie einen sehr kleinen Wertebereich benötigen und möglicherweise der Datentyp short immer noch zu groß ist, können Sie auf den Datentyp byte ausweichen, der $2^8=256$ Werte (0-255) darstellen kann. Möchten Sie auch noch auf den negativen Bereich zugreifen, können Sie eine Variable mit sbyte deklarieren. Der Datentyp sbyte besitzt einen Wertebereich von –128 bis 127. Die Verwendung dieses Datentyps soll das folgende Listing verdeutlichen.

```
using System;

namespace Kap3
{
   public class CByte
   {
      static void Main()
      {
         byte a = 255;
         sbyte b = -128;

         Console.WriteLine("{0}",a);
         Console.WriteLine("{0}",b);
         Console.ReadLine();
      }
   }
}
```

Der character-Typ

In einer Variablen, die mit dem Datentyp char deklariert wurde, können Sie ein einzelnes Zeichen (engl. *character*) ablegen. Ein solches Zeichen kann sowohl ein Buchstabe wie a, b, c usw. sein als auch ein Fragezeichen (?) oder das @-Zeichen. Der Datentyp char reserviert 2 Byte im Arbeitsspeicher – das entspricht 16 Bit.

Variablen und Konstanten

Im Grunde genommen wird ein Zeichen als eine Abfolge von 0 und 1 gespeichert – wie zum Beispiel auch beim short-Datentyp. Genauso wird es hier auch gemacht. Der Computer an sich kennt keine Zeichen, sondern nur Zahlen. Jedes einzelne Zeichen wird durch eine individuelle Zahl bzw. Nummer repräsentiert.

Für die Verwaltung dieser Zeichen als Zahlen wurde ein Standard entwickelt. Diesen Standard bezeichnet man als Unicode. Über eine Unicode-Tabelle kann man die Zeichen und die zugehörigen Zahlen ermitteln. Wie aber erkennt der Compiler, ob es sich hier um eine Zahl oder um ein Zeichen handelt? Dies geschieht natürlich durch den Typ der Variablen, in der ein Zeichen abgelegt wird. Die Deklaration eines char-Datentyps sieht folgendermaßen aus:

```
char cLetter = 'A';
```

Das Zeichen A wird durch die Zahl 65 im Unicode repräsentiert. Der Typ der Variablen cLetter ist ein char und somit keine Zahl.

Da man nicht immer alle Unicode-Zeichen im Kopf haben kann, hilft Ihnen das folgende Listing nach der Suche der Zeichen bzw. der repräsentativen Zahl.

Listing 3.3: var3.cs – Unicode und Buchstaben

```
01: using System;
02:
03: namespace Kap3
04: {
05:     public class CUnicode
06:     {
07:         static void Main()
08:         {
09:             int iChar = 64;
10:             char cChar = 'X';
11:
12:             Console.WriteLine("{0}({1})",(char)iChar,iChar);
13:             Console.WriteLine("{0}({1})",cChar,(int)cChar);
14:
15:             Console.ReadLine();
16:         }
17:     }
18: }
```

@(64)
X(88)

In Zeile 9 wird eine Variable `iChar` vom Typ `int` deklariert und mit dem Wert `64` initialisiert. Der Unicode `64` repräsentiert das @-Zeichen. In der Zeile 10 wird eine Variable vom Typ `char` deklariert und mit dem Großbuchstaben `X` initialisiert. Um herauszufinden, welche Zahl welches Zeichen repräsentiert und umgekehrt, können Sie die Anweisungen in den Zeilen 12 und 13 verwenden und entsprechend ändern. In der Zeile 12 wird der Inhalt der Variablen `iChar` mit dem Wert `64` in das zugehörige Zeichen umgewandelt und in der Zeile 13 wird das Zeichen in die zugehörige Zahl umgewandelt. (Die vorangestellten speziellen Cast-Operatoren `(char)` und `(int)` in den Zeilen 12 und 13 nehmen die eigentliche Konvertierung vor; mehr über derartige Datentypkonvertierungen erfahren Sie später.)

Der float-Typ

Bislang haben wir uns ausschließlich mit Ganzzahlen beschäftigt. In der Praxis werden jedoch auch gebrochene Werte benötigt. Hierfür stellt C# mehrere Datentypen zur Verfügung. Einer davon ist `float` (wörtlich übersetzt *fließen*).

Der Datentyp `float` reserviert 4 Byte (32 Bit) im Arbeitsspeicher. Man könnte erwarten, dass man 2^{32}, also rund 4 Milliarden verschiedene Werte darstellen kann, was betreffend auf die Verwaltung im Arbeitsspeicher auch zutrifft. In der Praxis sieht es jedoch etwas anders aus: Die interne Speicherung ist recht komplex, so wird eigentlich eine Ganzzahl gespeichert (die sog. Mantisse), obwohl gebrochene Werte dargestellt werden. Die Position des Kommas innerhalb dieser Ganzzahl (daher auch der Begriff *float*, da das Komma sozusagen fließt, gleitet) wird durch eine weitere Ganzzahl repräsentiert, den sog. *Exponenten*.

An dieser Stelle soll nicht weiter darauf eingegangen werden, es sollte genügen zu wissen, dass `float` einen dezimalen Wertebereich von $1.5*10^{-45}$ bis $3.4*10^{38}$ darstellen kann. Das bedeutet, es können extrem kleine Werte dargestellt werden (positive und negative) als auch extrem große (wiederum positive und negative). Der negative Exponent gibt an, dass das Dezimalkomma entsprechend nach links wandert, so entspricht $1.5*10^{-45}$ der sehr kleinen Zahl von

+/-0.0000000000000000000000000000000000000000000015

Analog dazu gibt ein positiver Exponent an, dass das Kommazeichen nach rechts wandert, so entspricht $3.4*10^{38}$ der gewaltigen Zahl von

+/-340 000 000 000 000 000 000 000 000 000 000 000 000

Bei Variablen vom Typ `float` müssen Sie unbedingt darauf achten, dass Sie das Spezifizierungs-Suffix `f` oder `F` verwenden (bei einem Spezifizierer spielt die Groß- und Kleinschreibung generell keine Rolle, Sie können also wahlweise einen Klein- oder Großbuchstaben

Variablen und Konstanten

schreiben). Die Zahl 5.5 bezeichnet man als echtes Literal[3], und damit wird in C# standardmäßig die literale Konstante 5.5 als Datentyp double deklariert (der Typ double wird im nächsten Abschnitt beschrieben).

```
float fPreis = 5.5;
```

Hier erhalten Sie vom Compiler folgende Fehlermeldung

```
Literale des Typs "Double" können nicht implizit zum Typ 'float' konvertiert
werden. Verwenden Sie ein 'F'-Suffix, um eine Literale mit diesem Typ zu
erstellen.
```

Um diesen Fehler zu vermeiden, müssen Sie Variablen vom Typ float mit den f-Suffix deklarieren, also das f hinter den Wert schreiben:

```
float fPreis = 5.5f;
```

Der sehr große Wertebereich des float-Datentyps sollte nicht darüber hinwegtäuschen, dass die Genauigkeit lediglich 7 Stellen beträgt, was mit der speziellen internen Verwaltung zu tun hat. Das bedeutet, dass wenn Sie den Wert

5.11111111111111111111111111111111111111111111

speichern und wieder ausgeben, wird nur

5,111111

angezeigt, bei einer Speicherung von

5555.11111111111111111111111111111111111111111111

wird

5555,111

ausgegeben, also jeweils 7 Dezimalstellen. In beiden Fällen hat der Wert an Genauigkeit verloren. Wertebereich und Genauigkeit sind damit etwas grundsätzlich Verschiedenes. Falls die Genauigkeit von 7 Stellen nicht ausreicht, müssen Sie auf den double-Typ ausweichen.

Der double-Typ

Der Datentyp double belegt 8 Byte im Arbeitsspeicher. Somit werden für eine Gleitkommazahl 8*8=64 Bit reserviert. Die interne Verwaltung ist ähnlich wie beim float-Typ, jedoch ergeben sich durch die Tatsache, dass doppelt so viel Speicher verwendet wird, ein erheblich größerer Wertebereich und eine deutlich höhere Genauigkeit.

---

3   Ein echtes Literal (auch als natürliches Literal oder *Literalkonstante* bezeichnet) ist ein direkt in den Quellcode geschriebener Wert, z.B. 5.5 oder »a« im Gegensatz zu einem Wert, der durch einen Namen einer Variablen oder Konstanten repräsentiert wird.

Der Wertebereich erstreckt sich von +/-5*10^{-324} bis +/-1.7*10^{308}. Aus Platzgründen verzichte ich hier darauf, diese Zahlen auszuschreiben. Wir wissen bereits, dass bei 10^{-324} das Komma um 324 Stellen nach links wandert und bei 10^{308} um 308 Stellen nach rechts. Die Genauigkeit des double-Datentyps ist erheblich höher als die des float-Typs und liegt bei etwa 15 - 16 Stellen.

Der decimal-Typ

Mit den beiden Datentypen float und double decken Sie den größten Teil der Programmierarbeiten ab, bei denen Berechnungen durchgeführt werden. Bei präzisen wissenschaftlichen Aufgaben stoßen Sie aber bei Ihren Berechnungen mit diesen Datentypen schnell an die Grenzen der Genauigkeit. Es empfiehlt sich in solchen Fällen, den Datentyp decimal einzusetzen. Für diesen Datentyp werden 16 Byte im Arbeitsspeicher reserviert, also 128 Bit und damit doppelt soviel wie beim double-Typ. Man erhält eine sehr hohe Genauigkeit von 28-29 Stellen, dafür ist allerdings der Wertebereich kleiner als beim double-Typ, er liegt zwischen 1*10^{-28} bis 7.9*10^{28}. Des Weiteren werden nur positive, keine negativen Werte abgedeckt.

Bei der Deklaration von decimal-Datentypen gilt das gleiche wie bei den float-Datentypen. Wie oben bereits erwähnt, werden echte Literale wie die Zahl 5.5 als double deklariert, daher muss ein Spezifizierungs-Suffix verwendet werden, im konkreten Fall m oder M. Im folgenden Beispiel fehlt dieses:

```
decimal decZahl = 5.5;
```

Daher gibt der Compiler folgende Fehlermeldung aus:

```
Literale des Typs "Double" können nicht implizit zum Typ 'decimal' konvertiert
werden. Verwenden Sie ein 'M'-Suffix, um eine Literale mit diesem Typ zu
erstellen.
```

Die richtige Deklaration von decimal-Datentypen lautet:

```
decimal decZahl = 5.5m;
```

Das folgende Listing soll Ihnen zeigen, dass die Verwendung von Gleitkomma-Datentypen bei kritischen Berechnungen bzw. sicherheitsrelevanten Systemen nicht immer so einfach zu handhaben ist. Die Verwendung von float, double und decimal-Datentypen muss daher gut durchdacht werden. Ich zeige hier eine einfache Berechnung, die je nach Wahl der Gleitkomma-Datentypen drei verschiedene Ergebnisse liefert. Hier wird von der Zahl 10 eine Zahl 9.9 subtrahiert, das mathematisch korrekte Ergebnis sollte damit *10.0 – 9.9 = 0.1* lauten.

Variablen und Konstanten

Listing 3.4: var4.cs – Fehler bei der Genauigkeit

```
01: using System;
02:
03: namespace Kap3
04: {
05:
06:     class CUps
07:     {
08:         static void Main(string[] args)
09:         {
10:             float fZahl1 = 10.0f;
11:             float fZahl2 = 9.9f;
12:             float fErgebnis = 0;
13:
14:             double dZahl1 = 10.0;
15:             double dZahl2 = 9.9;
16:             double dErgebnis = 0;
17:
18:             decimal decZahl1 = 10.0m;
19:             decimal decZahl2 = 9.9m;
20:             decimal decErgebnis = 0;
21:
22:             fErgebnis = fZahl1 - fZahl2;
23:             Console.WriteLine("{0}",fErgebnis);
24:
25:             dErgebnis = dZahl1 - dZahl2;
26:             Console.WriteLine("{0}",dErgebnis);
27:
28:             decErgebnis = decZahl1 - decZahl2;
29:             Console.WriteLine("{0}",decErgebnis);
30:
31:             Console.ReadLine();
32:         }
33:     }
34: }
```

0,1000004
0,0999999999999996
0,1

In den Zeilen 10 bis 12 werden drei Variablen fZahl1, fZahl2 und fErgebnis vom Datentyp float deklariert und initialisiert. Gleitkommazahlen werden standardmäßig mit dem Datentyp double deklariert und heißen echte Literale. Um eine literale Konstante vom Typ float zu erzeugen, benötigen wir daher in den Zeilen 10 und 11 das Suffix f. In der Zeile 12 kann das Suffix f wegfallen, da bei Ganzzahlen (im Beispiel 0) die implizite Konvertierung die Arbeit für uns erledigt. Der Form halber sollte aber hier ebenfalls ein f geschrieben werden. Im Beispiel wurde es weggelassen, nur um zeigen, dass es auch in dieser Form akzeptiert wird.

In den Zeilen 14 bis 16 werden wieder drei Variablen vom Typ double deklariert und initialisiert. Hier ist die Verwendung des Suffix nicht notwendig, da es sich hier um echte Literale und somit um den Datentyp double handelt. Wechseln Sie aber häufig in Ihrem Programm die Gleitkommazahltypen, ist auch hier die Verwendung des Suffix d (bzw. D) für den Datentyp double ratsam, um die Übersicht zu behalten.

In den Zeilen 18 bis 20 gilt das gleiche Prinzip wie in den Zeilen 10 bis 12. Hierbei handelt es sich aber um den Datentyp decimal. Das Suffix m der beiden Variablen decZahl1 und decZahl2 ist deshalb auch hier notwendig.

In den Zeilen 22, 25 und 28 werden die in den Variablen gespeicherten Werte voneinander subtrahiert. Es handelt sich im Prinzip immer um die gleiche Berechnung, aber mit verschiedenen Datentypen. Das jeweilige Ergebnis der drei Berechnungen unterscheidet sich jedoch je nach verwendetem Datentyp und der daraus resultierenden Genauigkeit.

Sie sehen, dass man die Verwendung von Datentypen gut überdenken muss. Bei systemkritischen Anwendungen greift man gerne auf die numerische Mathematik und hier speziell auf die Fehlerberechnung zurück. Hierbei unterscheidet man im Groben zwischen:

- verfälschten Eingabedaten
- Rundungsfehlern, die durch endliche Zahlendarstellungen verursacht werden
- Verfahrens- und Diskretisierungsfehlern
- echten Fehlern in numerischen Berechnungen

Der boolean-Typ

Der Datentyp boolean (auch als *boolescher Datentyp* bezeichnet) kann einen von 2 Werten annehmen, true oder false. Der Datentyp hat damit viel mit einem Bit zu tun, das eben auch nur zwei Werte einnehmen kann: 0 und 1. Man könnte meinen, dass deshalb für eine Variable vom Typ boolean nur 1 Bit im Arbeitsspeicher belegt wird. Auf Grund der besonderen Verwaltung des Arbeitsspeichers wird aber tatsächlich ein komplettes Byte reserviert, also ebenso viel Speicher wie beim Datentyp byte.

Den `boolean`-Datentyp findet man in einem Programm meist für Entscheidungen bei Bedingungen. Der `boolean`-Typ arbeitet nach der positiven Logik: Die logische 1 bedeutet wahr – `true` – und die logische 0 falsch – `false`.

3.6 Ist das der richtige Typ?

Im Allgemeinen bleibt es dem Programmierer überlassen, für welchen Datentyp er sich entscheidet. Bei der Wahl des richtigen Datentyps sollten Sie aber an die Zukunft denken, d.h., das Programm sollte auch dann noch einwandfrei funktionieren, wenn z.B. die Datenmenge, die gespeichert wird, im Laufe der Zeit immer größer wird. Hier wäre es ungeschickt, Datentypen zu verwenden, die irgendwann nicht mehr ausreichen. (Ihnen ist sicherlich das Jahr-2000-Problem gut in Erinnerung, das zum wesentlichen Teil daraus entstanden ist, dass in den betroffenen Programmen zu wenig Speicher für die Jahreszahl reserviert wurde. Entsprechend kostspielig waren die nachträglich durchgeführten Anpassungsarbeiten.)

Heutzutage haben wir in der Regel ausreichend Arbeitsspeicher und entsprechend schnelle Hardware, sodass man im Zweifelsfall lieber den Datentyp mit einem entsprechend größeren Wertebereich wählen sollte. Jedoch sollte auf keinen Fall zu großzügig mit Datentypen umgegangen werden. Wenn z.B. absolut sicher ist, dass eine Schleife nur 10 Mal durchlaufen wird, wäre es übertrieben, für die betroffene Variable einen `int`-Datentyp zu verwenden. Es ist zu überlegen, ob stattdessen nicht ein `short`-Typ oder sogar ein `byte`-Typ ausreicht. Ein weiterer Aspekt ist die Performance (Leistungsfähigkeit und Schnelligkeit) eines Programms. Da die Performance nicht nur von dem Prozessor abhängig ist, auf dem das Programm läuft, sondern auch von dem verwendeten und vorhandenen Arbeitsspeicher in einem Computer, muss man sich auch hier Gedanken machen, welche Datentypen man verwendet. Der Datentyp `long` ist langsamer als der Datentyp `int`, da beim Ersteren eine höhere Anzahl an Informationen verarbeitet werden. Daraus folgt auch, dass der `long`-Datentyp mehr Arbeitsspeicher als der `int`-Datentyp benötigt.

3.7 Implizite Konvertierungen

Implizite Konvertierungen findet man in zahlreichen Situationen. Meist werden sie unbewusst vom Programmierer eingesetzt und nicht weiter darüber nachgedacht. Hierbei kann es aber manchmal zu weniger schönen Nebeneffekten kommen. In der Tabelle unten erhalten Sie einen Überblick über die wichtigsten impliziten Konvertierungen.

von	in
sbyte	short, int, long, float, double oder decimal
byte	short, ushort, int, uint, long, ulong, float, double oder decimal
short	int, long, float, double oder decimal
ushort	int, uint, long, ulong, float, double oder decimal
int	long, float, double oder decimal
uint	long, ulong, float, double oder decimal
long	float, double oder decimal
char	ushort, int, uint, long, ulong, float, double oder decimal
float	double
ulong	float, double oder decimal

Tabelle 3.2: Implizite Typkonvertierung

Die implizite Konvertierung geschieht automatisch und kann zum Beispiel bei Gleitkommatypen zu einer Reduzierung der Genauigkeit bis hin zur Absolutwertdarstellung ohne Dezimalstellen führen.

3.8 Typumwandlung

Im strikten Gegensatz zur impliziten Konvertierung muss man bei der expliziten Konvertierung den Datentyp angeben, in den die Variable umgewandelt werden soll. Die Konvertierungsarten in der Programmiersprache C# hängen direkt von den Wertebereichen der verschiedenen Datentypen ab. Versucht man den Inhalt einer Variablen abzulegen, deren Datentyp einen größeren Wertebereich aufweist als die Zielvariable, gibt der Compiler eine Fehlermeldung aus.

```
int iZahl = 0;
short sZahl = 0;

sZahl = iZahl;
```

Die dadurch erzeugte Fehlermeldung lautet:

```
Implizite Konvertierung des Typs 'int' zu 'short' nicht möglich.
```

Variablen und Konstanten

Hier muss eine Typumwandlung der Variable iZahl vorgenommen werden. Die Variable iZahl muss durch eine explizite Konvertierungsanweisung, man spricht dabei von *casten* (wörtlich etwa »den Typ angeben«), in den richtigen Datentyp umgewandelt werden. Dabei schreibt man – in runde Klammern – den Datentyp, der erzeugt werden soll, vor die Variable.

Die Anweisung für die explizite Konvertierung bzw. für die Typumwandlung lautet z. B. folgendermaßen:

sZahl = (short) iZahl;

Fehler bei der expliziten Konvertierung

Wir wissen, dass alle Datentypen eine bestimmte Größe im Arbeitsspeicher beanspruchen. Somit wird klar, dass durch die Typumwandlung von Datentypen größerer Wertebereiche in kleinere Wertebereiche Fehler auftreten können.

Der Datentyp int beansprucht 4 Byte im Arbeitsspeicher, der Datentyp short dagegen 2 Byte. Was geschieht nun, wenn man einen Wert einer Variablen vom Typ int in eine Variable vom Typ short umwandeln und ablegen möchte? Das folgende Listing demonstriert die damit verbundene Problematik.

Listing 3.5: var5.cs – Konvertierungsprobleme

```
01: using System;
02
03: namespace Kap3
04: {
05
06:     class CProbleme
07:     {
08:         static void Main(string[] args)
09:         {
10:             int iZahl = 32768;
11:             short sZahl = 0;
12
13:             sZahl = (short)iZahl;
14
15:             Console.WriteLine("{0}",sZahl);
16:             Console.ReadLine();
17:         }
18:     }
19: }
```

-32768

Die Ausgabe ist vielleicht anders als erwartet, immerhin wurde der Wert gravierend verändert, aus 32768 wurde –32768. Hier muss man ein klein wenig tiefer in die interne Speicherverwaltung einsteigen. Die Variable iZahl ist vom Typ int.

Hierzu muss man wissen, dass bei vorzeichenbehafteten Datentypen wie int das erste Bit für das Vorzeichen verwendet wird, man spricht dabei von einem Vorzeichenbit.

Zunächst zum ursprünglichen int-Wert. Der Wert 32768 wird im Speicher durch 4 Byte repräsentiert, was so aussieht:

00000000 00000000 10000000 00000000

Der Wert ist positiv, das erste Bit – ganz links – lautet daher 0.

Der Datentyp short besitzt nur 2 Byte. Die ersten beiden Byte des 4-Byte-short-Werts werden daher bei der Typumwandlung ignoriert. Dies erscheint zunächst nicht weiter problematisch, sie enthalten scheinbar keine Information. Übrig bleibt die binäre Darstellung im Speicher

10000000 00000000

Da auch beim short-Datentyp das erste Bit für das Vorzeichen verwendet wird, ist aber nun ein negativer Wert entstanden, daher wurde aus dem ursprünglichen int-Wert der Wert -32768 vom Typ short. Man muss aber feststellen, dass es sich hierbei nicht direkt um einen Konvertierungsfehler handelt. Vielmehr ist die Ursache darin zu sehen, dass der gewählte Zieldatentyp zu klein ist, der höchste darstellbare short-Wert ist +32.767, es wurde aber versucht, den Wert +32.768 abzulegen. (Wenn Sie anstelle des short-Typs den ushort-Typ einsetzen, der auch nur zwei Byte aufweist, aber einen Wertebereich von 0 bis +65535, werden Sie feststellen, dass der richtige Wert +32.768 abgelegt wird.)

Für das Beispielprogramm gilt festzuhalten, dass das Ergebnis gravierend verändert wurde, ohne dass der Compiler eine Fehlermeldung ausgegeben hat. Bei der expliziten Konvertierung gilt im Allgemeinen eine prinzipiell einfache Regel. Wandelt man einen Wert in einen kleineren Typ um, werden alle Bits beginnend von rechts in den neuen Typ übernommen. Die anderen sog. Überlaufbits werden verworfen.

Vermeiden von Konvertierungsfehlern

Die Fehlerbehandlung in C# wird durch die Ausnahmebehandlung (engl. *Exception*) abgedeckt und in einem späteren Kapitel beschrieben. Da in der Programmierung Konvertierungsprobleme und Wertebereichsüberschreitungen zum Alltag gehören, gibt es in C# die Möglichkeit, solche Probleme zu überwachen. Oben haben wir gesehen, dass der Compiler keine Fehlermeldung ausgibt, wenn eine Bereichsüberschreitung durch die explizite Konvertierung ausgelöst wird. Wir müssen dem Compiler mitteilen, dass ein bestimmter Bereich in unserem Programm überwacht werden muss.

Konvertierungsfehler machen sich meist erst zur Laufzeit bemerkbar und sind für unerfahrene Programmierer nicht immer auf den ersten Blick zu erkennen. Wenn Sie auf der sicheren Seite sein möchten, können Sie alle Anweisungen, die Konvertierungen enthalten, in einen checked-Block nehmen. Mit der Zeit werden Sie eine gewisse Routine für Konvertierungen bekommen und den checked-Block nur dort einsetzen, wo er benötigt wird. Das nächste Listing zeigt Ihnen den Einsatz eines checked-Blocks.

Listing 3.6: var6.cs – checked

```
01: using System;
02:
03: namespace Kap3
04: {
05:
06:     class CUmwandlung
07:     {
08:         static void Main(string[] args)
09:         {
10:             int iZahl = 32768;
11:             short sZahl = 0;
12:             checked
13:             {
14:                 sZahl = (short)iZahl;
15:             }
16:             Console.WriteLine("{0}",sZahl);
17:             Console.ReadLine();
18:         }
19:     }
20: }
```

Um einen eventuellen Überlauf zu erkennen, wird die Anweisung, in der die Konvertierung ausgeführt wird, in einen checked-Block gekapselt. Der checked-Block überprüft während der Kompilierung den eingeschlossenen Block auf möglicherweise auftretende Fehler, die in der Laufzeit zu einem Programmabsturz führen könnten oder Ergebnisse verfälschen. Findet nun ein Überlauf statt, wird eine Ausnahme ausgelöst. Die Fehlermeldung, die Sie hier zur Laufzeit bekommen werden, lautet:

```
Unbehandelte Ausnahme:'System.OverflowException': Die arithmetische Operation hat
einen Überlauf verursacht.
```

An dieser Stelle stoppt das Programm und beendet sich. Um dies zu vermeiden, werden wir in einem späteren Kapitel noch ausführlich auf die Fehlerbehandlung eingehen. Wichtig zu wissen ist, dass die Überwachung von Konvertierungen nicht über Methodenaufrufe funktioniert.

3.9 Konstanten

Eine Konstante verhält sich prinzipiell genau wie eine Variable. Der einzige Unterschied ist, dass man eine Konstante nach ihrer Initialisierung nicht mehr verändern kann. In der Programmierung existieren zwei Arten von Konstanten: literale Konstanten (auch als echte, natürliche Konstanten bezeichnet) sowie symbolische Konstanten.

Literale Konstanten

Dieser Typ einer Konstanten wird durch seinen Wert repräsentiert. Literale Konstanten sind von Natur aus konstant und somit auch leicht als solche zu erkennen, da der Wert direkt im Quelltext in eingetippter Form zu finden ist. Beispiele für literale Konstanten sind:

```
int i = 1;
double d = 3.14;
char c = 'a';
string s = "Hallo .NET";
```

Im obigen Beispiel sehen Sie, dass neben Variablen auch literale und symbolische Konstanten einem bestimmtem Typ angehören. 1 ist ein Wert vom Typ `int` und 3.14 vom Typ `double`. Aber es sind nicht nur numerische Werte als Konstanten erlaubt, sondern auch ein Zeichen oder eine Zeichenkette, die man dann als Stringkonstanten bezeichnet. So ist der einzelne Buchstabe 'a' vom Typ `char` und »Hallo .NET« vom Typ `string`.

Wenn also eine Konstante genauso verwaltet wird wie eine Variable, wie kann man dann einer literalen Konstanten einen Datentyp zuweisen? Die Deklaration einer Variablen kennen wir bereits:

```
long iNumber = 50;
```

Variablen und Konstanten

Aus dieser Deklaration ist ersichtlich, welchen Datentyp die Variable iNumber aufweist, nämlich long. 50 liegt im Wertebereich des Datentyps long. Für uns bedeutet dies, dass in der Variablen iNumber der Wert 50 abgelegt wird. Der Wert 50 repräsentiert aber standardmäßig den Typ int, was aber durch die automatische implizite Konvertierung nicht weiter problematisch ist, wie Sie gleich sehen werden.

Literalen Konstanten werden ohne die Verwendung eines Spezifizierungs-Suffix Standardtypen zugewiesen. Standardmäßig werden die Zahlen im Bereich von -2.147.483.648 bis 2.147.483.647 als int deklariert, also auch der Wert 50 aus dem obigen Beispiel. Gleitkommawerte werden als double deklariert. Sehen wir uns einfach einmal die einzelnen Standardtypen an:

Listing 3.7: var7.cs – Typinformationen

```
01: using System;
02:
03: class CGetType
04: {
05:     public static void Main(string[] args)
06:     {
07:         Console.WriteLine("127-"+127.GetType());
08:         Console.WriteLine("255-"+255.GetType());
09:         Console.WriteLine("32767-"+32767.GetType());
10:         Console.WriteLine("32768-"+32768.GetType());
11:         Console.WriteLine("65535-"+65535.GetType());
12:         Console.WriteLine("2147483647-"+2147483647.GetType());
13:         Console.WriteLine("2147483648-"+2147483648.GetType());
14:         Console.WriteLine("9223372036854775807-"+9223372036854775807.GetType());
15:         Console.WriteLine("1.33-"+1.33.GetType());
16:         Console.WriteLine("90000000.3333333333-"+90000000.3333333333.GetType());
17:
18:         Console.ReadLine();
19:     }
20: }
```

```
127-System.Int32
255-System.Int32
32767-System.Int32
32768-System.Int32
65535-System.Int32
2147483647-System.Int32
2147483648-System.UInt32
9223372036854775807-System.Int64
1.33-System.Double
90000000.3333333333-System.Double
```

In den Zeilen 7 bis 15 verwendet das Programm *var7.cs* die Methode `GetType()`. Diese Methode liefert hier den Datentyp der Konstanten zurück.

Das Beispiel zeigt, dass für alle Werte im Wertebereich des `int`-Datentyps der Datentyp `int` als Standardtyp gewählt wird, auch wenn Sie einen Wert angeben, für den z.B. der `byte`-Datentyp ausreichen würde. Nur für Werte außerhalb des `int`-Datentyps – ab 2147483648 – werden entsprechend andere Datentypen mit größerem Wertebereich verwendet.

In der Regel sind alle Wertetypen, deren Wertebereich kleiner oder gleich dem Datentyp der Zielvariablen ist, konform, sodass der Compiler eine implizite Konvertierung durchführen kann. Sie können somit einen Wert vom Typ `int` in einer Variablen vom Typ `long` speichern:

```
int iZ1 = 50;
long lZ2 = 0;
lZ2 = iZ1;
```

Möchte man aber von den Standardtypen bei den literalen Konstanten abweichen und den Datentyp selbst festlegen, muss man spezielle Spezifizierungs-Suffixe verwenden, die Sie bereits aus den vorgehenden Abschnitten kennen (z.B. `L` für den Datentyp `long`).

Wir wissen nun, dass der Wert 50 als literale Konstante vom Typ `int` ist. Möchte man aber, dass die literale Konstante 50 vom Typ `long` ist, muss die Anweisung mit dem Spezifizierer folgendermaßen aussehen:

```
int lZ1 = 50L;
long lZ2 = 0L;
lZ2 = lZ1;
```

Die dritte Zeile führt zu einer Fehlermeldung, obwohl der Wert 50 im Wertebereich des Datentyps `int` liegt. 50L ist aber vom Typ `long`, weshalb die implizite Konvertierung nicht mehr funktioniert.

Symbolische Konstanten

Die Verwendung von literalen Konstanten funktioniert bei kleineren Programmen sehr gut. Für die Verwendung symbolischer Konstanten spricht aber, dass sie aussagekräftiger sind. Sie verstehen gerade in längeren Programmen besser, für was der Wert steht. Speziell, wenn ein und dieselben Werte mehrfach vorkommen, empfiehlt sich der Einsatz von symbolischen Konstanten: Möchten Sie den Wert einer Konstante nachträglich ändern, müssen Sie nicht mehrere Stellen im Quelltext bearbeiten, sondern nur die Stelle, an der die Konstante initialisiert wird.

Stellen Sie sich einmal vor, Sie schreiben ein sehr umfangreiches mathematisches Programm. Sie verwenden die Zahl 3.14 als Kreiszahl PI für Berechnungen und zufälligerweise taucht die Zahl 3.14 als cm-Wert für einen Seiteneinzug für den Ausdruck auf einem Drucker auf. Beim Testlauf Ihres Programms stellt man fest, dass die Rundungsfehler bei der Verwendung der Kreiszahl PI, also 3.14, zu groß sind und bittet Sie darum, die Kreiszahl PI auf 3.1415 zu ändern. Ersetzen Sie alle Werte 3.14 mit der Suchen- und Ersetzen-Funktion des Editors, haben Sie auch den Wert für den Seiteneinzug mitgeändert.

Viel eleganter ist die Verwendung von symbolischen Konstanten. Zur Deklarierung einer Konstanten gehen Sie so vor wie bei Variablen, setzen aber das Schlüsselwort const vor die Anweisung. Vergessen Sie auch nicht, dass bei Konstanten die Initialisierung zusammen mit der Deklaration innerhalb ein und derselben Anweisung erfolgen muss:

```
const float PI = 3.14f;
const float PGLEFT = 3.14f;
```

3.10 Aufzählungstyp

Der Aufzählungstyp hilft Ihnen, sortierte Konstanten in einem eigenen Typ zusammenfassen zu können. Unter sortierten Konstanten versteht man Daten, die einer bestimmten alltäglichen Bezeichnung untergeordnet sind. Beispiele dafür sind die Monate eines Jahres oder die Tage einer Woche. Der Aufzählungstyp gehört zur Gruppe der symbolischen Konstanten, die durch einen Namen einen bestimmten Wert repräsentieren. Der Standardtyp der Aufzählung ist der int-Datentyp.

Die Deklaration des Aufzählungstyps wird durch das Schlüsselwort enum erzeugt. Die sortierten Konstanten werden anschließend in einer geschweiften Klammer zusammengefasst, wobei Sie die Konstanten durch Kommata trennen. Ganz am Ende steht wie bei jeder C#-Anweisung ein Semikolon:

```
enum Jahr{Jan,Feb,Mrz,Apr,Mai,Jun,Jul,Aug,Sep,Okt,Nov,Dez};
```

enum deklariert hier einen neuen Typ namens Jahr, der die Aufzählung beinhaltet.

Jan, Feb, ... sind symbolische Konstanten, die – wenn keine Zuweisung erfolgt – automatisch beginnend mit 0 inkrementiert werden. So besitzt die symbolische Konstante Jan den Wert 0, Feb den Wert 1, Mrz den Wert 2, usw.

Möchte man aber mit einem bestimmtem Startwert einer Aufzählung beginnen, kann man dem ersten Element der Aufzählung einen Startwert zuweisen. Die nächsten Elemente besitzen dann um 1 inkrementierte Werte.

```
enum Jahr{Jan=1,Feb,Mrz,Apr,Mai,Jun,Jul,Aug,Sep,Okt,Nov,Dez};
```

Sind die Wertabstände der einzelnen Elemente aber größer als 1, ist es auch möglich, jedem Element einen Wert zuzuweisen.

```
enum TrackingNumber{OK=100,Unterwegs=200,Empfangen=300};
```

Das folgende Listing zeigt Ihnen die Verwendung des Aufzählungstyps.

Listing 3.8: *var8.cs – Aufzählung mit enum*

```
01: using System;
02:
03: namespace Kap3
04: {
05:     enum Woche
06:     {
07:         Montag = 1,
08:         Dienstag,
09:         Mittwoch,
10:         Donnerstag,
11:         Freitag,
12:         Samstag,
13:         Sonntag,
14:         Fehler = 500
15:     };
16:
17:     class CAufzaehlung
18:     {
19:         static void Main(string[] args)
20:         {
21:             Console.WriteLine(Woche.Montag + ":"
                            + Convert.ToInt32(Woche.Montag));
22:             Console.WriteLine(Woche.Dienstag + ":" +
                            Convert.ToInt32(Woche.Dienstag));
23:             Console.WriteLine(Woche.Mittwoch + ":" +
                            Convert.ToInt32(Woche.Mittwoch));
24:             Console.WriteLine(Woche.Donnerstag + ":" +
                            Convert.ToInt32(Woche.Donnerstag));
25:             Console.WriteLine(Woche.Freitag + ":" +
                            Convert.ToInt32(Woche.Freitag));
26:             Console.WriteLine(Woche.Samstag + ":" +
                            Convert.ToInt32(Woche.Samstag));
27:             Console.WriteLine(Woche.Sonntag + ":" +
                            Convert.ToInt32(Woche.Sonntag ));
28:             Console.WriteLine(Woche.Fehler + ":" +
                            Convert.ToInt32(Woche.Fehler));
29:
```

Variablen und Konstanten

```
30:          Console.ReadLine();
31:      }
32:  }
33: }
```

Montag:1
Dienstag:2
Mittwoch:3
Donnerstag:4
Freitag:5
Samstag:6
Sonntag:7
Fehler:500

Die Zeilen 5 bis 15 deklarieren einen Aufzählungstyp mit dem Schlüsselwort enum. Da der Aufzählungstyp standardmäßig von 0 aus zu zählen beginnt, weise ich dem ersten Element Montag den Startwert 1 zu. Die symbolische Konstante Dienstag hat somit den Wert 2, Mittwoch den Wert 3 usw.

Eine Ausnahme wird in Zeile 14 gemacht. Hier weise ich der symbolischen Konstante Fehler den Wert 500 zu.

Die Zeilen 21 bis 28 geben mit der Methode Console.WriteLine() die einzelnen Elemente der Aufzählung als Namen sowie die zugehörigen numerischen Werte, durch den die Elemente repräsentiert werden, aus.

Convert.ToInt32 wandelt den Wochentag in einen 32-Bit-Integerwert um. Eine weitere Möglichkeit wäre hier die Verwendung eines (int)-Präfix, der die Umwandlung ebenfalls vornimmt und eine übersichtlichere Darstellung ermöglicht:

```
Console.WriteLine(Woche.Montag + ":" + (int)Woche.Montag);
```

3.11 Escape-Sequenzen

Zum Schluss noch ein kleiner Exkurs zu den sog. Escape-Sequenzen, die in der Praxis sehr praktisch sind. Escape-Sequenzen sind spezielle Zeichen, die Sie innerhalb von Stringkonstanten verwenden. Mit den Escape-Sequenzen können Sie Zeilenumbrüche realisieren oder Textausgaben allgemein formatieren. Außerdem helfen die Escape-Sequenzen bei Darstellungs- bzw. Formatierungsproblemen im Quellcode. Angenommen Sie möchten in einer Stringkonstante ein doppeltes Anführungszeichen darstellen. Im Quellcode bedeutet dies, dass der String hiermit beendet ist und es damit zu einer Fehlermeldung kommt:

```
string sName = "Hallo, ich heiße "Strasser""
```

Um hier Fehlermeldungen zu vermeiden, müssen Sie eine spezielle Escape-Sequenz verwenden. Der Compiler erkennt dieses spezielle Zeichen und setzt dann dafür ein doppeltes Anführungszeichen ein:

```
string sName = "Hallo, ich heiße \"Strasser\""
```

Die Syntax einer Escape-Sequenz sieht so aus: ein Backslash (\) gefolgt von einem Buchstaben, der die Formatierung beschreibt. Die anschließende Tabelle listet einige wichtige Escape-Sequenzen auf:

Escape-Sequenz	Beschreibung
\n	Neue Zeile
\t	Tabulator
\b	Backspace
\«	Doppelte Anführungszeichen (")
\'	Einfaches Anführungszeichen (')
\\	Backslash (\)

Tabelle 3.3: Escape-Sequenzen

Das folgende Listing zeigt die Verwendung der Escape-Sequenz, die in eine neue Zeile umbricht.

```
using System;

namespace Kap3
{
   class CEscSeq
   {
      static void Main(string[] args)
      {
         Console.WriteLine("Erste Zeile \n Zweite Zeile");

         Console.ReadLine();
      }
   }
}
```

```
Erste Zeile
Zweite Zeile
```

3.12 Zusammenfassung

Die Verarbeitung und Manipulation von Daten sollten Sie immer mit einem gewissen Respekt behandeln. In diesem Kapitel haben Sie die wesentlichen Gefahren und Fehlerquellen kennen gelernt, die bei der Formatierung von Daten, bei Wertebereichsüberschreitungen und bei der Datentypkonvertierung existieren. Sie sollten sich immer Gedanken über den geeigneten Datentyp machen, bevor Sie diesen im Programm einsetzen. Vergessen Sie auch nicht, Variablen nach der Deklaration zu initialisieren. Machen Sie Gebrauch von symbolischen Konstanten, wo es Sinn ergibt.

3.13 Workshop

Der Workshop enthält Quizfragen, die Ihnen helfen sollen, Ihr Wissen zu festigen, und Übungen, die Sie anregen sollen, das eben Gelernte umzusetzen und eigene Erfahrungen zu sammeln. Versuchen Sie, das Quiz und die Übungen zu beantworten und zu verstehen, bevor Sie zur Lektion des nächsten Tages übergehen.

Fragen und Antworten

F   *Warum verwendet man bei Ganzzahlen nicht immer den Datentyp* long, *um Wertebereichsüberschreitungen weitgehend auszuschließen?*

A   Bei den heutigen Computern ist das grundsätzlich kein Problem, diesen Lösungsansatz zu wählen. Der Grund liegt vielmehr darin, dass Ihr Programm nicht das einzige ist, das auf einem Rechner läuft. Wenn ein Wertebereich eines short-Typs ausreicht, sollte man nicht unnötigerweise einen long-Typ verwenden. Die Frage der Performance der Programme wird heute und in Zukunft eine große Rolle spielen. Stellen Sie sich einmal vor, dass ein Server 10 Programme gleichzeitig ausführt. Angenommen, jedes Programm verarbeitet durchschnittlich 500 Ganzzahlwerte; insgesamt sind dies 5.000 Ganzzahlwerte. Ein short-Typ belegt 2 Byte im Arbeitsspeicher, ein long-Typ dagegen 4 Mal so viel, also 8 Byte. Bei Einsatz des long-Typs ergibt das einen Arbeitsspeicherverbrauch von immerhin 40.000 Byte, mit short werden lediglich 10.000 Byte belegt. Wenn man grundsätzlich Speicher verschenkt, addieren sich derartige Unterschiede. Nebenbei sind Datentypen mit kleinerem Wertebereich in der Regel effizienter; das Programm wird schneller ausgeführt.

F   Was sind hexadezimale Zahlen und welchen Vorteil bieten sie gegenüber dezimalen Zahlen?

A   Im täglichen Leben rechnen wir normalerweise mit dem Dezimalsystem. Das Dezimalsystem hat die Basis 10 (0,1,2,3,4,5,6,7,8,9,10,...). Das hexadezimale Zahlensystem hat eine Basis von 16. Erst ab der 16. Ziffer wird die Zahldarstellung zweistellig (0,1,2,3,4,5,6,7,8,9,A,B,C,D,E,F,10,...). Für binäre Darstellungen und Berechnungen ist das hexadezimale Zahlensystem wie geschaffen, da die Basis 16 eine Zweierpotenz ist (2^4) und damit ausgezeichnet mit der binären Darstellung des Computers harmoniert. Mit einer hexadezimalen Ziffer lassen sich 16 Werte codieren, was 2^4 entspricht, also 4 Bit. Dies ist exakt ein halbes Byte. Daraus folgt, dass sich ein Byte durch 2 Hexziffern darstellen lässt, z.B. FF für binär 1111 1111. Im dezimalen System benötigen Sie dagegen bis zu 3 Ziffern, z.B. 255 für den Wert 1111 1111. Hexadezimale Werte und Binärwerte lassen sich einfach umrechnen; für jede Hexziffer kann der zugehörige 4-Bit-Wert eingesetzt werden. Hexadezimal F5A0 entspricht damit binär 1111 0101 1010 0000. Umrechnungen vom und in das Dezimalsystem sind dagegen viel aufwändiger.

Quiz

1. Welche Variablennamen sind zulässig?

   ```
   7Tage
   _specialOrder
   Postleitzahl
   Eingang.Daten
   Ausgang_Daten
   decimal
   Bez Name
   Fläche
   ```

2. Welche Deklarationen sind zulässig?

   ```
   int 123;
   char Buchstabe;
   long lZahl1, lZahl2;
   int iZahl1, long iZahl2;
   bool bWahl1 bWahl2;
   short Arg = 7 + 7;
   ```

3. Wird folgendes Listing ausgeführt, oder wird eine Fehlermeldung ausgegeben?

   ```
   static void Main()
   {
      int iZahl = 0;
      string sAlter = "27 Jahre";
   ```

Variablen und Konstanten

```
    iZahl = Convert.ToInt32(sAlter);
    Console.WriteLine(iZahl);
}
```

Übungen

1. Mit welchen Datentypen würden Sie folgende Variablennamen deklarieren?

    ```
    Vorname,
    Alter,
    Groesse,
    Augenfarbe,
    Gewicht,
    Geschlecht
    ```

2. Deklarieren Sie eine Konstante, die den Wert von PI auf 4 Dezimalstellen abbildet.

3. Deklarieren Sie einen Aufzählungstyp, der die Tageszeiten Morgen, Mittag, Abend und Mitternacht enthält.

4. Deklarieren und initialisieren Sie eine Variable `decimal` vom Typ `decimal` mit dem Wert 7,3.

Tag 4

Ausdrücke, Anweisungen und Operatoren

Ausdrücke, Anweisungen und Operatoren

C#-Programme bestehen aus Anweisungen. Diese Anweisungen wiederum setzen sich aus Ausdrücken und Operatoren zusammen. Das Wichtigste hierbei ist das Wissen, wie diese Anweisungen, Ausdrücke und Operatoren miteinander zusammenarbeiten und verknüpft werden.

Heute lernen Sie

- den Unterschied zwischen Ausdruck und Anweisung,
- welche Operatoren C# bereitstellt,
- die Einteilung der Rangfolge von Operatoren,
- wie man Quellcode am besten darstellt,
- wie die if-else-Anweisung arbeitet.

4.1 Anweisungen

Ein Programm wird durch verschiedene Anweisungen gesteuert. Anweisungen werten aber auch Ausdrücke aus (siehe Abschnitt 4.5), die das Programm weiterverarbeiten kann. Hierfür stehen ein Vielzahl von Operatoren – z.B. +, - und * – zur Verfügung.

Eine Anweisung, die man sehr oft in einem Programm sieht, ist die Zuweisung der Inhalte von zwei verschiedenen Variablen in eine Variable, die zu diesem Zweck durch einen Operator miteinander verknüpft werden:

```
a = b o c;
```

Das Zeichen o repräsentiert hier den Operator, der die beiden Variablen b und c miteinander verknüpft. Setzen Sie den entsprechenden Operator ein. Beispiele für Operatoren sind das Additionszeichen (+) und das Subtraktionszeichen (-). Das Ergebnis der Verknüpfung von b und c wird in der Variablen a gespeichert.

4.2 Whitespaces

Neben Anweisungen, Ausdrücken, Operatoren und Kommentaren kommen noch weitere Zeichen im Quelltext vor. Diese Zeichen nennt man *Whitespaces* (wörtlich etwa: »blasse Leerzeichen«) und werden in erster Linie zur sauberen, übersichtlichen Gestaltung des Quelltextes verwendet. Sie haben sicher bereits davon ausgiebig Gebrauch gemacht, ohne sich vielleicht dessen bewusst zu sein.

Immer, wenn Sie Zeilen einrücken und dazu die Tabulatortaste betätigen oder Zeilen mit der Eingabetaste umbrechen, werden Whitespaces eingefügt. In der Regel sind diese Zeichen nicht auf dem Bildschirm sichtbar, wobei sich die meisten Editoren auch so konfigurieren lassen, dass Whitespaces angezeigt werden (meist durch schwache Punkte oder Pfeile).

Zu den Whitespaces gehören das Leerzeichen und alle Zeichen, die ebenfalls Abstände erzeugen, v.a. der Tabulator und der Zeilenwechsel.

Da die Whitespaces in erster Linie zur Formatierung des Quelltextes dienen, werden sie zunächst einmal vom Compiler ignoriert. Hier sehen Sie einige Beispiele, wie Sie Anweisungen mit Hilfe von Whitespaces formatieren können.

```
a=b+c;
a = b + c;
a =    b + c;
a =
       b + c;
```

Alle Anweisungen bewirken das Gleiche. In der ersten Zeile wurden alle Zeichen nebeneinander geschrieben, was keinen besonders gut lesbaren Code ergibt. In den beiden darauffolgenden Zeilen wurden die Variablen und Operatoren durch Whitespaces optisch voneinander getrennt, was einen deutlich übersichtlicheren Code erzeugt. Im vierten Beispiel wurde die Verwendung von Whitespaces etwas übertrieben (zusätzlicher Zeilenumbruch), sodass die Lesbarkeit der Anweisung darunter leidet.

Sie sollten ausgiebig Gebrauch von Whitespaces machen, um Anweisungen, Blöcke und andere Elemente in Ihrem Quelltext einzurücken und anderweitig optisch zu trennen, damit der Code übersichtlich bleibt und gut lesbar ist.

Whitespaces werden jedoch nicht in allen Fällen vom Compiler ignoriert. Verwenden Sie Leerzeichen und Tabulatoren innerhalb eines Strings (Datentyp string) oder Characters (char), werden diese Zeichen Bestandteil der Daten, die im String bzw. Character gespeichert werden. Beispielsweise wird im String »Hello .NET« ein Leerzeichen zwischen den beiden Wörtern »Hello« und ».NET« gespeichert.

Die beiden folgenden Anweisungen haben das gleiche Resultat, wenngleich in der zweiten Anweisung Zeilenumbrüche in den Methodename *Console.WriteLine* (diese Methode gibt Text auf die Konsole aus) eingefügt wurden. Die Zeilenumbrüche ändern ausschließlich die Formatierung des Quelltextes. Nur das Leerzeichen im String »Hallo .NET« wird ausgegeben:

```
Console.WriteLine
            ("Hallo .NET");

Console.
      WriteLine
            ("Hallo .NET");
```

Im Übrigen dürfen Sie innerhalb eines Strings oder Characters nur das Leerzeichen und den Tabulator verwenden:

```
Console.WriteLine("Hello→   .NET");
```

Im Beispiel werden die beiden Wörter durch den Tabulator – hier symbolisch durch einen Pfeil (→) dargestellt – auseinander gerückt, wobei im Vergleich zum normalen Leerzeichen ein deutlich größerer Horizontalabstand erzielt wird.

Zeilenvorschübe dürfen jedoch nicht innerhalb eines Strings oder Characters verwendet werden:

```
Console.WriteLine("Hallo
            .NET");
```

Hier wurde innerhalb eines Strings in die nächste Zeile umbrochen, wodurch Sie folgende Fehlermeldung erhalten.

```
) wird erwartet
; wird erwartet
Zeilenvorschub in Konstante
```

Was ist aber, wenn Sie bei der Ausgabe bewusst einen Zeilenumbruch erzeugen möchten? In diesem Fall verwenden Sie das Escape-Zeichen \n, das Sie ja bereits aus dem Kapitel 3 kennen (siehe Abschnitt 3.11).

Sie sehen, dass nicht alle Arten von Whitespaces ignoriert werden. Mit der Zeit werden Sie aber ein Gespür dafür entwickeln, wie und wo Sie Whitespaces verwenden können und dürfen.

4.3 Leeranweisungen

Im Laufe der Zeit, wenn Sie andere C#-Programme zu Gesicht bekommen, wird Ihnen hier und da ein einsames Semikolon in einer Zeile auffallen. Solche Anweisungen nennt man Leeranweisungen. Man sieht sie zum Beispiel in for-Schleifen. Sie führen nichts aus. Der Sinn einer Leeranweisung wird Ihnen in den späteren Kapiteln bewusst werden. An dieser Stelle soll der Hinweis genügen, dass es sie gibt und dass sie in der Programmiersprache C# zulässig sind. Ein kleines Beispiel für eine zulässige Leeranweisung sehen Sie hier.

```
for (a = 0; a < 10; Console.WriteLine(a++))
    ;
```

4.4 Verbundanweisung und Blöcke

Im ersten Kapitel schilderte ich die Notwendigkeit von Blöcken, um die Übersichtlichkeit in einem Programm zu erhöhen. Solche Blöcke werden auch Verbundanweisungen genannt und fassen eine Gruppe von Anweisungen in einer geschweiften Klammer zusammen. Ein Block beginnt immer mit einer öffnenden geschweiften Klammer »{« und endet mit einer schließenden geschweiften Klammer »}«. Das folgende Beispiel zeigt Ihnen einen solchen Block.

```
{
   Console.WriteLine("{");
   Console.WriteLine("Hello");
   Console.WriteLine(".NET");
   Console.WriteLine("}");
}
```

Blöcke sieht man in der Programmierung in verschiedener Art und Weise:

```
{   Anweisung;
    Anweisung;
}

{
Anweisung;
Anweisung;
}
```

```
{EineEinzelneAnweisung;}
```

Alle diese Arten von Blöcken sind zulässig und werden in der Praxis verwendet. Die Unterschiede liegen ausschließlich in der Formatierung des Quelltextes, also was Einrückungen und Zeilenumbrüche angeht.

Ich möchte Ihrer Kreativität keinen Riegel vorschieben, aber gewöhnen Sie sich eine der oben gezeigten Blockdarstellungen an und erfinden Sie keine eigene Darstellungsart. Diese dargestellten Blockanweisungen werden Sie in den meisten Programmen wieder finden.

> Sollten Sie irgendwann einmal ein fremdes Programm erweitern oder ändern, so führen Sie die Formatierung bzw. Darstellung so weiter, wie sie der Entwickler des Programms eingeführt hat. Es gibt kaum etwas Schlimmeres in einem Quellcode als eine uneinheitliche Darstellungsart.

4.5 Ausdrücke

Ein Ausdruck kann ein Bestandteil einer Anweisung sein. Letztendlich sind Ausdrücke auch als Anweisungen zu sehen. In C# ist alles, was einen Wert zurückgibt und aus mindestens einem Element (z.B. Zahlenwert oder Variable) besteht, ein Ausdruck. Kurz gesagt: Alles was einen Wert zurückliefert ist ein Ausdruck, und da gibt es in C# praktisch unbegrenzt viele Möglichkeiten.

So liefern symbolische bzw. literale Konstanten und Variablen Ausdrücke zurück. Hier sehen Sie einige Beispiele von derartigen Minimalausdrücken:

```
1.1        //liefert 1.1 - literale Konstante
PI.........//liefert 3.14 - symbolische Konstante (definiert)
x..........//liefert einen beliebigen Wert zurück - Variable
```

Das obere Beispiel zeigt Ausdrücke, die leicht erkennbar sind. Die folgende Anweisung besitzt vier Ausdrücke.

```
a = b + c;
```

Natürlich sind die drei Variablen auch Ausdrücke, die jeder für sich einen Wert beinhalten, den man – bevor die Anweisung ausgeführt wird – z.B. mit dem Debugger auswerten kann. Wo findet man aber den vierten Ausdruck? Die Anweisung selbst ist ein Ausdruck, da sie den Wert der Addition von b und c liefert. Lassen Sie sich nicht davon irritieren; das nächste Beispiel wird Ihnen Klarheit verschaffen.

Wenn a = b + c eine Anweisung ist und zugleich ein Ausdruck, da a = b + c einen Wert zurückliefert, dann müsste auch folgende Anweisung Gültigkeit haben.

```
z = a = b + c;
```

Stimmt, auch diese Anweisung ist zulässig, da a = b + c ebenfalls ein Ausdruck ist.

Beinhaltet b den ganzzahligen Wert 5 und c den ganzzahligen Wert 4, so ist klar, dass a den ganzzahligen Wert 9 repräsentiert, sofern alle Variablen mit dem Datentyp int deklariert worden sind. Der Ausdruck a = b + c beinhaltet auch den ganzzahligen Wert 9. Somit repräsentiert die Variable z ebenfalls den Wert 9.

a beinhaltet in diesem Beispiel die Addition der Variablen b und c. Der Wert von a ist immer die Summe der beiden Variablen b und c und somit auch der Wert, den die Variable z repräsentiert.

Hinsichtlich der Reihenfolge, in der Ausdrücke bewertet werden, spielt die Rangfolge »Punkt vor Strich« eine große Rolle; die Ihnen noch hinlänglich aus der Schulzeit bekannt sein dürfte. Man spricht dabei von der Rangfolge der Operatoren. Es werden also nicht alle Ausdrücke gleichrangig bewertet, sondern zuerst die Multiplikationen (Operator *) und Divisionen (/) ausgewertet und dann anschließend die Additionen (+) und Subtraktionen (-).

```
z = a * b + c;
```

Der Ausdruck a * b liefert hier einen Wert zurück, der anschließend mit dem Wert der Variablen c addiert wird, wodurch die gesamte Anweisung wieder zu einem Ausdruck wird.

4.6 Operatoren

Operatoren ermöglichen es, einen Ausdruck, eine Anweisung bzw. mehrere Ausdrücke und Anweisungen miteinander zu verknüpfen. In den vorangegangenen Abschnitten sind Ihnen bereits diverse Operatoren begegnet. Die Ausdrücke bzw. Anweisungen, die durch einen Operator miteinander verknüpft werden, nennt man Operanden. Das folgende Beispiel zeigt Ihnen eine einfache Verknüpfung anhand einer Addition.

```
a = b + c;
```

Das Pluszeichen (das Symbol für die Addition) ist hier der Operator; die beiden Variablen b und c (Elemente der Verknüpfung) stellen die Operanden dar. In C# gibt es eine Vielzahl solcher Operatoren:

- Zuweisungsoperator
- Mathematische Operatoren
- Restwertoperator
- Dekrement- und Inkrementoperatoren
- Zusammengesetzte Operatoren
- Vergleichsoperatoren
- Logische Operatoren
- Bedingungsoperator
- Kommaoperator

4.7 Zuweisungsoperator

Den Zuweisungsoperator haben wir schon des Öfteren verwendet. Das Symbol für den Zuweisungsoperator ist das Gleichheitszeichen »=«. Verwechseln Sie aber den Zuweisungsoperator in C# nicht mit dem Gleichheitszeichen, das in Formelsammlungen zu finden ist und zwei Variablen miteinander gleichsetzt oder vergleicht. Zum Vergleich von Werten gibt es in C# einen anderen Operator, den wir später kennen lernen werden.

Möchte man in C# einen Wert einer Variablen in eine andere Variable schreiben, so weist man die Variable einer anderen zu. Das sieht folgendermaßen aus:

```
a = b;
```

a gleich b bedeutet aber nicht, dass die beiden Variablen identisch im Wert sind, sondern dass der Wert der Variablen b in die Variable a geschrieben wird. Erst nach Durchführung dieser Zuweisung haben die beiden Variablen den gleichen Wert.

4.8 Mathematische Operatoren

Wir alle kennen die Grundrechnungsarten und deren Operatoren. Hierzu zählen:

- Addition
- Subtraktion
- Multiplikation
- Division
- (Vorzeichen)

Die allgemeine Schreibweise der mathematischen Verknüpfungen sieht folgendermaßen aus.

```
a = b o c;
```

Schreiben wir eine kleine Anwendung mit den Operatoren »+« und »-«. Das Programm fragt zwei numerische Werte vom Benutzer über die Konsole ab. Nach Eingabe dieser wird eine Berechnung durchgeführt und das Ergebnis ausgegeben.

Listing 4.1: aao1.cs – mathematische Operatoren

```
01: using System;
02:
03: namespace Kap4
04: {
05:     class CAddSub
06:     {
07:         static void Main(string[] args)
08:         {
09:             int iSumme = 0;
10:             int iDifferenz = 0;
11:             int iOperand1 = 0;
12:             int iOperand2 = 0;
13:
14:             iOperand1 = Convert.ToInt32(Console.ReadLine());
15:             iOperand2 = Convert.ToInt32(Console.ReadLine());
16:
```

```
17:            iSumme = iOperand1 + iOperand2;
18:            iDifferenz = iOperand1 - iOperand2;
19:
20:            Console.WriteLine("{0} + {1} = {2}",iOperand1,
                                  iOperand2, iSumme);
21:
22:            Console.WriteLine("{0} - {1} = {2}",iOperand1,
                                  iOperand2, iDifferenz);
23:
24:            Console.ReadLine();
25:        }
26:    }
27: }
```

3
5

3 + 5 = 8
3 - 5 = -2

In Zeile 7 beginnt der Hauptteil des Programms mit dem Funktionsaufruf Main(). In den Zeilen 9 bis 12 werden die Variablen, die in diesem Programm verwendet werden, deklariert und initialisiert. Die Zeilen 14 und 15 fragen zunächst die Werte vom Benutzer ab, die in die Konsole eingegeben werden. Es sollen Ganzzahlberechnungen durchgeführt werden; da aber die Konsole nur mit dem Datentyp string arbeitet, müssen die eingegebenen Werte noch in das richtige Format umgewandelt werden. Die Convert-Klasse bietet verschiedene Möglichkeiten der Datentypkonvertierung. In diesem Programm wird der eingegebene Wert in einen 32-Bit-Integer-Wert umgewandelt. Die unterschiedlichen angebotenen Methoden richten sich nach dem Wertebereich und der Notwendigkeit:

- ToInt16() – 16 Bit Integer
- ToInt32() – 32 Bit Integer
- ToInt64() – 64 Bit Integer

In Zeile 17 werden die beiden Variablen iOperand1 und iOperand2 miteinander addiert und der Ausdruck iOperand1 + iOperand2 der Variablen iSumme zugewiesen. In Zeile 18 werden die beiden Variablen iOperand1 und iOperand2 voneinander subtrahiert und der Ausdruck der Variablen iDifferenz zugewiesen. Die Zeilen 21 und 22 geben den Ausdruck der Verknüpfung und das Ergebnis dieser Verknüpfung auf die Konsole aus.

Ausdrücke, Anweisungen und Operatoren

Die Addition und die Subtraktion sind recht trivial, abgesehen davon, dass man aus der Konsole nur den string-Datentyp erhält und die Werte für die weitere Verarbeitung umwandeln bzw. konvertieren muss.

Nicht ganz so einfach ist die Division. Hier muss man auf einiges achten. Kritisch sind v.a. die Division durch Null und das Verhalten von C# bei der Division von Ganzzahlen.

Listing 4.2: aao2.cs – mathematische Operatoren

```
01: using System;
02:
03: namespace Kap4
04: {
05:     class CMulDiv
06:     {
07:         static void Main(string[] args)
08:         {
09:             int iErg1 = 0;
10:             int iErg2 = 0;
11:             int iOperand1 = 0;
12:             int iOperand2 = 0;
13:
14:             iOperand1 = Convert.ToInt32(Console.ReadLine());
15:             iOperand2 = Convert.ToInt32(Console.ReadLine());
16:
17:             iErg1 = iOperand1 * iOperand2;
18:             iErg2 = iOperand1 / iOperand2;
19:
20:             Console.WriteLine("{0} * {1} = {2}",iOperand1,
                                 iOperand2, iErg1);
21:
22:             Console.WriteLine("{0} / {1} = {2}",iOperand1,
                                 iOperand2, iErg2);
23:
24:             Console.ReadLine();
25:         }
26:     }
27: }
```

```
5
3
5 * 3 = 15
5 / 3 = 1
```

Bis zur Zeile 16 verhält sich das Programm wie das vorige. In der Zeile 17 wird eine Multiplikation der beiden Variablen iOperand1 und iOperand2 durchgeführt und das Ergebnis in der Variablen iErg1 gespeichert. In Zeile 18 wird die Division durchgeführt. Diese Zeile betrachten wir nun genauer.

Alle drei Variablen dieser Anweisung sind vom Datentyp Integer. Wie wir bereits wissen, hat der Integertyp keine Nachkommastellen, er verarbeitet nur Ganzzahlen. Die Division von 3 durch 4 ergibt normalerweise – wenn mit Gleitkommazahlen gerechnet wird – 0.75. Im Beispiel erhält man aber den Wert 0. Da die Nachkommastellen vom Integertyp ignoriert werden, wird alles hinter dem Dezimalpunkt abgeschnitten. Wichtig zu wissen ist, dass keine Fehlermeldung vom Compiler oder vom Programm ausgegeben wird. So kann es leicht zu stark verfälschten Ergebnissen kommen, wenn man dies nicht beachtet. In diesem Fall sollten Sie einen anderen Datentyp wie zum Beispiel float wählen. Kritisch sind ferner Divisionen durch Null; wenn Sie als zweiten Wert eine 0 eingeben, wird eine DivideByZeroException (wörtlich »Division durch Null«-Ausnahme) ausgelöst, da die Division durch Null mathematisch nicht definiert ist. Divisionen durch Null müssen entweder vermieden oder – wenn sie auftreten – entsprechend behandelt werden. Über die Ausnahmebehandlung erfahren Sie in der dritten Woche mehr.

4.9 Modulo, der Restwertoperator

Der Modulo-Operator liefert den Rest einer Division mit ganzen Zahlen zurück. So ergibt 5 modulus 4 den Wert 1, da bei der Division von 5 durch 4 der Wert 1 übrigbleibt. Der Modulo-Operator wird in C# durch das Zeichen % repräsentiert.

Es gibt eine Reihe von Anwendungsfällen, bei denen der Modulo-Operator eingesetzt werden kann. Angenommen, Sie möchten einen Datenbestand zeilenweise ausgeben und nach jeder 10. Zeile eine Zwischenlinie erzeugen, um eine bessere optische Trennung zu erreichen. In diesem Fall können Sie eine Berechnung von *Zeilennummer* modulus 10 durchführen. Wenn die Zeilennummer durch 10 geteilt wird, geht diese Division in jeder 10. Zeile ohne Restwert auf – Sie erhalten als Ergebnis 0 und können auf 0 abfragen. Immer wenn 0 zurückgeliefert wird, geben Sie eine Zwischenlinie aus. Ein Entwurf eines solchen Algorithmus könnte folgendermaßen aussehen:

```
AktuelleZeile % 10

...
95 % 10 -> 5
96 % 10 -> 6
```

```
 97 % 10 -> 7
 98 % 10 -> 8
 99 % 10 -> 9
100 % 10 -> 0 -> Ausgabe einer Linie
...
```

Der Modulo-Operator arbeitet nur mit ganzen Zahlen und akzeptiert daher keine Gleitkommazahlen. Dies kann man sich z.B. bei der Division von Ganzzahlen zu Nutze machen, indem man neben dem eigentlichen Ergebnis der Division auch den Divisionsrest weiterverarbeitet. Das folgende Programm liest zwei ganze Zahlen ein und dividiert die erste Zahl durch die zweite Zahl. Der Rest der Division wird mit dem Modulo-Operator »%« berechnet.

```
01: using System;
02:
03: namespace Kap4
04: {
05:     class CModulo
06:     {
07:         static void Main(string[] args)
08:         {
09:             int dividend;
10:             int divisor;
11:
12:             Console.WriteLine("Geben Sie den Dividenden ein: ");
13:             dividend = Convert.ToInt32(Console.ReadLine());
14:
15:             Console.WriteLine
                    ("Geben Sie den Divisor ein (keine 0): ");
16:             divisor = Convert.ToInt32(Console.ReadLine());
17:
18:             Console.WriteLine("{0} / {1}",dividend, divisor);
19:             Console.WriteLine("Ergebnis: {0}",dividend / divisor);
20:             Console.WriteLine("Der Rest der Division ist {0}",
                    dividend % divisor);
21:
22:             Console.ReadLine();
23:         }
24:     }
25: }
Geben Sie den Dividenden ein: 3
Geben Sie den Divisor ein (keine 0): 2
3 / 2
Ergebnis: 1
Der Rest der Division ist 1
```

4.10 Inkrement- und Dekrement-Operatoren

In Schleifen oder bedingten Wiederholungen wird meistens eine Variable als Zählervariable, ein sog. Counter, eingesetzt. Dieser hat die Aufgabe, seinen Wert bei jedem Durchlauf um 1 zu erhöhen oder zu verringern. Diesen Vorgang des Erhöhens nennt man inkrementieren und das Gegenteil, nämlich den Wert um eins zu verringern, dekrementieren. In C# finden sich spezielle Operatoren für solche Operationen.

So gibt es verschiedene Möglichkeiten, den Wert einer Variablen um eins zu erhöhen oder um eins zu verringern.

```
a = a + 1;
b = b - 1;

a++;
b--;

++a;
--b;
```

Die erste Art, den Wert einer Variablen um eins zu verändern, ist uns schon bekannt. Bei `a = a + 1` wird der aktuelle Wert der Variable a um eins erhöht und wieder in die Variable a geschrieben. Die gleiche Vorgehensweise wird bei `b = b - 1` verwendet, nur dass hier der Wert um eins verringert wird.

Die anderen vier Beispiele a++, b–, ++a, –a führen prinzipiell die gleichen Aktionen aus – inkrementieren und dekrementieren. Diese Darstellungsart bzw. die Art dieser Operatoren nennt man unäre Operatoren[1]. Unäre Operatoren wirken nur auf einen Operanden.

Was ist aber der Unterschied zwischen a++ und ++a bzw. b– und –b? Wenn sie als einzelne Anweisung in einer Zeile stehen, ist zunächst kein Unterschied feststellbar. Nur in Kombination mit einer erweiterten Anweisung ergibt sich ein Unterschied, dazu gleich mehr. Erst einmal führen wir einige Begriffe ein:

Steht der unäre Operator ++ bzw. – vor einer Variablen, so spricht man von Präfix-Inkrement-Operator bzw. Präfix-Dekrement-Operator.

```
++a;
--b;
```

Befindet sich der unäre Operator ++ bzw. – dagegen nach einer Variablen, so spricht man von Postfix-Inkrement-Operator bzw. Postfix-Dekrement-Operator.

```
a++;
b--;
```

---

[1] Unär kommt aus dem Lateinischen und bedeutet *einteilig*. Unäre Operatoren werden auch als monadische Operatoren bezeichnet.

Ausdrücke, Anweisungen und Operatoren

Die Präfix-Semantik in C# bedeutet, dass der Wert der Variablen zuerst inkrementiert bzw. dekrementiert wird und danach ausgelesen werden kann. Die Postfix-Semantik besagt, dass der Wert der Variablen nach dem Auslesen inkrementiert bzw. dekrementiert wird.

```
int a = 1;
int b = ++a;

int c = 1;
int z = c++;
```

Das nächste Beispiel verdeutlicht die Post-Präfix-Semantik in der Programmiersprache C#.

Listing 4.3: aao3.cs – Inkrement /Dekrement

```
01: using System;
02:
03: namespace Kap4
04: {
05:     class CIncDec
06:     {
07:         static void Main(string[] args)
08:         {
09:             int a = 1;
10:             int b = 0;
11:             int c = 1;
12:             int z = 0;
13:
14:             b = ++a;
15:             z = c++;
16:
17:             Console.WriteLine("präfix: {0} ", b);
18:             Console.WriteLine("postfix:{0}", z);
19:
20:             b = --a;
21:             z = c--;
22:
23:             Console.WriteLine("präfix: {0} ", b);
24:             Console.WriteLine("postfix:{0}", z);
25:
26:             Console.ReadLine();
27:
28:         }
29:     }
30: }
```

```
präfix: 2
postfix:1
präfix: 1
postfix:2
```

In Zeile 14 wird die Präfix-Semantik auf die Variable a mit dem unären Operator ++ angewendet. Die Variable a beinhaltet den Wert 1, der in der Deklaration in Zeile 9 mit dem Wert 1 initialisiert wurde. Der Inhalt der Variable a wird, bevor sie der Variable b zugewiesen wird, inkrementiert. Die Variable b besitzt nun den Wert 2.

Anders in Zeile 15, wo die Postfix-Semantik auf die Variable c mit dem unären Operator ++ angewendet wird. Die Variable c beinhaltet ebenfalls den Wert 1, der in der Deklaration in Zeile 11 initialisiert wurde. Jetzt sehen Sie den Unterschied zur Präfix-Semantik. Der Inhalt der Variable c wird der Variable z zugewiesen und danach inkrementiert. Das bedeutet, dass die Variable z den Wert 1 besitzt und nicht den Wert 2.

Das gleiche Prinzip geschieht in den Zeilen 20 und 21 mit dem Unterschied, dass der unäre Operator -- verwendet wird, sodass die Inhalte dekrementiert werden.

4.11 Zusammengesetzte Operatoren

Programmierer gelten meist als äußerst schreibfaul und vereinfachen häufig alles, was nur möglich ist. Das betrifft auch einige Operatoren, die man häufig verwendet. Es kommt z. B. häufig der Fall vor, dass Werte addiert werden und das Additionsergebnis einer Variablen zugewiesen wird. Das folgende Beispiel bildet das 5-er-Einmaleins in der Summendarstellung ab.

```
iErg = 5;            //1 * 5 = 5
Console.WriteLine(iErg);
iErg = iErg + 5;     //2 * 5 = 10
Console.WriteLine(iErg);
iErg = iErg + 5;     //3 * 5 = 15
Console.WriteLine(iErg);
...
```

Sie sehen, dass eine Menge an Schreibarbeit geleistet werden muss, um die ersten zehn Berechnungen im Quellcode abzubilden. In C# gibt es die Möglichkeit, die Schreibweise abzukürzen, falls mit einer Variablen eine Berechnung durchgeführt und das Ergebnis wieder derselben Variable zugewiesen wird. So kann man statt

```
iErg = iErg + 5;
```

Ausdrücke, Anweisungen und Operatoren

auch

iErg += 5;

schreiben. Analysieren wir einmal folgendes Beispiel

```
01: using System;
02:
03: namespace Kap4
04: {
05:     class CDemo
06:     {
07:         static void Main(string[] args)
08:         {
09:             int a = 1;
10:             int b = 0;
11:             int c = 0;
12:             int z = 4;
13:
14:             b = a += 4;
15:             Console.WriteLine(b);
16:             c -= 4;
17:             Console.WriteLine(c);
18:             z *= 5;
19:             Console.WriteLine(z);
20:             z /= 5 + a ;
21:             Console.WriteLine(z);
22:             b %= 4 ;
23:             Console.WriteLine(b);
24:
25:             Console.ReadLine();
26:
27:         }
28:     }
29: }
```

```
5
-4
20
2
1
```

In Zeile 14 wird der Wert von a, der zu Beginn des Programms den Wert 1 besitzt, um 4 erhöht und der Variablen b zugewiesen. Somit beinhalten die Variablen a und b den Wert 5. In der Zeile 15 wird die Variable b ausgegeben. In Zeile 16 wird der Variablen c der Wert 4 abgezogen. Somit enthält die Variable c den Wert -4. Die Variable z beinhaltet den Wert 4, der in der Zeile 18 mit 5 multipliziert wird. Die Variable z weist somit den Wert 20 auf. In der Zeile 20 wird eine Division mit der Variablen z durchgeführt. Zunächst einmal gilt ja Punkt vor Strich, die Division müsste also vor der Addition erfolgen. Schreibt man die Division der Zeile 20 in der ursprünglichen, anscheinend nur längeren Form, so kann man Folgendes erkennen.

```
z = z / 5 ;
```

Das wäre in unserem Fall 20 / 5 = 4. Und 4 + a = 4 + 5 = 9. Das ist aber nicht das Ergebnis, das in der Konsole zu sehen ist, ausgegeben wird 2! Hier muss man Acht geben. z /= 5 + a ist nicht das Gleiche wie z = z / 5 + a ! Der Wert, der in der Variablen a steht (also 5), wird im ersten Fall mit der Zahl 5 addiert und anschließend wird die Division vollzogen. Man erhält somit das Ergebnis von 20/10 = 2.

In der Zeile 22 wird der Modulo-Operator eingesetzt. Der Wert der Variablen b ist 5 und der Rest von 5 / 4 ergibt 1. Dieser Wert wird auch wieder in die Variable b geschrieben.

4.12 Rangfolge und Klammern

Möchte man in C# Berechnungen durchführen, sollte man über die Rangfolge der Operatoren Bescheid wissen. In der Regel kann man auf das Wissen der Mathematikstunden in der Schule zurückgreifen.

```
a = 5 + 4 * 2;
```

Wie steht es nun in C# mit der Rangfolge der Operatoren? Wird zuerst der Term 5 + 4 berechnet und dann mit dem Faktor 2 multipliziert?

```
a = 9 * 2;
```

Oder wird die Regel, die wir aus der Schulzeit kennen – Punkt vor Strich – angewendet?

```
a = 5 + 8;
```

Wie bereits in den vorigen Abschnitten angedeutet, gilt bei den Grundrechnungsarten in C# die Regel Punkt vor Strich, das Ergebnis lautet damit 4*2+5=8+5=13. Somit besitzt der Operator * eine höhere Rangfolge als der Operator +. In C# gibt es aber noch weitere Operatoren, sodass man mit der Regel Punkt vor Strich alleine nicht weiterkommt. Hierbei gilt eine genau festgelegte Priorität der Operatoren, nach der Berechnungen durchgeführt werden. Einige davon finden Sie in der folgenden Tabelle, wobei die Priorität von oben nach unten abnimmt.

unäre	+ - ++ --
multiplikative	* / %
additive	+ -

Wie die Tabelle zeigt, stehen die unären Operatoren an erster Stelle. Hierzu zählen nicht nur die Inkrement- und Dekrementoperatoren, sondern auch die Vorzeichenoperatoren.

Die multiplikativen Operatoren kommen an zweiter Stelle. Lassen Sie sich nicht durch das Wort multiplikativ verwirren. Man kann nämlich jede Division auch als Multiplikation ausdrücken. So ist

```
z = a / b;
```

äquivalent zu

```
z = a * 1 / b;
```

Die additiven Operatoren kommen in der Rangfolge zum Schluss. Bei der Bezeichnung der Rangfolge gilt wieder das gleiche Prinzip wie oben. Man kann den Ausdruck

```
z = a - b;
```

auch als

```
z = a + -b;
```

schreiben. Betrachten wir noch einmal das Beispiel von oben.

```
z = a * 1 / b;
```

Dieser Ausdruck enthält mehrere Operatoren mit der gleichen Priorität. Hier gilt eine einfache Regel. Befinden sich wie in diesem Beispiel mehrere multiplikative Operatoren in einem Ausdruck, so wird das Ergebnis von links nach rechts ausgewertet. Das bedeutet, dass hier zuerst das Ergebnis der Multiplikation a * 1 berechnet und anschließend das Ergebnis durch den Wert der Variablen b geteilt wird.

Die Analyse des folgenden Listings verdeutlicht die Auswirkungen der Rangfolge von Operatoren.

```
01: using System;
02:
03: namespace Kap4
04: {
05:     class CDemo
06:     {
07:         static void Main(string[] args)
08:         {
09:             int a = 10;
10:             int b = 5;
11:             int c = 2;
12:             int z = 0;
13:
14:             z = a * 1 / b;
15:             z = a + -b;
16:
```

```
17:            z = b / c * a;
18:            z = a * b % 20;
19:
20:            z = a++ * b - a;
21:            z = ++a * b - a;
22:
23:            Console.ReadLine();
24:        }
25:    }
26: }
```

Beginnen wir in der Zeile 14. Hier handelt es sich nur um multiplikative Operatoren, die die gleiche Priorität besitzen. Zuerst wird das Ergebnis von a * 1 berechnet und anschließend durch den Wert der Variablen b dividiert. Der Inhalt der Variablen z ist somit der Wert 2.

In Zeile 15 sehen wir einen additiven und einen unären Operator. Die unären Operatoren liegen in der Priorität über den additiven Operatoren und werden somit zuerst berechnet. Der unäre Vorzeichenoperator kehrt das Vorzeichen des Inhalts der Variablen b um. Steht hier eine negative Zahl, so wird der Wert positiv und umgekehrt. Anschließend wird der Wert der Variablen b mit der Variablen a addiert. Somit enthält der Inhalt der Variablen z den Wert 10 + -5 = 10 - 5 = 5.

Die Zeilen 17 und 18 folgen den Regeln, die in der Zeile 14 beschrieben wurden. Erst einmal zu Zeile 17: Der Wert der Variablen z in Zeile ist 20. Sollte b / c nicht 2.5 ergeben? Hier ist jedoch zu beachten, dass mit einem Integer-Datentyp gearbeitet wird, sodass die Nachkommastellen ignoriert werden; daher lautet das Ergebnis nicht 2.5, sondern 2 (was zum Ergebnis 2 * 10 = 20 für z führt). Zu Zeile 18: Das Ergebnis der Variable z ist der Wert 5 * 10 % 20 = 50 % 20 = 10. Hier kann man sehr schön erkennen, dass Operatoren gleicher Priorität von links nach rechts verknüpft werden.

Die Zeilen 20 und 21 sind schon ein wenig delikater. Hier existieren unäre, multiplikative und additive Operatoren. Zunächst zur Zeile 20:

z = a++ * b - a;

Unäre Operatoren haben die höchste Priorität. a++ inkrementiert in Zeile 20 den Wert, aber erst nachdem der Wert ausgelesen wurde. Es handelt sich hier um die Postfix-Notation. Der Wert der Variablen a ist in diesem Fall 10 (und nicht etwa 11) und wird mit der Variablen b multipliziert (10*5=50). Erst nach dieser Operation wird a um eins erhöht.

Nun wird vom Ergebnis 50 der Wert a abgezogen, a hat aber jetzt den Wert 11, weil a nach dem Auslesen inkrementiert wurde. Somit ergibt sich 50 - 11 = 39. Nun zur Zeile 21:

z = ++a * b - a;

Hier besitzt die Variable a zunächst einmal weiterhin den Wert 11. Da jetzt aber die Präfix-Notation verwendet wird (++a), wird der Wert bereits vor dem Auslesen inkrementiert, hat also dann den Wert 12. Damit ergibt sich 12 * 5 - 12 = 60 - 12 = 48.

Die Berechnung von Ausdrücken wird in C# mittels der Rangfolge von Operatoren gesteuert. Was ist aber, wenn man seine Berechnung selbst steuern möchte? Hier gibt es die Möglichkeit, indem man den bevorzugten Ausdruck in runde Klammern setzt. Klammern setzen die Reihenfolge, mit der Variablen verknüpft werden, außer Kraft, unabhängig davon, welcher Operator eingesetzt wird. Versuchen wir einmal im folgenden Beispiel, die Priorität zugunsten der Addition zu verändern.

```
z = a++ * b - a;
```

Wenn der Inhalt der Variablen a den Wert 10 besitzt und b den Wert 5, so wissen wir schon aus dem vorhergehenden Listing, dass z den Wert 39 erhält. Wenn wir nun die Priorität zugunsten der Addition verändern wollen, müssen wir um den Ausdruck b - a eine Klammer setzen.

```
z = a++ * ( b - a );
```

Was denken Sie, wie das Ergebnis für die Variable z lautet? Greifen wir einmal auf unser Wissen zurück. C# wertet Ausdrücke in der Regel von links nach rechts aus. Die multiplikative Verknüpfung der Variablen b zu der Variablen a++ wurde durch die Klammerstellung aufgehoben und somit der gesamte Ausdruck b - a multiplikativ verknüpft. In der Variablen a steht der Wert 10, der mit dem Ausdruck b - a multipliziert wird. Der Ausdruck b - a enthält aber die Variable a, die natürlich zuvor um eins inkrementiert wurde. So ergibt sich der Ausdruck:

```
z = 10 * ( 5 - 11);
```

Bevor die Multiplikation stattfindet, wird der Klammerausdruck ausgewertet.

```
z = 10 * -6;
```

Der Inhalt der Variablen z ist somit der Wert -60.

4.13 Vergleichsoperatoren

Die Vergleichsoperatoren haben die Aufgabe, Ausdrücke miteinander zu vergleichen und damit Abfragen zu beantworten. Jede Abfrage hat aber eine gravierende Einschränkung, sie liefert als Ergebnis ausschließlich ja oder nein. So ist es nicht möglich, eine Frage zu stellen wie zum Beispiel »In welchem Verzeichnis liegt die Datei mit dem Namen xyz.txt ?«. Aber Sie können eine Routine schreiben, die folgende Frage beantworten kann – »Liegt die Datei mit dem Namen xyz.txt in diesem Verzeichnis?«.

Solche Ausdrücke können mit Hilfe von Vergleichsoperatoren bearbeitet werden. C# arbeitet mit der positiven Logik. So ergibt eine Frage, die mit ja beantwortet wird, als Ergebnis *true* (wahr); eine Frage, die als Ergebnis nein hat, dagegen *false* (falsch).

Die folgende Tabelle zeigt eine Aufstellung der Vergleichsoperatoren mit Beispielen dazu. Der Wert der Variablen a ist 10, der von b ist 5.

Operator		Beispiel		Ergebnis
gleich	==	a gleich b?	a == b	0 , false
ungleich	!=	a ungleich b?	a != b	1 , true
größer	>	a größer b?	a > b	1 , true
kleiner	<	a kleiner b?	a < b	0 , false
größer gleich	>=	a größer oder gleich b?	a >= b	1 , true
kleiner gleich	<=	a kleiner oder gleich b?	a <= b	0 , false

Tabelle 4.1: Vergleichsoperatoren

Verwechseln Sie nicht den Zuweisungsoperator »=« mit dem Vergleichsoperator »==«!

Wird einer Variablen ein Wert zugewiesen, um zum Beispiel Berechnungen durchführen zu können, dann verwenden Sie den Zuweisungsoperator. Hierbei wird der Inhalt der Variablen manipuliert. Der Inhalt der Variablen a besitzt hier den Wert 5:

```
a = 5;
```

Vergleicht man dagegen eine Variable mit einem Wert oder einer anderen Variable, um zum Beispiel danach Entscheidungen treffen zu können, verwendet man den Vergleichsoperator. Hierbei wird der Inhalt der Variable nicht manipuliert.

```
a == 10;
```

Der Inhalt der Variablen besitzt den Wert 5 und nicht den Wert 10. Hierbei liefert der gesamte Ausdruck ein false zurück.

4.14 if-Anweisung

Programme, die ausschließlich eine Anweisung nach der anderen ausführen, wären in der Praxis für die typischen Problemstellungen, die es zu lösen gilt, kaum zu brauchen – ihnen würde eine gewisse (künstliche) Intelligenz fehlen. Um aber von einem Programm Entscheidungen treffen lassen zu können, bedarf es spezieller Anweisungen, die in der so genannten Ablaufsteuerung zusammengefasst werden. Die Ablaufsteuerung werden wir in einem späteren Kapitel noch genauer durcharbeiten.

Eine Verzweigung im Programmablauf besitzt mindestens eine Bedingung und aus dieser Bedingung eine resultierende Anweisung. Das Ergebnis oder der Wert einer Bedingung kann nur zwei Zustände enthalten, true oder false.

Der Zustand innerhalb der Ablaufsteuerung resultiert aus der positiven Logik. Ist der Wert der Bedingung wahr bzw. true, dann werden die Anweisungen ausgeführt, die im Verzweigungsblock stehen. Ist der Wert der Bedingung aber falsch bzw. false, werden die Anweisungen im Verzweigungsblock ignoriert.

Die einfachste Art und Weise, eine Entscheidung in einem Programm ausführen zu lassen, ist die if-Anweisung. Die Syntax dieser Verzweigung sieht folgendermaßen aus:

```
if(Bedingung)
   Anweisung;
```

oder

```
if(Bedingung)
{
   Anweisungen;
   ...;
   ...;
}
```

Stehen in einem Verzweigungsblock mehrere Anweisungen, spricht man von einer Verbundanweisung. Ist die Bedingung erfüllt, werden alle in der Verbundanweisung enthaltenen Anweisungen ausgeführt.

> Die if-Anweisung wird nicht mit einem Semikolon beendet.

if-Anweisungen werden in der Programmierung grundsätzlich in Verbindung mit Ausdrücken eingesetzt, die miteinander verglichen werden. Das folgende Listing zeigt den Einsatz von if-Anweisungen.

Listing 4.4: aao4.cs – Vergleichsoperatoren

```
01: using System;
02:
03: namespace Kap4
04: {
05:    class CVergl
```

```
06:    {
07:        static void Main(string[] args)
08:        {
09:            int a = 0;
10:            int b = 0;
11:
12:            Console.WriteLine
                   ("Geben Sie einen Integerwert ein. a= ");
13:            a = Convert.ToInt32(Console.ReadLine());
14:
15:            Console.WriteLine
                   ("Geben Sie einen Integerwert ein. b= ");
16:            b = Convert.ToInt32(Console.ReadLine());
17:
18:            if(a == b)
19:            {
20:                Console.WriteLine("a({0}) == b({1})",a,b);
21:            }
22:
23:            if(a > b)
24:            {
25:                Console.WriteLine("a({0}) > b({1})",a,b);
26:            }
27:
28:            if(a < b)
29:            {
30:                Console.WriteLine("a({0}) < b({1})",a,b);
31:            }
32:
33:            Console.ReadLine();
34:        }
35:    }
36: }
```

Geben Sie einen Integerwert ein. a=
7
Geben Sie einen Integerwert ein. b=
9
a(7) < b(9)

Das Programm entscheidet, ob die erste Zahl, die Sie eingeben, größer, kleiner oder gleich der zweiten eingegebenen Zahl ist. Abhängig von den eingegebenen beiden Werten wird eine der drei Bedingungen erfüllt und die nachstehende Anweisung ausgeführt; das Ergebnis des Vergleichs wird dabei in die Konsole ausgegeben.

Im Einzelnen geschieht Folgendes: In Zeile 12 fordert das Programm den Benutzer auf, einen Integerwert einzugeben, der dann in Zeile 13 eingelesen und in einen 32-Bit-Integerwert umgewandelt wird. Diese Zahl wird der Variablen a zugewiesen. In Zeile 15 und 16 wird das gleiche Prinzip wie in den Zeilen 12 und 13 verwendet, wobei der Wert der zweiten Eingabe der Variablen b zugewiesen wird.

Besitzen die beiden eingegebenen Zahlen den gleichen Wert, wird die Bedingung in Zeile 18 erfüllt und die Anweisung in Zeile 20 ausgeführt. Ist der Wert der ersten Zahl, die in der Variablen a gespeichert wurde, größer als der Wert in der Variablen b, so wird die Bedingung in Zeile 23 erfüllt und die Anweisung in Zeile 25 abgearbeitet. Ist die erste eingegebene Zahl kleiner als die zweite, so wird die Bedingung in Zeile 28 erfüllt und die Anweisung in Zeile 30 ausgeführt.

4.15 else-Klausel

Wir kennen jetzt die if-Anweisung, die uns hilft, in einem Programm nach gewissen Kriterien Entscheidungen treffen zu lassen. Tritt eine Bedingung ein, so werden die Anweisungen im Anweisungsblock abgearbeitet.

Die Anweisungen in einer else-Klausel werden ausgeführt, wenn die Bedingung der if-Anweisung nicht erfüllt wird. Die else-Klausel wird auch als Alternativzweig bezeichnet. Zum einen erhöht die else-Klausel die Lesbarkeit einer if-Anweisung, zum anderen möchte und kann man in größeren Programmen nicht alle Bedingungsfälle berücksichtigen.

Die Syntax einer if-else-Anweisung sieht folgendermaßen aus:

```
if(Bedingung)
    Anweisung1;
else
    Anweisung2;
```

oder

```
if(Bedingung)
{
    Anweisungen;
    ...;
    ...;
}
else
{
    Anweisungen;
    ...;
    ...;
}
```

Das folgende Listing zeigt die Verwendung einer if-else-Anweisung. Der Ablauf des Programms ist so gehalten, dass bei einem Bestellwert unter 100 Euro die Portokosten von 5 Euro zum Bestellwert addiert werden. Ab einem Bestellwert von 100 Euro werden die Portokosten vom Versender übernommen. Außerdem wird ein Rabatt vom hundertsten Teil des Bestellwertes subtrahiert.

Listing 4.5: aao5.cs – Verwendung von if-else

```
01: using System;
02:
03: namespace Kap4
04: {
05:    class CElse
06:    {
07:       static void Main(string[] args)
08:       {
09:          int iBstWert = 0;
10:          int iPorto = 5;
11:
12:          Console.WriteLine("Geben Sie den Bestellwert ein.");
13:          iBstWert = Convert.ToInt32(Console.ReadLine());
14:
15:          if(iBstWert < 100)
16:          {
17:             iBstWert += iPorto;
18:          }
19:          else
20:          {
21:             iBstWert -= (iBstWert / 100);
22:          }
23:
24:          Console.WriteLine("Gesamtsumme:{0}",iBstWert);
25:
26:          Console.ReadLine();
27:       }
28:    }
29: }
```

```
Geben Sie den Bestellwert ein.
70
Gesamtsumme:75

Geben Sie den Bestellwert ein.
110
Gesamtsumme:109
```

Die Zeilen 12 und 13 kennen wir bereits aus den vorhergehenden Beispielen. Hier wird der Bestellwert als Integer-Typ eingelesen und in das richtige Format umgewandelt. In Zeile 15 wird überprüft, ob der Bestellwert unter 100 Euro liegt. Ist das der Fall, also die Bedingung iBstWert < 100 erfüllt, so werden die Portokosten von 5 Euro in Zeile 17 zum Bestellwert addiert. Zeile 17 verwendet für die Addition einen zusammengesetzten Operator.

Enthält die Variable iBstWert einen Wert größer gleich 100 Euro, so liefert die Bedingung in der if-Anweisung den Wert false und das Programm setzt den Ablauf in Zeile 19 fort. Alle Bestellungen, die den Bestellwert von 99 Euro übersteigen, werden in Zeile 21 abgearbeitet. In Zeile 24 wird die zu zahlende Gesamtsumme ausgegeben.

4.16 Darstellungsarten und Verschachtelung

Es ist grundsätzlich jedem Programmierer freigestellt, wie er seinen Quellcode formatiert. Wenn Sie aber einen Quellcode schreiben, den Sie nach einigen Monaten noch lesen und verstehen möchten oder in einem Entwicklungsteam arbeiten, sollten Sie sich an einige Regeln halten. Die Arten der Darstellung, die in den vorangegangenen Beispielen in Verbindung mit der if-Anweisung bzw. mit der if-else-Anweisung gezeigt wurden und deren Möglichkeiten der Verschachtelung gelten bei allen Programmblöcken. Dazu gehören auch Schleifen wie while, do while, for usw., aber auch der Aufbau von Klassen und Namespaces.

Die Darstellung von Quellcode ist ein wichtiger Bestandteil in der Programmierung. Hier werden die drei häufigsten Arten gezeigt und beschrieben.

```
using System;

namespace NsX{
   class Class1{
      static void Main(string[] args){
         Anweisungen
      }
   }
}
```

Diese Art der Blockdarstellung ist platzsparend und trotzdem noch sehr gut lesbar. Manche Programmierer stört die abgesetzte geschweifte Klammer (wie wir sie bisher eingesetzt haben und die auch im folgenden Quellcode zu sehen ist); sie wählen deshalb diese Darstellungsart. Man sollte aber hier schon eine gewisse Übung besitzen.

```
using System;

namespace NsX
```

```
{
   class Class1
   {
      static void Main(string[] args)
      {

      }
   }
}
```

In diesem Fall werden die Blöcke, in denen die weiteren Anweisungen stehen, abgesetzt. Der Nachteil dieser Darstellungsart ist, dass sich die Zeilenanzahl deutlich erhöht. In dieser Darstellungsart ist aber die Zugehörigkeit der Anweisungen sehr gut erkennbar.

```
using System;

namespace NsX
    {
        class Class1
        {
            static void Main(string[] args)
            {

            }
        }
    }
```

Diese Art der Darstellung weicht von der vorigen Darstellung nur durch die Einrückung der Blöcke ab. Der Nachteil dieser Darstellungsart ist, dass sich die Zeilenlänge erhöht. Hat man sehr viele hierarchisch abgesetzte Blöcke im Quellcode, muss man häufig horizontal scrollen, um die komplette Zeile zu erfassen, wodurch die Lesbarkeit beeinträchtigt wird.

Sollten Sie einmal das Problem haben, dass wichtige Teile des Quellcodes zu weit rechts stehen, sodass Sie laufend horizontal scrollen müssen, können Sie einen Block auch ausrücken – ganz an den linken Rand. Häufig wird dann im Block ein Kommentar mit dem Inhalt <- eingefügt, der symbolisiert, dass der folgende, ausgerückte Block eigentlich in der Hierarchie optisch hierhin gehört, entsprechend wird das Ende der Ausrückung erneut durch einen Kommentar <- gekennzeichnet. Das folgende Beispiel zeigt einen solchen Fall.

```
namespace NsX
    {
        class Class1
        {
            static void Main(string[] args)
            {
                if(Bedingung)
                {//<-
```

```
if(Bedingung)
{
    ...
}
...
            }//<-
        }
      }
    }
```

Oftmals besitzt ein Anweisungsblock nur exakt eine Anweisung, die bei einer Bedingung ausgeführt wird. In diesem speziellen Fall ist es einem freigestellt, ob der Block mit geschweiften Klammern abgesetzt wird.

```
if(Bedingung)
{
    Anweisung1;
}
Anweisung2;
```

ist gleichbedeutend mit:

```
if(Bedingung)
    Anweisung1;
Anweisung2;
```

In beiden Fällen wird die Anweisung1 ausgeführt, wenn die Bedingung erfüllt ist. Anweisung2 wird immer ausgeführt, da sie nicht zum Anweisungsblock der Bedingung gehört.

Verzweigungen lassen sich auch beliebig verschachteln.

```
if(Bedingung1)
    Anweisung1;
else
    if(Bedingung2)
        Anweisung2;
Anweisung3;
```

Im obigen Beispiel enthält die else-Klausel eine weitere Verzweigung, die die Anweisung2 ausführt, falls Bedingung2 erfüllt ist. Anweisung3 wird immer abgearbeitet.

4.17 Logische Operatoren

Bedingungen sind ebenfalls Ausdrücke, die man mit einzelnen Ausdrücken kombinieren kann. Logische Operatoren dienen dazu, mehrere Vergleiche in einer Bedingung auf einmal auszuführen.

Stellen Sie sich einmal ein Login-System vor, in dem man sich nur werktags einloggen kann. Hierbei müssen drei Kriterien erfüllt werden. »Ist der heutige Tag ein Werktag UND existiert der Benutzer im System UND stimmt das Passwort?« Um solche Ausdrücke auswerten zu können, stehen uns drei logische Operatoren zur Verfügung.

Operator		Beispiel
AND (und)	&&	Ausdruck1 && Ausdruck2
OR (oder)	||	Ausdruck1 || Ausdruck2
NOT (nicht)	!	!Ausdruck

Tabelle 4.2: Die logischen Operatoren

Die logische Anweisung AND vergleicht zwei Ausdrücke und wertet die Verknüpfung nach folgenden Regeln aus – Ausdruck1 && Ausdruck2

Ausdruck1	Ausdruck2	Ergebnis
true	true	true
true	false	false
false	true	false
false	false	false

Tabelle 4.3: Ergebnistabelle der AND-Verknüpfung

Bei einer Bedingung, in der zwei Ausdrücke mit einem logischen AND verknüpft werden, müssen beide Ausdrücke erfüllt sein, damit der Anweisungsblock ausgeführt wird.

Die logische Anweisung OR vergleicht zwei Ausdrücke und wertet die Verknüpfung nach folgenden Regeln aus – Ausdruck1 || Ausdruck2

Ausdrücke, Anweisungen und Operatoren

Ausdruck1	Ausdruck2	Ergebnis
true	true	true
true	false	true
false	true	true
false	false	false

Tabelle 4.4: Ergebnistabelle der OR-Verknüpfung

Bei einer Bedingung, in der zwei Ausdrücke mit einem logischen OR verknüpft werden, muss mindestens einer der beiden Ausdrücke erfüllt werden, damit der Anweisungsblock ausgeführt wird.

Die logische Anweisung NOT negiert einen oder mehrere Ausdrücke – ! bOK.

Ausdruck	Ergebnis
true	false
false	true

Tabelle 4.5: Ergebnistabelle der NOT-Verknüpfung

Stellen Sie sich vor, Sie müssen ein Programm entwickeln, welches die verschiedenen Temperaturstufen von Fieber hinsichtlich der Einteilung leicht – stark – normal auswertet. Sie benötigen dazu logische Operatoren, die Ihnen die Zuteilung in diese Bereiche ermöglicht.

Listing 4.6: aao6.cs – logische Operatoren

```
01: using System;
02:
03: namespace Kap4
04: {
05:     class CTemperatur
06:     {
07:         static void Main(string[] args)
08:         {
09:             int iTemp = 0;
10:
11:             Console.WriteLine("Körpertemperatur:");
12:             iTemp = Convert.ToInt32(Console.ReadLine());
13:
```

```
14:         if(iTemp < 36)
15:             Console.WriteLine("Unterkühlung");
16:         if(iTemp > 35 && iTemp < 38)
17:             Console.WriteLine("Normal");
18:         if(iTemp > 37 && iTemp < 40)
19:             Console.WriteLine("Leichtes Fieber");
20:         if(iTemp > 39)
21:             Console.WriteLine("Starkes Fieber");
22:
23:         Console.ReadLine();
24:     }
25: }
26: }
```

Körpertemperatur:
34
Unterkühlung

Körpertemperatur:
36
Normal

Körpertemperatur:
38
Leichtes Fieber

Körpertemperatur:
40
Starkes Fieber

Das Prinzip der Zeilen 11 und 12 kennen wir bereits aus den vorherigen Beispielen. In der Integer-Variablen iTemp steht die eingegebene Temperatur, die von der Konsole eingelesen wurde.

Machen wir in der Zeile 16 weiter. Hier werden zwei Ausdrücke durch den logischen &&-Operator miteinander verknüpft, die einen bestimmten Temperaturbereich zwischen 36 und 37 Grad darstellen. Nur wenn beide Ausdrücke erfüllt werden und den Wert true zurückliefern, wird die Anweisung Console.WriteLine("Normal") ausgeführt. Das gleiche Prinzip wird auch in Zeile 18 angewandt.

Ein kleiner Tipp zum Schluss. Bevor Sie sich in tief verschachtelten if-Anweisungen verirren, verwenden Sie die logischen Operatoren.

4.18 Bedingungsoperator

Eine einfache if-else-Anweisung kann man auch mit dem Bedingungsoperator realisieren. Verwenden Sie diesen aber nur bei einfachen Ausdrücken, da ansonsten die Lesbarkeit des Quellcodes reduziert wird. Der Bedingungsoperator »? :« gehört zur Gruppe der ternären[2] Operatoren. Das Fragezeichen (?) leitet dabei den Ausdruck ein, der ausgeführt werden soll, wenn die Bedingung erfüllt ist. Der Doppelpunkt kennzeichnet den Beginn des Ausdrucks, der abgearbeitet werden soll, wenn die Bedingung nicht erfüllt ist. Die if-else-Anweisung

```
if(Bedingung1)
    Anweisung1;
else
    Anweisung2;
```

kann damit auch

```
Bedingung1 ? Ausdruck1 : Ausdruck2;
```

geschrieben werden. Das folgende Beispiel zeigt die Verwendung des Bedingungsoperators und die programmtechnisch zugehörige if-else-Anweisung.

Listing 4.7: aao7.cs – Bedingungsoperator

```
01: using System;
02:
03: namespace Kap4
04: {
05:     class CBed
06:     {
07:         static void Main(string[] args)
08:         {
09:             int iZ1 = 0;
10:             int iZ2 = 0;
11:             int iZ3 = 0;
12:
13:             Console.WriteLine("Zahl 1 eingeben:");
14:             iZ1 = Convert.ToInt32(Console.ReadLine());
15:             Console.WriteLine("Zahl 2 eingeben:");
16:             iZ2 = Convert.ToInt32(Console.ReadLine());
17:
18:             if(iZ1 > iZ2)
19:                 iZ3 = iZ1;
```

---

2   Ternär kommt aus dem Lateinischen und bedeutet *aus drei Teilen*. Ternäre Operatoren werden auch als triadische Operatoren bezeichnet.

```
20:            else
21:                iZ3 = iZ2;
22:            Console.WriteLine("Zahl 3: {0}",iZ3);
23:
24:            iZ3 = (iZ1 > iZ2) ? iZ1 : iZ2;
25:            Console.WriteLine("Zahl 3: {0}",iZ3);
26:
27:            Console.ReadLine();
28:        }
29:    }
30: }
```

```
Zahl 1 eingeben:
5
Zahl 2 eingeben:
8
Zahl 3: 8
Zahl 3: 8
```

Die Zeilen 13 bis 16 kennen wir bereits und die Zeilen 18 bis 22 dürften uns auch keine Probleme mehr bereiten. Interessant wird es in der Zeile 24. Hier wird der Bedingungsoperator verwendet. Wenn der Ausdruck iZ1 > iZ2 true liefert, wird der Wert der Variablen iZ1 in die Variable iZ3 übertragen, andernfalls der Inhalt der Variablen iZ2.

4.19 Zusammenfassung

Heute haben Sie gelernt, was in C# Ausdrücke, Anweisungen und Verbundanweisungen sind, wie man mit Operatoren umgeht und was eine if-Anweisung ist.

Wichtig ist beim Einsatz von Operatoren, dass man die Rangfolge und die Klammersetzung richtig verwendet und den Unterschied zwischen Operatoren und Vergleichsoperatoren kennt.

Die Formatierung des Quelltextes ist in aller Regel frei wählbar. Man sollte sich aber hier an die Standardformatierung (v.a. was Einrückungen angeht) halten und ggf. bei Fremdprogrammen die vom Vorgänger verwendete Formatierung beibehalten.

4.20 Workshop

Der Workshop enthält Quizfragen, die Ihnen helfen sollen, Ihr Wissen zu festigen, und Übungen, die Sie anregen sollen, das eben Gelernte umzusetzen und eigene Erfahrungen zu sammeln. Versuchen Sie, das Quiz und die Übungen zu beantworten und zu verstehen, bevor Sie zur Lektion des nächsten Tages übergehen.

Fragen und Antworten

F   *Kann eine Bedingung auch einen Ausdruck enthalten?*

A   Ja, jeder Ausdruck liefert einen Wert zurück, den Sie in einer Bedingung vergleichen können. So kann man z.B. if((a = b - c) > 10) schreiben.

F   *Ist das Subtraktionszeichen (-) ein unärer oder binärer Operator?*

A   Beides. Je nach Verwendung werden zwei Werte subtrahiert (dann fungiert das Subtraktionszeichen als binärer Operator) oder ein positiver Wert wird in einen negativen umgewandelt bzw. umgekehrt (dann wirkt das Subtraktionszeichen als binärer Operator).

Quiz

1. Wie bezeichnet man die folgende Anweisung und was bewirkt diese?

   ```
   a = 1 + 1;
   ```

2. Was ist ein Ausdruck?

3. Welche Prioritäten haben diese Operatoren?

   ```
   a    >= oder >
   b    != oder ==
   c    == oder <
   d    * oder +
   ```

4. Welche Werte enthalten die Variablen a und b?

   ```
   iCount = 10;

   a = iCount++;
   b = ++iCount;
   ```

Übungen

1. Schreiben Sie ein Programm, welches zwei `int`-Werte von der Konsole einliest und die größere der beiden Zahlen ausgibt.

2. Wie lässt sich folgende Verschachtelung von if-Anweisungen vermeiden?

   ```
   if(i > 100)
      if(i < 1000)
         Anweisung;
   ```

3. Ist das folgende Programm lauffähig?

   ```
   using System;
   namespace ConsoleApplication2
   {class CU4{static void Main(string[] args){int a = 1;int b = 7;int c = 3;b =
    a++;
   c = ++a;Console.WriteLine(b);Console.WriteLine(a);if(a = b)
   Console.WriteLine("Hallo");Console.ReadLine();}}}
   ```

4. Formatieren Sie die Übung 3 derart, dass diese leichter lesbar wird und beheben Sie den Fehler, wenn einer existiert.

Tag 5

Ein-/Ausgabe und Strings

Ein-/Ausgabe und Strings

In den vorhergehenden Kapiteln haben wir uns eine Basis geschaffen, um mit der Programmiersprache C# arbeiten zu können. Als Nächstes widmen wir uns der Ein- und Ausgabe sowie den Strings.

Heute lernen Sie

- das Formatieren von Zahlen,
- benutzerdefinierte Formate erstellen,
- das Formatieren von Datums- und Zeitwerten,
- Klassen und Methoden zur Stringmanipulation,
- Escape-Sequenzen richtig einzusetzen.

5.1 Strings und die Ein-/Ausgabe

In der Programmiersprache C# stellen alle Strings Instanzen der `System.String`-Klasse der Common Language Runtime dar. In dieser Klasse existieren eine Vielzahl von Methoden, die uns bei der Manipulation von Strings behilflich sind.

Strings haben wir bereits kennen gelernt. In unseren bisherigen Beispielen ging es ausschließlich um Stringkonstanten.

`"Ich bin eine Stringkonstante"`

Stringkonstanten stehen immer in doppelten Anführungszeichen. Besitzt eine Stringkonstante nur alphanumerische Zeichen, stellt die Ausgabe an die Konsole keine Probleme dar. Die Stringkonstante wird so ausgegeben, wie sie im Quellcode enthalten ist.

`Console.WriteLine("Ich bin eine Stringkonstante");`

Die Methode `WriteLine()` der Klasse `Console` gibt den String

`Ich bin eine Stringkonstante`

in der Konsole aus. Diese Ausgabe der Stringkonstante an die Konsole bezeichnet man auch als »ausgehender Datenstrom".

Datenströme werden in C# bidirektional, also in beiden Richtungen, unterstützt. Die Konsole kann nur den Datentyp `string` ausgeben bzw. empfangen. Für den Programmierer bedeutet das, dass er bei der Eingabe (bzw. beim Empfangen) von Daten an sein Programm eine Konvertierung durchführen muss. Möchte man z.B. das Gewicht einer Person in seinem Programm verarbeiten, das ein Benutzer in der Konsole eingibt, muss die Gewichtsangabe erst in den entsprechenden Datentyp umgewandelt werden. Hierzu steht uns die Klasse `Convert` zur Verfügung.

Strings und die Ein-/Ausgabe

```
double dGewicht = Convert.ToDouble(Console.ReadLine());
```

`Console.ReadLine` übergibt dem Programm einen Datenstrom vom Typ `string`. Da die implizite Konvertierung vom Datentyp `string` zu einem Datentyp `double` nicht funktioniert, kommt es ohne einer Konvertierung zu einem Fehler. Prinzipiell gilt, dass alle Datenströme, die von der Konsole an das Programm übergeben werden, konvertiert werden müssen, abgesehen vom Datentyp `string` selbst. Die `Convert`-Klasse schützt Sie aber nicht vor falschen Eingaben. Versuchen Sie, einen Buchstaben in einen Datentyp `double` zu konvertieren, erhalten Sie dennoch eine Fehlermeldung.

```
Eine nicht behandelte Ausnahme des Typs 'System.FormatException' ist in
mscorlib.dll aufgetreten.
```

Diese Fehlermeldung zeigt Ihnen, wie der Datenstrom der Konsole arbeitet. Beispielsweise entspricht der Buchstabe x nicht dem Format eines Datentyps `double`. Der Datentyp hängt also vom Format der Eingabe ab. Damit ist nicht gemeint, wie z. B. das Formatzeichen des Dezimalkommas/-punktes dargestellt wird (mit 5.5 oder 5,5). Entscheidend ist der Datentyp des zu verarbeitenden Wertes. Erst zu diesem Zeitpunkt können Sie Rechenoperationen mit der Eingabe des Gewichtes durchführen.

Versuchen wir einmal, zwei Zahlen zu addieren, die wir von der Konsole einlesen.

Listing 5.1: io1.cs – unterschiedliche Datentypen

```
01: using System;
02:
03: namespace Kap5
04: {
05:    class CAdd
06:    {
07:       static void Main(string[] args)
08:       {
09:          int iZahl1 = 0;
10:          int iZahl2 = 0;
11:
12:          Console.WriteLine("Erste Zahl eingeben:");
13:          iZahl1 = Console.ReadLine();
14:          Console.WriteLine("Zweite Zahl eingeben:");
15:          iZahl2 = Console.ReadLine();
16:
17:          Console.WriteLine(iZahl1 + iZahl2);
18:          Console.ReadLine();
19:       }
20:    }
21: }
```

Ein-/Ausgabe und Strings

Bei der Ausführung dieses Beispiels gibt der C#-Compiler Fehlermeldungen aus. Dem Programm fehlt ein wesentlicher Bestandteil. Da die Konsole nur Werte vom Typ `string` an das Programm liefert, kann die Zeile 13 nicht ausgeführt werden. Die Variable `iZahl1` ist vom Typ `int`. Die Anweisung

```
Console.ReadLine();
```

gibt die vom Benutzer eingegebene Zahl als String zurück. Hier kollidieren zwei unterschiedliche Datentypen. Die Option, die hier zur Verfügung steht, ist die Methode `Convert`. So muss die Zeile 13 folgendermaßen aussehen:

```
iZahl1 = Convert.ToInt32(Console.ReadLine());
```

Ändern wir nun in Zeile 13 und 15 den Quellcode, erhalten wir die Ausgabe:

```
Erste Zahl eingeben:
4
Zweite Zahl eingeben:
8
12
```

Jetzt funktioniert zwar unser Programm, aber die Formatierung der Ein-/Ausgabe ist noch ziemlich spartanisch.

5.2 Formatieren mit Escape-Sequenzen

Programme sollten nicht nur korrekt funktionieren, sondern auch leicht zu bedienen sein. Die Eingabemaske, die dem Benutzer präsentiert wird, sollte sich weitgehend selbst erklären und übersichtlich sein. Daraus folgt, dass wir die Ausgabe an die Konsole entsprechend formatieren müssen. Hier helfen die Escape-Sequenzen. Diese haben Sie bereits in Kapitel 3.11 kurz kennen gelernt. Hier soll ausführlich darauf eingegangen werden. Escape-Sequenzen ermöglichen, bestimmte Sonderzeichen , aber auch Zeichen, die für den C#-Compiler ein besondere Bedeutung haben, auszugeben. Ein klassisches Problem sind die doppelten Anführungszeichen – `""`. Schreibt man diese einfach in eine String-Konstante

```
Console.WriteLine("Ich bin eine "Stingkonstante"");
```

erhält man vom C#-Compiler eine Fehlermeldung. Die doppelten Anführungszeichen bedeuten für den C#-Compiler, dass der Text zwischen zwei Anführungszeichen als String-Konstante interpretiert wird, im Beispiel `"Ich bin eine "`. Danach erwartet der Compiler einen Ausdruck oder das Ende der Anweisung. Der eigentlich zum auszugebenden Text gehörige Rest der Stringkonstante wird ignoriert. Der C#-Compiler betrachtet also die obige Zeile in der Form

```
Console.WriteLine("Ich bin eine "
```

Formatieren mit Escape-Sequenzen

Hier fehlt natürlich die schließende Klammer und das Semikolon. Genau dies ist eine der Fehlermeldungen, die der C#-Compiler ausgibt.

Was tun, wenn aber in der Ausgabe ein oder mehrere doppelte Anführungszeichen ausgeben werden sollen. In diesem Fall verwendet man die entsprechende Escape-Sequenz.

```
\"
```

Escape-Sequenzen beginnen immer mit einem Backslash, danach folgt ein weiteres Zeichen. Die Escape-Sequenz \« gibt ein doppeltes Anführungszeichen (») aus, wodurch sich das vorige Problem einfach lösen lässt.

```
Console.WriteLine("Ich bin eine \"Stringkonstante\"");
```

Als Ausgabe in der Konsole erhält man dann

```
Ich bin eine "Stringkonstante"
```

Escape-Sequenz	Beschreibung
\0	gibt das Null-Zeichen aus
\«	gibt ein doppeltes Anführungszeichen (») aus
\\	gibt einen Backslash (\) aus
\a	gibt einen Signalton aus
\b	setzt den Cursor um einen Schritt zurück und löscht gegebenenfalls ein vor dem Cursor befindliches Zeichen (*backspace*)
\f	führt einen Seitenvorschub aus (*form feed*)
\n	führt einen Zeilenumbruch durch (*new line*)
\r	Wagenrücklauf (*return*)
\t	horizontaler Tabulator
\v	vertikaler Tabulator

Tabelle 5.1: Escape-Sequenzen

Neben dem Zeichen \« stehen eine Reihe weiterer Escape-Sequenzen zur Verfügung, die Sie der Tabelle entnehmen. Diese sind z.B. hilfreich, um eine übersichtliche Benutzeroberfläche zu gestalten, wie das folgenden Listing zeigt. Dabei wird ein Menü ausgegeben und dieses unter Zuhilfenahme der beiden Escape-Sequenzen \t und \n formatiert.

Listing 5.2: io2.cs – Escape-Sequenzen

```
01: using System;
02:
03: namespace Kap5
04: {
05:     class CFormat
06:     {
07:         static void Main(string[] args)
08:         {
09:             Console.WriteLine("\t*Menü*\n\a");
10:             Console.WriteLine(".----------------------.");
11:             Console.WriteLine("|(1) Buchhaltung\t|");
12:             Console.WriteLine("|(2) Eingangsrechnung\t|");
13:             Console.WriteLine("|(3) Ausgangsrechnung\t|");
14:             Console.WriteLine("|(4) Offene Rechnungen\t|");
15:             Console.WriteLine("|(5) Rechnung schreiben\t|");
16:             Console.WriteLine("`----------------------´\n");
17:             Console.Write("Wählen Sie 1..5 aus\t:\t(");
18:             Console.Write(" )\b\b");
19:             Console.ReadLine();
20:         }
21:     }
22: }
```

```
          *Menü*

.----------------------.
|(1) Buchhaltung       |
|(2) Eingangsrechnung  |
|(3) Ausgangsrechnung  |
|(4) Offene Rechnungen |
|(5) Rechnung schreiben|
`----------------------´

Wählen Sie 1..5 aus    :        (_)
```

Wie Sie in der obigen Ausgabe sehen, kann man mit Hilfe von Escape-Sequenzen durchaus übersichtliche Benutzeroberflächen erstellen. Am Besten Sie versuchen sich selbst einmal an dem obigen Beispiel und experimentieren ein wenig herum.

5.3 Zahlen formatieren

Die Programmiersprache C# bietet nicht nur Escape-Sequenzen zum Formatieren der Ausgabe an, sondern auch spezielle Zeichen zur Formatierung von Zahlen. Diese Formatierungszeichen besitzen eine eigene Syntax in C#.

Standardformatierung von Zahlen

Wenn Sie Zahlen formatieren, werden Sie am häufigsten die Standardformatierungen, die die Programmiersprache C# bereitstellt, verwenden. Je nachdem, wie Sie Zahlen darstellen wollen, gibt es dazu verschiedene Möglichkeiten.

Möchten Sie z.B. eine ganze Zahl, also Werte vom Typ `int`, mit einer bestimmten Anzahl an Dezimalstellen ausgeben, verwenden Sie das Formatierungszeichen d. Diesem Zeichen stellen Sie die gewünschte Stellenanzahl nach, z.B. d5 für 5 Stellen.

```
...
int iZahl = 200;
...
Console.WriteLine("Zahl: {0:d5}",iZahl);
...
```

Der Wert von `iZahl` wird durch die Formatierung mit zwei führenden Nullen ausgegeben.

```
Zahl: 00200
```

> Die Anzahl der Dezimalstellen, die über das Formatierungszeichen d spezifiziert werden, sind Mindeststellen. Verwenden Sie statt der Zahl 200 die Zahl 200000, wird diese nicht auf 5 Stellen reduziert.

Bei mathematischen Anwendungen oder wissenschaftlichen Ergebnissen verwendet man oft die Exponentialdarstellung. Auch hierfür bietet die Programmiersprache C# eine komfortable Formatierungsmöglichkeit, das Zeichen e, dem Sie die gewünschte Anzahl der auszugebenden Nachkommastellen nachstellen:

```
Console.WriteLine("Zahl: {0:e3}",iZahl);
```

Die Ausgabe des Werts 200 erfolgt jetzt in der Form

2,000e+002

2,000e+002 bedeutet 2,000 * 10^2 = 2,000 * 100 = 200.

Ein anderes Beispiel: Der Wert 123456789 wird mit Hilfe des Formatierungszeichen e10 so ausgegeben:

1,2345678900e+008

Formatieren von Gleitkommazahlen

In Verbindung mit Gleitkommazahlen stellt C# zwei Formatierungszeichen bereit, mit denen sich die Anzahl der Nachkommastellen beeinflussen lässt: f und n. Dazu schreiben Sie die gewünschte Stellenanzahl hinter eines der Zeichen. Der Unterschied zwischen den beiden Formatierungszeichen liegt in der Darstellung der Tausenderstellen. Erst einmal ein Beispiel zu f.

```
...
double dZahl = 12345.54321;
...
Console.WriteLine("Zahl: {0:f}",dZahl);
...
```

Verwenden Sie das Formatierungszeichen f ohne Stellenangabe, wird der Standardwert von 2 Nachkommastellen ausgegeben:

```
Zahl: 12345,54
```

Ein Beispiel zur Formatierung von Werten mit 5 Nachkommastellen:

```
Console.WriteLine("Zahl: {0:f5}",dZahl);
```

Um die Lesbarkeit von großen Gleitkommazahlen zu verbessern, bietet die Programmiersprache C# die Möglichkeit, Tausenderstellen mit einem Separator zu kennzeichnen (Tausenderpunkt). Hierzu verwendet man das Formatierungszeichen n. So gibt die Formatierung

```
Console.WriteLine("Zahl: {0:n5}",dZahl);
```

die Zahl

```
Zahl: 12.345,54321
```

mit dem Tausenderseparator und 5 Stellen nach dem Komma aus.

> Wenn Sie Gleitkommazahlen auf eine bestimme Anzahl von Nachkommastellen begrenzen, brauchen Sie sich nicht um das Runden der Nachkommastellen zu kümmern. Das übernimmt die Formatierung bzw. der C#-Compiler für Sie; es wird entsprechend auf- bzw. abgerundet.

Währungsformat

C# ermöglich auf eine einfache Art und Weise, eine Zahl als Währung zu formatieren. Bei der Angabe der Währung wird die länderspezifische Einstellung des Computers verwendet. Die Standardeinstellung der Nachkommastellen des Währungsformats ist 2. So gibt

```
...
double dBetrag = 199.99;
...
Console.WriteLine("Betrag: {0:c}",dBetrag);
...
```

den Betrag mit zwei Nachkommastellen und der Währungsinformation aus.

```
Betrag: 199,99 _
```

Auch hier funktioniert das automatische Runden der Ausgabe.

```
Console.WriteLine("Betrag: {0:c1}",dBetrag);
Betrag: 200.0 _
```

Spezielle Formatierungen

Die Programmiersprache C# bietet noch zwei weitere Formatierungsarten an:

- Formatierung im hexadezimalen Zahlensystem
- allgemeine Formatierung

Mit Hilfe von hexadezimalen Zahlen können Sie z.B. die Inhalte von Speicheradressen eleganter und effizienter ausgeben, als dies über dezimale Werte möglich wäre (siehe auch Kapitel 3.13). So entspricht die Zahl 10 in der dezimalen Zahlendarstellung dem Buchstaben A bzw. a in hexadezimaler Darstellung. Für Hexwerte werden die Formatierungszeichen x und X angeboten. Zunächst einmal zu x:

```
...
int iZahl = 10;
...
Console.WriteLine("Hex: {0:x}",iZahl);
...
```

In der Ausgabe erscheint folgende Zeile

```
Hex: a
```

Es werden also Kleinbuchstaben ausgegeben. Bevorzugen Sie jedoch Großbuchstaben, setzen Sie das Formatierungszeichen X ein:

```
Console.WriteLine("Hex: {0:X}",iZahl);
```

Die Ausgabe sieht nun so aus:

```
Hex: A
```

Ein-/Ausgabe und Strings

> Das gleiche Prinzip der Groß- und Kleinschreibung der Formatierungszeichen funktioniert auch bei der Exponentialdarstellung.

Für die sog. *allgemeine Formatierung* werden die Formatierungszeichen g und G (engl. *general*) angeboten. Diese Art der Zahlendarstellung ist die sparsamste und bietet sich an, wenn für die Ausgabe nur begrenzt Platz zur Verfügung steht, aber die Zahleninformation unverfälscht wiedergegeben werden sollen. Hier entscheidet der C#-Compiler, welche Art der Darstellung Anwendung findet. Das folgende Beispiel demonstriert die Verwendung des Formatierungszeichens g:

Listing 5.3: *io3.cs – general*

```
01: using System;
02:
03: namespace Kap5
04: {
05:     class CGeneral
06:     {
07:         static void Main(string[] args)
08:         {
09:             double dZahl1 = .0001;
10:             double dZahl2 = .00001;
11:
12:             Console.WriteLine("General: {0:g}",dZahl1);
13:             Console.WriteLine("General: {0:g}",dZahl2);
14:             Console.ReadLine();
15:         }
16:     }
17: }
```

General: 0,0001
General: 1e-05

5.4 Benutzerdefinierte Formatierung

Zwar verfügt C# über eine ganze Reihe an Formatierungsvarianten, doch in der Praxis werden längst nicht alle Fälle abgedeckt. Beispielsweise wird standardmäßig keine Volumeneinheit Liter angeboten. Es gibt jedoch die Möglichkeit, benutzerdefinierte Formate zu erstellen.

0-Formatierung

Benötigt man für die Ausgabe einer Zahl führende Nullen, kann man diese auch durch die benutzerdefinierte 0-Formatierung erzielen. Die benutzerdefinierte 0-Formatierung unterstützt auch die Darstellung von Gleitkommazahlen.

```
...
int i = 54321;
double d = 12345.54321;
...
Console.WriteLine("{0:00000000}",i);
```

Bei der 0-Formatierung schreiben Sie für jede darzustellende Dezimalstelle eine 0 (die Ziffer). Im Beispiel wird jeder Wert mit 8 Stellen ausgegeben. Die Nullen in der Formatierung werden von der dargestellten Zahl überschreiben. Der Wert 54321 (Variable i vom Typ int) wird daher mit 3 führenden Nullen dargestellt:

```
00054321
```

Für Gleitkommazahlen muss man die Nachkommastellen in der Formatierung explizit mit angeben. Möchte man den Wert der Variablen d mit 3 Nachkommastellen ausgeben, sieht die Formatierung folgendermaßen aus

```
Console.WriteLine("{0:00000000.000}",d);
```

Bei dieser Art der Formatierung werden die Nachkommastellen wie bei der Standardformatierung automatisch gerundet. So erhalten wir bei der Ausgabe

```
00012345,543
```

ebenfalls drei führende Nullen und zusätzlich drei Nachkommastellen.

Kreuz-Formatierung

Bei der sog. Kreuz-Formatierung dient das #-Zeichen als allgemeiner Platzhalter ohne spezielle Füllzeichen wie z.B. die 0. Benutzen wir die Variablen des vorhergehenden Abschnitts, so stellt die Anweisung

```
Console.WriteLine("{0:#}",i);
```

keine besondere Formatierungsrichtlinie dar, die Ausgabe erfolgt ohne besondere Merkmale:

```
54321
```

Der Vorteil der Kreuz-Formatierung liegt darin, dass man beliebige Zeichen als Separator an festgelegten Positionen in die Zahl einfügen kann, wobei sich diese Vorgehensweise gut mit führenden Nullen sowie Nachkommastellen kombinieren lässt. Die Formatierung

```
Console.WriteLine("{0:0##-###}",i);
```

gibt eine spezielle Kombination von Zahlen mit führender Null und dem Bindestrich (-) aus.

054-321

Natürlich lassen sich mit der Kreuz-Formatierung auch Gleitkommazahlen darstellen. So gibt die Anweisung

`Console.WriteLine("{0:#.00}",d);`

den Wert 12345.54321 der Variablen d mit zwei Nachkommastellen aus:

12345,54

Formatieren von Gruppen

Das Gruppieren von Zahlen wird relativ häufig benötigt. Eine Art der Gruppierung kennen wir bereits – den Tausenderseparator. Aber in der Praxis kommen noch eine Vielzahl anderer Gruppierungen vor, z.B. die ISBN-Nummer, die Zahlen eines Strichcodes usw.

Diese Art der Darstellung lässt sich in C# in Kombination mit den Formatierungszeichen 0 und # einfach realisieren. Das folgende Beispiel enthält einige Beispiele, wie man Zahlen gruppieren kann. Es gibt aber zwei Ausnahmen, die bei der allgemeinen Gruppierung unter Umständen zu Fehlern führen können, da sie reserviert sind. Es sind die Zeichen "." und ",".

Listing 5.4: io4.cs – Gruppierte Ausgabe

```
01: using System;
02:
03: namespace Kap5
04: {
05:     class CGruppen
06:     {
07:         static void Main(string[] args)
08:         {
09:             ulong iArtikel = 4384859823848485600;
10:             int iZahl = 12345678, iISBN = 1123412341;
11:             double dZahl = 12345.3;
12:
13:             Console.WriteLine("reservierte Separatoren");
14:             Console.WriteLine("{0:#,#}",iZahl);
15:             Console.WriteLine("{0:#,#.00000}",dZahl);
16:
17:             Console.WriteLine("\nallgemeines Gruppieren");
18:             Console.WriteLine("{0}", iArtikel);
```

```
19:            Console.WriteLine("{0:#[#]:###/#-(#####)-###}",
                                  iArtikel);
20:
21:            Console.WriteLine("\nISBN");
22:            Console.WriteLine("{0}", iISBN);
23:            Console.WriteLine("{0:#-####-####-#}", iISBN);
24:
25:            Console.ReadLine();
26:        }
27:    }
28: }
```

reservierte Separatoren
12.345.678
12.345,30000

allgemeines Gruppieren
4384859823848485600
438485[9]:823/8-(48485)-600

ISBN
1123412341
1-1234-1234-1

In der Zeile 14 wird der Wert 12345678 der Variablen iZahl mit dem Formatierungszeichen "," ausgegeben. Dieses Formatierungszeichen ist für die Trennung der Tausender-Stellen reserviert. Die Zeile 15 gibt den Wert 12345.3 der Variablen dZahl aus. Das Formatierungszeichen "." ist für die Abtrennung der Nachkommastellen vorgegeben. Die Zeile 19 gibt eine Artikelnummer aus, die nach bestimmten Gruppierungsregeln formatiert wurde. Die Zeile 23 bringt eine ISBN-Nummer im richtigen Format zur Ausgabe.

Prozent-Formatierung

Bei der Ausgabe von Werten, die im Prozent-Format dargestellt werden sollen, ist keine zusätzliche, manuelle Multiplikation mit 100 notwendig. Mit Hilfe des Formatierungszeichens % wird ein Wert automatisch in einen Prozentwert umgerechnet und entsprechend formatiert.

Dazu ein Beispiel: Zunächst wird der Variablen dMwSt vom Typ double der Wert 0.16 zugewiesen:

```
...
double dMwSt = 0.16;
...
```

Das Ergebnis wird mit Hilfe der Prozent-Formatierung ausgegeben.

`Console.WriteLine("{0:#%}", dMwSt);`

Wir erhalten die Ausgabe 16%.

Literale Formatierung

Erinnern wir uns daran, dass diverse Maßeinheiten, z.B. Liter, standardmäßig von C# nicht unterstützt werden. Diesem Problem kann man mit literalen Formatierungen entgegentreten, mit denen z.B. die Einheit Liter abgebildet werden kann.

Hier benötigen wir in unserem Programm spezielle Formatierungen, die auch die Literangabe beinhalten.

Nehmen wir einmal an, dass die aktuelle Füllmenge eines Milchkessels in der Einheit Liter ausgegeben werden soll. Hierzu müssen wir nur das Wort *Liter* in unsere Formatierung mit aufnehmen.

```
...
int iFuel = 100000;
...
Console.WriteLine("{0:#,# Liter}",iFuel);
```

Damit erhalten wir die Ausgabe

`100.000 Liter`

Fall-Formatierung

In speziellen Fällen kommt es vor, dass man Zahlen unterschiedlich formatieren muss, je nachdem, ob sie negativ, positiv oder null sind. Über die Fall-Formatierung lässt sich eine derartige abhängige Formatierung einfach und komfortabel erzielen. Dabei werden die drei Fälle (für negativ, positiv und null) nebeneinander in den Formatierungsstring geschrieben und durch Semikola (;) getrennt. Das folgende Listing zeigt die Arbeitsweise der Fall-Formatierung.

Listing 5.5: io5.cs – Fallformatierung

```
01: using System;
02:
03: namespace Kap5
04: {
05:     class CFallFormat
```

```
06:    {
07:        static void Main(string[] args)
08:        {
09:            int iPositiv = 100000;
10:            int iNegativ = -100000;
11:            int iNull = 0;
12:
13:            Console.WriteLine("{0:#,#;(#,#);'-'}", iPositiv);
14:            Console.WriteLine("{0:#,#;(#,#);'-'}", iNegativ);
15:            Console.WriteLine("{0:#,#;(#,#);'-'}", iNull);
16:
17:            Console.ReadLine();
18:        }
19:    }
20: }
```

100.000
(100.000)
-

In der Zeile 13 wird die positive Zahl 100.000 ausgegeben. In diesem Fall tritt die erste Formatierungsregel in Kraft, also #,#. In der Zeile 14 wird eine negative Zahl zur Ausgabe gebracht. Hier tritt die zweite Formatierungsregel in Kraft (#,#). Die Zeile 15 gibt die Formatierung aus, wenn der Wert 0 ist. In unserem Fall handelt es sich um das Zeichen -.

5.5 Datums- und Zeitwerte formatieren

Bevor wir mit der Formatierung von Datums- und Zeitwerten beginnen, müssen wir natürlich erst einmal wissen, wie man in C# Datums- und Zeitwerte erzeugt. Hierfür wird die Klasse DateTime angeboten. Aus dieser Klasse verwenden wir für den weiteren Gebrauch von Datums- und Zeitwerten die Eigenschaften

Now

und

Today

Die Eigenschaft Now gibt das aktuelle Datum und die aktuelle Zeit als datetime-Typ zurück.

Console.WriteLine(DateTime.Now);

liefert uns

06.06.2002 17:22:03

Die Eigenschaft Today gibt das aktuelle Datum zurück. Da erneut der datetime-Typ zur Anwendung kommt, wird neben dem Datum die Dummyzeit 00:00:00 zurückgeliefert.

Console.WriteLine(DateTime.Today);

gibt Folgendes aus:

06.06.2002 00:00:00

Die beiden Eigenschaften Now und Today der Klasse DateTime können neben einem kompletten Datums- und Zeitwert auch einzelne Bestandteile zurückgeben. Dazu verwenden Sie eine der in der Tabelle aufgelisteten Untereigenschaften.

Console.WriteLine(DateTime.Today.Day);

liefert z.B. 6, wenn der 6. des Monats ist.

Element	Beschreibung	Ausgabebeispiel für den 05.06.2002, 09:43:47.2924176
Day	Tag im Monat	5
Month	Monat	6
Year	Jahr	2002
Hour	Stunden	9
Minute	Minuten	43
Second	Sekunden	47
Millisecond	Millisekunden	292
DayOfWeek	Wochentag (als engl. Wort)	Wednesday
DayOfYear	Tag im Jahr	156
TimeOfDay	Tageszeit (mit maximaler Genauigkeit)	09:43:47.2924176

Tabelle 5.2: Ausgesuchte DateTime-Elemente

> Die Eigenschaft Today der Klasse DateTime besitzt zwar auch die Möglichkeit, Zeitelemente wie Stunden, Minuten und Sekunden zurückzuliefern, diese weisen aber alle auf Grund der verwendeten Dummyzeit 00:00:00 den Wert 0 auf.

Datumsformatierung

Die Ausgabe des Datums mit Hilfe der Klasse `DateTime` kann in verschiedenen Varianten realisiert werden. Dazu existieren folgende Formatierungszeichen:

Format	Beschreibung
d	kurzes Datum (short date)
D	langes Datum (long date)
M oder m	Monat und Tag (month and day)
R oder r	RFC1123 (standardisierte Volldarstellung, neben Datum auch Zeit[a])
Y oder y	Jahr und Monat (year and month)

Tabelle 5.3: Formate für Datumsausgaben

a. RFC steht für *Request For Comments*, wörtlich »Bitte um Kommentare«. Hier handelt es sich um Dokumente mit Standards und Standardisierungsvorschlägen, speziell für das Internet.

Die Formatierungszeichen der Datumsformatierung überschneiden sich übrigens mit den Formatierungszeichen der Zahlenformatierung (so wird D oder d auch für die Dezimaldarstellung verwendet), aber darum müssen Sie sich nicht kümmern. Der C#-Compiler erkennt die verschiedenen Formate automatisch.

Betrachten wir einmal im folgenden Listing, was die einzelnen Formatierungszeichen der Datumsformatierung ausgeben.

Listing 5.6: io6.cs – Datumsausgabe

```
01: using System;
02:
03: namespace Kap5
04: {
05:     class CDate
06:     {
07:         static void Main(string[] args)
08:         {
09:             Console.WriteLine("D -> {0:D}",DateTime.Now);
10:             Console.WriteLine("d -> {0:d}",DateTime.Now);
11:             Console.WriteLine("m -> {0:m}",DateTime.Now);
12:             Console.WriteLine("r -> {0:r}",DateTime.Now);
13:             Console.WriteLine("y -> {0:y}",DateTime.Now);
14:
```

Ein-/Ausgabe und Strings

```
15:         Console.ReadLine();
16:     }
17: }
18: }
```

```
D -> Samstag, 16. Februar 2002
d -> 16.02.2002
m -> 16 Februar
r -> Sat, 16 Feb 2002 10:41:32 GMT
y -> Februar 2002
```

Zeitformatierung

Analog zu den Datumsformatierungen existieren in C# auch Formatierungen für Zeitangaben. Hierfür stehen uns folgende Formatierungszeichen zur Verfügung.

Format	Beschreibung
t	kurze Zeitangabe (short time)
T	lange Zeitangabe (long time)

Tabelle 5.4: Formate für Zeitausgaben

So geben die Formatierungen der beiden Quellcodezeilen

```
Console.WriteLine("t -> {0:t}",DateTime.Now);
Console.WriteLine("T -> {0:T}",DateTime.Now);
```

mit den beiden Formatierungszeichen t und T einmal die Zeit ohne Sekunden und einmal mit Sekunden aus.

```
t -> 10:51
T -> 10:51:36
```

Datums- und Zeitformatierung

Diese Formatierungsart besitzt die größte Anzahl an Formatierungszeichen, da je nach Anwendung verschiedene Formate benötigt werden.

Datums- und Zeitwerte formatieren

Format	Beschreibung
f	langes Datum und kurze Zeitangabe
F oder U	langes Datum und lange Zeitangabe
g	kurze Datums- und Zeitangabe
G	kurzes Datum und lange Zeitangabe
S	kompakte Datums- und Zeitangabe
u	kurzes Datum lange Zeitangabe (universal)

Tabelle 5.5: Datums- und Zeitformatierung

Bei den Formatierungszeichen der Datums- und Zeitformatierung hat die Groß- und Kleinschreibung der Formatierungszeichen sehr unterschiedliche Eigenschaften bei der Ausgabe. Wenn Sie z.B. eine kompakte Ansicht des Datums und der Zeit ausgeben oder verarbeiten wollen, so führt ein S zu einer Fehlermeldung!

Betrachten wir einmal die verschiedenen Ausgaben der einzelnen Formatierungszeichen im folgenden Listing.

Listing 5.7: io7.cs – Datums- und Zeitausgabe

```
01: using System;
02:
03: namespace Kap5
04: {
05:     class CDateTime
06:     {
07:         static void Main(string[] args)
08:         {
09:             Console.WriteLine("f -> {0:f}",DateTime.Now);
10:             Console.WriteLine("F -> {0:F}",DateTime.Now);
11:             Console.WriteLine("g -> {0:g}",DateTime.Now);
12:             Console.WriteLine("G -> {0:G}",DateTime.Now);
13:             Console.WriteLine("s -> {0:s}",DateTime.Now);
14:             Console.WriteLine("u -> {0:u}",DateTime.Now);
15:             Console.WriteLine("U -> {0:U}",DateTime.Now);
16:
17:             Console.ReadLine();
18:         }
19:     }
20: }
```

```
f -> Samstag, 16. Februar 2002 11:08
F -> Samstag, 16. Februar 2002 11:08:41
g -> 16.02.2002 11:08
G -> 16.02.2002 11:08:41
s -> 2002-02-16T11:08:41
u -> 2002-02-16 11:08:41Z
U -> Samstag, 16. Februar 2002 10:08:41
```

Ausgabe von Aufzählungen

Aufzählungen haben Sie bereits in Kapitel 3.10 kennen gelernt. Sie wissen, dass diese durch den Datentyp enum realisiert werden. Bei der Ausgabe von Aufzählungen stehen ebenfalls Formatierungszeichen zur Verfügung, die aber den Wert weniger formatieren, als vielmehr bestimmen, was angezeigt wird – der gespeicherte Wert (String) selbst oder der numerische Wert, dem er zugeordnet ist. Konkret stehen zur Verfügung:

Format	Beschreibung
D oder d	zeigt den numerischen Wert des Elementes der Aufzählung
G oder g	zeigt den String des Elementes der Aufzählung
X oder x	wie D oder d, aber hexadezimal

Tabelle 5.6: Formate für Aufzählungen

Das folgende Listing demonstriert die Ausgabe der Aufzählung Woche.

Listing 5.8: io8.cs – Aufzählung

```
01: using System;
02:
03: namespace Kap5
04: {
05:     enum Woche
06:     {
07:         Montag,
08:         Dienstag,
09:         Mittwoch,
10:         Donnerstag,
11:         Freitag,
12:         Samstag,
13:         Sonntag
14:     }
```

```
15:
16:    class CEnum
17:    {
18:       static void Main(string[] args)
19:       {
20:          Console.WriteLine("Werte der Aufzählung");
21:          Console.WriteLine("{0:d}",Woche.Montag);
22:          Console.WriteLine("{0:d}",Woche.Dienstag);
23:          Console.WriteLine("{0:d}",Woche.Mittwoch);
24:          Console.WriteLine("{0:d}",Woche.Donnerstag);
25:          Console.WriteLine("{0:d}",Woche.Freitag);
26:          Console.WriteLine("{0:d}",Woche.Samstag);
27:          Console.WriteLine("{0:d}",Woche.Sonntag);
28:
29:          Console.WriteLine("Strings der Aufzählung");
30:          Console.WriteLine("{0:g}",Woche.Montag);
31:          Console.WriteLine("{0:g}",Woche.Dienstag);
32:          Console.WriteLine("{0:g}",Woche.Mittwoch);
33:          Console.WriteLine("{0:g}",Woche.Donnerstag);
34:          Console.WriteLine("{0:g}",Woche.Freitag);
35:          Console.WriteLine("{0:g}",Woche.Samstag);
36:          Console.WriteLine("{0:g}",Woche.Sonntag);
37:
38:          Console.WriteLine("hexadezimale Darstellung");
39:          Console.WriteLine("{0:x}",Woche.Montag);
40:          Console.WriteLine("{0:x}",Woche.Dienstag);
41:          Console.WriteLine("{0:x}",Woche.Mittwoch);
42:          Console.WriteLine("{0:x}",Woche.Donnerstag);
43:          Console.WriteLine("{0:x}",Woche.Freitag);
44:          Console.WriteLine("{0:x}",Woche.Samstag);
45:          Console.WriteLine("{0:x}",Woche.Sonntag);
46:
47:          Console.ReadLine();
48:       }
49:    }
50: }
```

Werte der Aufzählung
0
1
2
3
4
5
6
Strings der Aufzählung

```
Montag
Dienstag
Mittwoch
Donnerstag
Freitag
Samstag
Sonntag
hexadezimale Darstellung
00000000
00000001
00000002
00000003
00000004
00000005
00000006
```

5.6 Methoden der Klasse String

Jetzt, wo wir wissen, wie man Strings formatiert, können wir uns mit der Stringprogrammierung beschäftigen. Die Programmiersprache C# verfügt zu diesem Zweck über eine ganze Reihe sehr komfortabler Methoden, die zur Stringverarbeitung dienen.

Vergleichen von Strings

Sie kennen sicherlich die lästigen Eingabemasken, in die man den Benutzernamen und das Passwort eingeben muss. Was hier in aller Regel geschieht ist, dass die vom Benutzer eingegebenen Strings mit im Programm enthaltenen oder in einer Datenbank gespeicherten Werten verglichen werden. Für solche und andere Zwecke bietet C# verschiedene Methoden und Eigenschaften an. Betrachten wir hierzu das folgende Beispiel:

Listing 5.9: io9.cs – Login-System

```
01: using System;
02:
03: namespace Kap5
04: {
05:     class CPasswort
06:     {
07:         static void Main(string[] args)
08:         {
09:             string sBenutzerOriginal = "sHinJa";
```

Methoden der Klasse String

```
10:         string sPasswortOriginal = "~An Gela";
11:         string sBenutzerEingabe = "";
12:         string sPasswortEingabe = "";
13:
14:         int i = 0, j = 0;
15:
16:         Console.Write("Benutzername: ");
17:         sBenutzerEingabe = Console.ReadLine();
18:
19:         Console.Write("Passwort: ");
20:         sPasswortEingabe = Console.ReadLine();
21:
22:         i = String.Compare(sBenutzerOriginal,
                                sBenutzerEingabe);
23:         j = String.Compare(sPasswortOriginal,
                                sPasswortEingabe);
24:
25:         if(i == 0 && j == 0)
26:             Console.WriteLine("Sesam öffne dich ...");
27:         else
28:             Console.WriteLine("Sie müssen draußen bleiben.");
29:
30:         Console.ReadLine();
31:     }
32: }
33: }
```

Benutzername: **Hacker**
Passwort: **Fröhlich**
Sie müssen draußen bleiben.

Benutzername: **sHinJa**
Passwort: **~An Gela**
Sesam öffne dich ...

Die Zeilen 22 und 23 vergleichen die Eingabe von Benutzername und Passwort mit den Originalwerten der Zeile 9 und 10. Für den Vergleich steht uns die Methode Compare der String-Klasse zur Verfügung. Alle Eingaben, die nicht dem Original entsprechen, weisen als Rückgabewert der Compare-Methode entweder eine 1 oder eine –1 auf. Wenn die Eingaben exakt mit den Originalen übereinstimmen, enthalten beide Werte der Variablen i und j den Wert 0.

Die Compare-Methode bietet aber noch diverse weitere Möglichkeiten, Strings miteinander zu vergleichen:

- `Compare(String1, String2)` vergleicht zwei Strings miteinander und unterscheidet die Groß- und Kleinschreibung der Stringkonstanten.

- `Compare(String1, String2, Boolean1)` vergleicht zwei Strings. Je nachdem, welchen Booleschen Wert das Argument `Boolean1` besitzt, unterscheidet diese Methode zwischen Klein- und Großschreibung (`false`) oder nicht (`true`).

- `Compare(String1, Pos1, String2, Pos2, Anzahl)` vergleicht zwei Strings, fängt aber ab einer bestimmten Position an, die man für `String1` über `Pos1` angibt und für `String2` über `Pos2`. Die Zählung beginnt mit 0. Zusätzlich gibt man die Anzahl der zu vergleichenden Zeichen an.

- `Compare(String1, Pos1, String2, Pos2, Anzahl, Boolean1)` verhält sich wie die vorige Variante, man kann aber über das Argument `Boolean1` zusätzlich festlegen, ob die Methode zwischen Klein- und Großschreibung (`false`) unterscheiden soll oder nicht (`true`).

Die Methode `Compare()` berücksichtigt auch die länderspezifischen Einstellungen des Computers, auf dem das Programm ausgeführt wird. Wird dies nicht gewünscht, verwenden Sie die Methode `CompareOrdinal()`. Das folgende Listing demonstriert die verschiedenen Arbeitsweisen der Methode `Compare()`.

Listing 5.10: io10.cs – Compare

```
01: using System;
02:
03: namespace Kap5
04: {
05:    class CStringComp
06:    {
07:       static void Main(string[] args)
08:       {
09:          string sText1 = "Hallo .Net";
10:          string sText2 = "hallo .net";
11:          int i = 0;
12:
13:          i = String.Compare(sText1,sText2);
14:          Console.WriteLine(i);
15:          i = String.Compare(sText1,sText2,true);
16:          Console.WriteLine(i);
17:          i = String.Compare(sText1,1,sText2,1,4);
18:          Console.WriteLine(i);
19:          i = String.Compare(sText1,1,sText2,1,9,false);
20:          Console.WriteLine(i);
21:
22:          Console.ReadLine();
```

```
23:        }
24:    }
25: }
```

1
0
0
1

In den Zeilen 9 und 10 werden zwei Variablen vom Datentyp string deklariert und initialisiert. Die Initialisierung mit Stringkonstanten unterscheidet sich hier nur hinsichtlich der Groß- und Kleinschreibung – zwei Buchstaben sind einmal groß und einmal klein geschrieben. Die Anweisung in der Zeile 13 vergleicht die beiden Strings miteinander und gibt in der Zeile 14 eine 1 aus. Die Compare()-Methode vergleicht zeichenweise von links nach rechts und gibt einen von drei Werten zurück:

-1 – String1 (bzw. der Teilstring daraus) ist »kleiner« als String2 (bzw. der Teilstring daraus).

0 – Beide Strings sind identisch.

1 – String1 (bzw. der Teilstring daraus) ist »größer« als String2 (bzw. der Teilstring daraus).

»Kleiner« und »größer« betreffen in diesem Zusammenhang die Position im Alphabet des ersten unterschiedlichen Zeichens. Ein »c« ist damit größer als ein »a«, da im Alphabet das »c« nach dem »a« kommt. Ein »C« ist aber auch größer als ein »a« und ein »c« größer als ein »A«; Groß- und Kleinbuchstaben werden also grundsätzlich gleich behandelt (so wie in einem Lexikon). Nur bei Gleichheit spielt die Groß- und Kleinschreibung eine Rolle; in diesem Fall erhalten Großbuchstaben eine höhere Wertigkeit (auch dies ist in Lexika üblich); ein »N« ist damit größer als ein »n«.

In der Zeile 15 wird durch das Argument true auf die Unterscheidung zwischen Groß- und Kleinschreibung verzichtet. Deshalb wird in Zeile 16 als Ergebnis 0 ausgegeben. In der Zeile 17 wird nur ein gewisser Bereich der Strings auf Verschiedenheit überprüft. Der Bereich erstreckt sich vom 2. Buchstaben (Zählung beginnt bei 0) bis zum 5. Buchstaben, also "allo". Dieser Bereich ist in beiden Strings identisch, somit ist das Ergebnis 0. In der Zeile 19 wird ein Bereich von 9 Buchstaben – mit Rücksicht auf die Groß- und Kleinschreibung – überprüft. Hier erhalten wir in Zeile 20 das Ergebnis 1, da das N größer ist als das n.

Einfügen, Löschen und Ersetzen

Die Programmiersprache C# besitzt komfortable Möglichkeiten zum Einfügen, Kopieren, Ersetzen und Löschen innerhalb von Strings. Hierzu stehen uns folgende Methoden zur Verfügung.

- `Insert(Startpos, String2)` fügt den String `String2` ab der Position `Startpos` in den aktuellen String ein.
- `Remove(Startpos, Anzahl)` löscht die angegebene Anzahl von Zeichen ab der Position `Startpos`.
- `Replace(Suchstring, NeuerString)` ersetzt den Teilstring `Suchstring` durch den String `NeuerString`. Die Ersetzung erfolgt global, d.h. wenn der Teilstring mehrfach vorkommt, werden alle Fundstellen ersetzt.

Das folgende Listing zeigt die Arbeitsweise der drei Methoden `Insert()`, `Remove()` und `Replace()`.

Listing 5.11: io11.cs – Stringmanipulation

```
01: using System;
02:
03: namespace Kap5
04: {
05:     class CMani
06:     {
07:         static void Main(string[] args)
08:         {
09:             string sString1 = "Guten Tag Herr";
10:             string sString2 = "Abend";
11:
12:             Console.WriteLine(sString1.Insert(14," Strasser"));
13:             Console.WriteLine(sString1.Replace("Tag",sString2));
14:
15:             Console.WriteLine(sString1.Remove(0,6).
                    Insert(8," Strasser"));
16:
17:             Console.ReadLine();
18:         }
19:     }
20: }
```

```
Guten Tag Herr Strasser
Guten Abend Herr
Tag Herr Strasser
```

Beginnen wir in der Zeile 12. Hier wird an der Position 14 die Stringkonstante " Strasser" in den String sString1 eingefügt. In der Zeile 13 ersetzen wir den Teilstring "Tag" durch den String sString2. Die Zeile 15 kombiniert zwei Methoden in einer Anweisung. Die erste Methode Remove() löscht die Zeichen 0 bis 6 des Strings sString1 und fügt dann ab Position 8 den String " Strasser" ein.

Vorbereiten von Strings

Häufig entsprechen Benutzereingaben oder Daten, die auf andere Weise eingelesen wurden, z.B. einer Datenbank, nicht dem erwarteten Format. Beispielsweise müssen in der Praxis häufig führende Leerzeichen entfernt werden. Für derartige Aufgaben stellt C# folgende Methoden zur Verfügung:

- Trim() entfernt alle führenden und abschließenden Leerzeichen eines Strings.
- ToUpper() wandelt alle Zeichen eines Strings in Großbuchstaben um.
- ToLower() wandelt alle Zeichen eines Strings in Kleinbuchstaben um.
- PadLeft(Neue_Stringlänge) fügt zu Beginn eines Strings so viele Leerzeichen ein, sodass der String auf die Länge von Neue_Stringlänge gestreckt wird.
- PadRight(Neue_Stringlänge) hängt einem String so viele Leerzeichen an, sodass der String auf die Länge von Neue_Stringlänge gestreckt wird.
- Substring(PosBeginn, Anzahl) gibt einen Teilstring mit der Länge Anzahl aus dem aktuellen String zurück, beginnend von PosBeginn.

Das folgende Listing demonstriert die Arbeitsweise dieser Methoden:

Listing 5.12: io12.cs - Vorbereiten von Strings

```
01: using System;
02:
03: namespace Kap5
04: {
05: class CVorbereiten
06:     {
07:         static void Main(string[] args)
08:         {
09:
10:             string sString1 = "   Leerzeichen   ";
11:             string sString2 = "Hallo .NET";
12:             string sAusgabe = "";
13:
14:             sAusgabe = sString1.Trim();
```

```
15:        Console.WriteLine(">{0}<",sAusgabe);
16:
17:        sAusgabe = sString2.ToUpper();
18:        Console.WriteLine(sAusgabe);
19:
20:        sAusgabe = sString2.ToLower();
21:        Console.WriteLine(sAusgabe);
22:
23:        sAusgabe = sString2.PadLeft(13);
24:        Console.WriteLine(">{0}<",sAusgabe);
25:
26:        sAusgabe = sString2.PadRight(13);
27:        Console.WriteLine(">{0}<",sAusgabe);
28:
29:        sAusgabe = sString2.Substring(6,4);
30:        Console.WriteLine(sAusgabe);
31:
32:        Console.ReadLine();
33:      }
34:  }
35: }
```

```
>Leerzeichen<
HALLO .NET
hallo .net
>     Hallo .NET<
>Hallo .NET    <
.NET
```

Die Methode `Trim()` in Zeile 14 löscht alle führenden und abschließenden Leerzeichen aus dem String `sString1`. In der Zeile 17 werden alle Zeichen des Strings `sString2` in Großbuchstaben umgewandelt. In der Zeile 20 geschieht das Gegenteil, hier werden durch die Methode `ToLower()` alle Zeichen in Kleinbuchstaben umgewandelt. Die Zeile 23 bzw. 26 fügt dem String `sString2` jeweils links bzw. rechts drei Leerzeichen an. In der Zeile 29 wird aus dem String `sString2` ein Teilstring mit einer Länge von 4 Zeichen herauskopiert, beginnend mit dem 6. Zeichen.

Länge eines Strings

In unseren Beispielen können wir die Anzahl der Zeichen eines Strings noch manuell abzählen. Wenn aber ein Benutzer zum Beispiel seinen Namen eingeben muss, kann man im Voraus nicht wissen, wie lange dieser Name ist. Hier bietet uns die Programmiersprache C# mit `Length` eine passende String-Eigenschaft an.

```
string sString1 = "Hallo .NET";
Console.WriteLine(sString1.Length);
```

Im Beispiel enthält `Length` den Wert 10. Leerzeichen werden mitgezählt.

5.7 Zusammenfassung

Nach dem heutigen Tag sind Sie in der Lage, benutzerfreundliche Konsolenprogramme zu schreiben. Sie wissen, wie Sie Eingaben von der Konsole mit Hilfe der Klasse `Convert` in den richten Datentyp umwandeln.

5.8 Workshop

Der Workshop enthält Quizfragen, die Ihnen helfen sollen, Ihr Wissen zu festigen, und Übungen, die Sie anregen sollen, das eben Gelernte umzusetzen und eigene Erfahrungen zu sammeln. Versuchen Sie, das Quiz und die Übungen zu beantworten und zu verstehen, bevor Sie zur Lektion des nächsten Tages übergehen.

Fragen und Antworten

F *Welche Stringlänge hat die Tabulator-Escape-Sequenz?*

A Diese Escape-Sequenz hat eine Stringlänge von 2.

F *Was ist der Unterschied zwischen* `Console.ReadLine()` *und* `Console.Read()`*?*

A `Console.ReadLine()` liest die Eingabe des Benutzers ein und setzt den Cursor in die nächste Zeile. `Console.Read()` liest ebenfalls die Eingabe des Benutzers ein, mit dem Unterschied, dass der Cursor in der aktuellen Zeile stehen bleibt.

F *Ist es möglich, in der Konsole grafische Elemente einzubinden?*

A Nein. Es können nur die Zeichen aus dem Unicode-Zeichensatz verwendet werden.

Quiz

1. Welcher Unterschied besteht zwischen diesen beiden Codezeilen?

   ```
   Console.WriteLine("{0},{1}", 5,3);
   Console.WriteLine("{1},{0}", 5,3);
   ```

2. Was ist hier falsch?

   ```
   Console.WriteLine("Hallo "Shinja" ");
   Console.WriteLine("Ergebnis:/t{0}", iErg);
   ```

3. Was bewirken die folgenden Escape-Sequenzen?

   ```
   \\
   \n
   \t
   \a
   ```

Übungen

1. Wie werden diese Ausgaben formatiert?

   ```
   Console.WriteLine("{0}",1234.567);
   Console.WriteLine("{0}",1234.567);
   Console.WriteLine("{0}",1234.567);
   Console.WriteLine("{0:#,#;(#,#);'-'}", 100000);
   Console.WriteLine("{0:#,#;(#,#);'-'}", -100000);
   Console.WriteLine("{0:#,#;(#,#);'-'}", 0);
   ```

2. Schreiben Sie die folgende Codezeile so um, dass die Ausgabe mit Platzhaltern realisiert wird.

   ```
   Console.WriteLine("Das Ergebnis von " + a + " " + b + "=" + c);
   ```

3. Entfernen Sie die Leerzeichen der Stringkonstante.

   ```
   string sName = "   Strasser Shinja     \t   ";
   Console.WriteLine(sName);
   ```

4. Ersetzen Sie den Teilstring »str.« in »straße« und entfernen Sie die unnötigen Leerzeichen.

   ```
   string sStrasse = "   Teststr. 5\t     \t   ";
   Console.WriteLine(sStrasse);
   ```

Tag 6

Ablaufsteuerung

Ablaufsteuerung

Ablaufsteuerungen sind spezielle Anweisungen, die den Ablauf (Steuerung) von Programmen kontrollieren. Verwendet man ausschließlich Anweisungen, läuft das Programm streng sequentiell ab. Die verschiedenen Varianten der Ablaufsteuerung mit ihrer Vielfalt an Kontrollstrukturen ermöglichen es dem Programmierer, auf bestimmte Bedingungen zu reagieren oder Anweisungen zu wiederholen, bis eine Bedingung eintritt.

Heute lernen Sie

- den Unterschied zwischen einer Verzweigung und einer Schleife,
- wie man mit einer `for`-, `while`-, `do-while`-Schleife umgeht,
- Verschachtelung der Ablaufsteuerung,
- wie man Sprunganweisungen einsetzt.

6.1 Verzweigungen

In der Programmiersprache C# gibt es drei Möglichkeiten, innerhalb eines Programms zu verzweigen. Es sind die Schlüsselwörter `if`, `else` und `switch`. Die einfachste Möglichkeit, eine Verzweigung zu realisieren, ist die `if`-Anweisung. Stimmt der Vergleich eines Ausdrucks mit einer Bedingung überein wird bzw. werden die Anweisungen ausgeführt. Es gibt auch die Möglichkeit eine Bedingung zu kontrollieren und bei Nichterfüllen einen Alternativzweig einzuschlagen. Hierfür benötigen wir die `if-else`-Anweisung. Die `switch`-Anweisung ermöglicht uns eine Mehrfachauswahl, bei der die verschiedenen Anweisungen in einer größeren Anzahl an Wahlmöglichkeiten ausgeführt werden können. Auch hier gibt es einen Alternativzweig.

if-Anweisung – Review

Eine `if`-Anweisung kontrolliert einen Anweisungsblock und führt den darin enthaltenen Code nur aus, wenn die Bedingung erfüllt ist. Die Syntax einer `if`-Anweisung – abhängig von ihrer Formulierung – sieht folgendermaßen aus:

```
if(Bedingung)
    Anweisung;
```

oder

```
if(Bedingung)
{
    Anweisung;
}
```

oder

```
if(Bedingung)
{
   Anweisung;
   Anweisung;
   ...
}
```

Das Verhalten einer `if`-Anweisung hängt von dem Ausdruck der Bedingung ab. Soll die `if`-Anweisung nur eine Anweisung ausführen, kann man die geschweiften Klammern weglassen. Es schadet aber auch nicht, wenn man die geschweiften Klammern setzt, ganz im Gegenteil, der Code wird übersichtlicher.

Das folgende Beispiel zeigt, dass es unerwünschte Resultate geben kann, wenn man keinen Anweisungsblock setzt. Nehmen wir an, dass Sie eine `if`-Anweisung benötigen, die zwei Zahlen auf Gleichheit überprüft. Dazu verwenden wir die beiden Variablen `i` und `j`. `i` und `j` besitzen beide den Wert 5. Die Variable `i` soll ausgegeben und anschließend soll der Wert der Variablen `j` um 1 dekrementiert werden. In der folgenden Form wird aber die `if`-Anweisung

```
if(i == j)
   Console.WriteLine(i);
   j--;
```

die bezweckte Aufgabe nicht erfüllen. Von der `if`-Anweisung

```
if(i == j)
```

hängt nämlich nur die Anweisung

```
   Console.WriteLine(i);
```

ab. Die Anweisung

```
   j--;
```

wird auf alle Fälle ausgeführt. Hängen mehrere Anweisungen von einer Bedingung einer `if`-Anweisung ab, so müssen diese in geschweiften Klammern geschrieben werden. Der korrekte Quellcode, der die gestellte Aufgabe erfüllt, sieht folgendermaßen aus:

```
if(i == j)
{
   Console.WriteLine(i);
   j--;
}
```

if-else-Statement – Review

Im täglichen Programmieralltag stellen sich häufig Aufgaben, die mit einer if-Anweisung alleine nicht gelöst werden können. Dies ist dann der Fall, wenn zwei unterschiedliche Anweisungen oder Anweisungsblöcke – abhängig von dem Ausdruck der Bedingung (true oder false) – ausgeführt werden müssen. Den ersten bezeichnet man als if-Zweig, den zweiten als else-Zweig. Wird die Bedingung im if-Zweig nicht erfüllt, werden die Anweisungen im else-Zweig ausgeführt, und umgekehrt. Die Syntax der if-else-Anweisung sieht folgendermaßen aus:

```
if(Bedingung)
    Anweisung;
else
    Anweisung;
```

oder

```
if(Bedingung)
{
    Anweisung;
}
else
{
    Anweisung;
}
```

oder

```
if(Bedingung)
{
    Anweisung;
    Anweisung;
    ...
}
else
{
    Anweisung;
    Anweisung;
    ...
}
```

Die Problemstellungen im Alltag sind meist komplexe Abläufe, die man nicht mit einer einzigen if-Anweisung oder einer if-else-Anweisung lösen kann. Tritt eine Auswahlmöglichkeit ein, kann diese weitere Auswahlmöglichkeiten beinhalten. In diesem Fall verschachtelt man mehrere if-Anweisungen und if-else-Anweisungen. Diese Schachtelung bezeichnet man als *geschachtelte bedingte Anweisungen*.

Das folgende Listing zeigt Ihnen die Verwendung von geschachtelten bedingten Anweisungen. Das Listing stellt eine kleine Überwachungs- und Steuerungseinheit eines Mischers dar. Hierbei werden zwei Bedingungen, die Temperatur und der Druck des Kessels, überwacht.

Listing 6.1: ablauf1.cs – geschachtelte bedingte Anweisungen

```
01: using System;
02:
03: namespace Kap6
04: {
05:    class CKessel
06:    {
07:       static void Main(string[] args)
08:       {
09:          int iTemp = 0;
10:          int iDruck = 0;
11:
12:          Console.Write("Geben Sie die Kesseltemperatur ein:");
13:          iTemp = Convert.ToInt32(Console.ReadLine());
14:          Console.Write("Geben Sie den Kesseldruck ein:");
15:          iDruck = Convert.ToInt32(Console.ReadLine());
16:
17:          if(iTemp > 250 && iTemp < 300)
18:          {
19:             if(iDruck > 1000)
20:                Console.WriteLine("Druck wird gesenkt");
21:             else
22:                Console.WriteLine("OK");
23:          }
24:          else
25:          {
26:             if(iTemp < 250)
27:             {
28:                if(iDruck < 400)
29:                   Console.WriteLine("Druck wird erhöht");
30:                Console.WriteLine("Kessel wird erwärmt");
31:             }
32:             else
33:                Console.WriteLine("Kessel wird gekühlt");
34:          }
35:
36:          Console.ReadLine();
37:       }
38:    }
39: }
```

```
Geben Sie die Kesseltemperatur ein:200
Geben Sie den Kesseldruck ein:300
Druck wird erhöht
Kessel wird erwärmt
```

In der Zeile 17 ist die Bedingung der if-Anweisung abhängig von einem Temperaturbereich zwischen 250 und 300 Grad Celsius. Liegt die Kesseltemperatur zwischen diesen Randtemperaturen, werden die weiteren Anweisungen der if-Anweisung ausgeführt. Befindet sich die Temperatur dagegen außerhalb des Bereiches, wird der else-Zweig in Zeile 24 ausgeführt.

Der if-Zweig besitzt in seinem Anweisungsblock eine weitere if-else-Konstruktion, die den Druck als Bedingung besitzt. Der Kesseldruck darf nicht über 1000 bar hinaus gehen. Diese Bedingung wird in Zeile 19 überprüft. Steigt somit der Kesseldruck über 1000 bar, wird dieser gesenkt, ansonsten bekommt der Benutzer die Meldung, dass alles in Ordnung ist.

Im else-Zweig liegt der Schwerpunkt bei der Temperatur. Befindet sich die Temperatur unter 250 Grad Celsius, wird die if-Anweisung in Zeile 26 erfüllt. Der Anweisungsblock dieser if-Anweisung enthält noch eine weitere Bedingung, die vom Druck des Kessels abhängt. Liegt der Druck des Kessels unter 400 bar, wird die if-Anweisung in Zeile 28 erfüllt und der Kesseldruck erhöht. Die Temperatur des Kessels wird, auch wenn der Druck über 400 bar liegt, erhöht. Der else-Zweig in Zeile 32 wird nur ausgeführt, wenn die Temperatur größer 300 Grad Celsius ist.

Sie sehen an diesem kleinen Beispiel, dass Problemstellungen sehr schnell zu komplexen Programmen führen können. Bei solchen Programmen ist es sehr wichtig, die Programmblöcke übersichtlich zu gestalten.

switch-Anweisung

Falls Sie eine Bedingung verwenden, die mehr als zwei Alternativen hat, könnten Sie zwar dafür mehrere if- bzw. if-else-Konstruktionen verwenden, was aber nicht zu einem besonders übersichtlichen Code führt. Eine Alternative dazu ist die switch-Anweisung. Diese erlaubt die Auswahl beliebig vieler Alternativen in der gleichen Hierarchie und entspricht damit in etwa mehreren aneinandergereihten if-Anweisungen. Die switch-Anweisung ist auch als *Mehrfachauswahl* oder *Fallunterscheidung* bekannt. Die Syntax der switch-Anweisung sieht folgendermaßen aus:

```
switch(Ausdruck)
{
   case Konstanter_Ausdruck1:
      [Anweisung(en)
      break,goto case N;];
   case Konstanter_Ausdruck2:
      [Anweisung(en)
      break, goto case N;]
   ...
   ...
   ...
   case Konstanter_Ausdruck... :
      [Anweisung(en)
      break, goto case N;]
   [default:
      [Anweisung(en)
      break, goto case N;]]
}
```

Der Ausdruck der `switch`-Anweisung enthält die auszuwertende Bedingung, anhand derer entschieden wird, welcher Anweisungsblock ausgeführt wird. Die Anweisungsblöcke werden mit dem Schlüsselwort `case` eingeleitet, wobei über einen konstanten Ausdruck der Wert festgelegt wird, auf den überprüft werden soll. Stimmt der konstante Ausdruck im `case`-Zweig mit dem Ausdruck der `switch`-Anweisung überein, so wird die Anweisung bzw. werden die Anweisungen des betreffenden `case`-Zweigs ausgeführt. Trifft dies für keinen der konstanten Ausdrücke zu, wird – soweit vorhanden – der `default`-Zweig (Standardzweig) der `switch`-Anweisung ausgeführt.

> Die eckigen Klammern der Syntax weisen darauf hin, dass das Vorhandensein der Anweisungen, Schlüsselwörter, Ausdrücke usw. nicht zwingend erforderlich ist.

Gibt es keinerlei Übereinstimmung zwischen dem Ausdruck der `switch`-Anweisung und den konstanten Ausdrücken und fehlt der `default`-Zweig, so wird die gesamte `switch`-Anweisung ignoriert.

In einer `switch`-Anweisung besitzt jeder `case`-Zweig, sofern Anweisungen vorhanden sind, einen Abbruchmechanismus, der entweder die `switch`-Anweisung mit dem Schlüsselwort

`break;`

verlässt, oder mit

`goto case N;`

einen anderen `case`-Zweig innerhalb derselben `switch`-Anweisung ansteuert.

Das folgende Listing zeigt Ihnen eine klassische Konstruktion einer switch-Anweisung.

Listing 6.2: ablauf2.cs – switch-Anweisung

```
01: using System;
02:
03: namespace Kap6
04: {
05:     class CSwitch
06:     {
07:         static void Main(string[] args)
08:         {
09:             int iAuswahl = 0;
10:
11:             Console.WriteLine("Addition (1)");
12:             Console.WriteLine("Subtraktion (2)");
13:             Console.WriteLine("Multiplikation (3)");
14:             Console.WriteLine("Division (4)");
15:             iAuswahl = Convert.ToInt32(Console.ReadLine());
16:
17:             switch(iAuswahl)
18:             {
19:                 case 1:
20:                     Console.WriteLine("Auswahl Addition");
21:                     break;
22:                 case 2:
23:                     Console.WriteLine("Auswahl Subtraktion");
24:                     break;
25:                 case 3:
26:                     Console.WriteLine("Auswahl Multiplikation");
27:                     break;
28:                 case 4:
29:                     Console.WriteLine("Auswahl Division");
30:                     break;
31:                 default:
32:                     Console.WriteLine("Falsche Auswahl");
33:                     break;
34:             }
35:             Console.ReadLine();
36:         }
37:     }
38: }
```

```
Addition (1)
Subtraktion (2)
Multiplikation (3)
Division (4)
3
Auswahl Multiplikation

Addition (1)
Subtraktion (2)
Multiplikation (3)
Division (4)
0
Falsche Auswahl
```

Die Zeilen 11 bis 14 erzeugen ein kleines Menü, aus dem man zwischen vier Möglichkeiten wählen kann – je nach dem, ob man addieren, subtrahieren, multiplizieren oder dividieren möchte. In Klammern steht die Zahl, die man für seine Auswahl eingeben muss. In der Zeile 15 wird die Auswahl in die Variable iAuswahl gespeichert. Die Zeile 17 enthält den Ausdruck der switch-Anweisung, der mit den konstanten Ausdrücken der einzelnen case-Zweige verglichen wird. In unserem Fall ist das die Variable iAuswahl.

Nehmen wir einmal an, dass unsere Auswahl auf die Multiplikation gefallen ist. Somit enthält die Variable iAuswahl den Wert 3. Der Reihenfolge nach wird jeder konstante Ausdruck im jeweiligen case-Zweig überprüft, ob er der Bedingung entspricht. In unserem Fall ist das der konstante Ausdruck 3 in Zeile 25. Hier werden die Anweisungen in den Zeilen 26 und 27 des case-Zweiges ausgeführt.

Für den Fall, dass die eingegebene Auswahl für keinen der konstanten Ausdrücke zutrifft, werden zum Schluss die Anweisungen im default-Zweig ausgeführt.

Eine weitere Variante beim Aufbau der switch-Anweisung ist die Mehrfachverwendung der case-Zweige. Sollen bei mehreren konstanten Ausdrücken ein und dieselben Anweisungen ausgeführt werden, schreibt man die case-Zweige ohne Anweisungen untereinander.

Listing 6.3: ablauf3.cs – Mehrfachauswahl

```
01: using System;
02:
03: namespace Kap6
04: {
05:     class CSwitch2
```

Ablaufsteuerung

```
06:    {
07:        static void Main(string[] args)
08:        {
09:            int iAuswahl = 0;
10:
11:            Console.Write("Geben Sie Ihre Note ein:");
12:            iAuswahl = Convert.ToInt32(Console.ReadLine());
13:
14:            switch(iAuswahl)
15:            {
16:                case 1:
17:                case 2:
18:                case 3:
19:                case 4:
20:                    Console.WriteLine("Bestanden");break;
21:                case 5:
22:                case 6:
23:                    Console.WriteLine("Durchgefallen");break;
24:            }
25:
26:            Console.ReadLine();
27:        }
28:    }
29: }
```

Geben Sie Ihre Note ein:3
Bestanden

Geben Sie Ihre Note ein:5
Durchgefallen

Besitzt der Ausdruck der switch-Anweisung je nach Auswahl die Werte von 1 bis 4, wird in der Konsole "Bestanden" ausgegeben, bei den Werten 5 und 6 "Durchgefallen". In den Zeilen 16 bis 18 besitzt der case-Zweig weder eine Anweisung noch einen Abbruchmechanismus. Die switch-Anweisung wird ohne jede Interaktion bis zur Zeile 19 ausgeführt und erst in der Zeile 20 wird der String "Bestanden" in die Konsole ausgegeben.

Da das Schlüsselwort case selbst nichts ausführt, ist es nicht zu den Anweisungen zu rechnen, sondern zu den Sprungmarken (engl. *label*), die ebenso keinen ausführbaren Code beinhalten. Das Prinzip einer Sprungmarke behandeln wir im nächsten Abschnitt.

6.2 Schleifen

Schleifen dienen in der Programmierung dazu, Anweisungen wiederholt auszuführen. Im Fachjargon bezeichnet man Wiederholungen auch als Iterationen. Das funktionale Gegenstück zu einer Iteration ist die Rekursion. Bei einer Rekursion werden nicht Anweisungen und Anweisungsblöcke wiederholt, sondern komplette Funktionen bzw. Methoden. Die Rekursion werden wir in einem späteren Kapitel behandeln.

Der Urvater der Schleifen – die goto-Anweisung

In den Anfängen der Informatik wurden Wiederholungen durch die goto-Anweisung realisiert. Eine goto-Anweisung springt sozusagen in eine Zeile und setzt die Anweisungen dort wieder fort. Der Aufbau war früher unstrukturiert, die Lesbarkeit und Übersichtlichkeit war entsprechend dürftig. Stellen im Quellcode, zu denen gesprungen werden kann, nennt man Sprungmarken. Eine Sprungmarke ist ein fest definierter Name gefolgt von einem Doppelpunkt.

Die Syntax einer goto-Anweisung lautet:

```
goto Sprungmarke;
...
Sprungmarke: Anweisungen
```

Wie Sie oben schon bemerkt haben, verleihe ich der goto-Anweisung ein negatives Attribut, zu Recht. Denn sie erlaubt es, zu einer beliebigen Stelle im Programm springen, was für einen strukturierten Aufbau mit logischen und nachvollziehbaren Gedankengängen nicht gerade förderlich ist. In einem Programm mit ein oder zwei Sprüngen mag dies noch keine große Rolle spielen, aber sobald in einem Programm zahlreiche Sprünge verwendet werden, verliert man hier schnell den Überblick.

Sie werden sich jetzt fragen, wieso die Programmiersprache C# die goto-Anweisung behalten hat. Dies liegt darin, dass man sie in manchen Situationen entweder zwingend braucht, um eine Problemstellung zu lösen, oder sie die Lösung zumindest stark vereinfacht. So kann es bei tief verschachtelten Schleifen notwendig sein, diese in bestimmten Programmzuständen zu verlassen – mit einem Sprung. Sie sollten aber die goto-Anweisung äußerst sparsam einsetzen und nach Möglichkeit auf elegantere Alternativen ausweichen.

Das folgende Listing zeigt ein Beispiel für den Einsatz der goto-Anweisung.

Listing 6.4: ablauf4.cs – goto

```
01: using System;
02:
03: namespace Kap6
```

Ablaufsteuerung

```
04: {
05:     class CGoto
06:     {
07:         static void Main(string[] args)
08:         {
09:             int iZahl1 = 0;
10:
11: loop:       iZahl1++;
12:
13:             Console.WriteLine("{0} x 5 = {1}", iZahl1, iZahl1 * 5);
14:
15:             if(iZahl1 < 10)
16:                 goto loop;
17:
18:             Console.ReadLine();
19:         }
20:     }
21: }
```

```
1 x 5 = 5
2 x 5 = 10
3 x 5 = 15
4 x 5 = 20
5 x 5 = 25
6 x 5 = 30
7 x 5 = 35
8 x 5 = 40
9 x 5 = 45
10 x 5 = 50
```

In Zeile 9 wird die Variable iZahl1 deklariert und mit dem Wert 0 initialisiert. In Zeile 11 befindet sich die Sprungmarke loop. In derselben Zeile erfolgt eine Inkrementierung der Variablen iZahl1 um 1. In Zeile 13 wird der Inhalt dieser Variablen ausgegeben. In Zeile 15 ist eine if-Anweisung zu finden, mit der überprüft wird, ob der Inhalt von iZahl1 kleiner 10 ist. Falls ja, wird mit der goto-Anweisung zur Zeile 13 – also zur Marke loop – gesprungen, wodurch die Ausgabe in Zeile 13 insgesamt 10 Mal zur Ausführung kommt. Falls nein, wird kein Sprung durchgeführt und das Programm beendet.

while-Schleife

Die while-Schleife wiederholt eine Folge von Anweisungen in einem Programm, bis eine Bedingung erfüllt, also true ist. Die while-Schleife bezeichnet man auch als eine kopfgesteuerte Schleife. Eine kopfgesteuerte Schleife wird nur ausgeführt, wenn die Bedingung beim ersten Aufruf der Schleife erfüllt ist. Wird die Bedingung nicht erfüllt, wird der Programmblock in der Schleife ignoriert.

Die Syntax der while-Schleife lautet:

```
while(Bedingung)
   Anweisung;
```

bzw.

```
while(Bedingung)
   {
      Anweisungen;
      ...
   }
```

Die Bedingung ist ein logischer Ausdruck. Liefert die Bedingung den Wert true, wird die Anweisung bzw. werden die Anweisungen der while-Schleife ausgeführt. Nachdem alle Anweisungen ausgeführt wurden, wird die Bedingung erneut überprüft. Dieser Ablauf wird so lange wiederholt, bis die Bedingung den Wert false liefert und somit die while-Schleife verlassen wird.

Das folgende Listing zeigt die Verwendung der while-Schleife. Als Basis hierfür dient das vorige Listing mit der goto-Anweisung, das wir für den Einsatz der while-Schleife entsprechend umschreiben.

Listing 6.5: ablauf5.cs – while

```
01: using System;
02:
03: namespace Kap6
04: {
05:    class CWhile
06:    {
07:       static void Main(string[] args)
08:       {
09:          int iZahl1 = 0;
10:
11:          while(iZahl1++ < 10)
12:          {
13:             Console.WriteLine("{0}x5 = {1}",iZahl1,iZahl1 * 5);
14:          }
15:
16:          Console.ReadLine();
17:       }
18:    }
19: }
```

```
 1 x 5 = 5
 2 x 5 = 10
 3 x 5 = 15
 4 x 5 = 20
 5 x 5 = 25
 6 x 5 = 30
 7 x 5 = 35
 8 x 5 = 40
 9 x 5 = 45
10 x 5 = 50
```

Dieses Beispiel zeigt, dass die Verwendung einer while-Schleife gegenüber einer goto-Anweisung übersichtlicher und vom Aufbau logischer ist. In der Zeile 11 wird überprüft, ob die Bedingung den Wert true besitzt. Beim ersten Aufruf der Schleife weist die Variable den Wert 0 auf. Warum wird aber dann als erstes Ergebnis 1 x 5 = 5 angezeigt? Verantwortlich hierfür ist der Postfix-Operator. Die Bedingung wird zwar beim ersten Mal auf 0 < 10 überprüft, die Variable iZahl1 besitzt aber anschließend durch den Postfix-Operator in Zeile 11 den Wert 1. Die Überprüfung der while-Schleife mit der Variablen iZahl1 wird demnach von 0 bis 9 ausgeführt, die Ausgabe der Variablen iZahl1 von 1 bis 10.

Es kommt gelegentlich vor, dass der Anweisungsblock einer while-Schleife keine Anweisungen benötigt. Diese Art von Anweisung bezeichnet man als *Leeranweisung*. Bei einer Leeranweisung werden alle Operationen im Schleifenkopf der while-Schleife ausgeführt. Betrachten wir aber noch einmal die Syntax der while-Schleife, so sehen wir, dass der Anweisungsblock notwendig ist und nicht weggelassen werden darf. Daher muss eine Leeranweisung eingesetzt werden. Diese besteht ausschließlich aus einem Semikolon. Eine while-Schleife, die als Zähler arbeitet, kann man zunächst folgendermaßen realisieren:

```
...
int iCnt = 1;
...

while(iCnt <= 10)
    iCnt++;
...
```

Da die meisten Programmierer aber als Minimalisten gelten, lässt sich der Zähler auch auf eine andere Art und Weise realisieren:

```
...
int iCnt = 0
...

while(++iCnt <= 10)
    ;
```

Auf diese Art entstehen Leeranweisungen. Das Inkrementieren der Variablen iCnt wurde in den Schleifenkopf verlegt.

do-while-Schleife

Sollen die Anweisungen einer while-Schleife beim ersten Aufruf ausgeführt werden, muss die Bedingung beim ersten Aufruf der while-Schleife erfüllt sein. Ist das nicht der Fall, wird der komplette Anweisungsblock der while-Schleife ignoriert. Sollte aber eine Schleife, die mit dem Schlüsselwort while ausgeführt werden soll, mindestens einmal durchlaufen werden, benötigen wir eine do-while-Schleife. Diese Art der Schleife bezeichnet man auch als fußgesteuerte Schleife, da die Bedingung erst am Ende des Anweisungsblocks der while-Schleife überprüft wird.

Die Syntax einer do-while-Schleife sieht folgendermaßen aus:

```
do
   Anweisung;
while(Ausdruck);
```

oder

```
do
{
   Anweisung(en);
}
while(Ausdruck);
```

Die Syntax der do-while-Schleife verdeutlicht den Ablauf der Überprüfung. Bevor der Ausdruck überprüft wird, werden die Anweisungen ausgeführt. Auffallend ist auch das Semikolon im Schleifenfuß. Dieses Semikolon darf unter keine Umständen fehlen, da sonst der Compiler eine Fehlermeldung erzeugt. Programmtechnisch stellt der Schleifenfuß eine Leeranweisung dar, die mit dem Schlüsselwort do verknüpft ist.

Das folgende Listing soll Ihnen noch einmal den Unterschied zwischen einer while-Schleife und einer do-while-Schleife verdeutlichen.

Listing 6.6: ablauf6.cs – do-while

```
01: using System;
02:
03: namespace Kap6
04: {
05:    class CDoWhile
06:    {
07:       static void Main(string[] args)
08:       {
09:          int iRef = 5;
```

```
10:
11:         while(iRef != 5)
12:             Console.WriteLine("(while) Wert iRef:{0}",iRef);
13:
14:         do
15:             Console.WriteLine("(do-while) Wert iRef:{0}",iRef);
16:         while(iRef != 5);
17:
18:         Console.ReadLine();
19:     }
20: }
21: }
```

(do-while) Wert iRef:5

In der Zeile 9 wird eine Variable iRef vom Typ Integer deklariert und mit dem Wert 5 initialisiert. Die Zeile 11 verwendet die while-Schleife, um den Wert in der Konsole auszugeben. Dazu kommt es aber nicht, da es sich um eine kopfgesteuerte Schleife handelt und die Bedingung des Ausdrucks der while-Schleife nicht erfüllt wird. Ist es aber erwünscht, die Anweisungen, die im Anweisungsblock einer while-Schleife stehen, mindestens einmal zu durchlaufen, muss man auf eine do-while-Schleife ausweichen. Die Ausgabe in Zeile 15 wird ausgeführt, bevor die while-Schleife die Bedingung ihres Ausdrucks überprüft.

for-Schleife

while-Schleifen und do-while-Schleifen verwendet man meistens, wenn die Anzahl der Schleifendurchgänge unbekannt ist. Für den entgegengesetzten Fall – bekannte Anzahl der Durchgänge – gibt es eine komfortablere Lösung – die for-Schleife. Wenn Sie die oberen Beispiele der while-Schleife und do-while-Schleife genauer betrachten, fällt auf, dass die Bedingung immer initialisiert sein muss. Des Weiteren wird die Bedingung bei jedem Schleifendurchgang erneut geprüft. Falls man eine while- oder do-while-Schleife zum Inkrementieren oder Dekrementieren verwendet, muss dieser Vorgang immer explizit durchgeführt werden.

Die Syntax einer for-Schleife lautet folgendermaßen:

```
for(Init,Bedingung,ReInit)
{
    Anweisung(en);
}
```

Auch hier kann man wie bei einer while-Schleife, wenn nur eine Anweisung benötigt wird, die geschweiften Klammern weglassen.

Die for-Schleife beginnt die Ausführung mit dem Anweisungsteil Init. In diesem Bereich der for-Schleife belegt man eine oder mehrere Variablen, die Einfluss auf den Anweisungsblock haben und von der for-Schleife gesteuert werden, mit Startwerten. Diese einmalige Initialisierung der Variablen wird von der for-Schleife zu Beginn durchgeführt.

```
int i = 0;
...
for(i = 0;...;...)
   ...
```

Die for-Schleife bietet aber auch die Möglichkeit an, die Variablendeklaration und Variableninitialisierung im Schleifenkopf durchzuführen. So kann man stattdessen

```
for(int i = 0;...;...)
```

schreiben und erspart sich die vorhergehende Deklaration der Variablen i.

Die Bedingung der for-Schleife wird nach der Initialisierung auf true oder false überprüft. Stimmt die Bedingung überein, werden die Anweisungen im Schleifenrumpf ausgeführt. Anschließend werden die Werte der Variablen (hier die Variable i) neu modifiziert bzw. neu initialisiert (ReInit). Danach wird wieder die Bedingung der for-Schleife überprüft (Bedingung). Ist der Zustand erreicht, in dem die Bedingung der for-Schleife den Wert false zurückgibt, wird die for-Schleife beendet, ohne dass eine weitere Anweisung ausgeführt wird.

Das folgende Listing addiert die Zahlen von 1 bis 1000 mit Hilfe der for-Schleife. Das Ergebnis wird anschließend in der Konsole ausgegeben.

Listing 6.7: ablauf7.cs – for

```
01: using System;
02:
03: namespace Kap6
04: {
05:    class CForEinfach
06:    {
07:       static void Main(string[] args)
08:       {
09:          int iErgebnis = 0;
10:
11:          for(int i = 1; i <= 1000; i++)
12:             iErgebnis+=i;
13:          Console.WriteLine("Summe (1...1000):{0}",iErgebnis);
14:          Console.ReadLine();
```

```
15:
16:        }
17:     }
18: }
```

Summe (1...1000):500500

In der Zeile 11 finden wir den Schleifenkopf der `for`-Schleife. Im Initialisierungsbereich wird eine neue Variable `i` deklariert und mit dem Wert 1 initialisiert. Somit ist der Startwert der `for`-Schleife 1. Anschließend wird im Bedingungsteil der `for`-Schleife die Variable `i` auf <= 1000 überprüft. Ist die Bedingung erfüllt, wird die Anweisung nach der `for`-Schleife ausgeführt.

Es stellt sich noch die Frage, ob die Variable `i` vor der Ausführung der Anweisung

```
iErgebnis+=i;
```

im Schleifenkopf inkrementiert wird oder erst danach. Die Abarbeitung im Kopf der `for`-Schleife läuft nicht synchron ab, sondern asynchron, d.h. die Reinitialisierung findet erst nach Beendigung des Schleifendurchgangs statt.

Beginnen wir noch einmal in der Zeile 11. Die Variable `i` wird im Initialisierungsbereich deklariert und initialisiert. Somit enthält die Variable `i` den Wert 1. Die Überprüfung im Bedingungsbereich findet anschließend statt. Bevor aber die Variable `i` um 1 inkrementiert wird, werden die Anweisungen im Schleifenrumpf abgearbeitet. Nachdem die Anweisung

```
iErgebnis+=i;
```

ausgeführt wurde, findet im Reinitialisierungsbereich die Inkrementierung statt. Der Wert der Variablen `i` ist nun 2. Nach der Reinitialisierung wird die nun inkrementierte Variable `i` im Bedingungsteil erneut überprüft. Dieser Vorgang wiederholt sich so lange, bis die Bedingung im Bedingungsteil der `for`-Schleife fehlschlägt. Der schematische Ablauf sieht folgendermaßen aus:

```
i wird deklariert und mit 1 initialisiert
i wird überprüft (i <= 1000 -> true)
iErgebnis+=i; wird ausgeführt
i wird im Reinitialisierungsbereich um 1 inkrementiert
i wird überprüft (i <= 1000 -> true)
iErgebnis+=i; wird ausgeführt
```

```
i wird im Reinitialisierungsbereich um 1 inkrementiert
i wird überprüft (i <= 1000 -> true)
...
```

Der Initialisierungsbereich wird nur beim ersten Aufruf der `for`-Schleife ausgeführt und hat im folgenden Ablauf keine Bedeutung mehr.

Die Formulierungsvarianten der `for`-Schleife sind sehr variabel und vielfältig. So kann man das vorige Beispiel noch um eine Zeile verkürzen, indem man die Anweisung

```
iErgebnis+=i;
```

in den Schleifenkopf verlegt:

```
for(int i = 1; i <= 1000; iErgebnis+=i++)
    ;
```

Im Reinitialisierungsbereich werden Operation und Inkrementierung zusammengelegt. `iErgebnis` wird mit dem inkrementierten Wert der Variablen `i` addiert und wieder in die Variable `iErgebnis` geschrieben. Zusätzlich haben wir eine Leeranweisung erzeugt, um der Syntax der `for`-Schleife zu entsprechen. Nehmen Sie einfach einmal das Semikolon aus dem Schleifenrumpf heraus und sehen Sie sich das Ergebnis an.

Wenn man eine beliebige Variable – wie die Variable `i` im Schleifenkopf der `for`-Schleife – deklarieren und initialisieren kann, so müsste es doch auch möglich sein, die Variable `iErgebnis` in den Schleifenkopf zu übernehmen.

Listing 6.8: ablauf8.cs – for mit Leeranweisung und der Problematik mit dem Gültigkeitsbereich von Variablen

```
01: using System;
02:
03: namespace Kap6
04: {
05:     class CForAchtung
06:     {
07:         static void Main(string[] args)
08:         {
09:             for(int i = 1,iErgebnis = 0; i <= 1000; iErgebnis+=i++)
10:                 ;
11:
12:             Console.WriteLine("Summe (1...1000):{0}",iErgebnis);
13:             Console.ReadLine();
14:         }
15:     }
16: }
```

Prinzipiell entsprechen die Syntax und das Ergebnis der for-Schleife dem vorhergehenden Listing. Die for-Schleife arbeitet programmtechnisch korrekt. Das einzige Problem, das der Initialisierungsbereich einer for-Schleife in sich verbirgt, ist jener, dass dort definierte Variablen nur innerhalb derselben Schleife gültig sind. Das bedeutet, dass Sie außerhalb der Schleife nicht auf diese Variablen zugreifen können und damit das durch iErgebnis repräsentierte Resultat nicht in Zeile 12 ausgeben können. Entsprechend meldet der C#-Compiler in Zeile 12, dass die Variable iErgebnis nicht bekannt ist.

Sie sehen, dass die Formulierungsvarianten der Schleifenkonstruktionen sehr vielfältig und komplex sind. Den Sinn und Unsinn bei der Vereinfachung von Schleifenkonstruktionen überlasse ich Ihnen. Ich kann Ihnen aber aus der Programmierpraxis Folgendes verraten: Solche »vereinfachten« Schleifenkonstruktionen sehen zwar auf den ersten Blick sehr professionell aus, aber einige Zeilen mehr schaden nicht. Denken Sie an die Lesbarkeit und Übersichtlichkeit der Programme. Ein verständlicher Quelltext lässt sich leichter warten und erweitern.

6.3 Sprunganweisungen

Allgemein wird in C# die Ausführungskontrolle den natürlichen Anweisungen, Verzweigungen und Schleifen überlassen. Die Programmiersprache C# verfügt aber auch über Sprunganweisungen, die ohne Bedingung den gewohnten Fortlauf eines Programms verändern können. Hierzu gehören die break-, continue-, goto- und return-Anweisung.

break-Anweisung

Die Anweisung break in der switch-Anweisung kennen wir bereits. Aber auch jede Art von Schleifen kann sich der break-Anweisung bedienen. Das Aufrufen einer break-Anweisung in einer Schleife bewirkt, dass die Schleife an der Position, an der die break-Anweisung ausgeführt wird, verlassen wird und die Anweisungen nach der Schleifenkonstruktion weiter fortgesetzt werden.

Das folgende Listing verlässt die while-Schleife, wenn eine eingegebene Zahl ohne Restwert durch 3 teilbar ist.

Listing 6.9: ablauf9.cs – break

```
01: using System;
02:
03: namespace Kap6
```

```
04: {
05:     class CBreakWhile
06:     {
07:         static void Main(string[] args)
08:         {
09:             int iEingabe = 0;
10:
11:             while(true)
12:             {
13:                 Console.WriteLine("Geben Sie eine Zahl ein");
14:                 iEingabe = Convert.ToInt32(Console.ReadLine());
15:
16:                 if((iEingabe % 3) != 0)
17:                     Console.WriteLine("{0} Weiter>>",iEingabe % 3);
18:                 else
19:                     break;
20:             }
21:         }
22:     }
23: }
```

Geben Sie eine Zahl ein
8
2 Weiter>>
Geben Sie eine Zahl ein
7
1 Weiter>>
Geben Sie eine Zahl ein
6

Die Zeile 11 stellt eine Endlosschleife dar, da die Bedingung immer erfüllt ist. In der Zeile 16 wird überprüft, ob die in Zeile 14 eingegebene Zahl durch 3 ohne Rest teilbar ist. Wird die Bedingung erfüllt, wird die while-Schleife durch die break-Anweisung in Zeile 19 beendet. Die Programmausführung wird in Zeile 21 fortgesetzt.

continue-Anweisung

Die continue-Anweisung ist das Gegenstück zur break-Anweisung. Verwendet man die continue-Anweisung in einer Schleife, so bricht diese genau an der Position ab, an der sich die continue-Anweisung befindet. Daraufhin wird mit dem nächsten Schleifendurchgang fortgesetzt.

Betrachten wir einmal das folgende Listing, um mit der Arbeitsweise der continue-Anweisung vertraut zu werden.

Listing 6.10: ablauf10.cs – continue

```
01: using System;
02:
03: namespace Kap6
04: {
05:     class CContinue
06:     {
07:         static void Main(string[] args)
08:         {
09:             for(int i = 0; i <= 100; i++)
10:             {
11:                 if((i % 10) != 0)
12:                     continue;
13:                 Console.WriteLine(i);
14:             }
15:             Console.ReadLine();
16:         }
17:     }
18: }
```

```
0
10
20
30
40
50
60
70
80
90
100
```

In Zeile 9 befindet sich der Kopf einer for-Schleife. Die Variable i vom Typ Integer wird mit jedem Schleifendurchgang um 1 erhöht. Ist der Wert der Variablen i durch 10 ohne Rest teilbar, wird die Bedingung in Zeile 11 erfüllt und die Anweisung continue ausgeführt (Zeile 12), wodurch mit dem nächsten Schleifendurchlauf fortgesetzt wird. Die for-Schleife wiederum reinitialisiert die Variable i, überprüft die Bedingung (i <= 100) und setzt bei Erfüllung dieser Bedingung die Schleife fort.

6.4 Zusammenfassung

Nach dem heutigen Tag können Sie bereits einfache Programme realisieren. Wenn Sie sich jetzt noch ab und zu fragen, welche Schleifenkonstruktion die geeignete ist, ist das nicht weiter schlimm. Im Prinzip können Sie mit allen Schleifentypen – `for`, `while` und `do while` – alle Problemstellungen lösen. Manche Schleifentypen sind jedoch für ein bestimmtes Problem besser geeignet als andere: Der Einsatz einer `for`-Schleife ergibt Sinn, wenn Sie alle typischen Vorgänge – Deklaration, Initialisierung, Auswertung und Zählerinkrementierung bzw. -dekrementierung – in einer Zeile durchführen möchten. Ferner eignen sich `for`-Schleifen, falls die Anzahl der Schleifendurchgänge bekannt ist. Wenn die Abfrage explizit auf eine Bedingung ausgelegt ist, sollten Sie dagegen die `while`-Schleife einsetzen, ebenso wenn die Anzahl der Schleifendurchgänge während der Laufzeit unbekannt ist. Entscheiden Sie sich für die `do-while`-Schleife, wenn Sie eine Anweisung oder einen Anweisungsblock mindestens einmal durchlaufen wollen.

6.5 Workshop

Der Workshop enthält Quizfragen, die Ihnen helfen sollen, Ihr Wissen zu festigen, und Übungen, die Sie anregen sollen, das eben Gelernte umzusetzen und eigene Erfahrungen zu sammeln. Versuchen Sie, das Quiz und die Übungen zu beantworten und zu verstehen, bevor Sie zur Lektion des nächsten Tages übergehen.

Fragen und Antworten

F *Gibt es ein Limit der Verschachtelungstiefe bei Schleifenkonstruktionen?*

    A Hier sind keine Grenzen gesetzt. Wenn Ihr Programm aber mehr als zwei Ebenen der Verschachtelung besitzt, sollte man darüber nachdenken, eine eigene Methode dafür zu schreiben.

F *Muss eine `switch-case`-Anweisung einen `default`-Zweig enthalten?*

    A Nein. Es empfiehlt sich aber in der Praxis, damit alternative Möglichkeiten programmtechnisch abgedeckt werden.

F *Kann eine `if`-Anweisung auch mehrere `else`-Zweige besitzen?*

    A Nein, es ist nur ein Alternativ-Zweig pro `if`-Anweisung erlaubt. Mehrere `else`-Zweige können nur nebeneinander existieren, wenn jeder einzelne `else`-Zweig eine weitere `if`-Anweisung besitzt.

Quiz

1. Worin unterscheidet sich die `for`- von einer `while`-Schleife?
2. Worin unterscheidet sich die `while`- von einer `do-while`-Schleife?
3. Worauf müssen Sie Acht geben, wenn Sie Schleifenkonstruktionen ineinander verschachteln?
4. Wie läuft programmtechnisch die folgende `for`-Schleife ab?

    ```
    int iErgebnis = 0;

    for(int i = 1; i <= 1000; i++)
        iErgebnis+=i;
    ```

Übungen

1. Wie lautet der Wert von `i` nach der folgenden Anweisung beim ersten Aufruf?

    ```
    for(i = 0; i < 10; i++)
    ```

2. Was passiert im folgenden Codefragment?

    ```
    int i = 0;

    while(i < 7)
    {
        Console.WriteLine(i);
    }
    ```

3. Schreiben Sie ein Programm, das die E-Mail-Adresse eines Benutzers abfragt und überprüft, ob in dieser das Zeichen @ enthalten ist. Bedenken Sie, dass der Benutzer auch am Anfang oder am Ende Leerzeichen eingeben kann, die entfernt werden müssen. Des Weiteren sollen alle E-Mail-Adressen in Kleinbuchstaben verarbeitet werden.

Tag 7

Methoden, Parameter und Gültigkeit von Variablen

Methoden, Parameter und Gültigkeit von Variablen

Je größer und aufwändiger ein Programm wird, desto übersichtlicher sollte es gestaltet werden. Die Größe und Komplexität Ihrer Programme wird mit Ihrem Können immer mehr zunehmen. So ist es wichtig, die Programme so zu schreiben, dass sie überschaubar und leicht zu warten sind, indem man die Struktur der Programme in logische und physische Module zerlegt. Der Vorteil dieser Vorgehensweise ist, dass man diese Module einmal programmtechnisch realisiert und optimiert. Bei der weiteren Verwendung muss man sich keine Gedanken machen, wie diese funktionieren – das Modul wird zu einer *black box*.

Lernziele

- Definition einer Methode,
- Parameter definieren,
- den Unterschied zwischen Wert- und Referenzparametern kennen lernen,
- Parameterlisten erstellen,
- den Unterschied zwischen lokalen und globalen Datenobjekten kennen lernen,
- die direkte und indirekte Rekursion anwenden zu können,
- flexible Methoden durch Überladen zu entwickeln.

7.1 Definition und Aufruf

Wir wissen bereits, dass die Programmiersprache C# alles in Klassen abbildet. Die Funktionen werden, da sie Elemente der Klassen sind, als Elementfunktionen bezeichnet. Im Laufe der Zeit hat sich die Bezeichnung *Methode* für die Elementfunktionen durchgesetzt. Eine Methode ist somit eine Funktion innerhalb einer Klasse und gehört zur Menge der Klassen. Viele Programmierer unterscheiden aber im alltäglichen Sprachgebrauch nicht exakt die Bezeichnungsregeln. Wir müssen uns nur vor Augen halten, dass Funktionen innerhalb einer Klasse Elementfunktionen bzw. Methoden sind.

Es gibt verschiedene Arten, Methoden zu definieren:

- `public` (wörtlich »öffentlich«) – Diese Art von Methoden verwendet man, um mit der Umgebung kommunizieren zu können. Sie sind nach außen hin sichtbar und erfüllen Aufgaben, die die Umgebung anfordert.
- `private` – Diese Art von Methoden verwendet man, um innerhalb einer Klasse wiederholte Anweisungen und Aufgaben auszuführen, die nicht unmittelbar von der Umgebung aufgerufen werden können.

In diesem Kapitel werden wir uns ausschließlich mit der zweiten Art beschäftigen.

Definition und Aufruf

Eine Methode besteht aus zwei Teilbereichen. Der erste Teil ist der Methodenkopf, gefolgt vom Methodenrumpf.

Der Methodenkopf ist gleichzeitig der Bereich, der eine Methode definiert. Er enthält den Namen der Methode, den Datentyp des Ergebniswertes, den die Methode zurückgibt, und die Parameter der Methode als Argumentliste, die ebenfalls mit ihrem Datentyp und ihrem Namen übergeben werden.

Im Methodenrumpf befinden sich die Deklarationen und Anweisungen, die nach dem Aufruf der Methode ausgeführt werden.

Das folgende Programm demonstriert, wie man eine Methode definiert und aufruft. Das Programm ruft eine Methode namens Add auf, die zwei Zahlen miteinander addiert. Solange die erste Zahl keine 0 ist, wird das Programm fortgesetzt.

Listing 7.1: mpg1.cs – Methodenaufruf

```
01: using System;
02:
03: namespace Kap7
04: {
05:     class CCalcAdd
06:     {
07:         static void Main(string[] args)
08:         {
09:             int iZahl1 = 0;
10:             int iZahl2 = 0;
11:             int iErgebnis = 0;
12:
13:             do
14:             {
15:                 Console.Write("Erste Zahl: ");
16:                 iZahl1 = Convert.ToInt32(Console.ReadLine());
17:                 Console.Write("Zweite Zahl: ");
18:                 iZahl2 = Convert.ToInt32(Console.ReadLine());
19:
20:                 iErgebnis = Add(iZahl1, iZahl2);
21:                 Console.WriteLine("Ergebnis: {0}\n",iErgebnis);
22:             }
23:             while(iZahl1 != 0);
24:         }
25:
26:         private static int Add(int Param1, int Param2)
27:         {
28:             return Param1 + Param2;
29:         }
30:     }
31: }
```

Methoden, Parameter und Gültigkeit von Variablen

```
Erste Zahl: 5
Zweite Zahl: 7

Ergebnis: 12

Erste Zahl 0
Zweite Zahl 7
```

Die Zeile 26 enthält einen Methodenkopf mit dem Namen Add. Das Schlüsselwort private bedeutet, dass die Methode nur innerhalb der Klasse CCalcAdd aufgerufen werden kann. Der Datentyp der Methode Add ist ein Integer. Somit liefert die Methode Add in Zeile 28 die Summe der beiden Parameter Param1 und Param2, die ebenfalls vom Typ Integer sind, zurück. Ein wichtiger Bestandteil des Methodenkopfs ist das Schlüsselwort static. Wir wissen bereits, dass static einen Aufruf einer Methode erlaubt, ohne diese zu instanziieren und genau das wollen wir hier erzwingen.

Der Methodenaufruf der Methode Add erfolgt in Zeile 20. Die übergebenen Parameter werden in runde Klammern gesetzt. In die Variable iErgebnis wird der Rückgabewert der Methode Add geschrieben.

Methoden dürfen grundsätzlich überall in einer Klasse stehen. Die Reihenfolge und Position spielen bei der Ausführung keine Rolle.

7.2 Parameter einer Methode

Methoden erfüllen immer eine Aufgabe und benötigen dazu unter Umständen Daten. Man kann einer Methode mittels Parametern die Daten übergeben, welche in der Methode verarbeitet werden sollen. Die Art und Weise, wie man eine Methode mit Daten versorgt, hängt von der gestellten Aufgabe ab. Man unterscheidet prinzipiell zwischen Wert- und Referenzparameter.

Parameter definieren

Soll eine Methode mit Parametern arbeiten, müssen diese im Methodenkopf definiert werden. Mehrere Parameter werden mit einem Komma getrennt. Jeder Parameter benötigt seinen Datentyp und seinen Parameternamen.

Parameter einer Methode

```
private static int Add(int Parameter1, int Parameter2)
{
   Anweisungen;
}
```

Ruft man wie oben dargestellt die Methode Add() auf, verlangt diese zwei Parameter vom Typ Integer. Hierbei ist zu beachten, dass die Datentypen der Argumente die gleichen sind, die in der Methodendefinition angegeben sind.

> Aus der Sicht der Methode sprechen wir immer von Parametern. Parameter werden von der Methodendefinition übernommen.
>
> In Verbindung mit dem Aufruf einer Methode sprechen wir von Argumenten. Argumente werden an die Methodendefinition übergeben.

Was geschieht eigentlich genau bei einer Übergabe von Argumenten an eine Methode? Das folgende Listing zeigt die Verwendung von Parametern und Argumenten.

Listing 7.2: mpg2.cs – Parameter und Argumente

```
01: using System;
02:
03: namespace Kap7
04: {
05:    class CAdd
06:    {
07:       static void Main(string[] args)
08:       {
09:          int iZahl1 = 3;
10:          int iZahl2 = 4;
11:
12:          Console.WriteLine("Ergebnis: {0}",Add(iZahl1,iZahl2));
13:          Console.ReadLine();
14:       }
15:
16:       private static int Add(int iParam1, int iParam2)
17:       {
18:          return iParam1 + iParam2;
19:       }
20:
21:    }
22: }
```

Ergebnis: 7

Methoden, Parameter und Gültigkeit von Variablen

In Zeile 12 wird die Methode Add() aufgerufen und zwei Argumente übergeben. Das erste Argument ist der Wert der Variablen iZahl1, das zweite Argument der Wert der Variablen iZahl2. Beide Argumente sind vom Typ Integer. Werden Parameter so übergeben, wie es in Zeile 12 dargestellt ist, handelt es sich um eine Kopie der Inhalte der Variablen iZahl1 und iZahl2. Das bedeutet, dass der Wert des Parameters iParam1 der gleiche ist wie iZahl1. Der Wert 3 wird in den Parameter iParam1 kopiert. Das gleiche passiert mit dem Parameter iParam2, nur dass der kopierte Wert hier 4 ist. In der Zeile 18 werden die beiden Parameter iParam1 und iParam2 addiert und der Methode Add() als Rückgabewert übergeben.

Die beiden Argumente iZahl1 und iZahl2 sowie die beiden Parameter iParam1 und iParam2 agieren unabhängig voneinander. Änderungen, die in der Methode Main() mit iZahl1 und iZahl2 gemacht werden, haben daher keinen Einfluss auf die beiden Parameter iParam1 und iParam2 in der Methode Add().

Arten von Parametern

Die Programmiersprache C# unterscheidet bei Parametern im Wesentlichen zwei Arten. Die erste Art sind Wertparameter, wie das obige Beispiel zeigt. Bei einem Wertparameter wird lediglich eine Kopie des Wertes übergeben. Die aufgerufene Methode kann die Werte verarbeiten, hat aber keinen direkten Einfluss auf die übergeordnete Elementfunktionen.

Die zweite Art sind Referenzparameter. Handelt es sich in einer Methode um Referenzparameter, werden diese durch das reservierte Wort ref definiert.

```
private static int Add(ref int iZahl1, ref int iZahl2)
{
    [Anweisungen]
}
```

Bei dieser Art der Definition von Parametern wird nicht eine Kopie der Werte übernommen, sondern die Referenz der Argumente. Änderungen, die in der aufgerufenen Methode an den Parametern vorgenommen werden, haben auch unmittelbar Einfluss auf die übergeordnete Elementfunktion.

Bei der Übergabe von Referenzparametern müssen Sie besonders Acht geben. C# akzeptiert in dieser Beziehung keine Nachlässigkeiten. Wir wissen bereits, dass C# absolut typensicher ist und keinerlei Abweichung davon zulässt. Arbeiten Sie mit Referenzparametern, muss das reservierte Wort ref auch bei der aufrufenden Methode, also bei der übergeordneten Elementfunktion, mit angegeben werden. Beachten Sie dies nicht, geht der C#-Compiler davon aus, dass es sich um einen Wertparameter handelt und erzeugt eine Fehlermeldung.

Das folgende Listing verdeutlicht Ihnen den Gebrauch von Referenzparametern. Wenn die zweite Zahl größer ist als die erste, kommt bei der Subtraktion ein negativer Wert als Ergebnis zurück. Dies wollen wir durch dieses Programm verhindern. Es soll immer eine positive Zahl als Ergebnis erscheinen.

Listing 7.3: mpg3.cs – Referenzparameter ref

```
01: using System;
02:
03: namespace Kap7
04: {
05:     class CRef1
06:     {
07:         static void Main(string[] args)
08:         {
09:             int iZahl1 = 0;
10:             int iZahl2 = 0;
11:
12:             Console.Write("Geben Sie die erste Zahl ein:");
13:             iZahl1 = Convert.ToInt32(Console.ReadLine());
14:             Console.Write("Geben Sie die zweite Zahl ein:");
15:             iZahl2 = Convert.ToInt32(Console.ReadLine());
16:
17:             Console.WriteLine("Vor Swap: {0}", iZahl1 - iZahl2);
18:             Swap(ref iZahl1, ref iZahl2);
19:             Console.WriteLine("Nach Swap: {0}", iZahl1 - iZahl2);
20:
21:             Console.ReadLine();
22:         }
23:
24:         private static void Swap(ref int iParam1, ref int iParam2)
25:         {
26:             int iTemp = 0;
27:
28:             if(iParam2 > iParam1)
29:             {
30:                 iTemp = iParam1;
31:                 iParam1 = iParam2;
32:                 iParam2 = iTemp;
33:             }
34:         }
35:     }
36: }
```

Methoden, Parameter und Gültigkeit von Variablen

Geben Sie die erste Zahl ein:**2**
Geben Sie die zweite Zahl ein:**9**

Vor Swap: -7
Nach Swap: 7

In Zeile 18 wird die Methode Swap() aufgerufen. Die beiden Parameter iZahl1 und iZahl2 werden jetzt nicht als Kopien an die Methode Swap() übergeben, sondern als Referenzen. Änderungen der Werte der Parameter haben jetzt auch Auswirkungen auf die aufrufende Methode Main(). Die beiden Parameter iParam1 und iParam2 zeigen somit auf die gleiche Speicherstelle im Arbeitsspeicher wie die beiden Argumente iZahl1 und iZahl2.

In Zeile 28 wird überprüft, ob der zweite Parameter größer ist als der erste. Ist das der Fall, wird der erste Parameter in Zeile 30 in der Variablen iTemp gesichert. Der Wert des Parameters iParam2 wird anschließend in der Zeile 31 in den Parameter iParam1 gespeichert. Der Wert von iParam1 wird dadurch überschrieben. In Zeile 32 wird der zuvor in iTemp gesicherte Wert von iParam1 in den Parameter iParam2 übertragen. Jetzt sind die beiden Werte der Parameter iParam1 und iParam2 vertauscht.

Da es sich hier um Referenzparameter handelt, hat dieses Vertauschen der Werte der beiden Parameter auch direkten Einfluss auf die beiden Argumente iZahl1 und iZahl2. Diese beiden Argumente sind jetzt ebenfalls vertauscht. In Zeile 19 wird nun ein positiver Betrag der Differenz der beiden Argumente iZahl1 und iZahl2 ausgegeben.

Eine weitere Variante, Referenzparameter zu verwenden, ist die Deklaration über das reservierte Wort out. Die beiden Parametertypen ref und out verhalten sich im Wesentlichen identisch. Der Unterschied besteht lediglich darin, dass man die Referenzparameter, die mit out deklariert wurden, nicht unbedingt initialisieren muss. Sie sollten sich aber angewöhnen, Eingangsparameter mit ref und Ausgangsparameter mit out zu deklarieren. Das Programm wird somit aussagekräftiger. Des Weiteren gibt es im Zusammenhang mit Objektvariablen Vorteile bei Verwendung des out-Parameters.

Das folgende Listing zeigt eine Routine, mit der in der gleichen Zeile eine Bedingung geprüft und das Ergebnis zurückgegeben wird.

Listing 7.4: mpg4.cs – out-Parameter

```
01: using System;
02:
03: namespace Kap7
04: {
05:    class COut
```

Parameter einer Methode

```
06:    {
07:        static void Main(string[] args)
08:        {
09:            int iZahl1 = 0;
10:            int iZahl2 = 0;
11:            int iErg = 0;
12:
13:            Console.Write("Erste Zahl: ");
14:            iZahl1 = Convert.ToInt32(Console.ReadLine());
15:            Console.Write("Zweite Zahl: ");
16:            iZahl2 = Convert.ToInt32(Console.ReadLine());
17:            if(isNegativ(iZahl1, iZahl2, out iErg))
18:                Console.WriteLine("Ergebnis ist negativ");
19:            else
20:                Console.WriteLine("Ergebnis ist positiv");
21:            Console.WriteLine("Ergebnis: {0}",iErg);
22:
23:            Console.ReadLine();
24:        }
25:
26:        private static bool isNegativ(int iParam1, int iParam2,
                                         out int iErgebnis)
27:        {
28:            iErgebnis = iParam1 - iParam2;
29:            if(iErgebnis < 0)
30:                return true;
31:            else
32:                return false;
33:        }
34:
35:    }
36: }
```

Erste Zahl: **9**
Zweite Zahl: **4**
Ergebnis ist positiv
Ergebnis: 5

In Zeile 17 wird die Methode isNegativ() aufgerufen. Hier werden zwei Wertparameter iZahl1 und iZahl2 und ein Referenzparameter iErg übergeben. Das Besondere daran ist, dass der Referenzparameter iErg ein out-Parameter ist. (Grundsätzlich könnte man auch hier einen Wert übergeben). Ab der Zeile 26 wird die Methode abgearbeitet. Die Methode isNegativ() übernimmt zwei Wertparameter iParam1 und iParam2 und einen Referenzparameter iErgebnis. In Zeile 28 wird die Differenz der beiden Parameter iParam1 und iParam1 in den Parameter iErgebnis geschrieben. In der Zeile 29 wird das Ergebnis überprüft. Je nach Ergebnis liefert die Methode isNegativ() ein true oder ein false zurück.

Eine Methode kann mehr als eine return-Anweisung besitzen. Eine return-Anweisung beendet die Fortsetzung einer Methode genau an der Stelle, an der sie steht. Somit kann man eine Methode an verschiedenen Stellen im Methodenrumpf vorzeitig verlassen und verschiedene Werte (vom gleichen Typ wie in der Methodendefinition angegeben) zurückliefern.

Variable Parameterlisten

Wenn Sie Programme schreiben, werden Sie in den meisten Fällen die Parameter, die zu übergeben sind, kennen – Datentyp und Name. Sollten Sie aber einmal die Notwendigkeit haben, eine Methode zu schreiben, die verschiedene Datentypen und eine wechselnde Anzahl von Parametern erfordert, bietet auch hierfür die Programmiersprache C# mit den variablen Parameterlisten eine Lösung an. Ferner können Sie auf diese Weise optionale Parameter erstellen. Durch die Verwendung von Parameterlisten ist es möglich, besonders flexible Methoden und Programme zu realisieren. Dafür gibt es viele Einsatzgebiete, z. B. in der Fuzzy Logic und bei der Regelung und Steuerung von neuronalen Netzen. Wir werden hier aber kein aufwändiges Beispiel zeigen – Sie sollen aber das Prinzip der Parameterlisten verstehen und diese sinnvoll einsetzen können.

Parameterlisten verwenden zur Deklaration den Datentyp object. Um Parameterlisten verwenden zu können, müssen Sie aber keine Kenntnisse von der objektorientierten Programmierung haben. Dieses Thema wird in der zweiten Woche ausführlich durchgenommen.

Um mit Parameterlisten arbeiten zu können, benötigen Sie das reservierte Wort params. Erst mit dem Schlüsselwort params ist es möglich, Parameter in der Anzahl variabel und datentypunabhängig zu gestalten.

Das folgende Listing zeigt Ihnen die Verwendung von Parameterlisten.

Listing 7.5: mpg5.cs – Parameterliste

```
01: using System;
02:
03: namespace Kap7
04: {
05:     class CVarPar
06:     {
07:         static void Main(string[] args)
08:         {
```

```
09:            int iZahl = 7;
10:            string sName = "Strasser";
11:            double dPreis = 9.99;
12:
13:            ParamOut(iZahl, sName, dPreis);
14:            Console.ReadLine();
15:        }
16:
17:        private static void ParamOut(params object[] lstParam)
18:        {
19:            foreach(object oElem in lstParam)
20:            {
21:                Console.WriteLine(oElem.ToString());
22:            }
23:        }
24:    }
25: }
```

7
Strasser
9,99

In den Zeilen 9 bis 11 werden drei verschiedene Datentypen deklariert und initialisiert: in Zeile 9 eine Variable `iZahl` vom Typ Integer, in der Zeile 10 eine Variable `sName` vom Typ String und in der Zeile 11 eine Variable `dPreis` vom Datentyp Double. In der Zeile 13 wird die Methode `ParamOut()` aufgerufen. Erst hier erfährt die Methode `ParamOut()`, wie viele Parameter übergeben werden und von welchem Datentyp die einzelnen Parameter sind. Diese drei Parameter können Sie auch beliebig vertauschen. Es spielt keine Rolle, in welcher Reihenfolge oder mit welchem Datentyp die Parameter übergeben werden. Beim Aufruf der Methode in Zeile 17 wird die Parameterliste in den Parameter `lstParam` übernommen. Alle Parameter sind in dem Parameter `lstParam` enthalten. Um jeden einzelnen Parameter auszulesen, bedienen wir uns hier einer `foreach`-Schleife. (Diese Art der Schleife werden Sie später noch kennen lernen. Wichtig an dieser Stelle ist nur zu wissen, dass diese Schleife alle Elemente eines Objektes durchläuft.) Beginnend vom ersten Parameter, also dem Argument `iZahl`, wird jeder Parameter von der Parameterliste `lstParam` im Objekt `oElem` abgelegt. `oElem` enthält nun die einzelnen Werte der Parameter, die in Zeile 21 in einen String umgewandelt und ausgegeben werden.

Ein weiterer Einsatzbereich von Parameterlisten sind optionale Parameter. Dabei handelt es sich um Parameter, die nicht unbedingt erforderlich sind, um die Aufgabe der Methode zu erfüllen. Stellen Sie sich einmal vor, Sie erstellen ein elektronisches Formular, in dem

Methoden, Parameter und Gültigkeit von Variablen

Sie das Geschlecht und den Namen verarbeiten möchten. Jede Person hat einen Vornamen und einen Nachnamen. Eventuell besitzt eine Person aber auch einen – vom Vornamen abweichenden – Rufnamen, einen Künstlernamen oder diverse Spitznamen. Um diese Fälle ebenfalls abzudecken, verwenden wir in unserem Beispiel optionale Parameter.

Listing 7.6: mpg6.cs – optionale Parameter

```
01: using System;
02:
03: namespace Kap7
04: {
05:    class COptional
06:    {
07:       static void Main(string[] args)
08:       {
09:          string sVorname;
10:          string sNachname;
11:          string sNamen;
12:          string sGeschlecht;
13:          bool bGeschlecht;
14:
15:          Console.Write("Geben Sie den Vornamen ein: ");
16:          sVorname = Console.ReadLine();
17:          Console.Write("Geben Sie den Nachnamen ein: ");
18:          sNachname = Console.ReadLine();
19:          Console.Write("Geben Sie weitere Namen ein: ");
20:          sNamen = Console.ReadLine();
21:          Console.Write("(H)err/(F)rau: ");
22:          sGeschlecht = Console.ReadLine().ToUpper();
23:          if(sGeschlecht == "H")
24:             bGeschlecht = true;
25:          else
26:             bGeschlecht = false;
27:
28:          WriteFullName(bGeschlecht,sVorname,sNachname,sNamen);
29:          Console.ReadLine();
30:       }
31:
32:       private static void WriteFullName(bool bG, string sVN,
                                            string sNN,
                                            params object[] lstParam)
33:       {
34:          if(bG)
35:             Console.Write("Herr");
36:          else
```

```
37:             Console.Write("Frau");
38:
39:         Console.WriteLine(" {0} {1} {2}",sVN, sNN,
                                      lstParam[0].ToString());
40:     }
41: }
42: }
```

Geben Sie den Vornamen ein: **Shinja**
Geben Sie den Nachnamen ein: **Strasser**
Geben Sie weitere Namen ein: **Tomoya Heinrich**
(H)err/(F)rau: **h**
Herr Shinja Strasser Tomoya Heinrich

Von Zeile 15 bis 22 fordert das Programm den Benutzer auf, die einzelnen Namen einzugeben. Die Zeile 22 besitzt eine besondere Anweisung. Das Geschlecht wird entweder mit einem H oder mit einem F eingegeben. Um sicherzustellen, dass Kleinbuchstaben ebenfalls akzeptiert werden, wird die Eingabe der Buchstaben generell in Großbuchstaben umgewandelt. Hiermit erspart man sich in Zeile 23 eine Oder-Verknüpfung.

```
if(sGeschlecht == "H" || sGeschlecht == "h")
{
    ...
}
```

In der Zeile 28 wird die Methode WriteFullName() aufgerufen und die Parameter übergeben. Je nach Geschlecht wird in den Zeilen 34 bis 37 die Anrede ausgegeben. In der Zeile 39 wird dann der komplette Name ausgegeben.

Da wir für die zusätzlichen Namen einen optionalen Parameter verwenden, sollte es auch erlaubt sein, den Parameter für die zusätzlichen Namen in der Zeile 28 wegzulassen:

```
28:         WriteFullName(bGeschlecht,sVorname,sNachname);
```

Stimmt, der Methodenaufruf ist in dieser Form zulässig. Man muss jetzt nur in der Methode selbst Acht geben. Die Zeile

```
39:         Console.WriteLine(" {0} {1} {2}",sVN, sNN,
lstParam[0].ToString());
```

verursacht einen Fehler, da der optionale Parameter nicht mit übergeben wurde und folglich nicht in einen String konvertiert werden kann. Um dies zu vermeiden, kann man die Eigenschaft Length der Parameterliste lstParam verwenden, die die Anzahl der Einträge bereitstellt. Wurde kein Parameter übergeben, ist der Wert dieser Eigenschaft 0. Jetzt muss noch die Methode WriteFullName() so umgeschrieben werden, dass beide Fälle abgedeckt werden (also optionale Parameter vorhanden oder nicht vorhanden):

```
if(lstParam.Length > 0)
    Console.WriteLine(" {0} {1} {2}",sVN,sNN,lstParam[0].ToString());
else
    Console.WriteLine(" {0} {1}",sVN, sNN);
```

Dieses Codefragment wird anstelle der Zeile 39 eingefügt. Jetzt kann die Methode WriteFullName() vorhandene und nicht vorhandene optionale Parameter verarbeiten.

7.3 Gültigkeitsbereich von Variablen

Deklariert man in einer Methode eine Variable, so trifft es keinesfalls zu, dass diese Variable in einer anderen Methode aufgerufen werden kann. Jedem *Datenobjekt* – bezogen auf die Methode, in der es deklariert worden ist – wird ein fest zugeordneter Bereich in einem Programm zugewiesen. Diesen Bereich bezeichnet man in der allgemeinen Programmierung als Gültigkeitsbereich des *Datenobjekts*.

> Der Begriff Datenobjekt ist eine Verallgemeinerung für Daten, die Speicher in Anspruch nehmen. Der Datentyp ist beliebig, es kann sich also z.B. um die Typen Integer, String und Float handeln.

Grundsätzlich unterscheidet man zwei Arten von Gültigkeitsbereichen von Variablen. Zunächst zur ersten Art, den lokalen Variablen. Bislang haben wir in den Beispielen ausschließlich lokale Variablen verwendet. Lokale Variablen haben ihren eingeschränkten Gültigkeitsbereich innerhalb ihrer Methode. Nach außen hin sind lokale Variablen nicht gültig. Wir kennen aber bereits die Übergabe von Argumenten an die aufrufende Methode. Dies ist eine Möglichkeit, eine Referenz eines Datenobjektes der anderen Methode bekannt zu machen. Die Referenzparameter einer Methode gehören aber funktional ebenfalls zu den lokalen Datenobjekten, da sie ja nur der Methode bekannt sind, die man aufruft.

Die zweite Art sind globale Variablen. Globale Variablen bzw. globale Datenobjekte sind innerhalb einer Klasse jeder Methode zugänglich und manipulierbar. Jede Methode hat uneingeschränkten Zugriff auf globale Datenobjekte.

Lokale Datenobjekte

Lokale Datenobjekte haben ihren Gültigkeitsbereich innerhalb einer Methode und müssen daher nur dort eindeutig sein. Demzufolge ist es erlaubt, in einer Klasse mehrere Variablen mit gleichem Namen zu deklarieren.

Listing 7.7: mpg7.cs – lokale Variablen

```
01: using System;
02:
03: namespace Kap7
04: {
05:     class CLokal
06:     {
07:         static void Main(string[] args)
08:         {
09:             int iZahl = 0;
10:
11:             Console.WriteLine(iZahl);
12:             Console.WriteLine(Methode1());
13:             Console.WriteLine(Methode2());
14:             Console.WriteLine(Methode3());
15:             Console.ReadLine();
16:         }
17:
18:         private static int Methode1()
19:         {
20:             int iZahl = 1;
21:             return iZahl;
22:         }
23:
24:         private static int Methode2()
25:         {
26:             int iZahl = 2;
27:             return iZahl;
28:         }
29:
30:         private static int Methode3()
31:         {
32:             int iZahl = 3;
33:             return iZahl;
34:         }
35:     }
36: }
```

Methoden, Parameter und Gültigkeit von Variablen

0
1
2
3

Jede Methode einschließlich der Methode Main() deklariert eine Variable iZahl vom Typ Integer. Dies ist erlaubt, da es sich hier um lokale Datenobjekte handelt. Jede einzelne Variable besitzt ihren Gültigkeitsbereich innerhalb ihrer Methode. Die Methode Main() ruft zwar die einzelnen Methoden nacheinander auf und verfügt selbst über eine Deklaration der Variablen iZahl, was aber keinen Einfluss auf die Variablen in den einzelnen Methoden hat.

Globale Datenobjekte

Deklariert man in einer Klasse Variablen (bzw. Datenobjekte) außerhalb einer Methode, spricht man von globalen Datenobjekten. Globale Datenobjekte haben einen erweiterten Gültigkeitsbereich, der sich über alle Methoden der Klasse erstreckt. Bei der Verwendung von globalen Datenobjekten muss man sich aber genau an die Regeln halten. Ansonsten kann dies zu unerwünschten Ergebnissen führen. Betrachten wir deshalb einmal das folgende Listing etwas genauer.

Listing 7.8: mpg8.cs – globale Datenobjekte

```
01: using System;
02:
03: namespace Kap7
04: {
05:     class CGlobal
06:     {
07:         static int iZahl = 10;
08:
09:         static void Main(string[] args)
10:         {
11:             Console.WriteLine("Global: {0}", iZahl);
12:             Console.WriteLine("Global: {0}", Methode1());
13:             Console.WriteLine("Lokal: {0}", Methode2());
14:             Console.WriteLine("Global: {0}", iZahl);
15:             Console.ReadLine();
16:         }
17:
18:         private static int Methode1()
19:         {
20:             iZahl = 20;
```

```
21:            return iZahl;
22:        }
23:
24:        private static int Methode2()
25:        {
26:            int iZahl = 2;
27:            return iZahl;
28:        }
29:    }
30: }
```

Global: 10
Global: 20
Lokal: 2
Global: 20

In der Zeile 7 wird eine statische globale Variable deklariert und mit dem Wert 10 initialisiert. Prinzipiell kennt nun jede Methode, die in der Klasse CGlobal eingebunden wird, diese globale Variable. In der Zeile 11 wird der Wert der globalen Variablen iZahl ausgegeben, also der Wert 10. In der Zeile 12 wird die Methode Methode1() aufgerufen und der Rückgabewert ausgegeben.

Wenn wir die Methode1() betrachten, sehen wir, dass die globale Variable iZahl mit dem Wert 20 überschrieben wird. Der Wert der veränderten globalen Variablen wird an die Methode Methode1() übergeben und in der Zeile 12 ausgegeben. Bis hierher ist der Ablauf recht einfach nachvollziehbar.

In der Zeile 13 wird die Methode Methode2() aufgerufen und der Funktionswert der Methode ausgegeben. Und hier erleben wir eine unangenehme Überraschung. Betrachten wir die Methode2() in Zeile 24, stellen wir fest, dass in der Methode selbst eine Variable mit dem Namen iZahl deklariert und mit dem Wert 2 initialisiert wird. Der Compiler erzeugt in diesem Fall keinen Fehler. In Zeile 13 wird dieser Wert 2 zur Ausgabe gebracht. In der Zeile 14 wird wieder die globale Variable iZahl ausgegeben. Sie besitzt den Wert 20.

Global, lokal – hinter den Kulissen

Das Phänomen des vorhergehenden Abschnitts lässt sich bei genauerer Analyse des Zugriffs der Datenobjekte im Programm erklären. Allgemein lässt sich sagen, dass lokale Variablen in einem Programm Vorrang haben. Wird eine Variable in einer Methode deklariert und besitzt den gleichen Namen wie eine bereits existierende globale Variable, so arbeitet man in dieser Methode mit der lokalen Variablen.

Methoden, Parameter und Gültigkeit von Variablen

Um dies zu erklären, müssen wir etwas weiter ausholen. Im Beispiel wird eine globale Variable in der Klasse `CGlobal` deklariert und initialisiert.

```
using System;

namespace Kap6
{
   class CGlobal
   {
      static int iZahl = 10;
      ...
   }
}
```

Diese Variable ist nun in der gesamten Klasse `CGlobal` bekannt.

```
static int iZahl = 10;

static void Main(string[] args)
{
   Console.WriteLine("Global: {0}", iZahl);
   ...
}
```

...

Da Programmierer in der Regel ziemlich schreibfaul sind und immer wissen, was sie tun (zur ersten Aussage zähle ich mich auch), überlassen sie es dem Compiler, die genaue Formulierung zu übernehmen. Die Zeile

```
Console.WriteLine("Global: {0}", iZahl);
```

verbirgt einen wesentlichen Bestandteil der Zugriffsangabe. Der volle Zugriffspfad auf eine globale Variable lautet nämlich *Klassenname.Variablenname*. Die globale Variable `iZahl` ist also genauer die Variable `CGlobal.iZahl`, sodass man auch

```
Console.WriteLine("Global: {0}", CGlobal.iZahl);
```

schreiben kann. Und damit erklärt sich auch die Deklaration der lokalen Variable in der Methode `Methode2()`. Das folgende Listing entspricht dem vorangegangenen, im Unterschied zu diesem ist aber die Zugriffsangabe der globalen Variable genauer gehalten.

Listing 7.9: mpg9.cs – globale Variable, die Lösung

```
01: using System;
02:
03: namespace Kap7
04: {
05:    class CGlobal
```

```
06:    {
07:        static int iZahl = 10;
08:
09:        static void Main(string[] args)
10:        {
11:            Console.WriteLine("Global: {0}", CGlobal.iZahl);
12:            Console.WriteLine("Global: {0}", Methode1());
13:            Console.WriteLine("Lokal: {0}", Methode2());
14:            Console.WriteLine("Global: {0}", CGlobal.iZahl);
15:            Console.ReadLine();
16:        }
17:
18:        private static int Methode1()
19:        {
20:            CGlobal.iZahl = 20;
21:            return CGlobal.iZahl;
22:        }
23:
24:        private static int Methode2()
25:        {
26:            int iZahl = 2;
27:            return iZahl;
28:        }
29:    }
30: }
```

```
Global: 10
Global: 20
Lokal: 2
Global: 20
```

7.4 Rekursive Methoden

Eine Methode, die von einer anderen aufgerufen werden kann, kann sich auch selbst aufrufen. Wenn sich eine Methode selbst aufruft, spricht man von einer direkten Rekursion. Eine indirekte Rekursion liegt dann vor, wenn sich abwechselnd mindestens zwei Methoden immer wieder gegenseitig aufrufen.

Rekursive Methodenaufrufe verwendet man dort, wo Daten und Ergebnisse in einem Schritt bearbeitet werden müssen. Das folgende Beispiel demonstriert Ihnen die direkte Rekursion von Methoden.

Methoden, Parameter und Gültigkeit von Variablen

Listing 7.10: mpg10.cs – direkte Rekursion

```
01: using System;
02:
03: namespace Kap7
04: {
05:    class CDirekt
06:    {
07:       static void Main(string[] args)
08:       {
09:          Console.WriteLine(Counter(10));
10:          Console.ReadLine();
11:       }
12:
13:       private static int Counter(int iNum)
14:       {
15:          Console.WriteLine(iNum);
16:          if(iNum > 0)
17:             Console.WriteLine("{0}",Counter(iNum - 1));
18:
19:          return 100 + iNum;
20:       }
21:    }
22: }
```

```
10
9
8
7
6
5
4
3
2
1
0
100
101
102
103
104
105
106
107
108
109
110
```

In Zeile 9 wird die Methode Counter(int iNum) das erste Mal von der Methode Main() aufgerufen. Die Methode Counter(int iNum) liefert einen Wert vom Typ Integer zurück, nämlich den aktuellen Zähler mit 100 addiert.

```
return 100 + iNum;
```

Beim ersten Aufruf der Methode Counter(int iNum) in Zeile 13 durch die Methode Main() besitzt die Variable iNum vom Typ Integer den Wert 10, der in der Zeile 15 ausgegeben wird. In der Zeile 16 wird iNum durch eine if-Anweisung an eine Bedingung geknüpft. In der Zeile 17 wird der Rückgabewert der Methode Counter(int iNum) ausgegeben, aber erst, wenn die Methode Counter(int iNum) vollständig durchlaufen wurde. Hier muss man Acht geben! Die Zeile 17 enthält die eigentliche Rekursion. Betrachten wir diese Zeile genauer:

```
Console.WriteLine("{0}",Counter(iNum - 1));
```

Solange der Wert der Variablen iNum größer 0 ist, ruft sich die Methode Counter(int iNum) selbst wieder auf. Der Parameter iNum wird um 1 dekrementiert. In der Zeile 17 springt der Programmzeiger wieder in die Zeile 13 und führt die Methode Counter(int iNum) jetzt mit dem Parameterwert 9 aus. Dieser Vorgang wird so lange wiederholt, bis iNum gleich 0 ist. Deshalb erzeugt die Ausgabe des Rückgabewertes der Methode Counter(int iNum) den umgekehrten Weg – von 0 nach 10. Das folgende Schema zeigt Ihnen den funktionalen Ablauf der direkten Rekursion.

```
iNum =10->Zeile 13 Ausgabe 10->Zeile 15 Methode Counter(10 - 1)
iNum = 9->Zeile 13 Ausgabe  9->Zeile 15 Methode Counter( 9 - 1)
iNum = 8->Zeile 13 Ausgabe  8->Zeile 15 Methode Counter( 8 - 1)
iNum = 7->Zeile 13 Ausgabe  7->Zeile 15 Methode Counter( 7 - 1)
iNum = 6->Zeile 13 Ausgabe  6->Zeile 15 Methode Counter( 6 - 1)
iNum = 5->Zeile 13 Ausgabe  5->Zeile 15 Methode Counter( 5 - 1)
iNum = 4->Zeile 13 Ausgabe  4->Zeile 15 Methode Counter( 4 - 1)
iNum = 3->Zeile 13 Ausgabe  3->Zeile 15 Methode Counter( 3 - 1)
iNum = 2->Zeile 13 Ausgabe  2->Zeile 15 Methode Counter( 2 - 1)
iNum = 1->Zeile 13 Ausgabe  1->Zeile 15 Methode Counter( 1 - 1)
iNum = 0->Zeile 13 Ausgabe  0

Zeile 15 Ausgabe 100 +  0 = 100
Zeile 15 Ausgabe 100 +  1 = 101
Zeile 15 Ausgabe 100 +  2 = 102
Zeile 15 Ausgabe 100 +  3 = 103
Zeile 15 Ausgabe 100 +  4 = 104
Zeile 15 Ausgabe 100 +  5 = 105
Zeile 15 Ausgabe 100 +  6 = 106
Zeile 15 Ausgabe 100 +  7 = 107
Zeile 15 Ausgabe 100 +  8 = 108
Zeile 15 Ausgabe 100 +  9 = 109
Zeile 15 Ausgabe 100 + 10 = 110
```

Methoden, Parameter und Gültigkeit von Variablen

Das obige Schema lässt uns sehr gut erkennen, dass die Programmausführung einer direkten Rekursion von einer Bedingung gesteuert wird.

`if(iNum > 0)`

Diese Bedingung bezeichnet man als Wendepunkt der Rekursion. Alle Anweisungen, die sich vor der Rekursion abspielen, werden in normaler Reihenfolge (vorwärts) abgearbeitet. Alle Anweisungen, die sich nach der Rekursion abspielen, werden in umgekehrter Reihenfolge (rückwärts) ausgeführt. Somit ist auch klar, was geschehen würde, wenn der Wendepunk bzw. die Bedingung der Rekursion fehlen würde. Die Rekursion würde dann praktisch unendlich oft durchlaufen – zumindest bis ein Überlauf eintritt.

Bei der indirekten Rekursion gilt das gleiche Prinzip nur mit zwei unterschiedlichen Methoden. Das folgende Listing zeigt Ihnen, wie eine indirekte Rekursion funktioniert.

Listing 7.11: mpg11.cs – indirekte Rekursion

```
01: using System;
02:
03: namespace Kap7
04: {
05:     class CIndirekt
06:     {
07:         static void Main(string[] args)
08:         {
09:             Console.WriteLine("Main: {0}",Counter1(10));
10:             Console.ReadLine();
11:         }
12:
13:         private static int Counter1(int iNum1)
14:         {
15:             Console.WriteLine("Counter1: {0}",iNum1);
16:             if(iNum1 > 0)
17:                 Console.WriteLine("Return1: {0}",Counter2(iNum1-1));
18:             return 100 + iNum1;
19:         }
20:
21:         private static int Counter2(int iNum2)
22:         {
23:             Console.WriteLine("Counter2: {0}",iNum2);
24:             if(iNum2 > 0)
25:                 Console.WriteLine("Return2: {0}",Counter1(iNum2-2));
26:             return 100 + iNum2;
27:         }
28:
29:     }
31: }
```

```
Counter1: 10
Counter2: 9
Counter1: 7
Counter2: 6
Counter1: 4
Counter2: 3
Counter1: 1
Counter2: 0
Return1: 100
Return2: 101
Return1: 103
Return2: 104
Return1: 106
Return2: 107
Return1: 109
Main: 110
```

In der Zeile 9 wird die Methode Counter1() aufgerufen und ein Argument mit dem Wert 10 übergeben. In der Zeile 15 wird der Parameter iNum1 ausgegeben. iNum1 besitzt ebenfalls den Wert 10. Solange der Parameter iNum1 größer 0 ist, wird in Zeile 17 die Methode Counter2() aufgerufen. Das Argument, das jetzt an die Methode Counter2() übergeben wird, besitzt den Wert 9. Die Methode Counter2() gibt in Zeile 23 den aktuellen Wert 9 aus. Solange der Parameter iNum2 in der Methode Counter2() größer 0 ist, wird wieder die Methode Counter1() aufgerufen, jetzt mit dem Wert 7.

Die beiden Methoden Counter1() und Counter2() rufen sich gegenseitig so lange auf, bis eine der beiden Methoden den Vorgang auf Grund der Bedingung iNum1 > 0 bzw. iNum2 > 0 abbricht. Ist der Wendepunkt erreicht, werden die Methoden in umgekehrter Reihenfolge beendet und die Rückgabewerte der return-Anweisungen ausgeführt.

7.5 Überladen von statischen Methoden

Im Programmieralltag kommt es häufig vor, dass eine Methode für verschiedene Parameter – hinsichtlich Anzahl und Datentyp – funktionieren soll. Zusätzlich soll je nach Anzahl und Art der Parameter ein individueller Datentyp zurückgeliefert werden. Es wäre wenig elegant, sich für ein und dieselbe Routine verschiedene Methodennamen auszudenken. C# bietet für solche Fälle das Überladen von Methoden an. Die Grundkonzepte der Überladung lernen wir hier in Verbindung mit den statischen Methoden. In der zweiten Woche werden wir auch anderweitig modifizierte Methodenarten kennen lernen. Auch dort funktioniert das Überladen von Methoden.

Methoden, Parameter und Gültigkeit von Variablen

Stellen Sie sich einmal vor, dass Sie ein Programm schreiben müssen, welches Zahlen miteinander addiert. Von vornherein ist aber der Datentyp der übergebenen Argumente nicht bekannt. Es kann also sein, dass zwei Zahlen vom Typ Integer addiert werden. Die Möglichkeit, dass zwei Zahlen vom Typ double miteinander addiert werden, besteht aber ebenfalls. Man könnte natürlich zwei Methoden dafür schreiben.

```
private static int AddInt(int Zahl1, int Zahl2)
```

und

```
private static double AddDbl(double Zahl1, double Zahl2)
```

Diese Variante funktioniert zwar, ist aber nicht empfehlenswert, da man sich bei Verwendung einer Methode nach Möglichkeit keine Gedanken machen sollte, welche der verschiedenen Methodennamen der richtige ist; vielmehr sollte die Intention darin bestehen, dass die Methoden eine gewisse Intelligenz besitzen, ihre Aufgabe automatisch durchführen und der Programmierer sie verwenden kann, ohne das interne Arbeitsprinzip kennen zu müssen.

Die Lösung läge darin, die folgenden beiden Methodendefinitionen, die beide Datentypen abdecken, in ein und derselben Klasse zu realisieren. Doch ist dies erlaubt?

```
private static int Add(int Zahl1, int Zahl2)
```

und

```
private static double Add(double Zahl1, double Zahl2)
```

Die Signatur der Methoden wird nicht nur vom Methodennamen bestimmt, es fließen auch die Parameter der Methode ein. Daran erkennt C# bzw. das .NET-Framework eindeutig die Methode, sodass die Methodendefinitionen zulässig sind. Sehen wir uns einmal das folgende Listing an.

```
01: using System;
02:
03: namespace Kap7
04: {
05:     class COverload
06:     {
07:         static void Main(string[] args)
08:         {
09:         }
10:
11:         private static int Add(int Zahl1, int Zahl2)
12:         {
13:             return 0;
14:         }
15:
16:         private static double Add(int Zahl1, int Zahl2)
```

```
17:            {
18:                return 0;
19:            }
20:
21:        }
22: }
```

Dieses Programm ist zwar nicht sehr aufregend, aber es zeigt Ihnen, wie sich die Methodensignatur zusammensetzt. Führen Sie dieses Programm einfach einmal aus und sehen sich das Resultat genau an.

Es kommt zu einer Fehlermeldung! Warum? Die Signatur einer Methode setzt sich aus dem Methodennamen und der Anzahl bzw. der Datentypen der Argumente zusammen.

```
private static int Add(int Zahl1, int Zahl2)
private static double Add(int Zahl1, int Zahl2)
```

Diese beiden Methoden unterscheiden sich nur im Rückgabewert der Methoden, was nicht ausreichend ist. Die Methodensignatur setzt ihren Fokus auf

```
Add(int Zahl1, int Zahl2)
Add(int Zahl1, int Zahl2)
```

Wir sehen, dass diese beiden identisch sind. Erlaubte Varianten sind z.B.

```
private static int Add(int Zahl1, int Zahl2)
private static double Add(int Zahl1)
```

und

```
private static int Add(int Zahl1, int Zahl2)
private static double Add(int Zahl1, double Zahl2)
```

usw. Jetzt, wo Sie wissen, auf was es ankommt, bauen wir unser Programm weiter aus.

Listing 7.12: mpg12.cs – Überladen von Methoden

```
01: using System;
02:
03: namespace Kap7
04: {
05:     class COverload
06:     {
07:         static void Main(string[] args)
08:         {
09:             int iZahl1 = 5;
10:             int iZahl2 = 7;
11:             double dZahl1 = 3.3;
12:             double dZahl2 = 4.4;
13:
```

Methoden, Parameter und Gültigkeit von Variablen

```
14:            int iErg = 0;
15:            double dErg = 0.0;
16:            double dErg2 = 0.0;
17:
18:            iErg = Add(iZahl1, iZahl2);
19:            dErg = Add(dZahl1, dZahl2);
20:            dErg2 = Add(iZahl1, dZahl2);
21:
22:            Console.WriteLine("Integer: {0}",iErg);
23:            Console.WriteLine("Double: {0}",dErg);
24:            Console.WriteLine("Double: {0}",dErg2);
25:            Console.ReadLine();
26:         }
27:
28:         private static int Add(int Zahl1, int Zahl2)
29:         {
30:            return Zahl1 + Zahl2;
31:         }
32:
33:         private static double Add(double Zahl1, double Zahl2)
34:         {
35:            return Zahl1 + Zahl2;
36:         }
37:      }
38: }
```

```
Integer: 12
Double: 7,7
Double: 9,4
```

In den Zeilen 9 bis 12 werden jeweils zwei Variablen vom Typ int und vom Typ double deklariert und initialisiert. In der Zeile 18 wird die Methode Add(int, int) aufgerufen, da hier zwei Argumente vom Typ int übergeben werden. Somit erkennt das Programm – durch die Methodensignatur –, welche der Methode angesprochen wird. In der Zeile 19 erfolgt der Aufruf der Methode Add(double, double), da hier zwei Argumente vom Typ double übergeben werden. In der Zeile 20 wird ein Argument vom Typ int und ein Argument vom Typ double übergeben. Hier wird ebenfalls die Methode Add(double, double) aufgerufen und der erste Parameter vom Typ int implizit konvertiert.

7.6 Zusammenfassung

Nach diesem Kapitel sind Sie gerüstet, in die zweite Woche einzusteigen. Methoden erhöhen die Übersichtlichkeit von Programmen und kapseln programmtechnisch gelöste Probleme. Die Verwendung von Wert- und Referenzparametern ist ein wesentlicher Bestandteil von Methodenaufrufen. Sie sollten nach diesem Kapitel ein Grundverständnis entwickelt haben, um Parameter anwenden zu können.

Um die geforderten alltäglichen Aufgabenstellungen optimal lösen zu können, ist die Deklaration von lokalen und globalen Variablen und deren richtiger Einsatz wichtig. Mit der Zeit werden Sie auch hier ein Gefühl entwickeln, welche Datenobjekte global oder lokal deklariert werden sollen oder ob ein Datenobjekt als Referenzparameter an eine Methode übergeben werden soll.

Rekursive Methoden verwendet man gerne, wenn Daten und Ergebnisse in einem Schritt verarbeitet werden sollen. Hier sollte man aber unbedingt darauf achten, dass der Wendepunkt mit absoluter Sicherheit erreicht werden kann, um eine Endlosrekursion zu vermeiden.

Das Überladen von Methoden ist eine große Erleichterung in der Programmierung. Je nach dem, welche Arten von Parametern Sie übergeben (Datentyp, Anzahl, Referenz oder Wert) erhalten Sie mit ein und derselben Methode Ihr Ergebnis. Sie sollten wissen, wie die Methodensignatur in C# aufgebaut ist bzw. wie diese identifiziert wird.

7.7 Workshop

Der Workshop enthält Quizfragen, die Ihnen helfen sollen, Ihr Wissen zu festigen, und Übungen, die Sie anregen sollen, das eben Gelernte umzusetzen und eigene Erfahrungen zu sammeln. Versuchen Sie, das Quiz und die Übungen zu beantworten und zu verstehen, bevor Sie zur Lektion des nächsten Tages übergehen.

Fragen und Antworten

F   *Kann man nicht generell mit globalen Variablen arbeiten?*

   A   Generell können Sie das natürlich machen. Wenn man auf die Anfänge der Programmierung zurückblickt, wurde dies auch so praktiziert. Die heutigen Programme werden aber immer größer und komplexer. Somit steigert sich auch die Fehlerhäufigkeit von Programmen. Wenn jedoch alle Daten in globalen Variablen abgelegt werden, lassen sich Fehler nur sehr schwer erkennen und analysieren.

Des Weiteren werden Sie große Probleme in der Namensgebung von Variablen bekommen, wenn Ihr Programm mehrere tausend Variablennamen besitzt.

F   Wann verwendet man globale Variablen?

A   Je nach Größe des Programms. Sie sollten, wenn möglich, bei großen Programmen die Verwendung von globalen Variablen vermeiden bzw. einschränken.

F   Was mache ich, wenn ich zwei gleichnamige Methoden mit denselben Parametern, aber unterschiedlichen Rückgabewerten verwenden möchte?

A   Geduld haben! Diese Problematik kann mit Hilfe reiner Methodensignaturen nicht gelöst werden. Eine Möglichkeit ist die Verwendung von Schnittstellen (Interfaces), die aber Inhalt eines späteren Kapitels sind.

Quiz

1. Was ist eine lokale Variable?
2. Was ist eine direkte Rekursion?
3. Was versteht man unter Überladen von Methoden?
4. Wie deklarieren Sie eine Methode, die keinen Wert zurückliefert?
5. Was versteht man unter Gültigkeitsbereich?

Übungen

1. Wird folgendes Programm richtig ausgeführt?

    ```
    using System;

    namespace Kap7
    {
        class CUE
        {
            static void Main(string[] args)
            {
                int a = 3;
                int b = 5;
                Add(a,b);
                Console.WriteLine(b);
                Console.ReadLine();
            }
    ```

```
            private static void Add(int i, ref int j)
            {
                j = i + j;
            }
        }
    }
```

2. Welche Werte besitzen die Variablen i, j und k nach dem Methodenaufruf Add()?

```
using System;

namespace Kap7
{
    class CUE2
    {
        static void Main(string[] args)
        {
            int i = 3;
            int j = 5;
            int k = 0;

            Add(i, ref j, out k);
            Console.WriteLine(i + "-" + j + "-" + k);
            Console.ReadLine();
        }

        private static void Add(int i, ref int j, out int k)
        {
            k = i + --j;
        }
    }
}
```

3. Schreiben Sie ein Programm, das die Potenz einer Zahl berechnet, mit Hilfe der direkten Rekursion.

Woche 1 im Rückblick

In diesem Programm, mit dem Sie mit grafischen Elementen arbeiten können, finden Sie alle wesentlichen Techniken, die Sie diese Woche gelernt haben. Tippen Sie dieses Programm nicht nur ab, sondern arbeiten Sie die einzelnen Zeilen durch und greifen Sie auf Ihre erworbenen Kenntnisse zurück.

Listing: Figuren.cs

```
01: using System;
02:
03: namespace Rueckblick1Wo
04: {
05:     enum Choose
06:         {
07:             Draw = 1,
08:             Perim,
09:             Area,
10:             Dim
11:         };
12:
13:     class CFigure
14:     {
15:         static int iWidth = 0;
16:         static int iHeight = 0;
17:
18:         static void Main(string[] args)
19:         {
20:             byte byChoose = 0;
21:
22:             while(byChoose != 5)
23:             {
24:                 DrawMenu();
25:                 byChoose = Convert.ToByte(Console.ReadLine());
26:
27:                 if(byChoose !=5 && (iWidth == 0 || iHeight == 0))
28:                     SetValues();
29:
30:                 switch(byChoose)
31:                 {
32:                     case (byte)Choose.Draw:
```

```
33:                    DrawFigure();
34:                    break;
35:                case (byte)Choose.Perim:
36:                    Console.WriteLine("\nUmfang: {0}",GetPerim());
37:                    Console.WriteLine("\n\n");
38:                    Console.WriteLine(">> Weiter mit Enter");
39:                    Console.ReadLine();
40:                    break;
41:                case (byte)Choose.Area:
42:                    Console.WriteLine("\nFläche: {0}", GetArea());
43:                    Console.WriteLine("\n\n");
44:                    Console.WriteLine(">> Weiter mit Enter");
45:                    Console.ReadLine();
46:                    break;
47:                case (byte)Choose.Dim:
48:                    SetValues();
49:                    break;
50:            }
51:        }
52:    }
53:
54:    private static void DrawMenu()
55:    {
56:        Console.WriteLine("\n********* Menü *********");
57:        Console.WriteLine(" _____ ");
58:        Console.WriteLine("| (1) Rechteck zeichnen |");
59:        Console.WriteLine("| (2) Umfang berechnen  |");
60:        Console.WriteLine("| (3) Fläche berechnen  |");
61:        Console.WriteLine("| (4) Ändern            |");
62:        Console.WriteLine("| (5) Ende              |");
63:        Console.WriteLine("|_____|\n");
64:        Console.Write("Auswahl: ( )\b\b");
65:    }
66:
67:    private static void SetValues()
68:    {
69:        Console.Write("\n\nGeben Sie die Höhe ein:\t\t");
70:        iHeight = Convert.ToInt32(Console.ReadLine());
71:        Console.Write("Geben Sie die Breite ein:\t");
72:        iWidth = Convert.ToInt32(Console.ReadLine());
73:    }
74:
75:    private static void DrawFigure()
76:    {
77:        Console.WriteLine("\nZeichne Figur...\n");
78:        for(int i = 0; i < iHeight; i++)
```

```
79:            {
80:                for(int j = 0; j < iWidth; j++)
81:                    Console.Write("*");
82:                Console.Write("\n");
83:            }
84:            Console.WriteLine("\n\n");
85:            Console.WriteLine(">> Weiter mit Enter");
86:            Console.ReadLine();
87:        }
88:
89:        private static int GetPerim()
90:        {
91:            return 2 * iWidth + 2 * iHeight;
92:        }
93:
94:        private static int GetArea()
95:        {
96:            return iWidth * iHeight;
97:        }
98:    }
99: }
```

```
********* Menü *********

 _____
| (1) Rechteck zeichnen |
| (2) Umfang berechnen  |
| (3) Fläche berechnen  |
| (4) Ändern            |
| (5) Ende              |
|_____|

Auswahl: (1)


Geben Sie die Höhe ein:      10
Geben Sie die Breite ein:    10

Zeichne Figur...

**********
**********
**********
**********
**********
**********
**********
**********
```

Woche 1 im Rückblick

```
**********
**********



>> Weiter mit Enter


********* Menü *********
 _____
| (1) Rechteck zeichnen |
| (2) Umfang berechnen  |
| (3) Fläche berechnen  |
| (4) Ändern            |
| (5) Ende              |
|_____|

Auswahl: (2)

Umfang: 40



>> Weiter mit Enter


********* Menü *********
 _____
| (1) Rechteck zeichnen |
| (2) Umfang berechnen  |
| (3) Fläche berechnen  |
| (4) Ändern            |
| (5) Ende              |
|_____|

Auswahl: (3)

Fläche: 100



>> Weiter mit Enter


********* Menü *********
 _____
```

```
| (1) Rechteck zeichnen |
| (2) Umfang berechnen  |
| (3) Fläche berechnen  |
| (4) Ändern            |
| (5) Ende              |
|_____|

Auswahl: (4)


Geben Sie die Höhe ein:        5
Geben Sie die Breite ein:      5

********* Menü *********
 _____
| (1) Rechteck zeichnen |
| (2) Umfang berechnen  |
| (3) Fläche berechnen  |
| (4) Ändern            |
| (5) Ende              |
|_____|

Auswahl: (1)

Zeichne Figur...

*****
*****
*****
*****
*****



>> Weiter mit Enter


********* Menü *********
 _____
| (1) Rechteck zeichnen |
| (2) Umfang berechnen  |
| (3) Fläche berechnen  |
| (4) Ändern            |
| (5) Ende              |
|_____|

Auswahl: (5)
```

In den Zeilen 5 bis 11 finden Sie eine Aufzählung (Enumeration) Choose, die die einzelnen Menüpunkte repräsentiert. Das erste Element der Aufzählung wird mit 1 vorbelegt, da sonst die Aufzählung mit 0 beginnen würde. Die nachfolgenden Elemente werden dann einfach in 1er-Schritten inkrementiert.

Die Zeilen 15 und 16 enthalten globale Variablen, die in der gesamten Klasse CFigure gültig sind und von jeder Methode aufgerufen werden können. In der Zeile 20 wird eine Variable byChoose von Typ byte verwendet, da in dieser nur die Zahlen 1 bis 5 abgelegt werden. Man könnte hier auch ersatzweise einen int-Datentyp einsetzen, wodurch aber nur unnötig Speicherplatz belegt werden würde.

In der Zeile 22 ist eine while-Schleife zu finden, die dafür sorgt, dass das Programm so lange ausgeführt wird, bis der Benutzer im Menü eine 5 für das Beenden des Programms eingibt.

In der Zeile 24 wird die Methode DrawMenu() aufgerufen. Diese Methode baut das Auswahlmenü auf. Hier wurden zur besseren Darstellung Escape-Sequenzen und Whitespaces verwendet. Die Zeile 64 enthält zwei Backspaces, um den Cursor in die Klammern zu setzen.

Die Zeilen 30 bis 50 sind in einen switch-Block gekapselt. Je nach Auswahl im Menü werden hier die einzelnen Anweisungen ausgeführt oder weitere Methoden aufgerufen, wie z.B. die Methode DrawFigure(). Die Methode DrawFigure() in Zeile 75 enthält zwei ineinander verschachtelte und abhängige for-Schleifen, die die Figur darstellen.

Herzlichen Glückwunsch!
Die erste Woche ist nun geschafft. Mit dem erworbenen Wissen der ersten Woche können Sie schon ganz ordentliche Programme schreiben. Blättern Sie noch einmal alles durch und wiederholen Sie gegebenenfalls einige Kapitel, die noch nicht ganz verstanden wurden oder wo Sie noch Lücken in Ihrem Wissen entdeckt haben.

Die nächste Woche begleitet Sie in die Welt der objektorientierten Programmierung.

Tag 1	Erste Schritte mit C#	21	
Tag 2	Die Visual Studio .NET-Umgebung	47	
Tag 3	Variablen und Konstanten	71	
Tag 4	Ausdrücke, Anweisungen und Operatoren	107	
Tag 5	Ein-/Ausgabe und Strings	143	
Tag 6	Ablaufsteuerung	173	
Tag 7	Methoden, Parameter und Gültigkeit von Variablen	197	WOCHE 1

Tag 8	Grundkurs OOP – Die Klassen	237	
Tag 9	Grundkurs OOP (Forts.) – Die einzelnen Klassenelemente	285	
Tag 10	Arrays	337	
Tag 11	Vererbung	361	
Tag 12	Polymorphie	411	
Tag 13	Programmieren mit Objekten	453	
Tag 14	Nützliche .NET-Klassen	483	WOCHE 2

Tag 15	Dateien und Streams	523	
Tag 16	Testen und Debuggen	543	
Tag 17	Von der Klasse zur Komponente	573	
Tag 18	GUI-Programmierung: Fenster und Steuerelemente	601	
Tag 19	GUI-Programmierung: Menüs, Dialoge, Grafik	637	
Tag 20	Attribute und die Ausnahmebehandlung	661	
Tag 21	XML Web Services in .NET	689	WOCHE 3

Vorschau auf die zweite Woche

Die bevorstehende zweite Woche steht ganz im Zeichen der objektorientierten Programmierung, einer besonderen Art der Programmierung, die auf der Zusammenfassung von Daten und Methoden in Objekten basiert.

C# ist eine rein objektorientierte Programmiersprache, was bedeutet, dass wir – gezwungenermaßen – schon die ganze Zeit, teilweise ohne es zu merken, mit Objekten und objektorientierten Konzepten programmiert haben. Die theoretischen Grundlagen hierzu werden wir in dieser Woche nachliefern. Doch damit nicht genug! Richtig interessant wird die objektorientierte Programmierung erst, wenn man beginnt, eigene Objekte zu erzeugen. Wie dies geht, welche Techniken und Vorteile damit verbunden sind, werden Sie in dieser Woche erfahren.

Der achte Tag klärt erst einmal genauer, was objektorientierten Programmierung ist und was es bedeutet, objektorientiert zu programmieren. Danach werden Sie Ihre erste eigene Klasse[1] erstellen und mehr darüber erfahren, was gutes Klassendesign ausmacht.

Am neunten Tag werden die verschiedenen Elemente von Klassen detaillierter vorgestellt: Felder, Methoden, Eigenschaften, Konstruktoren, Destruktoren, Typdefinitionen, Indexer, Delegates, Ereignisse.

Der zehnte Tag stellt Ihnen einen besonderen Klassentyp vor, der im .NET-Framework vordefiniert ist und der Verwaltung mehrerer Objekte in einer übergeordneten Datenstruktur dient: die Klasse System.Array.

Der elfte Tag ist Ihr Eintritt in die höheren Weihen der objektorientierte Programmierung. Sie lernen, wie Sie neue Klassen durch Vererbung von bestehenden Klassen definieren. Vererbung ist ein wichtiges Element der sinnvollen, effizienten Wiederverwendung von Code und ...

... Grundlage der Polymorphie, mit der sich Tag 12 beschäftigt (plus der Definition abstrakter Klassen, der Typidentifizierung zur Laufzeit und – in C# ganz wichtig – der Programmierung mit Schnittstellen).

Bestimmte grundlegende Operationen, namentlich das Kopieren, Vergleichen und Ausgeben, die Sie bereits von der Programmierung mit Strings, Integerwerten, Fließkommazahlen und den Werten anderer elementarer Datentypen her kennen, erweisen sich bei der Arbeit mit Objekten als äußerst schwierig und diffizil. Woran dies liegt und wie Sie diese Probleme meistern, erfahren Sie am Tag 13.

---

1. Eine Klasse ist eine allgemeine Beschreibung für einen bestimmten Typ von Objekten.

Die zweite Woche endet mit der Vorstellung einer Reihe nützlicher Klassen aus dem .NET-Framework: `DateTime` und `TimeSpan` für die Programmierung mit Datums- und Zeitangaben, `Timer` zur Einrichtung von automatischen Zeitgebern, `Random` zur Erzeugung von Zufallszahlen und den Container-Klassen, in denen Sie Daten und Objekte bequem und effizient verwalten können.

Tag 8

Grundkurs OOP – Die Klassen

Grundkurs OOP – Die Klassen

Ob bewusst oder unbewusst, die Arbeit mit Klassen hat uns von Anfang an bei unseren Bemühungen, die Sprache C# zu erlernen, begleitet – etwa in Form der Hauptklassen unserer Programme, der Programmierung mit Integerwerten, Gleitkommawerten, Strings oder Arrays, die in C# intern alle auf Klassentypen zurückgehen, der Verwendung statischer Klassenmethoden wie `Main()` oder `WriteLine()` und schließlich auch bei der Definition von Strukturen, die den Klassen sehr nahe stehen.

Bis dato waren diese Begegnungen allerdings eher unreflektiert, d.h. Sie haben die Klassen und Klassenkonzepte genutzt, ohne sich große Gedanken darüber zu machen, wo sie herkommen. Damit soll nun Schluss sein! Heute werden Sie lernen, was Klassen sind, wie sie definiert werden und wie man mit ihnen programmiert. Sie werden insbesondere erfahren, dass die Klasse nicht einfach nur irgendein weiterer Datentyp ist, sondern die Basis der objektorientierten Programmierung bildet, und Sie werden ein paar Grundregeln für gutes Klassen-Design kennen lernen.

Im Einzelnen lernen Sie in diesem Kapitel

- was es bedeutet, objektorientiert zu programmieren,
- welche Konzepte und Ideen hinter der objektorientierten Programmierung stehen,
- welche Vorteile die objektorientierte Programmierung bringt,
- in welcher Beziehung Klassen und Objekte zueinander stehen,
- wie Sie eigene Klassen definieren,
- wie Sie Ihre Klassen mit Feldern und Methoden ausstatten,
- wie Sie mit Hilfe von Zugriffsspezifizierern den Zugriff auf eine Klasse und ihre Elemente steuern,
- wie Sie Objekte erzeugen und verwenden,
- warum C# zwischen Referenztypen von Werttypen unterscheidet,
- wodurch sich gute Klassen auszeichnen,
- was Strukturen sind.

8.1 Klassen und objektorientierte Programmierung (OOP)

Technisch gesehen sind Klassen nichts anderes als Datentypen, die der Programmierer selbst definieren und in denen er Datenelemente und Methoden zusammenziehen kann. Doch warum sollte er dies tun? Diese Frage beantwortet die objektorientierte Programmierung.

Der Grundgedanke der objektorientierten Programmierung

Objektorientierte Programmierung bedeutet, wie der Name bereits andeutet, dass der Programmierer versucht, die ihm gestellten Aufgaben mit Hilfe von Objekten zu lösen. Was aber sind Objekte im Sinne der objektorientierten Programmierung?

Um diese Frage zu klären, müssen wir ein wenig weiter ausholen. Einfache Programme sehen häufig so aus, dass die Daten, die das Programm verarbeitet, und die Methoden, die zur Bearbeitung der Daten aufgerufen werden, unabhängig voneinander definiert werden – beispielsweise wie in dem folgenden Programm, das einen Radiuswert einliest und dann mit Hilfe eigens implementierter Methoden Umfang und Fläche des zugehörigen Kreises ausgibt:

Listing 8.1: EinfuehrungOOP_1.cs

```
using System;

namespace Kap8
{
   class COOP_1
   {
      static double Umfang(double r)
      {
         return 2 * r * Math.PI;
      }

      static double Flaeche(double r)
      {
         return r * r * Math.PI;
      }

      static void Main(string[] args)
      {
         double dRadius;

         Console.Write("Radius eingeben: ");
         dRadius = Convert.ToDouble(Console.ReadLine());

         Console.WriteLine("  Umfang: " + Umfang(dRadius));
         Console.WriteLine("  Fläche: " + Flaeche(dRadius));
         Console.WriteLine();
      }
   }
}
```

Grundkurs OOP – Die Klassen

In diesem Programm gibt es auf der einen Seite die Methoden Umfang() und Flaeche() und auf der anderen Seite das Datenelement dRadius, das in Main() definiert ist. Zwischen den Methoden und dem Datenelement gibt es keine innere Beziehung!

Der eine oder andere Leser wird jetzt einwenden, dass die Beziehung doch beim Aufruf hergestellt wird, wenn nämlich das Datenelement dRadius an die Methoden übergeben wird:

```
Umfang(dRadius);
Flaeche(dRadius);
```

Das ist zwar richtig, doch dies ist nicht die innere Beziehung, die hier fehlt und die erst die objektorientierte Programmierung herstellt. Weiten wir das Beispiel ein wenig aus, indem wir zwei Methoden zur Berechnung des Umfangs und der Fläche von Quadraten hinzufügen.

Listing 8.2: EinfuehrungOOP_2.cs

```
using System;

namespace Kap8
{
   class COOP_2
   {
      static double UmfangQ(double s)
      {
         return 4 * s;
      }

      static double FlaecheQ(double s)
      {
         return s * s;
      }

      static double Umfang(double r)
      {
         return 2 * r * Math.PI;
      }

      static double Flaeche(double r)
      {
         return r * r * Math.PI;
      }
```

```
static void Main(string[] args)
{
    double dRadius;
    double dSeite;

    Console.Write("Radius eingeben: ");
    dRadius = Convert.ToDouble(Console.ReadLine());

    Console.WriteLine("   Umfang: " + Umfang(dRadius));
    Console.WriteLine("   Fläche: " + Flaeche(dRadius));
    Console.WriteLine("\n");

    Console.Write("Seitenlänge eingeben: ");
    dSeite = Convert.ToDouble(Console.ReadLine());

    Console.WriteLine("   Umfang: " + UmfangQ(dSeite));
    Console.WriteLine("   Fläche: " + FlaecheQ(dSeite));
    Console.WriteLine();
  }
 }
}
```

Mit diesem Programm kann man Umfang und Fläche von Kreisen und Quadraten berechnen. Für Kreise definiert das Programm die Variable dRadius und die Methoden Umfang() und Flaeche(), für Quadrate die Variable dSeite und die Methoden UmfangQ() und FlaecheQ(). Die Beziehung zwischen den Datenelementen und den zugehörigen Methoden wird dabei allein im Kopf des Programmierers hergestellt, der wissen muss, dass er zur Berechnung des Umfangs eines Quadrats die Methode UmfangQ() mit dem Argument dSeite aufrufen muss. Wenn er durcheinander kommt und für dSeite versehentlich die Methode Umfang() aufruft, hat er Pech und erhält falsche Ergebnisse, denn der Compiler kann diesen Fehler nicht erkennen.

Nun ist der Code des obigen Beispieles noch recht übersichtlich und man kann davon ausgehen, dass der Programmierer die Methoden für Kreise und Quadrate nicht verwechselt. Doch je komplexer ein Programm ist und je mehr unterschiedliche Daten es verarbeiten muss, desto schwieriger ist es für den Programmierer, im Kopf zu behalten, welche Methode zur Bearbeitung welcher Daten geschrieben wurde. An diesem Punkt setzt die Idee der objektorientierten Programmierung an, die besagt, dass die Trennung von Daten und verarbeitenden Methoden unproduktiv und darüber hinaus auch unnatürlich ist. Natürlicher und der menschlichen Denkweise viel näher ist hingegen die Vereinigung von Daten und Methoden in Objekten.

> Die Zusammenfassung von Daten und Methoden in Klassen bezeichnet man als *Kapselung*.

Schauen wir uns dazu einmal die Objekte an, die uns in der realen Welt umgeben, beispielsweise... hmm, was zeigt ein Blick aus dem Fenster... oh ja, ein Baum! Bei dem Baum, den ich sehe, handelt es sich um eine cirka 15 m hohe und 42 Jahre alte Birke, die wächst und im Wandel der Jahreszeiten austreibt, blüht und ihre Blätter abwirft – bis sie irgendwann gefällt wird. Ein Baum verfügt also einerseits über eine Reihe von charakteristischen Merkmalen (Art, Höhe, Alter) und andererseits über typische Verhaltensweisen (wachsen, austreiben, blühen, abwerfen, fällen). Die Merkmale beschreiben den Baum, seinen aktuellen Zustand; die Verhaltensweisen legen fest, was der Baum kann (beispielsweise blühen) oder auch was wir mit dem Baum machen können (beispielsweise fällen). Manche Verhaltensweisen verändern dabei den Zustand des Baumes (wenn er wächst, nimmt zum Beispiel seine Höhe zu).

Die Objekte, mit denen wir es bei der objektorientierten Programmierung zu tun haben, sind den natürlichen Objekten nachempfunden, d.h. sie besitzen Merkmale (Datenelemente), die ihren Zustand beschreiben, und Verhaltensweisen (Methoden), die festlegen, was man mit ihnen machen kann. Häufig sind die programmierten Objekte den Objekten der realen Welt nicht nur nachempfunden, sondern repräsentieren diese im Programmcode. Angenommen, Sie würden an einem Fluglotsenprogramm arbeiten, das die vom Radar erfassten Flugzeuge mit Codenummern versehen auf einem Bildschirm darstellt. Was läge in so einem Fall näher, als die zu überwachenden Flugzeuge intern durch Flugzeugobjekte zu repräsentieren? Programmierte Objekte können aber nicht nur Dinge aus der realen Welt repräsentieren, sondern auch abstrakte Gebilde (beispielsweise geometrische Figuren, komplexe Zahlen oder Vektoren) oder virtuelle Objekte, die nur im Computer existieren (beispielsweise Fenster und Oberflächenelemente von GUI-Anwendungen).

Objekte und Klassen

Objektorientierte Programmierung bedeutet also, zusammengehörende Daten und Methoden in Objekten zusammenzufassen. Die nächste Frage, die sich nun stellt, ist, wie der Programmcode aussieht, der die Daten und Methoden zusammenfasst und die Objekte erzeugt?

Bevor ich Ihnen diese Frage beantworte, betrachten Sie bitte einmal Abbildung 8.1 und sagen Sie mir, was Sie sehen.

Wenn Ihre Antwort »fünf Objekte: drei Kreise und zwei Quadrate« oder ähnlich lautet, haben Sie unwillkürlich etwas gemacht, was für die Art, wie der Mensch seine Umwelt sieht und sich erschließt, ganz typisch ist. Sie haben die verschiedenen Objekte, die Sie betrachtet haben, anhand gemeinsamer Merkmale und Verhaltensweisen klassifiziert und unter passenden Klassenbezeichnungen (»Kreis«, »Quadrat«) zusammengefasst.

Klassen und objektorientierte Programmierung (OOP)

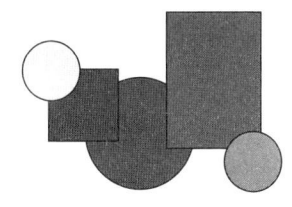

Abbildung 8.1:
Kreise und Quadrate

Bei der objektorientierten Programmierung gehen Sie genau den umgekehrten Weg. Sie definieren zuerst die Klasse, dann erzeugen Sie die Objekte.

In der Klassendefinition geben Sie die Datenelemente (Merkmale) und Methoden (Verhaltensweisen) an, die die Objekte der Klasse kennzeichnen. Die Klassendefinition ist also eine allgemeine Beschreibung der Objekte der Klasse; sie ist ein Bauplan, nach dessen Anleitung Objekte erzeugt werden können.

Nachdem die Klassendefinition vorliegt, können Sie Objekte der Klasse erzeugen. Jedes erzeugte Objekt wird dabei mit den Datenelementen und Methoden der Klasse ausgestattet.

Mit den erzeugten Objekten können Sie schließlich arbeiten, d.h., Sie können – soweit die Klassendefinition es vorsieht (siehe Abschnitt 8.2) – auf die Datenelemente des Objekts zugreifen und seine Methoden aufrufen.

Technisch gesehen ist jede Klasse ein eigener Datentyp.

Klassen und Objekte

Klassen sind letztendlich Beschreibungen von Dingen, mit denen ein Programm arbeiten möchte. Man kann sich das in etwa wie beim Zinnfigurengießen vorstellen. Nehmen wir an, Sie wollen irgendeine historische Schlacht nachstellen. Das Erste, was Sie machen, ist sich für die benötigten Figuren (Soldaten und Offiziere der beteiligten Länder, Kanonen, Pferde etc.) Gussformen zu kaufen. Danach gehen Sie daran, die Figuren zu gießen, zu bemalen und aufzustellen. Ranghohe Offiziere werden Sie nur wenige Male gießen, einfache Soldaten oder Reiter werden sie häufiger gießen.

Übertragen auf ein C#-Programm entsprechen die Gussformen den Klassen. Wenn Sie ein Programm schreiben würden, das die Schlacht simuliert, würden Sie für die verschiedenen Figuren keine Gussformen erwerben, sondern Klassen definieren. Und statt aus den Gussformen die eigentlichen Figuren zu gießen, erzeugen Sie in Ihrem Programm die Figuren als Objekte der Klassen – einen Vorgang, den man auch als Instanzbildung bezeichnet.

Klassen für die ranghöheren Offiziere werden Sie nur wenige Male instantiieren, während Sie auf der Grundlage der Klassen für Soldaten, Pferde oder Kanonen sicherlich mehrere Objekte erzeugen werden.

Wie die Figuren, die aus einer Form gegossen werden, sind auch die Objekte einer Klasse alle gleich. Die Objekte der Klasse CMajor sind alles Majore, die Objekte der Klasse CSoldat sind alles Soldaten. Die einzelnen Objekte einer Klasse können aber durchaus individuelle Züge aufweisen. Nehmen wir die einfachen Soldaten. Die gegossenen Zinnsoldaten können Sie beispielsweise bemalen, um so den einzelnen Soldatenfiguren Individualität zu verleihen (wobei die Figur immer noch ein Soldat – sprich ein Guss der Form »Soldat« – bleibt). Die Objekte der Klasse CSoldat können Sie natürlich nicht bemalen, aber sie verfügen über bestimmte Merkmale, die in der Klasse definiert sind (beispielsweise Name, Alter, Haarfarbe). Diesen Merkmalen können Sie individuelle Werte zuweisen.

Beispiel

In Abschnitt »Der Grundgedanke der objektorientierten Programmierung« haben wir an dem Beispiel mit den Kreisen und Quadraten die fehlende innere Beziehung zwischen Daten und Methoden bemängelt und behauptet, dass dieses Manko durch eine objektorientierte Implementierung vermieden würde. Diese Behauptung soll nun auf den Prüfstand gestellt werden. Schauen wir uns an, wie das Programm in objektorientierter Implementierung aussehen würde und analysieren wir, ob und, wenn ja, welche Vorteile die objektorientierte Implementierung bringt. Syntaktische Details sollen uns dabei nur insofern interessieren, wie sie die Vorzüge objektorientierter Programmierung herausstreichen. Ansonsten ist die Besprechung der Syntax Abschnitt 8.2 vorbehalten.

> Für eigene Klassen führen wir folgende Namenskonventionen ein. Die Klasse beginnt mit dem Präfix »C«, um Sie von den Klassen der Klassenbibliothek zu unterscheiden. Methoden und Eigenschaften (letztere werden Sie erst im nachfolgenden Kapitel kennen lernen), beginnen mit einem Großbuchstaben, Datenelemente mit einem kleinen Buchstaben. Anders als bei den lokalen Variablen, die in Methoden definiert werden, stellen wir den Datenelementen der Klassen kein Datentyp-Präfix voran.

Listing 8.3: EinfuehrungOOP_3.cs

```
01: using System;
02:
03: namespace Kap8
04: {
05:     class CKreis
06:     {
```

```
07:        public double radius;
08:
09:        public double Umfang()
10:        {
11:           return 2 * radius * Math.PI;
12:        }
13:
14:        public double Flaeche()
15:        {
16:           return radius * radius * Math.PI;
17:        }
18:
19:     }
20:
21:     class CQuadrat
22:     {
23:        public double seite;
24:
25:        public double Umfang()
26:        {
27:           return 4 * seite;
28:        }
29:
30:        public double Flaeche()
31:        {
32:           return seite * seite;
33:        }
34:     }
35:
36:     class COOP_3
37:     {
38:        static void Main(string[] args)
39:        {
40:           CKreis  oKreis = new CKreis();
41:           CQuadrat oQuad = new CQuadrat();
42:
43:           Console.Write("Radius eingeben: ");
44:           oKreis.radius = Convert.ToDouble(Console.ReadLine());
45:
46:           Console.WriteLine("  Umfang: " + oKreis.Umfang());
47:           Console.WriteLine("  Fläche: " + oKreis.Flaeche());
48:           Console.WriteLine("\n");
49:
50:           Console.Write("Seitenlänge eingeben: ");
51:           oQuad.seite = Convert.ToDouble(Console.ReadLine());
52:
```

Grundkurs OOP – Die Klassen

```
53:            Console.WriteLine("   Umfang: " + oQuad.Umfang());
54:            Console.WriteLine("   Fläche: " + oQuad.Flaeche());
55:            Console.WriteLine();
56:      }
57: }
58: }
```

In diesem Programm werden zuerst für die Objekte, mit denen das Programm arbeiten soll (Kreise und Quadrate), passende Klassen definiert: `CKreis` in Zeile 5 und `CQuadrat` in Zeile 21. In jeder dieser Klassen werden die Elemente definiert, die für die Objekte der Klasse typisch sind und die für die Programmierung und Manipulation der Objekte benötigt werden. Für Kreis-Objekte wären dies das Feld[1] `radius` und die Methoden `Umfang()` und `Flaeche()`, für Quadrate das Feld `seite` und die Methoden `Umfang()` und `Flaeche()`. Hier, bei der Definition der Klassen, findet die Kapselung von zusammen gehörenden Daten und Methoden statt, hier wird die innere Beziehung hergestellt. Und auch die ersten Vorzüge des objektorientierten Ansatzes zeigen sich bereits.

Da das Datenelement `radius` sowie die Methoden `Umfang()` und `Flaeche()` in einer Klassendefinition zusammengefasst sind, können die Methoden direkt auf das Datenelement `radius` zugreifen (siehe beispielsweise die Zeilen 11 und 16). Es ist nicht mehr nötig, `radius` als Parameter an die Methoden zu übergeben.

Die Methoden zur Berechnung des Umfangs und der Fläche von Quadraten können nun ebenfalls `Umfang()` und `Flaeche()` heißen. In der nicht-objektorientierten Implementierung mussten wir den Methoden noch das Suffix »Q« anhängen, damit der Compiler (und auch wir selbst) die Methoden für die Kreise von den Methoden für die Quadrate unterscheiden konnte. Jetzt ist dies nicht mehr notwendig, denn die Methoden werden durch ihre Zugehörigkeit zu verschiedenen Klassen unterschieden. Die Methode `CKreis.Umfang()` ist eben nicht gleich `CQuadrat.Umfang()`.

Die Kapselung von Methoden in Klassen vermeidet Namenskonflikte.

Die weiteren Änderungen betreffen die `Main()`-Methode aus der Hauptklasse des Programms (Zeile 38 und folgende). Als Erstes müssen Objekte der Klassen erzeugt werden. Zur Durchführung der Kreisberechnungen wird ein Objekt der Klasse `CKreis` erzeugt (Zeile 40), für die Quadratberechnungen ein Objekt der Klasse `CQuadrat` (Zeile 41).

```
CKreis    oKreis  = new CKreis();
CQuadrat  oQuad   = new CQuadrat();
```

---

1 Die Datenelemente von Klassen werden in C# gemeinhin als Felder bezeichnet.

Klassen und objektorientierte Programmierung (OOP)

Erzeugt werden die Objekte mit Hilfe des Schlüsselwortes new und unter Aufruf einer ganz speziellen Methode, die den Namen der Klasse trägt und **Konstruktor** genannt wird. Mehr zu dieser speziellen Syntax in Abschnitt »Instanzbildung«.

In den weiteren Zeilen des Programms werden Radius sowie Seitenlänge der zu berechnenden Figuren eingelesen und Umfang sowie Fläche durch Aufruf der passenden Methoden berechnet. Neu ist dabei, dass der Zugriff auf die Felder und Methoden über die Objekte erfolgt, beispielsweise

```
oKreis.radius = Convert.ToDouble(Console.ReadLine());
```

oder

```
oKreis.Umfang()
```

Auf diese Weise wird gezielt auf die Elemente eines bestimmten Objekts zugegriffen. So speichert die Anweisung

```
oKreis.radius = Convert.ToDouble(Console.ReadLine());
```

den eingelesenen Wert im radius-Element des Objekts oKreis. Der nachfolgende Methodenaufruf oKreis.Umfang() berechnet den Umfang des Kreisobjekts oKreis, d.h. die Methode ermittelt den Umfang für den Radiuswert in oKreis.radius.

Beachten Sie, wie bequem und sicher der Zugriff über die Objekte funktioniert. Wenn Sie für ein Objekt der Klasse CKreis die Methode Umfang() aufrufen, können Sie absolut sicher sein, dass auch wirklich die für CKreis implementierte Methode aufgerufen wird (und nicht versehentlich die gleichnamige Methode zur Umfangsberechnung von Quadraten).

In gleicher Weise bewahrt Sie der Compiler davor, Methoden aufzurufen, die für ein Objekt überhaupt nicht definiert sind. Wenn Sie nicht mit Objekten arbeiten, sondern einfach eine Variable radius an Methoden wie Umfang() oder Flaeche() übergeben, müssen Sie selbst darauf achten, dass die Methoden auch wirklich für Kreisberechnungen implementiert wurden. Berechnet Flaeche() zufällig die Fläche eines Quaders, wird Ihr Programm zwar laufen, aber auf unerfindliche Weise falsche Ergebnisse liefern. Wenn Sie in einem objektorientierten Programm für ein Kreis-Objekt eine Methode Flaeche() aufrufen, gibt es nur zwei Möglichkeiten:

- es ist entweder in der Klasse des Objekts eine Methode Flaeche() definiert, was bedeutet, dass diese mit ziemlicher Sicherheit wie gewünscht die Fläche einer Kugel berechnet,
- die Methode ist nicht in der Klasse definiert, was dazu führt, dass der Compiler eine entsprechende Fehlermeldung erzeugt.

> Bei der Programmierung mit Objekten hilft der Compiler dabei, die richtigen Felder und Methoden für die Objekte anzusprechen.

Vorteile der objektorientierten Programmierung

Das objektorientierte Design bietet eine ganze Reihe an Vorteilen, die in diesem Abschnitt kurz vorgestellt werden.

Modularisierung

Dadurch, dass zusammen gehörende Daten und Methoden in Klassendefinitionen zusammengezogen werden (man bezeichnet dies auch als Kapselung), wird der Code automatisch übersichtlicher und modularer. In umfangreicheren Programmen können Sie dies weiter fördern, indem Sie die verschiedenen Klassen in eigenen Quelldateien definieren (siehe auch Anhang, »Programme aus mehreren Quelldateien«).

Sicherheit

Objekte sind sehr sicher zu verwenden. Dies beginnt damit, dass der Compiler während der Kompilierung sicherstellt, dass für ein Objekt nur solche Elemente aufgerufen werden, die in der Klasse des Objekts auch definiert sind, und endet damit, dass die Klasse selbst so implementiert werden kann, dass sie für die korrekte Verwendung ihrer Objekte sorgt und Fehler durch unsachgemäßen Einsatz minimiert. (Mehr zu den objektorientierten Sicherheitsmechanismen in den Abschnitten »Zugriffsspezifizierer« und »Zugriffsrechte und öffentliche Schnittstelle«.)

Bessere Wiederverwendbarkeit

Die einfache und sichere Wiederverwendung bestehenden Codes ist eines der erklärten Hauptziele der objektorientierten Programmierung. Unterstützt wird sie zum einem durch die automatisch stattfindende Modularisierung, die die traditionelle Art der Wiederverwendung erleichtert (vom Kopieren des Quelltextes bis zur Weitergabe als Bibliotheken), zum anderem durch das Konzept der Vererbung, der wir Kapitel 11 gewidmet haben. Auch die objektorientierten Sicherheitsmechanismen, die Fehler beim Umgang mit den Objekten reduzieren helfen, tragen zur einfachen Wiederverwendbarkeit bei – denn was würde es schon nutzen, wenn ein Programmierer eine von einem Drittanbieter erworbene Klasse in wenigen Minuten in sein eigenes Programm integriert hat, dann aber sehr lange – vielleicht Tage – braucht, bis er herausgefunden hat, wie er mit den Objekten der Klasse korrekt umzugehen hat. (Mehr zur Wiederverwendbarkeit in Kapitel 11.)

8.2 Eigene Klassen

Nachdem Sie nun bereits eine Menge über die Grundideen und Vorzüge der objektorientierten Programmierung erfahren haben, ist es Zeit, sich die praktische Seite etwas näher anzuschauen. Am Beispiel eines Kaffeeautomaten werden Sie in diesem Abschnitt lernen, wie man eigene Klassen definiert, welche grundlegenden Elemente zu einer Klasse gehören und wie Objekte von Klassen erzeugt und verwendet werden.

Stellen Sie sich vor, die Firma Eurosammler hat einen Standautomaten zum Verkauf von Kaffee, Cola und anderen Getränken in Bahnhöfen, Büros und anderen Räumen konstruiert. Das Besondere an ihrem Automaten ist, dass der gleiche Automat ohne großen Aufwand auf den Verkauf der verschiedensten Getränke umgestellt werden kann – beispielsweise Orangensaft im Sommer und Kaffee im Winter. Der Betreiber muss dazu lediglich die Behälter des Automaten entsprechend befüllen und die Steuersoftware umschalten. Hier kommen Sie ins Spiel. Ihre Aufgabe ist es, die Steuersoftware für die Verwendung als Kaffeeautomat zu programmieren. Als objektorientiert denkender Mensch entscheiden Sie sofort, den Automaten im Programm durch ein Objekt zu repräsentieren.

Klassen definieren

Die grundlegende Syntax einer Klassendefinition sieht in C# wie folgt aus:

```
class Klassenname
{
  // hier werden die Klassenelemente definiert...
}
```

Auf das Schlüsselwort `class`, das die Klassendefinition einleitet, folgen der von Ihnen frei gewählte Name der Klasse (aber bitte die Regeln zur Namensgebung beachten, siehe Kapitel 3.2) und die in geschweifte Klammern eingefassten Definitionen der Klassenelemente.

Das Grundgerüst unserer Kaffeeautomaten-Klasse könnte demnach lauten:

Listing 8.4: Aus Kaffeeautomat.cs

```
class CKaffeeautomat
{
}
```

(Die Klassenelemente werden wir in den nachfolgenden Abschnitten ergänzen.)

Zugriffsspezifizierer für Klassen

Die Klassendefinition gibt aber nicht nur den Namen und die Elemente der Klasse an. Sie regelt darüber hinaus auch den Zugriff auf die Klasse, d.h. sie bestimmt, wer mit der Klasse arbeiten darf – sei es um Objekte der Klasse zu erzeugen, sei es um statische Elemente der Klasse aufzurufen (siehe Kapitel 9.1.4 und 9.2.2) oder eigene Klassen von der Klasse abzuleiten (siehe Kapitel 11).

Der Zugriff auf Klassen wird durch die Zugriffsspezifizierer `internal` und `public` geregelt, die in der Klassendefinition vor das Schlüsselwort `class` gesetzt werden:

- `internal` bedeutet, dass die Klasse innerhalb des eigenen Programms verwendet werden kann,
- `public` bedeutet, dass die Klasse nicht nur innerhalb des eigenen Programms, sondern auch von beliebigen anderen Programmen, die in der Umgebung des .NET-Frameworks ausgeführt werden, verwendet werden kann.

Die Voreinstellung ist `internal`. Wenn Sie die Klasse also nur für das aktuelle Programm benötigen, brauchen Sie keinen Zugriffsspezifizierer anzugeben, da die Voreinstellung `internal` bereits Ihren Wünschen entspricht. Wenn Sie dagegen möchten, dass die Klasse, nachdem sie kompiliert und zusammen mit Ihrem Programm (oder auch als Teil einer Bibliothek) in der .NET-Framework-Umgebung installiert wurde, auch in anderen Programmen verwendet werden kann, deklarieren Sie die Klasse als `public`.

```
public class CDemo         // public gestattet anderen Programmen,
{                          // die kompilierte Klasse zu verwenden
   ...
```

Felder

Der nächste Schritt auf dem Weg zu einer vollständigen Klassendefinition besteht üblicherweise darin, die Felder der Klasse festzulegen. Für die Klasse `CKaffeeautomat` könnten Sie gleich eine ganze Reihe von Feldern definieren, beispielsweise Felder für Farbe und Abmaße des Automaten, Felder für die Füllstände der einzelnen Behälter (Kaffee, Zucker etc.), Felder für den aktuellen Geldbestand usw. Um das Beispiel jedoch nicht unnötig zu komplizieren, beschränken wir uns auf ein Feld für den Geldbestand.

```
class CKaffeeautomat
{
   double geldbestand;       // in Euro
}
```

Um Felder und lokale Variablen in den Listings besser auseinander halten zu können, stellen wir den Feldnamen kein Datentyp-Präfix voran.

Felder versus lokale Variablen

Im Gegensatz zu lokalen Variablen, die nur innerhalb ihrer Methode verwendet werden können, sind Felder in der gesamten Klasse verfügbar, d.h. man kann in allen Methoden der Klasse mit ihnen arbeiten.

```
class CDemo
{
  double feld1, feld2;      // Felder

  void TueWas()
  {
    double dLokVar;         // lokale Variable

    dLokVar = 1;
    feld1 =  2;
  }

  void TueWasAnderes()
  {
    dLokVar = 1;            // Fehler!
    feld1 =  2;
  }
}
```

Methoden

Der nächste Schritt besteht darin, die Methoden der Klasse zu definieren.

Für die Klasse `CKaffeeautomat` benötigen wir Methoden, die den Verhaltensweisen eines Kaffeeautomaten entsprechen:

- eine Methode zum Kassieren,
- eine Methode zum Ausschenken des Kaffees,
- eine Methode zum Hinzufügen von Milch,
- eine Methode zum Hinzufügen von Zucker.

Grundkurs OOP – Die Klassen

Listing 8.5: Aus Kaffeeautomat.cs

```
01: class CKaffeeautomat
02: {
03:    double geldbestand;              // in Euro
04:
05:
06:    void KaffeeAusschenken()
07:    {
08:       Console.WriteLine(" Hier kommt der Kaffee!");
09:    }
10:
11:    void ZuckerHinzufuegen()
12:    {
13:       Console.WriteLine(" Ein bisschen Zucker!");
14:    }
15:
16:    void MilchHinzufuegen()
17:    {
18:       Console.WriteLine(" Ein bisschen Milch!");
19:    }
20:
21:    bool Kassieren(double preis, double einnahme)
22:    {
23:       double dRueckgeld = einnahme - preis;
24:
25:       // Automat kann nicht rausgeben
26:       if (dRueckgeld > geldbestand)
27:       {
28:          Console.WriteLine("Sorry, Ich kann nicht rausgeben!");
29:          Console.WriteLine("Rückgeld: {0}", einnahme);
30:          return false;
31:       }
32:       geldbestand += einnahme - dRueckgeld;
33:       Console.WriteLine("Rückgeld: {0}", dRueckgeld);
34:       return true;
35:    }
36: }
```

Die Methoden zum Ausschenken von Kaffee (Zeile 6), zum Hinzufügen von Zucker (Zeile 11) und Milch (Zeile 16) sind extrem einfach implementiert: sie geben einfach eine entsprechende Meldung auf den Bildschirm aus. Zur Steuerung eines echten Kaffeeautomaten müssten diese Methoden natürlich so implementiert werden, dass sie auf die Hardware des Automaten zugreifen (entweder direkt oder über das »Betriebssystem« des Automaten) und so dafür sorgen, dass realer Kaffee, Milch und Zucker fließen. Für unsere Zwecke reicht es aber aus, wenn wir den Kaffeeautomaten auf dem Bildschirm simulieren. (Im Übrigen empfiehlt es sich auch bei Implementierung echter Steuersoftware, die betreffenden Klassen zuerst in einer Simulation auf dem eigenen Computer zu testen und dann in einem zweiten Schritt den Code zur Steuerung der Elektronik aufzusetzen und die Klasse auf den Automaten zu portieren.)

Etwas komplexer ist die Methode zum `Kassieren()`, sie muss gleich mehrere, mit einander verbundene Aufgaben übernehmen:

- sie muss das eingeworfene Geld verbuchen,
- sie muss das Rückgeld berechnen und ausgeben,
- sie muss den Fall abfangen, dass im Automaten zu wenig Rückgeld vorhanden ist.

Zu diesem Zweck berechnet die Methode zuerst aus Preis und eingeworfenem Geld (beide Beträge übernimmt sie als Argumente beim Aufruf) das Rückgeld (Zeile 26). Dann prüft sie, ob im Automaten genug Geld vorhanden ist (Zeile 26). Wenn nicht, gibt sie eine Fehlermeldung aus, gibt das eingeworfene Geld zurück (simuliert durch Zeile 29) und beendet die Methode mit `return false`. Der Rückgabewert informiert den Aufrufer, d.h. dem umliegenden Programmcode, der mit dem Objekt der Klasse `CKaffeeautomat` arbeitet (siehe Abschnitt »Mit Objekten programmieren«), dass das Geld nicht kassiert werden konnte. Ist genug Geld vorhanden, wird das Geld für den Kaffee verbucht (Zeile 32), das Rückgeld wird ausbezahlt (Zeile 33) und die Methode wird mit `return true` beendet – das Zeichen für den Aufrufer, dass der Kaffee bezahlt wurde und ausgeschüttet werden kann.

Beachten Sie, dass die Methode `Kassieren()` nicht nur das Rückgeld berechnet und ausgibt, sondern vor allem auch dafür sorgt, dass in dem Feld `geldbestand` tatsächlich immer der in der Automatenkasse enthaltene Geldbetrag gespeichert ist! Wenn wir in Abschnitt »Zugriffsspezifizierer« daran gehen, unsere Klasse für den bequemen und dennoch sicheren Einsatz vorzubereiten, wird dies noch von Bedeutung sein.

Apropos Geldbestand: Die Methode `Kassieren()` sorgt zwar dafür, dass `geldbestand` bei jeder Geldeinnahme aktualisiert wird, geht dabei aber stillschweigend davon aus, dass `geldbestand` vor der ersten Geldeinnahme, also quasi bei Inbetriebnahme des Automaten, den korrekten Betrag gespeichert hat. Wie können wir dies sicherstellen?

Der Konstruktor

In der Einführung zur objektorientierten Programmierung wurde bereits erwähnt, dass bei der Erzeugung eines Objekts einer Klasse:

`MeineKlasse obj = new MeineKlasse();`

eine ganz spezielle Methode aufgerufen wird, die den Namen der Klasse trägt. Diese Methode nennt man den Konstruktor.

Ohne Konstruktor ist es schlichtweg nicht möglich, Objekte einer Klasse zu erzeugen. Aus diesem Grunde stattet der Compiler jede Klasse, die selbst keinen Konstruktor definiert, mit einem Standardkonstruktor aus.

> Ein Standardkonstruktor ist ein Konstruktor, der ohne Argumente aufgerufen wird.

Oft ist es aber erforderlich oder interessanter, einen eigenen Konstruktor vorzusehen. Diesen kann man beispielsweise dazu nutzen, den Feldern des neu erzeugten Objekts Anfangswerte zuzuweisen. Dies bringt uns wieder zu dem Feld `geldbestand`. Wir haben bereits festgestellt, wie wichtig es ist, dass dieses Feld einen korrekten Anfangswert zugewiesen bekommt, der dem tatsächlichen Geldbestand bei Inbetriebnahme des Automaten entspricht. Der Konstruktor der Klasse ist hierfür der richtige Ort.

Zwei Punkte sind bei der Definiton eines eigenen Konstruktors zu beachten:

- Der Name des Konstruktors muss gleich dem Namen seiner Klasse sein.
- Es darf kein Rückgabetyp angegeben werden, auch nicht `void`.

Wir beherzigen diese Regeln und definieren einen Konstruktor, der dem Feld `geldbestand` einen Anfangswert zuweist. Den Anfangswert definiert der Konstruktor nicht selbst, sondern übernimmt ihn als Argument beim Aufruf. Wir definieren den Konstruktor daher mit einem `double`-Parameter zur Entgegennahme des Wertes:

Listing 8.6: Aus *Kaffeeautomat.cs*

```
class CKaffeeautomat
{
    double geldbestand;           // in Euro

    CKaffeeautomat(double startbetrag)
    {
        geldbestand = startbetrag;
    }

    ...
}
```

Zugriffsspezifizierer

Unsere Klasse ist mittlerweile so weit gediegen, dass Sie sie schon verwenden könnten. Dazu benötigen wir eine Klasse mit einer Main()-Methode. Sofern Ihr Compiler diese Klasse nicht schon für Sie erledigt hat, können Sie sie einfach in der gleichen Quelldatei wie die CKaffeeautomat-Klasse definieren. In der Main()-Methode erzeugen Sie ein Objekt der Klasse CKaffeeautomat und verwenden es – beispielsweise zum Ausschenken eines Kaffees:

Listing 8.7: Aus Kaffeeautomat_Test.cs

```
using System;

namespace Kap8
{
   class CKaffeeautomat
   {
      ...  // wie beschrieben
   }

   class CHauptklasse
   {
      static void Main(string[] args)
      {
         // Objekt erzeugen
         CKaffeeautomat oKA = new CKaffeeautomat(10);

         // Kaffee ausschenken
         oKA.KaffeeAusschenken();

      }
   }
}
```

Wenn Sie jedoch versuchen, dieses Programm zu kompilieren und auszuführen, werden Sie eine Enttäuschung erleben. Der Compiler wird die Kompilierung mit zwei Fehlermeldungen abbrechen, in denen er sich darüber beklagt, dass die Schutzebenen der Klassenelemente CKaffeeautomat(double) und KaffeeAusschenken() keinen Zugriff erlauben.

Der Grund hierfür ist der interne Zugriffsschutzmechanismus der Klasse. Standardmäßig sind nämlich alle Elemente einer Klasse privat, das heißt, sie dürfen nur innerhalb der Klasse (sprich in den Methoden der Klasse) verwendet werden. Jeglicher Zugriff von außen wird dagegen unterbunden. So kann die Klasse Elemente, die nur für die interne Implementierung der Klasse wichtig sind, vor der Außenwelt verbergen. Eine Klasse, die nur private Elemente enthält, ist allerdings ziemlich nutzlos. Da man auf keines ihrer Elemente zugreifen kann, lässt sich auch nichts mit der Klasse anfangen. Es muss daher eine Möglichkeit geben, mit der der Programmierer Elemente für den Zugriff von außen freigeben kann.

> **Zugriff von außerhalb der Klasse**
>
> Zugriff von außerhalb der Klasse bedeutet in C# Zugriff aus einer anderen Klasse heraus. Dies geht nur über ein Objekt der Klasse oder – im Falle statischer Klassenelemente – über den Klassennamen. Sie kennen dies im Prinzip schon aus den vorangehenden Programmbeispielen.

```
using System;

class CHauptklasse
{
  static void Main()
  {
    string sAusgabe = "Hallo, wie geht es Dir?";

    sAusgabe = sAusgabe.Insert(5, " Programmierer");

    Console.WriteLine("\n" + sAusgabe );
  }
}
```

Hier wird in `Main()` zuerst ein `string`-Objekt erzeugt und mit der `string`-Variablen `sAusgabe` verbunden. Für diese wird dann die Methode `Insert()` aufgerufen. Dies ist die erste Form des Zugriffs von außen. Die Klasse `CHauptklasse` greift über das `string`-Objekt `sAusgabe` auf die `string`-Methode `Insert()` zu.

Die zweite Form des Zugriffs von außen sehen Sie in der letzten Zeile. Die statische Methode `WriteLine()` der Klasse `Console` wird über den Klassennamen aufgerufen.

Zugriffsspezifizierer

In C# werden die Zugriffsmöglichkeiten für die einzelnen Klassenelemente mit Hilfe von fünf verschiedenen Zugriffsspezifizierern geregelt.

Eigene Klassen

Zugriffsspezifizierer	Bedeutung
public	Das Element kann innerhalb der Klasse und in allen anderen Klassen verwendet werden.
protected	Das Element kann in der eigenen und in Klassen, die von dieser abgeleitet sind (siehe Kapitel 11.2), verwendet werden.
internal	Das Element kann in der eigenen und in allen Klassen, die dem gleichen Programm angehören, verwendet werden.
internal protected	Das Element kann in der eigenen, in abgeleiteten Klassen (siehe Kapitel 11.2) und in den anderen Klassen des Programms verwendet werden.
private	Das Element kann nur innerhalb der eigenen Klasse verwendet werden (dies ist der Standard).

Tabelle 8.1: Zugriffsspezifizierer

Alle Elemente einer Klasse, für die Sie keinen Zugriffsspezifizierer angeben, sind per Voreinstellung private, was bedeutet, dass ein Zugriff von außen nicht gestattet ist. Dies ist der Grund, dass die Aufrufe:

```
CKaffeeautomat oKA = new CKaffeeautomat(10);
oKA.KaffeeAusschenken();
```

scheitern.

Um die Aufrufe zuzulassen, müssen Sie den Methodendefinitionen einen der Zugriffsspezifizierer voranstellen, die einen Zugriff aus der Hauptklasse des Programms heraus gestatten: also public oder internal[2]. Dabei bedeutet public, dass grundsätzlich jede andere Klasse, selbst wenn sie aus einem ganz anderen Programm oder einer Bibliothek stammt, auf das Klassenelement zugreifen kann (allerdings muss dann auch die Klasse selbst als public deklariert sein, siehe Abschnitt »Klassen definieren«). internal bedeutet, dass nur die anderen Klassen des gleichen Programms auf das Klassenelement zugreifen können. Für unser Kaffeeautomatenprogramm ist dies vollkommen ausreichend.

Wir deklarieren also den Konstruktor als internal, damit wir in der Main()-Methode überhaupt ein Objekt der Klasse erzeugen können. Auch die Methoden Kassieren(), KaffeeAusschuetten() etc. definieren wir als internal, damit wir sie über das erzeugte Objekt aufrufen können. Was aber ist mit dem Feld geldbestand? Wenn wir es ebenfalls als internal definieren, bedeutet dies, dass wir in der Main()-Methode direkt auf das Feld zugreifen können – etwa um ihm einen neuen Wert zuzuweisen:

```
oKA.geldbestand = 30;
```

---

[2] internal protected käme auch in Frage, soll uns derzeit aber nicht interessieren.

Grundkurs OOP – Die Klassen

Dies ist aber eigentlich nicht gewollt, denn an sich ist die Klasse so konzipiert, dass nach der Initialisierung von `geldbestand` durch den Konstruktor nur noch die Methode `Kassieren()` den Wert von `geldbestand` aktualisiert. Wir haben viel Arbeit in die Methode `Kassieren()` investiert, damit sie diese Aufgabe korrekt verrichtet. Wenn wir dem Benutzer[3] unserer Klasse die Möglichkeit geben, `Kassieren()` zu umgehen und direkt auf `geldbestand` zuzugreifen, kann es passieren, dass dieser das eingeworfene Geld verbucht, das Rückgeld aber nicht abzieht. Ja es wäre selbst denkbar, dass der Benutzer dem Feld `geldbestand` versehentlich einen negativen Betrag zuweist.

Um dies zu verhindern und den Benutzer der Klasse zur Verwendung von `Kassieren()` zu zwingen, deklarieren wir `geldbestand` nicht als `internal`, sondern lassen es `private`. Im Übrigen ist dies eine sehr positive Form von Zwang, denn es ist für den Benutzer der Klasse wesentlich einfacher, die Methode `Kassieren()` aufzurufen, als selbst dafür zu sorgen, dass `geldbestand` immer korrekt aktualisiert wird.

Unsere fertige Klasse `CKaffeeautomat` sieht nun wie folgt aus:

Listing 8.8: Aus Kaffeeautomat.cs

```
class CKaffeeautomat
{
   double geldbestand;             // private

   internal CKaffeeautomat(double startbetrag)
   {
      geldbestand = startbetrag;
   }

   internal void KaffeeAusschenken()
   {
      Console.WriteLine("  Hier kommt der Kaffee!");
   }

   internal void ZuckerHinzufuegen()
   {
      Console.WriteLine("  Ein bisschen Zucker!");
   }

   internal void MilchHinzufuegen()
   {
      Console.WriteLine("  Ein bisschen Milch!");
   }
```

---

[3] Der »Benutzer« sind in diesem Fall wir selbst, da wir die Klasse nicht nur definieren, sondern auch selbst ein Objekt der Klasse erzeugen und mit diesem arbeiten. Wir treten also in einer Doppelfunktion als Autor und Benutzer der Klasse auf.

```
    internal bool Kassieren(double preis, double einnahme)
    {
        double dRueckgeld = einnahme - preis;

        // Automat kann nicht rausgeben
        if (dRueckgeld > geldbestand)
        {
            Console.WriteLine("Sorry, Ich kann nicht rausgeben!");
            Console.WriteLine("Rückgeld: {0}", einnahme);
            return false;
        }

        geldbestand += einnahme - dRueckgeld;
        Console.WriteLine("Rückgeld: {0}", dRueckgeld);
        return true;
    }
}
```

Instanzbildung

Jetzt hätten wir also eine Klasse `CKaffeeautomat`. Eine Klasse ist aber lediglich ein Datentyp, eine allgemeine Beschreibung. Die Klasse `CKaffeeautomat` beschreibt die Art von Kaffeeautomat, die wir mit unserem Programm steuern wollen, aber sie kann nicht den zu steuernden Automaten im Programm repräsentieren – dazu benötigen wir ein Objekt der Klasse. Die Syntax zur Erzeugung eines Objekts einer Klasse, auch **Instanzbildung** genannt, sieht wie folgt aus:

`Klassenname objektname = new Klassenname();`

Mit Hilfe des Schlüsselworts `new` und durch Aufruf des Klassenkonstruktors wird ein Objekt der Klasse erzeugt und mit der Variablen `objektname` verbunden (im Abschnitt 8.3 werden wir näher auf die Vorgänge bei der Instanzbildung eingehen).

Gemäß der gleichen Syntax können wir nun ein Objekt der Klasse `CKaffeeautomat` erzeugen. Wir müssen lediglich daran denken, dass wir dem Konstruktor einen Anfangswert für das Feld `geldbestand` übergeben:

Listing 8.9: Aus Kaffeeautomat.cs

```
using System;

namespace Kap8
{
    class CKaffeeautomat
    {
```

Grundkurs OOP – Die Klassen

```
   ...
   }

   class CHauptklasse
   {
      static void Main(string[] args)
      {
         CKaffeeautomat oKA = new CKaffeeautomat(10);
         ...
```

Mit Objekten programmieren

Mit den Objekten der Klasse kann man nun arbeiten.

- Man kann die `public`- oder `internal`-Methoden der Klasse aufrufen:

    `einObjekt.eineMethode(arg);`

- Man kann die Werte in den `public`- oder `internal`-Feldern der Klasse abfragen:

    `Console.Write("({0:F})", einObjekt.feld);`

- Man kann die Werte in den `public`- oder `internal`-Feldern der Klasse setzen:

    `einObjekt.feld = x;`

- Man kann Objektreferenzen kopieren:

    `einObjekt = einAnderesObjekt;`

Die Programmierung mit Objekten von Klassen ist nicht sonderlich schwer, zumal wir darin ja auch schon – beispielsweise durch die Arbeit mit `string`-Objekten – ein wenig geübt sind.

Wir vervollständigen unser Kaffeeautomaten-Programm nun um eine `Main()`-Methode, mit der wir die Klasse `CKaffeeautomat` testen und einen Kaffeeautomaten simulieren können.

Listing 8.10: Kaffeeautomat.cs

```
001: using System;
002: namespace Kap8
003: {
004:    class CKaffeeautomat
005:    {
006:       double geldbestand;              // private
007:
008:       internal CKaffeeautomat(double startbetrag)
```

Eigene Klassen

```
009:        {
010:            geldbestand = startbetrag;
011:        }
012:
013:        internal void KaffeeAusschenken()
014:        {
015:            Console.WriteLine(" Hier kommt der Kaffee!");
016:        }
017:
018:        internal void ZuckerHinzufuegen()
019:        {
020:            Console.WriteLine(" Ein bisschen Zucker!");
021:        }
022:
023:        internal void MilchHinzufuegen()
024:        {
025:            Console.WriteLine(" Ein bisschen Milch!");
026:        }
027:
028:        internal bool Kassieren(double preis, double einnahme)
029:        {
030:            double dRueckgeld = einnahme - preis;
031:
032:            // Automat kann nicht rausgeben
033:            if (dRueckgeld > geldbestand)
034:            {
035:             Console.WriteLine
                 ("Sorry, Ich kann nicht rausgeben!");
036:
037:             Console.WriteLine("Rückgeld: {0}", einnahme);
038:             return false;
039:            }
040:
041:            geldbestand += einnahme - dRueckgeld;
042:
043:            Console.WriteLine("Rückgeld: {0}", dRueckgeld);
044:            return true;
045:        }
046:    }
047:
048:
049:
050:    class CHauptklasse
051:    {
052:
053:        static void Main(string[] args)
```

```
054:        {
055:            CKaffeeautomat oKA = new CKaffeeautomat(10);
056:            double dPreis;
057:            double dEingang;
058:            bool   bAusschenken;
059:            bool   bZucker;
060:            bool   bMilch;
061:
062:            while (true)
063:            {
064:                dPreis = 0;
065:                dEingang = 0;
066:                bAusschenken = false;
067:                bZucker = false;
068:                bMilch = false;
069:
070:                Console.WriteLine
                   ("Möchten Sie noch einen Kaffee? (j/n)");
071:                if (Console.ReadLine() == "j")
072:                    dPreis += 1.00;    // Preis für Kaffee
073:                else
074:                    break;
075:
076:                Console.WriteLine
                   ("Möchten Sie Zucker dazu? (j/n)");
077:                if (Console.ReadLine() == "j")
078:                {
079:                    dPreis += 0.10;    // Preis für Zucker
080:                    bZucker = true;
081:                }
082:
083:                Console.WriteLine
                   ("Möchten Sie Milch dazu?  (j/n)");
084:                if (Console.ReadLine() == "j")
085:                {
086:                    dPreis += 0.20;    // Preis für Milch
087:                    bMilch = true;
088:                }
089:
090:                Console.WriteLine();
091:          Console.WriteLine("Das kostet zusammen {0} Euro", 92:
dPreis);
093:                Console.Write("Eingezahlter Betrag: ");
094:                dEingang = Convert.ToDouble(Console.ReadLine());
095:
096:                while (dEingang < dPreis)
```

```
097:            {
098:                Console.WriteLine("Sorry, Das reicht nicht!");
099:                Console.Write("Eingezahlter Betrag: ");
100:               dEingang = Convert.ToDouble(Console.ReadLine());
101:            }
102:
103:            // Kassieren
104:            bAusschenken = oKA.Kassieren(dPreis,dEingang);
105:            Console.WriteLine();
106:
107:            // Alles okay?, dann Kaffee ausschenken
108:            if (bAusschenken)
109:            {
110:               oKA.KaffeeAusschenken();
111:
112:               if (bZucker)
113:                  oKA.ZuckerHinzufuegen();
114:
115:               if (bMilch)
116:                  oKA.MilchHinzufuegen();
117:            }
118:
119:            Console.WriteLine("\n");
120:         }
121:
122:         Console.WriteLine("Auf Wiedersehen!");
123:      }
124:   }
125:}
```

Möchten Sie noch einen Kaffee?   (j/n)
j
Möchten Sie Zucker dazu?   (j/n)
n
Möchten Sie Milch dazu?   (j/n)
j

Das kostet zusammen 1,2 Euro
Eingezahlter Betrag: **1,1**
Sorry, Das reicht nicht!
Eingezahlter Betrag: **3**
Rückgeld: 1,8

   Hier kommt der Kaffee!
   Ein bisschen Milch!

```
Möchten Sie noch einen Kaffee? (j/n)
n
Auf Wiedersehen!
```

Aufbau und Implementierung der Klasse CKaffeeautomat sind Ihnen bereits bestens vertraut. Schauen wir uns kurz noch den Code der Main()-Methode an.

Würde das Programm nicht auf unserem Computer, sondern tatsächlich im Automaten ausgeführt, fiele der Main()-Methode die Aufgabe zu, die Eingaben der Kunden auszuwerten (welches Getränk hat der Kunde gewählt, wie viel Geld hat er eingegeben) und entsprechend dieser Eingaben die Methoden des CKaffeeautomat-Objekts oKA aufzurufen. Bei Ausführung auf dem Computer muss die Main()-Methode – mangels Automaten – aber auch noch die Kundenschnittstelle simulieren, das heißt, sie muss den Benutzer des Programms auffordern, seine Auswahl zu treffen und den Kaffee zu bezahlen.

Zu diesem Zweck implementiert die Methode eine große while-Schleife (Zeilen 62 bis 120), in der sie die Wünsche des Benutzers entgegennimmt, die Bezahlung regelt und den Kaffee ausgibt. Die Schleife beginnt damit, einer Reihe von lokalen Variablen Anfangswerte zuzuweisen. Da in diesen Variablen die Eingaben des Benutzers gespeichert werden, ist es wichtig, dass diese Variablen bei jeder Schleifeniteration auf ihre neutralen Anfangswerte zurückgesetzt werden (Zeilen 64 bis 68).

Danach wird abgefragt, wie der Benutzer seinen Kaffee trinken möchte (Zeilen 70 bis 88). Die Angaben für Milch und Zucker werden in den Booleschen Variablen bZucker und bMilch festgehalten, damit der Automat später nachsehen kann, ob er den Kaffee mit Milch und/oder Zucker ausschenken soll.

Danach wird der Preis der Bestellung angezeigt und der Benutzer zum Bezahlen aufgefordert. Der vom Benutzer eingezahlte Betrag wird entgegengenommen (Zeile 94). Hat der Benutzer genügend Geld eingeworfen, ruft Main() die oKA-Methode Kassieren() auf und übergibt ihr den ermittelten Preis sowie den eingezahlten Betrag (Zeile 104). Berechnung und Ausgabe des Rückgelds sowie die Verbuchung des Gewinns übernimmt jetzt die Methode Kassieren(). Läuft alles glatt, liefert Kassieren() den Wert true zurück, der in der lokalen Variablen bAusschenken gespeichert wird.

Zum Schluss wird der Kaffee ausgeschüttet. In Zeile 108 wird geprüft, ob die Bezahlung korrekt verlaufen ist. Wenn ja, wird die Methode oKA.KaffeeAusschenken() aufgerufen. Je nach den in bZucker und bMilch gespeicherten Werten werden danach noch die Methoden ZuckerHinzufuegen() und MilchHinzufuegen() ausgeführt.

8.3 Wert- und Referenztypen

Was passiert bei der Instanzbildung?

Wenn Sie eine Variable von einem elementaren Datentyp definieren, wird im Arbeitsspeicher des Computers für die Variable Speicherbereich reserviert, in dem der Wert der Variablen abgelegt werden kann.

Im Falle eines Objekts gibt es aber nicht nur einen einzelnen abzuspeichernden Wert, sondern einen Verbund von Feldern und Methoden. Für ein Objekt wird daher ein größerer zusammenhängender Speicherbereich reserviert, in dem Platz zum Speichern der Werte der einzelnen Felder ist. Jedes Objekt einer Klasse besitzt also seine eigenen Kopien der Felder der Klasse.

Und wie sieht es mit den Methoden aus? Methoden bestehen aus Code und dieser ist für alle Objekte einer Klasse gleich. Es wäre daher sinnlos, diesen Code für alle Objekte einer Klasse zu kopieren. Stattdessen wird der Code an einem festen Ort im Speicher abgelegt. In den einzelnen Objekten werden Verweise gespeichert, die auf den Code der Methoden gerichtet sind.

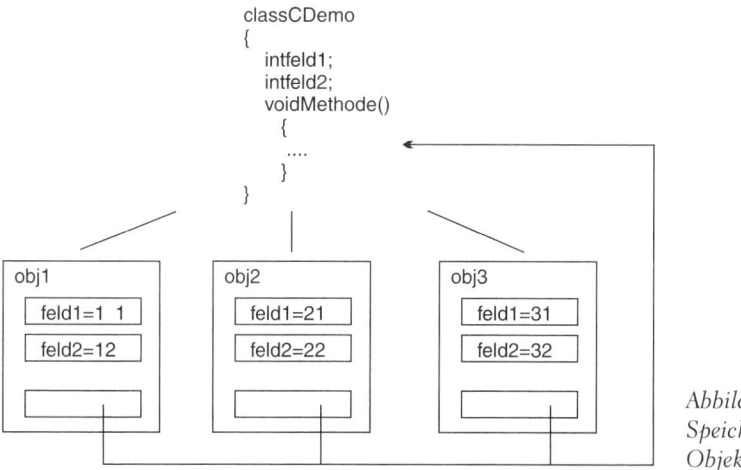

```
classCDemo
{
    intfeld1;
    intfeld2;
    voidMethode()
    {
        ....
    }
}
```

obj1	obj2	obj3
feld1=1 1	feld1=21	feld1=31
feld2=12	feld2=22	feld2=32

Abbildung 8.2:
Speicherbelegung für Objekte

Nachdem das Objekt im Speicher angelegt wurde, wird der Konstruktor ausgeführt. In dessen Implementierung kann man unter anderem festlegen, welche Anfangswerte in den Feldern des Objekts gespeichert werden sollen.

Abgesehen von dem komplizierteren Aufbau der Objekte, gibt es jedoch noch einen weiteren Unterschied zu den Werten elementarer Datentypen.

Wert- und Referenztypen

Betrachten wir noch einmal die Syntax der Instanzbildung:

```
Klassenname objektname = new Klassenname();
```

Eigentlich passieren hier zwei Dinge, weswegen wir die Anweisung zur Verdeutlichung einmal in zwei Anweisungen auftrennen wollen:

```
Klassenname objektname;
objektname = new Klassenname();
```

In der ersten Zeile wird eine Variable vom Typ der Klasse erzeugt. Diese Variable stellt noch kein wirkliches Objekt der Klasse dar. Sie ist lediglich ein Verweis auf ein solches Objekt. Noch aber wurde kein Objekt der Klasse erzeugt und objektname verweist ins Niemandsland.

Erst in der zweiten Zeile wird ein Objekt der Klasse erzeugt. Dies geschieht mit Hilfe des Schlüsselworts new und durch Aufruf des Konstruktors. Jetzt richtet der Compiler ein neues Objekt im Speicher ein. Die Anfangsadresse[4] des Objekts wird von dem new-Operator zurückgeliefert – und in der Variable objektname gespeichert. Von nun an weist die Variable objektname auf das im Speicher liegende Objekt.

Es gibt also einen grundlegenden Unterschied zwischen der Einrichtung von Variablen elementarer Datentypen und Variablen von Klassentypen. Dieser Unterschied ist letztlich darin begründet, dass C# zwischen so genannten Wert- und Referenztypen differenziert.

Im Falle von Variablen elementarer Datentypen wird bei der Definition für die Variable Speicher reserviert, in dem später die Werte der Variablen direkt abgelegt werden. Variablen elementarer Datentypen werden daher in C# als **Werttypen** oder wertbehaftete Typen bezeichnet. Neben den elementaren Datentypen gehören hierzu auch die Aufzählungstypen und die Strukturen (siehe Abschnitt »Klassen versus Strukturen«).

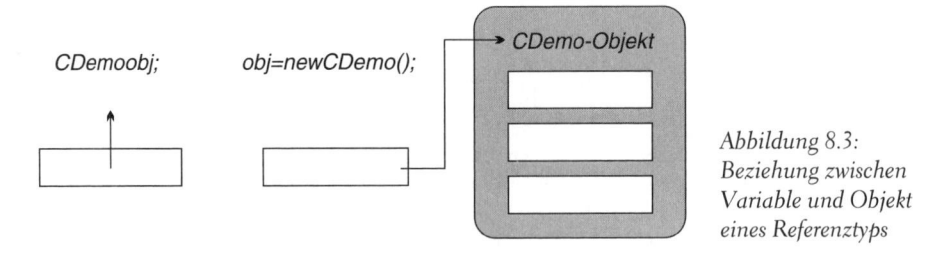

Abbildung 8.3: Beziehung zwischen Variable und Objekt eines Referenztyps

Im Falle von Arrays, Klassen oder auch Strings (auch wenn String-Objekte nicht mit new erzeugt werden müssen) wird bei der Definition kein Speicher für die Objekte reserviert, sondern lediglich Speicher für einen Verweis – auch Referenz genannt – auf das Objekt,

---

4 Dies ist die RAM-Adresse, an der der Speicherbereich, den das Objekt belegt, beginnt.

das später mit der Variablen verbunden wird. Die Objekte werden extra, meist mit Hilfe des new-Operators, an irgendeinem freien Platz im Speicher erzeugt. Schließlich wird die Variable auf das Objekt gerichtet. Fortan weist die Variable auf das Objekt und wir können über die Variable das Objekt manipulieren. Aber auch wenn wir bei der Programmierung mit der Variablen so arbeiten, als hätten wir direkt das Objekt vor uns, ist es dennoch wichtig, dass man als Programmierer auch unterscheiden kann und Variable und Objekt (Instanz) als grundsätzlich unabhängig voneinander betrachtet. Denn so wie man einer Variablen eines Werttyps einen anderen Wert zuweisen kann, kann man eine Variable eines Referenztyps auf ein anderes Objekt richten. Dies hat zum Beispiel Konsequenzen für das Kopieren von Objekten:

```
CDemo obj1 = new CDemo();
CDemo obj2 = new CDemo();

obj1 = obj2;
```

Hier werden am Anfang zwei neue CDemo-Objekte angelegt und mit den Variablen obj1 und obj2 verbunden. In der dritten Zeile wird obj2 an obj1 zugewiesen. Das bedeutet aber nicht, dass die Feldwerte aus obj2 in die Felder von obj1 kopiert werden. Es bedeutet, dass der Verweis aus obj2 in obj1 kopiert wird. obj1 und obj2 verweisen danach beide auf das gleiche Objekt im Speicher.

Und was ist mit dem Objekt, mit dem obj1 anfänglich verbunden war? Dieses Objekt existiert immer noch im Speicher, doch es gibt keine Variable mehr, die darauf verweisen würde. Für uns ist es damit verloren. Wir haben keine Möglichkeit mehr, an das Objekt heranzukommen. Irgendwann wird die automatische Speicherbereinigung des .NET-Frameworks darüber stolpern und das Objekt löschen.

Heap und Stack

Referenz- und Werttypen unterscheiden sich nicht nur in der Art, wie sie gespeichert und mit ihren Variablen verbunden werden, sondern auch in der Art und Weise, in der ihr Speicher verwaltet wird.

Variablen von Werttypen werden auf dem *Stack* gespeichert. Der Stack ist ein Speicher mit einer sehr einfachen Speicherverwaltung. Wenn Sie eine Methode aufrufen, wird im Stack ein fester Speicherbereich reserviert, in dem Platz für alle Werttyp-Variablen ist, die in der Methode definiert werden (einschließlich der Parameter der Methode). Wird die Methode beendet, wird der für sie reservierte Speicherbereich wieder freigegeben. Dies ist sehr effizient, hat aber den Nachteil, dass man auf diese Weise keine Werte im Speicher ablegen kann, die über mehrere Methodenaufrufe erhalten bleiben.

Referenztypen werden dagegen auf dem *Heap* gespeichert, genauer gesagt: Das Objekt der Klasse wird auf dem Heap gespeichert, während die Objektvariable, die den Verweis auf das Objekt im Heap enthält, im Stack angelegt wird. Objekte, die auf dem Heap abgelegt werden, bleiben so lange bestehen, wie es Variablen mit Verweisen auf die Objekte gibt. Dies gestattet es, Objekte über Methodenaufrufe hinweg am Leben zu erhalten (die Methoden brauchen nur untereinander die Objektverweise auszutauschen). Erst wenn es keine Verweise mehr auf ein Objekt gibt, wird es von der Garbage Collection – dem automatischen Speicherbereiniger des .NET-Frameworks – aufgelöst. Der Nachteil der Heap-Speicherverwaltung ist, dass sie relativ kompliziert und etwas zeitaufwändiger ist.

Warum Referenzen?

Der Grund dafür, dass es Referenztypen gibt, liegt darin, dass die Objekte, die man mit diesen Variablen verbindet, meist recht umfangreich sind. Die Zuweisung eines umfangreichen Objekts von einer Variablen an eine andere Variable ist aber eine recht zeit- und speicheraufwändige Aktion.

Angenommen Sie möchten eine `int`-Variable `iVar`, die Sie in einer Methode `A()` definiert haben, an eine Methode `B()` weitergeben. Sie schreiben:

```
void B(int arg)
{
    Console.WriteLine(arg);
}
void A()
{
    int iVar = 3;
    B(iVar);
}
```

Beim Aufruf von `B(iVar)` wird zuerst ein Stackbereich für die Methode `B()` reserviert. Ein Teil dieses Speicherbereichs wird dem Parameter `arg` der Methode `B()` zugewiesen. Schließlich wird der Wert des Arguments `iVar` in den Parameter `arg` kopiert. So weit, so gut.

Stellen Sie sich nun vor, Sie hätten ein Objekt mit 200 Feldern, das Sie auf die gleiche Weise an eine Methode übergeben.

```
class CMeineKlasse
{
    public int feld1;
    public double feld2;
    ...
}

void B(CMeineKlasse arg)
{
    Console.WriteLine(arg.feld1);
```

```
}
void A()
{
   CMeineKlasse obj = new CMeineKlasse();
   B(obj);
}
```

Nehmen Sie weiter an, Objekte wären in C# keine Referenzen, sondern ebenfalls Werttypen, so müssten beim Aufruf der Methode das komplette Objekt mitsamt seiner 200 Feldwerte kopiert werden. Es leuchtet ein, dass häufiges Kopieren von mittelgroßen oder großen Objekten auf diese Weise schnell zu einem Performanceverlust führen würde.

Aus diesem Grunde sind Klassen Referenztypen, für die sich die Parameterübergabe wie folgt darstellt:

Die Anweisung `CMeineKlasse obj = new CMeineKlasse();` erzeugt ein Objekt auf dem Heap und speichert in `obj` eine Referenz auf das Objekt. Beim Aufruf von `B(obj)` wird wie gehabt zuerst ein Stackbereich für die Methode `B()` reserviert. Ein Teil dieses Speicherbereichs wird dem Parameter `arg` der Methode `B()` zugewiesen. Allerdings muss dieser Speicherbereich nun nicht mehr das gesamte Objekt mit seinen 200 Feldern aufnehmen, sondern nur noch eine Referenz auf das Objekt, das ja bereits im Heap existiert. Schließlich wird der Wert des Arguments `obj`, d. h. die Referenz auf das Objekt auf dem Heap, in den Parameter `arg` kopiert.

Boxing

Das letzte Konzept, das ich Ihnen im Zusammenhang mit den Wert- und Referenztypen vorstellen möchte, ist das sog. *Boxing*. Es führt uns zwar noch weiter vom eigentlichen Ziel des heutigen Tages – der Einarbeitung in die objektorientierten Grundtechniken – weg und greift in einigen Punkten späteren Kapiteln vor, aber es ist einfach schlichtweg unmöglich, das Thema »Wert- und Referenztypen in C#« guten Gewissens abzuschließen, ohne kurz auf das Boxing eingegangen zu sein.

Als *Boxing* bezeichnet man die Umwandlung eines Werttyps in einen Referenztyp – genauer gesagt, in den vordefinierten Klassentyp `object`.

```
int iZahl = 3;           // Werttyp-Variable
object oZahl = iZahl;    // Boxing
```

Was genau geschieht hier? In der ersten Zeile wird ganz normal eine Werttyp-Variable namens `iZahl` definiert. In dieser Variablen wird der Wert 3 gespeichert. In der zweiten Zeile wird eine Objektvariable vom Klassentyp `object` definiert. Dieser wird der Wert von `iZahl` zugewiesen. Der Wert von `iZahl` kann und wird aber nicht direkt in der Objektvariablen `oZahl` gespeichert, denn in Objektvariablen werden nur Referenzen abgelegt. Der Compiler erzeugt daher auf dem Heap ein Objekt, kopiert in das Objekt den Wert von `iZahl` und speichert in `oZahl` eine Referenz auf das Objekt.

Boxing bedeutet letztlich also nichts anderes als die »Verpackung« eines Werttyps in ein `object`-Objekt.

Verpackte Werttypen lassen sich selbstverständlich auch wieder entpacken. Man spricht dann vom *Unboxing*. Das Unboxing setzt allerdings voraus, dass man den Typ des in dem Objekt verpackten Werttyps kennt, denn dieser muss beim Unboxing angegeben werden:

```
int iVar;
iVar = (int) oZahl;      // Unboxing
```

> Das Unboxing ist nur für Objekte erlaubt, die durch Boxing erzeugt wurden. Objekte vordefinierter oder selbst definierter Klassen können nicht in Werttypen umgewandelt werden.

Einsatzgebiete

Boxing ist eine schöne Sache, aber auch eine brotlose Kunst, wenn es nicht einem höheren Zweck dient. Als Anfänger, ja selbst als fortgeschrittener C#-Programmierer werden Sie wohl eher selten in Situationen geraten, in denen Sie das Boxing mit Gewinn einsetzen könnten. Nichtsdestotrotz und obwohl ein Vorgriff auf kommende Themen dadurch unumgänglich wird, möchte ich einige dieser Situationen aufführen und kurz diskutieren.

Strukturen (siehe Abschnitt »Klassen versus Strukturen«) sind das Werttyp-Pendant zu den Klassen. Da sie wie Klassen mehrere Felder (und Methoden) enthalten dürfen, können sie sehr umfangreich werden – wodurch natürlich der Kopieraufwand steigt. Durch Boxing können Sie Strukturen als Referenztypen kopieren und den Kopieraufwand reduzieren. (Denken Sie aber daran, dass das Boxing und Unboxing selbst auch mit dem Kopieren des Werttyps einhergeht. Es lohnt es sich also nur, wenn die »verpackte« Struktur mehrfach kopiert wird.)

In Arrays (siehe Kapitel 10) können Sie mehrere Elemente eines Datentyps verwalten. Sie können aber nicht mehrere Elemente verschiedener Datentypen gemeinsam in einem Array verwalten – es sei denn, Sie wandeln die Daten mittels Boxing in Elemente des Typs `object` um, woraufhin Sie alle einem Datentyp angehören und mithin gemeinsam in einem Array abgelegt werden können.

Schließlich – und dies ist zweifelsohne eines der wichtigsten Einsatzgebiete – ermöglicht das Boxing die Implementierung typunabhängiger Methoden und Klassen. So verwalten die vordefinierten Container-Klassen (siehe Kapitel 14.3) die in ihnen abgelegten Elemente als `object`-Objekte. Dank des Boxing ist es möglich, in diesen Container auch Werte elementarer Datentypen abzulegen.

8.4 Klassen-Design

Die Syntax der Klassendefinition ist vielleicht etwas gewöhnungsbedürftig, aber nicht wirklich schwer. Das Problem ist nur, dass die Beherrschung der korrekten Syntax noch keine Garantie für die Erstellung guter Klassen ist. Aus diesem Grunde finden Sie in diesem Abschnitt einige Tipps und Hinweise zum Aufbau von Klassen.

Was ist eine »gute« Klasse?

Eine gute Klasse sollte folgende Merkmale besitzen:

- einem bestimmten Zweck dienen,

  Beispielsweise dient die string-Klasse von C# der Programmierung mit Zeichenketten (Strings), unsere Klasse CKaffeeautomat dient der Steuerung des Kaffeeautomaten.

- ihre Aufgabe in korrekter und effizienter Weise erfüllen,

  Gut, das sollte eigentlich selbstverständlich sein.

- einfach in der Anwendung sein,

  Der Benutzer einer Klasse möchte nicht erst eine seitenlange Dokumentation zur korrekten Verwendung der Klasse lesen. Er erwartet vielmehr, dass er an den Namen der Klasse und ihrer public/internal-Elemente weitgehend ablesen kann, wozu und wie er die Klasse (bzw. Objekte der Klasse) einsetzen kann.

- sicher in der Anwendung sein.

  »Sicher« bedeutet, dass die Klasse durch Implementierung ihrer Methoden und durch Vergabe der Zugriffsspezifizierer public/internal und protected/private einen unsachgemäßen, fehlerhaften Umgang mit ihren Objekten von vornherein möglichst unterbindet (so definiert die Klasse CKaffeeautomat die Methode Kassieren(), die für eine sichere Verwaltung des Geldbestandes sorgt, während sie den unsicheren direkten Zugriff auf das Feld geldbestand durch private-Deklaration verhindert).

Nicht verzweifeln!

Der wertvollste Tipp, den ich Ihnen geben kann, ist nicht zu verzweifeln, wenn Sie bei der Implementierung Ihrer ersten eigenen Klassen feststellen, dass Sie nicht recht weiterkommen und ein sinnvolles Arbeiten mit den Objekten der Klasse schlichtweg unmöglich ist.

Gutes Klassen-Design ist weniger eine Frage der Logik als vielmehr eine Sache der Erfahrung. Scheuen Sie daher nicht vor der objektorientierten Programmierung zurück, sondern definieren Sie, wo es sich anbietet, eigene Klassen und lernen Sie aus den Fehlern und Stärken Ihrer Klassen.

Klassen-Design ist keine triviale Aufgabe. Auch professionelle Programmierer, die auf viele Jahre Erfahrung in objektorientierter Programmierung zurückschauen, setzen sich nicht einfach hin und schreiben aus dem Stegreif die ideale Klassendefinition. Klassen-Design ist eine zyklische Arbeit. Man implementiert eine erste Version der Klasse und testet diese in der Praxis. Dabei stellt sich heraus, dass Methode A fehlerhaft implementiert wurde, Methode B für den Benutzer der Klasse keinen wirklichen Nutzen hat und für eine wichtige Aufgabe C wurde überhaupt keine Methode bereitgestellt. Also verbessert man die Klassendefinition, testet wieder und wiederholt diesen Prozess, bis eine perfekte (oder zumindest zufrieden stellende) Klassendefinition gefunden wurde.

> Zur Umsetzung größerer Projekte, die eine Vielzahl von Objekten verschiedener Klassen umfassen, gibt es zudem eine Reihe von speziellen Verfahren und Programmen (CASE-Tools), die dem Programmierer helfen, die benötigten Objekte, die einzelnen Elemente der Objekte und die Beziehungen zwischen den Objekten zu identifizieren.

Auswahl der Klassenelemente

Nicht immer sind die Elemente, die in eine Klassendefinition aufgenommen werden sollen, auf Anhieb zu identifizieren. Dann gilt es abzuwägen, welche Elemente wichtig sind, welche Elemente nützlich sein könnten und welche Elemente unwichtig oder gar unsinnig sind. Dabei helfen meist die folgenden Fragen:

- Was macht man in der realen Welt üblicherweise mit den Objekten, die meine Klasse beschreibt? (⇨ Methoden) Durch welche Merkmale lässt sich der Zustand dieser Objekte beschreiben? (⇨ Felder)

- Was haben die Programmierer, die meine Klasse verwenden, mit den Objekten der Klasse voraussichtlich vor?

- Wozu will ich selbst meine Klasse verwenden, was will ich mit den Objekten der Klasse anstellen?

Soll zum Beispiel die Klasse `CKaffeeautomat` aus Abschnitt 8.2 neben der Steuerung reiner Kaffeeautomaten auch zur Steuerung von Automaten verwendet werden, die neben Kaffee noch Tee anbieten, muss die Klassendefinition um eine weitere Methode `TeeAusschenken()` erweitert werden. Nicht sinnvoll ist es dagegen, die Klasse um ein Feld `iFarbe` zu erweitern. Zwar ist es richtig, dass jeder Kaffeeautomat eine Farbe hat (ebenso wie Höhe, Breite und Tiefe), doch spielen diese Merkmale für die Steuerung der Automaten (und nur dies ist die Aufgabe unserer Klasse) keine Rolle.

Anders läge der Fall, wenn die Klasse CKaffeeautomat nicht zur Steuerung eines echten Kaffeeautomaten diente, sondern virtuelle Kaffeeautomaten in einem Computerspiel simulierte. Dann wäre es durchaus sinnvoll, in der Klasse ein Feld iFarbe zu definieren, denn die Beschreibung des Aussehens der Kaffeeautomaten gehört nun zum Aufgabenbereich der Klasse und wenn es in dem Computerspiel Automaten unterschiedlicher Farbe geben soll, muss es in der Klasse ein entsprechendes Feld geben.

Einsatz des Konstruktors

Die Erzeugung eines Objekts ist immer mit dem Aufruf eines Konstruktors der Klasse des Objekts verbunden:

```
CMeineKlasse obj = new CMeineKlasse();
```

Gleichzeitig ist dies die einzige Verwendungsmöglichkeit für einen Konstruktor; der Konstruktor kann nicht wie die anderen Methoden über ein Objekt oder, im Falle statischer Methoden, über den Klassennamen aufgerufen werden. Dies ist aber auch nicht erforderlich, denn seine spezielle Aufgabe besteht ja darin, die neu erzeugten Objekte einzurichten und sie in einen Zustand zu versetzen, der ein ordnungsgemäßes Arbeiten mit den Objekten sicherstellt. Dazu gehört

- den Feldern der Objekte Anfangswerte zuzuweisen,
- wichtige Initialisierungsarbeiten auszuführen.

Zu dem ersten Punkt hat uns bereits die Klasse CKaffeeautomat ein Beispiel geliefert. Ihr Konstruktor wurde genutzt, um den Wert des Feldes geldbestand zu Beginn des Programms mit dem tatsächlichen Geldbestand im Automaten abzugleichen.

Die Objekte einer anderer Klasse sollen beispielsweise mit Werten aus einer Datei initialisiert werden. Dann steht im Konstruktor der Code zum Öffnen der Datei, zum Einlesen der Werte, zum Zuweisen der Werte an die Felder und zum Schließen der Datei. Wieder andere Objekte erfordern, dass bestimmte Ressourcen bereitgestellt werden – typischerweise eine Verbindung ins Internet oder zu einer Datenbank – oder dass bestimmte Aufgaben oder Berechnungen direkt bei Erzeugung des Objekts zu erledigen sind. All dies fällt in den Aufgabenbereich des Konstruktors.

> Wenn Sie im Konstruktor Ressourcen anfordern, die während der Lebensdauer des Objekts bestehen bleiben sollen, stellt sich die Frage, wann und wo Sie diese Ressourcen wieder freigeben können? Auf diese Frage gibt es zwei[5] Antworten:

---

5   Eine dritte Möglichkeit besteht in der Implementierung der IDisposable-Schnittstelle, auf die in diesem Buch aber nicht weiter eingegangen wird.

- Sie verwalten entweder die Ressource nicht im Objekt, sondern im umliegenden Code, der das Objekt erzeugt und benutzt,
- oder Sie geben die Ressource im Destruktor der Klasse frei. Der Destruktor ist das Pendant zum Konstruktor und wird automatisch bei Auflösung des Objekts ausgeführt (siehe Kapitel 9.5).

Standardkonstruktor

Konstruktoren können wie ganz normale Methoden überladen werden. Nutzen Sie dies, um sicherzustellen, dass Ihre Klasse über einen Standardkonstruktor verfügt, d.h. einen Konstruktor, der ohne Argumente aufgerufen wird.

```
class CDemo
{
   int feld;

   public CDemo(int arg)    // Konstruktor mit einem Argument
      {
      feld = arg;
      }

   public CDemo()           // Standardkonstruktor
      {
      feld = 0;
      }
   ...
}
```

Dies erleichtert

- die Definition von Feldern, die vom Typ der Klasse sind (siehe Kapitel 9.1.2),
- die Einrichtung von Arrays von Objekten der Klasse (siehe Kapitel 10.2.1),
- die Verwendung der Klasse als Basisklasse (siehe Kapitel 11).

Ein Standardkonstruktor ist allerdings kein Muss. Für Klassen, die nicht wie oben eingesetzt werden oder für die die Definition eines Standardkonstruktors einfach unerwünscht ist, können Sie auf die Definition eines Standardkonstruktors selbstverständlich auch verzichten.

Klassen-Design

Zugriffsrechte und öffentliche Schnittstelle

Wenn Sie Klassen definieren, müssen Sie die Klasse stets aus zwei Perspektiven betrachten:

- aus der Sicht des Programmierers, der die Klasse definiert (Autor der Klasse) und
- aus der Sicht des Programmierers, der die Klasse nutzt, indem er in seinen Programmen Objekte der Klasse erzeugt und verwendet (Benutzer der Klasse)

Dass Sie in den meisten Fällen beide Programmierer verkörpern, spielt dabei keine Rolle. Wichtig ist, dass Sie beim Definieren der Klasse immer daran denken, dass irgendjemand später mit Ihrer Klasse programmieren muss. Und dieser Jemand erwartet zu Recht, dass er mit den Objekten der Klasse sinnvoll, einfach und sicher programmieren kann. Um dies zu erreichen, vergibt die Klasse unterschiedliche Zugriffsrechte für die in ihr enthaltenen Elemente und bestimmt so, welche Elemente nach außen sichtbar sind und welche Elemente vor dem Zugriff von außen geschützt werden.

Die Klasse als Black Box

Die Zugriffsrechte machen aus der Klasse eine »Black Box« – vergleichbar einem CD-Player. Der CD-Player besteht aus

- einem Laser,
- einer Reihe von Operationen, die durch mehr oder weniger komplizierte elektronische Schaltungen realisiert sind (beispielsweise Operationen wie »NächstesLied«, »PositioniereLaser«, »Abspielen«, »Anhalten«, »BewegeLaser«, »DreheCD«, »TonwiedergabeEin«, »TonwiedergabeAus«) und
- einem Gehäuse mit einem Bedienfeld.

Die gleichen Zutaten finden wir in Klassen wieder. Die Laserposition entspricht einem Feld, die Operationen den Methoden, das Gehäuse der Klassendefinition, die Felder und Methoden kapselt, und das Bedienfeld sind die `public`/`internal`-Deklarationen, die bestimmen, welche Elemente nach außen sichtbar sind.

Treiben wir die Analogie noch etwas weiter und analysieren wir, warum der CD-Player so einfach zu bedienen ist, dass selbst kleine Kinder mit ihm CDs abspielen können.

Information Hiding

Warum ist ein CD-Player einfach zu bedienen? Weil man ihn verwenden kann, ohne zu wissen, wie er intern funktioniert. Um mit einem CD-Player eine CD abzuspielen, müssen Sie nur eine CD einlegen und den Play-Knopf drücken. Sie brauchen nicht zu wissen, wie der CD-Player intern aufgebaut ist oder welche Schaltkreise mit dem Play-Knopf verbunden sind.

Übertragen auf eine Klasse bedeutet dies, dass die Klasse so definiert sein sollte, dass Benutzer die öffentlichen (`public`/`internal`) Elemente der Klasse verwenden können, ohne wissen zu müssen, wie diese Elemente intern implementiert sind. Man bezeichnet dies als Information Hiding (wörtlich »Verstecken von Informationen«).

> Die Definition einer Klasse kann, wie die Entwicklung eines CD-Players, viel Arbeit verursachen und viel Fachwissen erfordern. Die Benutzung der Klasse sollte dagegen kinderleicht sein.

Einfachheit

Die einfache Bedienung des CD-Players beruht nicht nur auf Information Hiding. Wichtig ist auch die Auswahl der Bedienelemente. Ein CD-Player, der auf seinem Bedienfeld Schalter für die Operationen »BewegeLaser«, »DreheCD«, »TonwiedergabeEin« anbietet, wäre keineswegs so einfach zu bedienen. Der Benutzer müsste zum Abspielen einer CD nacheinander die Schalter »TonwiedergabeEin«, »DreheCD« und »BewegeLaser« drücken. Der CD-Player ist also auch deshalb so einfach zu bedienen, weil sein Bedienfeld nur solche Operationen anbietet, die mit den Vorstellungen des Benutzers von der Bedienung des CD-Players 1:1 übereinstimmen.

Übertragen auf eine Klasse bedeutet dies, dass die Klasse Felder und Methoden, die intern für die Implementierung der Klasse wichtig sind (wie z.B. `BewegeLaser()`, `DreheCD()`, `TonwiedergabeEin()`), als `private` deklariert und nur solche Elemente durch `public`/`internal`-Deklaration veröffentlicht, deren Verwendung für den Benutzer intuitiv ersichtlich ist. Manchmal sind die veröffentlichten Methoden dabei nur noch Hüllklassen für den Aufruf interner `private`-Methoden:

```
class CDSpieler
{
   ...
   private void BewegeLaser() {...};
   private void DreheCD() {...};
   private TonwiedergabeEin() {...};
   public Abspielen()
      {
      TonwiedergabeEin();
      DreheCD();
      BewegeLaser();
      }
   ...
}
```

Sicherheit

Warum sind CD-Player sicher? Hierfür gibt es drei Gründe:

- Die Operationen, die über die Bedienelemente ausgelöst werden, sind so implementiert, dass ihre Verwendung sicher ist.

  Beispielsweise spielen die Schaltungen, die mit dem Play-Schalter verbunden sind, nicht nur die CD ab, sondern sorgen auch dafür, dass der Abspielvorgang bei Erreichen des CD-Randes beendet wird. (Ein schlechter CD-Spieler würde dagegen den Laser-Motor beim Versuch den Laser über das CD-Ende hinauszubewegen so lange heißlaufen lassen, bis der Benutzer den Stop-Schalter drückt.)

- Interne Elemente werden dem Zugriff des Benutzers entzogen.

  So wird zum Beispiel die Stärke des Lasers in der Fabrik fest eingestellt. Es gibt keine Möglichkeit für den Benutzer, die Stärke des Lasers zu ändern.

- Manchmal kann man dem Benutzer den Zugriff auf interne Elemente nicht verwehren. In solchen Fällen wird der Zugriff durch spezielle Schaltungen vermittelt und kontrolliert.

  Zum Abspielen bestimmter Lieder auf einer CD ist es nötig, dass der Laser auf den Liedanfang positioniert werden kann. Statt aber dem Benutzer ein Rädchen anzubieten, mit dem er den Laser selbst positionieren kann, bietet der CD-Player Schalter zum Vor- und Zurückspringen an. Diese vereinfachen nicht nur das Auffinden der Liedanfänge, sondern verhindern auch, dass der Benutzer versucht, den Laser über das Ende der CD hinaus zu bewegen.

Übertragen auf Klassen bedeutet dies, dass

- die Methoden der Klasse, insbesondere die public/internal-Methoden der Klasse, nicht nur korrekt arbeiten, sondern auch, so weit es möglich ist, Fehler in der Bedienung der Klasse detektieren und abfangen,

- Elemente, die für den Benutzer uninteressant sind, als private deklariert werden,

- Elemente, die für den Benutzer interessant sind, deren direkte Verwendung aber ein Risiko darstellt, als private deklariert und für den Zugriff eigene, sichere public/internal-Methoden zur Verfügung gestellt werden.

> Der letzte Punkt betrifft vor allem die Felder von Klassen. Oft hängt die sinnvolle Arbeit mit den Objekten einer Klasse davon ab, dass die Werte der Felder abgefragt oder geändert werden können. Insbesondere die direkte Änderung der Feldwerte kann aber für die Klasse ein enormes Sicherheitsproblem bedeuten.

Stellen Sie sich beispielsweise eine Klasse CBruch vor, mit Feldern für Zähler und Nenner:

```
class CBruch
{
    internal int zaehler;
    internal int nenner;

    internal double Ausrechnen()
    {
        return zaehler/nenner;
    }
}
```

Wenn der Benutzer der Klasse dem Feld nenner eines seiner Bruch-Objekte den Wert 0 zuweist, führt dies zu einer unerlaubten Nulldivision in der Methode Ausrechnen(). Um dies zu verhindern, kontrolliert man den Zugriff auf das Feld über eine passende öffentliche Methode und deklariert das Feld selbst als private:

```
private int nenner;
internal void SetzeNenner(double arg)
{
    if (arg != 0)
        nenner = arg
    else
        Console.WriteLine("Fehler! Nenner darf nicht 0 sein!");
}
```

Der über Methoden vermittelte Zugriff auf Felder ist in der objektorientierten Programmierung so weit verbreitet, dass es in C# dafür eine eigene Syntax gibt: die Eigenschaften (siehe Kapitel 9.3).

Klassen als Funktionensammlungen

Nicht jede Klasse dient dazu, eine bestimmte Art von Objekten zu beschreiben. Manche Klassen sind nichts anderes als Sammlungen von Methoden, Feldern, Konstanten etc. zu einem bestimmten Themenbereich. In solchen Fällen werden die Methoden und Felder der Klasse als static deklariert und über den Namen der Klasse (statt über ein Objekt der Klasse) aufgerufen. Vergleiche beispielsweise die Framework-Klasse System.Math.

Klassen versus Strukturen

In Abschnitt »Warum Referenzen?« haben wir über die Vorteile der Referenztypen gesprochen. Allerdings verschwinden diese Vorzüge mit abnehmender Größe der Objekte und die im Vergleich zur Stackverwaltung recht aufwändige Heapverwaltung gereicht mehr zum Nachteil denn zum Vorteil. Für solche Fälle gibt es den Datentyp der Struktur.

Strukturen sind das Werttyp-Pendant zu den Klassen. Sie können Felder und Methoden in sich vereinen[6] und mit new und einem Konstruktor initialisiert werden, aber sie sind Werttypen und ihre »Objekte« werden auf dem Stack angelegt und direkt in ihren Variablen gespeichert.

Strukturen werden in der Regel für Datentypen definiert, deren »Objekte« nur wenig Speicherplatz belegen. Sie werden

- mit dem Schlüsselwort struct definiert,
- dürfen keinen Standardkonstruktor (Konstruktor ohne Argumente) definieren,
- können mit oder ohne new instantiiert werden.

Listing 8.11: Strukturen.cs

```
using System;
namespace Kap8
{
   struct SPunkt
   {
      public int x;
      public int y;

      public SPunkt(int pX, int pY)
      {
         x = pX;
         y = pY;
      }
   }

   class CLinie
   {
      SPunkt anfang;
      SPunkt ende;

      public CLinie(SPunkt pAnf, SPunkt pEnd)
      {
```

---

[6] aber auch Eigenschaften und andere Klassenelemente, die Sie in Kapitel 9 kennen lernen werden.

```
            anfang = pAnf;
            ende = pEnd;
        }

        public void Zeichnen()
        {
            Console.WriteLine("Anfangspunkt: ( {0} , {1} )",
                              anfang.x, anfang.y);
            Console.WriteLine("Endpunkt:     ( {0} , {1} )",
                              ende.x, ende.y);
        }
    }

class CHauptklasse
{
    static void Main(string[] args)
    {
        SPunkt p1 = new SPunkt(3, 10);
        SPunkt p2 = new SPunkt(-2, 20);

        CLinie oLinie = new CLinie(p1, p2);
        oLinie.Zeichnen();
    }
}
}
```

> Es gibt noch einen weiteren gewichtigen Unterschied zwischen Klassen und Strukturen. Klassen können vererbt werden. Die Vererbung ist ein ganz wichtiges Konzept der objektorientierten Programmierung, auf der viele weitere Konzepte der objektorientierten Programmierung basieren (siehe Kapitel 11 und 12). Strukturen können dagegen nicht vererbt werden.

8.5 Alles Klasse

Wir beenden dieses Kapitel mit einer Feststellung, die vielleicht gar nicht mehr sonderlich unerwartet für Sie kommt. C# ist komplett objektorientiert. Aus diesem Grunde wird beispielsweise die Programmeintrittsfunktion Main(), mit deren Ausführung jedes Programm beginnt, als static-Methode einer Klasse definiert.

Weiterhin sind alle Datentypen in C# letztendlich Klassen oder Strukturen. Die Schlüsselwörter für die elementaren Datentypen bool, int, char, double etc. sind beispielsweise lediglich Aliase für im Namensbereich System definierte Strukturen:

Typ	Strukturname
bool	System.Boolean
char	System.Char
sbyte	System.SByte
byte	System.Byte
short	System.Int16
ushort	System.UInt16
int	System.Int32
uint	System.UInt32
long	System.Int64
ulong	System.UInt64
float	System.Single
double	System.Double
decimal	System.Decimal

Tabelle 8.2: Die Klassen hinter den elementaren Datentypen

Dies erklärt so manche rätselhaft anmutende Syntaxformen, beispielsweise die Umwandlung eines Integer-Literals in einen String:

```
string str;
str = 5234.ToString();
```

Integer-Literale wie 5234 repräsentiert C# intern durch Objekte der Klasse System.Int32. In dieser Klasse (wie auch in den anderen elementaren Datentypsklassen) ist die Methode ToString() definiert, die einen String zurückliefert, der den Wert des Literals enthält. Diese Methode wird in obiger Codezeile aufgerufen.

8.6 Zusammenfassung

Heute haben Sie erfahren, wie die Software-Entwicklung durch Einsatz von Klassen und Objekten einfacher, übersichtlicher und effizienter wird. Technisch gesehen sind Klassen Datentypen, in denen Felder (Daten) und Methoden (Verhaltensweisen) zusammengefasst werden. Jede Klasse verfügt darüber hinaus über (mindestens) einen Konstruktor. Durch Aufruf des Konstruktors können Objekte vom Typ der Klasse erzeugt werden.

Objekte werden immer auf dem Heap angelegt. In den Objektvariablen wird lediglich ein Verweis auf das eigentliche Objekt gespeichert. Man bezeichnet Klassentypen in C# daher als Referenztypen und unterscheidet sie von den Werttypen (elementare Datentypen, Aufzählungen, Strukturen).

Gut konzipierte Klassen sollten folgende Merkmale aufweisen:

- Sie fassen alle zu einem Objekt gehörenden Daten und Verhaltensweisen in ihrer Definition zusammen (Kapselung).
- Sie nutzen Zugriffsspezifizierer, um zwischen den internen Elementen (`private`) und der öffentlichen Schnittstelle (`public`/`internal`-Elemente) zu unterscheiden.
- Sie verbergen Implementierungsdetails vor dem Benutzer (Information Hiding).
- Sie sind einfach und sicher zu verwenden.

8.7 Workshop

Der Workshop enthält Quizfragen, die Ihnen helfen sollen, Ihr Wissen zu festigen, und Übungen, die Sie anregen sollen, das eben Gelernte umzusetzen und eigene Erfahrungen zu sammeln. Versuchen Sie, das Quiz und die Übungen zu beantworten und zu verstehen, bevor Sie zur Lektion des nächsten Tages übergehen.

Fragen und Antworten

F Ich möchte ein Programm schreiben, das Temperaturwerte von Grad Celsius in Grad Fahrenheit umrechnet. Soll ich dazu eine eigene Klasse aufsetzen?

A Nein. Erstens lohnt sich für so ein einfaches Programm die Definition einer Klasse nicht, zweitens gibt es keine sinnvollen Objekte, die man durch eine Klasse beschreiben könnte. Bestenfalls käme eine Funktionensammlung-Klasse mit zwei Methoden zur Umrechnung von Celsius in Fahrenheit bzw. von Fahrenheit in Celsius in Frage.

F Muss ich alle Felder meiner Klassen als `private` deklarieren?

A Nein! Selbstverständlich dürfen auch Felder `public` oder `internal` sein. Sie müssen aber daran denken, dass dies ein Sicherheitsproblem für die Klasse darstellen könnte. Prüfen Sie daher genau, ob sie den direkten Zugriff auf das Feld wirklich zulassen sollen. Wenn das Feld nur bestimmte Werte annehmen darf oder die Änderung des Feldwertes stets mit Änderungen weiterer Felder zusammen erfolgen soll, ist es besser, den Zugriff nur über eine Methode zu gestatten, die diese Regeln berücksichtigt.

F *Muss ich alle Klassen, die ich verwenden möchte, selbst definieren?*

A Nein, zum Glück nicht. Wenn Ihnen der Quelltext von Klassen anderer Programmierer zur Verfügung steht, können Sie diese ohne Probleme in Ihren Programmen verwenden. Sie müssen nur dafür sorgen, dass der Quelltext der Klassen zusammen mit Ihrem Programmquelltext kompiliert wird (Quelltext kopieren oder Programm aus mehreren Quelltextdateien erstellen, siehe Anhang). Des Weiteren können Sie public-Klassen aus anderen Programmen, Assemblies und Bibliotheken verwenden, die im .NET-Framework installiert sind (siehe hierzu Kapitel 11.5). Schließlich enthält das .NET-Framework eine umfangreiche Sammlung von Klassen für die verschiedensten Programmieraufgaben. Einige dieser Klassen haben Sie bereits kennen und nutzen gelernt: int, double, string, Convert etc.

Quiz

1. Worin besteht die Grundidee der objektorientierten Programmierung?
2. Welche Zugriffsspezifizierer gibt es für Klassen, welche für Klassenelemente?
3. Was versteht man unter der öffentlichen Schnittstelle einer Klasse?
4. Welcher Unterschied besteht zwischen Referenz- und Werttypen?
5. Welche zwei Fehler sind in der folgenden Klassendefinition enthalten? Was ist zum Aufbau der Klasse zu sagen?

```
Demo
  {
  int x;
  int y;
  public demo()
     {
     x = 0;
     y = 0;
     }
  }
```

Übungen

1. In der Methode `Kassieren()` der Klasse `CKaffeeautomat` wird zweimal Rückgeld ausgegeben. Solange dies mit einer Zeile Code erledigt werden kann, ist dies kein Problem. Wenn der Code zum Auszahlen des Rückgelds jedoch umfangreicher wird, ist es sinnvoller, ihn in eine eigene Methode auszulagern. (Dies hat unter anderem den Vorteil, dass man bei Änderungen oder Korrekturen den Code nur einmal und nicht zweimal überarbeiten muss.) Erweitern Sie die Klasse `CKaffeeautomat` um eine eigene Methode zum Auszahlen des Rückgelds und rufen Sie diese in `Kassieren()` auf.

2. Implementieren Sie eine Klasse `CVektor` zur Addition und Subtraktion zweidimensionaler Vektoren.

3. Wie würden Sie die Klasse `CVektor` erweitern, damit man für Objekte der Klasse die Länge abfragen kann?

Grundkurs OOP (Forts.) – Die einzelnen Klassenelemente

Grundkurs OOP (Forts.) – Die einzelnen Klassenelemente

Klassen können neben Feldern, Methoden und Konstruktoren auch noch andere Elemente enthalten. Insgesamt gibt es immerhin neun verschiedene Klassenelemente:

- Felder
- Methoden
- Eigenschaften
- Konstruktoren
- Destruktoren
- Typdefinitionen
- Indizierer
- Delegates
- Ereignisse

Für Sie als Einsteiger in C# sind die ersten fünf Elemente besonders wichtig. Lesen Sie sich aber auch die Abschnitte zu den restlichen Elementen durch, damit Sie einen Überblick über das Spektrum der verschiedenen Klassenelemente erhalten.

Im Einzelnen lernen Sie in diesem Kapitel

- wie man Felder initialisieren kann,
- mehr über konstante Felder,
- mehr über die Programmierung mit statischen Feldern und Methoden,
- was die `this`-Referenz ist und wieso statische Methoden nur auf andere statische Elemente zugreifen können,
- was Eigenschaften sind,
- mehr über Konstruktoren und ihre Überladung,
- was Destruktoren sind,
- wie man einen indizierten Zugriff auf Klassenelemente implementieren kann,
- wie man mit Delegates und Ereignissen programmiert.

9.1 Felder

Felder sind die Datenelemente der Klasse. Definiert werden sie durch Angabe eines Zugriffsspezifizierers, des Datentyps und des Feldnamens:

```
class CDemo
{
   int feld1;              // private-Feld
   internal double feld2;
   ...
```

Ihr Gültigkeitsbereich ist die Klasse selbst, d.h. alle Methoden der Klasse (einschließlich Konstruktor, Destruktor, Eigenschaften) können auf die Felder zugreifen.

Bei der Instanzbildung bekommt das erzeugte Objekt von jedem Feld der Klasse eine eigene Kopie. Die Lebensdauer eines Felds ist daher gleich der Lebensdauer des Objekts, zu dem es gehört.

Initialisierung

Der übliche Ort zur Initialisierung von Feldern ist der Konstruktor:

```
class CDemo
{
   int feld1;

   internal CDemo()
   {
      feld1 = 12;
   }
...
```

Allerdings handelt es sich hierbei technisch gesehen gar nicht um eine Initialisierung, sondern lediglich um die Zuweisung eines Anfangswerts. Initialisiert wurde das Feld nämlich bereits bei seiner Erzeugung (als es im Speicherbereich des Objekts angelegt wurde). Der Compiler weist den Feldern dabei ihren Standardwert zu (beispielsweise 0 für int oder double, false für bool). Wenn Sie möchten, dass ein Feld mit einem anderen Wert initialisiert wird, müssen Sie diesen bei der Felddefinition angeben:

```
class CDemo
{
   int feld1 = 122;

   internal CDemo()
   {
```

```
    Console.WriteLine(feld1);    // gibt 122 aus
   }
...
```

Die echte Initialisierung ist schneller als die Zuweisung eines Anfangswerts im Konstruktor, aber auch weniger flexibel, da im Wesentlichen nur Literale zugewiesen werden können.

Objektvariablen als Felder

Felder können auch vom Typ einer Klasse sein. Diese Felder werden wie alle anderen Felder auch behandelt. Allerdings sollten Sie unbedingt darauf achten, dass dem Feld ein Objekt zugewiesen wird, bevor über das Feld auf Elemente der betreffenden Klasse zugegriffen wird.

```
class CEineKlasse
{
   int wert;
   ...
}

class CDemo
{
   CEineKlasse feld;

   internal CDemo()
   {
      feld = new CMeineKlasse();    // Zuweisung eines Objekts
      ...
```

Konstante Felder

Konstante Felder sind Felder, deren Wert nach der Zuweisung eines Anfangswerts nicht mehr verändert werden kann. In C# gibt es zwei Wege zur Definition eines konstanten Feldes:

- const-Deklaration
- readonly-Deklaration

Die const-Deklaration

```
class CDemo
{
   public const int feld = 3;
```

const-Felder müssen bei der Definition mit einem konstanten Wert, d.h. einem Literal oder dem Wert eines anderen const-Feldes, initialisiert werden.

Danach kann der Wert des Feldes abgefragt, aber nicht mehr geändert werden.

Die const-Deklaration ist gut geeignet, um Aliase für sperrige Literale zu definieren:

Listing 9.1: Konstanten.cs

```
using System;

namespace Kap9
{
   class CHauptklasse
   {
      const int ERDOBERFLAECHE = 510100933; // in qkm

      static void Main(string[] args)
      {
         double dFlaeche;
         double dProzent;

         Console.Write("Fläche Ihres Landes : ");
         dFlaeche = Convert.ToInt32(Console.ReadLine());

         dProzent = 100 * (dFlaeche / ERDOBERFLAECHE);

         Console.WriteLine("Ihr Land umspannt " + dProzent
                           + "% der Erdoberfläche");

      }
   }
}
```

Die readonly-Deklaration

Die für const-Felder geforderte Form der Initialisierung ist recht unflexibel: Sie erlaubt weder die Zuweisung von Werten, die sich erst zur Laufzeit ergeben (beispielsweise Benutzereingaben) noch die Initialisierung von Referenztypen. Diesem Manko begegnet die readonly-Deklaration.

readonly-Felder können wie const-Felder nach der Zuweisung eines Anfangswertes nicht mehr geändert werden. Im Gegensatz zu const-Feldern ist es aber möglich, den readonly-Feldern auch noch im Konstruktor einen Anfangswert zuzuweisen. Ferner dürfen Objekte und Variablenwerte zugewiesen werden.

```
class CDemo
{
   public readonly CEineKlasse feld1 = new CEineKlasse();
   public readonly int feld2;

   internal CDemo(int arg)
   {
      feld2 = arg;
      ...
```

Statische Felder

Statische Felder sind Felder, die mit dem Schlüsselwort static deklariert wurden.

Statische Felder existieren lediglich als Felder ihrer Klasse. Nicht-statische Felder werden bei der Objekterzeugung kopiert, damit jedes erzeugte Objekt eine eigene Kopie des Feldes erhält. Von einem statischen Feld einer Klasse gibt es allerdings nur eine einzige Kopie. Statische Felder stellen daher eine Möglichkeit dar, mit der die einzelnen Objekte einer Klasse untereinander Daten und Informationen austauschen können.

Statische Felder werden immer über den Namen der Klasse angesprochen. Statische Felder können daher benutzt werden, ohne dass ein Objekt der Klasse erzeugt wurde:

```
class CDemo
{
   public static int feld;

   static void Main(string[] args)
   {
      CDemo.feld = 12;
      ...
```

Schließlich sind statische Felder die einzigen Felder, auf die statische Methoden zugreifen können.

> Konstante Felder werden intern als static-Elemente behandelt. Sie können daher ebenfalls in statischen Methoden verwendet werden.

Statische Felder sind beileibe nicht nur für die Implementierung von Klassen interessant, die reine Sammlungen statischer Methoden darstellen. Auch das Mischen statischer und nicht-statischer Klassenelemente ist möglich. Das folgende Beispiel nutzt ein statisches Feld, um mitzuzählen, wie viele Objekte der Klasse erzeugt wurden.

Listing 9.2: StatischeFelder.cs

```
01: using System;
02:
03: namespace Kap9
04: {
05:     class CGespenster
06:     {
07:         public static int anzahl = 0;
08:
09:         public CGespenster()
10:         {
11:             ++anzahl;
12:         }
13:     }
14:
15:     class CHauptklasse
16:     {
17:
18:         static void Main(string[] args)
19:         {
20:
21:             CGespenster oGespenst1 = new CGespenster();
22:             CGespenster oGespenst2 = new CGespenster();
23:             CGespenster oGespenst3 = new CGespenster();
24:
25:             Console.WriteLine("Es spuken zur Zeit {0} Gespenster.",
26:                         CGespenster.anzahl);
27:
28:         }
29:     }
30: }
```

In Zeile 7 definiert die Klasse CGespenster das statische Feld anzahl, das zum Zählen der erzeugten Objekte dienen soll und initialisiert es mit dem Wert 0. Damit das Feld später von der Main()-Methode der Hauptklasse direkt abgefragt werden kann, wurde es als public deklariert. (Sicherer wäre es, eine public- oder internal-Methode für den Zugriff bereitzustellen, doch würde dies das Beispiel unnötig komplizieren.) Im Konstruktor der Klasse wird das Feld inkrementiert.

In der `Main()`-Methode werden drei Objekte der Klasse `CGespenster` erzeugt (Zeilen 21 bis 23). Die Konstruktoraufrufe sorgen dabei für die Inkrementierung des statischen Zählers. Schließlich wird die aktuelle Anzahl der Gespenster abgefragt und ausgegeben.

Variablenterminologie

Felder sind letztlich nichts anderes als Variablen, die im Gültigkeitsbereich einer Klasse definiert wurden. Insgesamt haben Sie nun also vier verschiedene Kategorien von Variablen kennen gelernt.

Variable	Beschreibung
lokale Variable	Variable, die innerhalb einer Methode deklariert wird
Instanzvariable	nicht-statisches Feld, von dem jedes erzeugte Objekt (Instanz) der Klasse eine eigene Kopie erhält
Klassenvariable	statisches Feld, von dem es stets nur eine Kopie gibt
Objektvariable	eine Variable, die eine Referenz auf ein Klassenobjekt im Speicher enthält

Tabelle 9.1: Variablenkategorien

9.2 Methoden

Methoden stellen die Verhaltensweisen einer Klasse dar. Sie sind es, in denen der eigentliche auszuführende Code eines Programms steht. Methoden können beim Aufruf Argumente übernehmen und Werte zurückliefern. Sie können sich selbst aufrufen (Rekursion) und sie können überladen werden. All dies ist Ihnen aus den vorangehenden Kapiteln bekannt.

Dieser Abschnitt ist dagegen einer ganz anderen Frage gewidmet:

Wie findet eine Methode die Felder des Objekts, für das sie aufgerufen wurde, und wieso können statische Methoden nur auf statische Felder zugreifen?

this

Gegeben sei eine Klasse CVektor, wie sie in der 2. Übung aus Kapitel 8 definiert wurde:

```
public class CVektor
{
   public double x;
   public double y;

   // Konstruktor
   public CVektor()
   {
      x = 0;
      y = 0;
   }

   // Methoden
   public void Addieren(CVektor v2)
   {
      x += v2.x;
      y += v2.y;
   }

   public void Subtrahieren(CVektor v2)
   {
      x -= v2.x;
      y -= v2.y;
   }
}
```

Betrachten Sie nun den folgenden Code, der aus der Main()-Methode eines Programms stammen könnte:

```
CVektor oVekt1 = new CVektor();
CVektor oVekt2 = new CVektor();
...
oVekt1.x = 10;
oVekt2.x = 20;
```

Was passiert hier? In den ersten Zeilen werden zwei Objekte der Klasse CVektor erzeugt sowie die Variablen oVekt1 und oVekt2 angelegt, in denen Verweise auf die CVektor-Objekte gespeichert werden.

Weiter unten in der dritten Zeile wird dann dem Feld x des Objekts, auf das oVekt1 verweist, der Wert 10 und dem Feld x des Objekts, auf das oVekt2 verweist, der Wert 20 zugewiesen. Dass dies möglich ist, liegt daran, dass jedes Objekt bei seiner Erzeugung einen eigenen Satz von Kopien der Klassenfelder erhält. Die Anweisung

```
oVekt1.x = 10;
```

bedeutet für den Compiler also

1. Gehe zum Speicherbereich des Objekts, auf das oVekt1 verweist.
2. Suche in diesem Speicherbereich nach dem Platz für die Kopie des Felds x.
3. Schreibe in das Feld den Wert 10.

Analog geht der Compiler für oVekt2.x = 20; vor, nur dass er zum Speicherbereich des Objekts geht, auf das die Instanz oVekt2 verweist.

So weit, so gut. Was machen Sie aber aus dem folgenden Code:

```
CVektor oVekt1 = new CVektor();
CVektor oVekt2 = new CVektor();
...
oVekt1.Addieren (vekt2);
```

Wird dieser Code genauso abgearbeitet wie vorhin der Code zum Zugriff auf ein Feld? Mitnichten, denn während jedes Objekt der Klasse eigene Kopien aller Felder der Klasse erhält, stehen die Methoden der Klasse nur ein einziges Mal im Arbeitsspeicher!

Wenn das Programm auf den Aufruf einer Methode stößt, springt das Programm in den Code dieser Methode. In obigem Falle wäre dies die Methode Addieren() der Klasse CVektor. Der Code dieser Methode sieht aber wie folgt aus:

```
public void Addieren(CVektor v2)
{
    x += v2.x;
    y += v2.y;
}
```

Woher weiß das Programm, wenn es in der Methode ist, welche Felder mit x und y gemeint sind? Für uns ist es klar, dass oVekt1.x und oVekt1.y gemeint sind, weil die Methode für das Objekt oVekt1 aufgerufen wurde, doch erklärt dies nicht, wie das Programm nach dem Sprung in die Methode wissen kann, wofür x und y stehen.

Die Erklärung ist ebenso einfach wie trickreich. Der Compiler erweitert in den Methoden alle Feldnamen um einen internen Instanzbezeichner namens this.

```
this.x += v2.x;
this.y += v2.y;
```

Wenn Sie nun die Methode Addieren() über die Instanz oVekt1 aufrufen, wird beim Aufruf der Methode der Verweis aus oVekt1 nach this kopiert. Wird die Methode über die Instanz oVekt2 aufgerufen, wird der Verweis aus oVekt2 nach this kopiert. this zeigt also bei Abarbeitung der Methode immer auf das aktuelle Objekt, für das die Methode aufgerufen wurde. So ist sichergestellt, dass Methoden stets die Felder des aktuellen Objekts bearbeiten.

this verwenden

Das Schlüsselwort `this` können Sie auch selbst in der Implementierung der Methoden verwenden. Viele Programmierer nutzen `this` beispielsweise, um die Verdeckung von Feldern durch gleichnamige Methodenparameter zu umgehen.

Wenn Sie einen Konstruktor definieren, der Argumente zur Initialisierung der Klassenfelder entgegen nimmt, stehen Sie vor dem Problem, wie Sie die Parameter nennen. Am einfachsten und übersichtlichsten wäre es, die Parameter ebenso wie die Felder zu nennen:

```
class CMensch
{
   int    alter;
   string name;

   internal CDemo(int alter, string name)
   {
      alter = alter;
      name  = name;
   }
}
```

Dies führt jedoch nicht zu dem gewünschten Ergebnis, da die Parameter `alter` und `name` die gleichnamigen Felder im Konstruktor verdecken. Obiger Code weist daher einfach den Parametern `alter` und `name` noch einmal ihre alten Werte zu. Diesen Code können Sie auf zweierlei Weise korrigieren:

- Sie können den Parametern andere Namen geben, beispielsweise die Groß-/Kleinschreibung ändern oder ein Präfix voranstellen:

    ```
    class CMensch
    {
       int    alter;
       string name;

       internal CDemo(int paramAlter, string paramName)
       {
          alter = paramAlter;
          name  = paramName;
       }
    }
    ```

- Alternativ greifen Sie unter Zuhilfenahme des `this`-Verweises auf die verdeckten Felder zu:

    ```
    class CMensch
    {
       int    alter;
    ```

```
    string name;

    internal CDemo(int alter, string name)
    {
        this.alter = alter;
        this.name  = name;
    }
}
```

Statische Methoden

Statische Methoden werden ebenso wie die statischen Felder durch Voranstellung des Schlüsselwortes `static` definiert und nur über den Klassennamen aufgerufen.

Statische Methoden können nur auf statische Felder einer Klasse zugreifen. Nach den Ausführungen des vorangehenden Abschnittes sollte auch klar sein, warum. Statische Methoden verfügen über keinen `this`-Verweis.

Statische Methoden und private Konstruktoren

Statische Methoden werden meist zur Implementierung von Funktionensammlungen verwendet. Es ist aber auch möglich, in einer Klasse, die echte Objekte beschreibt, normale und statische Methoden gemeinsam zu verwenden.

Schauen Sie sich noch einmal das Programm *StatischeFelder.cs* aus Abschnitt »Statische Felder« an. Dort wurde ein statisches Feld zum Zählen der Gespenster-Objekte verwendet. Das Beispiel hatte aber keine sinnvolle Verwendung für den Zähler. In dem nachfolgenden Beispiel soll der Zähler dazu genutzt werden, die maximale Anzahl Gespenster auf 3 zu begrenzen. Dies wird mit Hilfe eines Tricks erreicht, der darin besteht, den einzigen Konstruktor der Klasse als `private` zu deklarieren und die Objekterzeugung durch eine statische Methode zu kontrollieren.

Listing 9.3: StatischeMethoden.cs

```
01: using System;
02:
03: namespace Kap9
04: {
05:     class CGespenster
06:     {
07:         public static int anzahl = 0;
08:         string name;
09:
```

```csharp
10:      private CGespenster()
11:      {
12:         ++anzahl;
13:         name = "Gespenst" + anzahl.ToString();
14:      }
15:
16:      public static CGespenster GespenstErzeugen()
17:      {
18:         if (anzahl < 3)
19:            return new CGespenster();
20:         else
21:            return null;
22:      }
23:
24:      public void Spuken()
25:      {
26:         Console.WriteLine("\t" + name + ": Huuhuu!");
27:      }
28:
29:   }
30:
31:   class CHauptklasse
32:   {
33:
34:      static void Main(string[] args)
35:      {
36:         CGespenster oGespenst1 =
                               CGespenster.GespenstErzeugen();
37:         CGespenster oGespenst2 =
                               CGespenster.GespenstErzeugen();
38:         CGespenster oGespenst3 =
                               CGespenster.GespenstErzeugen();
39:         CGespenster oGespenst4 =
                               CGespenster.GespenstErzeugen();
40:         CGespenster oGespenst5 =
                               CGespenster.GespenstErzeugen();
41:
42:       Console.WriteLine("Es spuken zur Zeit {0} Gespenster:\n",
43:                         CGespenster.anzahl);
44:
45:         if (oGespenst1 != null) oGespenst1.Spuken();
46:         if (oGespenst2 != null) oGespenst2.Spuken();
47:         if (oGespenst3 != null) oGespenst3.Spuken();
48:         if (oGespenst4 != null) oGespenst4.Spuken();
49:         if (oGespenst5 != null) oGespenst5.Spuken();
50:
```

```
51:            Console.WriteLine();
52:        }
53:    }
54: }
```

Es spuken zur Zeit 3 Gespenster:

    Gespenst1: Huuhuu!
    Gespenst2: Huuhuu!
    Gespenst3: Huuhuu!

Die Definition der Klasse CGespenster hat sich etwas verändert. Zum einem wurde ein Feld name hinzugefügt. Dieses Feld dient einfach dazu, den einzelnen Gespenstern Namen zu geben und das Programm etwas netter zu gestalten. Zugewiesen werden die Namen im Konstruktor in Zeile 13.

Der Konstruktor selbst wurde als private deklariert (Zeile 10). Das Schlüsselwort private wurde hier lediglich zur Verdeutlichung gesetzt. An sich hätte man den Zugriffsspezifizierer auch einfach weglassen können, doch könnte dies den Eindruck erwecken, der Autor der Klasse hätte vergessen, den Konstruktor public oder internal zu deklarieren.

Da es nun keinen öffentlichen Konstruktor für die Klasse gibt, ist es auch nicht mehr möglich, außerhalb der Klasse, beispielsweise in der Main()-Methode Objekte der Klasse zu erzeugen.

Statt des Konstruktors stellt die Klasse zur Erzeugung von Objekten daher die statische Methode GespenstErzeugen() zur Verfügung (Zeilen 16 bis 22). Diese kann, da sie ja eine Methode der Klasse ist, den private Konstruktor aufrufen. Auf diese Weise erzeugt sie ein Objekt der Klasse, jedoch nur solange der Zähler anzahl kleiner 3 ist. Den Verweis auf das Objekt liefert sie zurück (Zeile 19). Wird die Methode aufgerufen, obwohl schon drei Gespenster existieren, liefert sie null zurück.

Die letzte Erweiterung der Klasse CGespenster ist die Methode Spuken() in den Zeilen 24 bis 27.

In der Main()-Methode wird die Methode CGespenster.GespenstErzeugen() fünfmal aufgerufen. Die zurückgelieferten Verweise werden in Objektvariablen gespeichert (Zeilen 36 bis 40). In Zeile 42 wird geprüft, wie viele Gespenster erzeugt wurden. Die erzeugten Gespenster dürfen schließlich spuken.

Bevor die Methode Spuken() für eine CGespenst-Variable aufgerufen wird, ist aber zu bedenken, dass einige der CGespenst-Variablen null-Verweise enthalten. Ein Zugriff über einen null-Verweis würde aber zum Abbruch des Programms führen. Um dies zu vermeiden, prüft das Programm zuerst, ob in der Variablen ein gültiger Verweis steht, und ruft nur im Erfolgsfall die Methode Spuken() auf.

9.3 Eigenschaften

In Kapitel 8 wurde mehrfach ausgeführt, wie öffentliche Felder zu einem Sicherheitsproblem für eine Klasse werden können. Die Grundregel lautete daher: Felder als private zu deklarieren und den Zugriff über öffentliche Methoden zu vermitteln.

Betrachten Sie dazu die Klasse CMailAdresse.

```
01: using System;
02:
03: namespace Kap9
04: {
05:    public class CMailAdresse
06:    {
07:       string emailAdresse;
08:
09:       public string GetAdresse()
10:       {
11:          return emailAdresse;
12:       }
13:
14:       public void SetAdresse(string str)
15:       {
16:          if (str.IndexOf("@") != -1)
17:             emailAdresse = str;
18:          else
19:             Console.WriteLine("Fehler: Ungültige Adresse!");
20:       }
21:    }
22:
23:
24:    class CHauptklasse
25:    {
26:
27:       static void Main(string[] args)
28:       {
29:          CMailAdresse oAdresse = new CMailAdresse();
30:
```

```
31:            oAdresse.SetAdresse("name@domain.de");
32:            Console.WriteLine(oAdresse.GetAdresse());
33:            Console.WriteLine();
34:
35:            oAdresse.SetAdresse("inkognito");
36:            Console.WriteLine(oAdresse.GetAdresse());
37:       }
38:    }
39: }
```

Die Klasse `CMailAdresse` hilft bei der Programmierung mit E-Mail-Adressen. Sie verfügt über ein einziges Feld, `emailAdresse`, in dem eine E-Mail-Adresse gespeichert werden kann. Damit die Klasse halbwegs sicherstellen kann, dass in dem Feld nur gültige Adressen gespeichert sind, deklariert sie das Feld als `private` und vermittelt den Zugriff über zwei Methoden.

Die Methode `SetAdresse()` übernimmt die zu speichernde Adresse und prüft, ob diese korrekt aufgebaut ist. Das heißt, sie testet einfach mit Hilfe der String-Methode `IndexOf()`, ob in der Adresse das Zeichen @ enthalten ist (Zeile 16). Falls ja, speichert Sie die neue Adresse in dem Feld `emailAdresse`. Ist die Adresse ungültig, gibt die Methode eine Fehlermeldung aus.

Das Abfragen der E-Mail-Adresse ist mit keinen besonderen Kontrollen oder Aufgaben verbunden. Da das Feld aber `private` ist, muss auch für den Lesezugriff eine öffentliche Methode definiert werden. Die Methode `GetAdresse()` übernimmt diese Aufgabe.

Wenn Sie die Klasse mit oben abgedruckter `Main()`-Methode ausführen, erhalten Sie folgende Ausgabe:

```
name@domain.de

Fehler: Ungültige Adresse!
name@domain.de
```

Die Klasse `CMailAdresse` ist sicher in der Verwendung, doch umständlich in der Handhabung. Statt einfach und bequem auf das Feld zugreifen zu können:

```
obj.emailAdresse = str;                   // Schreibzugriff
Console.WriteLine(obj.emailAdresse);      // Lesezugriff
```

muss der Benutzer ständig die set- und get-Methoden aufrufen:

```
obj.SetAdresse(str);                      // Schreibzugriff
Console.WriteLine(obj.GetAdresse());      // Lesezugriff
```

Da stellt sich die Frage, ob es nicht möglich wäre, die Vorzüge des durch Methoden vermittelten, sicheren Zugriffs auf `private`-Felder mit der einfachen Syntax des direkten Zugriffs auf `public/internal`-Felder zu verbinden?

Eigenschaften

Tatsächlich hält C# genau hierfür eine passende Lösung bereit: die Eigenschaften. Eigenschaften bestehen aus zwei Teilen:

- einem `private`-Datenelement
- einer speziellen `public`-Methode, die selbst wieder in zwei Teile zerfällt: einen `get`-Teil, der den Code zum Abfragen des `private`-Datenelements enthält, und einen `set`-Teil, der den Code zum Setzen des `private`-Datenelements beinhaltet.

Um aus einem Feld eine Eigenschaft zu machen, gehen Sie wie folgt vor:

1. Definieren Sie das Feld als `private` und eventuell mit leicht verändertem Namen. Viele Programmierer schreiben das Feld vollständig in Kleinbuchstaben, andere stellen ein Präfix voran.

   ```
   string emailadresse;
   ```

2. Definieren Sie die `public`-Eigenschaft.

   Die Definition einer Eigenschaft sieht aus wie eine normale Felddefinition mit angehängtem Anweisungsblock. Über den Namen der Eigenschaft kann man später wie auf ein normales Feld zugreifen.

   Nennen Sie die Namen genauso wie das zugrunde liegende Feld, aber mit großen Anfangsbuchstaben. (Dies ist nicht zwingend erforderlich, verdeutlicht aber, welches Feld zu welcher Eigenschaft gehört.)

   ```
   public string EmailAdresse
   {
   }
   ```

3. Definieren Sie einen `get`-Teil zum Abfragen des Werts der Eigenschaft.

   Die Eigenschaft selbst verfügt über kein Datenelement. Ihr Datenelement ist das `private`-Feld, das hinter ihr steht. Im `get`-Teil liefert man meist einfach den Wert dieses Feldes zurück.

   ```
   public string EmailAdresse
   {
      get
      {
         return emailadresse;
      }
   }
   ```

4. Definieren Sie einen `set`-Teil zum Setzen des Werts der Eigenschaft.

   Die Eigenschaft selbst verfügt über kein Datenelement. Ihr Datenelement ist das `private`-Feld, das hinter ihr steht. Im `set`-Teil weist man diesem Feld einen Wert zu. Allerdings nicht irgendeinen Wert, sondern den Wert, der später bei Zuweisungen an die Eigenschaft angegeben wird, z.B.

   ```
   EmailAdresse = "name@domain.de";
   ```

Dieser Wert wird zur Laufzeit in dem internen Parameter value gespeichert. Zum Setzen des zugrunde liegenden Feldes weist man daher dem Feld den Wert von value zu. Daneben kann man im set-Teil, wie auch im get-Teil, noch weiteren Code ausführen, der für eine sichere Zustandsänderung der Objekte der Klasse sorgt.

```
public string EmailAdresse
{
   get
   {
      return emailadresse;
   }
   set
   {
      if (value.IndexOf("@") != -1)
         emailadresse = value;
      else
         Console.WriteLine("Fehler: Ungültige Adresse!");
   }
}
```

Das überarbeitete Programm sieht jetzt wie folgt aus:

Listing 9.4: Eigenschaften.cs

```
using System;

namespace Kap9
{
   public class CMailAdresse
   {
      string emailadresse;

      public string EmailAdresse
      {
         get
         {
            return emailadresse;
         }
         set
         {
            if (value.IndexOf("@") != -1)
               emailadresse = value;
            else
               Console.WriteLine("Fehler: Ungültige Adresse!");
         }
```

```
        }
    }

    class CHauptklasse
    {
        static void Main(string[] args)
        {
            CMailAdresse oAdresse = new CMailAdresse();

            oAdresse.EmailAdresse = "name@domain.de";
            Console.WriteLine(oAdresse.EmailAdresse);
            Console.WriteLine();

            oAdresse.EmailAdresse = "inkognito";
            Console.WriteLine(oAdresse.EmailAdresse);
        }
    }
}
```

Nur-Lesen- und Nur-Schreiben-Eigenschaften

Wenn Sie eine Eigenschaft definieren, sind Sie keineswegs verpflichtet, diese komplett mit get- und set-Teil auszustatten. Sie können ebenso gut Eigenschaften definieren, die nur über einen get-Teil oder umgekehrt nur einen set-Teil verfügen.

Eigenschaften, die über einen get-Teil, aber keinen set-Teil verfügen, sind Nur-Lesen-Eigenschaften. Man kann den Wert der Eigenschaft (bzw. des zugrunde liegenden private-Feldes) abfragen, aber es gibt keine Möglichkeit, der Eigenschaft einen Wert zuzuweisen.

Eigenschaften, die über einen set-Teil, aber keinen get-Teil verfügen, sind Nur-Schreiben-Eigenschaften. Man kann den Wert der Eigenschaft (bzw. des zugrunde liegenden private-Feldes) verändern, aber es gibt keine Möglichkeit, den Wert der Eigenschaft abzufragen.

9.4 Der Konstruktor

Konstruktoren sind spezielle Methoden einer Klasse. Sie tragen den Namen der Klasse und werden ohne Rückgabetyp definiert. Sie dienen der Erzeugung von Objekten der Klasse und können nicht wie andere Methoden für bestehende Objekte aufgerufen werden.

Klassen ohne selbst definierten Konstruktor

Ohne Konstruktor können keine Objekte von einer Klasse erzeugt werden. Aus diesem Grunde erzeugt der Compiler automatisch für jede Klasse, die keinen eigenen Konstruktor definiert, einen Ersatzkonstruktor.

Listing 9.5: Konstruktoren1.cs

```
01: using System;
02:
03: namespace Kap9
04: {
05:    class CDemo
06:    {
07:       int feld1;
08:       int feld2;
09:
10:       public void Ausgeben()
11:       {
12:          Console.WriteLine(" feld1: {0}", feld1);
13:          Console.WriteLine(" feld2: {0}", feld2);
14:       }
15:    }
16:
17:
18:    class CHauptklasse
19:    {
20:       static void Main(string[] args)
21:       {
22:          CDemo obj = new CDemo();
23:          obj.Ausgeben();
24:       }
25:    }
26: }
```

```
 feld1: 0
 feld2: 0
```

Die Klasse CDemo definiert keinen eigenen Konstruktor. In Zeile 22 wird aber zur Erzeugung eines Objekts der Klasse ein CDemo-Konstruktor aufgerufen. Dies ist der vom Compiler generierte Ersatzkonstruktor.

Der Konstruktor

Der vom Compiler erzeugte Ersatzkonstruktor übernimmt beim Aufruf keine Argumente und führt auch keinen Code aus. Würden Sie einen vergleichbaren Konstruktor in der Klasse definieren, sähe dieser wie folgt aus:

```
class CDemo
{
   int feld1;
   int feld2;

   public CDemo()
   {
   }

   internal void Ausgeben()
   {
      Console.WriteLine(" feld1: {0}", feld1);
      Console.WriteLine(" feld2: {0}", feld2);
   }
}
```

Wenn Sie in einer Klasse einen eigenen Konstruktor definieren, können Sie

- im Konstruktor Anweisungen ausführen, die bei Einrichtung jedes neuen Objekts ausgeführt werden (beispielsweise den Feldern der Klasse Anfangswerte zuweisen),
- für den Konstruktor Parameter definieren, die eine individuelle Erzeugung der Objekte gestatten.

Listing 9.6: Konstruktoren2.cs

```
01: using System;
02:
03: namespace Kap9
04: {
05:    class CDemo
06:    {
07:       int feld1;
08:       int feld2;
09:
10:       internal CDemo(int arg1, int arg2)
11:       {
12:          feld1 = arg1;
13:          feld2 = arg2;
14:       }
15:
```

```
16:        internal void Ausgeben()
17:        {
18:            Console.WriteLine(" feld1: {0}", feld1);
19:            Console.WriteLine(" feld2: {0}", feld2);
20:        }
21:    }
22:
23:
24:    class CHauptklasse
25:    {
26:        static void Main(string[] args)
27:        {
28:            Console.WriteLine("Erstes Objekt:");
29:            CDemo obj1 = new CDemo(1, 100);
30:            obj1.Ausgeben();
31:
32:            Console.WriteLine();
33:            Console.WriteLine("Zweites Objekt:");
34:            CDemo obj2 = new CDemo(2, 200);
35:            obj2.Ausgeben();
36:
37:            //CDemo obj3 = new CDemo();   Fehler
38:        }
39:    }
40: }
```

```
Erstes Objekt:
 feld1: 1
 feld2: 100

Zweites Objekt:
 feld1: 2
 feld2: 200
```

Hier definiert die Klasse einen eigenen Konstruktor, der beim Aufruf zwei Argumente übernimmt und mit diesen die Felder feld1 und feld2 initialisiert (Zeilen 10 bis 14). Die zugehörigen Aufrufe sehen Sie in den Zeilen 29 und 34.

Ein Konstruktoraufruf ohne Argumente, wie in Zeile 37 versucht, ist jetzt nicht mehr möglich, denn da die Klasse einen eigenen Konstruktor definiert, erzeugt der Compiler keinen Ersatzkonstruktor und folglich gibt es in der Klasse keinen Konstruktor, der ohne Argumente aufgerufen werden könnte.

Der Standardkonstruktor

Dass bei Definition eines eigenen Konstruktors kein Ersatzkonstruktor generiert wird, ist an sich kein Verlust. Wenn der von Ihnen definierte Konstruktor jedoch Parameter definiert, besitzt Ihre Klasse danach keinen Standardkonstruktor mehr.

> Ein Standardkonstruktor ist ein Konstruktor, der keine Parameter definiert und daher ohne Argumente aufgerufen werden kann.

Ein fehlender Standardkonstruktor muss kein Manko sein. Manche Klassen definieren ganz bewusst keinen Standardkonstruktor, damit der Benutzer der Klasse gezwungen ist, bei der Erzeugung von Objekten Werte zu deren sinnvollen Initialisierung anzugeben – so wie die Klasse CDemo aus *Konstruktoren2.cs* den Benutzer zwingt, Werte für die Felder feld1 und feld2 zu übergeben.

In anderen Fällen kann ein fehlender Standardkonstruktor die Arbeit mit der Klasse unnötig erschweren. Genauer gesagt, immer dann, wenn Objekte der Klasse erzeugt werden, ohne dass es sinnvolle Werte für den Konstruktor gibt.

Listing 9.7: Konstruktoren3.cs

```
01: using System;
02:
03: namespace Kap9
04: {
05:    class CDemo
06:    {
07:       internal int feld1;
08:       internal int feld2;
09:
10:       internal CDemo(int arg1, int arg2)
11:       {
12:          feld1 = arg1;
13:          feld2 = arg2;
14:       }
15:
16:       internal void Ausgeben()
17:       {
18:          Console.WriteLine(" feld1: {0}", feld1);
19:          Console.WriteLine(" feld2: {0}", feld2);
20:       }
21:    }
22:
```

```
23:    class CBenutzer
24:    {
25:       internal CDemo obj1;
26:       internal CDemo obj2;
27:
28:       internal CBenutzer(int a11, int a12, int a21, int a22)
29:       {
30:          obj1 = new CDemo(a11, a12);
31:          obj2 = new CDemo(a21, a22);
32:       }
33:    }
34:
35:
36:    class CHauptklasse
37:    {
38:       static void Main(string[] args)
39:       {
40:          CBenutzer obj= new CBenutzer(1,2,3,4);
41:
42:          ...
43:       }
44:    }
45: }
```

Hier wurden die Felder der Klasse CDemo als internal deklariert, sodass sie jederzeit bequem geändert und abgefragt werden können (Zeilen 7 und 8).

Betrachten Sie nun die Klasse CBenutzer. Diese definiert zwei Felder obj1 und obj2 vom Typ CDemo. Die Klasse ist hier nur sehr unvollständig implementiert, um nicht vom Wesentlichen abzulenken. Stellen wir uns vor, die Klasse CBenutzer enthielte einige weitere Methoden, die zum Teil mit obj1 und obj2 arbeiten. Nehmen wir weiter an, dass diese Methoden erwarten, dass obj1 und obj2 auf Objekte verweisen, dass die Feldwerte dieser Objekte aber für die Methoden uninteressant sind, da sie sie überschreiben. Für den Konstruktor der Klasse CBenutzer bedeutet dies, dass er zwei CDemo-Objekte erzeugen und mit obj1 und obj2 verbinden muss. Ein solcher Konstruktor könnte so einfach sein wie:

```
internal CBenutzer()
{
   obj1 = new CDemo();
   obj2 = new CDemo();
}
```

– allerdings nur, wenn `CDemo()` einen öffentlichen Standardkonstruktor zur Verfügung stellt. Dies ist jedoch nicht der Fall. Also muss der `CBenutzer`-Konstruktor passende Argumente an den `CDemo`-Konstruktor übergeben. Er kann diese Argumente erfinden:

```
internal CBenutzer()
{
   obj1 = new CDemo(1,2);
   obj2 = new CDemo(3,4);
}
```

oder wie im Beispiel, Zeilen 28 bis 32, über Parameter aus dem eigenen Aufruf (Zeile 40) entnehmen und weiterreichen.

Glücklicherweise lässt sich der Konstruktor wie eine normale Methode überladen, sodass es kein Problem ist, in einer Klasse bei Bedarf sowohl parametrisierte Konstruktoren als auch einen Standardkonstruktor zur Verfügung zu stellen.

Überladene Konstruktoren

Konstruktoren werden wie ganz normale Methoden überladen, d.h. durch Vergabe unterschiedlicher Anzahl oder Typen von Parametern. Die folgende Klasse definiert gleich drei Konstruktoren. Je nachdem, welcher Konstruktor aufgerufen wird, kann man die erzeugten Objekte mit eigenen oder mit den von den Konstruktoren vergebenen Standardwerten initialisieren.

Listing 9.8: Konstruktoren4.cs

```
01: using System;
02: namespace Kap9
03: {
04:    class CDemo
05:    {
06:       int feld1;
07:       int feld2;
08:
09:       internal CDemo()
10:       {
11:          feld1 = 1;
12:          feld2 = 11;
13:       }
14:       internal CDemo(int arg1)
15:       {
16:          feld1 = arg1;
```

Grundkurs OOP (Forts.) – Die einzelnen Klassenelemente

```
17:            feld2 = 22;
18:        }
19:        internal CDemo(int arg1, int arg2)
20:        {
21:            feld1 = arg1;
22:            feld2 = arg2;
23:        }
24:
25:        internal void Ausgeben()
26:        {
27:            Console.WriteLine(" feld1: {0}", feld1);
28:            Console.WriteLine(" feld2: {0}", feld2);
29:        }
30:    }
31:
32:
33:    class CHauptklasse
34:    {
35:        static void Main(string[] args)
36:        {
37:            Console.WriteLine("Erstes Objekt:");
38:            CDemo obj1 = new CDemo();
39:            obj1.Ausgeben();
40:
41:            Console.WriteLine();
42:            Console.WriteLine("Zweites Objekt:");
43:            CDemo obj2 = new CDemo(2);
44:            obj2.Ausgeben();
45:
46:            Console.WriteLine();
47:            Console.WriteLine("Drittes Objekt:");
48:            CDemo obj3 = new CDemo(3,33);
49:            obj3.Ausgeben();
50:
51:        }
52:    }
53: }
```

```
Erstes Objekt:
 feld1: 1
 feld2: 11

Zweites Objekt:
 feld1: 2
 feld2: 22
```

```
        Drittes Objekt:
          feld1: 3
          feld2: 33
```

In diesem Beispiel ruft Zeile 38 den Standardkonstruktor aus der Zeile 9 zur Einrichtung des Objekts auf, Zeile 43 ruft den Konstruktor aus Zeile 14 auf und Zeile 48 ruft schließlich den Konstruktor aus Zeile 19 auf.

this in der Konstruktorendeklaration

Obige drei Konstruktoren kann man übrigens auch einfacher und kürzer deklarieren, indem man die ersten beiden Konstruktoren in Aufrufe des dritten umwandelt. Dies geschieht mit Hilfe des Schlüsselwortes this. Wird this an eine Konstruktordeklaration angehängt, ruft es einen anderen Konstruktor der Klasse auf. Welchen Konstruktor this aufruft, bestimmen die Argumente, die an this übergeben werden.

Listing 9.9: Konstruktoren5.cs

```
01: using System;
02:
03: namespace Kap9
04: {
05:    class CDemo
06:    {
07:       int feld1;
08:       int feld2;
09:
10:       internal CDemo() : this(1, 11) {}
11:
12:       internal CDemo(int arg1) : this(arg1, 22) {}
13:
14:       internal CDemo(int arg1, int arg2)
15:       {
16:          feld1 = arg1;
17:          feld2 = arg2;
18:       }
19:
20:       internal void Ausgeben()
21:       {
22:          Console.WriteLine(" feld1: {0}", feld1);
23:          Console.WriteLine(" feld2: {0}", feld2);
24:       }
25:    }
26:
```

Grundkurs OOP (Forts.) – Die einzelnen Klassenelemente

```
27:
28:    class CHauptklasse
29:    {
30:       static void Main(string[] args)
31:       {
32:          Console.WriteLine("Erstes Objekt:");
33:          CDemo obj1 = new CDemo();
34:          obj1.Ausgeben();
35:
36:          Console.WriteLine();
37:          Console.WriteLine("Zweites Objekt:");
38:          CDemo obj2 = new CDemo(2);
39:          obj2.Ausgeben();
40:
41:          Console.WriteLine();
42:          Console.WriteLine("Drittes Objekt:");
43:          CDemo obj3 = new CDemo(3,33);
44:          obj3.Ausgeben();
45:
46:       }
47:    }
48: }
```

In Zeile 10 ruft der Standardkonstruktor den Konstruktor aus Zeile 14 mit den Argumenten 1 und 11 auf (statt `feld1` und `feld2` selbst die Werte 1 und 11 zuzuweisen).

Der Konstruktor aus Zeile 12 übergibt dem Konstruktor aus Zeile 14 als Erstes den Wert des Arguments, das er selbst beim Aufruf entgegen genommen hat, und als zweites Argument den Wert 22.

9.5 Destruktoren

Das Pendant zum Konstruktor ist der Destruktor – eine spezielle Methode, die automatisch aufgerufen wird, wenn ein Objekt aus dem Speicher gelöscht wird.

```
~CEineKlasse()
{
}
```

Der Destruktor trägt wie der Konstruktor den Namen seiner Klasse, allerdings mit vorangestellter Tilde: ~klassenname. Der Destruktor hat keinen Rückgabetyp und kann keine Parameter definieren.

> **Speicherbereinigung und Destruktor**
>
> Die automatische Speicherbereinigung des .NET-Frameworks sorgt dafür, dass Objekte, die nicht mehr benötigt werden, aus dem Heap-Speicher entfernt werden. Zu gewissen Zeitpunkten springt diese Speicherbereinigung (Garbage Collector) an und durchsucht den Heap nach Objekten, die nicht mehr benötigt werden. Wird die Speicherbereinigung fündig, ruft sie die Destruktormethode des Objekts auf und löscht dann das Objekt.

Eigener Destruktor

Jede Klasse muss einen Destruktor definieren. Allerdings stellt – wie im Falle des Konstruktors – der Compiler einen Ersatzdestruktor zur Verfügung, wenn eine Klasse keinen eigenen Destruktor definiert. Die Definition eines eigenen Destruktors ist daher nur notwendig, wenn es irgendwelchen Code gibt, der unbedingt vor Auflösung der Objekte ausgeführt werden soll. Ein solcher Fall liegt beispielsweise vor, wenn der Konstruktor der Klasse für die erzeugten Objekte Ressourcen anfordert (beispielsweise eine Datei geöffnet oder eine Datenbankverbindung hergestellt hat), die bei Auflösung des zugehörigen Objekts wieder freigegeben werden sollen.

Ein anderes Beispiel wäre unsere `CGespenster`-Klasse. In deren Konstruktor wird der statische Gespensterzähler `anzahl` inkrementiert. Damit der Zähler stets die korrekte Anzahl der Gespenster enthält, müsste er eigentlich bei Auflösung eines `CGespenster`-Objekts dekrementiert werden. Bisher war dies jedoch nicht notwendig, da die erzeugten Objekte erst bei Beendigung des Programms aufgelöst wurden. Jetzt wollen wir das Beispiel erweitern und dafür sorgen, dass eines der `CGespenster`-Objekte noch während der Laufzeit des Programms aufgelöst wird.

Listing 9.10: Destruktor.cs

```
01: using System;
02: namespace Kap9
03: {
04:    class CGespenster
05:    {
06:       public static int anzahl = 0;
07:       string name;
08:
09:       private CGespenster()
10:       {
11:          ++anzahl;
12:          name = "Gespenst" + anzahl.ToString();
13:       }
14:
15:       ~CGespenster()
```

```
16:        {
17:            --anzahl;
18:        }
19:
20:        public static CGespenster GespenstErzeugen()
21:        {
22:            if (anzahl < 3)
23:                return new CGespenster();
24:            else
25:                return null;
26:        }
27:
28:        public void Spuken()
29:        {
30:            Console.WriteLine("\t" + name + ": Huuhuu!");
31:        }
32:
33:    }
34:
35:    class CHauptklasse
36:    {
37:
38:        static void Main(string[] args)
39:        {
40:            CGespenster oGespenst1 =
                                    CGespenster.GespenstErzeugen();
41:            CGespenster oGespenst2 =
                                    CGespenster.GespenstErzeugen();
42:            CGespenster oGespenst3 =
                                    CGespenster.GespenstErzeugen();
43:            CGespenster oGespenst4 =
                                    CGespenster.GespenstErzeugen();
44:
45:          Console.WriteLine("Es spuken zur Zeit {0} Gespenster:\n",
46:                            CGespenster.anzahl);
47:
48:            if (oGespenst1 != null) oGespenst1.Spuken();
49:            if (oGespenst2 != null) oGespenst2.Spuken();
50:            if (oGespenst3 != null) oGespenst3.Spuken();
51:            if (oGespenst4 != null) oGespenst4.Spuken();
52:
53:            oGespenst2 = null;
54:            GC.Collect();
55:
56:            Console.WriteLine();
57:          Console.WriteLine("Es spuken zur Zeit {0} Gespenster: \n",
58:                            CGespenster.anzahl);
```

```
59:
60:         if (oGespenst1 != null) oGespenst1.Spuken();
61:         if (oGespenst2 != null) oGespenst2.Spuken();
62:         if (oGespenst3 != null) oGespenst3.Spuken();
63:         if (oGespenst4 != null) oGespenst4.Spuken();
64:
65:         Console.WriteLine();
66:      }
67:   }
68: }
```

Es spuken zur Zeit 3 Gespenster:

    Gespenst1: Huuhuu!
    Gespenst3: Huuhuu!
    Gespenst4: Huuhuu!

Es spuken zur Zeit 2 Gespenster:

    Gespenst1: Huuhuu!
    Gespenst3: Huuhuu!

In der Klasse CGespenster gibt es nur eine Änderung, gleichwohl eine bedeutende: die Definition des Destruktors, der das statische Feld anzahl dekrementiert (Zeilen 15 bis 18).

Richtig interessant wird es in der Main()-Methode. Zuerst wird wie gehabt versucht, vier Gespenster zu erzeugen, was aber nicht funktioniert, da die statische Methode GespenstErzeugen() sicherstellt, dass nie mehr als drei Gespenster gleichzeitig existieren.

Danach bekommt in Zeile 53 die Objektvariable oGespenst2 den Wert null zugewiesen. Für das CGespenster-Objekt im Heap, auf das bis dato oGespenst2 verwies, gibt es nun keine Referenz mehr. Bei der nächsten automatischen Speicherbereinigung wird dieses Objekt aufgelöst und sein Destruktor ausgeführt. So lange wollen wir aber nicht warten. Daher rufen wir die statische Methode GC.Collect() auf, die die Speicherbereinigung sofort in Gang setzt.

Anschließend geben wir noch einmal die Anzahl der existierenden Gespenster aus und stellen fest, dass diese wie gewünscht auf 2 reduziert wurde.

9.6 Typdefinitionen

Klassen können auch Typdefinitionen beinhalten: Aufzählungstypen, Strukturen und Klassen.

Die Einbettung einer Typdefinition in eine Klassendefinition ist immer dann interessant, wenn der betreffende Typ für die Implementierung der Klasse notwendig ist (oder diese erleichtert). Natürlich könnte man den Typ dazu auch außerhalb der Klasse definieren, doch bedeutet dies,

- dass der Typ auch von anderen Klassen im Programm verwendet werden kann,
- dass Sie bei einer späteren Bearbeitung des Quelltextes die Typdefinition unter Umständen ändern, ohne zu beachten, dass diese Änderungen auch die Klasse betreffen.

Wenn Sie die Typdefinition dagegen in die Klassendefinition einbetten, ist die Bedeutung der Typdefinition für die Klasse offensichtlich, und wenn Sie die Typdefinition als private deklarieren, ist sie für andere Klassen nicht zugänglich.

> Typdefinitionen können wie andere Klassenelemente auch als public, protected, internal, internal protected oder private deklariert werden. Dies gilt auch für eingebettete Klassendefinitionen, obwohl nicht eingebettete Klassen nur internal oder public sein können.

Das folgende Beispiel ist eine Abwandlung des CLinie-Beispiels aus Kapitel 8.4.7. Anstatt die Struktur SPunkt im Namensraum zu definieren, wurde sie hier in die Klassendefinition eingebettet.

Listing 9.11: Typdefinitionen.cs

```
01: using System;
02:
03: namespace Kap9
04: {
05:     class CLinie
06:     {
07:         internal struct SPunkt
08:         {
09:             public int x;
10:             public int y;
11:
12:             public SPunkt(int pX, int pY)
13:             {
14:                 x = pX;
```

Typdefinitionen

```
15:             y = pY;
16:          }
17:       }
18:
19:       SPunkt anfang;
20:       SPunkt ende;
21:
22:       public CLinie(SPunkt pAnf, SPunkt pEnd)
23:       {
24:          anfang = pAnf;
25:          ende = pEnd;
26:       }
27:
28:       public void Zeichnen()
29:       {
30:          Console.WriteLine("Anfangspunkt: ( {0} , {1} )",
31:                             anfang.x, anfang.y);
32:          Console.WriteLine("Endpunkt:     ( {0} , {1} )",
33:                             ende.x, ende.y);
34:       }
35:    }
36:
37:    class CHauptklasse
38:    {
39:       static void Main(string[] args)
40:       {
41:          CLinie.SPunkt p1 = new CLinie.SPunkt(3, 10);
42:          CLinie.SPunkt p2 = new CLinie.SPunkt(-2, 20);
43:
44:          CLinie oLinie = new CLinie(p1, p2);
45:          oLinie.Zeichnen();
46:       }
47:    }
48: }
```

Beachten Sie die Erzeugung von SPunkt-Objekten in den Zeilen 41 und 42. Da die Klassen CLinie den eingebetteten Typ SPunkt als internal deklariert hat, kann er in allen Klassen des Programms, also auch in Main(), verwendet werden. Der Zugriff erfolgt über den Namen der Klasse:

```
CLinie.SPunkt
```

9.7 Indizierer

Indizierer sind eine besondere Form von Eigenschaften, die es gestatten, über einen Index auf bestimmte Elemente einer Klasse zuzugreifen. Angenommen Sie hätten folgende Klasse vorliegen:

```
class CDemo
{
   internal int feld1;
   internal int feld2;
   internal int feld3;

   internal double feld4;
}
```

Auf die Felder dieser Klassen können Sie wie folgt zugreifen:

```
CDemo obj = new CDemo();
obj.feld1 = 3;
obj.feld2 = 12;
...
```

Wenn Sie einen Indizierer für die Klasse schreiben, erreichen Sie, dass die int-Felder der Klasse auch über einen Index angesprochen werden können:

```
CDemo obj = new CDemo();
obj[1] = 3;             // entspricht obj.feld1 = 3;
obj[2] = 12;            // entspricht obj.feld2 = 12;
```

Der Indizierer, der dies ermöglicht, sieht folgendermaßen aus:

```
internal int this[int index]
{
    get
    {
       // Indexgrenzen prüfen
       switch (index)
       {
          case 1: return feld1;
          case 2: return feld2;
          case 3: return feld3;
          default: return 0;
       }
    }
    set
    {
       switch (index)
       {
```

Indizierer

```
            case 1: feld1 = value;
                    break;
            case 2: feld2 = value;
                    break;
            case 3: feld3 = value;
                    break;
        }
    }
```

Statt eines Namens hat der Indizierer das Schlüsselwort `this`. Dahinter folgt in eckigen Klammern Typ und Bezeichner des Index. Im Beispiel verwenden wir `int`-Werte als Index. Der Rückgabetyp des Indizierers gibt den Typ der Daten an, die seine `get`-Methode zurückliefert (im Beispiel sind dies die Werte der `int`-Felder).

Die `get`- und `set`-Methoden des Indizierers sind so aufgebaut, dass sie in einer `switch`-Anweisung den Wert des übergebenen Index prüfen und danach entscheiden, der Wert welches Feldes zurückgeliefert oder geändert werden soll.

> Mittels Typumwandlung wäre es auch möglich, den indizierten Zugriff auf das `double`-Feld auszudehnen. Die Frage ist allerdings, ob dies sinnvoll wäre. Meist greifen Indizierer auf zusammengehörende Elemente eines Datentyps zu.

Listing 9.12: *Indizierer.cs*

```
01: using System;
02: namespace Kap9
03: {
04:     class CDemo
05:     {
06:         int feld1;
07:         int feld2;
08:         int feld3;
09:
10:         double feld4;
11:
12:         internal int this[int index]
13:         {
14:            get
15:            {
16:               // Indexgrenzen prüfen
17:               switch (index)
18:               {
19:                  case 1: return feld1;
20:                  case 2: return feld2;
21:                  case 3: return feld3;
```

```
22:                   default: return 0;
23:              }
24:          }
25:          set
26:          {
27:              switch (index)
28:              {
29:                  case 1: feld1 = value;
30:                          break;
31:                  case 2: feld2 = value;
32:                          break;
33:                  case 3: feld3 = value;
34:                          break;
35:              }
36:          }
37:      }
38:
39:
40: }
41:
42: class CHauptklasse
43: {
44:
45:     static void Main(string[] args)
46:     {
47:         CDemo obj = new CDemo();
48:
49:         obj[1] = 100;
50:         obj[2] = 200;
51:         obj[3] = 300;
52:
53:         for (int i=1; i<=3; i++)
54:         {
55:             Console.WriteLine("Feld #{0} = {1}", i, obj[i]);
56:         }
57:
58:     }
59: }
60: }
```

Feld #1 = 100
Feld #2 = 200
Feld #3 = 300

> Indizierer lassen sich besonders elegant für Klassen einsetzen, die als Felder Arrays (siehe Kapitel 10) oder Container (siehe Kapitel 14.3) verwenden.

9.8 Delegates

Delegates (wörtlich »Stellvertreter«) sind Referenzen auf Methoden. Mit Hilfe eines Delegates können Sie festlegen, dass an einer bestimmten Stelle im Code eine Methode aufgerufen wird, ohne festzulegen, welche Methode dies sein soll.

Nehmen Sie zum Beispiel die folgende Klasse, die Ihnen bereits aus Abschnitt 9.4 bekannt sein dürfte.

```
class CDemo
{
   int feld1;
   int feld2;

   internal CDemo(int arg1, int arg2)
   {
      feld1 = arg1;
      feld2 = arg2;
   }

   internal void Ausgeben()
   {
      Console.WriteLine(" feld1: {0}", feld1);
      Console.WriteLine(" feld2: {0}", feld2);
   }
}
```

Objekte dieser Klasse kann man erzeugen und ausgeben. Das ist nicht viel, reicht aber für unsere Zwecke. Konzentrieren wir uns nun auf die Methode Ausgeben(). Diese tut nichts anderes, als die Feldwerte des aktuellen Objekts auf die Konsole auszugeben. Eine etwas besser ausgestattete Methode würde vermutlich vor den Feldwerten einen kleinen Text ausgeben, etwa in der Art:

```
internal void Ausgeben()
{
   Console.WriteLine("Ausgabe des Objekts:");
   Console.WriteLine(" feld1: {0}", feld1);
   Console.WriteLine(" feld2: {0}", feld2);
}
```

Es geht aber noch komfortabler. Mit Hilfe eines Delegates kann man `Ausgeben()` so implementieren, dass sie eine vom Benutzer definierte Methode ausführt. In dieser Methode kann der Benutzer frei bestimmen, was alles noch vor den Feldwerten ausgegeben werden soll.

Delegates einrichten

Um den Delegate-Mechanismus einzurichten, sind in der Klasse `CDemo` folgende Arbeiten nötig:

1. Der Delegate-Typ muss definiert werden. Die Definition legt fest, wie der Delegate-Typ heißt und wie die Methoden aussehen müssen, die über den Delegate aufgerufen werden können.
2. Es muss ein Feld vom Typ des Delegate definiert werden.
3. In der `Ausgeben()`-Methode muss der Delegate aufgerufen werden.

Die erweiterte `CDemo`-Klasse sieht danach wie folgt aus:

Listing 9.13: Aus Delegates.cs

```
01: class CDemo
02: {
03:    internal delegate void Ueberschrift();   // Definition des
04:                                             // Delegate
05:
06:    int feld1;
07:    int feld2;
08:    internal Ueberschrift Ueber;             // Delegate-Variable
09:
10:    internal CDemo(int arg1, int arg2)
11:    {
12:       feld1 = arg1;
13:       feld2 = arg2;
14:    }
15:
16:    internal void Ausgeben()
17:    {
18:       if (Ueber != null)                    // wenn Delegate vorhanden,
19:          Ueber();                           // aufrufen!
20:
21:       Console.WriteLine(" feld1: {0}", feld1);
22:       Console.WriteLine(" feld2: {0}", feld2);
23:    }
24: }
```

Die Definition des Delegate-Typs steht in Zeile 3:

```
internal delegate void Ueberschrift();
```

Das Schlüsselwort `delegate` leitet die Delegate-Typdefinition ein. Der Delegate-Typ selbst heißt `Ueberschrift`. Weiter bestimmt die Definition, dass über Delegates vom Typ `Ueberschrift` nur solche Methoden aufgerufen werden können, die keine Parameter übernehmen (die Klammern hinter `Ueberschrift` sind leer) und den Rückgabetyp `void` haben.

Weiter unten in Zeile 8 definiert die Klasse das Feld `Ueber` für den Delegate. Beachten Sie aber, dass die Klasse selbst keinen Delegate erzeugt und an `Ueber` zuweist. (Sie könnte dies zwar tun, überlässt es aber ganz dem Benutzer der Klasse.)

In Zeile 19 in der `Ausgeben()`-Methode wird schließlich die Methode aufgerufen, auf die der Delegate verweist. Der einzige Unterschied zwischen dem direkten Methodenaufruf und dem Aufruf über den Delegate besteht darin, dass statt des Methodennamens der Name der Delegate-Variablen verwendet wird:

```
Ueber();
```

Doch halt! Die Methode kann ja gar nicht sicher sein, dass der Delegate-Variablen `Ueber` ein Delegate-Objekt zugewiesen wurde. Die Klasse selbst sorgt ja nicht dafür, und wenn der Benutzer der Klasse es auch nicht tut, steht in `Ueber` lediglich ein `null`-Verweis. Aus diesem Grunde prüft `Ausgeben()` vorab, ob der Benutzer einen Delegate erzeugt hat (Zeile 18).

Methoden mit Delegates verbinden

Die Delegate-Verarbeitung ist jetzt also in der Klasse `CDemo` implementiert. Nun wollen wir auch von ihr profitieren. Unser Ziel ist es, ein Objekt der Klasse `CDemo` zu erzeugen und dessen Felder auszugeben. Die Ausgabe wollen wir mit Hilfe der Delegate-Verarbeitung der Klasse `CDemo` nach unseren Wünschen anpassen. Dazu gehen wir wie folgt vor:

1. Wir definieren eine Methode, die mit dem Typ des Delegate übereinstimmt.
2. Wir erzeugen ein Delegate-Objekt, das auf diese Methode verweist.
3. Wir weisen das Delegate-Objekt dem Feld `Ueber` des `CDemo`-Objekts zu.

Listing 9.14: Delegates.cs

```
01: using System;
02:
03: namespace Kap9
```

```
04: {
05:    class CDemo
06:    {
       ... // wie oben
27:    }
28:
29:    class CHauptklasse
30:    {
31:       static void TitelAusgeben()
32:       {
33:          Console.WriteLine();
34:          Console.WriteLine("Felder des Objekts:\n");
35:       }
36:
37:       static void Main(string[] args)
38:       {
39:          CDemo obj1 = new CDemo(1, 100);
40:          obj1.Ausgeben();
41:
42:          // Delegate erzeugen
43:          obj1.Ueber = new CDemo.Ueberschrift(TitelAusgeben);
44:
45:          // nochmals ausgeben
46:          obj1.Ausgeben();
47:       }
48:    }
49: }
```

```
   feld: 1
   feld2: 100

Felder des Objekts:

   feld: 1
   feld2: 100
```

Die Methode, die über den Delegate aufgerufen werden soll, heißt TitelAusgeben() und ist am Anfang der Hauptklasse definiert. Wie vom Delegate-Typ gefordert, verfügt sie weder über einen Rückgabewert noch über Parameter.

In der Main()-Methode wird zuerst das CDemo-Objekt erzeugt (Zeile 39). Zur Probe rufen wir danach schon einmal die Methode Ausgeben() auf. Diese erkennt, dass kein Delegate-Objekt vorhanden ist und gibt allein die Feldwerte aus.

In Zeile 43 wird dann das Delegate-Objekt erzeugt und auf die Methode `Titel-Ausgeben()` gerichtet. Erzeugt wird das Delegate-Objekt mit Hilfe des Schlüsselworts `new` und unter Angabe des Delegate-Typs (`CDemo.Ueberschrift`). In Klammern wird der Name der Methode übergeben, auf die der Delegate verweisen soll.

> Achten Sie darauf, wirklich nur den Methodennamen – ohne Klammern () – zu übergeben.

Noch in der gleichen Zeile wird das erzeugte Delegate-Objekt dem Feld `obj.Ueber` zugewiesen.

Der erneute Aufruf von `Ausgeben()` führt dazu, dass zuerst `TitelAusgeben()` ausgeführt und dann die Feldwerte ausgegeben werden.

9.9 Ereignisse

Ereignisse, im Englischen »events« genannt, stellen einen Mechanismus dar, mit dem eine oder mehrere Klassen in die Geschehnisse einer anderen Klasse eingreifen können. Wenn Sie dies an das Prinzip der Delegates erinnert, liegen Sie bereits ganz richtig, denn intern werden Ereignisse mit Hilfe von Delegates implementiert.

Ereignisse funktionieren nach dem Veröffentlichen-Abonnieren-Prinzip:

1. In Klasse A tritt ein Ereignis ein.

   Dies kann so aussehen, dass eine bestimmte Methode aufgerufen oder der Wert eines Feldes geändert wird. Letztlich läuft es darauf hinaus, dass im Code etwas passiert, was der Autor der Klasse zum Ereignis erklärt.

2. Klasse A beschließt, dass dieses Ereignis auch für andere Klassen interessant sein könnte und veröffentlicht es.

   Ein Ereignis zu veröffentlichen bedeutet dabei nichts anderes, als mit Hilfe eines Delegates eine passende Ereignisbehandlung einzurichten.

3. Jetzt können alle Klassen, die auf das Ereignis reagieren möchten, das Ereignis abonnieren.

   Dazu setzen Sie eine Methode auf, die den Code enthält, der bei Eintritt des Ereignisses ausgeführt werden soll und registrieren diese für das Ereignis.

Grundkurs OOP (Forts.) – Die einzelnen Klassenelemente

> Ereignisse werden überwiegend in Programmen mit grafischen Benutzerschnittstellen (GUI-Anwendungen, siehe Kapitel 18 und 19) eingesetzt.

Problembeschreibung

Betrachten Sie die folgende Klasse zur Beschreibung von Läden (Buchläden, Kramläden etc.).

```
public class CLaden
{
   private bool offen = false;
   public bool Offen
   {
      get
      {
         return offen;
      }
      set
      {
         offen = value;
      }
   }
}
```

Die Klasse besteht einzig und allein aus einem `private`-Feld, das bestimmt, ob ein Laden geöffnet oder geschlossen ist, und einer zugehörigen `public` Eigenschaft.

Von dieser Klasse gibt es ein Objekt, auf das die Objektvariable `oBuchladen` verweist:

```
CLaden oBuchladen = new CLaden();
```

Dann wären da noch die Klassen `CSean` und `CMaria` und ihre Objekte `oSean` und `oMaria`:

```
class CSean
{
   ...
}

class CMaria
{
   ...
}

CSean  oSean  = new CSean();
CMaria oMaria = new CMaria();
```

Die Objekte dieser beiden Klassen würden gerne informiert werden, wenn der Laden oBuchladen geöffnet wird.

Ereignisse veröffentlichen

Um ein Ereignis zu veröffentlichen, muss zuerst

- ein Delegate für die Ereignisbehandlungsmethoden definiert werden.

Wie Delegates definiert werden, wissen Sie bereits aus Abschnitt 9.8. Auf das Schlüsselwort delegate folgt der Name des Delegates, umgeben von dem Rückgabetyp und der Parameterliste der für den Delegate zulässigen Methoden.

Die Ereignisbehandlungsmethoden zu unserem Ereignis werden wieder ganz einfache Methoden mit Rückgabetyp void und ohne Parameter sein, daher lautet der Delegate für unser Beispiel einfach:

Listing 9.15: Aus Ereignisse.cs

```
01: using System;
02: namespace Kap9
03: {
04:    // Delegate für Ereignis
05:    public delegate void GeoeffnetEventHandler();
```

Nun kommen wir zur Klasse CLaden. Diese muss

- ein Ereignis definieren und
- die Ereignisbehandlung einrichten (sprich das Ereignis auslösen)

Listing 9.16: Aus Ereignisse.cs

```
01: using System;
02: namespace Kap9
03: {
04:    // Delegate für Ereignis
05:    public delegate void GeoeffnetEventHandler();
06:
07:    public class CLaden
08:    {
09:       // Ereignisdefinition
10:       public event GeoeffnetEventHandler Geoeffnet;
11:
12:       private bool offen = false;
13:       public bool Offen
14:       {
```

```
15:        get
16:        {
17:           return offen;
18:        }
19:        set
20:        {
21:           offen = value;
22:           OnGeoeffnet();        // Ereignis auslösen
23:        }
24:     }
25:
26:     // Löst Ereignis aus und bearbeitet es
27:     public void OnGeoeffnet()
28:     {
29:        if (Offen == true)
30:        {
31:           Console.WriteLine("\n Laden wurde geöffnet\n");
32:
33:           if (Geoeffnet != null)
34:              Geoeffnet();
35:        }
36:        else
37:           Console.WriteLine("\n Laden wurde geschlossen\n");
38:     }
39:
40:  }
```

Die Ereignisdefinition sehen Sie in Zeile 10. Mit dem Schlüsselwort event wird das Ereignis Geoeffnet definiert. Der Typ des Ereignisses ist der in Zeile 5 definierte Delegate.

Das Ereignis soll eintreten, wenn der Laden geöffnet wird. Dies bedeutet, dass immer dann, wenn offen auf true gesetzt wird, die Methode aufgerufen werden soll, die mit dem Ereignis Geoeffnet verbunden wurde. In einem ersten Ansatz könnten wir dazu schreiben:

```
public bool Offen
{
   ...
   set
   {
      offen = value;
      Geoeffnet();        // Ereignis auslösen
   }
}
```

Diese Lösung ist allerdings in mancherlei Sicht unbefriedigend. Erstens wird das Ereignis auf diese Weise auch ausgelöst, wenn offen auf false gesetzt (der Laden also geschlossen) wird, zweitens wird nicht der Fall abgefangen, dass

Geoeffnet keine Ereignisbehandlungsmethode zugewiesen wurde. Wir müssen also etwas mehr Code zur Ereigniseinrichtung aufsetzen und daher beschließen wir, den Code in eine eigene Methode OnGeoeffnet() auszulagern.

In dem set-Teil der Offen-Eigenschaft wird jetzt OnGeoeffnet() aufgerufen (Zeile 22). Die Methode selbst ist darunter in den Zeilen 27 bis 38 implementiert.

Damit ist das Ereignis veröffentlicht. Jetzt müssen nur noch die Klassen CSean und CMaria das Ereignis abonnieren.

Ereignisse abonnieren

Will eine Klasse ein Ereignis abonnieren, muss sie

- eine Ereignisbehandlungsmethode implementieren, die genau den gleichen Rückgabetyp und die gleichen Parameter wie der Delegate des Ereignisses hat,
- ein Delegate-Objekt erzeugen und mit ihrer Ereignisbehandlungsmethode verbinden,
- das Delegate-Objekt für das Ereignis registrieren.

Listing 9.17: Aus Ereignisse.cs

```
01: using System;
02: namespace Kap9
03: {
04:    // Delegate für Ereignis
05:    public delegate void GeoeffnetEventHandler();
06:
07:    public class CLaden
08:    {
09:       ... // wie oben
40:    }
41:
42:    class CSean
43:    {
44:       CLaden laden;
45:
46:       public CSean(CLaden l)
47:       {
48:          laden = l;
49:
50:          // Ereignis abonnieren
51:          laden.Geoeffnet +=
```

```
52:                    new GeoeffnetEventHandler(LadenGeoeffnet);
53:        }
54:
55:        // Bei Eintritt des Ereignisses ausführen
56:        private void LadenGeoeffnet()
57:        {
58:           Console.WriteLine("\t Yippieh!");
59:        }
60:    }
```

Die Ereignisbehandlungsmethode von `CSean` sehen Sie in den Zeilen 56 bis 59. Sie beschreibt die Reaktion von `CSean`-Objekten auf das Öffnen des Ladens.

In den Zeilen 51 und 52 erzeugt `CSean` einen Delegate, der auf die `LadenGeoeffnet()`-Methode verweist und weist diesem den `Geoeffnet`-Event zu.

Zwei Punkte sind an dieser Syntax zu beachten:

`CSean` übernimmt im Konstruktor eine `CLaden`-Instanz und weist den erzeugten Delegate dem `Geoeffnet`-Ereignis dieser Instanz zu. Auf diese Weise können `CSean`-Objekte eingerichtet werden, die auf das Öffnen unterschiedlicher Läden (`CLaden`-Objekte) reagieren.

Für die Zuweisung wird der `+=`-Operator verwendet. Ereignisse (oder ganz allgemein Delegates) können mit Hilfe des `+=`-Operators mit mehreren Methoden verbunden werden. Bei Eintritt des Ereignisses (Aufruf des Delegates) werden dann alle registrierten Methoden nacheinander ausgeführt.

Die Klasse `CMaria` definieren wir analog zu `CSean`. Lediglich die Ereignisbehandlungsmethode wandeln wir ein wenig ab und setzen zur besseren Unterscheidung einen anderen Ausgabetext ein.

```
62:    class CMaria
63:    {
64:       CLaden laden;
65:
66:       public CMaria(CLaden l)
67:       {
68:          laden = l;
69:
70:          // Ereignis abonnieren
71:          laden.Geoeffnet +=
72:                    new GeoeffnetEventHandler(LadenGeoeffnet);
73:       }
74:
75:       // Bei Eintritt des Ereignisses ausführen
76:       private void LadenGeoeffnet()
```

```
77:         {
78:             Console.WriteLine("\t Hurra!");
79:         }
80:     }
```

Jetzt fehlt nur noch das Testprogramm.

Listing 9.18: Aus Ereignisse.cs

```
82:     class CHauptklasse
83:     {
84:
85:         static void Main(string[] args)
86:         {
87:             CLaden oBuchladen = new CLaden();
88:             CSean  oSean  = new CSean(oBuchladen);
89:             CMaria oMaria = new CMaria(oBuchladen);
90:
91:             oBuchladen.Offen = !oBuchladen.Offen;
92:             oBuchladen.Offen = !oBuchladen.Offen;
93:             oBuchladen.Offen = !oBuchladen.Offen;
94:         }
95:     }
96: }
```

Laden wurde geöffnet

   Yippieh!
   Hurra!

Laden wurde geschlossen

Laden wurde geöffnet

   Yippieh!
   Hurra!

In Zeile 87 wird ein CLaden-Objekt – oBuchladen - erzeugt. In den beiden darunter folgenden Zeilen werden die Objekte oSean und oMaria angelegt. In den Konstruktoraufrufen wird das oBuchladen-Objekt als Argument übergeben, damit oSean und oMaria auf das Geoeffnet-Ereignis des oBuchladen-Objekts reagieren.

Danach wird der Buchladen geöffnet, geschlossen und wieder geöffnet – durch dreimalige Negierung der Eigenschaft Offen.

9.10 Zusammenfassung

Der heutige Tag hat Ihnen die verschiedenen Elemente vorgestellt, die in einer Klassendefinition vorkommen können. Einige dieser Elemente, namentlich die Felder, Methoden und Konstruktoren, waren Ihnen bereits bekannt. Die Beschreibung dieser Elemente konzentrierte sich auf einige interessante und weiterführende Aspekte, die bisher ausgelassen oder zu kurz gekommen waren – beispielsweise die Kombination von statischen und nichtstatischen Elementen in einer Klasse, die Bedeutung des Schlüsselworts `this` in Methoden und für die Konstruktordeklaration sowie die Überladung von Konstruktoren.

Neu vorgestellt wurden hingegen die Destruktoren, eingebettete Typdefinitionen, Indizierer, Delegates und Ereignisse.

Destruktoren sind für die Klassen sehr wichtig. Allerdings ist es nur selten erforderlich, einen eigenen Destruktor zu implementieren, da in C# nur selten Aufräumarbeiten anfallen, die von der Klasse selbst übernommen werden (und ein leerer Ersatzdestruktor automatisch vom Compiler generiert werden kann).

Indizierer sind eine nette Option, wenn man es dem Benutzer einer Klasse gestatten möchte, vermittels von Indizes auf bestimmte Elemente der Klasse zuzugreifen.

Delegates sind Verweise auf Methoden. Mit ihrer Hilfe lassen sich bestimmte, fortgeschrittene Aufgaben lösen – insbesondere die Implementierung von Ereignissen. Grämen Sie sich nicht, wenn Sie das Gefühl haben, das Konzept der Delegates noch nicht richtig verstanden zu haben. Für Sie als Einsteiger sind Felder, Methoden, Eigenschaften und Konstruktoren weit wichtiger. Wenn Sie einige Zeit objektorientiert programmiert haben und mit den grundlegenden Konzepten vertraut sind, können Sie noch einmal zur Beschreibung der Delegates zurückblättern. Dann werden Sie sie sicherlich besser verstehen.

Ereignisse sind spezielle Delegates, die der Kommunikation zwischen Objekten dienen. Sie werden vor allem in der objektorientierten Programmierung von GUI-Anwendungen verwendet.

9.11 Workshop

Der Workshop enthält Quizfragen, die Ihnen helfen sollen, Ihr Wissen zu festigen, und Übungen, die Sie anregen sollen, das eben Gelernte umzusetzen und eigene Erfahrungen zu sammeln. Versuchen Sie, das Quiz und die Übungen zu beantworten und zu verstehen, bevor Sie zur Lektion des nächsten Tages übergehen.

Fragen und Antworten

F   In den Ausführungen zu den Feldern wurde darauf hingewiesen, dass man Feldern von Klassentypen ein Objekt zuweisen muss, bevor man sie verwenden kann. Felder von elementaren Datentypen kann man aber direkt verwenden. Warum ist das so?

   A   Das Problem liegt in der Initialisierung. Elementare Datentypen sind Werttypen. Felder dieser Datentypen werden mit dem Wert initialisiert, der in der Definition angegeben wurde, oder mit dem Standardwert ihres Datentyps (meist 0). Sie besitzen also immer einen Wert, mit dem man arbeiten und auf den man zugreifen kann. Auch mit Feldern von Klassentypen könnte man direkt arbeiten, wenn diese automatisch mit einem Objekt initialisiert würden – doch dies ist nicht der Fall. Klassen sind Referenztypen. Ihre Variablen enthalten keine Objekte, sondern lediglich Verweise auf Objekte. Felder von Klassentypen werden daher mit einem Null-Verweis initialisiert (außer natürlich Sie erzeugen direkt bei der Felddefinition ein Objekt für das Feld). Jeder Versuch, über ein solches Feld auf ein Klassenelement zugreifen (`feld.einElement;`), muss scheitern, da das Feld mit keinem Objekt verbunden ist. Das Ergebnis ist eine Fehlermeldung oder ein Programmabbruch.

F   Ich habe eine Nur-Lesen-Eigenschaft definiert, um Änderungen von außen zu verhindern. Leider musste ich danach feststellen, dass ich die Eigenschaften auch von innerhalb der Klasse nicht ändern kann. Was mache ich falsch?

   A   Gar nichts. Eigenschaften, die lediglich über einen `get`-Teil verfügen, können weder außerhalb noch innerhalb zum Verändern der Eigenschaft genutzt werden. Beachten Sie aber, dass Sie innerhalb der Klasse ja auch direkt auf das `private`-Element zugreifen können, das der Eigenschaft zugrunde liegt.

F   Kann man den Destruktor einer Klasse überladen?

   A   Nein! Ein Destruktor kann keine Parameter übernehmen. Folglich kann er auch nicht überladen werden.

F   Im Abschnitt 9.8 wird die Methode, die über den Delegate aufgerufen werden soll, direkt dem Delegate-Feld zugewiesen. Ist dies die einzige Möglichkeit, einem Delegate eine Methode zuzuweisen?

   A   Nein, es sind auch andere Varianten denkbar. Beispielsweise könnten Sie statt eines Delegate-Feldes eine Methode definieren, die einen Parameter vom Typ des Delegates besitzt.

Quiz

1. Wie kann man einem `int`-Feld den Anfangswert 3 zuweisen (zwei Möglichkeiten)?
2. Worin besteht der Unterschied zwischen der echten Initialisierung und der Zuweisung im Konstruktor?
3. Auf welche Elemente einer Klasse kann eine statische Methode der Klasse zugreifen?
4. Was ist der Unterschied zwischen einem Ersatz- und einem Standardkonstruktor?
5. Wie kann man in einer Methode auf verdeckte Klassenfelder zugreifen?
6. Was gilt es bei der Definition eines eigenen Destruktors zu beachten?

Übungen

1. Implementieren Sie für die Klasse `CKonto` eine Eigenschaft zum Abfragen des Kontostandes.

```
 public class CKonto
{
   double kontostand;

   public CKonto()
   {
      kontostand = 0;
   }

   public void Einzahlen(double betrag)
   {
      kontostand += betrag;
   }

   public double Abheben(double betrag)
   {
      if (betrag <= kontostand)
      {
         kontostand -= betrag;
         return betrag;
      }
      else
         return 0;
   }
}
```

2. Schreiben Sie eine Klasse für Potenzen. Die Klasse soll zwei Felder `basis` und `exponent` besitzen, einen Konstruktor mit zwei Argumenten definieren, der den Feldern Anfangswerte zuweist, und drei Eigenschaften zur Verfügung stellen, über die man Basis, Exponent und Potenzwert abfragen kann.

3. Erweitern Sie die Klasse `CSean` aus Abschnitt 9.9 derart, dass von `CSean` auch Objekte erzeugt werden können, die nicht auf das `Geoeffnet`-Ereignis reagieren.

4. Schreiben Sie das Programm *Ereignisse.cs* aus Abschnitt 9.9 so um, dass die von den `CSean`- und `CMaria`-Objekten registrierten Ereignisbehandlungsmethode automatisch für alle erzeugten `CLaden`-Objekte gelten.

Tag 10

Arrays

Arrays

Die letzten beiden Tage waren ziemlich anstrengend. Eine Vielzahl von nicht immer leicht zu begreifenden Konzepten rund um die objektorientierte Programmierung sind auf Sie eingeströmt. Heute werden wir es daher etwas ruhiger angehen. Wir bleiben zwar beim Thema objektorientierte Programmierung, doch diesmal wollen wir keine eigenen Klassen definieren, sondern eine vordefinierte Klasse verwenden, was – denkt man an den OOP-Grundsatz, dass Klassen schwer zu definieren, aber leicht zu benutzen sein sollten – eine relativ einfache Aufgabe sein sollte.

Die Klasse, um die es heute geht, ist System.Array. Die Objekte dieser Klasse werden gemeinhin als Arrays bezeichnet und dienen dazu, eine größere Zahl von Objekten gleichen Datentyps gemeinsam zu speichern und zu verwalten.

Im Einzelnen lernen Sie in diesem Kapitel

- wie Sie mehrere gleichartige Daten in einer Array-Variablen verwalten können,
- wie Sie Arrays definieren und initialisieren,
- wie Sie auf Elemente eines Arrays zugreifen können,
- wie Sie Arrays von Objekten erstellen,
- welche Unterstützung Ihnen die Klasse System.Array bei der Arbeit mit Arrays zukommen lässt,
- wie Sie Arrays kopieren, sortieren und durchsuchen,
- wie Sie Arrays als Parameter definieren,
- wie Sie mehrdimensionale Arrays oder Arrays von Arrays einrichten.

10.1 Datenverwaltung mit Arrays

Die Programme, die Sie bis jetzt gesehen haben, kamen stets mit einer relativ kleinen, gut handzuhabenden Anzahl von Daten aus. Wie sieht es aber aus, wenn Sie in einem Programm eine größere Anzahl von Daten verarbeiten müssen, etwa eine größere Anzahl von Messergebnissen oder Hunderte von Adressen, die Sie aus einer Datei oder Datenbank einlesen? Müssen Sie dann Hunderte von einzelnen Variablen definieren?

```
int iMesswert1, iMesswert2, iMesswert3, iMesswert4, ...
```

Nein, selbstverständlich gibt es für dieses Problem eine wesentlich elegantere Lösung: die Arrays.

Die effiziente Verwaltung größerer Datenmengen in einem Programm ist ein uraltes Problem, mit dem sich die Informatik schon früh intensiv auseinander gesetzt hat. Als Ergebnis dieser Bemühungen kennen wir heute verschiedene Grundmodelle zur Speicherung von Daten: Listen, Hashes, Stacks, Schlangen und eben Arrays. Was die Arrays gegenüber den anderen Datenstrukturen auszeichnet, ist der indizierte Zugriff auf die im Array gespeicherten Werte.

In C# können wir zur Erzeugung von Arrays die Klasse `System.Array` verwenden. Der Einfachheit halber bezeichnen wir Variablen, die auf Array-Objekte verweisen, ebenfalls als Arrays.

Arrays definieren

Nehmen wir an, Sie möchten ein Array definieren, in dem Sie hundert int-Zahlen speichern können. Wäre `System.Array` eine normale Klasse, würden Sie dazu zuerst eine Variable vom Typ der Klasse `System.Array` definieren und dann mit new ein Objekt der Klasse erzeugen und den Verweis auf das Objekt in der Variablen speichern. Zur Einrichtung eines Arrays gehen Sie zwar in den gleichen Schritten vor, doch verwenden Sie eine besondere Syntax, in der die Klasse `System.Array` überhaupt nicht auftaucht. Zuerst definieren Sie die Array-Variable:

```
int[] zahlen;
```

Hier wird eine Array-Variable namens zahlen definiert. Die Typangabe int teilt dem Compiler mit, dass in dem Array, das später mit der Variablen verbunden wird, int-Werte gespeichert werden. Die eckigen Klammern hinter dem Datentypbezeichner zeigen dem Compiler an, dass Sie eine Array-Variable zahlen für int-Elemente definieren wollen (und nicht eine einzelne int-Variable).

Im nächsten Schritt wird ein Array-Objekt erzeugt und mit der Array-Variablen verbunden:

```
zahlen = new int[100];
```

Die Zahl innerhalb der eckigen Klammern gibt an, für wie viele Elemente in dem Array-Objekt Platz reserviert werden soll.

Jetzt verfügen Sie über ein Array namens zahlen, in dem Sie bis zu 100 int-Werte speichern können.

Oftmals wird das Objekt gleich bei der Variablendefinition erzeugt und mit der Variablen verbunden:

```
int[] zahlen = new int[100];
```

Arrays

Arrays und die Klasse System.Array

Arrays sind in C# nur indirekt Objekte der Klasse System.Array. Tatsächlich ist es so, dass der Compiler für Ihre Arrays intern eigene Datentypen erzeugt, die auf System.Array basieren. Wenn Sie beispielsweise eine Variable int[] eineVar erzeugen, richtet der Compiler einen Datentyp für Arrays von int-Elementen ein, wenn Sie eine Variable double[] andereVar erzeugen, richtet der Compiler einen Datentyp für Arrays von double-Elementen ein. Von diesen Datentypen können Sie Objekte erzeugen, von der Klasse System.Array selbst können Sie hingegen keine Objekte erzeugen. Allerdings verfügen alle Array-Objekte über die public-Elemente der Klasse System.Array, und Sie können Ihre Arrays mit Hilfe der statischen Methoden von System.Array bearbeiten.

Auf Array-Elemente zugreifen

Die Elemente eines Arrays werden im Speicher hintereinander als Block abgelegt. Dies ermöglicht es dem Programmierer, die einzelnen Elemente im Array über ihre Position im Array anzusprechen. Die Position wird dabei als Index in eckigen Klammern an den Array-Namen angehängt. Beachten Sie aber, dass Arrays 0-basierend sind. Die Nummerierung der Elemente im Array beginnt mit 0, das erste Element im Array hat also den Index 0.

> Das erste Element in einem Array besitzt den Index 0. Der letzte Index ist folglich die Anzahl der Elemente im Array minus 1.

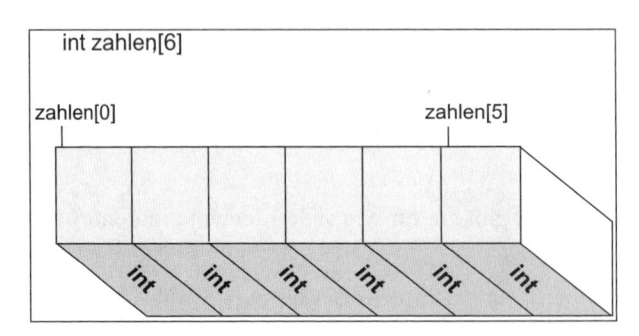

Abbildung 10.1:
Ein int-Array im Speicher

Wenn Sie also dem ersten Element im Array zahlen den Wert 12 zuweisen wollen, schreiben Sie:

```
zahlen[0] = 12;
```

Wenn Sie dem zweiten Element den doppelten Wert des ersten Elements zuweisen wollen, schreiben Sie:

```
zahlen[1] = 2 * zahlen[0];
```

Datenverwaltung mit Arrays

Achten Sie darauf, nur Indizes zu verwenden, die im Bereich [0, Array.Length-1] liegen. Zugriffe über Arraygrenzen hinweg führen zu Laufzeitfehlern.

Arrays initialisieren

Um den Elementen in einem Array Anfangswerte zuzuweisen, gibt es verschiedene Möglichkeiten:

- Sie weisen den einzelnen Elementen nacheinander Werte zu (siehe vorangehender Abschnitt).
- Sie geben die Werte als eine durch Kommata getrennte Liste direkt bei der Definition der Array-Variablen an:

  ```
  int[] zahlen = {1, 2, 3, 7, 12, 24};
  ```

  Der Compiler erzeugt dann automatisch ein passendes Array-Objekt und weist dessen Elementen die gewünschten Werte zu.

- Sie weisen den Elementen nachträglich mit Hilfe einer Schleife Werte zu (siehe nachfolgender Abschnitt).

Arrays in Schleifen durchlaufen

Mit Hilfe von Schleifen können Sie bequem beliebig große Arrays Element für Element durchlaufen und bearbeiten. Die Schleifenvariable wird dabei meist als Index für den Zugriff auf die Elemente verwendet.

So können Sie ein Array aus hundert Zahlen beispielsweise elegant und effektiv mit den ersten hundert Quadratzahlen füllen:

```
int[] zahlen = new int[10];

for (int i = 0; i < 10; ++i)
{
   zahlen[i] = (i+1)*(i+1);
}
```

Denken Sie daran, dass der Index der Array-Elemente von 0 bis n-1 läuft (wenn n die Anzahl der Elemente im Array ist). Wir müssen also Acht geben, dass Ihre Schleifenvariable, die Sie ja als Index für die Array-Elemente verwenden wollen, von 0 bis 9 läuft.

Da Sie in den Array-Elementen aber nicht die Quadrate für die Zahlen von 0 bis 9, sondern von 1 bis 10 speichern wollen, weisen Sie dem Element zahlen[i] nicht das Ergebnis von i*i, sondern von (i+1)*(i+1) zu.

Arrays

Die explizite Angabe der Arraygröße ist allerdings stets eine gefährliche Angelegenheit. Schnell hat man sich vertan oder vergisst, die Angabe anzupassen, nachdem man die Arraygröße in der Definition nachträglich geändert hat. Sie können solche Fehler vermeiden, indem Sie die Anzahl der Elemente im Array direkt über die Length-Eigenschaft des Array-Objekts in Erfahrung bringen:

```
int[] zahlen = new int[10];

for (int i = 0; i < zahlen.Length; ++i)
{
    zahlen[i] = (i+1)*(i+1);
}
```

Manchmal können Sie sich die Angabe der Arraygröße auch ganz sparen. Wenn Sie die Array-Elemente durchlaufen und bearbeiten wollen, ohne dass Sie dazu eine Schleifenvariable als Zähler oder Index mitlaufen lassen wollen, können Sie nämlich auch auf die foreach-Schleife zurückgreifen. Diese durchläuft automatisch alle Elemente eines angegebenen Arrays und liefert Ihnen in jedem Schleifendurchgang das aktuelle Element.

```
foreach (int elem in zahlen)
{
    Console.WriteLine(elem);
}
```

Im Kopf der foreach-Schleife definieren Sie zuerst eine Variable vom Typ der Elemente im Array. Dieser Variablen weist die Schleife nacheinander die einzelnen Elemente im Array zu. Danach folgt das Schlüsselwort in und das zu bearbeitende Array. Im Anweisungsblock der Schleife können Sie dann über die im Kopf definierte Variable auf das aktuelle Array-Element zugreifen.

Listing 10.1: Arrays.cs

```
using System;

namespace Kap10
{
    class CArrays
    {
        static void Main()
        {
            int[] zahlen = new int[10];

            for (int i = 0; i < zahlen.Length; ++i)
            {
                zahlen[i] = (i+1)*(i+1);
            }
```

```
            foreach (int elem in zahlen)
            {
               Console.WriteLine(" " + elem);
            }
         }
      }
}
```

1
4
9
16
25
36
49
64
81
100

10.2 Array-Programmierung leicht gemacht

Bestimmte Aufgaben kehren bei der Programmierung mit Arrays immer wieder. Welche Aufgaben dies sind und wie man sie lösen kann, ist Thema dieses Abschnitts.

Arrays von Objekten

Die Elemente eines Arrays können von einem beliebigen Datentyp sein, also auch von selbst definierten Klassentypen. Bei Arrays mit Elementen von Klassen (oder allgemeiner gesagt von Referenztypen) müssen Sie allerdings beachten, dass bei der Erzeugung des Arrays noch keine Objekte angelegt werden. Die Elemente werden mit Null-Referenzen initialisiert und müssen später explizit angelegt werden.

Listing 10.2: ArrayVonObjekten.cs

```
01: using System;
02:
03: namespace Kap10
04: {
05:    class CDemo
06:    {
07:       public int x;
```

```
08:
09:        public CDemo(int i)
10:        {
11:            x = i;
12:        }
13:    }
14:
15:
16:    class CHauptklasse
17:    {
18:        static void Main()
19:        {
20:            CDemo[] objekte = new CDemo[5];
21:
22:            for (int i = 0; i < objekte.Length; ++i)
23:            {
24:                objekte[i] = new CDemo(i);
25:            }
26:
27:            foreach (CDemo elem in objekte)
28:            {
29:                Console.WriteLine(" " + elem.x);
30:            }
31:        }
32:    }
33: }
```

In Zeile 20 wird ein Array von CDemo-Objekten erzeugt. Das Array enthält fünf Elemente, die derzeit noch alle Null-Verweise enthalten. Erst die nachfolgende Schleife erzeugt echte CDemo-Objekte und speichert die von new zurückgelieferten Verweise in dem Array objekte.

Array-Länge bestimmen

Die Länge eines Arrays ist gleich der Anzahl der Elemente im Array. Dabei spielt es keine Rolle, ob Sie in den Elementen eigene Werte abgelegt haben oder nicht. Ein Array, das wie folgt definiert wurde:

```
int[] meinArray = new int[12];
```

hat demnach die Länge 12.

Die Länge eines Arrays kann über die Nur-Lesen-Eigenschaft Length abgefragt werden:

```
Console.WriteLine("Anzahl Elemente im Array: " + meinArray.Length);
```

Meist wird die Eigenschaft Length zur Begrenzung des Index in for-Schleifen verwendet. Sie ist aber auch in anderen Situationen recht nützlich, beispielsweise wenn das statistische Mittel der im Array gespeicherten Werte ermittelt werden soll.

Listing 10.3: Arraylaenge.cs

```
01: using System;
02:
03: namespace Kap10
04: {
05:    class CArrays
06:    {
07:       static void Main()
08:       {
09:          // Temperaturen im Monat Januar
10:          int[] temperaturen = {7, 9, 5, 4, 0, -1, -5,
11:                                -7, -12, -9, -5, 0, -1, -2,
12:                                4, 8, 15, 18, 15, 15, 14,
13:                                16, 12, 10, 5, 3, 6, 5,
14:                                8, 7, 7};
15:          double dDurchschnitt = 0;
16:
17:          for (int i = 0; i < temperaturen.Length; ++i)
18:          {
19:             dDurchschnitt += temperaturen[i];
20:          }
21:
22:          dDurchschnitt /= temperaturen.Length;
23:
24:          Console.WriteLine("Durchschnittstemperatur im Januar: "
25:                            + "{0:F2} Grad", dDurchschnitt);
26:       }
27:    }
28: }
```

Durchschnittstemperatur im Januar: 4,87 Grad

In diesem Beispiel wurde ein Array namens temperaturen definiert, das mit den Tageshöchsttemperaturen des Monats Januar initialisiert wurde. In der for-Schleife werden die einzelnen Temperaturwerte aufsummiert. Beachten Sie, wie dabei die Length-Eigenschaft benutzt wird, um Zugriffe über das Arrayende hinaus zu verhindern.

In Zeile 22 wird die Summe durch die Anzahl der Werte geteilt, um die Durchschnittstemperatur zu berechnen. Die Anzahl der Werte liefert wiederum die Eigenschaft `Length`.

Arrayteile löschen

Löschen, im Sinne von »aus dem Array entfernen« können Sie die Elemente eines Arrays nicht. Wohl aber können Sie die in den Elementen gespeicherten Werte löschen, indem Sie die Elemente auf ihre Nullwerte (`0`, `false` oder `null`) zurücksetzen.

Um größere Bereiche eines Arrays auf Null zurückzusetzen, könnten Sie eine Schleife verwenden:

```
// das 4., 5., 6. und 7. Element löschen
for (int i = 3; i < 7; ++i)
{
    meinArray[i] = 0;
}
```

Sie können aber auch die statische `System.Array`-Methode `Clear()` aufrufen:

```
Array.Clear(meinArray, 3, 4);
```

Als erstes Argument übergeben Sie `Clear()` die Arrayvariable, die auf das zu bearbeitende Array-Objekt verweist. Das zweite Argument ist der Index des ersten zu löschenden Elements, das dritte Argument ist die Anzahl der zu löschenden Elemente.

Arrays kopieren

Zum Kopieren von Arrays stellt die Klasse `System.Array` gleich drei verschiedene Methoden zur Verfügung:

- `Clone()`
- `CopyTo()`
- `Array.Copy()`

Ganze Arrays kopieren mit `Clone()`

Zum bequemen Kopieren von Arrays definiert die Klasse `System.Array` die Methode `Clone()`.

Wenn Sie `Clone()` für ein bestehendes Array aufrufen, erzeugt die Methode ein neues Array-Objekt und kopiert die Werte aus dem ersten Array in die entsprechenden Elemente des neuen Arrays. Schließlich liefert die Methode einen Verweis auf das neu angelegte Array-Objekt als Ergebnis zurück.

Diesen Verweis brauchen Sie nur noch in den korrekten Arraytyp umzuwandeln und einer zweiten Array-Variablen zuzuweisen, und schon haben Sie ein kopiertes Array:

```
int[] einArray = {1, 2, 3, 4, 5, 6, 7, 8, 9, 10};
int[] anderesArray = (int[]) einArray.Clone();
```

> Enthält das zu kopierende Array Elemente von Referenztypen, werden lediglich die Referenzen kopiert. Wenn Sie also ein Array mit Objekten einer selbst definierten Klasse `Auto` mit `Clone()` kopieren, verweisen die Elemente im neuen Array auf dieselben `Auto`-Objekte wie die Elemente des Quellarrays. Mehr dazu in Kapitel 13.1.

Arrays in andere Arrays einfügen mit `CopyTo()`

Mit Hilfe der Methode `CopyTo()` können Sie die Elemente eines Arrays A in ein Array B einfügen.

Angenommen Sie haben folgende Arrays definiert:

```
int[] arrayA = {1, 2, 3, 4, 5};
int[] arrayB = {2, 2, 2, 2, 2, 2, 2, 2, 2, 2};
```

Um nun die Elemente von `arrayA` hinter dem dritten Element von `arrayB` einzufügen, brauchen Sie nur zu schreiben:

```
arrayA.CopyTo(arrayB, 3);
```

Die neu eingefügten Elemente ersetzen die alten Elemente an den entsprechenden Positionen, sodass `arrayB` danach folgende Elemente enthält:

`2 2 2 1 2 3 4 5 2 2`

> Achten Sie darauf, dass das Array, in das die Elemente eingefügt werden (im Beispiel `arrayB`) groß genug ist, um die Elemente des einzufügenden Arrays komplett aufzunehmen!

Teilarrays in andere Arrays einfügen mit `Copy()`

Die statische Methode `Copy()` arbeitet ganz ähnlich wie `CopyTo()`, ist aber etwas flexibler, denn sie erlaubt das Kopieren eines Arrayteilbereichs. Dieser wird durch die Position des ersten zu kopierenden Elements und die Anzahl der zu kopierenden Elemente angegeben.

Angenommen Sie haben folgende Arrays definiert:

```
int[] arrayA = {1, 2, 3, 4, 5};
int[] arrayB = {2, 2, 2, 2, 2, 2, 2, 2, 2, 2};
```

Um nun die letzten beiden Elemente von `arrayA` vor dem ersten Element von `arrayB` einzufügen, brauchen Sie nur zu schreiben:

```
Array.Copy(arrayA, 3, arrayB, 0, 2);
```

Zuerst übergeben Sie das Quellarray und die Position des Elements aus dem Array, welches als Erstes kopiert werden soll. Dann übergeben Sie das Zielarray und die Position des Elementes, das als Erstes ersetzt werden soll. Das letzte Argument ist die Anzahl der zu kopierenden Elemente.

Die neu eingefügten Elemente ersetzen die alten Elemente an den entsprechenden Positionen, sodass das `arrayB` danach folgende Elemente enthält:

4 5 2 2 2 2 2 2 2 2

Achten Sie darauf, dass in dem Quellarray ausreichend zu kopierende Elemente enthalten sind (Anfangsposition + Anzahl zu kopierender Elemente <= Länge des Arrays) und dass das Zielarray groß genug ist, um die Elemente aufnehmen zu können.

Arrays sortieren

Arrays mit Zahlen oder Strings kann man auf bequeme Weise mit Hilfe der statischen `Array`-Methode `Array.Sort()` sortieren. Sie müssen lediglich die Methode aufrufen und ihr die zu sortierende Array-Instanz übergeben. Die enthaltenen Elemente (Zahlen oder Strings) werden daraufhin aufsteigend sortiert.

Listing 10.4: ArraySortieren.cs

```
using System;

namespace Kap10
{
    class CArrays
    {
        static void Main(string[] args)
        {
            string[] namen = {"Gwenda", "Batya", "Laika", "Laetitia"};

            Array.Sort(namen);
```

```
      foreach(string elem in namen)
        Console.WriteLine(elem);

   }
  }
}
```

>   Batya
>   Gwenda
>   Laetitia
>   Laika

Wenn Sie ein absteigend sortiertes Array haben möchten, rufen Sie nach dem Sortieren die Methode `Reverse()` auf, welche die Reihenfolge der im Array enthaltenen Elemente umkehrt:

```
Array.Sort(namen);
Array.Reverse(namen);
```

In sortierten Arrays suchen

In Arrays können größere Datenmengen verwaltet werden. Das Ablegen von Werten oder Objekten in einem Array wäre allerdings ziemlich uninteressant, wenn es nicht auch die Möglichkeit gäbe, die Elemente im Array effizient zu bearbeiten. Hierzu gehören:

- der indizierte Zugriff auf einzelne Elemente,
- das Durchlaufen der Array-Elemente in einer Schleife und
- das Aufspüren eines bestimmten Elements im Array.

Angenommen, Sie möchten in dem oben angelegten Array `namen` nach einem bestimmten Vornamen suchen – beispielsweise um danach mit dem Namen weiter zu arbeiten, um hinter dem Namen einen neuen Namen einzufügen oder einfach um festzustellen, ob der Name bereits im Array eingetragen ist.

Eine einfache, aber auch ineffiziente Methode nach dem Namen zu suchen, besteht darin, das Array in einer Schleife zu durchlaufen und für jedes Element zu testen, ob es den gesuchten Namen enthält. Eine solche Suche kann sehr schnell gehen (wenn gleich das erste Element den gesuchten Namen enthält), sie kann aber auch sehr lange dauern (wenn erst das letzte Elemente den gesuchten Namen enthält oder der Name gar nicht im Array gespeichert ist).

Eine wesentlich effizientere Suchmethode ist die Binäre Suche, die allerdings voraussetzt, dass das Array sortiert ist. Die binäre Suche greift sich das mittlere Elemente aus dem Array heraus und prüft, ob dieses kleiner oder größer dem gesuchten Wert ist. Je nach Ergebnis des Vergleichs wird dann nach dem gleichen Muster in der unteren oder oberen Hälfte des

Arrays

Arrays weitergesucht. Auf diese Weise wird der Suchraum bei jedem Schritt halbiert. Die binäre Suche ist recht effizient; für ein Array mit *n* Elementen endet die Suche spätestens nach $\log_2 (n+1)$ Vergleichen.

Erfreulicherweise hält die Klasse System.Array bereits eine fertig implementierte statische Methode zur Durchführung von binären Suchvorgängen für uns bereit: BinarySearch(). Beim Aufruf übergeben Sie der Methode das zu durchsuchende Array und den zu suchenden Wert. Als Ergebnis erhalten Sie den Index des Elements zurück, das den gesuchten Wert enthält (oder einen Wert kleiner 0, wenn der Wert nicht gefunden wurde).

Listing 10.5: InArraySuchen.cs

```
using System;

namespace Kap10
{
   class CArrays
   {
      static void Main(string[] args)
      {
         string[] namen = {"Gwenda", "Batya", "Laika", "Laetitia"};

         Array.Sort(namen);

         Console.WriteLine("Geben Sie den zu suchenden Namen ein: ");
         string sName = Console.ReadLine();

         int iPos = Array.BinarySearch(namen, sName);
         if (iPos >= 0)
            Console.WriteLine("Name gefunden an Position " + iPos);
         else
            Console.WriteLine("Name nicht gefunden ");

      }
   }
}
```

```
Geben Sie den zu suchenden Namen ein:
Gwenda
Name gefunden an Position 1
```

Die Methode BinarySearch() ist mehrfach überladen. Mit Hilfe der überladenen Versionen können Sie Teilbereiche eines Arrays durchsuchen oder selbst vorgeben, wie die Elemente im Array zu vergleichen sind.

Arrays als Parameter

Selbstverständlich können Arrays auch als Argumente an Methoden übergeben werden. Die Methode definiert dazu einen Parameter vom zugehörigen Array-Typ:

```
static void WerteAusgeben(int[] param)
{
   foreach(int elem in param)
      Console.WriteLine(elem);
}
```

Beim Aufruf wird dann einfach das zu bearbeitende Array an den Parameter übergeben:

```
static void Main()
{
   int[] einArray = {1, 2, 3, 4, 5,
                     6, 7, 8, 9, 10};

   WerteAusgeben(einArray);
}
```

10.3 Zusammengesetzte Arrays

Arrays müssen nicht notwendigerweise aus einer linearen Folge von Elementen bestehen. Arrays können mehrdimensional sein und sie können andere Arrays als Elemente enthalten.

Mehrdimensionale Arrays

Eindimensionale Arrays kann man sich als eine lineare Folge von Werten vorstellen:

```
1 2 3 4 5
```

Zweidimensionale Arrays können Sie sich als Werte vorstellen, die wie in einer Tabelle in Zeilen und Spalten angeordnet sind:

```
11 12 13 14 15
21 22 23 24 25
31 32 33 34 35
```

Dreidimensionale Arrays wären demnach wie Quader (mit Breite, Höhe und Tiefe), und bei vierdimensionalen Arrays hört unsere Vorstellungskraft so langsam auf.

Um ein mehrdimensionales Array zu definieren, geben Sie die Größen der einzelnen Dimensionen durch Kommata getrennt hintereinander in den eckigen Array-Klammern an.

```
int[,] zahlen = new int[10,20];
```

Die obige Definition erzeugt beispielsweise ein zweidimensionales Array mit 10 mal 20 Zahlen. Wenn Sie sich das Array als Tabelle vorstellen, würde diese also aus 10 Zeilen (erste Dimension) und 20 Spalten (zweite Dimension) bestehen.

Ebenso wie Sie das Array definieren, greifen Sie auf seine Elemente zu:

```
zahlen[5, 2] = 12;
```

Hier wird auf das dritte Elemente in der sechsten Zeile zugegriffen (nicht vergessen, dass die Indizierung der einzelnen Dimensionen mit 0 beginnt).

Ein Beispiel

Stellen Sie sich die Sitzplätze im Parkett eines Theaters oder Kinos vor (siehe Abbildung 10.2). Dieses soll aus 200 Sitzplätzen bestehen, verteilt auf 10 Reihen zu je 20 Plätzen.

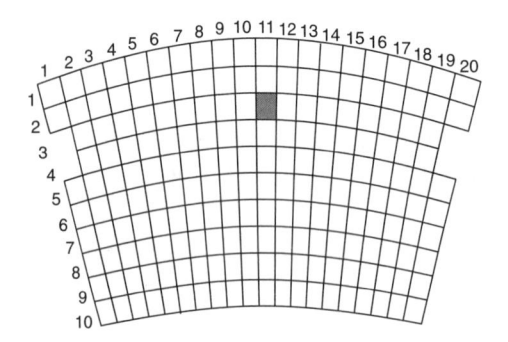

Abbildung 10.2:
Das Parkett als zweidimensionales Array

Ihre Aufgabe soll es nun sein, die Belegung dieser Sitzplätze mit einem Programm zu verwalten. Es bietet sich an, die Plätze in Form eines Arrays zu verwalten:

```
bool sitze = new bool[200];
```

Dieser Ansatz ist aber insofern ungeschickt, als die natürliche Anordnung der Sitzplätze in 10 Reihen zu je 20 Plätzen in dem flachen, eindimensionalen Array verloren geht. Sie merken dies beispielsweise, wenn jemand den 11. Platz in der 3. Reihe bucht und Sie dieses Element im Array auf true setzen wollen (wobei true für »belegt« steht).

Geschickter ist es, ein passendes zweidimensionales Array anzulegen.

```
bool[,] sitze = new bool[10, 20];
```

Der nächste Schritt wäre nun, den Elementen im Array Anfangswerte zuzuweisen. Da zu Anfang alle Plätze frei sein sollen (`false`) können wir uns diesen Schritt allerdings sparen, denn der Compiler initialisiert `bool`-Elemente automatisch mit dem Wert `false`.

Zur Probe buchen wir jetzt den 11. Platz in der 3. Reihe und geben die gesamte Belegung aus.

```
sitze[2,10] = true;
```

Die Ausgabe des Belegungsplans ist etwas aufwändiger und erfordert zwei verschachtelte `for`-Schleifen:

```
for(int iReihe = 1; iReihe <= sitze.GetLength(0); ++iReihe)
{
   for(int iPlatz = 1; iPlatz <= sitze.GetLength(1); ++iPlatz)
   {
      if (sitze[iReihe-1,iPlatz-1] == false)
         Console.Write("f ");
      else
         Console.Write("b ");
   }
   Console.WriteLine();
}
```

Die erste Schleife geht die einzelnen Reihen, sprich die Elemente der ersten Dimension des Arrays durch. In der Schleife werden in einer zweiten Schleife die einzelnen Plätze der aktuellen Reihe abgearbeitet (zweite Dimension). Für freie Plätze wird ein »f« ausgegeben, für belegte Plätze ein »b«. Zum Abschluss der Reihe wird die Ausgabezeile umgebrochen (`Console.WriteLine()`), damit die Plätze der nächsten Reihe in einer neuen Zeile ausgegeben werden. Auf diese Weise spiegelt die Ausgabe die zweidimensionale Anordnung der Sitzplätze wider. (Natürlich hätte man die Elemente auch einfach mit Hilfe einer `foreach`-Schleife ausgeben können, doch wäre dann kaum zu erkennen, welche Plätze belegt sind und welche nicht.)

Beachten Sie bitte auch die Grenzen für die Schleifenvariablen. Für die Obergrenze wurde nicht wie in den vorangehenden Beispielen die Eigenschaft `Length` verwendet. Der Grund liegt auf der Hand: `Length` gibt die Gesamtzahl der Elemente im Array an, benötigt wird aber die Anzahl der Elemente pro Dimension. Diese Werte liefert die Array-Methode `GetLength()`, der man beim Aufruf die Nummer der gewünschten Dimension übergibt (0 für die erste Dimension, 1 für die zweite usw.).

Hier noch einmal der vollständige Quelltext:

Listing 10.6: Theater1.cs

```
using System;

namespace Kap10
```

```
{
    class CArrays
    {
        static void Main(string[] args)
        {
            bool[,] sitze = new bool[10, 20];

            sitze[2,10] = true;

            for(int iReihe = 1; iReihe <= sitze.GetLength(0); ++iReihe)
            {
              for(int iPlatz = 1;iPlatz <= sitze.GetLength(1);++iPlatz)
              {
                 if (sitze[iReihe-1,iPlatz-1] == false)
                    Console.Write("f ");
                 else
                    Console.Write("b ");
              }
              Console.WriteLine();
            }

        }
    }
}
```

```
f f f f f f f f f f f f f f f f f f f f
f f f f f f f f f f f f f f f f f f f f
f f f f f f f f f f b f f f f f f f f f
f f f f f f f f f f f f f f f f f f f f
f f f f f f f f f f f f f f f f f f f f
f f f f f f f f f f f f f f f f f f f f
f f f f f f f f f f f f f f f f f f f f
f f f f f f f f f f f f f f f f f f f f
f f f f f f f f f f f f f f f f f f f f
f f f f f f f f f f f f f f f f f f f f
```

Mehrdimensionalität gibt es nicht

In Wirklichkeit gibt es gar keine mehrdimensionalen Arrays, denn der Arbeitsspeicher, in dem die Elemente des Arrays angelegt werden, ist ja letzten Endes nur eine lineare, eindimensionale Folge von Speicherzellen. Die Mehrdimensionalität der Arrays ist also etwas, das uns nur vorgegaukelt wird und das uns die Arbeit mit Daten, die – wie z.B. die Werte einer Tabelle – von Natur aus mehrdimensional organisiert sind, vereinfacht.

Arrays aus Arrays

Mehrdimensionale Arrays haben die besondere Eigenschaft, dass die Elemente einer Dimension stets die gleiche Länge haben. Ein zweidimensionales Array besteht beispielsweise aus einer bestimmten Zahl von Zeilen, die alle die gleiche Anzahl Spalten (zweite Dimension) aufweisen.

In der Praxis hat man es aber häufig mit Daten zu tun, die nicht ganz so regelmäßig angeordnet sind. Nehmen wir beispielsweise an, in dem Parkett aus dem vorangehenden Abschnitt gäbe es in der dritten und vierten Reihe nur jeweils 18 Plätze (siehe Abbildung 10.3).

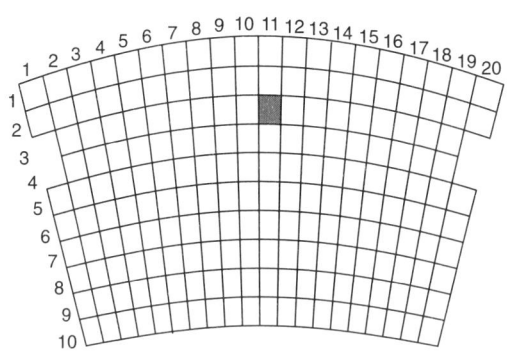

Abbildung 10.3:
Das Parkett als Array von Arrays

Ein solches Parkett kann nicht durch ein zweidimensionales Array dargestellt werden, wohl aber als ein Array, dessen Elemente selbst auch wieder Arrays sind.

Die Definition eines solchen Arrays sieht wie folgt aus:

```
bool[][] sitze = new bool[10][];
```

Sie haben jetzt ein Array-Objekt mit 10 Elementen, in denen Sie beliebig große Unterarrays mit bool-Elementen ablegen können. Der nächste Schritt besteht darin, diese Unterarrays, die die Sitzplätze pro Reihe repräsentieren, zu erzeugen:

```
for(int iReihe = 1; iReihe <= sitze.Length; ++iReihe)
{
   if (iReihe < 3 || iReihe > 4)
      sitze[iReihe-1] = new bool[20];
   else
      sitze[iReihe-1] = new bool[18];
}
```

Zwei Dinge an dieser for-Schleife verdienen Ihre Aufmerksamkeit:

- die Erzeugung der Unterarrays in der Schleife und
- die Rückkehr zur Length-Eigenschaft als Obergrenze für die Schleifenvariable.

Arrays

> Ein Array von Arrays ist kein mehrdimensionales Array – nicht einmal, wenn alle seine Unterarrays gleich lang wären! Die Länge eines Arrays von Arrays ist die Anzahl seiner Unterarrays, die Länge eines mehrdimensionalen Arrays ist die Gesamtzahl der in ihm enthaltenen Elemente.

Nach der Einrichtung des Arrays können Sie einzelne Sitze reservieren. Um zum Beispiel den 11. Platz in der dritten Reihe zu reservieren, greifen Sie zuerst auf das Unterarray für die dritte Reihe zu (sitze[2]) und hängen diesem den Index für den Platz an ([10]):

```
sitze[2][10] = true;
```

Zu guter Letzt wird der Belegungsplan ausgeben:

```
for(int iReihe = 1; iReihe <= sitze.Length; ++iReihe)
{
   if (iReihe == 3 || iReihe == 4)
      Console.Write("  ");

   for(int iPlatz = 1; iPlatz <= sitze[iReihe-1].Length; ++iPlatz)
   {
      if (sitze[iReihe-1][iPlatz-1] == false)
         Console.Write("f ");
      else
         Console.Write("b ");
   }
   Console.WriteLine();
}
```

Beachten Sie hier, wie die maximale Anzahl Elemente in den Unterarrays bestimmt wird:

```
iPlatz <= sitze[iReihe-1].Length;
```

Wie bei der Belegung einzelner Plätze wird zuerst auf das gewünschte Unterarray zugegriffen (sitze[iReihe-1]). Für dieses Unterarray wird dann die Eigenschaft Length abgefragt.

Auch zu diesem Beispiel noch einmal der vollständige Quelltext:

Listing 10.7: Theater2.cs

```
using System;

namespace Kap10
{
   class CArrays
   {
      static void Main(string[] args)
      {
         bool[][] sitze = new bool[10][];
```

```csharp
        for(int iReihe = 1; iReihe <= sitze.GetLength(0); ++iReihe)
        {
            if (iReihe < 3 || iReihe > 4)
                sitze[iReihe-1] = new bool[20];
            else
                sitze[iReihe-1] = new bool[18];
        }

        sitze[2][10] = true;

        for(int iReihe = 1; iReihe <= sitze.Length; ++iReihe)
        {
            if (iReihe == 3 || iReihe == 4)
                Console.Write("  ");

            for(int iPlatz = 1; iPlatz <= sitze[iReihe-1].Length;
                                                       ++iPlatz)
            {
                if (sitze[iReihe-1][iPlatz-1] == false)
                    Console.Write("f ");
                else
                    Console.Write("b ");
            }
            Console.WriteLine();
        }

    }
  }
}
```

10.4 Zusammenfassung

Heute haben Sie gelernt, wie Sie mehrere Daten eines Datentyps in Arrays speichern und verwalten können. Sie konnten mit Freude feststellen, dass es für viele Aufgaben, die bei der Programmierung mit Arrays anfallen, passende Elemente in der Klasse System.Array gibt, und Sie haben gesehen, wie man hierarchisch organisierte Daten mit Hilfe von mehrdimensionalen Arrays oder Arrays von Arrays nachbilden kann.

Einen Nachteil haben die Arrays jedoch: Sie sind statisch, d.h. ihre Größe kann nach der Erzeugung des Arrays nicht mehr geändert werden. Für viele Aufgaben werden aber Datenstrukturen benötigt, die sich dynamisch anpassen. Doch keine Angst, auch für diese Aufgaben sind C# und das .NET-Framework gerüstet. Wir werden darauf in Kapitel 14.3 zurückkommen.

10.5 Workshop

Der Workshop enthält Quizfragen, die Ihnen helfen sollen, Ihr Wissen zu festigen, und Übungen, die Sie anregen sollen, das eben Gelernte umzusetzen und eigene Erfahrungen zu sammeln. Versuchen Sie, das Quiz und die Übungen zu beantworten und zu verstehen, bevor Sie zur Lektion des nächsten Tages übergehen.

Fragen und Antworten

F   Was passiert, wenn ich einen Index verwende, der über das Array hinausweist (also beispielsweise den Index -2 oder 10 für ein Array von 10 Elementen)?

A   Wenn Sie versuchen, über einen zu großen oder zu kleinen Index auf ein Element zuzugreifen, das es gar nicht gibt, wird eine so genannte Exception oder Ausnahme ausgelöst. Auf dem Bildschirm erscheint dann eine Fehlermeldung und das Programm wird abgebrochen. Achten Sie also darauf, nur Indizes zu verwenden, die im Bereich [0, `Array.Length-1`] liegen.

Ist eine direkte Kontrolle der Indizes nicht möglich oder nur sehr umständlich zu implementieren (beispielsweise wenn die Indizes auf Daten beruhen, die von außerhalb des Programms eingelesen werden), besteht die Möglichkeit, etwaige ausgelöste Ausnahmen noch im Programm abzufangen (siehe Kapitel 20).

F   Wie werden die Elemente eines mehrdimensionalen Arrays oder eines Arrays von Arrays im eindimensionalen Speicher angeordnet?

A   Sie werden so abgelegt, dass für ein Element einer niedrigeren Dimension zuerst alle Elemente der höheren Dimension abgelegt werden. Für ein zweidimensionales Array, das eine Tabelle aus Zeilen und Spalten repräsentiert, werden also zuerst alle Spaltenwerte der ersten Zeile, dann die Spaltenwerte der zweiten Zeile und so weiter abgelegt.

F   Kann ich Arrays mit Elementen einrichten, die verschiedene Datentypen haben?

A   Nein, in einem Array können immer nur Elemente eines Datentyps zusammengefasst werden. In den nächsten Tagen werden Sie allerdings lernen, dass man neue Klassen von bestehenden Klassen ableiten kann und dass Objekte abgeleiteter Klassen als Objekte ihrer Basisklassen betrachtet werden können. Man kann dies dazu nutzen, Objekte verschiedener abgeleiteter Klassen in einem Array von Basisklassenobjekten zu vereinen.

Quiz

1. Wie heißt die Klasse, auf denen Arrays basieren und die uns all diese nützlichen Methoden und Eigenschaften zur Programmierung mit Arrays zur Verfügung stellt?
2. Mit welchem Index greift man auf das letzte Element eines 20-elementigen Arrays zu?
3. Kann man die Größe eines Array-Objekts nachträglich ändern?
4. Wie viele Elemente enthält das Array `double[3][10][2]`?
5. Wie ermittelt man den größten zulässigen Index für ein Array?

Übungen

1. Schreiben Sie ein Programm, das die ersten 32 Potenzen von 2 berechnet, in einem Array speichert und danach ausgibt.
2. Deklarieren Sie ein zweidimensionales Array, das ein Tic-Tac-Toe-Spiel darstellt.
3. Geben Sie mit `foreach` die Elemente eines zweidimensionalen Arrays in einer Zeile aus.
4. Geben Sie mit zwei verschachtelten `foreach`-Schleifen die `int`-Elemente eines `int[][]`-Arrays aus.

Tag 11

Vererbung

Vererbung

Vererbung im objektorientierten Sinne bedeutet, dass eine Klasse die in ihr definierten Elemente an eine andere Klasse weitervererbt. Sie deswegen jedoch als ein bloßes Mittel zur bequemen Wiederverwertung von Code zu sehen, wäre falsch und würde ihr nicht gerecht, denn an die Vererbung knüpfen sich eine Reihe von weiteren, wichtigen objektorientierten Konzepten wie zum Beispiel die Überschreibung von Methoden, die Polymorphie, die abstrakten Klassen und der Aufbau von Klassenhierarchien. Wir haben es also mit einem recht umfangreichen Geflecht von aufeinander aufbauenden und voneinander abhängigen Konzepten zu tun, deren Grundlage die Vererbung ist. Nichtsdestotrotz stellt die Vererbung selbst auch nur einen Teilaspekt eines noch größeren Themenkomplexes dar – der Frage, in welche Beziehungen Klassen zueinander treten können.

Die kommenden zwei Tage führen Sie in die höheren Weihen der objektorientierten Programmierung ein. Der heutige Tag beginnt mit der grundlegenden Syntax der Vererbung und ihrer Umsetzung in einfachen Programmen. Der morgige Tag ist der Polymorphie, den Klassenhierarchien und den Schnittstellen gewidmet.

Grämen Sie sich nicht, wenn Ihr Kopf angesichts der vielfältigen Syntaxformen und alternativen Techniken irgendwann nicht mehr aufnahmefähig ist. Mit den meisten der am heutigen und morgigen Tag vorgestellten Techniken werden Sie in der Praxis erst nach und nach in Berührung kommen, und es ist ganz natürlich (und auch so gedacht), dass Sie dann zu den entsprechenden Kapiteln und Unterkapiteln zurückblättern und diese nochmals lesen. Dies soll aber keine Ausflucht sein, die Kapitel jetzt zu überspringen. Arbeiten Sie die Kapitel aufmerksam durch und versuchen Sie vor allem die hinter den Techniken stehenden Konzepte und Ideen zu verstehen. Lesen Sie dazu auch unbedingt die Zusammenfassungen am Ende der Kapitel, die Ihnen noch einmal einen konzentrierten Überblick über die vorgestellten Konzepte geben.

Im Einzelnen lernen Sie in diesem Kapitel

- wie eine neue Klasse die Elemente einer bestehenden Klasse erben kann,
- wann man Vererbung nutzen sollte,
- wie sich die Zugriffsspezifizierer bei der Vererbung verhalten,
- was Basisklassenunterobjekte sind,
- wie man mit der Verdeckung und Überladung bei der Vererbung umgeht,
- wie man eigene Klassen von Klassen aus anderen Programmen ableiten kann,
- was der Unterschied zwischen Vererbung und Einbettung ist,
- wie die Klasse `System.Object` aufgebaut ist.

11.1 Das Prinzip der Vererbung

Bei der Vererbung wird eine neue Klasse von einer bestehenden Klasse abgeleitet. Die abgeleitete Klasse erbt dadurch die Elemente ihrer Basisklasse.

Basisklasse und abgeleitete Klasse sind dabei ganz normale Klassen. Die Bezeichnungen »Basisklasse« und »abgeleitete Klasse« beziehen sich lediglich darauf, welche Funktion die Klassen bei der Vererbung erfüllen:

- Die *Basisklasse* gibt ihre Elemente weiter (vererbt sie).
- Die *abgeleitete Klasse* nimmt die Elemente in Empfang (erbt sie).

Betrachtet man die Vererbung aus Sicht der abgeleiteten Klasse, spricht man auch von *Ableitung*.

Der grundlegende Mechanismus

Betrachten Sie folgende einfache Klasse:

```
class CBasis
  {
    public int wert;

  public void Ausgeben()
    {
    Console.WriteLine("Wert = {0}", wert);
    }
  }
```

Wenn Sie diese Klasse als Basisklasse einer neuen Klasse verwenden wollen, müssen Sie lediglich bei der Definition der neuen Klasse den Namen der Basisklasse mit einem Doppelpunkt an den Namen der neuen Klasse anhängen.

```
class CAbgeleitet : CBasis
  {
  public void Erhoehen()
    {
    wert += 10;
    }
  }
```

Jetzt verfügt die abgeleitete Klasse CAbgeleitet neben der von ihr selbst definierten Methode Erhoehen() automatisch auch über die Elemente der Basisklasse. Beachten Sie, dass man die geerbten Elemente sogar schon in den Methoden der abgeleiteten Klasse verwenden kann (in unserem Beispiel erhöht die Methode Erhoehen() das Feld wert, das die Klasse CAbgeleitet von der Klasse CBasis geerbt hat).

Die folgende `Main()`-Methode vervollständigt das Programm und zeigt, dass man für Objekte der Klasse `CAbgeleitet` sowohl die geerbten als auch die in der Klasse `CAbgeleitet` definierten Elemente aufrufen kann (immer vorausgesetzt, die Elemente sind `public`).

Listing 11.1: Vererbung.cs

```
using System;

namespace Kap11
{
   class CBasis
   {
      public int wert;

      public void Ausgeben()
      {
         Console.WriteLine("Wert = {0}", wert);
      }
   }

   class CAbgeleitet : CBasis
   {
      public void Erhoehen()
      {
         wert += 10;
      }
   }


   class CHauptklasse
   {
      static void Main(string[] args)
      {
         CAbgeleitet obj = new CAbgeleitet();
         obj.wert = 5;
         obj.Erhoehen();
         obj.Ausgeben();
      }
   }
}
```

Die Ausgabe dieses kleinen Demoprogramms lautet schlicht:

```
Wert = 15
```

So unspektakulär diese Ausgabe auch ist, so zeigt sie doch, wie hervorragend der Mechanismus der Vererbung funktioniert.

Der Sinn der Vererbung

Im Laufe Ihrer Karriere als Programmierer werden Sie eine Vielzahl von Klassen zur Repräsentation verschiedenster Objekte und zur Lösung unterschiedlichster Aufgaben schreiben. Irgendwann werden Sie feststellen, dass Sie für die Implementierung einer neu zu erstellenden Klasse die Funktionalität einer Klasse, die Sie vor längerer Zeit einmal geschrieben haben, sehr gut verwenden könnten. Dies wirft die Frage auf, wie sich die Funktionalität, die eine Klasse darstellt, bei der Implementierung neuer Klassen sinnvoll wieder verwenden lassen kann. Die objektorientierte Programmierung bietet als Antwort auf diese Frage zwei unterschiedliche, sich ergänzende Konzepte an: die Vererbung und die Einbettung.

Während bei der Vererbung die Elemente der bestehenden Klasse an die neue Klasse vererbt werden, geschieht bei der Einbettung nichts anderes, als dass in der neuen Klasse ein Feld vom Typ der bestehenden Klasse definiert wird.[1]

Vererbung	Einbettung

class X
{
...
};
	class X
	{
	...
	};

class Y: X
{
...
};
	class Y
	{
	  X var;
	...
	};

Tabelle 11.1: Vererbung versus Einbettung

In Kapitel 11 werden wir ausführlicher auf die Unterschiede und Einsatzgebiete von Vererbung und Einbettung eingehen. Bis dahin merken Sie sich einfach, dass die Vererbung immer dann – aber auch nur dann – eingesetzt wird, wenn die abgeleitete Klasse eine logische Erweiterung oder Spezialisierung der Basisklasse darstellt.

---

[1] Auch wenn es Ihnen vielleicht nicht so richtig bewusst war, so haben Sie das Konzept der Einbettung doch schon fleißig verwendet, denn wann immer Sie in einer Ihrer Klassen ein Feld vom Typ der Klasse string deklarierten, haben Sie das Konzept der Einbettung genutzt.

Vererbung

Einige wichtige Fakten

Das Thema Vererbung ist recht komplex, zu komplex, um es an dieser Stelle in einigen wenigen Sätzen zusammenfassen zu können. Dieser Abschnitt soll Sie daher lediglich auf einige Punkte und technische Details aufmerksam machen, die bei der Auseinandersetzung mit den weit wichtigeren Konzepten schnell überlesen, vom Autor vergessen oder als allzu selbstverständlich angesehen werden.

- Die Basisklasse vererbt alle in ihr definierten Elemente mit Ausnahme der Konstruktoren und Destruktoren.

- Es gibt keine Möglichkeit, auf die Auswahl der vererbten Elemente einzuwirken. (Das heißt, Sie können weder festlegen, dass ein bestimmter Konstruktor doch vererbt werden soll, noch können Sie ein Feld oder eine Methode von der Vererbung ausschließen.)

- Die Basisklasse wird durch die Vererbung nicht verändert. (Weder fehlen die vererbten Elemente später in der Basisklasse, noch wirken Definitionen in der abgeleiteten Klasse auf die Basisklasse zurück.)

- Eine C#-Klasse kann nicht gleichzeitig von zwei oder mehreren Basisklassen abgeleitet werden. (Umsteiger von C++ seien darauf hingewiesen, dass die Mehrfachvererbung von C++ in C# durch das Konzept der mehrfachen Schnittstellenvererbung abgelöst wurde.)

- Die Basisklasse muss mindestens genauso zugänglich sein wie die abgeleitete Klasse. Eine `public`-Klasse kann demnach nicht von einer `internal`-Klasse abgeleitet werden. Da Klassen, die ohne Zugriffsspezifizierer deklariert werden, standardmäßig `internal` sind, ist auch die folgende Deklaration nicht erlaubt:

    ```
    class CBasis {...}
    public CAbgeleitet : CBasis
    ```

11.2 Wie greift man auf geerbte Elemente zu?

Auf den ersten Blick verhalten sich geerbte Elemente wie eigene Elemente der abgeleiteten Klasse, das heißt

- in den Methoden der abgeleiteten Klasse können Sie die geerbten Felder und Methoden direkt verwenden,

- der Zugriff von außen erfolgt wie üblich über ein Objekt,

- der Zugriff kann durch die Vergabe von Zugriffsspezifizierern gesteuert werden.

Wie greift man auf geerbte Elemente zu?

Das Eingangsbeispiel scheint dies zu bestätigen:

Listing 11.2: Aus Vererbung.cs

```
01: class CBasis
02:   {
03:   public int wert;
04:
05:   public void Ausgeben()
06:     {
07:     Console.WriteLine("Wert = {0}", wert);
08:     }
09:   }
10:
11: class CAbgeleitet : CBasis
12:   {
13:   public void Erhoehen()
14:     {
15:     wert += 10;           // direkter Zugriff auf
16:     }                     // geerbtes Element
17:   }
18:
19: class CHauptklasse
20:   {
21:   static void Main()
22:     {
23:     CAbgeleitet obj = new CAbgeleitet();
24:
25:     obj.wert = 5;         // Zugriff über Objekt der
26:     obj.Erhoehen();       // abgeleiteten Klasse auf
27:     obj.Ausgeben();       // geerbte Elemente
28:     }
29:   }
```

Wenn Sie allerdings im obigen Listing in Zeile 3 den Zugriffsspezifizierer public durch private ersetzen, funktioniert das Beispiel nicht mehr; Sie erhalten für die Zugriffe auf wert in den Zeilen 15 und 25 eine Fehlermeldung:

```
Auf 'Kap11.CBasis.wert' ist der Zugriff aufgrund der Sicherheitsebene nicht
möglich
```

Dass der Zugriff auf das private-Element von außerhalb der Klasse (Zeile 25) scheitert, ist verständlich, denn genau dieser Zugriff soll ja durch die private-Deklaration unterbunden werden. Warum aber kann die abgeleitete Klasse nicht auf das geerbte private-Element zugreifen (Zeile 15)? Um diese Frage beantworten zu können, müssen wir ein wenig weiter ausholen.

Geerbte Elemente bilden Unterobjekte

Werden Elemente durch Vererbung von einer Basisklasse an eine abgeleitete Klasse weitergegeben, bilden sie in der abgeleiteten Klasse eine eigenständige Untereinheit, einen Basisklassenanteil. Einerseits werden die Elemente also durch die Vererbung zu einem Teil der abgeleiteten Klasse, andererseits bleiben sie formal Basisklassenelemente.

Eine kleine Analogie soll dies verdeutlichen. Stellen Sie sich vor, Sie wären Autodesigner und -bauer. Für Leute mit dem nötigen Kleingeld entwerfen und erbauen Sie ausgefallene Einzelmodelle. Ein reicher Emir hat beispielsweise kürzlich das Modell »Blue Eagle« bei Ihnen bestellt. Als Basis für dieses Modell verwenden Sie Fahrgestell und Motor eines Jaguar E, Chassis und Innenausstattung stellen Sie selbst her. Den fertigen Wagen verkaufen Sie für 120.000 Euro an den Emir, der nun stolzer Besitzer eines »Blue Eagle« ist. Dem »Blue Eagle« sieht man nicht an, dass er auf der Basis eines Jaguar E erbaut wurde. Die Bauteile des Jaguars sind zu Teilen des »Blue Eagle« geworden. Trotzdem sind es nach wie vor Jaguar-Elemente, und wenn es Probleme mit dem Fahrgestell oder dem Motor gibt, muss sich der Emir zur Reparatur an eine Jaguar-Vertragswerkstatt wenden.

Gleichermaßen werden die geerbten Elemente zu einem Teil der abgeleiteten Klasse, ohne jedoch dadurch ihre Abstammung von der Basisklasse aufzugeben. Dies hat Konsequenzen für die Programmierung mit geerbten Elementen.

Grundsätzlich können Sie mit den geerbten Elementen genauso programmieren wie mit den Elementen, die direkt in der abgeleiteten Klasse definiert wurden (siehe Beispiel *Vererbung.cs*). In bestimmten Situationen tritt allerdings die Basisklassenherkunft der geerbten Elemente in den Vordergrund und muss berücksichtigt werden. Im Einzelnen betrifft dies:

- den Zugriff auf geschützte Klassenelemente (Methoden, die in der abgeleiteten Klasse definiert sind, können nur auf die geerbten Elemente zugreifen, deren Zugriffsspezifizierer dies zulassen, siehe nachfolgender Abschnitt),

- die Instanzbildung (wird von einer abgeleiteten Klasse ein Objekt erzeugt, bilden die geerbten Basisklassenelemente in diesem ein Unterobjekt, das durch einen Konstruktor der Basisklasse initialisiert werden muss, siehe Abschnitt 11.3),

- die Behandlung als Basisklassenobjekt (da Objekte abgeleiteter Klassen ein Basisklassenunterobjekt enthalten, kann man sie auch als Basisklassenobjekte behandeln, siehe Kapitel 12 zur Polymorphie).

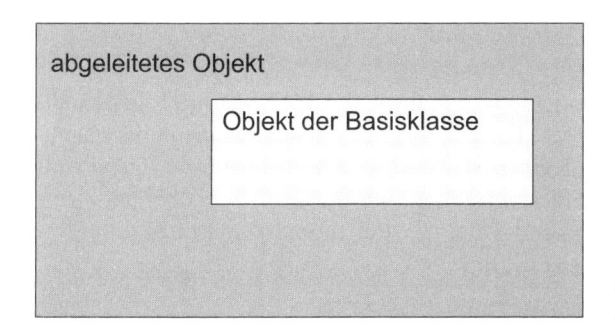

Abbildung 11.1:
Abgeleitetes Objekt und Unterobjekt der Basisklasse

Warum bilden die geerbten Elemente Unterobjekte?

Die einfache Antwort auf diese Frage lautet: Vererbung ist eben ein objektorientiertes Konzept und kein »Selbstbedienungsladen«, in dem man sich hier ein Feld und da eine Methode in den Warenkorb packt. Der Autor der Basisklasse hat sich ja schließlich bei der Definition der Klasse etwas gedacht: Er hat Methoden für den kontrollierten Zugriff auf die Felder geschrieben und die Felder als `private` deklariert, damit diese auch wirklich nur über die betreffenden Methoden gelesen oder geändert werden. Außerdem hat er Teilprobleme in Hilfsmethoden ausgelagert, die von anderen Methoden der Klasse ausgiebig verwendet werden. Last, but not least hat er einen Konstruktor zur korrekten Initialisierung der Felder der Klasse geschrieben.

Würde Vererbung so funktionieren, dass Sie sich einzelne Elemente der Basisklassen herauspicken oder auf geerbte private Elemente, für die der Autor der Basisklassen an sich passende Zugriffsmethoden vorgesehen hat, in den Methoden der abgeleiteten Klasse direkt zugreifen könnten (siehe einleitendes Beispiel), würde das komplexe Wirkungsgefüge der Basisklasse aufgebrochen und die vom Autor der Basisklasse eingerichteten Schutzmechanismen, die einen korrekten Gebrauch der Basisklassenelemente sicherstellen sollten, zerstört. Der tatsächliche, objektorientierte Mechanismus der Vererbung hingegen stellt sicher, dass dieses komplexe Wirkungsgefüge samt der vorgesehenen Schutzmaßnahmen nur als Ganzes, eben als Untereinheit, vererbt wird. So wird die Basisklasse vor Missbrauch und der Autor der abgeleiteten Klasse vor unnötigen Fehlern im Gebrauch der geerbten Elemente bewahrt.

Ein weiterer Grund für die objektorientierte Natur der Vererbung ist, dass auf der Vererbung weitere wichtige objektorientierte Konzepte, namentlich der Aufbau von Klassenhierarchien und der Polymorphismus, aufbauen (siehe Kapitel 12).

Vererbung

Drei Zugriffsebenen

Sie wissen nun, dass die geerbten Elemente in der abgeleiteten Klasse ihre Eigenständigkeit und ihren Zugriffsschutz beibehalten. Deshalb können Methoden, die in der abgeleiteten Klasse definiert sind, nicht auf geerbte private-Elemente zugreifen. Welche Rolle die Zugriffsspezifizierer sonst noch bei der Vererbung spielen, soll dieser Abschnitt klären. Für das Verständnis besonders wichtig sind dabei die drei zentralen Spezifizierer public, protected und private.

> Den Zugriffsspezifizierer internal klammern wir in der folgenden Betrachtung als (eingeschränkten) Sonderfall des public-Zugriffs einmal aus.

public, protected und private

Zur Erinnerung: Aufgabe der Zugriffsspezifizierer ist es, einzelne Elemente vor dem Zugriff von außen zu schützen, mit dem Ziel, den Gebrauch der Objekte der Klasse sicher zu machen und die Integrität der Objekte zu schützen.

Betrachtet man nur die Zugriffsspezifizierer public und private, sind Einsatz und Bedeutung der Spezifizierer leicht zu erfassen: Es gibt nur zwei Zugriffsebenen, innen (d.h. innerhalb der Klassendefinition, was letztlich bedeutet »im Code der Methoden der Klasse«) und außen (d.h. im Code außerhalb der Klassendefinition, was letztlich bedeutet, dass der Zugriff über ein Objekt der Klasse erfolgt). Der Autor einer Klasse deklariert Elemente, die von außen zugänglich sein sollen, als public, während er Elemente, die nur intern von den Methoden der Klasse benutzt werden sollen, als private kennzeichnet.[2]

Listing 11.3: Implementierung einer einfachen Zähler-Klasse

```
using System;

namespace Kap11
{
    class CZaehler
    {
        private int wert;

        public CZaehler()
        {
            wert = 0;
```

---

[2] Dies nur der besseren Lesbarkeit wegen, Klassenelemente ohne Zugriffsspezifizierer sind ja per definitionem private.

```
        }

        public void Weiterdrehen()
        {
            ++wert;
        }

        public int Abfragen()
        {
            return wert;
        }
    }


    class CHauptklasse
    {
        static void Main(string[] args)
        {
            CZaehler oZaehler = new CZaehler();

            for(int i = 0; i <= 10; ++i)
            {
                Console.Write(" " + oZaehler.Abfragen());
                oZaehler.Weiterdrehen();
            }
        }
    }
}
```

Hier schützt die Klasse ihre Daten, speziell den Stand des Zählers, durch `private`-Deklaration. Der Zähler kann nur über die `public`-Methoden manipuliert werden.

Wenn Sie auf Grundlage der obigen Zähler-Klasse einen weiteren Zähler implementieren wollten, der nicht nur hoch- sondern auch herunterzählen kann, erweist sich die `private`-Deklaration des Zählerstandes (`wert`) als großes Problem, denn die Implementierung einer weiteren Methode `Zurueckdrehen()`, die den Zählerstand herunterzählt, ist schlichtweg nicht möglich (der direkte Zugriff auf das Feld wird durch die `private`-Deklaration verwehrt und `public`-Methoden, mit denen man den Wert frei setzen könnte, werden von der Basisklasse nicht zur Verfügung gestellt.)

```
public void Zurueckdrehen()
    {
        --wert;   // Fehler, kein Zugriff da Element private
    }
```

Vererbung

Glücklicherweise kommt bei der Vererbung die abgeleitete Klasse als dritte Zugriffsebene hinzu. Dieser Zugriffsebene beigeordnet ist der Spezifizierer `protected`. Wenn Sie ein Element als `protected` deklarieren, bedeutet dies, dass abgeleitete Klassen das Element verwenden können, während der Zugriff von außen (über Objekte) verwehrt ist.

Wurde also bei der Implementierung der Klasse `CZaehler` daran gedacht, das Feld `wert` als `protected` zu deklarieren, damit etwaige Klassen, die später einmal von `CZaehler` abgeleitet werden könnten, auf das Feld `wert` zugreifen können, ist der Ausbau des Zählers dagegen kein Problem.

Listing 11.4: Zaehler.cs

```
using System;

namespace Kap11
{
    class CZaehler
    {
        protected int wert;

        public CZaehler()
        {
            wert = 0;
        }

        public void Weiterdrehen()
        {
            ++wert;
        }

        public int Abfragen()
        {
            return wert;
        }

    }

    class CMeinZaehler : CZaehler
    {
        public CMeinZaehler(int startwert)
        {
            wert = startwert;
        }

        public void Zurueckdrehen()
```

```csharp
        {
            --wert;
        }
    }


    class CHauptklasse
    {
        static void Main(string[] args)
        {
            // Einsatz des Originalzählers
            CZaehler oZaehler1 = new CZaehler();

            Console.WriteLine("Mit Originalzähler hochzählen:\n");
            for(int i = 0; i <= 10; ++i)
            {
                Console.Write(" " + oZaehler1.Abfragen());
                oZaehler1.Weiterdrehen();
            }
            Console.WriteLine("\n\n");

            // Einsatz des erweiterten, eigenen Zählers
            CMeinZaehler oZaehler2 = new CMeinZaehler(10);

            Console.WriteLine("Der abgeleitete Zähler ist auch für"
                            + " Countdowns geeignet:\n");
            for(int i = 0; i <= 10; ++i)
            {
                Console.Write(" " + oZaehler2.Abfragen());
                oZaehler2.Zurueckdrehen();
            }
            Console.WriteLine("\n\n");
        }
    }
}
```

Tabelle 11.2 fasst die Bedeutung der Zugriffsspezifizierer für die drei Ebenen noch einmal zusammen.

Deklaration in Basisklasse	Zugriff in Basisklasse	Zugriff in abgeleiteter Klasse	Zugriff von außen (über Objekt)
private	ja	nein	nein
protected	ja	ja	nein
public	ja	ja	ja

Tabelle 11.2: private, protected und public

Drei Zugriffsebenen

Wenn Sie von einer abgeleiteten Klasse ein Objekt erzeugen, bilden die geerbten Elemente in diesem Objekt ein Unterobjekt.

Aus Sicht dieses Unterobjekts stellen sich die drei Zugriffsebenen wie folgt dar: Das Unterobjekt selbst ist die Innenwelt, innerhalb der es keine Zugriffsbeschränkung gibt (die Methoden des Unterobjekts können auf alle anderen Elemente des Unterobjekts direkt zugreifen). Die Außenwelt besteht aus zwei Schichten. Die erste Schicht ist das abgeleitete Objekt. Aus dieser Schicht heraus – also in den Methoden, die in der abgeleiteten Klasse definiert wurden, – ist der Zugriff auf die public- und protected-, nicht aber auf die private-Elemente des Unterobjekts gestattet. Die zweite Schicht ist jedweder äußere Code, der ein Objekt der abgeleiteten Klasse erzeugt und über dieses auf die Elemente des Unterobjekts zugreift. Aus dieser Schicht kann nur auf die public-Elemente zugegriffen werden.

Aus Sicht des abgeleiteten Objekts gibt es ebenfalls drei Ebenen. Die erste Ebene ist das Objekt selbst mit den Elementen, die in seiner Klasse definiert sind. Innerhalb dieser Ebene gilt der direkte, uneingeschränkte Zugriff. Die zweite Ebene ist das geerbte Basisklassenunterobjekt. Auf dessen Elemente können die in der abgeleiteten Klasse definierten Methoden direkt, aber unter Beachtung der Zugriffsspezifizierer zugreifen. Die dritte Ebene ist die Außenwelt, die nur über eine Objektvariable und nur auf die public-Elemente des Objekts (eigene wie geerbte) zugreifen kann.

Aus Sicht der Außenwelt gibt es nur ein einzelnes Objekt (das Unterobjekt wird als solches nicht wahrgenommen) und eine Form des Zugriffs: über eine Objektvariable und nur auf public- oder internal-Elemente (die öffentliche Schnittstelle).

> protected-Elemente sind immer ein zweischneidiges Schwert. Sie vereinfachen den Programmierern abgeleiteter Klassen den Zugriff auf interne Elemente der Basisklasse, bergen aber das Risiko, dass die Elemente in den abgeleiteten Klassen in unsachgemäßer Weise verändert werden. Als Programmierer einer Basisklasse sollten Sie daher darauf achten, wirklich sensible Daten nicht als protected zu deklarieren, sondern lediglich protected- oder public-Methoden

oder -Eigenschaften zur Verfügung stellen, die den Zugriff auf diese Elemente vermitteln. Als Programmierer einer abgeleiteten Klasse sollten Sie besonders beim Verändern des Werts eines `protected`-Feldes genau wissen, was Sie tun.

internal und protected internal

Der Zugriffsspezifizierer `internal` hat für die Vererbung keine besondere Bedeutung. Er legt fest, dass ein Element (oder die gesamte Klasse, siehe Kapitel 8.2.1) für jeden Code des gleichen Programms (ohne benutzte Bibliotheken) zugänglich ist. `internal`-Elemente einer Klasse sind daher in allen anderen Klassen, die in der gleichen Übersetzungseinheit definiert werden (einschließlich abgeleiteter Klassen) verfügbar.

Der Zugriffsspezifizierer `internal protected` ist aus Sicht der Vererbung wieder interessant. Er verbindet, wer hätte es gedacht, die Zugriffsrechte `internal` und `protected`. Elemente, die als `internal protected` deklariert sind, können daher sowohl von Code des gleichen Programms wie auch von den Methoden abgeleiteter Klassen, selbst wenn diese aus einer anderen Übersetzungseinheit stammen, benutzt werden.

Wenn Sie also eine Bibliothek nützlicher Klassen zusammenstellen und als kompilierten Objektcode an andere Programmierer weitergeben, können diese die Klassen Ihrer Bibliothek auf zweierlei Weise verwenden:

- Sie können Instanzen Ihrer `public`-Klassen erzeugen und über diese auf die `public`-Elemente Ihrer Klassen zugreifen.
- Sie können eigene Klassen von Ihren `public`-Klassen ableiten und in deren Methoden auf die `public`- und die »`protected internal`«-Elemente Ihrer Klassen zugreifen.

| Übersetzungseinheiten |

Alle Quelltextdateien, die der Compiler zur Erstellung eines Programms (oder einer Bibliothek) zusammen in eine IL-Code-Datei kompiliert, bezeichnet man als Übersetzungseinheit.

11.3 Wie initialisiert man geerbte Elemente?

Dass die geerbten Elemente in der abgeleiteten Klasse ein Unterobjekt bilden, merkt man auch daran, dass für die Einrichtung und Initialisierung dieser Elemente die Konstruktoren der Basisklasse und nicht die Konstruktoren der abgeleiteten Klasse zuständig sind.

Konstruktor und Basisklassenkonstruktor

Betrachten Sie einmal den folgenden Quelltext:

Listing 11.5: Basisklassenkonstruktor_1.cs

```csharp
using System;

namespace Kap11
{
    class CBasis
    {
        public int b_wert;
    }

    class CAbgeleitet : CBasis
    {
        public int abg_wert;

        public CAbgeleitet()
        {
            abg_wert = 22;
            b_wert = 11;
        }
    }

    class CHauptklasse
    {
        static void Main(string[] args)
        {
            CAbgeleitet obj = new CAbgeleitet();
            Console.WriteLine("  b_wert = " + obj.b_wert);
            Console.WriteLine(" abg_wert = " + obj.abg_wert);
        }
    }
}
```

Auf den ersten Blick werden Sie sagen, dass hier zur Erzeugung des abgeleiteten Objekts lediglich der Konstruktor CAbgeleitet() aufgerufen wird, der das gesamte Objekt einrichtet und die Felder b_wert und abg_wert initialisiert. Doch dies täuscht! Zur Erzeugung des Basisklassenunterobjekts wird der Konstruktor der Basisklasse aufgerufen. Im Detail geschieht Folgendes:

1. Der CAbgeleitet()-Konstruktor wird aufgerufen und richtet das abgeleitete Objekt im Arbeitsspeicher ein. Dabei stellt er fest, dass das Objekt der Klasse CAbgeleitet über ein Unterobjekt der Basisklasse CBasis verfügt.

2. Zur Einrichtung dieses Unterobjekts ruft er den passenden Konstruktor der Klasse CBasis auf (in obigem Beispiel den vom Compiler zugewiesenen Standardkonstruktor). Dieser legt unter anderem das Feld b_wert an und initialisiert es mit dem Wert 0.

3. Danach setzt der CAbgeleitet()-Konstruktor seine Arbeit fort. Die weiteren Felder des abgeleiteten Objekts werden eingerichtet und der Code des Konstruktors wird ausgeführt, d.h. abg_wert wird initialisiert und b_wert wird ein neuer Wert (11) zugewiesen.

Dass sich dies nicht im Quelltext widerspiegelt, liegt daran, dass der Compiler im obigen Beispiel zur Erzeugung des Basisklassenunterobjekts automatisch den Standardkonstruktor der Basisklasse heranzieht.

> Zur Erinnerung: Ein Standardkonstruktor ist ein Konstruktor, der ohne Argumente aufgerufen wird; wenn in einer Klasse überhaupt kein Konstruktor definiert wird, weist der Compiler dieser automatisch einen Standardkonstruktor zu.

Um zu verifizieren, dass die geerbten Elemente tatsächlich von einem Basisklassenkonstruktor initialisiert werden, definieren wir jetzt einen eigenen Standardkonstruktor, der b_wert einen spezifischen Wert zuweist, und kommentieren die Wertzuweisung im Konstruktor der abgeleiteten Klasse aus.

Listing 11.6: Basisklassenkonstruktor_2.cs

```
using System;

namespace Kap11
{
    class CBasis
    {
        public int b_wert;

        public CBasis()
        {
            b_wert = -999;
        }
    }

    class CAbgeleitet : CBasis
    {
        public int abg_wert;

        public CAbgeleitet()
        {
            abg_wert = 22;
```

Vererbung

```
            // b_wert = 11;
        }
    }

    class CHauptklasse
    {
        static void Main(string[] args)
        {
            CAbgeleitet obj = new CAbgeleitet();
            Console.WriteLine("   b_wert = " + obj.b_wert);
            Console.WriteLine(" abg_wert = " + obj.abg_wert);
        }
    }
}
```

```
  b_wert = -999
abg_wert = 22
```

An dieser Ausgabe können Sie ablesen, dass das Feld b_wert tatsächlich vom Basisklassenkonstruktor eingerichtet wurde.

Die Aufgabenteilung sieht also so aus,

- dass zur Erzeugung des Basisklassenunterobjekts ein in der Basisklasse definierter Konstruktor aufgerufen wird,
- dass der Konstruktor der abgeleiteten Klasse die weitere Einrichtung des eigenen Objekts übernimmt (Initialisierung der eigenen Felder und andere Arbeiten) und gegebenenfalls den geerbten Feldern neue Werte zuweist, die zur Erfüllung der Rolle, die das Basisklassenunterobjekt als Teil des abgeleiteten Objekts spielt, besser geeignet sind.

Jemand, der gerade dabei ist, sich in die objektorientierte Programmierung einzuarbeiten, wird sich jetzt vielleicht zu Recht fragen, warum dies alles so kompliziert sein muss. Wäre es nicht einfacher, wenn das Basisklassenunterobjekt von dem abgeleiteten Konstruktor mit eingerichtet würde? Die Antwort ist: Nein, im Gegenteil!

Angenommen, Sie möchten von einer Klasse ableiten, die von jemand anderem stammt oder die Sie vor längerer Zeit einmal erstellt haben. Nehmen wir weiter an, es handele sich um eine komplexere Klasse, deren Felder sorgfältig initialisiert und für deren Objekte bei der Instantiierung bestimmte Ressourcen (etwa eine Datei oder eine Netzwerkverbindung) eingerichtet werden müssen. Dank des Prinzips des Basisklassenunterobjekts müssen Sie beim Aufsetzen der abgeleiteten Klasse nur darauf achten, dass der Basisklassenkonstruktor zur Einrichtung des geerbten Unterobjekts aufgerufen wird. Dieser sorgt dann automatisch für die korrekte Initialisierung des Unterobjekts in Ihrem abgeleiteten Objekt. (Ein weiteres Beispiel dafür, wie eine wohl definierte Klasse zu jedem Zeitpunkt die korrekte Verwendung ihrer Objekte sicherstellt.) Wäre der Konstruktor der abgeleiteten Klasse für die Einrichtung des geerbten Basisklassenunterobjekts verantwortlich, müssten Sie erst in der Dokumentation oder im Quellcode der Basisklasse nachschauen, wie deren Elemente zu initialisieren sind und welche weiteren Arbeiten im Konstruktor erledigt werden müssen – ein ebenso zweifelhaftes wie gefahrvolles Vergnügen.

Expliziter Aufruf eines Basisklassenkonstruktors

Stellen Sie sich vor, die Basisklasse besitzt keinen Standardkonstruktor, sondern nur einen Konstruktor, der beim Aufruf die Übergabe eines oder mehrerer Argumente erwartet.

```
class CBasis
{
   public int b_wert;

   public CBasis(int p)
   {
      b_wert = p;
   }
}
```

Dann stehen Sie vor einem Problem, denn bei der Erzeugung abgeleiteter Objekte müssen ja auch die geerbten Basisklassenunterobjekte eingerichtet werden. Dieser kann jedoch nicht ohne die Übergabe eines passenden Arguments aufgerufen werden. Es stellt sich also die Frage, wie man bei der Instantiierung eines Objekts einer abgeleiteten Klasse Argumente an den Basisklassenkonstruktor übergeben kann?

Weiterreichung von Argumenten an Basisklassenkonstruktoren

C# bedient sich dazu eines Tricks und einer speziellen Syntax. Der Trick besteht darin, dass die Argumente für den Basisklassenkonstruktor zuerst vom Konstruktor der abgeleiteten Klasse entgegengenommen und dann weitergereicht werden. Die Weiterreichung der Argumente wird in der Definition des abgeleiteten Konstruktors mit Hilfe des Schlüsselworts base festgelegt.

Angenommen, der Basisklassenkonstruktor ist wie folgt definiert:

```
public CBasis(int p)
```

Vererbung

Dann muss der Konstruktor der abgeleiteten Klasse einen int-Parameter definieren, über den er das Argument für den Basisklassenkonstruktor entgegennimmt. (Daneben kann er natürlich noch beliebige weitere Parameter zur Initialisierung seiner eigenen Daten definieren.) Nach der abschließenden Klammer folgt, mit Doppelpunkt angehängt, der Aufruf des Basisklassenkonstruktors – nur dass Sie statt des Basisklassennamens das Schlüsselwort base verwenden:

Listing 11.7: Basisklassenkonstruktor_3.cs

```
public CAbgeleitet(int p1, int p2) : base(p2)
{
    abg_wert = p1;
}
```

Hier benutzt der Konstruktor CAbgeleitet das erste übergebene Argument zur Initialisierung des Felds abg_wert, während er das zweite Argument an den Basisklassenkonstruktor weiterreicht.

Bezüglich der Erzeugung von Objekten der abgeleiteten Klasse gibt es nichts weiter zu beachten; Sie übergeben einfach dem Konstruktor die erforderlichen Argumente:

```
CAbgeleitet obj = new CAbgeleitet(22, 11);
```

Auswahl eines Basisklassenkonstruktors

Der explizite Aufruf eines Basisklassenkonstruktors ist auch dann interessant, wenn die Basisklasse über mehrere Konstruktoren verfügt. Wie bei der Überladung kann der Programmierer in solchen Fällen über die Anzahl und die Typen der weitergereichten Argumente auswählen, welcher Basisklassenkonstruktor verwendet werden soll.

Listing 11.8: Auswahl des Basisklassenkonstruktors (Basisklassenkonstruktor_4.cs)

```
01: using System;
02:
03: namespace Kap11
04: {
05:     class CBasis
06:     {
07:         public int b_wert;
08:
09:         public CBasis()
10:         {
11:             b_wert = 0;
12:         }
13:         public CBasis(int p)
```

```
14:        {
15:            b_wert = p;
16:        }
17:        public CBasis(double p)
18:        {
19:            b_wert = Convert.ToInt32(p);
20:        }
21:    }
22:
23:    class CAbgeleitet : CBasis
24:    {
25:        public int abg_wert;
26:
27:        public CAbgeleitet()
28:        {
29:            abg_wert = 1;
30:        }
31:        public CAbgeleitet(int p1, double p2) : base(p2)
32:        {
33:            abg_wert = p1;
34:        }
35:    }
36:
37:    class CHauptklasse
38:    {
39:        static void Main(string[] args)
40:        {
41:            CAbgeleitet obj1 = new CAbgeleitet();
42:            CAbgeleitet obj2 = new CAbgeleitet(22, 11);
43:
44:            Console.WriteLine("\nobj1\n");
45:            Console.WriteLine("   b_wert = " + obj1.b_wert);
46:            Console.WriteLine("   abg_wert = " + obj1.abg_wert);
47:
48:            Console.WriteLine("\nobj2\n");
49:            Console.WriteLine("   b_wert = " + obj2.b_wert);
50:            Console.WriteLine("   abg_wert = " + obj2.abg_wert);
51:        }
52:    }
53: }
```

In diesem Beispiel ruft der Konstruktor aus Zeile 27 den Standardkonstruktor der Klasse CBasis (Zeile 9) auf, während der Konstruktor aus Zeile 31 den Basisklassenkonstruktor mit dem double-Parameter (Zeile 17) verwendet.

11.4 Überladen und verdecken

Wenn Sie eine Klasse von einer anderer Klasse ableiten, begnügen Sie sich natürlich nicht damit, die Elemente der Basisklasse zu erben. Zudem werden Sie in der abgeleiteten Klasse weitere Elemente definieren, die die Funktionalität der Basisklasse erweitern, spezialisieren oder anpassen.

Dies kann so aussehen, dass Sie in der abgeleiteten Klasse gänzlich neue Elemente einführen – wie zum Beispiel in unserer CMeinZaehler-Klasse, in der gegenüber der Basisklassenimplementierung die Methode Zurueckdrehen() hinzukam. Es ist aber auch möglich, in der abgeleiteten Klasse Elemente zu definieren, die den gleichen Namen tragen wie geerbte Basisklassenelemente. Dann gilt es drei Fälle zu unterscheiden:

- Überladung
- Verdeckung
- Überschreibung (wird in Kapitel 12 behandelt)

Überladung

Geerbte Methoden lassen sich in der abgeleiteten Klasse problemlos überladen.

```
class CBasis
   {
   protected int wert;
   public void Erhoehen()
      {
      wert += 1;
      }
   ...
   }

class CAbgeleitet : CBasis
   {
   public void Erhoehen(int p)      // Überladung
      {
      wert += p;
      }
   ...
   }
```

Hier wird die geerbte Methode Erhoehen() überladen. Für Objekte der Klasse CAbgeleitet kann sowohl Erhoehen() als auch Erhoehen(int) aufgerufen werden:

Listing 11.9: Aus Vererbung_ueberladen.cs

```
class CHauptklasse
{
    static void Main(string[] args)
    {
        CAbgeleitet obj = new CAbgeleitet();

        obj.Ausgeben();
        obj.Erhoehen();
        obj.Ausgeben();
        obj.Erhoehen(13);
        obj.Ausgeben();
    }
}
```

```
Wert = 0;
Wert = 1;
Wert = 14;
```

Verdeckung

Sieht man einmal von den Spezialfällen der Überladung (siehe oben) und der Überschreibung (siehe Kapitel 12) ab, so gilt, dass geerbte Elemente durch gleichnamige, in der abgeleiteten Klasse neu definierte Elemente verdeckt werden.

```
class CBasis
{
    protected int max;
    public int Maximum
    {
      get
      {
        return max;
      }
      set
      {
        max = value;
      }
    }
```

```
}

class CAbgeleitet : CBasis
{
    public int Maximum()
    {
      return 100;
    }
}
```

Hier verdeckt die Methode `Maximum()` die geerbte Eigenschaft `Maximum`. In den Methoden der Klasse steht der Bezeichner `Maximum()` danach nur noch für die Methode. Wenn Sie auf die verdeckte Eigenschaft `Maximum` zugreifen wollen, müssen Sie dem Bezeichner `Maximum` das Schlüsselwort `base` voranstellen, das in abgeleiteten Klassen das geerbte Basisklassenunterobjekt repräsentiert und dem Compiler anzeigt, dass das Element `Maximum` aus der Basisklasse und nicht aus der abgeleiteten Klasse gemeint ist:

```
public int Ausgeben()
{
    return base.Maximum;
}
```

Über Objekte der abgeleiteten Klasse kann man nur noch die Methode `Maximum()` aufrufen, der Zugriff auf die Eigenschaft `Maximum` ist ganz verwehrt.

Listing 11.10: Aus Vererbung_verdecken1.cs

```
static void Main(string[] args)
{
    CAbgeleitet obj = new CAbgeleitet();
    Console.WriteLine(obj.Maximum());
    obj.Maximum = 12;               // Fehler
}
```

Meist sind solche Verdeckungen nicht gewollt, sondern basieren auf Unkenntnis oder Vergesslichkeit, d.h., der Programmierer wollte das geerbte Element gar nicht verdecken, sondern hat lediglich aus Versehen den gleichen Namen gewählt. Der Compiler trägt dem Rechnung, indem er jede Verdeckung mit der Ausgabe einer entsprechenden Warnung quittiert und den Programmierer auffordert, die Verdeckung entweder zu korrigieren oder mit Hilfe des Schlüsselworts `new` explizit als gewollt zu kennzeichnen:

```
warning CS0108: The keyword new ist required on ...
```

Wann aber könnte die Verdeckung eines geerbten Elements gewollt sein?

Methoden verdecken

Manchmal erben Sie von einer Basisklasse Methoden, die Sie an sich auch für die abgeleitete Klasse nutzen möchten, deren Implementierung aber nicht Ihren Wünschen entspricht. Dann kann es sinnvoll sein, die Methode beizubehalten, sie aber durch Neudefinition mit einem anderen Anweisungsteil zu versehen.

Stellen Sie sich vor, Sie arbeiten als Programmierer in einem großen Unternehmen und sollen einen elektronischen Kummerkasten implementieren, in dem Nöte und Beschwerden der Mitarbeiter gesammelt werden können. Zugute kommt Ihnen dabei, dass auf dem System der Firma eine Bibliothek installiert ist, in der auch bereits eine Klasse CKummerkasten definiert ist. Es steht Ihnen allerdings nur der binäre Code der Bibliothek, nicht der Quelltext der Klasse zur Verfügung. Die Klasse selbst ist als public definiert und besitzt neben einem public-Konstruktor folgende public-Methoden:

- void Einwerfen(string brief)
- void Leeren()
- void Ausgeben()

Sie wissen nicht, wie die Methoden implementiert sind, aber da die Klasse public ist, können Sie sie in Ihrem Programm instantiieren und austesten. Es stellt sich heraus, dass sich die Klasse gut verwenden lässt, lediglich die Methode Einwerfen() ist unbefriedigend, denn sie speichert die Beiträge der Mitarbeiter so, wie sie sind, im Kummerkasten, während Ihr Chef möchte, dass jeder Beitrag zusammen mit dem Datum des Einwurfs gespeichert wird. Also doch eine eigene Klasse schreiben?

Ja, aber als Ableitung von der Klasse CKummerkasten.

```
01: using System;
02: using KummerkastenLIB;
03:
04: namespace Kap11
05: {
06:     class CEigenerKK : CKummerkasten
07:     {
08:         new public void Einwerfen(string brief)
09:         {
10:             DateTime heute = DateTime.Now;
11:             brief = heute.ToString() + " : " + brief;
12:             base.Einwerfen(brief);
13:         }
14:     }
15: }
```

Hier sehen Sie die Klasse `CEigenerKK`, die von `CKummerkasten` abgeleitet ist und die unzulängliche Methode `Einwerfen()` mit einer eigenen Definition überdeckt. Die neu definierte Methode tut nichts anderes als das aktuelle Datum zu ermitteln (Zeile 10), es in einen String zu verwandeln und dem »eingeworfenen Brief« voranzustellen (Zeile 11).

Jetzt muss sie den vervollständigten Brief nur noch im Kummerkasten, d. h. in den internen Feldern, die von `CKummerkasten` geerbt wurden, speichern. Da Sie den Quelltext der Klasse nicht kennen, wissen Sie auch nicht, wie diese Elemente aussehen. Verwaltet die Klasse `CKummerkasten` die eingeworfenen Briefe in einem `string`-Array oder in einer dynamischen Struktur? Wenn sie ein Array verwendet, wie groß ist dieses und wie heißt es? Nun, es ist müßig, sich darüber Gedanken zu machen, denn das Element ist vermutlich `private` und Sie können ehedem nicht darauf zugreifen. Was Sie benötigen, ist eine `public`-Methode, über die Einträge in den internen Feldern gespeichert werden können.

Die gesuchte Methode ist natürlich die soeben von Ihnen verdeckte Methode `Einwerfen()`. Über das Schlüsselwort `base` können Sie die geerbte Methode in der neu definierten `Einwerfen()`-Methode aufrufen und ihr den überarbeiteten Brief zur Eintragung in den Kummerkasten übergeben (Zeile 12).

Da die Verdeckung in diesem Fall kein Versehen, sondern gewollt ist, setzen Sie vor die Definition der Methode das Schlüsselwort `new`, um die Warnung des Compilers zu unterdrücken.

> In Abschnitt 11.5, der sich mit der Ableitung von Klassen aus externen Bibliotheken beschäftigt, werden Sie der Klasse `CKummerkasten` noch einmal begegnen.

Eigenschaften verdecken

Neben Methoden können auch Eigenschaften verdeckt werden:

Listing 11.11: Aus Vererbung_verdecken2.cs

```
class CBasis
{
    protected double proz;
    public double Prozent
    {
        get
        {
            return proz;
        }
        set
        {
```

```
            proz = value;
        }
    }
}

class CAbgeleitet : CBasis
{
    // speichert Prozentangaben wie 12%, 30% etc.
    // intern als Gleitkommazahlen 0.12, 0.3 etc.
    new public double Prozent
    {
        get
        {
            return proz*100;
        }
        set
        {
            proz = value / 100;
        }
    }
}
```

Zugriff auf verdeckte Elemente

Verdeckte Elemente – dies gilt nicht nur für die Verdeckung in abgeleiteten Klassen, sondern ganz allgemein – sind auch nach der Verdeckung weiter vorhanden. Man kann nur nicht mehr auf sie zugreifen, weil ihr Name im betreffenden Gültigkeitsbereich (bei der Vererbung wäre dies zum Beispiel die abgeleitete Klasse) mit einem anderen Element verbunden wurde.

```
class CBasis
{
    protected double wert;
}

class CAbgeleitet : CBasis
{
    new public int wert;
    public void WertSetzen(int p)
    {
      wert = p;        // Zugriff auf das neu definierte Element
    }
}
```

Hier verdeckt das Element wert das gleichnamige geerbte Element. Die Methode Wert-Setzen() greift daher auf das Element wert zu, das in der Klasse CAbgeleitet definiert wurde.

Geerbte Elemente, die in der abgeleiteten Klasse verdeckt wurden, sind aber weiter vorhanden und auch weiter zugänglich. Der Programmierer muss dem Elementnamen lediglich das Schlüsselwort base voranstellen, das für die Basisklasse steht. Auf diese Weise wird dem Compiler explizit angezeigt, dass nicht das Element gemeint ist, das in der aktuellen Klasse definiert wurde, sondern das gleichnamige Element, das von der Basisklasse stammt.

```
public void WertSetzen(int p)
{
   base.wert = p;    // Zugriff auf das verdeckte Basisklassenelement
}
```

Das Schlüsselwort base wird hauptsächlich benötigt, um in verdeckten (oder überschriebenen) Methoden die gleichnamige Basisklassenversion aufzurufen – etwa wie in der CKummerkasten-Methode Einwerfen() aus dem obigen Beispiel:

```
class CEigenerKK : CKummerkasten
{
    new public void Einwerfen(string brief)
    {
        DateTime heute = DateTime.Now;
        brief = heute.ToString() + " : " + brief;
        base.Einwerfen(brief);
    }
}
```

Die new-Warnung

Wann immer Sie in einer abgeleiteten Klasse ein geerbtes Element verdecken, erzeugt der Compiler eine Warnung, die Sie auf die Verdeckung hinweist und Sie auffordert, diese entweder zu vermeiden oder mit Hilfe des Schlüsselworts new als gewollt zu kennzeichnen:

```
warning CS0108: The keyword new ist required on ...
```

Vielleicht wird jetzt der eine oder andere Leser denken, dass dieses Schlüsselwort doch eigentlich recht unnötig ist, denn schließlich sollte man als Programmierer doch in der Lage sein, selbst sicherzustellen, dass man nicht unabsichtlich irgendwelche geerbten Elemente verdeckt. Nun, dies mag stimmen, solange der Programmierer Basisklassen und abgeleitete Klassen selbst implementiert und der Code recht übersichtlich bleibt. Es wird jedoch immer schwieriger, je umfangreicher die Klassen werden, und es wird nahezu unmöglich, wenn der Programmierer von Klassen ableitet, deren Quellcode er nicht kennt.

Betrachten wir dazu folgendes Szenario: Sie haben eine Bibliothek mit Klassen zur Implementierung eines Warenbestandssystems erworben. Zur Bibliothek gehört auch eine Klasse CLieferauftrag, die jedoch nicht ganz Ihren Erwartungen entspricht. Da Ihnen nur die kompilierte Bibliothek zur Verfügung steht und Sie die Definition der Klasse CLieferauftrag somit nicht direkt anpassen können, entschließen Sie sich, von der Klasse eine eigene Klasse `CMeinLieferauftrag` abzuleiten und dieser die entsprechende Funktionalität (einige zusätzliche Felder und Methoden) hinzuzufügen. Dabei übersehen Sie, dass eine der von Ihnen hinzugefügten Methoden die gleiche Signatur besitzt wie eine der von `CLieferauftrag` geerbten Methoden. Ohne es zu merken und ohne es zu wollen, verdecken Sie also die geerbte Methode. Erst die Warnung des Compilers macht Sie darauf aufmerksam.

Die Warnung hilft auch bei Namenskonflikten durch geänderte Basisklassenversionen. Bleiben wir dazu beim Beispiel der Klasse `CMeinLieferauftrag`. Diese haben Sie gegenüber der Basisklasse `CLieferauftrag` um eine zusätzliche Methode `Rabatt()` erweitert. Nun liefert der Autor der Warenbestandsbibliothek die neueste Version aus, in der auch die Klasse `CLieferauftrag` überarbeitet und um eine Methode `Rabatt()` ergänzt wurde. Sie installieren die neue Bibliotheksversion und kompilieren Ihren Code neu. Der Compiler erkennt, dass Ihre Methode `Rabatt()` die mittlerweile vorhandene Basisklassenmethode `Rabatt()` verdeckt und warnt Sie.

Wenn Sie also vom Compiler eine Warnung wegen Verdeckung einer geerbten Methode erhalten, prüfen Sie, ob die Methode wirklich verdeckt werden soll. Wenn ja, setzen Sie vor die Neudefinition der Methode das Schlüsselwort `new` und der Compiler wird die Verdeckung nicht mehr in Zweifel ziehen.

11.5 Vererbung kennt weder Programm- noch Sprachgrenzen

Um eine Klasse von einer anderen ableiten zu können, benötigen Sie den Code der Klasse, die als Basisklasse fungieren soll. Es ist jedoch nicht erforderlich, dass dieser Code als Quelltext vorliegt, sodass Sie ihn zusammen mit der abgeleiteten Klasse in einem Projekt kompilieren können. Klassen, die Ihnen nur als vorkompilierter Code zur Verfügung stehen, können Sie ebenso gut als Basisklassen heranziehen – vorausgesetzt, die Klasse ist `public` und Sie kennen

- den Namen der Klasse,
- die wichtigsten Elemente der Klasse (vor allem die `public`- und `protected`-Elemente),
- den Namensraum der Klasse,
- die Datei, die den Code der Klasse enthält.

Ableitung von Bibliotheksklassen

Um eine Klasse von einer Bibliotheksklasse ableiten zu können, bedarf es zunächst einer eben solchen. Wenn Sie mit Visual C# .NET arbeiten, können Sie dazu wie folgt vorgehen.

> Wenn Sie Ihre Programme mit dem csc-Compiler kompilieren, legen Sie einfach eine Datei namens *Kummerkasten_lib.cs* an, übertragen in diese den unten aufgeführten Quelltext und kompilieren die Datei mit der Option *\t:library*, damit der Compiler weiß, dass er aus dem Quelltext eine Bibliothek erzeugen soll:
>
> ```
> csc /t:library Kummerkasten_lib.cs
> ```

Erstellung einer Bibliotheksklasse

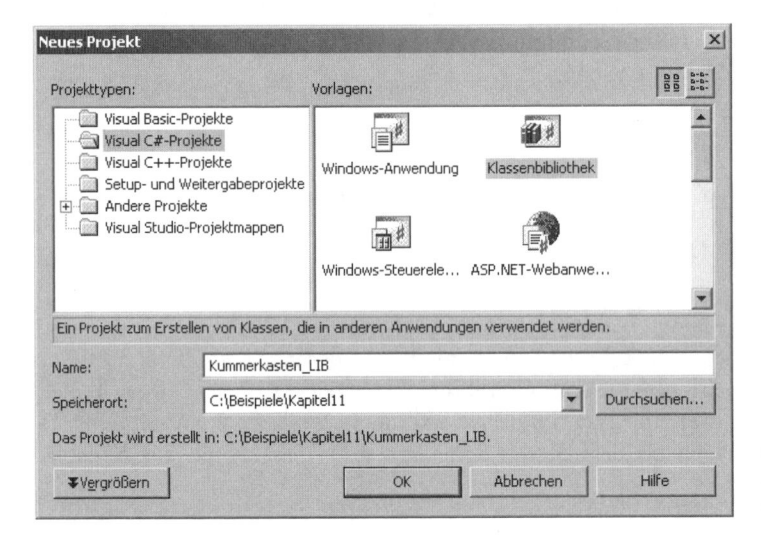

Abbildung 11.2: Bibliotheksprojekt anlegen

1. Rufen Sie den Befehl DATEI/NEU/PROJEKT auf und legen Sie unter dem Namen KUMMERKASTEN_LIB ein KLASSENBIBLIOTHEK-Projekt an.

2. Definieren Sie in der Quelldatei eine Klasse CKummerkasten, die als eine Art elektronischer Kummer- oder Beschwerdekasten eingesetzt werden kann (vgl. auch Abschnitt »Verdeckung«).

    Achten Sie darauf, die Klasse als public zu deklarieren, damit sie nicht nur innerhalb der Bibliothek, sondern auch außerhalb (d.h. von anderen Programmen) verwendet werden kann.

Listing 11.12: Aus Kummerkasten_lib.cs

```csharp
using System;

namespace Kummerkasten_LIB
{
    public class CKummerkasten
    {
        string[] zettel;
        int      anzahl;

        public CKummerkasten()
        {
            zettel = new string[20];
            anzahl = 0;
        }

        public void Einwerfen(string brief)
        {
            anzahl %= 20;   // damit der Kasten nicht überläuft

            zettel[anzahl] = brief;
            ++anzahl;
        }

        public void Leeren()
        {
            Array.Clear(zettel,0,zettel.Length);
            anzahl = 0;
        }

        public void Ausgeben()
        {
            Console.WriteLine("Inhalt des Kummerkastens:");
            for (int i = 0; i < zettel.Length; ++i)
                if (zettel[i] != null)
                    Console.WriteLine(" " + i + ". " + zettel[i]);

            Console.WriteLine("\n");
        }

    }

}
```

Die Klasse `CKummerkasten` implementiert einen virtuellen Kummerkasten, in den man bis zu 20 Briefe einwerfen, den man leeren und dessen Inhalt man jederzeit ausgeben kann.

3. Erstellen Sie das Bibliotheksprojekt (Befehl ERSTELLEN/KUMMERKASTEN_LIB ERSTELLEN).

Der nächste Schritt wäre jetzt das Testen der Klasse. Dazu bedarf es allerdings einer Anwendung, die die Klasse aus der Bibliothek verwendet, denn Bibliotheken selbst können nicht direkt ausgeführt werden. Weiter tragisch ist dies jedoch nicht, denn wir planten ja ehedem, die Bibliotheksklasse in einer Anwendung als Basisklasse zu verwenden.

Ableitung in einer Anwendung

Um in einem Programm auf die Klassen einer dynamischen Bibliothek (DLL) zugreifen zu können, müssen Sie:

- im Quelltext des Programms den Namensraum der Bibliotheksklasse einbinden (alternativ können Sie auf die Klasse und ihre Elemente über voll qualifzierte Bezeichner zugreifen, die mit der Angabe des Namensraums beginnen, siehe auch Anhang),
- einen Verweis auf die Bibliothek einrichten.

> Wenn Sie mit dem Visual C# .NET-Compiler arbeiten, hilft Ihnen die Entwicklungsumgebung bei der Einrichtung und Verwaltung der Verweise. Wenn Sie das Beispiel mit dem csc-Compiler nachvollziehen, legen Sie einfach eine Datei namens *Kummerkasten_exe.cs* an, übertragen in diese den unten aufgeführten Quelltext und kompilieren die Datei mit der Option *r:kummerkasten_lib.dll*, die einen Verweis auf die Bibliothek erzeugt:
>
> ```
> csc /r:Kummerkasten_lib.dll kummerkasten_exe.cs
> ```
>
> Wenn die DLL nicht in dem gleichen Verzeichnis wie die zu erstellende EXE-Datei steht, müssen Sie den Pfad zur DLL angeben.

Damit wir in der Visual Studio-Umgebung bequem zwischen Bibliotheks- und Anwendungsprojekt hin und her wechseln können, erstellen wir das Anwendungsprojekt in der gleichen Projektmappe wie das Bibliotheksprojekt[3].

---

3   Nur um Missverständnisse zu vermeiden: Die gemeinsame Verwaltung des Bibliotheks- und des Anwendungsprojekts in einer Projektmappe ist keine Bedingung dafür, dass wir in der Anwendung auf die Klasse des Bibliothek zugreifen können.

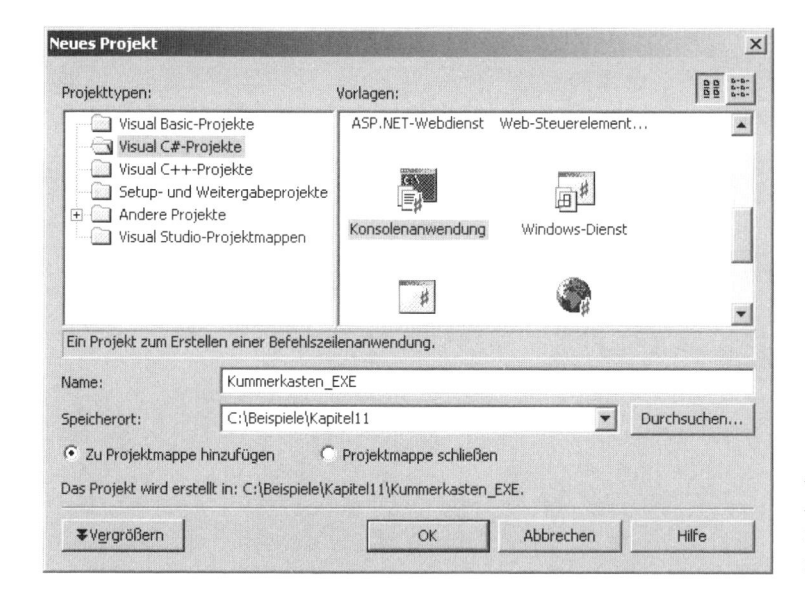

Vererbung kennt weder Programm- noch Sprachgrenzen

*Abbildung 11.3:
Anwendungsprojekt
in aktueller Projektmappe anlegen*

1. Rufen Sie den Befehl DATEI/NEU/PROJEKT auf, aktivieren Sie die Option ZU PROJEKTMAPPE HINZUFÜGEN und legen Sie unter dem Namen KUMMERKASTEN_EXE ein KONSOLENANWENDUNG-Projekt an.

   Sollte die Option ZU PROJEKTMAPPE HINZUFÜGEN nicht angezeigt werden, haben Sie wahrscheinlich zuvor die Projektmappe der Bibliothek geschlossen.

Bevor Sie von der Bibliotheksklasse ableiten, sollten Sie prüfen, ob die Klasse korrekt arbeitet.

2. Instantiieren Sie in der Main()-Methode die Bibliotheksklasse CKummerkasten.

```
using System;

namespace Kummerkasten_EXE
{
    class CHauptklasse
    {
        static void Main(string[] args)
        {
            Console.WriteLine("Der Original-Kummerkasten\n");
            CKummerkasten oKasten = new CKummerkasten();

            oKasten.Einwerfen("Keiner versteht mich!");
            oKasten.Einwerfen("Keiner liebt mich!");
            oKasten.Einwerfen("Alle lassen mich für sich arbeiten.");
```

Vererbung

```
        oKasten.Ausgeben();
    }
  }
}
```

Bevor Sie das Projekt erstellen und ausführen können, müssen Sie noch eine Verbindung zu der Bibliothek herstellen, in der der Code der Klasse CKummerkasten zu finden ist.

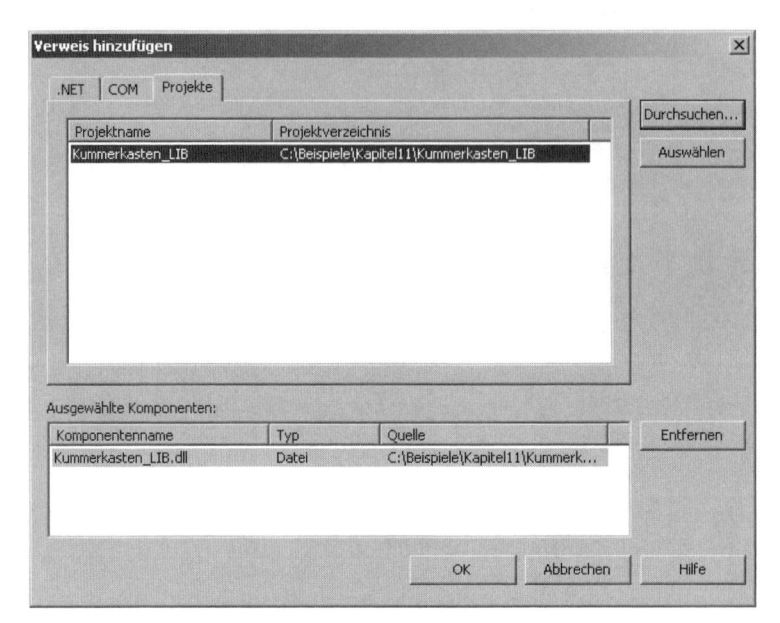

Abbildung 11.4: Referenz zu einer Bibliothek einrichten

3. Klicken Sie im Projektmappen-Explorer auf den Knoten VERWEISE des EXE-Projekts und rufen Sie im Kontextmenü den Befehl VERWEIS HINZUFÜGEN auf. Wechseln Sie im Dialogfenster zur Seite PROJEKTE, klicken Sie auf die Schaltfläche DURCHSUCHEN und wählen Sie die DLL der Bibliothek aus (Sie finden diese unter dem *Bin/Debug*-Verzeichnis des Kummerkasten_LIB-Projekts).

4. Klicken Sie auf OK.

Jetzt fehlt nur noch die Angabe des Namensraums, in der die Bibliotheksklasse definiert ist, dann können Sie Anwendung und Bibliotheksklasse testen.

5. Fügen Sie eine using-Anweisung zur Einbindung des Namensraums der Bibliothek ein.

```
using System;
using Kummerkasten_LIB;
...
```

6. Erstellen Sie das Projekt (Befehl ERSTELLEN/KUMMERKASTEN_EXE ERSTELLEN).

Vererbung kennt weder Programm- noch Sprachgrenzen

7. Richten Sie das Anwendungsprojekt als Start-Projekt für die Bibliothek ein (Befehl PROJEKT/ALS START-PROJEKT EINRICHTEN).

8. Führen Sie die Anwendung aus ([Strg] + [F5]).

Wenn die Anwendung zu Ihrer Zufriedenheit ausgeführt wird, können Sie im nächsten Schritt eine eigene Kummerkasten-Klasse von der Bibliotheksklasse ableiten.

9. Leiten Sie im Quelltext der Anwendung eine eigene Klasse von der Bibliotheksklasse CKummerkasten ab und definieren Sie die Methode Einwerfen() neu.

```
using System;
using Kummerkasten_LIB;

namespace Kummerkasten_EXE
{
    class CEigenerKK : CKummerkasten
    {
        new public void Einwerfen(string brief)
        {
            DateTime heute = DateTime.Now;
            brief = heute.ToString() + " : " + brief;
            base.Einwerfen(brief);
        }
    }
```
...

10. Erweitern Sie die Main()-Methode um Code, der die abgeleitete Klasse instantiiert und testet.

...
```
        static void Main(string[] args)
        {
            Console.WriteLine("Der Original-Kummerkasten\n");
            CKummerkasten oKasten = new CKummerkasten();
            oKasten.Einwerfen("Keiner versteht mich!");
            oKasten.Einwerfen("Keiner liebt mich!");
            oKasten.Einwerfen("Alle lassen mich für sich arbeiten.");

            oKasten.Ausgeben();

            Console.WriteLine("\nDer abgeleitete Kummerkasten\n");
            CEigenerKK oKasten2 = new CEigenerKK();

            oKasten2.Einwerfen("Keiner versteht mich!");
            oKasten2.Einwerfen("Keiner liebt mich!");
            oKasten2.Einwerfen("Alle lassen mich für sich arbeiten.");
```

Vererbung

```
        oKasten2.Ausgeben();
    }
  }
}
```

11. Erstellen Sie das Projekt und führen Sie es aus ([Strg] + [F5]).

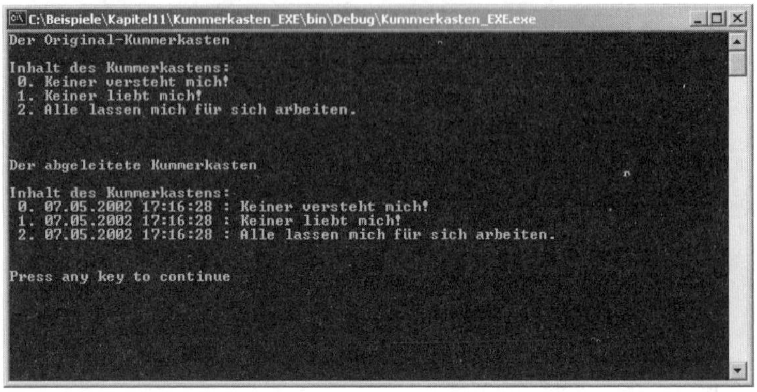

Abbildung 11.5: Ausgabe der Kummerkasten-Anwendung

Ableitung von Visual Basic .NET-Klassen

Eine der herausragendsten Eigenschaften der .NET-Architektur ist die reibungslose Interaktion von Programmmodulen, die in den verschiedensten Sprachen geschrieben sein können. Angenommen, die DLL mit der Kummerkasten-Implementierung wurde mit Visual Basic .NET entwickelt, Sie aber möchten Ihre Anwendung wie gewohnt in C# schreiben. Kein Problem! Dank .NET können Sie mit der Visual Basic .NET-Klasse genauso arbeiten als hätten Sie es mit einer C#-Klasse zu tun.

Common Language Specification (CLS) und Common Type System (CTS)

Ganz so problemlos wie oben geschildert ist der Zugriff auf Module, die in anderen Programmiersprachen geschrieben sind, natürlich nicht. Im Gegenteil, die Unterschiede in den Programmiersprachen führten und führen traditionell dazu, dass sich der Austausch zwischen verschiedensprachigen Modulen meist sehr schwierig gestaltet, ja oft ganz unmöglich ist.

Unter .NET sorgen die Konzeption der CLR-Laufzeitumgebung und der erzeugte IL-Zwischencode (siehe Kapitel 1) dafür, dass Objekte, die in den verschiedensten Sprachen implementiert wurden, miteinander kommunizieren können. Alle Unterschiede zwischen den Sprachen kann die CLR-Laufzeitumgebung allerdings auch nicht ausgleichen. Aus diesem Grunde gibt es die Common Language Specification (CLS), die vorschreibt, wie Code, der von anderssprachigen Modulen verwendet und ausgeführt werden soll, auszusehen hat.

Vererbung kennt weder Programm- noch Sprachgrenzen

Eine ausführliche Beschreibung der Common Language Specification finden Sie in der Hilfe des .NET-Frameworks SDK. Zur Erstellung eines einfachen CLS-kompatiblen Moduls ist es aber gar nicht nötig, dass Sie sich mit allen Regeln der Common Language Specification vertraut machen. Für den Anfang genügt es, wenn Sie darauf achten, im Code nur CLS-kompatible Datentypen zu verwenden und ansonsten den Compiler prüfen lassen, ob Ihr Code CLS-kompatibel ist.

Das Common Type System (CTS) gibt vor, welche Datentypen der verschiedenen Sprachen zueinander kompatibel sind. Tabelle 11.3 listet die kompatiblen elementaren Datentypen der Sprachen C#, Visual Basic .NET und Managed C++ auf. Achten Sie darauf, in Code, der von anderssprachigen Modulen ausführbar sein soll, nur die folgenden elementaren Datentypen zu verwenden.

C#	Visual Basic .NET	Managed C++
bool	Boolean	bool
byte	Byte	char
short	Short	short
int	Integer	int
long	Long	__int64
float	Single	float
double	Double	double
decimal	Decimal	Decimal
char	Char	wchar_t
string	String	String
IntPtr	IntPtr	IntPtr

Tabelle 11.3: Gegenüberstellung von CLS-kompatiblen Datentypen (ohne Klassen)

Damit der Compiler Ihren Code auf CLS-Kompatibilität prüft, fügen Sie das `CLSCompliant`-Attribut in Ihren Quelltext ein:

```
using System;
[assembly: CLSCompliant(true)]

public class CEineKlasse
{
   ...
```

Mehr zur Programmierung mit Attributen in Kapitel 20.

Die VB-Kummerkasten-Klasse

Die CLS-kompatible Visual Basic .NET-Implementierung der Kummerkasten-Klasse finden Sie in Form der DLL *Kummerkasten_LIB_basic.dll* im Unterverzeichnis *Kummerkasten_LIB_Basic/bin* auf der Buch-CD. Die Klasse trägt den gleichen Namen und verfügt über die gleichen `public`-Elemente wie unsere C#-Klasse. Sie ist allerdings nicht im Namensraum *Kummerkasten_LIB* definiert, sondern in *Kummerkasten_LIB_Basic*[4]. Um die Klasse zu instantiieren oder eigene Klassen von ihr abzuleiten, müssen Sie sie nur von der CD auf Ihre Festplatte kopieren und die zugehörige C#-Anwendung erstellen.

Leser, die neben C# auch Visual Basic .NET installiert haben, können die DLL auch selbst erstellen. Quelldatei und zugehöriges Visual Studio-Projekt finden Sie ebenfalls auf der Buch-CD. Wenn Sie einfach nur einen Blick auf den kommentierten Quellcode der VB-Klasse werfen möchten, laden Sie die Quelldatei *Kummerkasten_lib.vb* in einen beliebigen Texteditor.

Die C#-Anwendung

Da Name und Elemente der Kummerkasten-Klasse gleich geblieben sind, müssen am Quellcode der C#-Anwendung, die den Kummerkasten aus der VB-DLL verwendet, keine großartigen Änderungen vorgenommen werden. Lediglich die `using`-Anweisung zur Einbindung des Namensraums der DLL muss angepasst werden:

```
using System;
using Kummerkasten_LIB_Basic;
...
```

Ansonsten müssen Sie nur noch darauf achten, die Quelldatei mit dem korrekten Verweis zur VB-DLL zu kompilieren (Befehl VERWEIS HINZUFÜGEN oder Compiler-Option \r, siehe Abschnitt »Ableitung von Bibliotheksklassen«).

---

[4] In Visual Basic .NET gehören die Klassen eines Projekts automatisch einem Namensraum an, der wie das Projekt/Projektmappen-Verzeichnis lautet.

11.6 Vererbung und objektorientiertes Design

Wann ist Vererbung gerechtfertigt?

Dies ist die Gretchenfrage. Nehmen wir an, Sie wollen eine Klasse CAutos aufsetzen. Einer Ihrer Bekannten hat bereits eine Klasse CSchiffe implementiert, die über eine Reihe von Feldern, Eigenschaften und Methoden verfügt, die Sie durchaus gebrauchen könnten (beispielsweise ein Feld für die Höchstgeschwindigkeit, eine Eigenschaft für die aktuelle Geschwindigkeit, Methoden zum Beschleunigen und Bremsen). Bedeutet dies, dass Sie Ihre Klasse CAutos von der Klasse CSchiffe ableiten dürfen?

```
class CAutos : CSchiffe
```

Nun, technisch gesehen ist dies durchaus möglich. Doch Sie ahnen sicherlich schon, dass dies nicht der Sinn der Vererbung ist. In obigem Falle beginnen die Probleme bereits damit, dass die Klasse CSchiffe vermutlich Elemente wie anzahlPassagiere oder AnkerLichten() oder Sinken() enthält. Da die abgeleitete Klasse alle Elemente der Basisklasse[5] erbt, bedeutet dies, dass die Klasse CAutos nun über eine Methode AnkerLichten() verfügt. Man kann diese Methode zwar ignorieren (oder verdecken, siehe Abschnitt »Verdeckung«), doch ist dies natürlich nicht der Sinn der Sache.

Aber selbst wenn die Klasse CSchiffe keine Elemente enthielte, die in der Klasse Autos nicht genutzt werden könnten, würde diese Vererbung der eigentlichen Zielsetzung widersprechen. Vererbung ist eben nicht allein ein Mechanismus, um bestehenden Code in neuen Klassen wiederzuverwerten. Vererbung setzt voraus, dass die abgeleitete Klasse eine Weiterführung der Basisklasse ist. Und nur in Fällen, wo dies gegeben ist, sollte man sich der Vererbung bedienen. Was aber ist mit »Weiterführung der Basisklasse« gemeint?

In der Einleitung in Kapitel 8 haben wir darüber gesprochen, dass Klassen Abstraktionen gleichartiger Objekte sind. Worüber wir nicht gesprochen haben, ist, dass es verschiedene Abstraktionsebenen gibt (in unserer natürlichen Sprache wie in der objektorientierten Programmierung). Nehmen wir zum Beispiel die Tanne, die vielleicht in Ihrem Garten steht. Sie ist ein Objekt der Klasse »Tanne«. Allgemeiner ausgedrückt ist die Tanne ein Objekt der Klasse »Nadelbäume«. Ein Nadelbaum ist wiederum ein Baum, ein Baum ist eine Pflanze, eine Pflanze ist ein Lebewesen.

```
Lebewesen
Pflanze
Baum
Nadelbaum
Tanne
```

---

5 Alle Elemente mit Ausnahme der Konstruktoren und Destruktoren.

Sie sehen, wir haben es hier mit einer Hierarchie von Klassen zu tun. Das Besondere an dieser Hierarchie ist,

- dass jede nach unten folgende Klasse eine Weiterführung (im Sinne einer Spezialisierung) der vorangehenden Klasse ist
- dass jedes Objekt einer dieser Klassen auch als Objekt einer der vorangehenden Klassen angesehen werden kann.

Mit anderen Worten, ein Nadelbaum kann auch als ein Baum oder als eine Pflanze betrachtet werden. Wenn eine solche »Ist-ein«-Beziehung zwischen den Objekten der abgeleiteten Klasse und der Basisklasse besteht, dann und nur dann ist eine Vererbung gerechtfertigt.

Wenden wir die »Ist-ein«-Frage gleich einmal auf unser Autos-Schiffe-Beispiel an. Wenn wir die Klasse CAutos von der Klasse CSchiffe ableiten wollen, muss die Aussage »Ein CAutos-Objekt ist ein CSchiffe-Objekt« korrekt sein. Selbstverständlich ist ein Auto kein Schiff, die »Ist-ein«-Bedingung ist also nicht erfüllt, und wir sollten tunlichst die Hände davon lassen, die Klasse CAutos von der Klasse CSchiffe abzuleiten.

Wie sähe dagegen eine gerechtfertigte Vererbung aus?

Nehmen wir an, Sie wollten eine Klasse zur Repräsentation von Lastkraftwagen implementieren. In diesem Fall können Sie die neue Klasse CLastkraftwagen ohne Probleme von der bereits vorhandenen Klasse CAutos ableiten, denn ein Lastkraftwagen ist auch ein Auto – die »Ist-ein«-Bedingung ist also erfüllt. Dies ist im Prinzip der einfachste Fall, wo man Vererbung nutzt. Man verfügt bereits über eine Klasse, die die Grundfunktionalität zur Verfügung stellt. Der Klasse fehlen aber bestimmte Eigenschaften und Methoden (zur Repräsentation von LKWs fehlt der allgemeineren Klasse CAutos vielleicht eine Eigenschaft Ladeflaeche sowie Methoden Beladen() und Entladen()). Statt eine ganz neue Klasse aufzusetzen, leiten Sie von der Basisklasse ab und ergänzen in der abgeleiteten Klasse die zusätzlich benötigten Elemente.

Den zweiten wichtigen Fall haben wir in unserem Autos-Schiffe-Beispiel vorliegen. Wir haben festgestellt, dass es in CAutos und CSchiffe etliche Elemente gibt, die in beiden Klassen sinnvoll sind, dass aber keine »Ist-ein«-Beziehung besteht. Dies liegt daran, dass Autos und Schiffe sozusagen Geschwister sind, das heißt, man könnte sie auf eine gemeinsame Basisklasse zurückführen. Ein guter Programmierer würde jetzt wie folgt vorgehen:

Er würde eine Basisklasse CFahrzeuge aufsetzen und die Elemente, die CAutos und CSchiffe gemeinsam sind, in diese Basisklasse auslagern. Dann würde er die Klassen CAutos und CSchiffe von der Basisklasse CFahrzeuge ableiten.

```
class CFahrzeuge
class CAutos : CFahrzeuge
class CSchiffe : CFahrzeuge
```

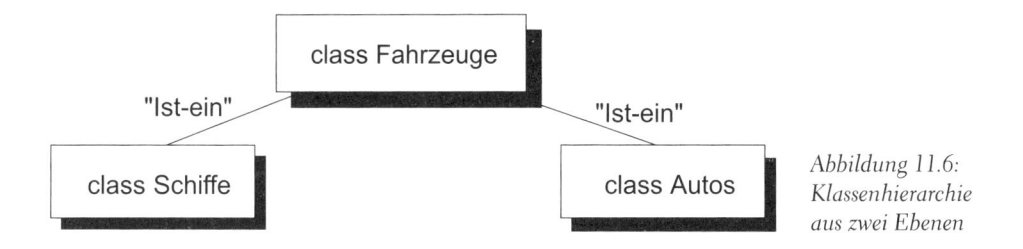

Abbildung 11.6: Klassenhierarchie aus zwei Ebenen

Vererbung versus Einbettung

Das Pendant zur Vererbung ist die Einbettung. Einbettung bedeutet, dass eine Klasse Felder definiert, die vom Datentyp einer anderen Klasse stammen. Während die Vererbung durch eine »Ist ein«-Beziehung charakterisiert ist, entspricht die Einbettung einer »Hat ein«-Beziehung.

Gegeben seien beispielsweise drei Klassen CMotor, CAuto und CSportwagen. Wie sehen die Beziehungen zwischen diesen Klassen aus?

Zwischen CAuto und CMotor besteht eine »Hat ein«-Beziehung, denn ein Auto hat einen Motor. In der Definition der Klasse CMotor drückt sich dies wie folgt aus:

```
class CMotor ...
class CAuto
  {
  CMotor meinMotor;
  ...
```

Zwischen den Klassen CAuto und CSportwagen besteht dagegen eine »Ist ein«-Beziehung. Die Klasse CSportwagen wird also von CAuto abgeleitet (und erbt dabei automatisch das CMotor-Element).

```
class CSportwagen : CAuto
```

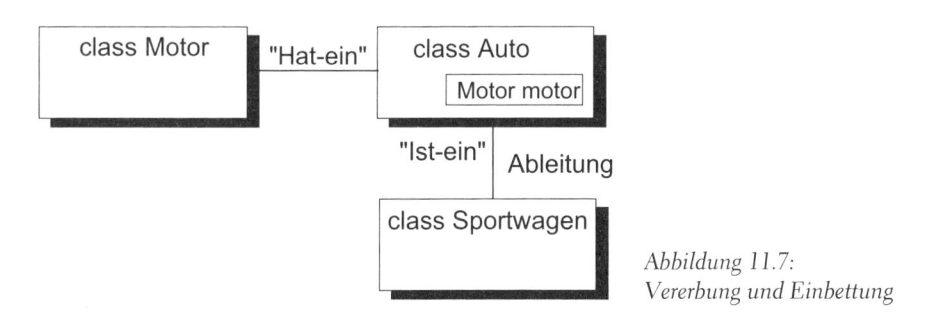

Abbildung 11.7: Vererbung und Einbettung

Elementobjekte versus Vererbung

Vererbung

```
class X
    {
    ...
    };

class Y: public class X
    {
    ...
    };
```

Einbettung

```
class X
    {
    ...
    };

class Y
    {
    class X var;
    ...
    };
```

Verschachtelte Klassen

Aus der Tatsache, dass Typendefinitionen innerhalb von Klassen erlaubt sind, folgt, dass eine Klasse in einer anderen Klasse definiert werden kann. Diese sog. Verschachtelung ist damit neben Vererbung und Einbettung die dritte Form der Beziehung zwischen Klassen.

```
class CAussen
{
    public class CInnen
    {
        ...
    }

    // weitere Elemente von CAussen
}
```

Die eingeschlossene Klasse verhält sich ganz wie ein normales Klassenelement:

- Sie kann als `public`, `protected`, `private`, `internal` oder `protected internal` deklariert werden (während nicht eingeschlossene Klassen nur als `public` oder `internal` deklariert werden können),
- sie ist per Voreinstellung `private` (während nicht eingeschlossene Klassen standardmäßig `internal` sind),
- sie kann auf alle Elemente zugreifen, auf die auch eine Methode der einschließenden Klasse zugreifen kann.

Die einschließende Klasse verfügt über keine besonderen Zugriffsrechte auf die Elemente der eingeschlossenen Klasse. Sie kann lediglich Objekte der Klasse erzeugen.

Meist werden eingeschlossene Klassen als `private` deklariert und dienen als Hilfstypen, die nur innerhalb der einschließenden Klasse benötigt werden – wie in dem nachfolgenden Beispiel aus der C#-Referenz von Microsoft:

```
public class Liste
{
   private class Knoten
   {
      public object Data;
      public Knoten Next;
      public Knoten(object data, Knoten next) {
         this.Data = data;
         this.Next = next;
      }
   }
   private Knoten first = null;
   private Knoten last = null;
   ...
}
```

Klassenhierarchien

Grundsätzlich kann jede Klasse als Basisklasse fungieren (zu beachten ist lediglich, dass der Zugriffsspezifizierer der Basisklasse nicht restriktiver sein darf als der Zugriffsspezifizierer der abgeleiteten Klasse). Daraus folgt, dass abgeleitete Klassen selbst auch wieder als Basisklassen für weitere Klassen dienen können.

```
class A
{
   ...
}
```

```
class B : A
{
...
}
class C : B
{
...
}
```

Da des Weiteren von einer Basisklasse beliebig viele Klassen abgeleitet werden dürfen, können auf diese Weise ganze Klassenhierarchien entstehen.

> Von einer Basisklasse können mehrere Klassen abgeleitet werden, eine abgeleitete Klasse kann aber immer nur eine direkte Basisklasse[6] haben.

Es gibt eine oberste Basisklasse: System.Object

Alle C#-Klassen, seien sie Teil des .NET-Frameworks oder von Ihnen neu definiert, gehen auf eine gemeinsame Basisklasse zurück: System.Object.

Klassen, die ohne Basisklasse definiert werden, bekommen System.Object automatisch als direkte Basisklasse zugewiesen; abgeleitete Klassen erben System.Object über die letzte ihrer Basisklassen.

Wenn aber nun alle C#-Klassen direkt oder indirekt von System.Object abgeleitet sind, bedeutet dies doch, dass sie alle die Methoden und Felder von System.Object geerbt haben. Grund genug, sich einmal die public- und protected-Elemente von System.Object anzuschauen.

protected-Methoden	Beschreibung
Finalize()	wird bei Auflösung der Objekte ausgeführt
MemberwiseClone()	flaches Kopieren von Objekten
public-Methoden	**Beschreibung**
Equals()	vergleicht zwei Objektreferenzen
ReferenceEquals()	vergleicht zwei Objektreferenzen

Tabelle 11.4: Elemente der Klasse System.Object

---

[6] Die »direkte« Basisklasse einer abgeleiteten Klasse ist die Basisklasse, von der sie abgeleitet wurde.

protected-Methoden	Beschreibung
GetHashCode()	liefert den Hash-Code zu einem Objekt
GetType()	liefert den Typ des Objekts
ToString()	liefert eine String-Darstellung des Objekts

Tabelle 11.4: Elemente der Klasse System.Object*(Forts.)*

Die protected-Methode finalize() ist für C#-Programmierer uninteressant. Sie dient an sich der Erledigung wichtiger Aufräumarbeiten bei der Auflösung von Objekten, doch dafür verwendet man in C# ja den Destruktor (siehe Kapitel 9.5).

Interessanter ist die Methode MemberwiseClone(), mit deren Hilfe man flache Kopien von Objekten erstellen kann. Warum das Kopieren von Objekten überhaupt ein Problem darstellt? Betrachten Sie den folgenden Code:

```
// class CDemo sei irgendwie definiert
CDemo obj1 = new CDemo();
obj2 = obj1;
```

Hier wird nicht, wie Sie auf den ersten Blick annehmen könnten, eine Kopie des Objekts obj1 erstellt. Stattdessen wird der Verweis aus obj1 nach obj2 kopiert. Nach dieser Zuweisung gibt es nicht zwei Objekte, sondern zwei Verweise auf ein Objekt.

In Kapitel 13 werden wir uns noch recht intensiv mit dem Kopieren von Objekten auseinandersetzen. Die Methoden Equals() und ToString() werden ebenfalls in Kapitel 13 besprochen. Sie bestimmen, wie die Objekte einer Klasse verglichen oder in Strings umgewandelt werden, und sind dazu gedacht, in selbst definierten Klassen überschrieben zu werden.

Die Methode GetType(), die Sie bereits aus der ersten Woche kennen, dient der Typidentifizierung zur Laufzeit. Sie wird in Kapitel 12.6 näher besprochen.

11.7 Zusammenfassung

Vererbung bedeutet, eine neue Klasse auf der Basis einer bestehenden Klasse zu definieren. Sie ist damit ein hervorragendes Mittel zur Wiederverwendung bestehenden Codes. Sie ist allerdings nicht das einzige Mittel zur objektorientierten Wiederverwendung von Code. Das Pendant zur Vererbung ist die Einbettung, und es ist wichtig, die Beziehung zwischen zwei Klassen genau zu analysieren, bevor man sich für Vererbung oder Einbettung entscheidet:

- Die Vererbung drückt eine »Ist ein«-Beziehung aus. Ein Objekt einer abgeleiteten Klasse »ist« auch ein Objekt ihrer Basisklasse.

- Die Einbettung implementiert dagegen eine »Hat ein«-Beziehung. Ein Objekt der umschließenden Klasse »hat« (im Sinne von enthält) ein Objekt der eingebetteten Klasse.

Die abgeleitete Klasse erbt alle Elemente ihrer Basisklasse, mit Ausnahme der Konstruktoren und des Destruktors. Sie kann auf die geerbten `public`-, `internal`-, `protected`- und `internal protected`-Elemente direkt zugreifen, nicht aber auf die `private`-Elemente.

Die abgeleitete Klasse kann geerbte Elemente verdecken oder überladen. Verdeckte Elemente sind in der abgeleiteten Klasse weiter vorhanden und können über das Schlüsselwort `base` aufgerufen werden.

In C# erben alle Klasse automatisch die Elemente der Klasse `System.Object`. Diese gibt eine allen C#-Objekten gemeinsame Basisfunktionalität vor (Unterstützung zum Kopieren, Vergleichen sowie Umwandlung in Strings).

11.8 Workshop

Der Workshop enthält Quizfragen, die Ihnen helfen sollen, Ihr Wissen zu festigen, und Übungen, die Sie anregen sollen, das eben Gelernte umzusetzen und eigene Erfahrungen zu sammeln. Versuchen Sie, das Quiz und die Übungen zu beantworten und zu verstehen, bevor Sie zur Lektion des nächsten Tages übergehen.

Fragen und Antworten

F   *In C# können grundsätzlich alle Klassen als Basisklassen verwendet werden. Gilt dies auch für Strukturen?*

A   Nein, von Strukturen kann nicht abgeleitet werden. Und um die nächste Frage vorwegzunehmen: Strukturen können auch nicht selbst abgeleitet werden.

F   *Kann ich irgendwie verhindern, dass von einer meiner Klassen andere Klassen abgeleitet werden?*

A   Ja, Sie müssen die Klasse dazu nur mit dem Schlüsselwort `sealed` (wörtlich: »abgeriegelt«) deklarieren.

F Die new-Warnungen finde ich recht lästig. Ich deklariere einfach alle Elemente in der abgeleiteten Klasse als new!

A Halt, tun Sie dies nicht! Sie machen dadurch den Sinn der new-Warnung zunichte. Der Compiler kann Sie dann nicht mehr warnen, wenn Sie geerbte Elemente verdecken oder wenn es nachträgliche Änderungen in einer Basisklasse gegeben hat, und Sie selbst können beim Blick in Ihre abgeleitete Klasse nicht mehr erkennen, welche Elemente geerbte Elemente verdecken. Akzeptieren Sie, dass es gelegentlich new-Warnungen gibt und betrachten Sie diese als Freund, nicht als Feind.

Quiz

1. Wie greift man in einer Methode einer abgeleiteten Klasse auf geerbte protected-Elemente zu?
2. Wie greift man in einer Methode einer abgeleiteten Klasse auf geerbte private-Elemente zu?
3. Welche Zugriffsspezifizierer geben geerbte Elemente nach außen weiter?
4. Kann der Konstruktor einer abgeleiteten Klasse den private-Elementen seiner Basisklasse Werte zuweisen?
5. Wie kann man in einer Methode, die eine andere Methode verdeckt, eben diese verdeckte Methode aufrufen?
6. Wie lautet die Ausgabe des folgenden Programms? (Programmieren Sie es nicht nach! Überlegen Sie sich die Antwort so.)

```
class CBasis
{
   protected int feld;
   public int Feld
   {
      get
      {
         return feld;
      }
      set
      {
         feld = value;
      }
   }
}
```

Vererbung

```
class CAbgeleitet : CBasis
{
   public int feld;
}

class CHauptklasse
{
   static void Main(string[] args)
   {
      CAbgeleitet obj = new CAbgeleitet();

      obj.feld = 12;
      Console.WriteLine(obj.Feld);
   }
}
```

Übungen

1. Schreiben Sie für die Klasse `CAbgeleitet` einen Konstruktor, der allen drei Feldern der Klasse Anfangswerte zuweist.

   Listing 11.13: Aus Uebung1.cs

   ```
   class CBasis
   {
      int basisFeld;

      public CBasis(int param)
      {
         basisFeld = param;
      }
   }

   class CAbgeleitet : CBasis
   {
      public int abgFeld1;
      public int abgFeld2;
   }
   ```

2. Was ist falsch an dem folgenden Code?

   ```
   class CBasis
   {
      int basisFeld;
   ```

```
      CBasis(int param)
      {
         basisFeld = param;
      }
   }

   class CAbgeleitet : CBasis
   {
      public int abgFeld1;
      public int abgFeld2;

      public CAbgeleitet(int param1, int param2, int param3)
            : base(param1)
      {
         abgFeld1 = param2;
         abgFeld2 = param3;
      }
   }
```

3. Erweitern Sie die Klassen CBasis und CAbgeleitet aus Übung 1 um zwei gleichnamige Methoden Ausgeben() zur Ausgabe der Felder.

4. Warum wird bei Ausführung des folgenden Programms nur der Wert des Felds basisFeld ausgegeben?

```
using System;

namespace Kap11
{
   class CBasis
   {
      int basisFeld;

      public CBasis(int param)
      {
         basisFeld = param;
      }

      public void Ausgeben()
      {
         Console.WriteLine(" basisFeld : " + basisFeld);
      }
   }

   class CAbgeleitet : CBasis
   {
      public int abgFeld1;
```

Vererbung

```csharp
      public int abgFeld2;

      public CAbgeleitet(int param1, int param2, int param3)
         : base(param1)
      {
         abgFeld1 = param2;
         abgFeld2 = param3;
      }

      new void Ausgeben()
      {
         base.Ausgeben();
         Console.WriteLine(" abgFeld1   : " + abgFeld1);
         Console.WriteLine(" abgFeld2   : " + abgFeld2);
      }
   }

   class CHauptklasse
   {
      static void Main(string[] args)
      {
         CAbgeleitet obj = new CAbgeleitet(1, 2, 3);

         obj.Ausgeben();
      }
   }
}
```

Tag 12

Polymorphie

Polymorphie

Der heutige Tag ist einem für die professionelle objektorientierte Programmierung äußerst bedeutenden Konzept gewidmet: der Polymorphie. Sie werden erfahren, was unter Polymorphie zu verstehen ist, wie Polymorphie mit Hilfe von Vererbung oder Schnittstellen implementiert werden kann und welche Vorteile uns die Polymorphie bringt. Freuen Sie sich auf ein nicht ganz einfaches, aber auf jeden Fall lohnendes und faszinierendes Kapitel.

Im Einzelnen lernen Sie in diesem Kapitel

- was unter Polymorphie im objektorientierten Sinne zu verstehen ist,
- wie man Polymorphie implementiert,
- wie man Methoden überschreibt,
- wie man die Überschreibung von Methoden durch Deklaration abstrakter Klassen erzwingen kann,
- wie polymorphe Objekte bei der Erstellung generischer Arrays und Methoden helfen können,
- wie man den Typ eines Objekts zur Laufzeit ermitteln kann,
- was Schnittstellen sind,
- wie man Schnittstellen definiert,
- wie man Schnittstellen implementiert.

12.1 Was bedeutet Polymorphie?

Wörtlich übersetzt bedeutet Polymorphie soviel wie »Vielgestaltigkeit«. Betrachten Sie die folgende einfache Variable vom Typ `int`:

```
int iVar;
```

Diese Variable ist polymorph! Wieso? Weil sie im Laufe des Programms unterschiedliche Werte annehmen kann, beispielsweise -3 oder 14923:

```
...
iVar = -3;
...
iVar = 14923;
```

Nun, dies ist sicherlich nicht besonders aufregend, und es ist auch nicht die Art von Polymorphie, die für die objektorientierte Programmierung so bedeutsam ist.

Was bedeutet Polymorphie?

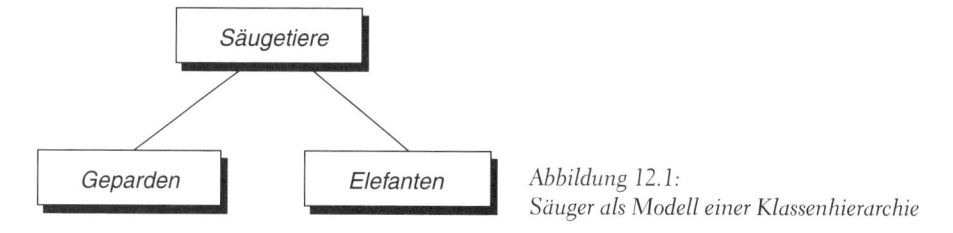

Abbildung 12.1:
Säuger als Modell einer Klassenhierarchie

Betrachten Sie nun die folgende kleine Klassenhierarchie:

Listing 12.1: Aus Polymorphie1.cs

```
class CSaeugetiere
{
   protected int  maxGeschw;   // in km/h
   protected bool raeuber;
   public    int  alter;

   public virtual void Steckbrief()
   {
      Console.WriteLine(" Ich bin ein Säugetier.");
   }
}

class CGeparden : CSaeugetiere
{
   public CGeparden(int param)
   {
      maxGeschw = 110;
      raeuber = true;
      alter = param;
   }
}

class CElefanten : CSaeugetiere
{
   public CElefanten(int param)
   {
      maxGeschw = 30;
      raeuber = false;
      alter = param;
   }
}
```

Polymorphie

Die Klassenhierarchie besteht aus drei Klassen: der Basisklasse CSaeugetiere und den beiden abgeleiteten Klassen CGeparden und CElefanten. In der Basisklasse sind drei Felder und eine Methode definiert. Die abgeleiteten Klassen definieren, um nicht vom Wesentlichen abzulenken, lediglich einen Konstruktor zum Einrichten der geerbten Elemente.

Diese Klassenhierarchie erlaubt uns, eine weit interessantere Form der Polymorphie zu implementieren. Wie Sie wissen, enthalten Objekte abgeleiteter Klassen Unterobjekte ihrer Basisklasse. Dieser Aufbau abgeleiteter Objekte ermöglicht es, abgeleitete Objekte auf ihre Unterobjekte zu reduzieren und als Basisklassenobjekte zu betrachten. Konkret bedeutet dies, dass Sie einer Objektvariable vom Typ einer Basisklasse (hier CSaeugetiere) nicht nur Objekte der Basisklasse, sondern auch Objekte ihrer abgeleiteten Klassen (hier CGeparden oder CElefanten) zuweisen können.

Listing 12.2: Aus Polymorphie1.cs

```
01: ...
02: class CHauptklasse
03: {
04:     static void Main(string[] args)
05:     {
06:         CSaeugetiere oSaeuger;
07:         oSaeuger = new CGeparden(12);
08:         oSaeuger.Steckbrief();
09:
10:         oSaeuger = new CElefanten(37);
11:         oSaeuger.Steckbrief();
12:     }
13: }
```

Ich bin ein Säugetier.
Ich bin ein Säugetier.

Hier wird in der Main()-Methode zuerst eine Objektvariable vom Typ CSaeugetiere definiert (Zeile 6). Danach wird der Variablen zuerst ein Objekt der Klasse CGeparden (Zeile 7) und später ein Objekt vom Typ CElefanten (Zeile 11) zugewiesen.

Für beide Objekte wird jeweils die Methode Steckbrief() aufgerufen. Dies ist möglich, weil die Methode von der Basisklasse CSaeugetiere geerbt wurde.

Im Beispiel *Polymorphie1* gibt es eine Objektvariable, die im Laufe des Programms auf Objekte unterschiedlicher abgeleiteter Objekte verweist. Diese Art polymorpher Variable bringt uns dem objektorientierten Konzept der Polymorphie bereits sehr nahe.

Abgeleitete Objekte als Basisklassenobjekte verwenden

Wenn Sie ein Objekt einer abgeleiteten Klasse an eine Objektvariable vom Typ einer direkten oder indirekten Basisklasse zuweisen, wird das Objekt auf das entsprechende Basisklassenunterobjekt reduziert. Diese »Reduzierung« bedeutet allerdings nicht, dass das Objekt im Speicher wirklich irgendwie beschnitten oder verkleinert würde. Es bedeutet nur, dass man über die Basisklassen-Variable nur auf die Elemente des Objekts zugreifen kann, die dieses von der Basisklasse geerbt hat.

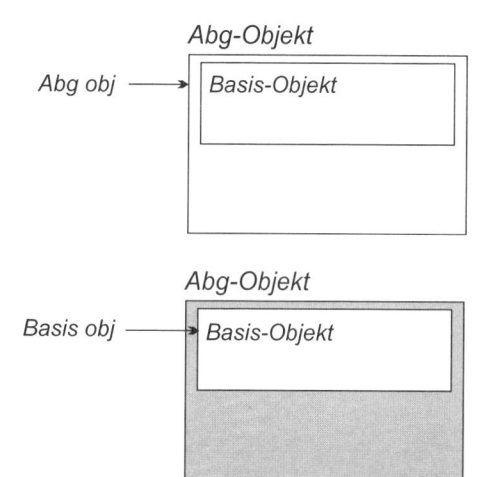

Abbildung 12.2:
Objekte einer abgeleiteten Klasse als Basisklassenobjekt

Für jedes Objekt das richtige Verhalten

Eigentlich wäre es viel schöner, wenn die Klassen CGeparden und CElefanten eigene Implementierungen der Methode Steckbrief() definieren würden, in denen ihre Objekte als CGeparden bzw. CElefanten ausgewiesen werden. Sie könnten nun daran denken, die geerbte Methode Steckbrief() zu diesem Zweck in den abgeleiteten Klassen durch individuelle Neudefinitionen zu verdecken. Doch leider funktioniert die Verdeckung nur solange, wie die Objekte über Objektvariablen ihres Typs angesprochen werden. Wenn Sie wie in obigem Beispiel über eine CSaeugetiere-Variable auf ein CGeparden- oder CElefanten-Objekt zugreifen, sieht der Compiler nur die Basisklassenversion von Steckbrief(), und Sie erhalten als Ausgabe weiterhin "Ich bin ein Säugetier.". (Auf der Buch-CD finden Sie hierzu ein Beispiel: *Polymorphie2.cs*)

Die korrekte Lösung liegt in dem Überschreiben der Basisklassenmethode Steckbrief().
Danach können Sie schreiben:

```
CSaeugetiere oSaeuger;
oSaeuger = new CGeparden(12);
oSaeuger.Steckbrief();

oSaeuger = new CElefanten(37);
oSaeuger.Steckbrief();
```

und erhalten als Ausgabe

```
Ich bin ein Gepard.
Ich bin ein Elefant.
```

Dies wäre dann ein Beispiel für echte objektorientierte Polymorphie: Eine Objektvariable vom Typ einer polymorphen Basisklasse verweist im Laufe des Programms auf Objekte abgeleiteter Typen und ruft für diese objektspezifische Verhaltensweisen (sprich Methodenimplementierungen) auf.

12.2 Polymorphie basiert auf Überschreibung

Polymorphes Verhalten von Objekten kann man nur durch die Überschreibung geerbter Methoden erreichen.

Methoden überschreiben

Im Gegensatz zur Verdeckung, die ganz allein von der abgeleiteten Klasse erzeugt wird, geht die Überschreibung von der Basisklasse aus. Die Basisklasse muss die betreffenden Methoden nämlich explizit, durch Deklaration als virtual, zur Überschreibung in den abgeleiteten Klassen freigeben.

> Als virtual deklarierte Methoden werden auch als virtuelle Methoden bezeichnet.

Listing 12.3: Aus Polymorphie3.cs

```
01: using System;
02:
03: namespace Kap12
04: {
```

Polymorphie basiert auf Überschreibung

```
05:    class CSaeugetiere
06:    {
07:       protected int maxGeschw;    // in km/h
08:       protected bool raeuber;
09:       public    int  alter;
10:
11:       public virtual void Steckbrief()
12:       {
13:          Console.WriteLine(" Ich bin ein Säugetier.");
14:       }
15:    }
```

Die `virtual`-Deklaration erfüllt zwei Funktionen:

- Sie weist den Compiler an, intern die technischen Voraussetzungen dafür zu schaffen, dass die Methode `Steckbrief()` überschrieben werden kann,
- sie informiert den Programmierer, der eigene Klassen von `CSaeugetiere` ableiten möchte, darüber, dass diese Methode überschrieben werden kann (vielleicht sogar überschrieben werden sollte).

Folgen wir der Aufforderung der `CSaeugetiere`-Klassen und überschreiben wir nun die Methode Steckbrief in den Klassen `CGeparden` und `CElefanten`:

Listing 12.4: Fortsetzung des Listings aus Polymorphie3.cs

```
16:    ...
17:    class CGeparden : CSaeugetiere
18:    {
19:       public CGeparden(int param)
20:       {
21:          maxGeschw = 110;
22:          raeuber = true;
23:          alter = param;
24:       }
25:
26:       public override void Steckbrief()
27:       {
28:          Console.WriteLine(" Ich bin ein Gepard.");
29:       }
30:    }
31:
32:    class CElefanten : CSaeugetiere
33:    {
34:       public CElefanten(int param)
35:       {
36:          maxGeschw = 30;
```

Polymorphie

```
37:            raeuber = false;
38:            alter = param;
39:        }
40:
41:        public override void Steckbrief()
42:        {
43:            Console.WriteLine(" Ich bin ein Elefant.");
44:        }
45:    }
```

Um eine geerbte Methode zu überschreiben, müssen Sie die Methode mit gleichem Namen, gleicher Signatur, gleichem Rückgabetyp und gleichem Zugriffsspezifizierer neu definieren und mit dem Schlüsselwort override kennzeichnen.

> Überschrieben werden können nur geerbte virtual-Methoden.

Wenn Sie jetzt über eine Variable vom Typ CSaeugetiere auf ein Objekt der Klassen CGeparden oder CElefanten zugreifen und die überschriebene Methode Steckbrief() aufrufen, wird nicht mehr die Basisklassenversion ausgeführt, sondern die für das Objekt überschriebene Implementierung.

Listing 12.5: Polymorphie3.cs

```
47:    ...
48:
49:    class CHauptklasse
50:    {
51:        static void Main(string[] args)
52:        {
53:            CSaeugetiere oSaeuger;
54:            oSaeuger = new CGeparden(12);
55:            oSaeuger.Steckbrief();
56:
57:            oSaeuger = new CElefanten(37);
58:            oSaeuger.Steckbrief();
59:        }
60:    }
61: }
```

   Ich bin ein Gepard.
   Ich bin ein Elefant.

Statische und dynamische Bindung

Versetzen Sie sich bitte für einen Moment in den C#-Compiler. Während der Übersetzung eines mehr oder weniger gelungenen Programms (ein Compiler bekommt ja so manches zu Gesicht), treffen Sie auf folgende Zeilen:

```
CSaeugetiere oSaeuger = new CSaeugetiere();
oSaeuger.Steckbrief();
```

Wie gewünscht, erzeugen Sie ein neues Objekt der Klasse `CSaeugetiere`.

Weiterhin legen Sie eine Objektvariable `oSaeuger` vom Typ `CSaeugetiere` an und speichern in dieser den Verweis auf das soeben angelegte `CSaeugetiere`-Objekt.

Schließlich rufen Sie für das Objekt, auf das `oSaeuger` verweist, die Methode `Steckbrief()` auf.

So weit ist alles noch ganz einfach. Plötzlich aber werden Sie mit folgendem Code konfrontiert:

```
oSaeuger = new CGeparden(12);
oSaeuger.Steckbrief();
```

Sie erzeugen ein Objekt der Klasse `CGeparden` und speichern den Verweis in der Objektvariablen `oSaeuger`.

Danach rufen Sie über `oSaeuger` die Methode `Steckbrief()` auf. Doch welche Version der Methode sollen Sie nun aufrufen? Die Methode, die in der Basisklasse `CSaeugetiere` definiert ist? Schließlich erfolgt der Aufruf ja über eine Variable vom Typ der Basisklasse! Oder sollen Sie die Methode aus der abgeleiteten Klasse `CGeparden` aufrufen? Schließlich verweist `oSaeuger` ja letzten Endes auf ein Objekt der Klasse `CGeparden`!

Dies ist die Gretchenfrage! Soll der Compiler sich nach dem Typ der Variablen oder nach dem Typ des Objekts richten?

Der erste Fall ist der Standardfall, da er am einfachsten und schnellsten zu realisieren ist. Der Compiler ersetzt den Quelltext mit dem Methodenaufruf einfach durch IL-Code, der die Methode aus dem Klassentyp der Variablen direkt aufruft. Man bezeichnet dies auch als frühe oder statische Bindung.

Das Gegenteil ist die späte oder dynamische Bindung, bei der sich der Compiler nach dem Typ des Objekts richtet. Eingeschaltet wird die späte Bindung durch die `virtual`-Deklaration. Handelt es sich bei der aufzurufenden Methode um eine `virtual`-Methode, erzeugt der Compiler keinen direkten Methodenaufruf. Stattdessen erzeugt er IL-Code, der erst zur Laufzeit feststellt, ob die aufzurufende Methode in der Klasse des Objekts überschrieben wurde und, wenn dem so ist, diese Version aufruft.

Polymorphie

Warum so umständlich? Der Grund ist, dass der Compiler zur Kompilierungszeit nicht feststellen kann, welcher Typ von Objekt einer Objektvariablen zugewiesen wurde. Gut, für das einfache Beispiel von oben könnte der Compiler den Typ des Objekts, auf das oSaeuger verweist, schon selbst bestimmen und den Code zum direkten Aufruf der entsprechenden Methodenversion erzeugen. Doch dem ist eben nicht immer so:

Listing 12.6: Aus DynamischeBindung.cs

```
class CHauptklasse
{
   static void Main(string[] args)
   {
      CSaeugetiere oSaeuger;

      string sEingabe;
      Console.WriteLine("Gepard (g) oder Elefant (e)?");
      sEingabe = Console.ReadLine();

      if (sEingabe == "g")
         oSaeuger = new CGeparden(12);
      else
         oSaeuger = new CElefanten(37);

      oSaeuger.Steckbrief();
   }
}
```

Hier bestimmt der Anwender, welche Art von Objekt erzeugt und mit oSaeuger verbunden werden soll. Wäre Steckbrief keine virtual-Methode, würde der Compiler einfach die Steckbrief()-Version von CSaeugetiere aufrufen. Da Steckbrief() aber eine virtual-Methode ist, muss er sich nach dem Typ des Objekts richten. Diese steht aber erst bei Ausführung des Programms fest, und deshalb muss der Compiler Code erzeugen, der zur Laufzeit bestimmt, welche Methode aufzurufen ist.

> Wie der Compiler die späte Bindung von Methoden im Detail realisiert, ist im Grunde für die Programmierung und den Umgang mit dem Wörtchen virtual bedeutungslos.

Als Programmierer brauchen Sie nur zu wissen,

- dass man durch die virtual-Deklaration die späte Bindung für eine Methode einschalten kann, und
- dass dies die Grundvoraussetzung für die erfolgreiche Überschreibung einer Methode ist.

Regeln für die Überschreibung

Damit Sie nicht die Übersicht verlieren, hier noch einmal alle wichtigen Regeln zur Überschreibung auf eine Blick:

- Um eine Methode als überschreibbar zu deklarieren und die dynamische Bindung für die Methode einzuschalten, müssen Sie die Methode als virtual[1] deklarieren.
- Um eine geerbte virtual-Methode zu überschreiben, müssen Sie die Methode mit dem Schlüsselwort override unter gleichem Namen, mit gleicher Signatur, gleichem Rückgabewert und gleichem Zugriffsspezifizierer neu definieren.
- Mit override überschriebene Methoden, die durch Ableitung weitervererbt werden, können in den abgeleiteten Klassen selbst auch wieder überschrieben werden.
- Auf überschriebene Methoden kann man mit Hilfe des Schlüsselworts base weiter zugreifen.
- Trifft der Compiler auf einen Aufruf einer virtuellen Methode, sucht er ausgehend von der Klasse der Objektvariablen bis zum Typ des aktuellen Objekts nach der letzten Überschreibung der Methode. Diese ruft er dann auf.
- Die gleichen Regeln gelten für die Überschreibung von Eigenschaften.

Wenn Sie eine geerbte Methode überschreiben wollen, müssen Sie natürlich zuerst einmal prüfen, ob die Methode in der Basisklasse als virtual deklariert ist. (Im Zweifelsfall überschreiben Sie die Methode einfach und schauen, ob der Compiler für die Überschreibung eine Fehlermeldung erzeugt.)

Ist die Methode nicht als virtual deklariert, ist dies ein Warnzeichen, das besagt, dass der Autor der Basisklasse nicht mit einer Überschreibung der Methode gerechnet hat. Wenn Sie trotzdem nicht auf die Überschreibung verzichten wollen, sollten Sie zumindest erhöhte Vorsicht walten lassen.

Ansonsten hängt die Überschreibung immer davon ab, welcher Code bereits in der Basisklassenversion vorgesehen ist und wie wichtig dieser Code ist.

Grundsätzlich gibt es daher bei der Überschreibung drei Möglichkeiten:

- einfach ersetzen

    Der Code aus der Basisklassenversion ist unwichtig und wird einfach ersetzt.

- Basisversion aufrufen

    Der Code in der Basisklassenversion ist hilfreich, wichtig oder gar unersetzlich.

    Dann können Sie die Basisklassenversion mit Hilfe von base in der abgeleiteten Version aufrufen – beispielsweise zu Beginn oder am Ende der neuen Definition (hängt von dem jeweiligen Code ab).

---
1 Neben der Deklaration als virtual ist auch die Deklaration als abstract möglich (siehe Abschnitt 12.3).

- Basiscode wiederholen

  Der Code in der Basisklassenversion enthält wichtigen, aber auch störenden Code.

  Dann kann man den wichtigen Code in der abgeleiteten Version wiederholen. Allerdings könnte eine solche Vorgehensweise auch auf einen Design-Fehler hindeuten.

Überladen, verdecken und überschreiben

Insgesamt gibt es damit drei Möglichkeiten, wie Sie in einer abgeleiteten Klasse neue Anweisungsteile für geerbte Methoden einrichten können.

Überladung
Eine neu definierte Methode hat den gleichen Namen wie eine Basisklassenmethode, nicht aber die gleiche Signatur, d.h. sie unterscheidet sich in Anzahl oder Typen der Parameter. In diesem Fall liegt Überladung vor.

Verdeckung
Eine neu definierte Methode hat den gleichen Namen und die gleiche Signatur wie eine Basisklassenmethode.

Das geerbte Element wird dabei durch das neue Element »verdeckt«, d.h. innerhalb der abgeleiteten Klasse steht der betreffende Bezeichner nur noch für das neu definierte und nicht mehr für das geerbte Element. (Das geerbte Element ist aber weiter vorhanden und kann über den Qualifizierer `base` aufgerufen werden.)

Überschreibung
Eine neu definierte Methode hat den gleichen Namen, Rückgabetyp, Parameter und Zugriffsspezifizierer wie eine Basisklassenmethode. Die Basisklassenmethode ist als `virtual` und die gleichnamige abgeleitete Methode mit dem Schlüsselwort `override` definiert – ansonsten handelt es sich um eine Verdeckung.

12.3 Abstrakte Klassen

In Kapitel 11 haben wir vor allem den Aspekt der Vererbung von Code in den Vordergrund gestellt. Durch die Polymorphie sind wir nun darauf gestoßen, dass Basisklassen nicht nur zur Vererbung von Code herangezogen werden können, sondern dass es mindestens genauso interessant sein kann, eine einheitliche Schnittstelle zu vererben. Nichts anderes ist nämlich die Programmierung mit virtuellen Methoden, die in den abgeleiteten Klassen überschrieben werden: der geerbte Name (die Schnittstelle) wird übernommen, die Definition (der Code) wird ersetzt.

In Fortsetzung dieses Gedankens kommt man zu Basisklassen, die vornehmlich zur Vererbung von Schnittstellen dienen. Eine solche Klasse braucht im Prinzip gar keinen Code mehr für ihre virtuellen Methoden vorzugeben, da für die Vererbung ja doch nur der Name der Methoden benötigt wird.

Dies führt uns zu den abstrakten Methoden.

Abstrakte Methoden

Abstrakte Methoden werden mit dem Schlüsselwort abstract deklariert und besitzen keinen Anweisungsteil.

```
abstract typ methodenname(parameter);
```

Ihre Aufgabe ist es, als Schnittstellenvorgabe an andere Klassen weitervererbt zu werden. Aufgabe der abgeleiteten Klassen ist es dann, die geerbten abstrakten Methoden zu überschreiben und mit einem Definitionskörper auszustatten.

Abstrakte Eigenschaften

Abstrakte Eigenschaften werden ebenfalls mit dem Schlüsselwort abstract deklariert. Ihre get- und/oder set-Zugriffsroutinen besitzen keinen Anweisungsteil.

```
abstract typ eigenschaft
{
   get;
   set;
}
```

Abstrakte Klassen

Eine Klasse, die zumindest eine abstrakte Methode oder Eigenschaft enthält, bezeichnet man als abstrakte Klasse. Abstrakte Klassen müssen ebenfalls mit dem Schlüsselwort abstract gekennzeichnet werden.

```
abstract class klassenname
{
   ...
```

Abstrakte Klassen können nicht instantiiert werden, d. h., man kann keine Objekte dieser Klasse bilden. Abstrakte Klassen können also lediglich als Basisklassen eingesetzt werden.

Wenn Sie also eine Klasse aufsetzen, die Ihnen lediglich als Basisklasse für verschiedene abgeleitete Klassen dienen soll und in der Sie virtuelle Methoden deklarieren, die ehedem in allen abgeleiteten Klassen überschrieben werden (d. h., die Auslagerung der Methoden in die Basisklasse dient nicht der Vererbung von Code, sondern geschieht in Hinblick auf die Möglichkeiten, die Ihnen Polymorphie und späte Bindung eröffnen), bietet es sich an, die Basisklasse und die betreffenden Methoden als abstract zu deklarieren. Der Compiler kann dann an Ihrer Stelle darüber wachen, dass die abstrakten Methoden in allen abgeleiteten Klassen überschrieben werden.

Eine Klasse, die von einer abstrakten Klasse abgeleitet wird, verpflichtet sich nämlich, alle abstrakten Methoden der Basisklasse zu überschreiben. Tut sie dies nicht, wird sie selbst zur abstrakten Klasse und muss mit dem Schlüsselwort abstract deklariert werden. Wenn die Klasse weder die abstrakten Methoden überschreibt noch mit dem Schlüsselwort abstract deklariert wird, erkennt der Compiler dies als Fehler.

Beispiel

Kommen wir noch einmal auf unser Beispielprogramm mit der Säugetier-Klassenhierarchie zurück. An der Basis der Hierarchie steht die Klasse CSaeugetiere, die lediglich über eine einzige Methode (Steckbrief()) verfügt, die zudem als virtual deklariert ist. Es bietet sich also an, die Klasse CSaeugetiere und ihre Methode als abstract zu deklarieren:

Listing 12.7: Aus AbstrakteKlassen.cs

```
using System;

namespace Kap12
{
   abstract class CSaeugetiere
   {
      protected int maxGeschw;    // in km/h
      protected bool raeuber;
      public    int  alter;

      public abstract void Steckbrief();
   }
   ...
```

An dem Rest der Klassenhierarchie oder der Instantiierung der abgeleiteten Klassen ändert sich nichts.

12.4 Basisklassen-Arrays

Polymorphie bedeutet, dass Sie auf Objekte polymorpher Klassen (Klassen, die virtuelle Methoden enthalten oder überschreiben) über Objektvariablen vom Typ einer polymorphen Basisklasse zugreifen können und trotzdem die objektspezifischen Verhaltensweisen abrufen.

Wozu aber sollten Sie Objekte abgeleiteter Klassen überhaupt in Objektvariablen vom Typ einer Basisklasse speichern?

Nun, beispielsweise um Objekte verschiedener abgeleiteter Klassen gemeinsam in einem Array zu verwalten. Grundsätzlich werden Arrays für Elemente eines bestimmten Typs definiert und können auch nur Objekte dieses Typs aufnehmen.

Für unsere Säugetiere-Klassenhierarchie, in der von der Basisklasse CSaeugetiere zwei Klassen CGeparden und CElefanten abgeleitet wurden, bedeutet dies, dass es nicht möglich ist, ein Array für Elemente vom Typ CGeparden zu definieren und in diesem dann CElefanten-Objekte zu speichern. Um dennoch Objekte verschiedener abgeleiteter Klasse gemeinsam in einem Array verwalten zu können, geht man den Umweg über eine gemeinsame Basisklasse. Wie Sie wissen, können Objekte abgeleiteter Klassen auch als Objekte ihrer Basisklassen betrachtet werden. Man bestimmt daher die erste Basisklasse, die allen abgeleiteten Klassen gemeinsam ist, und definiert ein Array für Elemente vom Typ dieser Basisklasse. In diesem Array können dann Objekte sämtlicher abgeleiteter Klassen verwaltet werden. Enthält die Basisklasse virtuelle Methoden, die in den abgeleiteten Klassen überschrieben sind, kann man mit den Array-Elementen sogar weitgehend so arbeiten, als ob es Elemente vom Typ der jeweiligen abgeleiteten Klassen (und nicht vom Typ der Basisklasse) wären.

Das folgende Beispiel zeigt, wie die Objekte der abgeleiteten Klassen CGeparden und CElefanten in einem gemeinsamen Array verwaltet werden.

Listing 12.8: Basisklassenarrays.cs

```
01: using System;
02:
03:
04: namespace Kap12
05: {
06:     abstract class CSaeugetiere
07:     {
08:         protected int  maxGeschw;   // in km/h
09:         protected bool raeuber;
10:         public    int  alter;
11:
```

```
12:        public abstract void Steckbrief();
13:     }
14:
15:     class CGeparden : CSaeugetiere
16:     {
17:        public CGeparden(int param)
18:        {
19:           maxGeschw = 110;
20:           raeuber = true;
21:           alter = param;
22:        }
23:
24:        public override void Steckbrief()
25:        {
26:           Console.WriteLine(" Ich bin ein Gepard.");
27:        }
28:     }
29:
30:     class CElefanten : CSaeugetiere
31:     {
32:        public CElefanten(int param)
33:        {
34:           maxGeschw = 30;
35:           raeuber = false;
36:           alter = param;
37:        }
38:
39:        public override void Steckbrief()
40:        {
41:           Console.WriteLine(" Ich bin ein Elefant.");
42:        }
43:     }
44:
45:
46:
47:     class CHauptklasse
48:     {
49:        static void Main(string[] args)
50:        {
51:           CSaeugetiere[] saeuger = new CSaeugetiere[5];
52:
53:           for(int i = 0; i < saeuger.Length; ++i)
54:           {
55:              Console.WriteLine("Gepard (g) oder Elefant (e) ?");
56:
57:              if (Console.ReadLine() == "g")
```

```
58:             saeuger[i] = new CGeparden(1);
59:         else
60:             saeuger[i] = new CElefanten(5);
61:      }
62:
63:      Console.WriteLine("\n Alle Tiere durchgehen: \n");
64:      foreach(CSaeugetiere tier in saeuger)
65:        tier.Steckbrief();
66:    }
67:  }
68: }
```

Gepard (g) oder Elefant (e) ?
g
Gepard (g) oder Elefant (e) ?
g
Gepard (g) oder Elefant (e) ?
e
Gepard (g) oder Elefant (e) ?
e
Gepard (g) oder Elefant (e) ?
g

Alle Tiere durchgehen:

Ich bin ein Gepard.
Ich bin ein Gepard.
Ich bin ein Elefant.
Ich bin ein Elefant.
Ich bin ein Gepard.

In Zeile 51 wird ein Array für Elemente vom Typ CSaeugetiere eingerichtet. In der darauf folgenden Schleife werden nach Angaben des Anwenders fünf Geparden oder Elefanten erzeugt. Beachten Sie, dass tatsächlich Objekte der Klassen CGeparden und CElefanten erzeugt werden (Zeilen 58 und 60), die dann bei der Zuweisung an die Array-Elemente auf ihre Basisklassenunterobjekte reduziert werden.

In der abschließenden foreach-Schleife werden dann Steckbriefe der im Array verwalteten Tiere ausgegeben. Dass die Methode Steckbrief() überhaupt für die Array-Elemente aufgerufen werden kann, verdanken wir dem Umstand, dass die Methode auch in der Basisklasse CSaeugetiere definiert ist. Dass die Version der Methode ausgeführt wird, die zu dem Typ des Objekts passt, verdanken wir dem Umstand, dass die Methode Steckbrief() in der Basisklasse als virtual (bzw. abstract) deklariert und in den abgeleiteten Klassen überschrieben wurde.

12.5 Basisklassenparameter

Die Reduzierung abgeleiteter Objekte auf ihre Basisklassenunterobjekte erlaubt nicht nur die Einrichtung allgemeiner Arrays, in denen Objekte verschiedener abgeleiteter Klassen verwaltet werden können, sondern auch die Implementierung generischer Methoden, die als Argumente Objekte beliebiger abgeleiteter Klassen akzeptieren.

Das folgende Beispiel definiert in der Hauptklasse eine statische Methode Alarmieren(), die den Anwender informiert, wenn ein Raubtier angetroffen wurde, und eine Entwarnung ausgibt, wenn ein Nichträuber auftaucht.

Bevor wir zur Implementierung der Methode Alarmieren() kommen, müssen wir allerdings noch die Klassenhierarchie überarbeiten. Wenn die Methode Alarmieren() später mit CGeparden- und CElefanten-Objekten als Argumente aufgerufen wird, muss sie feststellen können, ob es sich bei den übergebenen Objekten um Räuber handelt oder nicht. Dies ist in der augenblicklichen Implementierung der Klassenhierarchie nicht möglich, weil das Feld raeuber protected ist. Der einfachste Weg, das Feld zugänglich zu machen, wäre natürlich, das Feld als public oder internal zu deklarieren, doch hieße das, dass CGeparden-Objekte von außerhalb als Nicht-Räuber gekennzeichnet und CElefanten-Objekte zu Räubern mutiert werden könnten. Dies widerspricht den Prinzipien der objektorientierten Programmierung, und wir werden stattdessen den sicheren Weg wählen und eine Nur-Lesen-Eigenschaft implementieren.

Da die Eigenschaft später über Objektvariablen vom Typ CSaeugetiere abgefragt werden soll, muss sie bereits in der Basisklasse CSaeugetiere definiert sein. Da es keinen Grund gibt, ihre Implementierung in den abgeleiteten Klassen anzupassen, braucht die Eigenschaft nicht als virtual oder abstract deklariert zu werden.

Die überarbeitete Klassenhierarchie sieht jetzt wie folgt aus:

Listing 12.9: Die überarbeitete Klassenhierarchie (aus Basisklassenparameter.cs)

```
01: using System;
02:
03: namespace Kap12
04: {
05:    abstract class CSaeugetiere
06:    {
07:       protected int maxGeschw;    // in km/h
08:       protected bool raeuber;
09:       public    int alter;
10:
11:       public abstract void Steckbrief();
12:       public bool Raeuber
13:       {
```

```
14:        get
15:        {
16:            return raeuber;
17:        }
18:     }
19:  }
20:
21:  class CGeparden : CSaeugetiere
22:  {
23:     ... // wie gehabt
34:  }
35:
36:  class CElefanten : CSaeugetiere
37:  {
38:     ... // wie gehabt
49:  }
```

Jetzt können wir die generische Alarmieren()-Methode aufsetzen:

Listing 12.10: Basisklassenparameter.cs

```
52:  class CHauptklasse
53:  {
54:     static void Alarmieren(CSaeugetiere tier)
55:     {
56:        if (tier.Raeuber == true)
57:            Console.WriteLine(" Alarm! Ein Räuber ist " +
58:                              "unterwegs.\n");
59:        else
60:            Console.WriteLine(" Entwarnung! Nur ein " +
61:                              "harmloser Pflanzenfresser.\n");
62:
63:     }
64:
65:     static void Main(string[] args)
66:     {
67:        CSaeugetiere[] saeuger = new CSaeugetiere[3];
68:        saeuger[0] = new CGeparden(1);
69:        saeuger[1] = new CElefanten(5);
70:        saeuger[2] = new CGeparden(1);
71:
72:        Console.WriteLine("\n");
73:        foreach(CSaeugetiere tier in saeuger)
74:            Alarmieren(tier);
75:     }
76:  }
77: }
```

Alarm! Ein Räuber ist unterwegs.

Entwarnung! Nur ein harmloser Pflanzenfresser.

Alarm! Ein Räuber ist unterwegs.

Die Methode `Alarmieren()` ist in den Zeilen 54 bis 63 zu finden. Sie definiert einen Parameter vom Typ `CSaeugetiere`, dem beim Aufruf sowohl Objekte vom Typ `CSaeugetiere` wie auch sämtlicher von `CSaeugetiere` abgeleiteter Klassen übergeben werden können.

In der Methode wird der Wert der Eigenschaft `Raeuber` abgefragt (Zeile 56). Je nach Ergebnis der Abfrage wird eine Warnung oder eine Entwarnung ausgegeben.

Aufgerufen wird die Methode in der `foreach`-Schleife in Zeile 74.

12.6 Typidentifizierung zur Laufzeit (RTTI)

Laufzeittypidentifizierung (englisch RunTime Type Identification = RTTI) bedeutet, dass man Code schreibt, der während der Ausführung des Programms den Datentyp eines Objekts feststellen und entsprechend reagieren kann.

Die beste Form der Laufzeittypidentifizierung besteht darin, die Typidentifizierung dem Compiler zu überlassen, sprich überschriebene Methoden zu verwenden. In den vorangehenden Abschnitten haben Sie dazu etliche Beispiele gesehen. So mächtig, sicher und bequem die Programmierung mit polymorphen Objekten und ihren virtuellen Methoden auch ist, sie hat auch ihre Grenzen. Und diese sind genau dann erreicht, wenn Sie über eine Basisklassenvariable, die auf ein abgeleitetes Objekt verweist, auf ein Element der abgeleiteten Klasse zugreifen wollen, das nicht von der Basisklasse geerbt (oder nicht überschrieben) wurde.

Bemühen wir noch einmal unsere Säugetiere-Klassenhierarchie. Bisher enthielten die abgeleiteten Klassen `CGeparden` und `CElefanten` nur zwei eigene Elemente: einen Konstruktor, der den geerbten Feldern Anfangswerte zuweist sowie die Überschreibung der virtuellen (bzw. abstrakten) `Steckbrief()`-Methode. Nun wollen wir diese beiden Klassen mit eigenen Methoden ausstatten, die typische Verhaltensweisen ihrer Objekte implementieren. Die Klasse `CGeparden` statten wir zu diesem Zweck mit cine Methode `Fauchen()` und die Klasse `CElefanten` mit einer Methode `Spritzen()` aus. Beachten Sie, dass die Verhaltensweise nur für die jeweiligen Objekte der abgeleiteten Klassen typisch sind. Es ist daher nicht sinnvoll, die Methoden in die Basisklasse CSaeugetiere auszulagern und in den abgeleiteten Klassen zu überschreiben oder zu verdecken. (Dann könnten nämlich die Elefanten fauchen und die Geparden spritzen.)

Die überarbeitete Klassenhierarchie sieht damit wie folgt aus:

Listing 12.11: Aus Typidentifizierung.cs

```
01: using System;
02:
03:
04: namespace Kap12
05: {
06:    abstract class CSaeugetiere
07:    {
08:       protected int maxGeschw;   // in km/h
09:       protected bool raeuber;
10:       public    int  alter;
11:
12:       public abstract void Steckbrief();
13:    }
14:
15:    class CGeparden : CSaeugetiere
16:    {
17:       public CGeparden(int param)
18:       {
19:          maxGeschw = 110;
20:          raeuber = true;
21:          alter = param;
22:       }
23:
24:       public override void Steckbrief()
25:       {
26:          Console.WriteLine(" Ich bin ein Gepard.");
27:       }
28:
29:       public void Fauchen()
30:       {
31:          Console.WriteLine("Ffffffauchhhhhhh!");
32:       }
33:    }
34:
35:    class CElefanten : CSaeugetiere
36:    {
37:       public CElefanten(int param)
38:       {
```

Polymorphie

```
39:         maxGeschw = 30;
40:         raeuber = false;
41:         alter = param;
42:     }
43:
44:     public override void Steckbrief()
45:     {
46:         Console.WriteLine(" Ich bin ein Elefant.");
47:     }
48:
49:     public void Spritzen()
50:     {
51:         Console.WriteLine("Spriiiiiiiiiiiitz!");
52:     }
53: }
54: ...
```

Wenn Sie jetzt in einer Variablen vom Typ `CSaeugetiere` einen Verweis auf ein `CGeparden`-Objekt verwahren, können Sie über die Variable auf die überschriebene Methode `Steckbrief()` zugreifen, nicht aber auf die in der abgeleiteten Klasse definierte Methode `Fauchen()`.

```
CSaeugetiere tier = new CGeparden(12);
tier.Steckbrief();    // Okay
tier.Fauchen();       // Fehler, da Fauchen() kein Element
                      //       von CSaeugetiere
```

Zwar ist das Objekt, auf das `tier` verweist, vom Typ `CGeparden` und verfügt folglich auch über die Methode `Fauchen()`, doch da Sie über eine Variable vom Typ `CSaeugetiere` auf das Objekt zugreifen, wird der Zugriff verwehrt.

Um trotzdem auf die Methode `Fauchen()` zugreifen zu können, müssen Sie das Objekt einer Objektvariablen ihres eigenen, abgeleiteten Typs zuweisen. Wenn Sie den Typ des Objekts beim Aufsetzen des Quelltextes kennen, können Sie die Typumwandlung direkt vornehmen:

```
CGeparden oGepard = (CGeparden) tier;
oGepard.Fauchen();                      // Okay
```

In Fällen, in denen der Typ des Objekts erst zur Laufzeit bekannt ist, müssen Sie allerdings anders vorgehen. Sie müssen den Typ des Objekts zur Laufzeit ermitteln und dann eine entsprechende Umwandlung vornehmen.

Typidentifizierung für Objekte

Den Typ eines Objekts können Sie mit Hilfe der Methode `GetType()` abfragen:

```
Type meinTyp = einObjekt.GetType();
```

Die Methode `GetType()` ist in der obersten Basisklasse `System.Object` definiert und daher automatisch in allen C#-Klassen vorhanden (siehe Kapitel 11.6.5). Sie liefert ein Objekt vom Typ `Type` zurück, das den Typ des ursprünglichen Objekts beschreibt.

Sie können das `Type`-Objekt direkt auf die Konsole ausgeben:

```
Console.WriteLine("Typ: {0}", saeuger[0].GetType());
```

> Typ: Kap12.CGeparden

Sie können die `public`-Felder und -Methoden des `Type`-Objekts aufrufen, um nähere Informationen über den Typ einzuholen:

```
Type meinTyp = saeuger[0].GetType();
Console.WriteLine("Typ: {0}", meinTyp.FullName);
if (meinTyp.IsClass == true)
   Console.WriteLine("Typ ist Klasse");
else
   Console.WriteLine("Typ ist keine Klasse");
```

> Typ: Kap12.CGeparden
> Typ ist Klasse

Sie können die Typen zweier Objekte vergleichen:

```
if (saeuger[0].GetType() == saeuger[1].GetType())
   Console.WriteLine("Typen sind gleich");
else
   Console.WriteLine("Typen sind nicht gleich");
```

> Typen sind gleich

Schließlich können Sie den Typ eines Objekts mit dem Typ einer Klasse vergleichen. Dazu müssen Sie sich allerdings zuerst ein `Type`-Objekt beschaffen, das den Typ der Klasse repräsentiert.

Typidentifizierung für Klassen

Mit Hilfe des Operators `typeof()` können Sie sich ein Type-Objekt für einen Klassentyp beschaffen. Dieses Type-Objekt können Sie dann mit dem Type-Objekt eines Objekts vergleichen, um festzustellen, ob ein gegebenes Objekt von einem bestimmten Typ ist:

```
if (obj.GetType() == typeof(EineKlasse))
   Console.WriteLine("obj ist vom Typ EineKlasse");
else
   Console.WriteLine("obj ist nicht vom Typ EineKlasse");
```

Genau diese Form der Laufzeittypidentifizierung werden wir im Folgenden verwenden, um die an eine Methode `TierReizen(CSaeugetiere tier)` übergebenen Objekte gezielt mit Variablen vom Typ ihrer eigenen Klassen zu verbinden und die objektspezifischen Methoden `Fauchen()` und `Spritzen()` aufzurufen.

Listing 12.12: Typidentifizierung.cs

```
55:     ...
56:
57:     class CHauptklasse
58:     {
59:        static void TierReizen(CSaeugetiere tier)
60:        {
61:           CGeparden oGepard;
62:           CElefanten oElefant;
63:
64:           Console.WriteLine("\n Mensch :  wirft Stein.");
65:
66:           if (tier.GetType() == typeof(CGeparden))
67:           {
68:              Console.Write(" Gepard :  ");
69:              oGepard = (CGeparden) tier;
70:              oGepard.Fauchen();
71:           }
72:           if (tier.GetType() == typeof(CElefanten))
73:           {
74:              Console.Write(" Elefant: ");
75:              oElefant = (CElefanten) tier;
76:              oElefant.Spritzen();
77:           }
78:        }
79:
80:        static void Main(string[] args)
81:        {
82:           CSaeugetiere[] saeuger = new CSaeugetiere[3];
```

```
83:        saeuger[0] = new CGeparden(1);
84:        saeuger[1] = new CElefanten(5);
85:        saeuger[2] = new CGeparden(1);
86:
87:        foreach(CSaeugetiere tier in saeuger)
88:            TierReizen(tier);
89:     }
90:  }
91: }
```

Mensch : wirft Stein.
Gepard : Ffffffauchhhhhhh!

Mensch : wirft Stein.
Elefant: Spriiiiiiiiiiiitz!

Mensch : wirft Stein.
Gepard : Ffffffauchhhhhhh!

Die Definition der Methode `TierReizen()` steht in den Zeilen 59 bis 78. Nach der Definition zweier Hilfsvariablen für die Umwandlung des Arguments (Zeilen 61 und 62) und der Ausgabe des »Reizes« (Zeile 64) ruft die Methode die zu dem Argument passende Reizbeantwortungsmethode auf. In zwei `if`-Anweisungen prüft die Methode, ob es sich bei dem übergebenen Objekt um ein Objekt vom Typ `CGeparden` oder vom Typ `CElefanten` handelt (Zeilen 66 und 72). Ist der korrekte Typ festgestellt, kopiert die Methode den Verweis aus dem Parameter `tier` in eine Variable vom Typ des Objekts – wozu eine explizite Typumwandlung erforderlich ist (siehe Zeilen 69 und 75). Schließlich ruft sie die passenden Methoden auf.

12.7 Schnittstellen (Interfaces)

In C# kann man eine Klasse von einer anderen Klasse ableiten. Diese kann wiederum von einer dritten Klasse abgeleitet sein und so fort, sodass ganze Erblinien (durch Verzweigung auch Hierarchien) entstehen.

In der Realität findet man aber meist komplexere Erbhierarchien. Sie selbst haben Ihre Anlagen beispielsweise von Vater und Mutter geerbt, ein Klavier kann sowohl als Musikinstrument wie auch als Möbelstück betrachtet werden. Wenn Sie eine Klassenhierarchie zur Repräsentation von Verkehrsmitteln erstellen müssen, könnte es praktisch sein, die Klasse `Bus` aus den beiden Basisklassen `CMotorisiertesFahrzeug` und `COeffentlichesVer-`

kehrsmittel zusammenzusetzen. Man spricht in so einem Fall von Mehrfachvererbung, d.h., eine Klasse wird von zwei oder mehreren Klassen abgeleitet. Doch wie sieht es damit in C# aus? Leider nicht so gut, denn in C# sind keine Mehrfachvererbungen erlaubt.

> In C# gibt es keine Mehrfachvererbung von Klassen.

Warum diese Abneigung gegen Mehrfachvererbungen?

Zum einem sind die Möglichkeiten der Mehrfachvererbung meist nicht so mächtig, wie man sich das vorstellt. In der Praxis sieht man Mehrfachvererbungen daher auch in Programmiersprachen, die diese erlauben, eher selten.

Zum anderen stellen Mehrfachvererbungen einen Compiler vor etliche Probleme – beispielsweise dann, wenn der Programmierer eine Karo-Vererbung implementiert.

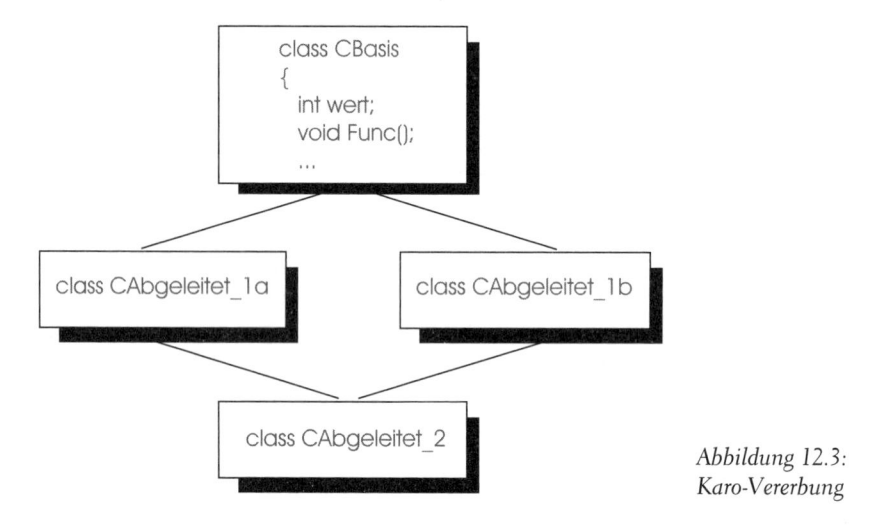

```
class CBasis
{
    int wert;
    void Func();
    ...
```

```
class CAbgeleitet_1a
```

```
class CAbgeleitet_1b
```

```
class CAbgeleitet_2
```

Abbildung 12.3:
Karo-Vererbung

Das Vererbungsschema aus Abbildung 12.3: würde dazu führen, dass die Klasse CAbgeleitet_2 jeweils zwei Vorkommen des Felds wert und der Methode Func() der Basisklasse CBasis erbt: einmal auf dem Weg über die Klasse CAbgeleitet_1a und einmal über CAbgeleitet_1b. Das darf aber nicht sein: Ein Methodenname muss auf einen eindeutigen Code-Block weisen, ein Feld muss auf einen eindeutigen Speicherblock weisen. Der Compiler muss nun sehen, wie er damit fertig wird und dabei auch noch die Intention des Programmierers erfüllt.

C# umgeht diese Probleme, indem ganz auf Mehrfachvererbung verzichtet wird und dafür ein anderes Konzept als Ersatz angeboten wird: die Schnittstellen (englisch: Interfaces).

Was sind Schnittstellen?

Schnittstellen können Sie sich am einfachsten als abstrakte Klassen vorstellen, die einzig und allein abstrakte `public`-Methoden und -Eigenschaften, gegebenenfalls noch Ereignisse und Indizierer, enthalten.

```
interface IUmkehrbar
{
   // Zu implementierende Eigenschaft
   bool Umgekehrt
   {
      get;
      set;
   }

   // Zu implementierende Methode
   object Umkehren();
}
```

Elemente von Schnittstellen sind automatisch `public`.

Klassen können Schnittstellen erben, wodurch Sie sich verpflichten, alle in der Schnittstelle deklarierten Elemente zu implementieren.

```
class CTextpassagen : IUmkehrbar
{
   // muss die Eigenschaft Umgekehrt und die Methode Umkehren
   // implementieren
```

Vorzüge des Schnittstellenkonzepts

Schnittstellen vererben keinen Code, sie vererben lediglich die Namen von `public`-Methoden und -Eigenschaften – eben eine öffentliche Schnittstelle. Wenn jemand ein Objekt von der oben anskizzierten Klasse `CTextpassagen` erzeugt, weiß er, dass er für dieses Objekt auf die Elemente `Umgekehrt` und `Umkehren()` zugreifen kann.

Vergleichen wir dies einmal mit dem Konzept der Vererbung:

Wenn eine Klasse A von einer anderen Klasse B abgeleitet wird, erbt sie die Schnittstelle der Klasse B (im Sinne der öffentlichen Elemente der Klasse) und deren Code, ja sie nimmt in sich ein Unterobjekt der Klasse B auf. Deswegen ist Vererbung nur sinnvoll, wenn Objekte der Klasse A auch als Objekte der Klasse B betrachtet werden können (»Ist-ein«-Beziehung).

Polymorphie

Wenn eine Klasse A eine Schnittstelle S implementiert, erbt sie nur die Schnittstelle, keinen Code. Es gibt in diesem Fall auch keine Beziehung zwischen Klasse und Schnittstelle, weil von Schnittstellen keine Objekte erzeugt werden können. Eine Schnittstelle ist lediglich ein Prädikat, mit dem sich eine Klasse schmücken kann. Für die Verleihung dieses Prädikats bedarf es nur einer einzigen Voraussetzung: Die Klasse muss die Schnittstelle implementieren. Dies bedeutet, dass auch ganz unterschiedliche Klassen ein und dieselbe Schnittstelle implementieren können.

Beispielsweise könnte neben der oben angedeuteten Klasse CTextpassagen auch eine Klasse CDNS_Code die Schnittstelle IUmkehrbar implementieren. Beide Klassen stehen in keinerlei Beziehung zueinander (weswegen eine Ableitung von einer gemeinsamen Basisklasse und der Implementierung virtueller Methoden von vorneherein auszuschließen ist). Die Klasse CTextpassagen implementiert die Schnittstelle IUmkehrbar zum Umdrehen der Buchstabenfolge in den Textpassagen, die sie repräsentiert, die Klasse CDNS_Code implementiert die Schnittstelle IUmkehrbar vielleicht, um die Abfolge der Nukleinsäuren in einem Chromosomenabschnitt nach Bedarf vor- oder rückwärts auszugeben. Dass beide Klassen nicht einfach irgendwelche Namen zum Umkehren verwenden, sondern sich verpflichten, die Elemente aus der IUmkehrbar-Schnittstelle zu implementieren, vereinfacht die Programmierung mit und für die Objekte dieser Klassen.

Angenommen Sie wollten eine Methode schreiben, die Palindrome[2] aufspürt. Sie könnten die Methode explizit für die Klasse CTextpassagen aufsetzen, indem Sie den Text in den CTextpassagen-Objekten auslesen und in einem temporären String speichern. Dann erzeugen Sie eine Kopie dieses Strings, drehen die Buchstabenfolge in diesem String um und prüfen, ob beide Strings identisch sind. Ziemlich viel Arbeit also, und die fertige Methode eignet sich lediglich zum Aufspüren von Palindromen in CTextpassagen-Objekten. Für die Klasse CDNS_Code müssten Sie die Methode überladen.

Wie viel einfacher sieht die Sache dagegen aus, wenn Sie wissen, dass die Klasse CTextpassagen die Schnittstelle IUmkehrbar implementiert. Dann brauchen Sie in der Methode lediglich mit Hilfe der Umkehren()-Methode von CTextpassagen eine umgekehrte Kopie zu erstellen und diese mit dem Original zu vergleichen. Wenn die Klasse CTextpassagen zudem die vordefinierte C#-Schnittstelle IComparable implementiert, können Sie zum Vergleichen gleich die IComparable-Methode CompareTo() verwenden. Ihre Methode ist dann so allgemein geschrieben, dass sie Objekte beliebiger Klassen, die die Schnittstellen IUmkehrbar und IComparable implementieren, auf Palindrome prüfen kann.

---

2 Palindrome sind Elementfolgen, meist Texte, die vorwärts wie rückwärts gelesen, die gleiche Elementabfolge haben, z. B. »Reliefpfeiler«.

> **Schnittstellen sind wie Prädikate**
> Wenn Sie zum Beispiel eine Software kaufen, auf der das Windows-Logo prangt, wissen Sie, dass diese Software auf Windows lauffähig ist.
>
> Wenn Sie mit Objekten einer Klasse programmieren, die eine bestimmte Schnittstelle implementieren, wissen Sie, dass Sie für die Objekte dieser Klasse die in der Schnittstelle angegebenen Elemente verwenden können.

Schnittstellen versus Klassen

Schnittstellen werden ganz ähnlich wie Klassen definiert, weisen aber einige gewichtige Unterschiede auf:

- Schnittstellen werden mit dem Schlüsselwort `interface` definiert,
- Schnittstellen enthalten nur Deklarationen von Methoden, Eigenschaften, Ereignisse und Indizierer (ohne Anweisungsteile),
- alle Elemente einer Schnittstelle sind automatisch `public` (schließlich soll die Schnittstelle ja die öffentliche Schnittstelle der sie implementierenden Klassen erweitern),
- die Angabe von Zugriffsspezifizierern für Schnittstellenelemente ist ein Fehler,
- Schnittstellen haben keinen Konstruktor, Sie können also keine Objekte von Schnittstellen erzeugen; wohl aber können Sie Variablen von Schnittstellentypen definieren und diesen Objekte von Klassen zuweisen, die die Schnittstelle implementieren,
- Schnittstellen können von anderen Schnittstellen abgeleitet werden,
- Klassen können mehrere Schnittstellen implementieren,
- Strukturen können ebenfalls Schnittstellen implementieren.

Schnittstellen definieren

Definiert werden Schnittstellen mit dem Schlüsselwort `interface`. Auf das Schlüsselwort folgt der Name der Schnittstelle, der per Konvention meist mit einem großen I beginnt. An den Namen kann sich eine durch Kommata getrennte Liste von Schnittstellen anschließen, von denen die neue Schnittstelle abgeleitet wird. Schließlich folgen in geschweiften Klammern die Elemente der Schnittstelle.

Polymorphie

Listing 12.13: Aus Schnittstellen.cs

```
01: using System;
02:
03: namespace Kap12
04: {
05:     interface IUmkehrbar
06:     {
07:         // Zu implementierende Eigenschaft
08:         // soll anzeigen, ob das Element in Originalreihenfolge
09:         // oder in umgekehrter Reihenfolge vorliegt
10:         bool Umgekehrt
11:         {
12:             get;
13:             set;
14:         }
15:
16:         // Zu implementierende Methode
17:         // kehrt das Objekt um und liefert Original als
18:         // Ergebnis zurück
19:         object Umkehren();
20:     }
21: ...
```

Elemente von Schnittstellen sind automatisch `public`.

Schnittstellen implementieren

Eine Klasse, die eine Schnittstelle implementiert, führt die Schnittstelle wie eine Basisklasse hinter dem Doppelpunkt nach dem Klassennamen auf und verpflichtet sich damit, für alle Elemente, die in der Schnittstelle aufgeführt sind, Anweisungsblöcke zu definieren.

Gibt es irgendwelche Auflagen oder Anmerkungen dazu, wie die Methoden und Eigenschaften der Schnittstelle zu implementieren sind, sollten diese möglichst beachtet werden. Unsere Schnittstelle IUmkehrbar gibt beispielsweise vor, dass die Methode Umkehren() das aktuelle Objekt umzukehren und eine Kopie des alten Objekts zurückzuliefern hat.

Listing 12.14: Aus Schnittstellen.cs

```
21:     ...
22:     class CTextpassagen : IUmkehrbar
23:     {
24:        public string text;
25:        bool    umgekehrt;
26:
27:        public CTextpassagen()
28:        {
29:           text = "RELIEFPFEILER";
30:           Umgekehrt = false;
31:        }
32:
33:        public CTextpassagen(string s)
34:        {
35:           text = s;
36:           Umgekehrt = false;
37:        }
38:
39:        public bool Umgekehrt
40:        {
41:           get { return umgekehrt;}
42:           set { umgekehrt = value;}
43:        }
44:
45:        public object Umkehren()
46:        {
47:
48:           string tmp = "";
49:           string alt = String.Copy(text);
50:           int i;
51:
52:           // String umkehren
53:           for (i = 0; i < text.Length; ++i)
54:           {
55:              tmp = tmp.Insert(0, text[i].ToString());
56:           }
57:           text = String.Copy(tmp);
58:           Umgekehrt = !Umgekehrt;
59:
60:           // Original zurückliefern
61:           return new CTextpassagen(alt);
62:        }
63:
64:     }
65: ...
```

Die Klasse CTextpassagen besitzt zwei private-Felder, eines zum Speichern des eigentlichen Textes (text) und eines für die Eigenschaft Umgekehrt (Zeilen 24 und 25). Ansonsten verfügt die Klasse nur noch über zwei Konstruktoren und die Implementierungen der Schnittstellen-Elemente.

Die Implementierung der Eigenschaft Umgekehrt sehen Sie in den Zeilen 41 und 42. Hier passiert wahrlich nichts Aufregendes. Es wird lediglich der Wert des zugrunde liegenden Feldes abgefragt oder gesetzt.

Etwas komplizierter ist die Implementierung der Methode Umkehren().

Zuerst werden drei Hilfsvariablen erzeugt: ein temporärer String tmp (Zeile 48), eine Kopie des text-Felds der Klasse (Zeile 49) und eine Schleifenvariable i (Zeile 50). Mit Hilfe des leeren Strings tmp wird in der nachfolgenden for-Schleife die Umkehrversion der Textpassage aufgebaut; die Kopie des text-Felds wird benötigt, um am Ende der Methode eine Kopie des alten Objekts zurückzuliefern.

In der for-Schleife wird der Umkehrstring aufgebaut. Dazu geht die Schleife die Zeichen im Originalstring von vorne nach hinten durch und kopiert sie einzeln in tmp. Da die Zeichen jeweils an der ersten Position eingefügt werden (statt am Ende angehängt zu werden), wird eine Umkehrversion des Strings erzeugt.

Der fertige Umkehrstring wird nach text kopiert (Zeile 57), womit die erste Auflage für die Schnittstellenmethode Umkehren() erfüllt wäre. Der veränderte Zustand des Strings wird in umgekehrt festgehalten. (Für den Zugriff auf umgekehrt nutzen wir bereits die definierte Eigenschaft Umgekehrt.)

Zum Schluss wird durch Aufruf des Konstruktors ein CTextpassagen-Objekt für den String alt erzeugt und zurückgeliefert, womit auch die zweite Auflage für die Schnittstellenmethode Umkehren() erfüllt wäre.

Schnittstellenmethoden aufrufen

Da Schnittstellenmethoden ganz normale Methoden der sie implementierenden Klassen sind, kann man sie auch wie ganz normale Methoden über die Objekte der Klasse aufrufen. Es gibt jedoch eine Besonderheit. Schnittstellen sind polymorph, d.h., Sie können von einer Schnittstelle eine Variable definieren und dieser jedes Objekt zuweisen, dessen Klasse die Schnittstelle implementiert. Über die Variable können Sie dann auf die Schnittstellenelemente des Objekts zugreifen.

Wir werden dies nun nutzen, um eine allgemeine Methode Palindrom() zu schreiben, die als Argument jede Art von Objekt akzeptiert, das IUmkehrbar implementiert hat, und in ihrem Anweisungsteil prüft, ob das Objekt ein Palindrom enthält.

Listing 12.15: Schnittstellen.cs

```
66: ...
67:    class CHauptklasse
68:    {
69:      static bool Palindrom(object obj)
70:      {
71:         IUmkehrbar tmp = (IUmkehrbar) obj;
72:
73:         CTextpassagen oTest1 = (CTextpassagen) tmp.Umkehren();
74:         CTextpassagen oTest2 = (CTextpassagen) obj;
75:         if( String.Compare(oTest1.text, oTest2.text) == 0)
76:         {
77:            Console.WriteLine(oTest1.text +
78:                         " ist ein Palindrom!");
79:            return true;
80:         }
81:         else
82:         {
83:            Console.WriteLine(oTest1.text +
84:                         " ist kein Palindrom!");
85:            return false;
86:         }
87:      }
88:
89:      static void Main(string[] args)
90:      {
91:         CTextpassagen oText = new CTextpassagen();
92:
93:         Palindrom(oText);
94:
95:         oText.text = "HALLO";
96:         Palindrom(oText);
97:
98:         Console.WriteLine();
99:         Console.WriteLine("Jetzt sind Sie dran. " +
100:                         "Geben Sie einen Text ein: \n");
101:         oText.text = (Console.ReadLine().Trim());
102:         Palindrom(oText);
103:      }
104:   }
105: }
```

RELIEFPFEILER ist ein Palindrom!
HALLO ist kein Palindrom!

```
Jetzt sind Sie dran. Geben Sie einen Text ein:

gnudung
gnudung ist ein Palindrom!
```

Die Methode `Palindrom()` ist in den Zeilen 69 bis 87 implementiert. Da wir nicht wissen, von welchem Typ die ihr übergebenen Objekte sind, definieren wir den Parameter vom Typ der obersten Basisklasse: `object`.

Die Methode soll nun so vorgehen, dass Sie das übergebene Objekt umkehrt und dann Originalobjekt und umgekehrtes Objekt vergleicht. Sind beide gleich, soll die Methode den Benutzer darüber informieren, dass ein Palindrom vorliegt und `true` zurückliefern.

Da man über eine Objektvariable vom Typ `object` nicht auf Elemente der Schnittstelle `IUmkehrbar` zugreifen kann, wird `obj` zuerst in den Typ `IUmkehrbar` umgewandelt und der `IUmkehrbar`-Variablen `tmp` zugewiesen (Zeile 71). `tmp` und `obj` weisen danach beide auf das an den Parameter übergebene Objekt.

Jetzt kann die Methode `Umkehren()` aufgerufen werden. Den Verweis auf die von der Methode zurückgelieferte Kopie des Originalobjekts speichern wir in der `CTextpassagen`-Variablen `otest1`. Den Verweis auf das umgekehrte Objekt speichern wir in `otest2`.

Danach werden die Strings in den `text`-Feldern der beiden Objekte mit Hilfe der String-Methode `Compare()` verglichen (Zeile 75). Sind die beiden Strings gleich, gibt die Methode aus, dass ein Palindrom vorliegt und liefert `true` zurück.

So wie die Methode `Palindrom()` implementiert ist, kann sie allerdings nur zum Überprüfen von `CTextpassagen`-Objekten verwendet werden, da sie zum Vergleichen der Objekte auf deren `text`-Felder zugreift. Dies wäre nicht nötig, wenn die Klasse `CTextpassagen` zusätzlich die in C# vordefinierte Schnittstelle `IComparable` implementieren würde.

Mehrere Schnittstellen implementieren

Eine Klasse kann zwar nur eine direkte Basisklasse haben, sie kann aber sehr wohl mehrere Schnittstellen implementieren.

```
class Klassenname : Schnittstelle1, Schnittstelle2,
                    Schnittstelle3
{
    ...
```

Wir wollen dies dazu nutzen, die Methode `Palindrom()` aus dem vorangehenden Beispiel in eine echte generische Methode zu verwandeln, die als Argumente Objekte aller Klassen verarbeiten kann, die die Schnittstellen `IUmkehrbar` und `IComparable` implementieren.

Zuerst muss die Klasse dahingehend erweitert werden, dass sie neben `IUmkehrbar` auch `IComparable` implementiert. Diese Schnittstelle enthält eine einzige Methode:

`int CompareTo(object obj)`

Die Methode `CompareTo()` muss von den Klassen so implementiert werden, dass sie:

- den Wert 1 zurückliefert, wenn das aktuelle Objekt (für das die Methode aufgerufen wird) größer ist als das übergebene Objekt,
- den Wert -1 zurückliefert, wenn das aktuelle Objekt kleiner ist als das übergebene Objekt,
- den Wert 0 zurückliefert, wenn die beiden Objekte gleich groß sind.

Die überarbeitete Version der Klasse `CTextpassagen` sieht damit wie folgt aus:

Listing 12.16: Aus MehrereSchnittstellen.cs

```
01: using System;
02: namespace Kap12
03: {
04:     interface IUmkehrbar
05:     {
06:        ... // wie gehabt
19:     }
20:
21:     class CTextpassagen : IUmkehrbar, IComparable
22:     {
23:        ... // wie gehabt
62:
63:        // Methoden von IComparable implementieren
64:        public int CompareTo(object obj)
65:        {
66:           CTextpassagen t2 = (CTextpassagen) obj;
67:           return String.Compare(this.text, t2.text);
68:        }
69:
70:     }
```

Für den eigentlichen Vergleich nutzt die Methode die statische String-Methode `Compare()`, die dankenswerterweise genau die Rückgabewerte zurückliefert, die auch von `CompareTo()` erwartet werden (1 für größer, 0 für gleich, -1 für kleiner). Das einzige Problem ist die Übergabe der zu vergleichenden Strings.

Der erste String ist einfach das text-Feld aus der aktuellen Instanz.

Der zweite String ist der String des Parameter-Objekts. Um auf diesen zugreifen zu können, muss der Verweis auf das Objekt erst in den Typ CTextpassagen umgewandelt und in einer passenden Variablen abgespeichert werden (Zeile 66). Mit deren Hilfe kann der zweite Textstring an String.Compare() übergeben werden.

Aufgerufen wird die CompareTo()-Methode später wie folgt:

```
obj1.CompareTo(obj2);
```

Listing 12.17: MehrereSchnittstellen.cs

```
71: ...
72:
73:    class CHauptklasse
74:    {
75:        static bool Palindrom(object obj)
76:        {
77:            IUmkehrbar tmp = (IUmkehrbar) obj;
78:
79:            IComparable test1 = (IComparable) tmp.Umkehren();
80:            IComparable test2 = (IComparable) tmp;
81:            if( test1.CompareTo(test2) == 0 )
82:            {
83:               Console.WriteLine(" Wow, ein Palindrom!");
84:               return true;
85:            }
86:            else
87:            {
88:               Console.WriteLine(" Sorry, kein Palindrom!");
89:               return false;
90:            }
91:        }
92:
93:        static void Main(string[] args)
94:        {
95:            ... // wie gehabt
109:       }
110:   }
111: }
```

Analyse: Die Methode `Palindrom()` wandelt die beiden Objekte (Kopie des Originals und umgewandeltes Objekt) zum Vergleichen jetzt nicht mehr in den Typ `CTextpassagen`, sondern in den Typ `IComparable` um (Zeilen 79 und 80). Über die erste `IComparable`-Variable ruft sie die Methode `CompareTo()` auf, die zweite Variable übergibt sie als Parameter. Mehr ist zum Vergleichen der Objekte nicht mehr nötig.

Der Vollständigkeit halber sei noch angemerkt, dass auch die Zugriffe auf `text` in den `WriteLine()`-Ausgaben gestrichen wurden. In einem professionellen Programm würde die Ausgabe sowieso nicht direkt in `Palindrom()`, sondern in der `Palindrom()` aufrufenden Methode erfolgen.

Namenskonflikte in Schnittstellen lösen

Wenn Sie in einer Klasse mehrere Schnittstellen implementieren, kann es durchaus einmal zu Namenskonflikten zwischen den Elementen der verschiedenen Schnittstellen oder den Elementen einer Schnittstelle und den anderen Elementen der Klasse kommen. Meist stellt dies aber kein wirkliches Problem dar. Stellen Sie in der Klassendefinition den Schnittstellenelementen einfach den Namen der Schnittstelle voran und lassen Sie dafür den Zugriffsspezifizierer `public` weg.

Listing 12.18: Namenskonflikte.cs

```
using System;

namespace Kap12
{
   public interface ICalc1
   {
      int Add(int z1, int z2);
   }

   public interface ICalc2
   {
      int Add(int z1, int z2);
   }

   public class CDemo : ICalc1, ICalc2
   {
      // Zahlen addieren
      int ICalc1.Add(int wert1, int wert2)
      {
         return wert1 + wert2;
      }
```

```
        // Beträge addieren
        int ICalc2.Add(int wert1, int wert2)
        {
            return Math.Abs(wert1) + Math.Abs(wert2);
        }
    }

    class CHauptklasse
    {
        static void Main(string[] args)
        {
            CDemo obj = new CDemo();
            ICalc1 iobj1 = obj;
            ICalc2 iobj2 = obj;

            Console.WriteLine(iobj1.Add(1,-3));
            Console.WriteLine(iobj2.Add(1,-3));
        }
    }
}
```

-2
4

12.8 Zusammenfassung

Polymorphie ist ein besonders leistungsfähiges objektorientiertes Konzept, das auf der Vererbung und der Überschreibung von Methoden beruht. Sie ermöglicht es, über Basisklassenvariablen auf Objekte abgeleiteter Klassentypen zuzugreifen und trotzdem das für die abgeleitete Klasse typische Verhalten abzurufen.

In C# lässt sich polymorphes Verhalten aber nicht nur durch Vererbung und Überschreibung von Methoden erzeugen, sondern auch durch die Implementierung von Schnittstellen. Klassen können beliebig viele Schnittstellen implementieren, solange sie die aus den Schnittstellen geerbten Methoden mit passenden Anweisungsteilen versehen. Polymorphie entsteht, wenn Sie über Variablen vom Typ einer Schnittstelle auf Objekte zugreifen.

Wo Sie mit Polymorphie nicht weiter kommen, müssen Sie die Objektverweise explizit umwandeln. Dazu kann es erforderlich sein, dass Sie zur Laufzeit den Typ eines Objekts ermitteln müssen. Die Klasse Type, die Methode GetType() und der typeof()-Operator helfen Ihnen dabei.

12.9 Workshop

Der Workshop enthält Quizfragen, die Ihnen helfen sollen, Ihr Wissen zu festigen, und Übungen, die Sie anregen sollen, das eben Gelernte umzusetzen und eigene Erfahrungen zu sammeln. Versuchen Sie, das Quiz und die Übungen zu beantworten und zu verstehen, bevor Sie zur Lektion des nächsten Tages übergehen.

Fragen und Antworten

F *Sollte ich in meinen Programmen Polymorphie so viel wie möglich nutzen?*

A Nein, nicht soviel wie möglich, sondern soviel wie nötig. Polymorphie ist ein fortgeschrittenes Konzept. Versuchen Sie nicht, auf Biegen und Brechen in jedem kleinen Programm polymorphe Klassen zu implementieren. Wenn sich bei der Arbeit an einem Programm so nach und nach eine kleine Klassenhierarchie entwickelt oder Sie erkennen, dass eine bestimmte Funktionalität in mehreren Ihrer Klassen auftaucht, dann sollten Sie unbedingt auch die Einrichtung virtueller Methoden bzw. die Definition passender Schnittstellen erwägen.

F *Ich habe in einem Buch gelesen, dass überladene Methoden als polymorphe Methoden bezeichnet werden. Stimmt das? Haben überladene Methoden etwas mit Polymorphie zu tun?*

A Nein, nicht in dem Sinne, wie wir die Polymorphie definiert haben. Der Begriff der Polymorphie wird in der objektorientierten Programmierung und Literatur aber sehr unterschiedlich und für verschiedene Konzepte gebraucht, beispielsweise auch für die »Vielgestaltigkeit« überladener Methoden.

F *Warum kann man in einer Basisklassenvariable direkt Verweise auf abgeleitete Objekte speichern* (oBasis = new CAbgeleitet()), *während für das Speichern von Basisklassenverweisen in Objektvariablen vom Typ abgeleiteter Klassen* (oAbgeleitet = (CAbgeleitet) oBasis) *eine explizite Typumwandlung erforderlich ist?*

A Die Typumwandlung von einer abgeleiteten Klasse in eine Basisklasse (auch als Downcast bezeichnet) gehört zu den Standardumwandlungen, die der Compiler automatisch durchführt. Dies liegt daran, dass ein Downcast immer mit einer Reduzierung des Objekts einhergeht und vom Compiler sicher und ohne Probleme durchgeführt werden kann. Die Typumwandlung von einer Basisklasse in eine abgeleitete Klasse (Upcast) bedeutet dagegen eine Erweiterung und stellt ein Sicherheitsrisiko dar. Beispielsweise ist es ja durchaus möglich, dass das Objekt, auf das die Basisklassenvariable verweist, tatsächlich nur ein Basisklassenobjekt (und kein »reduziertes« abgeleitetes Objekt) ist. Würde der Compiler eine solche Typumwandlung automatisch vornehmen, könnte dies schnell zu unerlaubten Speicherzugriffen führen. Aus diesem Grund verlangt der Compiler eine bewusst durchgeführte, explizite Typumwandlung.

Quiz

1. Welche Elemente eines Objekts vom Typ A können Sie aufrufen, wenn Sie den Objektverweis in einer Variablen vom Typ B speichern (wobei B die Basisklasse von A sei)?
2. Welche drei Schlüsselwörter sind an der Deklaration und Überschreibung virtueller Methoden beteiligt?
3. Was wird für eine virtuelle, was für eine abstrakte Methode vererbt?
4. Welche Klassen verfügen über keine GetType()-Methode?
5. Welche Zugriffsspezifizierer können Sie den Elementen einer Schnittstelle zuweisen?
6. Welche Zugriffsspezifizierer können Sie Schnittstellenelementen bei der Implementierung in einer Klasse zuweisen?

Übungen

1. Leiten Sie von der nachfolgend definierten Klasse CMitarbeiter zwei Klassen CLehrling und CGeschaeftsfuehrer ab. Schreiben Sie die Klasse CMitarbeiter so um, dass Sie die Methode WirdBefoerdert() in den Klassen CLehrling und CGeschaeftsfuehrer überschreiben können.

   Listing 12.19: Aus Uebung1.cs

   ```
   class CMitarbeiter
   {
      protected string name;
      protected int gehalt;

      public CMitarbeiter(string name, int gehalt)
      {
         this.name   = name;
         this.gehalt = gehalt;
      }

      public string Name
      {
         get { return name; }
      }

      public int Gehalt
      {
   ```

```
        get { return gehalt; }
      }

      public void WirdBefoerdert()
      {
         gehalt += 1000;
      }
   }
```

2. Verwandeln Sie die Eigenschaft Gehalt in eine virtuelle Eigenschaft, die Sie in der Klasse CGeschaeftsfuehrer so überschreiben, dass nur ein nach unten korrigierter Betrag zurückgeliefert wird (um keinen Unfrieden in der Firma zu stiften).

3. Was ist falsch an folgendem Programm?

```
using System;

namespace Kap12
{
   class CKreis
   {
      protected double radius;

      public CKreis(double r)
      {
         radius = r;
      }

      public virtual double Flaeche()
      {
         return Math.PI * Math.Sqrt(radius);
      }
   }

   class CZylinder : CKreis
   {
      protected double hoehe;

      public CZylinder(double h, double r) : base(r)
      {
         hoehe = h;
      }

      public override double Flaeche()
      {
         return (2 * base.Flaeche()+
            2 * radius * Math.PI * hoehe);
```

```
            }
        }


        class CHauptklasse
        {
            static void Main()
            {
                CKreis    oKreis = new CKreis(1);
                CZylinder oZyl   = new CZylinder(10,1);

                Console.WriteLine();
                Console.WriteLine("Kreisfläche   : {0:F6}",
                                  oKreis.Flaeche());
                Console.WriteLine("Zylinderfläche: {0:F6}",
                                  oZyl.Flaeche());
            }
        }
    }
```
4. Korrigieren Sie das Beispiel aus Übung 3 mit Hilfe einer Schnittstelle IFiguren.

Tag 13

Programmieren mit Objekten

Programmieren mit Objekten

Letzten Endes sind Objekte auch nur Daten, die in einem Programm bearbeitet und manipuliert werden. Es verwundert daher nicht, dass bei der Programmierung mit Objekten häufig die gleichen elementaren Operationen anfallen, die Sie auch von der Programmierung mit einfachen Zahlen und Strings her kennen: Kopieren, Vergleichen, Ausgeben. Leider werden diese Grundoperationen für Objekte nur sehr mäßig unterstützt. Wenn Sie also möchten, dass sich die Objekte einer Ihrer Klassen sinnvoll kopieren, vergleichen oder ausgeben lassen, müssen Sie selbst Hand anlegen und passende Methoden implementieren.

Im Einzelnen lernen Sie in diesem Kapitel

- wie Sie festlegen, wie die Objekte einer Klasse kopiert werden,
- wie Sie festlegen, wie die Objekte einer Klasse verglichen werden,
- wie Sie festlegen, wie die Objekte einer Klasse zur Ausgabe in Strings verwandelt werden,
- wie Sie Operatoren für die Verwendung mit Objekten einer Klasse überladen.

13.1 Objekte kopieren

Variablen elementarer Datentypen (wie auch Strings) kopieren Sie einfach, indem Sie eine zweite Variable des gleichen Typs anlegen und dieser den Wert der ersten Variablen zuweisen:

```
int var1 = 1;
string str1 = "Eins";

int var2 = var1;
string str2 = str1;
```

Jetzt haben jeweils `var1` und `var2` sowie `str1` und `str2` den gleichen Wert. `var2` und `str2` sind aber eigenständige Variablen, die Sie in der Folge unabhängig von `var1` und `str1` weiter bearbeiten können.

```
var2 = 3;
str2 = "Drei";

Console.WriteLine("var1: " + var1 + ", str1: " + str1);
Console.WriteLine("var2: " + var2 + ", str2:" + str2);
```

Dieser Code erzeugt folgende Ausgabe:

```
var1: 1, str1: "Eins"
var2: 2, str2: "Zwei"
```

Objekte zu kopieren ist dagegen nicht so einfach. Natürlich ist es möglich, zwei Objektvariablen mit zugehörigen Objekten anzulegen und dann der ersten Objektvariable den Wert der zweiten zuzuweisen:

Listing 13.1: Aus Kopieren1.cs

```
class CDemo
{
   public int zahl;
   public string str;
}
...

CDemo obj1 = new CDemo();
obj1.zahl = 1;
obj1.str  = "Eins";

CDemo obj2 = new CDemo();
obj2.zahl = 2;
obj2.str  = "Zwei";

obj2 = obj1;
```

Hier werden zwei neue CDemo-Objekte angelegt und mit den Variablen obj1 und obj2 verbunden. In der dritten Zeile wird obj1 an obj2 zugewiesen. Das bedeutet aber nicht, dass die Feldwerte aus obj1 in die Felder von obj2 kopiert werden. Es bedeutet, dass der Verweis aus obj1 in obj2 kopiert wird. obj1 und obj2 verweisen danach beide auf das gleiche Objekt im Speicher.

Und was ist mit dem Objekt, mit dem obj2 anfänglich verbunden war? Dieses Objekt existiert immer noch im Speicher, doch es gibt keine Variable mehr, die darauf verweisen würde. Für uns ist es damit verloren. Wir haben keine Möglichkeit mehr, an das Objekt heranzukommen. Irgendwann wird die automatische Speicherbereinigung des .NET-Frameworks darüber stolpern und das Objekt löschen.

*Abbildung 13.1:
Kopieren von Objekt-
verweisen*

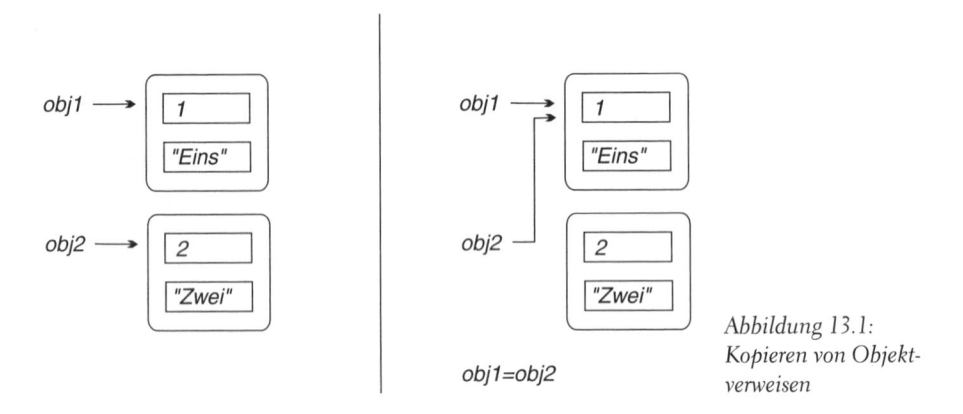

Wenn Sie jetzt über `obj2` den Feldern `zahl` und `str` neue Werte zuweisen,

```
...
obj2.zahl = 3;
obj2.str  = "Drei";
...
```

ändern Sie die Werte des Objekts, auf das sowohl `obj2` als auch `obj1` verweisen. Die Ausgabe der Feldwerte über die Objektvariablen `obj1` und `obj2` beweist es:

Listing 13.2: Aus Kopieren1.cs

```
...
Console.WriteLine("obj1: " + obj1.zahl + ", " + obj1.str);
Console.WriteLine("obj2: " + obj2.zahl + ", " + obj2.str);
```

```
obj1: 3, "Drei"
obj2: 3, "Drei"
```

Für die Übergabe von Objekten an Methodenparameter oder die Verwaltung von Objekten in Arrays ist dieses Verhalten sehr nützlich, denn dort geht es ja meist nur darum, ein Objekt weiterzureichen. Eine echte, eigenständige Kopie eines Objekts erhält man aber auf diese Weise nicht.

Flaches Kopieren mit MemberwiseClone()

Alle C#-Klassen erben von `System.Object` die `protected`-Methode `MemberwiseClone()`. Diese Methode erzeugt ein neues Objekt und kopiert die Inhalte der Felder des aktuellen Objekts in die Felder des neuen Objekts. Den Verweis auf das neue Objekt liefert die

Methode als ihren Ergebniswert zurück. MemberwiseClone() ist also eine recht einfache Möglichkeit, Kopien von Objekten anzulegen. Allerdings kann sie, da es sich um eine protected-Methode handelt, nicht von außen aufgerufen werden. Dies ist aber nicht weiter schlimm, wir definieren einfach eine public-Hüllmethode, die MemberwiseClone() aufruft.

Listing 13.3: Kopieren2.cs

```
01: using System;
02: namespace Kap13
03: {
04:    class CDemo
05:    {
06:       public int zahl;
07:       public string str;
08:
09:       public CDemo Klonen()
10:       {
11:          return (CDemo) MemberwiseClone();
12:       }
13:    }
14:
15:    class CHauptklasse
16:    {
17:
18:       static void Main(string[] args)
19:       {
20:          Console.WriteLine("\n Zwei CDemo-Objekte\n");
21:          CDemo obj1 = new CDemo();
22:          obj1.zahl = 1;
23:          obj1.str  = "Eins";
24:
25:          CDemo obj2 = new CDemo();
26:          obj2.zahl = 2;
27:          obj2.str  = "Zwei";
28:
29:          Console.WriteLine("\t obj1: " + obj1.zahl + ", "
30:                                        + obj1.str);
31:          Console.WriteLine("\t obj2: " + obj2.zahl + ", "
32:                                        + obj2.str);
33:
34:          Console.WriteLine("\n Kopieren \n");
35:          obj2 = obj1.Klonen();
36:
37:          Console.WriteLine("\t obj1: " + obj1.zahl + ", "
38:                                        + obj1.str);
```

Programmieren mit Objekten

```
39:            Console.WriteLine("\t obj2: " + obj2.zahl + ", "
40:                                           + obj2.str);
41:
42:            Console.WriteLine("\n obj2 ändern (zahl=3," +
43:                                           " str=\"Drei\")\n");
44:            obj2.zahl = 3;
45:            obj2.str  = "Drei";
46:
47:            Console.WriteLine("\t obj1: " + obj1.zahl + ", "
48:                                           + obj1.str);
49:            Console.WriteLine("\t obj2: " + obj2.zahl + ", "
50:                                           + obj2.str);
51:        }
52:    }
53: }
```

```
Zwei CDemo-Objekte

    obj1: 1, Eins
    obj2: 2, Zwei

Kopieren

    obj1: 1, Eins
    obj2: 1, Eins

obj2 ändern (zahl=3, str="Drei")

    obj1: 1, Eins
    obj2: 3, Drei
```

Ganze fünf Zeilen sind es, die in diesem Listing dafür sorgen, dass `obj2` zu einer richtigen Kopie von `obj1` wird.

In den Zeilen 9 bis 12 wird die `public`-Methode `Klonen()` definiert, deren einzige Aufgabe darin besteht, eine öffentliche Schnittstelle zur geerbten `MemberwiseClone()`-Methode zu bilden. `Klonen()` ruft einfach die `MemberwiseClone()`-Methode auf und liefert deren Ergebnis als eigenes Ergebnis zurück. (`MemberwiseClone()` liefert einen generischen `object`-Verweis zurück. Die Methode `Klonen()` wandelt diesen noch durch explizite Typumwandlung in einen Verweis auf ein `CDemo`-Objekt um.

Die `Main()`-Methode enthält Testcode zur Überprüfung des Kopierverfahrens. Das eigentliche Kopieren findet in Zeile 35 statt. Anstatt wie im vorangehenden Abschnitt Objektverweise zu kopieren (`obj2 = obj1`) wird hier `Klonen()` aufgerufen, um eine richtige Kopie zu erzeugen.

Das Kopieren mit `MemberwiseClone()` erzeugt allerdings keine perfekte Kopie. Dies liegt daran, dass `MemberwiseClone()` einfach die Feldwerte des Originals an die zugehörigen Felder der Kopie zuweist. Für Felder von elementaren Datentypen und für Strings ist dies absolut ausreichend, für Felder von Klassentypen stehen wir aber wieder vor dem alten Problem: Statt der eingebetteten Objekte werden die Verweise auf die Objekte kopiert.

```
class CEingebettet
{
   public int feld;
}

class CDemo
{
   public int zahl;
   public string str;
   public CEingebettet obj = new CEingebettet();

   public CDemo Klonen()
   {
      return (CDemo) MemberwiseClone();
   }
}

class CHauptklasse
{
   static void Main(string[] args)
   {
      CDemo obj1 = new CDemo();
      obj1.zahl = 1;
      obj1.str  = "Eins";
      obj1.obj.feld = 100;

      CDemo obj2 = new CDemo();
      obj2.zahl = 2;
      obj2.str  = "Zwei";
      obj2.obj.feld = 200;

      obj2 = obj1.Klonen();

      obj2.zahl = 3;
      obj2.str  = "Drei";
      obj2.obj.feld = 300;
```

Programmieren mit Objekten

```
        Console.WriteLine("\t obj1: " + obj1.zahl + ", "
            + obj1.str + ", " + obj1.obj.feld);
        Console.WriteLine("\t obj2: " + obj2.zahl + ", "
            + obj2.str + ", " + obj2.obj.feld);
    }
}
```

```
obj1: 1, Eins, 300
obj2: 3, Drei, 300
```

Nach dem Kopieren verweisen die `obj`-Felder von `obj1` und `obj2` auf das gleiche `Eingebettet`-Objekt. Den Beweis liefert die Ausgabe. Nach der Zuweisung

`obj2.obj.feld = 300;`

liefert sowohl die Ausgabe von `obj2.obj.feld` als auch von `obj1.obj.feld` den Wert 300. Sollen `obj1` und `obj2` über jeweils eigene `CEingebettet`-Objekte verfügen, muss man die `CDemo`-Objekte »tief« kopieren.

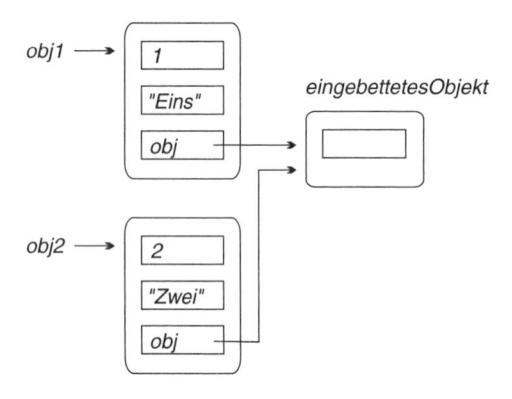

Abbildung 13.2:
`MemberwiseClone()` und eingebettete Objekte

Flaches und tiefes Kopieren

Das Kopieren von Objekten besteht aus zwei Schritten:

1. Es wird ein neues Objekt erzeugt, das vom gleichen Typ wie das zu kopierende Objekt ist.
2. Die Felder des Originalobjekts werden in die Felder des neu angelegten Objekts kopiert.

Beim flachen Kopieren werden in Schritt 2 lediglich die Feldwerte kopiert. Dies bedeutet, dass für Felder von Klassentypen nur die Objektverweise (und nicht die eingebetteten Objekte) kopiert werden. Kopie und Original teilen sich danach die eingebetteten Objekte.

Beim tiefen Kopieren werden auch für eingebettete Objekte echte Kopien erstellt.

Tiefes Kopieren (und ICloneable)

Aus der bisherigen Darstellung des Kopierproblems dürfte hervorgegangen sein, dass wir grundsätzlich zwischen zwei Arten von Klassen unterscheiden können:

- Klassen, die das Kopieren ihrer Objekte tatkräftig unterstützen, indem sie dazu eine passende Methode zur Verfügung stellen (wie z.B. Klonen() im vorangehenden Abschnitt) und
- Klassen, die keine passende Methode anbieten und deren Objekte wir bei Bedarf manuell kopieren müssen. (D.h. neues Objekt erzeugen und public-Elemente einzeln kopieren.)

Konzentrieren wir uns auf die Klassen, die eine Kopiermethode anbieten. Grundsätzlich kann jede Klasse selbst festlegen, wie diese Kopiermethode heißen soll, mit welchen Argumenten sie aufzurufen ist und welchen Wert sie zurückliefert. In der Praxis ist es aber so, dass das Kopieren von Objekten ein häufig anzutreffendes Problem ist und es daher schön wäre, wenn der Aufruf der Kopiermethode für alle Klassen gleich aussehen würde. Aus diesem Grund ist im .NET-Framework die Schnittstelle ICloneable definiert. ICloneable enthält eine einzige Methode:

object Clone();

Klassen, die eine Kopiermethode bereitstellen wollen, sollten nach Möglichkeit keine eigenen Methodennamen erfinden, sondern stattdessen ICloneable implementieren und Clone() verwenden.

Wir wollen dies im Folgenden beherzigen und für das tiefe Kopieren unsere alte Klonen()-Methode durch Clone() ersetzen.

> Auch wenn wir hier Clone()verwenden, um Objekte unserer Klasse tief zu kopieren, können Sie Clone() natürlich genauso gut zum flachen Kopieren einrichten (beispielsweise mit Hilfe von MemberwiseClone()).

Listing 13.4: Kopieren3.cs

```
01: using System;
02:
03: namespace Kap13
04: {
```

```
05:    class CEingebettet
06:    {
07:       public int feld;
08:    }
09:
10:    class CDemo : ICloneable
11:    {
12:       public int zahl;
13:       public string str;
14:       public CEingebettet obj = new CEingebettet();
15:
16:       public object Clone()
17:       {
18:          CDemo tmp = new CDemo();
19:
20:          tmp.zahl = zahl;
21:          tmp.str  = str;
22:          tmp.obj = new CEingebettet();
23:          tmp.obj.feld = obj.feld;
24:
25:          return tmp;
26:       }
27:    }
28:
29:    class CHauptklasse
30:    {
31:
32:       static void Main(string[] args)
33:       {
34:          Console.WriteLine("\n Zwei CDemo-Objekte\n");
35:          CDemo obj1 = new CDemo();
36:          obj1.zahl = 1;
37:          obj1.str  = "Eins";
38:          obj1.obj.feld = 100;
39:
40:          CDemo obj2 = new CDemo();
41:          obj2.zahl = 2;
42:          obj2.str  = "Zwei";
43:          obj2.obj.feld = 200;
44:
45:
46:          Console.WriteLine("\t obj1: " + obj1.zahl + ", "
47:                           + obj1.str + ", " + obj1.obj.feld);
48:          Console.WriteLine("\t obj2: " + obj2.zahl + ", "
49:                           + obj2.str + ", " + obj2.obj.feld);
50:
```

```
51:            Console.WriteLine("\n Kopieren\n");
52:            obj2 = (CDemo) obj1.Clone();
53:
54:            Console.WriteLine("\t obj1: " + obj1.zahl + ", "
55:               + obj1.str + ", " + obj1.obj.feld);
56:            Console.WriteLine("\t obj2: " + obj2.zahl + ", "
57:               + obj2.str + ", " + obj2.obj.feld);
58:
59:            Console.WriteLine("\n obj2 ändern (zahl=3, 60:                            str=\"Drei\", obj.feld = 300)\n");
61:            obj2.zahl = 3;
62:            obj2.str  = "Drei";
63:            obj2.obj.feld = 300;
64:
65:
66:            Console.WriteLine("\t obj1: " + obj1.zahl + ", "
67:               + obj1.str + ", " + obj1.obj.feld);
68:            Console.WriteLine("\t obj2: " + obj2.zahl + ", "
69:               + obj2.str + ", " + obj2.obj.feld);
70:        }
71:    }
72: }
```

Zwei CDemo-Objekte

        obj1: 1, Eins, 100
        obj2: 2, Zwei, 200

Kopieren

        obj1: 1, Eins, 100
        obj2: 1, Eins, 100

obj2 ändern (zahl=3, str="Drei", obj.feld = 300)

        obj1: 1, Eins, 100
        obj2: 3, Drei, 300

In Zeile 10 zeigt die Klasse CDemo an, dass sie die Schnittstelle ICloneable implementieren will. Die in der Schnittstelle festgelegte Clone()-Methode ist in den Zeilen 16 bis 26 implementiert:

```
public object Clone()
{
    CDemo tmp = new CDemo();
```

```
    tmp.zahl = zahl;
    tmp.str  = str;
    tmp.obj  = new CEingebettet();
    tmp.obj.feld = obj.feld;

    return tmp;
}
```

Die Implementierung ist ziemlich simpel: Zuerst wird ein neues Objekt der eigenen Klasse erstellt, dann werden die Feldwerte der eigenen Instanz in die Felder des neuen Objekts kopiert, wobei darauf zu achten ist, dass für eingebettete Objekte nicht die Verweise kopiert, sondern richtige neue Objekte angelegt werden. Zum Schluss wird der Verweis auf die neu angelegte Kopie zurückgeliefert.

Besondere Aufmerksamkeit verdient das Kopieren der eingebetteten Objekte. Im Beispiel wird einfach ein neues Objekt erzeugt und der Wert des einzigen public-Feldes kopiert. Schwieriger wird es, wenn das eingebettete Objekt Felder besitzt, auf die Clone() nicht zugreifen kann (beispielsweise private-Felder). Dann müsste man versuchen, die geschützten Felder durch Aufruf passender public-Methoden zu initialisieren. Wenn dies nicht möglich ist, kann keine exakte Kopie erstellt werden.

Wesentlich einfacher und sicherer wäre das Kopieren des eingebetteten Objekts, wenn die Klasse CEingebettet ebenfalls ICloneable implementieren würde. In diesem Fall bräuchte Clone() zum Kopieren des eingebetteten Objekts lediglich obj.Clone() aufrufen.

Zum Abschluss sei noch darauf hingewiesen, dass Strukturen von Natur aus tief kopiert werden. Im manchen Fällen können Sie sich daher die Implementierung der Methoden und Schnittstellen zum Kopieren von Klassenobjekten sparen, indem Sie auf Strukturen ausweichen. Eine allgemeine Lösung ist dies allerdings nicht: Erstens können Strukturen nicht vererbt werden (wodurch wichtige objektorientierte Konzepte verloren gehen). Zweitens werden Strukturen auf dem Stack angelegt (bleiben also nur so lange bestehen, wie die Methode, in der sie definiert wurden, ausgeführt wird, siehe Kapitel 8.3.3). Drittens ist es in der Regel ja erwünscht, dass für Objekte nur Referenzen kopiert werden, und wir suchen lediglich eine Möglichkeit, die Objekte *bei Bedarf* tief zu kopieren.

13.2 Objekte vergleichen

Objekte können auf zweierlei Weise verglichen werden:

- es kann überprüft werden, ob zwei Objekte gleich sind,
- es kann überprüft werden, ob ein Objekt größer, kleiner oder gleich einem anderen Objekt ist.

Für die Überprüfung auf Gleichheit dient die Methode `Equals()`, die von der obersten Basisklasse `System.Object` auf die anderen C#-Klassen vererbt wird. Wenn Sie selbst festlegen wollen, wie die Objekte einer Ihrer Klassen verglichen werden sollen, müssen Sie `Equals()` überschreiben.

Größenvergleiche zwischen Objekten sind wichtig, wenn die Objekte in eine bestimmte Reihenfolge gebracht oder sortiert werden sollen. Klassen, deren Objekte sortierbar sein sollen, sollten die Schnittstelle `IComparable` implementieren.

Gleichheit feststellen

Alle C#-Klassen erben von `System.Object` die Methode `Equals()`, die die Gleichheit zweier Objekte feststellen kann. `Equals()` ist eine überladene Methode, es gibt eine virtuelle und eine statische Version:

```
public virtual bool Equals(object obj);
public static bool Equals(object objA, object objB);
```

Das einzige Problem ist, dass die von System.Object vererbten Implementierungen lediglich Objektverweise vergleichen.

Betrachten Sie dazu die folgende Klasse für zweidimensionale Vektoren:

Listing 13.5: Aus Vergleichen1.cs

```
class CVektor
{
   double x;
   double y;

   // Konstruktoren
   public CVektor()
   {
      x = 0;
      y = 0;
   }
```

Programmieren mit Objekten

```
public CVektor(double xKoord, double yKoord)
{
   x = xKoord;
   y = yKoord;
}

// Methoden
public void Addieren(CVektor v2)
{
   x += v2.x;
   y += v2.y;
}

public void Subtrahieren(CVektor v2)
{
   x -= v2.x;
   y -= v2.y;
}

static public CVektor Addieren(CVektor v1, CVektor v2)
{
   return new CVektor(v1.x + v2.x, v1.y + v2.y);
}

static public CVektor Subtrahieren(CVektor v1, CVektor v2)
{
   return new CVektor(v1.x - v2.x, v1.y - v2.y);
}
}
```

Die Klasse verfügt über zwei private Felder zum Speichern der x- und y-Koordinaten des Vektorendpunktes (Ausgangspunkt ist jeweils der Ursprung) sowie zwei Konstruktoren zur Erzeugung von CVektor-Objekten. Mit Hilfe der angebotenen Methoden können Objekte der Klasse addiert und subtrahiert werden.

Die Standardimplementierung von Equals()

Die Klasse eignet sich bestens zum Addieren und Subtrahieren von Vektoren. Wehe aber, wenn Sie versuchen, zwei Vektoren mit Equals() zu vergleichen. Dann werden Sie nämlich belehrt werden, dass selbst CVektor-Objekte, die identische x- und y-Koordinaten haben, ungleich sind.

```
static void Main()
{
   CVektor oVekt1 = new CVektor(0, 124);
```

```
    CVektor oVekt2 = new CVektor(0, 124);

    if (oVekt1.Equals(oVekt2))
       Console.WriteLine("Vektoren sind gleich!");
    else
       Console.WriteLine("Vektoren sind ungleich!");

}
```

Vektoren sind ungleich!

Der Grund für diese erstaunliche Aussage ist, dass Equals(), wie bereits erwähnt, nicht die Vektoren, sondern die in oVekt1 und oVekt2 gespeicherten Verweise auf die Vektoren vergleicht. Und da oVekt1 und oVekt2 auf unterschiedliche CVektor-Objekte verweisen, liefert Equals() den Wert false zurück. Für die sinnvolle Programmierung mit Vektoren wäre es aber nötig, dass Equals() statt der Verweise die Objekte selbst vergleicht und true zurückliefert, wenn zwei Vektoren die gleichen x- und y-Koordinaten aufweisen. Um dies zu erreichen, muss Equals() in der Klasse CVektor überschrieben werden.

Regeln für die Überschreibung von Equals()

Für die Überschreibung von Equals() gibt es einige mehr oder weniger verbindliche Regeln, die sicherstellen sollen, dass die Equals()-Methode in allen Klassen in gleicher Weise arbeitet und für den Benutzer vorhersagbare Ergebnisse liefert. Diese Regeln lauten:

- obj1.Equals(obj1) soll true liefern (es sei denn die mangelnde Genauigkeit von Fließkommazahlen lässt dies nicht zu),
- obj1.Equals(obj2) soll das gleiche Ergebnis liefern wie obj2.Equals(obj1),
- obj1.Equals(obj2) soll true liefern, wenn obj1 und obj2 gleich NaN sind (NaN bedeutet »not a number«, also »keine Zahl«),
- (obj1.Equals(obj2) && obj2.Equals(obj3)) soll nur dann true liefern, wenn auch obj1.Equals(obj3)den Wert true liefert,
- wiederholte Aufrufe von obj1.Equals(obj2) sollen, solange weder obj1 noch obj2 geändert wurden, immer das gleiche Ergebnis liefern,
- obj1.Equals(null) soll false liefern,
- Klassen, die eine Version von Equals() überschreiben, sollten auch die andere überschreiben (bzw. verdecken),
- Klassen, die Equals() überschreiben und deren Objekte in HashTable-Container verwahrt oder als Schlüssel verwendet werden sollen, sollten auch GetHashCode() definieren.

Das sind eine Menge von Vorschriften, aber lassen Sie sich nicht abschrecken. Die meisten Vorschriften erfüllen sich ganz von selbst, wenn Sie für die Implementierung von Equals() auf (korrekte) bestehende Equals()-Implementierungen oder die relationalen und logischen Operatoren von C# zurückgreifen.

Beispiel

Die Überschreibung der Equals()-Methode für die Klasse CVektor könnte wie folgt aussehen:

```
01: public override bool Equals(object param)
02: {
03:    if (param == null || GetType() != param.GetType() )
04:       return false;
05:
06:    CVektor v = (CVektor) param;
07:    return (x == v.x) && (y == v.y);
08: }
```

Zuerst prüft die Methode, ob das übergebene Argument ein null-Verweis oder von einem anderen Typ als das aktuelle Objekt (CVektor) ist. In beiden Fällen wird die Ausführung der Methode beendet und false zurückgeliefert. Auf diese Weise wird die drittletzte Regel erfüllt und verhindert, dass die Methode versucht, nach der Typumwandlung (Zeile 6) auf nicht vorhandene CVektor-Elemente zuzugreifen.

Wurde ein CVektor-Objekt übergeben, kann der Parameter in ein CVektor-Objekt zurückverwandelt werden (Zeile 6).

In Zeile 7 wird dann geprüft, ob die Koordinaten der beiden Vektoren gleich sind, und das Ergebnis zurückgeliefert. Dank der Charakteristik der ==- und &&-Operatoren erfüllt diese eine Zeile automatisch die ersten fünf Vorschriften.

Um die vorletzte Bedingung zu erfüllen, verdecken Sie die geerbte statische Equals()-Methode mit einer eigenen Definition, die analog zur überschriebenen Version implementiert werden kann (am besten implementieren Sie die statische Version mit Hilfe der überschriebenen Version).

> Die letzte Bedingung, die Überschreibung von public virtual int GetHashCode(), muss nicht unbedingt für jede Klasse erfüllt werden, erzeugt aber beim Kompilieren eine Warnung, wenn sie missachtet wird. GetHashCode() hat die Aufgabe, einen Wert zurückzuliefern, der
>
> ▸ für das aktuelle Objekt immer gleich ist (auch wenn der Zustand des Objekts sich ändert),
>
> ▸ für zwei Objekte, die gleiche Werte haben, identisch ist.

Meist wird dieser Wert durch XOR-Verknüpfung von Feldern erzeugt, deren Wert sich während der Lebensdauer des Objekts nicht ändert. Wäre CVektor so implementiert, dass die Methoden zum Addieren und Subtrahieren neue Objekte erzeugen würden, statt das bestehende Objekt zu verändern, könnte eine GetHashCode()-Implementierung für GetHashCode() wie folgt aussehen:

```
public override int GetHashCode()
{
   return (int)(x) ^ (int)(y);
}
```

Zum Abschluss hier noch einmal der vollständige Code:

Listing 13.6: Vergleichen1.cs

```
using System;

namespace Kap13
{
   class CVektor
   {
      double x;
      double y;

      // Konstruktoren
      public CVektor()
      {
         x = 0;
         y = 0;
      }

      public CVektor(double xKoord, double yKoord)
      {
         x = xKoord;
         y = yKoord;
      }

      // Methoden
      public void Addieren(CVektor v2)
      {
         x += v2.x;
         y += v2.y;
      }

      public void Subtrahieren(CVektor v2)
      {
```

```csharp
      x -= v2.x;
      y -= v2.y;
   }

   static public CVektor Addieren(CVektor v1, CVektor v2)
   {
      return new CVektor(v1.x + v2.x, v1.y + v2.y);
   }

   static public CVektor Subtrahieren(CVektor v1, CVektor v2)
   {
      return new CVektor(v1.x - v2.x, v1.y - v2.y);
   }

   public override bool Equals(object param)
   {
      if (param == null || GetType() != param.GetType() )
         return false;

      CVektor v = (CVektor) param;
      return (x == v.x) && (y == v.y);
   }

   public new static bool Equals(object objA, object objB)
   {
      if( (objA == null) ||  typeof(CVektor) != objA.GetType() )
         return false;

      CVektor v1 = (CVektor) objA;
      CVektor v2 = (CVektor) objB;
      return v1.Equals(v2);
   }

   public override int GetHashCode()
   {
      return base.GetHashCode();
   }
}

class CHauptklasse
{
   static void Main()
   {
      CVektor oVekt1 = new CVektor(0, 124);
      CVektor oVekt2 = new CVektor(0, 124);
```

```
            if (oVekt1.Equals(oVekt2))
               Console.WriteLine("Vektoren sind gleich!");
            else
               Console.WriteLine("Vektoren sind ungleich!");

            if (Equals(oVekt1, oVekt2))
               Console.WriteLine("Vektoren sind gleich!");
            else
               Console.WriteLine("Vektoren sind ungleich!");

            oVekt2.Addieren(new CVektor(55, -30));

            if (oVekt1.Equals(oVekt2))
               Console.WriteLine("Vektoren sind gleich!");
            else
               Console.WriteLine("Vektoren sind ungleich!");

            if (Equals(oVekt1, oVekt2))
               Console.WriteLine("Vektoren sind gleich!");
            else
               Console.WriteLine("Vektoren sind ungleich!");

            oVekt2 = null;

            if (oVekt1.Equals(oVekt2))
               Console.WriteLine("Vektoren sind gleich!");
            else
               Console.WriteLine("Vektoren sind ungleich!");

            if (Equals(oVekt1, oVekt2))
               Console.WriteLine("Vektoren sind gleich!");
            else
               Console.WriteLine("Vektoren sind ungleich!");
      }
   }
}
```

```
Vektoren sind gleich!
Vektoren sind gleich!
Vektoren sind ungleich!
Vektoren sind ungleich!
Vektoren sind ungleich!
Vektoren sind ungleich!
```

Größenvergleiche

Wenn Sie möchten, dass die Objekte Ihrer Klassen nicht nur auf Gleichheit überprüft, sondern auch in eine Reihenfolge gebracht oder sortiert werden können, sollten Sie die Schnittstelle IComparable implementieren.

IComparable und die Methode CompareTo()

Die Schnittstelle IComparable enthält eine einzige Methode:

int CompareTo(object obj)

die so implementiert werden muss, dass sie:

- den Wert 1 zurückliefert, wenn das aktuelle Objekt (für das die Methode aufgerufen wird) größer ist als das übergebene Objekt,
- den Wert -1 zurückliefert, wenn das aktuelle Objekt kleiner ist als das übergebene Objekt,
- den Wert 0 zurückliefert, wenn die beiden Objekte gleich groß sind.

Der kleine Umweg über die Schnittstelle hat den Vorteil, dass Objekte Ihrer Klasse danach nicht nur miteinander verglichen, sondern auch von beliebigen Methoden, die auf die Implementierung von IComparable vertrauen, sortiert werden können. Eine solche Methode ist beispielsweise die Array-Methode Sort(), mit der die in einem Array gespeicherten Objekte sortieren werden können. Dazu muss die Sort()-Methode aber in der Lage sein, zu entscheiden, wann ein Objekt größer oder kleiner als ein anderes Objekt ist, beziehungsweise wann zwei Objekte gleich groß sind. Diese Information bezieht Sort() von der Methode IComparable.CompareTo().

> Wenn Sie möchten, dass Ihre Objekte mit Hilfe von Array.Sort() sortiert werden können, reicht es nicht, dass Sie eine Vergleichsmethode namens CompareTo() definieren. Ihre Klasse muss IComparable implementieren, damit die Objekte Ihrer Klasse über IComparable-Variablen angesprochen werden können (vergleiche Kapitel 12.7).

Beispiel

Das folgende Listing zeigt, wie die Schnittstelle IComparable zum Vergleich von Vektoren implementiert werden kann:

Listing 13.7: Vergleiche2.cs

```
01: using System;
02:
03: namespace Kap13
```

```
04: {
05:     class CVektor : IComparable
06:     {
07:         ... // wie gehabt
45:
46:         public double Laenge
47:         {
48:             get { return Math.Sqrt(x*x + y*y); }
49:         }
50:
51:         public void Ausgeben()
52:         {
53:             Console.WriteLine("x = {0:F2}, y = {1:F2}", x, y);
54:         }
55:
56:         // Methoden von IComparable implementieren
57:         int IComparable.CompareTo(object obj)
58:         {
59:             CVektor v2 = (CVektor) obj;
60:             if (this.Laenge > v2.Laenge)
61:                 return 1;
62:             else if (this.Laenge < v2.Laenge)
63:                 return -1;
64:             else
65:                 return 0;
66:         }
67:     }
68:
69:     class CHauptklasse
70:     {
71:         static void Main()
72:         {
73:             CVektor[] vektoren = new CVektor[5];
74:
75:             vektoren[0] = new CVektor(0, 124);
76:             vektoren[1] = new CVektor(0, -124);
77:             vektoren[2] = new CVektor(0, 56);
78:             vektoren[3] = new CVektor(0, 366);
79:             vektoren[4] = new CVektor(0, 7);
80:
81:             Console.WriteLine("\n Das unsortierte Array\n");
82:             foreach (CVektor elem in vektoren)
83:             {
84:                 elem.Ausgeben();
85:             }
86:
```

```
87:         Array.Sort(vektoren);
88:
89:         Console.WriteLine("\n Das sortierte Array\n");
90:         foreach (CVektor elem in vektoren)
91:         {
92:             elem.Ausgeben();
93:         }
94:     }
95: }
96: }
```

Das unsortierte Array

x = 0,00, y = 124,00
x = 0,00, y = -124,00
x = 0,00, y = 56,00
x = 0,00, y = 366,00
x = 0,00, y = 7,00

Das sortierte Array

x = 0,00, y = 7,00
x = 0,00, y = 56,00
x = 0,00, y = 124,00
x = 0,00, y = -124,00
x = 0,00, y = 366,00

In den Zeilen 46 bis 54 definieren Sie vorab zwei Hilfselemente. Die Nur-Lesen-Eigenschaft Laenge wird später von der CompareTo()-Implementierung verwendet (die Vektoren sollen nach ihrer Länge geordnet werden), die public-Methode Ausgeben() soll uns beim Testen in der Main()-Methode die Ausgabe der Vektoren vereinfachen[1].

Die Implementierung der Schnittstellenmethode CompareTo() folgt in den Zeilen 57 bis 66. Zuerst wird der Parameter in den Typ CVektor zurückverwandelt und in einem CVektor-Objekt abgelegt. (In diesem Fall obliegt es dem Aufrufer sicherzustellen, dass nur Objekte der Klasse CVektor oder abgeleiteter Klassen übergeben werden.)

Danach wird die Länge des aktuellen Objekts mit der Länge des übergebenen Objekts verglichen und je nach Ergebnis dieses Vergleichs einer der Werte 1, -1 oder 0 zurückgeliefert.

---

1   Eine bessere Methode zum Ausgeben von Objekten werden Sie im nachfolgenden Abschnitt kennen lernen.

13.3 Objekte ausgeben

Bisher haben wir zur Ausgabe von Objekten auf die Konsole entweder die Feldwerte einzeln ausgegeben oder eine passende Methode implementiert, die dann in der Regel `Ausgeben()` oder ähnlich hieß und die wir zur bequemeren Ausgabe aufgerufen haben.

Ein besserer Weg ist die Überschreibung der Methode `ToString()`. Diese Methode wird von `System.Object` vererbt und ist dafür gedacht, eine String-Präsentation eines Objekts zurückzuliefern. (Man könnte auch sagen, sie wandelt ein Objekt in einen String um.)

Für die Klasse `CVektor` aus den obigen Abschnitten könnte `ToString()` beispielsweise wie folgt überschrieben werden:

```
class CVektor
  {
  ...
  public override string ToString()
    {
    return String.Format("({0:F2};{1:F2})", x, y);
    }
  }
```

Die Ausgabe eines `CVektor`-Objekts könnte dann wie folgt aussehen:

Listing 13.8: Aus Ausgeben.cs

```
static void Main()
{
   CVektor oVekt1 = new CVektor(0, 124);
   Console.WriteLine("oVekt1 : {0}", oVekt1.ToString());

   CVektor oVekt2 = new CVektor(-10, 6.3);
   Console.WriteLine("oVekt2 : {0}", oVekt2.ToString());
}
```

```
oVekt1 : (0,00;124,00)
oVekt2 : (-10,00;6,30)
```

Die in `System.Object` vorgegebene Standardimplementierung von `ToString()` liefert den Datentyp des Objekts.

13.4 Objekte mit Operatoren bearbeiten

Ja, Sie haben richtig gelesen! In C# kann man nicht nur Methoden, sondern auch bestehende Operatoren überladen. Dabei sind folgende Punkte zu beachten:

- Zur Überladung des Operators wird eine Methode definiert. Diese trägt als Namen das Schlüsselwort `operator` und das Symbol des Operators.

- Operatormethoden müssen als `static` definiert werden, da sie nicht über Objekte aufgerufen werden (auch wenn es so aussieht).

- Operatormethoden übernehmen als Parameter die Operanden, mit denen sie aufgerufen werden.

- Operatormethoden liefern das Ergebnis ihrer Operation als Rückgabewert zurück.

Binäre Operatoren überladen

Unter Beherzigung der obigen Regeln können Sie beispielsweise die Operatoren + und − für die Addition und Subtraktion von Vektoren überladen:

Listing 13.9: Aus OperatorenUeberladung1.cs

```
static public CVektor operator +(CVektor v1, CVektor v2)
    {
    return new CVektor(v1.x + v2.x, v1.y + v2.y);
    }

static public CVektor operator -(CVektor v1, CVektor v2)
    {
    return new CVektor(v1.x - v2.x, v1.y - v2.y);
    }
```

Danach können Sie Vektoren wie folgt addieren oder subtrahieren:

```
vekt1 = vekt2 + vekt3;
vekt1 = vekt2 - vekt3;
```

Ja, Sie können sogar die zugehörigen zusammengesetzten Operatoren verwenden:

```
vekt1 += vekt2;
vekt1 -= vekt2;
```

Dies liegt daran, dass C# die zusammengesetzten Operatoren automatisch auf die entsprechenden arithmetischen Operatoren zurückführt. Eigene Methodendefinitionen für += und -= sind daher nicht erforderlich.

Unäre Operatoren überladen

Unäre Operatoren sind Operatoren, die nur einen Operanden haben – beispielsweise die Vorzeichen + und - oder die Inkrement- und Dekrement-Operatoren.

Für die Überladung der unären Operatoren gelten die gleichen Regeln wie für die Überladung der binären Operatoren, nur dass die Operatormethode eben nur einen Parameter übernimmt.

Das folgende Listing überlädt die Operatoren – und ++ zur Implementierung eines Zählers, der in Zweierschritten zählt.

Listing 13.10: OperatorenUeberladen2.cs

```
01: using System;
02:
03: namespace Kap13
04: {
05:    class CZaehler
06:    {
07:       protected int stand;
08:
09:       public CZaehler()
10:       {
11:          stand = 0;
12:       }
13:       public CZaehler(int startwert)
14:       {
15:          stand = startwert;
16:       }
17:
18:       public int Stand
19:       {
20:          get { return stand; }
21:       }
22:
23:       public static CZaehler operator++(CZaehler obj)
24:       {
25:          return new CZaehler(obj.Stand + 2);
26:       }
27:
28:       public static CZaehler operator--(CZaehler obj)
29:       {
30:          return new CZaehler(obj.Stand - 2);
31:       }
32:    }
```

Programmieren mit Objekten

```
33:
34:
35:    class CHauptklasse
36:    {
37:       static void Main(string[] args)
38:       {
39:          CZaehler oCounter = new CZaehler();
40:
41:          Console.WriteLine("Hochzählen:\n");
42:          for(int i = 0; i <= 10; ++i)
43:          {
44:             CZaehler tmp = oCounter++;
45:             Console.Write(" " + oCounter.Stand);
46:          }
47:
48:          Console.WriteLine("\n");
49:
50:          Console.WriteLine("Runterzählen:\n");
51:          for(int i = 0; i <= 10; ++i)
52:          {
53:             CZaehler tmp = --oCounter;
54:             Console.Write(" " + oCounter.Stand);
55:          }
56:
57:          Console.WriteLine();
58:
59:       }
60:    }
61: }
```

Hochzählen:

2 4 6 8 10 12 14 16 18 20 22

Runterzählen:

20 18 16 14 12 10 8 6 4 2 0

Die Implementierungen der überladenen Operatormethoden sind extrem kurz. Sie erzeugen einfach mit Hilfe des CZaehler-Konstruktors ein neues CZaehler-Objekt, dessen Startwert um 2 größer (im Falle des Dekrements kleiner) ist als der Wert des Operanden (der als Argument übergeben wird) und liefern dieses Objekt zurück:

```
public static CZaehler operator++(CZaehler obj)
{
   return new CZaehler(obj.Stand + 2);
}
```

Die Einfachheit dieser Implementierung ist in mehrfacher Hinsicht erstaunlich (besonders wenn man von der C++-Programmierung her kommt, und weiß, wie mühselig die Überladung dieser Operatoren in dieser Sprache ist). Zum einen gehören Inkrement- und Dekrement-Operator doch zu den wenigen Operatoren, die ihren Operanden verändern! Dies scheint in obiger Implementierung überhaupt nicht berücksichtigt, der Operand bleibt unverändert. Zum anderen muss man doch zwischen Postfix- und Präfix-Inkremement (bzw. Dekrement) unterscheiden. Als Postfix (operand++) soll der Operator den Operanden verändern, aber den alten Wert zurückliefern, als Präfix (++operand) soll der Operator den Operanden verändern und den neuen Wert zurückliefern. Auch diese Unterscheidung spiegelt sich in obiger Implementierung nicht wider. Ist die Implementierung also unzureichend, verletzt sie die Regeln für die korrekte Implementierung des Operators?

Nein, die Lösung ist, dass nicht die Operatormethode, sondern der Compiler das Postfix- und Präfix-Verhalten erzeugen. Wenn Sie sich selbst davon überzeugen wollen, brauchen Sie nur die for-Schleife zum Hochzählen ein wenig abzuändern.

```
Console.WriteLine("Hochzählen:\n");
for(int loop = 0; loop <= 10; ++loop)
{
   CZaehler tmp = oCounter++;
   Console.Write(" " + oCounter.Stand + "({0})", tmp.Stand);
}
```

Hier wird das Ergebnis des Operators in einer eigenen CZaehler-Variablen gespeichert. In der nachfolgenden Ausgabe wird der Wert des oCounter-Zählers und dahinter in Klammern der Wert des tmp-Zählers ausgegeben. Wenn Sie zum Hochzählen die Postfix-Version verwenden, ist der Wert in der Klammer immer um zwei kleiner als der Wert des eigentlichen Zählers. Wenn Sie die Präfix-Version verwenden, sind beide Werte gleich.

Nicht überladbare Operatoren

Nicht alle Operatoren können überladen werden. Tabelle 13.1 können Sie entnehmen, welche Operatoren überladen werden können.

Unäre Operatoren	Binäre Operatoren
+ - ! ~ ++ -- true false	+ - * / % < > << >> == != <= >= & | ^

Tabelle 13.1: Überladbare Operatoren

Neue Operatoren können nicht definiert werden.

13.5 Zusammenfassung

Heute haben Sie gelernt, wie Sie Ihre Klassen aufrüsten, damit die Objekte der Klassen kopiert, verglichen und sortiert, als Strings ausgegeben und als Operanden von Operatoren verwendet werden können.

13.6 Workshop

Der Workshop enthält Quizfragen, die Ihnen helfen sollen, Ihr Wissen zu festigen, und Übungen, die Sie anregen sollen, das eben Gelernte umzusetzen und eigene Erfahrungen zu sammeln. Versuchen Sie, das Quiz und die Übungen zu beantworten und zu verstehen, bevor Sie zur Lektion des nächsten Tages übergehen.

Fragen und Antworten

F *Die Möglichkeiten der* `ToString()`*-Methoden reichen mir nicht als Ausgabemethode. Ist es in Ordnung, wenn ich noch eine eigene Ausgabemethode definiere?*

A Selbstverständlich! `ToString()` ist ja in erster Linie gar keine Methode zum Ausgeben von Objekten, sondern zu deren Umwandlung in Strings – was meist aber schon ausreicht, um Objekte bequem ausgeben zu können. Sollte die Nutzung von `ToString()` aber nicht ausreichen, steht der Implementierung einer eigenen, aufwändiger gestalteten Methode, speziell zum Ausgeben der Objekte, nichts im Wege.

F *Ist es besser, eine Methode* `Hinzufuegen()` *zu schreiben oder den +-Operator zu überladen?*

A Das unterscheidet sich von Fall zu Fall. Die Definition einer entsprechenden Methode ist eigentlich nie verkehrt. Die Überladung des Operators ist nur dann sinnvoll, wenn die überladene Operatormethode auch die Art von Operation durchführt, die man für den Operator erwarten würde (also bitte nicht zum Ausgeben eines Objekts den Operator ! überladen, nur weil dieser nicht anderweitig benötigt wird). Oft ist es auch sinnvoll, Methode und Operator anzubieten (vgl. Strings).

Quiz

1. Wie heißt die Methode, die Sie überschreiben sollten, wenn die Objekte Ihrer Klasse kopierbar sein sollen? In welcher Schnittstelle ist diese Methode definiert?
2. Wie heißt die Methode, die Sie überschreiben sollten, wenn die Objekte Ihrer Klasse sortierbar sein sollen? In welcher Schnittstelle ist diese Methode definiert?
3. Wie heißt die Methode, die Sie überschreiben sollten, wenn die Objekte Ihrer Klasse in Strings umwandelbar sein sollen? Wo ist diese Methode definiert?
4. Wie heißt die Methode, die Sie überschreiben sollten, wenn die Objekte Ihrer Klasse vergleichbar sein sollen? Wo ist diese Methode definiert?
5. Kann der +=-Operator überladen werden?

Übungen

1. Sehen Sie sich das folgende Programm an. Erzeugen Sie am Ende der Main()-Methode eine eigenständige, tiefe Kopie des Objekts obj und geben Sie es zur Kontrolle aus. (Verändern Sie nicht die Klassendefinition, verwenden Sie keine if-Verzweigungen und hängen Sie nur neue Codezeilen am Ende der Methode an.)

```
using System;

namespace Kap13
{
   class CDemo
   {
      public class CSub
      {
         public int feld;
      }

      private int zahl;
      public string str;
      public CSub obj = new CSub();

      public CDemo()
      {
         zahl = 0;
         str = "Hallo";
         obj.feld = 1;
      }
```

Programmieren mit Objekten

```
      public CDemo(string s, int f)
      {
         zahl = 0;
         str = s;
         obj.feld = f;
      }

      public override string ToString()
      {
         return String.Format(zahl.ToString() + " "
                          + str + " " + obj.feld.ToString());
      }
   }

   class CHauptklasse
   {
      static void Main(string[] args)
      {
         CDemo obj;

         Console.Write("Tippen Sie 1 oder 2 ein: ");
         string sEingabe = Console.ReadLine();

         if (sEingabe == "1")
            obj = new CDemo();
         else
            obj = new CDemo("Nanu?", 123);

         Console.WriteLine("\n " + obj.ToString());
      }
   }
}
```

2. Welche Veränderungen in der Klasse `CDemo` würden dazu führen, dass Sie von dem Objekt `obj` keine exakte Kopie mehr erstellen könnten?

3. Überladen Sie den ==-Operator für den Vergleich von `CVektor`-Objekten.

Tag 14

Nützliche .NET-Klassen

Nützliche .NET-Klassen

Zum Ausklang dieser Woche ein Kapitel, das keine neuen Konzepte einführt, sondern Ihnen einfach einige hilfreiche Klassen aus dem Schatz der .NET-Framework-Bibliothek vorstellt.

Im Einzelnen lernen Sie in diesem Kapitel

- wie man Zufallszahlen erzeugen kann,
- wie man Zugriff auf die Datums- und Zeitinformation der PC-Uhr erhält,
- wie die komplexen Datenstrukturen Hashtabelle, Liste, Keller und Menge realisiert werden können.

14.1 Zeit

Datum und Uhrzeit

Zur Programmierung mit Datums- und Zeitangaben stellt das .NET-Framework die Klasse `DateTime` zur Verfügung.

Datum und Uhrzeit ermitteln

Um das aktuelle Datum und die aktuelle Uhrzeit zu ermitteln, brauchen Sie lediglich den Wert der statischen Eigenschaft Now abzufragen:

```
DateTime zeit = DateTime.Now;
```

Wenn Sie nur an dem Datum interessiert sind, können Sie stattdessen die Eigenschaft Today abfragen:

```
DateTime heute = DateTime.Today;
```

Wenn Sie hingegen ein `DateTime`-Objekt benötigen, das ein bestimmtes Datum repräsentiert, rufen Sie einen der überladenen Konstruktoren der Klasse auf und übergeben diesem die Informationen über das zu erzeugende Datum, beispielsweise:

```
DateTime sdb = new DateTime( 1789,     // Jahr
                             7,        // Monat
                             14        // Tag
                           );
```

oder

```
DateTime sdb = new DateTime( 1789,   // Jahr
                             7,      // Monat
                             14,     // Tag
                             15,     // Stunden
                             4,      // Minuten
                             12      // Sekunden
                           );
```

Datums- und Zeitangaben manipulieren

Die Klasse `DateTime` verfügt über eine Vielzahl von öffentlichen, teilweise statischen Methoden und Eigenschaften, die bei der Programmierung mit Datumsangaben sehr hilfreich sind. Tabelle 14.1 gibt Ihnen eine kleine Übersicht; für eine vollständige Auflistung und Beschreibung konsultieren Sie bitte die .NET-Framework-SDK-Dokumentation.

Element	Beschreibung
Statische Elemente	
Now	aktuelles Datum und Uhrzeit
Today	aktuelles Datum
Statische Methoden	
Compare()	vergleicht zwei `DateTime`-Objekte
FromString()	wandelt einen String in ein `DateTime`-Objekt um
IsLeapYear()	ermittelt, ob ein Jahr ein Schaltjahr ist
Parse()	wandelt einen String in ein `DateTime`-Objekt um
ToString()	wandelt ein `DateTime`-Objekt in einen String um
Nicht-statische Elemente	
Day	Tag im Monat (des aktuellen Objekts)
DayOfWeek	Wochentag (des aktuellen Objekts)
DayOfYear	Tag im Jahr (des aktuellen Objekts)
Hour	Stunde (des aktuellen Objekts)
Minute	Minute (des aktuellen Objekts)

Tabelle 14.1: Ausgesuchte DateTime-Elemente

Nützliche .NET-Klassen

Element	Beschreibung
Month	Monat (des aktuellen Objekts)
Second	Sekunde (des aktuellen Objekts)
Year	Jahr (des aktuellen Objekts)
Ticks	Anzahl Ticks (1 Tick = 100 Nanosekunden = 10^{-7} Sekunden), die seit dem 01.01.0001, 00:00 Uhr vergangen sind
Nicht-Statische Methoden	
AddDays()	Tage hinzuaddieren
AddHours()	Stunden hinzuaddieren
AddYears()	Jahre hinzuaddieren
Format()	wandelt ein DateTime-Objekt in einen String um

Tabelle 14.1: Ausgesuchte DateTime-Elemente (Forts.)

Datums- und Zeitangaben ausgeben

Für die Ausgabe von Datums- und Zeitangaben auf die Konsole gibt es eine Reihe spezieller Formatspezifizierer, hier eine kleine Auswahl:

Spezifizierer	Beschreibung	Beispiel
d	Datum im Kurzformat	14.07.1789
D	Datum im Langformat	Dienstag, 14. Juli 1789
t	Zeit im Kurzformat	15:04
T	Zeit im Langformat	15:04:12
F	Datum (lang) und Zeit (lang)	Dienstag, 14. Juli 1789 15:04:12
G	Datum (kurz) und Zeit (lang)	14.07.1789 15:04:12

Tabelle 14.2: Formatspezifizierer für Datums- und Zeitausgaben

Listing 14.1: Datum.cs

```csharp
using System;

namespace Kap14
{
   class CDatum
   {
      static void Main(string[] args)
      {
         DateTime sdb = new DateTime( 1789,    // Jahr
                                      7,      // Monat
                                      14,     // Tag
                                      15,     // Stunden
                                      4,      // Minuten
                                      12      // Sekunden
                                    );

         // Die Uhrzeit ist geraten
         Console.WriteLine("Der Sturm der Bastille begann am {0:d}"
                         + " um {1:t} Uhr\n", sdb, sdb);
      }
   }
}
```

Der Gregorianische Kalender

Standardmäßig werden `DateTime`-Datumsangaben nach dem Gregorianischen Kalender berechnet.

Der Gregorianische Kalender ist in der westlichen Welt seit nunmehr vier Jahrhunderten weit verbreitet. Er stimmt weitestgehend mit dem Julianischen Kalender überein, nur dass für die Jahrhunderte kein Schalttag eingeschoben wird (es sei denn, die Jahrhundertzahl lässt sich ohne Rest durch 400 teilen).

Wenn Sie ein Datum in einem anderen Kalender ermitteln wollen, übergeben Sie dem `DateTime`-Konstruktor als letztes Argument ein `Calendar`-Objekt. Vordefinierte Kalender-Klassen sind beispielsweise `GregorianCalender`, `HebrewCalender`, `JapaneseCalender` oder `JulianCalender`, die alle im Namensraum `System.Globalization` definiert sind.

Zeitspannen messen

Um die Differenz zwischen zwei Datumsangaben zu ermitteln, wandeln Sie die Datumsangaben in Ticks um, bilden die Differenz der Ticks und repräsentieren diese Differenz als ein `TimeSpan`-Objekt:

Nützliche .NET-Klassen

Listing 14.2: Zeitspanne.cs

```
01: using System;
02:
03: namespace Kap14
04: {
05:   class CZeitspanne
06:   {
07:     static void Main(string[] args)
08:     {
09:       DateTime sdb = new DateTime( 1789,    // Jahr
10:                                       7,    // Monat
11:                                      14     // Tag
12:                                    );
13:
14:       Console.WriteLine("Der Sturm der Bastille war am {0:d}",
15:                          sdb);
16:
17:       TimeSpan vergangen
18:           = new TimeSpan(DateTime.Today.Ticks - sdb.Ticks);
19:
20:       Console.WriteLine("Seitdem sind {0} Tage vergangen ",
21:                          vergangen.Days);
22:     }
23:   }
24: }
```

Der Sturm der Bastille war am 14.07.1789.

Seitdem sind 77647[1] Tage vergangen.

Zuerst wird wie schon im vorangehenden Beispiel ein DateTime-Objekt für das Datum der Erstürmung der Bastille erzeugt. Danach, in den Zeilen 17 und 18, wird ein TimeSpan-Objekt erzeugt, das die Zeitspanne zwischen der Erstürmung und dem aktuellen Datum repräsentiert. Die Zeitspanne selbst wird als Differenz der Ticks zwischen dem aktuellen Datum (DateTime.Today.Ticks) und der Ticks für das Datum der Erstürmung (sdb.Ticks) berechnet und an den TimeSpan-Konstruktor übergeben.

Der abschließende WriteLine()-Aufruf gibt die Anzahl der Tage zwischen den beiden Datumswerten mit Hilfe der TimeSpan-Eigenschaft Days aus.

---

1 Dieser Wert hängt natürlich davon ab, wann Sie das Programm ausführen.

Mit Hilfe der Ticks können Sie auch die Zeit messen, die zur Ausführung einzelner Programmteile benötigt wird. So können Sie beispielsweise prüfen, wie effizient ein Algorithmus arbeitet oder welche Methodenaufrufe besonders zeitraubend sind. Im Übungsteil finden Sie dazu eine Aufgabe.

Zeitgeber

Gelegentlich kommt es vor, dass ein Programm eine bestimmte Aufgabe in regelmäßigen zeitlichen Abständen immer wieder ausführen soll. Für solche Fälle benötigen Sie einen Zeitgeber.

Zeitgeber werden in C# durch Objekte der Klasse Timer repräsentiert.

```
Timer einZeitgeber = new Timer();
```

Nachdem Sie den Zeitgeber erzeugt haben, müssen Sie ihn konfigurieren. Dazu müssen Sie

- für das Elapsed-Ereignis des Zeitgebers eine Ereignisbehandlungsmethode registrieren und
- angeben, nach wie vielen Millisekunden die registrierte Methode jeweils auszuführen ist.

```
einZeitgeber.Interval = 1000;
einZeitgeber.Elapsed += new ElapsedEventHandler(Antwortmethode);
```

Die Ereignisbehandlungsmethode, die Sie registrieren, muss den Rückgabetyp void haben und zwei Parameter vom Typ object und ElapsedEventArgs definieren. Sie sind nicht verpflichtet, mit diesen Parametern in der Implementierung der Methode zu arbeiten, aber Sie müssen sie definieren. Registriert wird die Methode mit Hilfe eines Delegates vom Typ ElapsedEventHandler. (Siehe Kapitel 9.8 und 9.9 für mehr Informationen zu Delegates und Ereignissen).

Danach brauchen Sie den Zeitgeber nur noch zu starten...

```
einZeitgeber.Start();
```

... und nach Gebrauch wieder auszuschalten:

```
einZeitgeber.Stop();
```

Das folgende Beispiel nutzt den Zeitgebermechanismus zur Implementierung einer digitalen Uhr:

Listing 14.3: Zeitgeber.cs

```
01: using System;
02: using System.Timers;
03:
04: namespace Kap14
05: {
06:     class CZeitgeber
07:     {
08:         static void Main(string[] args)
09:         {
10:             Console.WriteLine("Geben Sie 'b' zum Beenden ein.\n");
11:
12:             Timer meinZeitgeber = new Timer();
13:             meinZeitgeber.Interval = 1000;
14:             meinZeitgeber.Elapsed +=
15:                     new ElapsedEventHandler(UhrzeitAusgeben);
16:             meinZeitgeber.Start();
17:
18:             while( Console.Read() != 'b')
19:                 ;  // Tue nichts
20:
21:             meinZeitgeber.Stop();
22:         }
23:
24:         public static void UhrzeitAusgeben(object quelle,
25:                                     ElapsedEventArgs arg)
26:         {
27:             Console.WriteLine("\r {0:T}", DateTime.Now);
28:         }
29:     }
30: }
```

Geben Sie 'b' zum Beenden ein.

07:48:21
07:48:22
07:48:23
07:48:24
07:48:25
07:48:26
07:48:27

14.2 Zufallszahlen

Die Erzeugung von Zufallszahlen mit Hilfe von Computern ist in der Praxis kaum zu realisieren. Dies liegt daran, dass die Zahlen letzten Endes nicht zufällig gezogen werden, sondern von einem mathematischen Algorithmus errechnet werden. Ein solcher Algorithmus bildet eine Zahlenfolge, die sich zwangsweise irgendwann wiederholt. Allerdings sind die Algorithmen, die man zur Erzeugung von Zufallszahlen in Programmen verwendet, so leistungsfähig, dass man von der Periodizität der erzeugten Zahlenfolge nichts merkt. (Jedenfalls nicht in kleineren Programmen; anders sieht es unter Umständen in wissenschaftlichen Anwendungen aus, die mit größeren Mengen von zufälligen Zahlen arbeiten müssen.)

In C#-Programmen werden Zufallszahlen mit Hilfe der Klasse `Random` generiert. Dabei erzeugen Sie zuerst eine Instanz der Klasse `Random` und lassen sich dann mit Hilfe der Methode `Next()` nacheinander von der Instanz Zufallszahlen zurückliefern.

```
Random zufallszahlen = new Random(1);
```

Wenn Sie den Konstruktor von `Random` aufrufen, wird ein `Random`-Objekt angelegt. Dieses beherbergt eine Folge von Pseudozufallszahlen.

Wie diese Folge von Zufallszahlen aussieht, kann man steuern. Wenn Sie den Konstruktor von `Random` ohne Argument aufrufen (`new Random()`), berücksichtigt der `Random`-Konstruktor in dem Algorithmus zur Erzeugung der Zufallszahlen das aktuelle Datum und die aktuelle Uhrzeit. Dies führt dazu, dass bei jedem Aufruf des Programms eine neue Zufallsfolge berechnet wird. Wenn Sie dem Konstruktor dagegen einen Zahlenwert übergeben, wird bei jedem Aufruf des Programms die gleiche Folge von Zufallszahlen generiert.

Immer gleiche Zufallszahlen

Welchen Sinn ergibt es, bei jedem Aufruf des Programms die gleiche Folge von Zufallszahlen generieren zu lassen?

Meist nutzt man die Generierung einer immer gleichen Zahlenfolge zum Testen des Programms. Wenn Sie ein Programm fertig gestellt haben, müssen Sie ja kontrollieren, ob das Programm auch das tut, wofür es programmiert wurde. Wenn Sie dabei Zufallszahlen verwenden, ist dies meist recht schwierig, da Sie bei jedem Programmaufruf mit neuen Zahlen arbeiten. In solchen Fällen ist es sinnvoll, das Programm mit einer festen Folge von Zufallszahlen zu testen und erst nach bestandenem Test den Zufallsgenerator so einzustellen, dass er bei jedem Aufruf neue Zahlen liefert.

Die Methode `Next()` liefert wie gesagt für jeden Aufruf eine neue Zahl aus der generierten Folge von Zufallszahlen zurück. Die zurückgelieferte Zahl liegt zwischen 0 und 2.147.483.647 und ist vom Typ `int`.

Nützliche .NET-Klassen

Wenn Sie eine Zahl aus einem bestimmten Wertebereich, beispielsweise zwischen 1 und 10, zurückerhalten möchten, übergeben Sie den kleinsten Wert sowie den größten Wert plus Eins beim Aufruf als Argumente:

```
int zahl = zufallszahlen.Next(1, 11); // Zufallszahlen von 1 bis 10
```

Falls Sie hingegen zufällige Fließkommazahlen zwischen 0.0 und 1.0 erhalten möchten, verwenden Sie statt Next() die Methode NextDouble().

Das folgende Programm nutzt die Klasse Random, um den Anwender bei jedem Programmstart mit einem anderen Spruch zu begrüßen.

Listing 14.4: Zufallszahlen.cs

```
01: using System;
02:
03: namespace Kap14
04: {
05:     class CZufallszahlen
06:     {
07:         static string[] begruessungen =
08:         {
09:             " Einen wunderschönen guten Morgen!\n",
10:             " Lass mich schlafen!\n",
11:             " Rechner C43 meldet sich zur Arbeit!\n",
12:             " Ich bin der Geist aus der Flasche. Du hast drei
                  Wünsche frei!\n"
13:         };
14:
15:         static void Main(string[] args)
16:         {
17:             Random zz = new Random();
18:
19:             Console.WriteLine(begruessungen[zz.Next(0, 4)]);
20:         }
21:     }
22: }
```

Lass mich schlafen!

14.3 Die Container-Klassen

Arrays sind bestens geeignet, um größere (oder auch kleinere) Datenmengen gemeinsam zu verwalten und zu bearbeiten. Sie haben aber auch einen kleinen Nachteil: Man muss bei der Einrichtung der Array-Objekte die Anzahl der Elemente im Array angeben. Wenn Sie vorab wissen, wie viele Elemente Sie maximal im Array speichern wollen, stellt dies meist kein großes Problem dar. Anders sieht es aus, falls Sie beispielsweise eine Anzahl von Werten aus einer Datei oder direkt über die Tastatur einlesen möchten. Wenn Sie Glück haben, weiß der Anwender vorab, wie viele Werte er eingeben möchte (im Falle einer Datei steht die Anzahl der Werte vielleicht am Anfang der Datei). Dann können Sie zuerst die Anzahl einlesen und auf der Basis dieser Angabe das Array definieren. Wenn der Anwender aber selbst nicht vorab weiß, wie viele Werte er eingeben möchte, bleibt Ihnen auch dieser Weg verschlossen. In so einem Fall benötigen Sie eine Datenstruktur, die mit jedem neuen Wert wächst.

Solche dynamisch wachsenden Datenstrukturen implementieren die Container-Klassen des .NET-Frameworks, die im Namensraum `System.Collections` definiert sind:

- `ArrayList`
- `Hashtable`
- `SortedList`
- `Queue`
- `Stack`
- `BitArray`

Die Container-Klassen

Obwohl die Container-Klassen nicht auf eine gemeinsame Basisklasse zurückgehen (sieht man einmal von der obligatorischen Basisklasse `System.Object` ab), weisen Sie doch ein in vielen Fällen übereinstimmendes Verhalten auf. Dies liegt daran, dass die Container eine oder mehrere der folgenden Schnittstellen implementieren: `ICollection`, `IComparer`, `IEnumerable`, `IList`, `IHashProvider`, `IDictionary`, `IDictionaryEnumerator`.

Es lohnt sich daher, der Besprechung der einzelnen Container eine allgemeine Einführung voranzustellen.

> Mit Hilfe der oben aufgeführten Schnittstellen können Sie auch eigene Container-Klassen schreiben.

Container einrichten

Die Container-Klassen sind ausnahmslos im Namensraum `System.Collections` definiert. Der erste Schritt zur Nutzung eines Containers ist daher die Einbindung des Namensraums:

`using System.Collections;`

1. Danach können Sie mit `new` ein Container-Objekt erzeugen.

   ```
   // leeren Container anlegen
   Containertyp container = new Containertyp();
   // leeren Container für 10 Elemente erzeugen
   Containertyp container = new Containertyp(10);
   ```

2. Wenn Sie die Größe des Containers vorgeben, bedeutet dies nicht, dass der Container auch schon entsprechend viele Elemente enthält. Anders als bei den einfachen Arrays müssen Sie bei Containern stets zwischen der Größe des Containers (seiner Kapazität, Eigenschaft `Capacity`) und der Anzahl der in ihm gespeicherten Elemente (Eigenschaft `Count`) unterscheiden.

3. Bedenken Sie, dass Container dynamische Datenstrukturen sind, die Speicher nach Bedarf belegen. Würde der Container für jedes neu hinzuzufügende Element Speicher reservieren und beim Löschen des Elements wieder freigeben, würde das Laufzeitverhalten der Container allerdings durch die fortwährenden, unter Umständen aufwändigen Speicherreservierungen stark leiden. Die Container reservieren daher Speicher auf Vorrat (dies ist die Kapazität) und passen den Speicher an, wenn die Anzahl der Elemente im Container dies erfordert (`Count == Capacity`).

4. Wenn Sie dem Konstruktor keinen Wert für die Kapazität übergeben, wird standardmäßig Speicher für 16 Elemente reserviert.

> Über die Eigenschaft `Capacity` können Sie die Kapazität eines Containers abfragen und verändern.

Schließlich fügen Sie mit Hilfe der `Add()`-Methode neue Elemente in den Container ein – beispielsweise

`container.Add(neuesElement);`

Container durchlaufen

Um die Elemente eines Containers effizient zu durchlaufen und zu bearbeiten, implementieren die Container die Schnittstelle `IEnumerable`. Diese verfügt über eine einzige Methode `GetEnumerator()`, die ein `Enumerator`-Objekt zurückliefert. Mit Hilfe der `Move-`

Next()-Methode dieses Objekts können Sie dann die Elemente in der Datenstruktur durchwandern und aus der Eigenschaft Current das jeweilige Element auslesen.

Der Grund für dieses etwas komplizierte Verfahren liegt darin, dass die einzelnen Container ganz unterschiedliche Formen der Speicherreservierung verwenden können. Selten liegen die einzelnen Elemente des Containers dabei wie in einem Array hintereinander aufgereiht in einem gemeinsamen Speicherblock.

IEnumerable sorgt für eine einheitliche Schnittstelle zum Durchlaufen der Array-Elemente – unabhängig davon, wie die Elemente des Containers im Speicher verteilt sind.

```
// Elemente in einem Container ausgeben
System.Collections.IEnumerator Enumerator =
                                container.GetEnumerator();
while ( Enumerator.MoveNext() )
   Console.WriteLine( " " + Enumerator.Current );
```

Auf Elemente zugreifen

Für den bequemen Zugriff auf einzelne Elemente im Container bieten die Container meist zusätzliche Methoden an, die Ihnen das Durchlaufen mit einem Enumerator-Objekt ersparen.

Die Container ArrayList, Hashtable, SortedList und ByteArray definieren beispielsweise einen Indexer, der den indizierten Zugriff auf einzelne Container-Elemente gestattet:

container[index]

Einige Container stellen auch Methoden zum Suchen, Einfügen oder Löschen zur Verfügung, beispielsweise

IndexOf()

Insert()

Remove()

Beachten Sie aber, dass fast alle Container als Elemente Verweise vom Typ object speichern. Wenn Sie also auf Elemente im Container zugreifen, sei es um den Wert des Elements abzufragen oder ihn zu verändern, greifen Sie auf ein object-Element zu. Dieses müssen Sie zuerst in den eigentlichen Typ des Elements umwandeln. (Wenn Sie Werte elementarer Datentypen oder Strings speichern, erübrigt sich dies in der Regel aufgrund des internen Boxing/Unboxing, siehe Kapitel 8.3.5).

ArrayList

Die Klasse `ArrayList` erzeugt Container, die dynamische Arrays darstellen.

Das folgende Programm liest so lange ganze Zahlen ein, bis der Anwender den Buchstaben b eingibt. (Auf die Korrektheitsüberprüfung der Benutzereingaben wurde verzichtet.) Danach kann der Anwender einen Wert angeben, nach dem gesucht wird. Wird der Wert gefunden, wird er inkrementiert. Zum Schluss werden alle Elemente im Container ausgegeben.

Listing 14.5: ArrayList.cs

```
01: using System;
02: using System.Collections;
03:
04: namespace Kap14
05: {
06:     class CArrayListDemo
07:     {
08:         static void Main()
09:         {
10:             ArrayList zahlen = new ArrayList();
11:             string sEingabe;
12:
13:             Console.WriteLine("Werte eingeben (b zum Beenden): \n");
14:
15:             do
16:             {
17:                 Console.Write("Wert: ");
18:                 sEingabe = Console.ReadLine();
19:
20:                 if (sEingabe == "b")
21:                     break;
22:
23:                 zahlen.Add(Convert.ToInt32(sEingabe));
24:             } while (true);
25:
26:
27:             //Element in Container suchen
28:             Console.Write("\nSuche nach Element: ");
29:             int iSuchwert = Convert.ToInt32(Console.ReadLine());
30:
31:             int iIndex = zahlen.IndexOf(iSuchwert);
32:             if (iIndex < 0)
33:                 Console.WriteLine("Wert nicht gefunden");
```

```
34:        else
35:        {
36:            Console.WriteLine("\nElement wird inkrementiert");
37:            iSuchwert = (int) zahlen[iIndex];   // unboxing
38:            ++iSuchwert;
39:            zahlen[iIndex] = iSuchwert;          // boxing
40:        }
41:
42:        // Elemente in Container ausgeben
43:        Console.WriteLine("\nAusgabe der Elemente: ");
44:        System.Collections.IEnumerator Enumerator =
45:                                 zahlen.GetEnumerator();
46:        while ( Enumerator.MoveNext() )
47:            Console.WriteLine( " " + Enumerator.Current );
48:
49:     }
50:  }
51: }
```

```
Werte eingeben (b zum Beenden):

Wert: 2
Wert: 4
Wert: 6
Wert: 8
Wert: 10
Wert: b

Suche nach Element: 4

Element wird inkrementiert

Ausgabe der Elemente:
  2
  5
  6
  8
  10
```

In Zeile 10 erzeugt das Programm einen Container zahlen vom Typ der Klasse ArrayList(). In der nach do-while-Schleife werden dann mehrere int-Werte über die Tastatur eingelesen und im Container gespeichert (Zeile 23).

Die Zeilen 28 bis 40 demonstrieren, wie Sie mit Hilfe von IndexOf() (Zeile 31) nach einem bestimmten Element im Container suchen können.

Wurde ein Element mit dem angegebenen Suchwert gefunden, wird es inkrementiert (Zeilen 37 bis 39). Im Beispiel hätte man `zahlen[iIndex]` auch direkt den alten Wert + 1 zuweisen können:

```
zahlen[iIndex] += zahlen[iIndex] + 1;
```

Der Compiler hätte dann den Wert des Ausdrucks `zahlen[iIndex]` + 1 automatisch in ein `object`-Objekt gekapselt (Boxing). Zu Demonstrationszwecken wird im Beispiel aber zuerst der `object`-Verweis in `int` umgewandelt, dann wird das `int`-Objekt inkrementiert und das neue `int`-Objekt in dem alten Container-Element gespeichert.

Zu guter Letzt werden alle Elemente im Container ausgegeben (Zeilen 44 bis 48).

Hashtable

Hashtabellen speichern Elemente in Form von Schlüssel/Wert-Paaren. Über die Schlüssel werden die Werte in den Container eingefügt, über den Schlüssel kann man einen Wert im Container wieder finden. Schlüssel wie Werte können beliebigen, auch unterschiedlichen Datentypen angehören. Der Datentyp für die Schlüssel muss allerdings die Methode `GetHashCode()` definieren.

Listing 14.6: Hashtable.cs

```
01: using System;
02: using System.Collections;
03:
04: class CHashTableDemo
05: {
06:     static void Main()
07:     {
08:         Hashtable telephonnummern = new Hashtable();
09:
10:         telephonnummern.Add("Polizei", "110");
11:         telephonnummern.Add("Notruf", "110");
12:         telephonnummern.Add("Feuerwehr", "112");
13:         telephonnummern.Add("Auskunft", "11833");
14:
15:
16:         //Element in Container suchen
17:         Console.Write("\nSuche nach Nummer der Auskunft: ");
18:
19:         object oNr = telephonnummern["Auskunft"];
```

Die Container-Klassen **14**

```
20:        if (oNr == null)
21:           Console.WriteLine("Wert nicht gefunden");
22:        else
23:           Console.WriteLine(" " + oNr);
24:     }
25: }
```

Suche nach Nummer der Auskunft: 11833

Wenn Sie die Elemente dieses Containers durchlaufen wollen, definieren Sie einen Enumerator vom Typ IDictionaryEnumerator. Über die Enumerator-Eigenschaften Key und Value können Sie dann auf die Schlüssel und Werte der Elemente zugreifen (siehe Beispiel zu SortedList).

SortedList

Dieser Container gleicht einer Hashtable, verwaltet seine Elemente aber in der sortierten Reihenfolge der Schlüssel.

```
01: using System;
02:
03: using System.Collections;
04:
05: class CSortedListDemo
06: {
07:    static void Main()
08:    {
09:       SortedList telephonnummern = new SortedList();
10:
11:       telephonnummern.Add("Polizei", "110");
12:       telephonnummern.Add("Notruf", "110");
13:       telephonnummern.Add("Feuerwehr", "112");
14:       telephonnummern.Add("Auskunft", "11833");
15:
16:
17:       //Element in Container suchen
18:       Console.Write("\nSuche nach Nummer der Auskunft: ");
19:
20:       object oNr = telephonnummern["Auskunft"];
21:       if (oNr == null)
22:          Console.WriteLine("Wert nicht gefunden");
23:       else
```

```
24:            Console.WriteLine(" " + oNr);
25:
26:            // Elemente in Container ausgeben
27:            Console.WriteLine("\nAusgabe der Elemente: ");
28:            System.Collections.IDictionaryEnumerator  Enumerator
                              = telephonnummern.GetEnumerator();
29:            while ( Enumerator.MoveNext() )
30:               Console.WriteLine(" {0}   {1}", Enumerator.Key
31:                                    , Enumerator.Value);
32:        }
33: }
```

Suche nach Nummer der Auskunft: 11833

Ausgabe der Elemente:
 Auskunft   11833
 Feuerwehr 112
 Notruf   110
 Polizei   110

Queue

Eine Queue, auch Warteschlange genannt, ist eine Datenstruktur, die über eine sehr begrenzte öffentliche Schnittstelle verfügt, die wenig mehr als das Einfügen und Auslesen einzelner Elemente in und aus der Warteschlange erlaubt. Dabei garantiert die Datenstruktur, dass die Elemente in der gleichen Reihenfolge, in der sie eingefügt wurden, auch wieder ausgelesen werden (FIFO-Prinzip: first in – first out).

Zum Einfügen von Elementen definiert die Klasse Queue die Methode Enqueue(), zum Löschen und Zurückliefern die Methode Dequeue() und zum Anschauen des ersten Elements die Methode Peek().

Listing 14.7: Queue.cs

```
01: using System;
02: using System.Collections;
03:
04: namespace Kap14
05: {
06:    class CQueueDemo
07:    {
08:       static void Main()
09:       {
10:          Queue zeichen = new Queue();
```

```
11:
12:         // Einfügen
13:         zeichen.Enqueue(1);
14:         zeichen.Enqueue(2);
15:         zeichen.Enqueue(3);
16:         zeichen.Enqueue(4);
17:         zeichen.Enqueue(5);
18:         zeichen.Enqueue(6);
19:         zeichen.Enqueue(7);
20:
21:         // Auslesen
22:         int iAnzahl = zeichen.Count;
23:         for (int i = 0; i < iAnzahl; ++i)
24:         {
25:             Console.WriteLine(zeichen.Dequeue());
26:         }
27:     }
28: }
29: }
```

```
1
2
3
4
5
6
7
```

Beachten Sie, dass die Anzahl der Elemente im Container vor der Ausgabe-Schleife in der Hilfsvariablen iAnzahl gespeichert wird. Dies ist notwendig, weil das sukzessive Entfernen der Elemente mit Dequeue() auch zur Reduzierung von zeichen.Count führt.

Stack

Ein Stack, auch Kellerautomat genannt, ist eine Datenstruktur, die über eine sehr begrenzte öffentliche Schnittstelle verfügt, die wenig mehr als das Einfügen und Auslesen einzelner Elemente in und aus der Warteschlange erlaubt. Dabei garantiert die Datenstruktur, dass die Elemente in der umgekehrten Reihenfolge, in der sie eingefügt wurden, ausgelesen werden (LIFO-Prinzip: last in – first out).

Zum Einfügen von Elementen definiert die Klasse Stack die Methode Push(), zum Löschen und Zurückliefern die Methode Pop() und zum Anschauen des obersten Elements die Methode Peek().

Nützliche .NET-Klassen

Listing 14.8: Stack.cs

```
01: using System;
02: using System.Collections;
03:
04: namespace Kap14
05: {
06:     class CStackDemo
07:     {
08:         static void Main()
09:         {
10:             Stack zeichen = new Stack();
11:
12:             // Einfügen
13:             zeichen.Push(1);
14:             zeichen.Push(2);
15:             zeichen.Push(3);
16:             zeichen.Push(4);
17:             zeichen.Push(5);
18:             zeichen.Push(6);
19:             zeichen.Push(7);
20:
21:             // Auslesen
22:             int anzahl = zeichen.Count;
23:             for (int i = 0; i < anzahl; ++i)
24:             {
25:                 Console.WriteLine(zeichen.Pop());
26:             }
27:         }
28:     }
29: }
```

```
7
6
5
4
3
2
1
```

Beachten Sie, dass die Anzahl der Elemente im Container vor der Ausgabe-Schleife in der Hilfsvariablen `iAnzahl` gespeichert wird. Dies ist notwendig, weil das sukzessive Entfernen der Elemente mit `Pop()` auch zur Reduzierung von `zeichen.Count` führt.

BitArray

Dieser Container dient zur Verwaltung und Manipulation von Bitwerten. Die einzelnen Bits im Container können mit Hilfe der Schlüsselwörter true und false eingeschaltet (1) und ausgeschaltet (0) werden.

Einzelne Bits können per Indizierung oder mit Hilfe der set()-Methode ein- und ausgeschaltet werden, wohingegen über SetAll() alle Bits auf einmal ein- oder ausgeschaltet werden. Unter Zuhilfenahme der Methoden And(), Not(), Or() und Xor() können Sie die üblichen Bitoperationen durchführen.

Das folgende Beispiel nutzt einen BitArray-Container zur (zugegeben etwas umständlichen) Simulation einer Ampelschaltung:

Listing 14.9: BitArray.cs

```
01: using System;
02:
03: using System.Collections;
04:
05: namespace Kap14
06: {
07:     class CBitArrayDemo
08:     {
09:         static void Ausgeben(BitArray ampel)
10:         {
11:             if (ampel[0])
12:                 Console.Write("Rot");
13:             if (ampel[1])
14:                 Console.Write("Gelb");
15:             if (ampel[2])
16:                 Console.Write("Grün");
17:             Console.WriteLine();
18:         }
19:
20:         static void Main()
21:         {
22:             bool[] zuRotGelb = {false, true, false};   // OR
23:             bool[] zuGelb    = {false, true, true};    // XOR
24:             bool[] zuRot     = {true, true, false};    // XOR
25:
26:             BitArray ampel = new BitArray(3);
27:
28:             // Einfügen
29:             ampel[0] = true;      // Rot
```

```
30:         ampel[1] = false;    // Gelb
31:         ampel[2] = false;    // Grün
32:
33:         // Rot
34:         Ausgeben(ampel);
35:
36:         // Rotgelb
37:         ampel.Or(new BitArray(zuRotGelb));
38:         Ausgeben(ampel);
39:
40:         // Grün
41:         ampel.Not();
42:         Ausgeben(ampel);
43:
44:         // Gelb
45:         ampel.Xor(new BitArray(zuGelb));
46:         Ausgeben(ampel);
47:
48:         // Rot
49:         ampel.Xor(new BitArray(zuRot));
50:         Ausgeben(ampel);
51:     }
52: }
53: }
```

14.4 Zusammenfassung

In diesem Kapitel wurde Ihnen eine kleine Auswahl von nützlichen Klassen aus dem Fundus des .NET-Frameworks vorgestellt. Sie haben gesehen, wie Sie Datums- und Zeitangaben mit Hilfe von DateTime und TimeSpan erzeugen und manipulieren können. Sie haben den Zeitgebermechanismus kennen gelernt, mit dessen Hilfe eine Methode in regelmäßigen Zeitabständen wiederholt aufgerufen werden kann. Sie haben gelernt, mit Hilfe von Random Zufallszahlen zu erzeugen.

Der letzte (und größte) Teil des heutigen Tages war aber den Container-Klassen gewidmet. Wie die Arrays dienen die Container-Klassen zur Verwaltung von Daten und Objekten, haben aber gegenüber den Ersteren den Vorteil, dass sie ihre Größe dynamisch anpassen. Das Grundmodell eines Containers verfügt über Methoden zum Hinzufügen, Einfügen, Suchen und Löschen einzelner Elemente, unterstützt das effiziente Durchlaufen seiner Elemente mit Hilfe eines Enumerators und lässt den Benutzer per Index auf einzelne Elemente zugreifen.

- `ArrayList`-Container kommen dem Container-Grundmodell am nächsten. Sie repräsentieren dynamische Arrays.

- `Hashtable`-Container speichern Elemente als Schlüssel/Wert-Paare. Zum Durchlaufen von `Hashtable`-Containern benutzt man am besten Enumeratoren vom Typ `IDictionaryEnumerator`.

- `SortedList`-Container gleichen den `Hashtable`-Containern, speichern die Schlüssel/Werte aber nach Schlüsseln sortiert.

- `Queue` ist ein Container, der das Verhalten einer Warteschlange zeigt. Elemente können mit `Enqueue()` in den Container eingefügt und mit `Dequeue()` wieder herausgenommen werden. Die Elemente werden in der gleichen Reihenfolge ausgelesen, in der sie eingefügt wurden (FIFO-Prinzip: first in – first out).

- `Stack` ist ein Container, der das Verhalten eines Kellerautomaten oder Stapels zeigt. Elemente können mit `Push()` in den Container eingefügt und mit `Pop()` wieder herausgenommen werden. Die Elemente werden in der umgekehrten Reihenfolge ausgelesen, in der sie eingefügt wurden (LIFO-Prinzip: last in – first out).

- `BitArray` ist ein Container zum Verwahren von Flags oder Schaltervariablen.

14.5 Workshop

Der Workshop enthält Quizfragen, die Ihnen helfen sollen, Ihr Wissen zu festigen, und Übungen, die Sie anregen sollen, das eben Gelernte umzusetzen und eigene Erfahrungen zu sammeln. Versuchen Sie, das Quiz und die Übungen zu beantworten und zu verstehen, bevor Sie zur Lektion des nächsten Tages übergehen.

Fragen und Antworten

F   *In einem etwas älteren Programmierbuch habe ich gelesen, dass man dynamische Daten am effizientesten in Listen verwaltet. Ist es nun besser, die vordefinierten Container zu verwenden oder eine eigene Listenverwaltung zu implementieren?*

A   In 99 % der Fälle ist es besser, die vordefinierten Container zu verwenden. Zum einem sind diese intern mit Hilfe von Listen und ähnlichen Datenstrukturen implementiert, zum anderen ist die Programmierung einer wirklich effizienten Listenverwaltung keine einfache Sache. Wenn Sie beispielsweise in der Liste suchen wollen, reicht eine einfache Liste schon nicht mehr aus und Sie müssen einen balancierten Baum implementieren. Ein mäßig implementierter balancierter Baum wird aber mit ziemlicher Sicherheit ein schlechteres Laufzeitverhalten zeigen als beispielsweise `SortedList`.

Quiz

1. Wie kann ein Programm die aktuelle Uhrzeit bestimmen?
2. Wie erzeugt man ganzzahlige Zufallszahlen im Bereich [1, 10]?
3. Wie erzeugt man ganzzahlige Zufallszahlen im Bereich [-10, 10]?
4. Wie heißt die Klasse zur Erzeugung von Zeitgebern? Welche beiden Elemente eines Zeitgebers müssen Sie konfigurieren?
5. Wie könnte man ein dynamisches Array von Strings mit Hilfe eines Hashtable-Containers simulieren?

Übungen

1. Schreiben Sie ein Programm, das mit Hilfe zweier DateTime-Objekte folgende Ausgabe erzeugt:

   Immanuel Kant wurde am 22.04.1724 geboren und starb im Jahre 1804.

2. Messen Sie, wie lange das obige Programm zur Berechnung der Daten und zur Ausgabe braucht. (Messen Sie beide Werte getrennt voneinander.)

3. Schreiben Sie ein Programm, das über die Tastatur eine beliebige Anzahl von Werten einliest und deren Mittelwert berechnet. Notieren Sie sich dann für die nächste Woche, wie lange Sie jeden Tag fernsehen (in Minuten), und rufen Sie das Programm auf, um den durchschnittlichen Fernsehkonsum pro Tag zu berechnen.

Woche 2 im Rückblick

Glückwunsch! Sie haben eine anstrengende, aber auch sehr lehrreiche Woche hinter sich gebracht. Zur Belohnung möchte ich Sie daher zu einem Kartenspiel einladen. Wie wäre es mit 17 und 4 (Profis auch unter dem Namen Black Jack bekannt)?

Falls Sie das Spiel nicht kennen, hier eine kurze Zusammenfassung der Regeln:

Die Bank (wird im folgenden Programm vom Computer übernommen) mischt die Karten und teilt offen aus. Zwei Karten für Sie, eine für die Bank. Jetzt müssen Sie entscheiden, ob Sie noch eine weitere Karte haben möchten. Dazu zählen Sie schnell die Punktwerte Ihrer Karten zusammen, denn das Ziel des Spiels ist es, am Ende näher an der optimalen Punktzahl von 21 zu sein als die Bank. Aber Vorsicht, wenn Sie über 21 kommen, haben Sie sofort verloren.

Sie sind also dabei, die Punktwerte Ihrer Karten zusammen zu zählen, wobei Sie beachten, dass das As elf und die Bilder je zehn Punkte zählen. Sie entscheiden sich, noch eine weitere Karte zu ziehen. Wenn Sie genug Punkte haben und nicht mehr das Risiko eingehen wollen, durch eine weitere Karte über 21 Punkte zu kommen, passen Sie, und die Bank beginnt Karten zu ziehen, bis sie gewonnen hat, das Spiel unentschieden ist oder die Bank über 21 gekommen ist.

Die C#-Code-Version dieses Spiels sieht wie folgt aus:

Listing: SiebzehnUndVier.cs

```
001: using System;
002: using System.Collections;   // für ArrayList
003:
004: namespace SiebzehnUndVier
005: {
006:    using System;
007:
008:    public enum Kartenfarbe
009:    {
010:       Kreuz,    // 0
011:       Pik,      // 1
012:       Karo,     // 2
013:       Herz      // 3
014:    }
015:
016:    public enum Kartenwert
```

```
017:      {
018:          As,      // 0
019:          Zwei,    // 1
020:          Drei,    // 2
021:          Vier,    // 3
022:          Fuenf,   // 4
023:          Sechs,   // 5
024:          Sieben,  // 6
025:          Acht,    // 7
026:          Neun,    // 8
027:          Zehn,    // 9
028:          Bube,    // 10
029:          Dame,    // 11
030:          Koenig   // 12
031:      }
032:
033:      // Struktur Karte
034:      //================================================
035:      public struct Karte
036:      {
037:          Kartenfarbe farbe;   // 0 - 3
038:          Kartenwert  wert;    // 0 - 12
039:
040:          // get wandelt Aufzählungstypwerte in echte Kartenwerte um
041:          public int Wert
042:          {
043:              get
044:              {
045:                  if( (int) wert == 0 )         // As
046:                      return 11;
047:                  else if( (int) wert >= 10)    // Bube, Dame, König
048:                      return 10;
049:                  else
050:                      return (int) wert + 1;    // alle anderen
051:              }
052:              set
053:              {
054:                  wert = (Kartenwert) value;
055:              }
056:          }
057:
058:          // nur, um Farbe wie Wert verwenden zu können:
059:          //     * gleiche Groß/Kleinschreibung
060:          //     * Zuweisung von int
061:          public int Farbe
062:          {
```

```
063:           get
064:           {
065:              return (int) farbe;
066:           }
067:           set
068:           {
069:              farbe = (Kartenfarbe) value;
070:           }
071:        }
072:
073:        public override string ToString()
074:        {
075:           return (string.Format("{0} {1}", wert.ToString("G"),
076:                                 farbe.ToString("G")));
077:        }
078:     }
079:
080:     // Klasse CKartenspiel
081:     //=============================================
082:     class CKartenspiel
083:     {
084:        Karte[] stock = new Karte[52] ;
085:        int naechste;
086:
087:        public CKartenspiel()
088:        {
089:           naechste = 0;    // alle Karten im stock
090:
091:           // stock intialisieren, Karten im stock
092:           // Werte und Farben zuweisen
093:           int iAktKarte = 0;
094:           for( int iFarbe = 0; iFarbe < 4; iFarbe++ )
095:           {
096:              for( int iWert = 0; iWert < 13; iWert++ )
097:              {
098:                 iAktKarte = 12 * iFarbe + iWert;
099:                 stock[iAktKarte].Wert  = iWert;
100:                 stock[iAktKarte].Farbe = iFarbe;
101:              }
102:           }
103:        }
104:
105:        // Mischen()
106:        //=============================================
107:        public void Mischen()
108:        {
```

```
109:            Random oZufallszahlen = new Random();
110:            int iKarte1;
111:            int iKarte2;
112:            Karte oTmpKarte = new Karte();
113:
114:            // 100 Mal je zwei Karten auswählen und tauschen
115:            for( int i = 0; i < 100; i++)
116:            {
117:               iKarte1 = oZufallszahlen.Next(0, 52);
118:               iKarte2 = oZufallszahlen.Next(0, 52);
119:
120:               oTmpKarte = stock[iKarte1];
121:               stock[iKarte1] = stock[iKarte2];
122:               stock[iKarte2] = oTmpKarte;
123:            }
124:
125:            naechste = 0;   // Auf erste Karte zurücksetzen
126:         }
127:
128:         // Austeilen()
129:         //================================================
130:         public Karte Austeilen()
131:         {
132:            // Nächste Karte ausgeben
133:            return stock[naechste++];
134:         }
135:      }
136:
137:      // Basisklasse CMitspieler
138:      //================================================
139:      class CMitspieler
140:      {
141:         // ArrayList zur Aufbewahrung der Handkarten
142:         public ArrayList hand = new ArrayList(10);
143:
144:         // get berechnet die Gesamtpunktzahl in den Handkarten
145:         public int Punkte
146:         {
147:            get
148:            {
149:               int iSumme = 0;
150:               System.Collections.IEnumerator Enumerator =
151:                                 hand.GetEnumerator();
152:               while ( Enumerator.MoveNext() )
153:               {
154:                  Karte tmp = (Karte) Enumerator.Current;
```

```
155:                iSumme += tmp.Wert;
156:            }
157:            return iSumme;
158:        }
159:    }
160:
161:    // Karten in hand ausgeben
162:    public virtual void KartenAnzeigen()
163:    {
164:        int i = 0;
165:        System.Collections.IEnumerator Enumerator =
166:                            hand.GetEnumerator();
167:
168:        while ( Enumerator.MoveNext() )
169:        {
170:            Karte tmp = (Karte) Enumerator.Current;
171:            ++i;
172:
173:            Console.WriteLine("\t  Karte {0}:  {1}",
174:                            i, tmp.ToString());
175:        }
176:    }
177: }
178:
179: // Abgeleitete Klasse: CBank
180: //==============================================
181: class CBank : CMitspieler
182: {
183:    public override void KartenAnzeigen()
184:    {
185:        if( hand.Count == 1)
186:            base.KartenAnzeigen();
187:
188:        else
189:        {
190:            // Karten in hand nacheinander mit Verzögerung
191:            // ausgeben
192:            int i = 0;
193:            System.Collections.IEnumerator Enumerator =
194:                                hand.GetEnumerator();
195:
196:            while ( Enumerator.MoveNext() )
197:            {
198:                Karte tmp = (Karte) Enumerator.Current;
199:                ++i;
200:
```

```
201:                    Console.WriteLine("\t    Karte {0}: {1}",
202:                                i, tmp.ToString());
203:
204:                    // Verzögerung
205:                    DateTime start = DateTime.Now;
206:                    do
207:                    {
208:                        ;
209:                    } while((start.Second >= DateTime.Now.Second)
210:                        && (start.Minute >= DateTime.Now.Minute) );
211:                }
212:            }
213:        }
214:    }
215:
216:
217:    // Klasse CSiebzehnUndVier
218:    //===============================================
219:
220:    class CSiebzehnUndVier
221:    {
222:        static CKartenspiel dasKartenspiel = new CKartenspiel();
223:
224:        static CMitspieler spieler = new CMitspieler();
225:        static CBank computer = new CBank();
226:
227:        public static void Main()
228:        {
229:            bool bWeiterspielen = true;
230:
231:            while ( bWeiterspielen == true )
232:            {
233:                // Neues Spiel: Handkarten löschen, mischen
234:                // und austeilen
235:                spieler.hand.Clear();
236:                computer.hand.Clear();
237:
238:                Console.WriteLine("\nKarten werden gemischt...");
239:                dasKartenspiel.Mischen();
240:
241:                Console.WriteLine("Karten austeilen...");
242:
243:                spieler.hand.Add(dasKartenspiel.Austeilen());
244:                computer.hand.Add(dasKartenspiel.Austeilen());
245:                spieler.hand.Add(dasKartenspiel.Austeilen());
246:
```

```
247:            bool bSpielerDran = true;
248:
249:            do
250:            {
251:               Console.WriteLine("\nKarten des Spielers:\n");
252:               spieler.KartenAnzeigen();
253:
254:               Console.WriteLine("\nKarten der Bank:\n");
255:               computer.KartenAnzeigen();
256:
257:
258:               Console.WriteLine("---------------------------");
259:               Console.WriteLine("Punkte Spieler = {0}",
260:                                 spieler.Punkte);
261:               Console.WriteLine("Punkte Bank    = {0}",
262:                                 computer.Punkte);
263:
264:
265:               if( spieler.Punkte <= 21 )
266:                  bSpielerDran = MachtSpielerWeiter();
267:               else
268:                  bSpielerDran = false;
269:
270:            } while(bSpielerDran == true);
271:
272:
273:            // spieler ist fertig
274:
275:            if ( spieler.Punkte > 21 )
276:            {
277:               Console.WriteLine("\n\n**** VERLOREN ****\n");
278:            }
279:            else // Computer zieht bis Spielende
280:            {
281:               Console.WriteLine("\nComputer: ");
282:
283:               // Wenn weniger als 17, muss Bank Karte nehmen
284:               // Wenn weniger Punkte als Spieler, will Bank
285:               // Karte nehmen
286:               while ( computer.Punkte < 17 ||
287:                       computer.Punkte < spieler.Punkte)
288:               {
289:                  computer.hand.Add(dasKartenspiel.Austeilen());
290:               }
291:
292:               computer.KartenAnzeigen();
```

```
293:
294:
295:            if (computer.Punkte > 21 )
296:                Console.WriteLine("\n\nComputer hat " +
297:                                  "verloren!");
298:            else
299:            {
300:                if( spieler.Punkte > computer.Punkte)
301:                    Console.WriteLine("\n\nSie haben " +
302:                                      "gewonnen!");
303:                else if( spieler.Punkte == computer.Punkte )
304:                    Console.WriteLine("\n\nUnentschieden");
305:                else
306:                    Console.WriteLine("\n\nSorry, der " +
307:                                      "Computer hat gewonnen");
308:            }
309:        }
310:
311:        Console.Write("\n\nNoch ein Spiel?  ");
312:        if( Console.ReadLine() != "j" )
313:            bWeiterspielen = false;
314:    }
315: }
316:
317:
318: // MachtSpielerWeiter()
319: //=============================================
320:
321: static bool MachtSpielerWeiter()
322: {
323:    string sEingabe;
324:
325:    while(true)
326:    {
327:        Console.Write("\n\n Weitere Karte (j/n)? ");
328:        sEingabe = Console.ReadLine();
329:        if ( sEingabe == "j" || sEingabe == "J")
330:        {
331:            spieler.hand.Add(dasKartenspiel.Austeilen());
332:            return true;
333:        }
334:        else if( sEingabe == "n" || sEingabe == "N" )
335:            return false;
336:        else
337:            Console.WriteLine("\n*** Bitte j oder n " +
338:                              "eingeben und Eingabetaste drücken...");
```

```
339:         }
340:       }
341:    }
342: }
```

Karten werden gemischt...
Karten austeilen...

Karten des Spielers:

       Karte 1:   Acht Karo
       Karte 2:   Neun Pik

Karten der Bank:

       Karte 1:   Zwei Herz

Punkte Spieler = 17
Punkte Bank   = 2

 Weitere Karte (j/n)? j

Karten des Spielers:

       Karte 1:   Acht Karo
       Karte 2:   Neun Pik
       Karte 3:   Fuenf Pik

Karten der Bank:

       Karte 1:   Zwei Herz

Punkte Spieler = 22
Punkte Bank   = 2

**** VERLOREN ****

Noch ein Spiel? j

Karten werden gemischt...
Karten austeilen...

Woche 2 im Rückblick

```
Karten des Spielers:

        Karte 1:   Sechs Kreuz
        Karte 2:   Fuenf Herz

Karten der Bank:

        Karte 1:   Sieben Pik
---------------------------
Punkte Spieler = 11
Punkte Bank    = 7


 Weitere Karte (j/n)? j

Karten des Spielers:

        Karte 1:   Sechs Kreuz
        Karte 2:   Fuenf Herz
        Karte 3:   Neun Kreuz

Karten der Bank:

        Karte 1:   Sieben Pik
---------------------------
Punkte Spieler = 20
Punkte Bank    = 7


 Weitere Karte (j/n)? n

Computer:
            Karte 1:   Sieben Pik
            Karte 2:   Vier Kreuz
            Karte 3:   Drei Pik
            Karte 4:   Acht Kreuz


Computer hat verloren!


Noch ein Spiel? n
```

Gehen wir den Code des Spiels zusammen durch. Keine Sorge! Es ist nicht nötig, dass wir den Code Zeile für Zeile besprechen. Ich möchte Ihnen lediglich zeigen, wie das Programm aufgebaut ist, und Sie auf die Stellen hinweisen, wo Techniken aus den Kapiteln dieser Woche zum Einsatz kommen.

Der Programmaufbau

Das Programm besteht aus zwei Aufzählungstypen für die Farben und Werte der Karten, einer Struktur für die einzelnen Karten sowie Klassen für das Kartenspiel, die Spieler und das Hauptprogramm.

Letzteres beginnt mit der Main()-Methode in Zeile 229. Gleich zu Beginn tritt die Main()-Methode in eine while-Schleife ein (Zeile 231). Diese Schleife wird so lange ausgeführt, wie der Anwender weiterspielen will (Überprüfung auf bWeiterspielen). Am Ende der Schleife – Zeilen 311 bis 313 – gibt es hierzu eine passende Abfrage.

Der Anwender möchte also spielen. Jedes einzelne Spiel zerfällt in vier Teile:

1. Die Karten werden neu gemischt und ausgeteilt (Zeilen 233 bis 245).
2. Der Spieler (Anwender) verlangt so lange weitere Karten, bis er genug hat oder über 21 ist (Zeilen 247 bis 270).
3. Die Bank (Computer) zieht weitere Karten, bis sie ebenso viel oder mehr Punkte hat als der Spieler oder bis sie über 21 ist (Zeilen 275 bis 292).
4. Es wird angezeigt, wer das Spiel gewonnen hat (Zeilen 275 bis 278 und 295 bis 308).

Ganz zu Beginn des ersten Teils werden die Handkarten des Spielers und des Computers gelöscht:

```
231:        while ( bWeiterspielen == true )
232:        {
233:            // Neues Spiel: Handkarten löschen, mischen
234:            // und austeilen
235:            spieler.hand.Clear();
236:            computer.hand.Clear();
```

spieler ist ein Objekt der Klasse CMitspieler, computer ist ein Objekt der Klasse CBank, die von CMitspieler abgeleitet ist. Schauen wir uns diese kleine Klassenhierarchie ein wenig genauer an.

Die Klassen für die Mitspieler

Die Klasse CMitspieler ist in den Zeilen 139 bis 177 definiert und enthält drei Elemente:

- ein dynamisches ArrayList-Objekt namens hand, in dem die Karten des Mitspielers verwahrt werden,
- eine Eigenschaft Punkte, deren get-Teil die Punkte der Karten in hand addiert und die Summe zurückliefert,
- eine virtuelle Methode KartenAnzeigen(), die die Karten in hand ausgibt.

Die Klasse CBank, die in den Zeilen 181 bis 214 definiert ist, macht nichts anderes als die Methode KartenAnzeigen() zu überschreiben. Wenn die Bank nur eine Karte in der Hand hat (dies ist am Anfang des Spiels der Fall, wenn der Spieler an der Reihe ist), wird diese einfach ausgegeben. Die Methode ruft dazu mit Hilfe des Schlüsselwortes base ihre Basisklassenversion auf (Zeile 186). Wenn die Bank mehrere Karten in der Hand hat, bedeutet dies, dass sie selbst schon an der Reihe war und weitere Karten gezogen hat. Diese Karten sollen nun mit zeitlicher Verzögerung nacheinander ausgegeben werden – so, dass beim Anwender der Eindruck entsteht, die Karten würden wie richtige Karten nach und nach gezogen. Die zeitliche Verzögerung wird durch Abfrage der Systemzeit und Vergleich der Minuten und Sekunden erreicht (Zeilen 205 bis 210).

Die Struktur für die Karten

Die Struktur für die Karten ist in den Zeilen 35 bis 78 zu finden und definiert:

- zwei private Felder, die Farbe und Wert der Karte speichern (jeweils als Typen der zugehörigen Aufzählungen),
- zwei zugehörige Eigenschaften,
- die Methode ToString() zur Ausgabe der Karte.

Interessant ist hier neben der Überschreibung von ToString() vor allem der get-Teil der Eigenschaft Wert. Dieser liefert nämlich nicht den Kartenwert, sondern den Punktwert der Karte zurück. Die Eigenschaft wirkt gewissermaßen wie ein Übersetzer: Sie liest Kartenwerte in das private-Feld ein und gibt Punktwerte zurück.

Die Klasse für das Kartenspiel

Die Klasse für die Karten ist in den Zeilen 82 bis 135 definiert. Sie enthält folgende Elemente:

- ein Array stock für die 52 Karten des Kartenspiels,
- ein Feld naechste, das anzeigt, welche Karte des Kartenspiels als Nächstes ausgeteilt wird,

- einen Konstruktor, der das Kartenspiel erzeugt (die Hauptarbeit ist dabei die Zuweisung von Farben und Werten an die einzelnen Karten),
- einer Methode zum Mischen (die mit Hilfe von Random zwei zufällige Karten zieht und tauscht),
- einer Methode zum Austeilen (die einfach einen Verweis auf die nächste Karte (Feld naechste) zurückliefert.

Beachten Sie, dass die einzelnen Karten des Arrays stock nicht explizit mit new erzeugt werden müssen, da die Karte als Struktur (Werttyp) definiert ist.

Ansonsten ist anzumerken, dass man den Kartenstoß (stock) natürlich auch mit Hilfe eines Containers hätte implementieren können – ein Stack-Container würde sich hier förmlich anbieten. Der Kartenstoß würde dann tatsächlich mit jeder ausgeteilten Karte (Pop()) kleiner werden, und wir könnten uns das Feld naechste sparen. Trotzdem haben wir uns für ein Array entschieden, denn abgesehen davon, dass das Array wegen der statischen Anzahl von Karten im Kartenstoß ebenfalls gut geeignet ist, soll das Programm ja auch der Wiederholung des Gelernten dienen. Aber vielleicht möchten Sie ja das Programm so umschreiben, dass es einen Stack-Container für den Kartenstoß verwendet?!

Tag 1	Erste Schritte mit C#	21
Tag 2	Die Visual Studio .NET-Umgebung	47
Tag 3	Variablen und Konstanten	71
Tag 4	Ausdrücke, Anweisungen und Operatoren	107
Tag 5	Ein-/Ausgabe und Strings	143
Tag 6	Ablaufsteuerung	173
Tag 7	Methoden, Parameter und Gültigkeit von Variablen	197

Tag 8	Grundkurs OOP – Die Klassen	237
Tag 9	Grundkurs OOP (Forts.) – Die einzelnen Klassenelemente	285
Tag 10	Arrays	337
Tag 11	Vererbung	361
Tag 12	Polymorphie	411
Tag 13	Programmieren mit Objekten	453
Tag 14	Nützliche .NET-Klassen	483

Tag 15	Dateien und Streams	523
Tag 16	Testen und Debuggen	543
Tag 17	Von der Klasse zur Komponente	573
Tag 18	GUI-Programmierung: Fenster und Steuerelemente	601
Tag 19	GUI-Programmierung: Menüs, Dialoge, Grafik	637
Tag 20	Attribute und die Ausnahmebehandlung	661
Tag 21	XML Web Services in .NET	689

Vorschau auf die dritte Woche

Nachdem Sie in den beiden letzten Wochen sowohl die allgemeine als auch die objektorientierte Programmierung mit C# ausführlich studiert und sicher mit Bravour gemeistert haben, werden wir uns in der dritten Woche von der reinen C#-Syntax lösen und der Frage widmen, wie Sie mit C# professionelle und praxistaugliche Anwendungen schreiben können.

Die Woche beginnt mit dem Thema Streams und Dateien, Sie lernen unter anderem das Schreiben und Lesen von Dateien.

Danach folgt ein Kapitel, das die beiden letzten Schritte der Software-Entwicklung behandelt: das Testen und Debuggen. Neu erstellte Programme neigen leider dazu, nicht immer das zu tun, wofür sie programmiert wurden. Da heißt es Testen, Testen, Testen und auftretende Fehler beheben. Am zweiten Tag der Woche möchten wir Ihnen Tipps geben, wie Sie sich das Testen und Debuggen (Fehler aufspüren) vereinfachen können.

Der dritte Tag beschreibt, wie Sie Klassen in Komponenten verwandeln. Komponenten sind Software-Bausteine, die auf einfache Weise in beliebige Programme integriert werden können.

Der vierte und fünfte Tag sind der Erstellung von GUI-Anwendungen mit C# und dem .NET-Framework gewidmet. Anwenderprogramme für Windows verfügen heutzutage fast ausnahmslos über eine grafische Benutzeroberfläche (GUI) mit Fenstern, Menüs, Schaltflächen etc. Am vierten Tag werden Sie lernen, wie Sie Ihre Programme unter Zuhilfenahme von Fenstern und Steuerelementen mit grafischen Eingabemasken ausstatten. Der fünfte Tag führt in fortgeschrittenere Varianten der GUI-Programmierung ein.

Der sechste Tag beschäftigt sich mit den Attributen und der programminternen Behandlung von Laufzeitfehlern durch Ausnahmen (Exceptions).

Die Woche endet mit einer Einführung in eines der spannendsten Themen der .NET-Programmierung: der Erstellung von Web Services.

Tag 15

Dateien und Streams

Dateien und Streams

Nach dem schwierigen Teil zur objektorientierten Programmierung haben wir uns etwas Ruhe und Entspannung verdient. Nun ist die Programmierung mit Dateien sicherlich nicht gerade das einfachste aller denkbaren Themen, aber es ist auch nicht besonders schwer – jedenfalls nicht, wenn man wie wir bereits über fortgeschrittene Kenntnisse verfügt und sich an bestimmte Formalismen hält. Auf jeden Fall ist das Lesen und Schreiben von Dateien ein wichtiges Thema und eine gute Gelegenheit, sich noch einmal davon zu überzeugen, wie einfach und bequem man mit gut konzipierten Klassen arbeiten kann.

Im Einzelnen lernen Sie in diesem Kapitel

- was Streams sind,
- wie man Dateien öffnet und schließt,
- wie man in Textdateien schreibt,
- wie man Text aus Textdateien in ein Programm einliest,
- wie man Daten in Binärdateien speichert,
- wie man Daten aus Binärdateien einliest.

15.1 Streams

Üblicherweise denkt man bei Ein- und Ausgabeoperationen an das Einlesen von der Tastatur, an die Ausgabe auf den Bildschirm, an das Schreiben in eine Datei oder von und zu einem anderen beliebigen Gerät. Man verbindet mit der Ein- und Ausgabe also stets eine bestimmte Quelle, von der die Daten stammen, und ein Ziel, zu dem die Daten geschrieben werden. Wie die Ein- und Ausgabe konkret vonstatten geht, hängt dabei ganz entscheidend davon ab, von wo nach wo die Daten transportiert werden.

Das Konzept der Streams, zu Deutsch: »Datenströme«, soll den Programmierer von den Internas der Datenübertragung abschirmen und die Implementierung von Ein- und Ausgabeoperationen von und zu den verschiedenen Geräten vereinheitlichen und vereinfachen.

Das .NET Framework stellt für die unterschiedlichen Ein- und Ausgabeoperationen eine Reihe von Stream-Klassen und weiteren Hilfsklassen zur Verfügung, die das Ein- und Auslesen von Daten recht komfortabel gestalten.

In den folgenden Abschnitten werden Sie lernen, wie man mit Hilfe dieser Klassen Text- und Binärdaten in Dateien speichert oder aus diesen ausliest.

Abbildung 15.1:
Das Stream-Modell

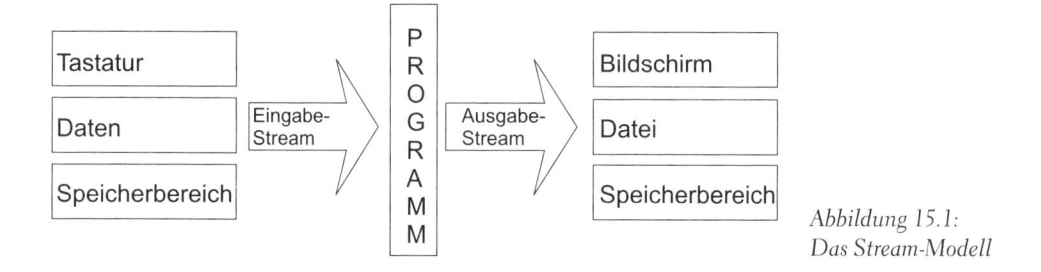

> **Text- und Binärdateien**

Je nachdem, in welcher Form Daten in einer Datei gespeichert werden, unterscheidet man zwischen Text- und Binärdateien. Textdateien enthalten normalen ASCII- bzw. Unicode-Text, wie man ihn in jedem Editor betrachten und bearbeiten kann. Auch Zahlen werden in einer solchen Datei als Text (als Ziffernfolgen) gespeichert. Binärdateien enthalten dagegen binär kodierte Daten, wie sie auch im Arbeitsspeicher des Computers stehen. Der Inhalt einer solchen Datei kann nur mit Hilfe spezieller Editoren gelesen werden.

15.2 Textdateien

In diesem Abschnitt werden Sie Daten in eine Textdatei schreiben und wieder aus der Datei in ein Programm einlesen. Als Beispiel dient uns ein einfaches Adressenverwaltungssystem, das aus zwei Programmen bestehen wird. Mit dem ersten Programm kann man Adressen erfassen und in einer Textdatenbank speichern, mit dem zweiten die Adressen ausgeben.

In Textdateien schreiben

Um in eine Textdatei zu schreiben, sind vier Schritte erforderlich:

1. Einbinden des Namensraums `System.IO`.
2. Öffnen der Datei und Erzeugung eines `StreamWriter`-Objekts für die Datei.
3. Schreiben in die Datei.
4. Schließen der Datei.

Dateien und Streams

Listing 15.1: In eine Textdatei schreiben (aus DateiSchreiben.cs)

```
01: using System;
02: using System.IO;
03:
04: namespace Kap15
05: {
06:   class CSchreiben
07:   {
08:     static void Main(string[] args)
09:     {
10:       string name;
11:       string vorname;
12:       string strasse;
13:       short  nr;
14:       int    plz;
15:       string stadt;
16:
17:       Console.WriteLine();
18:       Console.Write("  Name eingeben           : ");
19:       name = Console.ReadLine();
20:       Console.Write("  Vorname eingeben        : ");
21:       vorname = Console.ReadLine();
22:       Console.Write("  Strasse eingeben        : ");
23:       strasse = Console.ReadLine();
24:       Console.Write("  Hausnummer eingeben     : ");
25:       nr = Convert.ToInt16( Console.ReadLine() );
26:       Console.Write("  Postleitzahl eingeben : ");
27:       plz = Convert.ToInt32( Console.ReadLine() );
28:       Console.Write("  Stadt eingeben          : ");
29:       stadt = Console.ReadLine();
30:
31:       StreamWriter datei;
32:       datei = File.AppendText("Adressen.txt");
33:       datei.WriteLine ("{0},{1},{2},{3},{4},{5}",name, vorname,
                           strasse, nr, plz, stadt);
34:       datei.Close();
35:     }
36:   }
37: }
```

```
Name eingeben           : Mustermax
Vorname eingeben        : Muster
Strasse eingeben        : Musterstraße
Hausnummer eingeben     : 333
Postleitzahl eingeben   : 12345
Stadt eingeben          : Musterstadt
```

Nach dem Einbinden der erforderlichen Namensräume (System und System.IO) in Zeile 1 und 2 definiert das Programm zuerst die Variablen für die einzelnen Bestandteile einer Adresse. Dann wird von der Tastatur eine Adresse eingelesen, was einen Großteil des Programmcodes ausmacht. Zum Schluss wird die Adresse in einer Textdatei namens *Adressen.txt* gespeichert. Letzteren Vorgang wollen wir uns ein wenig genauer anschauen.

Zuerst definieren wir in Zeile 31 eine Variable der Klasse StreamWriter.

```
31:      StreamWriter datei;
```

Mit Hilfe dieser Variablen können wir auf bequeme Weise in eine Datei schreiben. Zuvor aber müssen wir die Datei, in die wir schreiben wollen, öffnen und mit unserer StreamWriter-Variablen verbinden.

```
32:      datei = File.AppendText("Adressen.txt");
```

File ist eine Hilfsklasse, die bei der Erzeugung von Datei-Streams zum Einsatz kommt. Mit der File-Methode AppendText() kann man eine bestehende Datei öffnen und sich ein StreamWriter-Objekt zurückliefern lassen, über das man direkt Daten an den Inhalt der Datei anhängen kann. Existiert die angegebene Datei nicht, wird sie neu angelegt.

Wenn Sie, wie im Beispiel, lediglich den Dateinamen angeben, wird die Datei im aktuellen Verzeichnis, das heißt in dem Verzeichnis, von dem aus das Programm aufgerufen wurde, gesucht oder angelegt. Wenn Sie ein festes Verzeichnis angeben wollen, müssen Sie daran denken, dass der Backslash \, den man unter Windows für Verzeichnisangaben verwendet, in Strings ein Sonderzeichen darstellt. Sie müssen daher entweder in der Pfadangabe alle Backslashes verdoppeln ("C:\\Eigene Dateien\\Adressen\\Adressen.txt") oder dem String einen Klammeraffen voranstellen (@"C:\Eigene Dateien\Adressen\Adressen.txt"). Der Klammeraffe weist den Compiler an, Escape-Sequenzen in Strings als normalen Text zu betrachten. Schließlich besteht natürlich auch die Möglichkeit, den Dateinamen vom Anwender abzufragen.

Wurde die Datei erfolgreich geöffnet und mit der StreamWriter-Instanz verbunden, kann man mit Hilfe der StreamWriter-Methoden Write() und WriteLine() in die Datei schreiben. Die Methoden Write() und WriteLine() werden dabei genauso wie die Methoden zur Ausgabe auf die Konsole verwendet.

```
33:      datei.WriteLine ("{0},{1},{2},{3},{4},{5}",name, vorname,
                         strasse, nr, plz, stadt);
```

Sind alle Daten in die Datei geschrieben, schließt man die Datei durch Aufruf der Close()-Methode des StreamWriter-Objekts.

```
34:      datei.Close();
```

Vergessen Sie nicht, die Datei zu schließen. Die Stream-Ausgabe in Dateien ist standardmäßig gepuffert, das heißt, die Daten werden erst im Arbeitsspeicher zwischengespeichert und später blockweise in die Datei geschrieben. Dieses Verfahren ist wesentlich effizienter, als kleinste Datenmengen direkt zwischen Programm und Datei auszutauschen, denn Dateizugriffe sind relativ zeitaufwändig. Sie müssen aber beachten, dass die ausgegebenen Daten nicht eher in die Datei geschrieben werden, bis der Zwischenpuffer voll ist und geleert werden muss, Sie explizit das Leeren des Puffers befehlen (`Flush()`-Methode) oder Sie die Datei schließen.

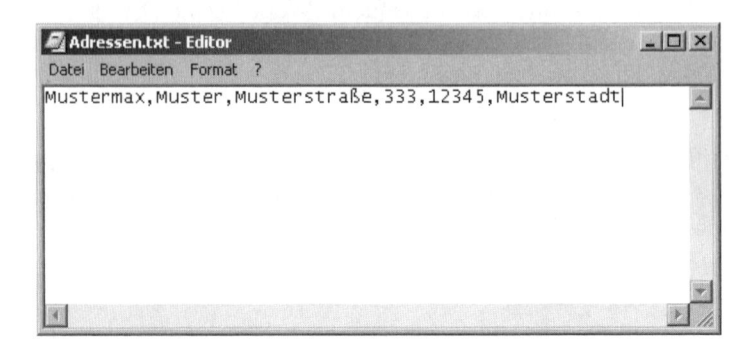

Abbildung 15.2: Der Inhalt der Adressendatenbank Adressen.txt

Die Klasse File

Die Klasse `File` stellt außer `AppendText()` noch eine Vielzahl weiterer nützlicher Methoden für die Arbeit mit Dateien zur Verfügung, beispielsweise

- die Methode `OpenText()`, mit der man eine bestehende Datei zum Lesen öffnen kann,
- die Methode `CreateText()` zum Erzeugen einer neuen Datei,
- die statische Methode `FileExists()`, mit der man prüfen kann, ob eine Datei existiert,
- die statischen Methoden `Copy()`, `Delete()` und `Move()` zum Kopieren, Löschen und Verschieben von Dateien.

Aus Textdateien lesen

Nun wollen wir ein zweites Programm schreiben, mit dem wir die Adressen aus unserer Textdatenbank wieder auslesen und auf die Konsole ausgeben können.

Um Daten aus einer Textdatei zu lesen, sind vier Schritte erforderlich:

1. Einbinden des Namensraums `System.IO`.
2. Öffnen der Datei und Erzeugung eines `StreamReader`-Objekts für die Datei.

3. Lesen aus der Datei.
4. Schließen der Datei.

Listing 15.2: Aus einer Textdatei lesen (aus DateiLesen.cs)

```
01: using System;
02: using System.IO;
03:
04: namespace Kap15
05: {
06:   class CLesen
07:   {
08:     static void Main()
09:     {
10:       StreamReader datei;
11:       datei = File.OpenText("Adressen.txt");
12:
13:       string zeile = "";
14:       string[] felder;
15:
16:       int n = 1;
17:       while (datei.Peek() != -1)
18:       {
19:         zeile = datei.ReadLine();
20:         felder = zeile.Split(new char[] {','});
21:
22:         Console.WriteLine("\n\n {0}. Adresse : \n", n);
23:         Console.Write("  Name        : {0}\n", felder[0]);
24:         Console.Write("  Vorname     : {0}\n", felder[1]);
25:         Console.Write("  Strasse     : {0}\n", felder[2]);
26:         Console.Write("  Hausnummer  : {0}\n",
27:                       Convert.ToInt16( felder[3] ));
28:         Console.Write("  Postleitzahl : {0}\n",
29:                       Convert.ToInt32( felder[4] ));
30:         Console.Write("  Stadt       : {0}\n", felder[5]);
31:         ++n;
32:       }
33:
34:       datei.Close();
35:       Console.ReadLine();
36:     }
37:   }
38: }
```

Dateien und Streams

```
1. Adresse :

Name          : Mustermax
Vorname       : Muster
Strasse       : Musterstraße
Hausnummer    : 333
Postleitzahl  : 12345
Stadt         : Musterstadt
```

Vorsicht! Wenn die zu öffnende Datei nicht existiert, stürzt das Programm mit einer Ausnahme (Exception) ab. Man könnte dies mit Hilfe der `File`-Methode `FileExists()` oder durch Abfangen der Ausnahme verhindern.

Nach dem Einbinden der erforderlichen Namensräume (`System` und `System.IO`) definiert das Programm zuerst eine Variable der Klasse `StreamReader`.

```
StreamReader datei;
```

Der nächste Schritt besteht darin, die Datei zu öffnen, mit einem `StreamReader`-Objekt zu verbinden und dieses der Variablen `datei` zuzuweisen. Wie beim Schreiben in Dateien kann man dies mit einem einzigen Methodenaufruf erledigen, nur dass wir diesmal die `File`-Methode `OpenText()` verwenden.

```
datei = File.OpenText("Adressen.txt");
```

Nachdem die Datei zum Lesen geöffnet und mit unserer `StreamReader`-Variablen verbunden ist, können wir den Inhalt der Datei einlesen. Hierzu stehen uns zwei Methoden zur Verfügung:

- `Read()`, mit der man den Inhalt einer Datei Zeichen für Zeichen einlesen kann,
- `ReadLine()`, mit der man die Datei zeilenweise einlesen kann.

Im Listing von *DateiLesen.cs* wird der Inhalt der Datei zeilenweise eingelesen. Zum Einlesen der einzelnen Zeilen brauchen wir die Methode `ReadLine()` nur in einer passenden `while`-Schleife aufzurufen. In der Schleifenbedingung rufen wir die `StreamReader`-Methode `Peek()` auf, um zu erkennen, wenn das Dateiende erreicht ist. In diesem Fall liefert die Methode den Wert -1 zurück.

```
string zeile = "";
while (datei.Peek() != -1)
    {
    zeile = datei.ReadLine();
    }
```

Binärdateien

Mit dem Einlesen der einzelnen Zeilen ist es aber nicht getan. Wir müssen die eingelesenen Daten auch noch in eine verwertbare Form umwandeln. Glücklicherweise haben wir beim Schreiben der Adressen daran gedacht, die einzelnen Adressen in einem fest definierten Format zu speichern. Jede Zeile entspricht genau einer Adresse. Die einzelnen Teile der Adresse werden hintereinander gespeichert – nur durch Kommata getrennt und in der festen Reihenfolge Name, Vorname, Straße, Hausnummer, Postleitzahl, Stadt.

Das Einlesen der Adressen wird dadurch sehr vereinfacht. Die von `ReadLine()` zurückgelieferte Zeile entspricht bereits einer einzelnen Adresse. Mit Hilfe der `string`-Methode `Split()` können wir diese Zeile an den Kommapositionen in einzelne Teile aufbrechen und diese in einem Array von Strings speichern.

```
string zeile = "";
string[] felder;

int n = 1;
while (datei.Peek() != -1)
    {
    zeile = datei.ReadLine();
    felder = zeile.Split(new char[] {','});
    ...
```

Nach dem Aufruf von `Split()` stehen in den Elementen des Arrays `felder` die einzelnen Teile der aktuellen Adresse, die wir nun ausgeben können (siehe Listing).

Zum Schluss wird die Datei geschlossen.

```
datei.Close();
```

15.3 Binärdateien

In diesem Abschnitt werden Sie Daten in eine Binärdatei schreiben und wieder aus der Datei in ein Programm einlesen.

Als Beispiel dient uns ein Lottozahlenprogramm, das über ein Menü mit Befehlen zum Erzeugen, Speichern und Einlesen der Lottozahlen verfügt.

Mit dem Befehl zum Erzeugen kann man eine neue Reihe von Zufallszahlen generieren.

Mit dem Speichern-Befehl wird die zuletzt erzeugte Reihe in die Binärdatei *Lottozahlen.dat* geschrieben.

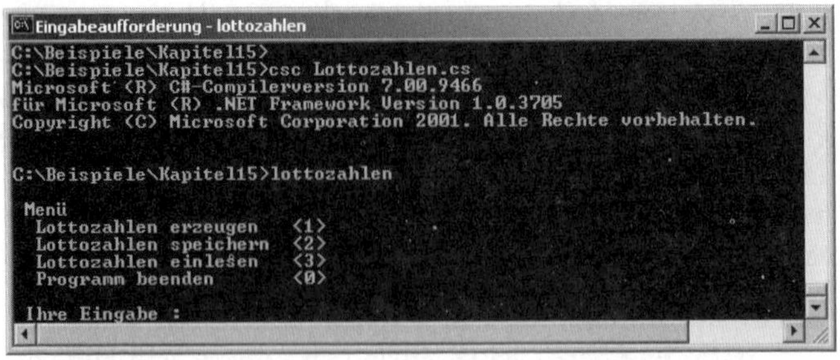

Dateien und Streams

Abbildung 15.3: Lottozahlenprogramm

Mit dem Einlesen-Befehl kann man die in der Datei gespeicherten Lottozahlen einlesen und anzeigen.

Die Befehle zum Erzeugen, Speichern und Einlesen sind als Methoden einer Klasse Lottozahlen implementiert. Das folgende Listing zeigt den vollständigen Programmquelltext ohne die Implementierung der Methoden zum Speichern und Einlesen, die wir in den folgenden Abschnitten aufsetzen und besprechen werden.

Listing 15.3: Das Lottozahlenprogramm (aus Lottozahlen.cs)

```
001: using System;
002: using System.IO;
003:
004: namespace Kap15
005: {
006:    class CLottozahlen
007:    {
008:       const byte LOTTOZAHLEN = 6;
009:
010:       byte[] zahlen;
011:       byte zusatzzahl;
012:       Random zufallszahlen;
013:
014:       public CLottozahlen()
015:       {
016:          zahlen = new byte[LOTTOZAHLEN];
017:          zufallszahlen = new Random();
018:       }
019:
020:       bool SchonGezogen(byte zahl)
021:       {
022:          bool bSchonVorhanden = false;
023:
024:          foreach (byte elem in zahlen)
025:          {
```

Binärdateien

```
026:        if (elem == zahl)
027:            bSchonVorhanden = true;
028:      }
029:
030:      return bSchonVorhanden;
031:   }
032:
033:
034:   public void Erzeugen()
035:   {
036:     byte btZahl = 0;
037:
038:     for (int i = 0; i < zahlen.Length; ++i)
039:       zahlen[i] = 0;
040:
041:     for (int i = 0; i < zahlen.Length; ++i)
042:     {
043:       btZahl = (byte) (zufallszahlen.Next(1, 50));
044:
045:       if( SchonGezogen(btZahl) )
046:         --i;
047:       else
048:         zahlen[i] = btZahl;
049:     }
050:
051:     do
052:     {
053:       zusatzzahl = (byte) (zufallszahlen.Next(1, 50) );
054:     } while ( SchonGezogen(zusatzzahl) );
055:
056:     Array.Sort(zahlen);
057:   }
058:
059:   public void Speichern()
060:   {
061:     // siehe Abschnitt 15.3.1
...
070:   }
071:
072:   public void Einlesen()
073:   {
074:     // siehe Abschnitt 15.3.2
...
083:   }
084:
085:   public void Ausgeben()
086:   {
```

```
087:        Console.WriteLine("\n\n******************\n");
088:        Console.WriteLine(" Die Lottozahlen:");
089:
090:        foreach (byte elem in zahlen)
091:          Console.WriteLine("\t\t" + elem);
092:
093:        Console.WriteLine( );
094:        Console.WriteLine(" Zusatzzahl: " + zusatzzahl);
095:        Console.WriteLine("\n******************\n");
096:      }
097:  }
098:
099:
100:  class CHauptklasse
101:  {
102:     static void Main()
103:     {
104:        CLottozahlen lz;
105:        int iBefehl;
106:
107:        lz = new CLottozahlen();
108:        do
109:        {
110:          Console.WriteLine();
111:          Console.WriteLine(" Menü " );
112:          Console.WriteLine("   Lottozahlen erzeugen     <1>" );
113:          Console.WriteLine("   Lottozahlen speichern    <2>" );
114:          Console.WriteLine("   Lottozahlen einlesen     <3>" );
115:          Console.WriteLine("   Programm beenden         <0>" );
116:          Console.WriteLine();
117:
118:          Console.Write(" Ihre Eingabe : ");
119:          iBefehl = Convert.ToInt32( Console.ReadLine() );
120:          switch( iBefehl )
121:          {
122:            case 0:  Console.WriteLine("\n Programm beenden\n");
123:                     break;
124:
125:            case 1:  lz.Erzeugen();
126:                     Console.WriteLine("\n Lottozahlen wurden neu erzeugt.\n");
127:                     lz.Ausgeben();
128:                     break;
129:
130:            case 2:  lz.Speichern();
131:                     lz.Ausgeben();
132:                     Console.WriteLine("\n Lottozahlen wurden gespeichert.\n");
133:                     break;
```

```
134:
135:            case 3:  lz.Einlesen();
136:                     Console.WriteLine("\n Lottozahlen wurden eingelesen.\n");
137:                     lz.Ausgeben();
138:                     break;
139:            default:
140:                     Console.WriteLine("Falsche Eingabe\n");
141:                     break;
142:        }
143:    } while (iBefehl != 0);
144:  }
145: }
146: }
```

Menü
 Lottozahlen erzeugen   <1>
 Lottozahlen speichern   <2>
 Lottozahlen einlesen   <3>
 Programm beenden   <0>

Ihre Eingabe : **1**

Lottozahlen wurden neu erzeugt.

****

 Die Lottozahlen:
                18
                23
                29
                31
                33
                49

 Zusatzzahl: 38

****

 Menü
  Lottozahlen erzeugen   <1>
  Lottozahlen speichern   <2>
  Lottozahlen einlesen   <3>
  Programm beenden   <0>

 Ihre Eingabe :

Die Methode zum Erzeugen der Lottozahlen kontrolliert, dass keine Zahl zweimal gezogen wird. Zu diesem Zweck initialisiert sie das Array der Lottozahlen eingangs mit Nullwerten (für den Fall, dass der Befehl zum Erzeugen der Lottozahlen mehrfach hintereinander aufgerufen wird). Nach jedem »Ziehen« einer neuen Zufallszahl ruft sie die Hilfsmethode SchonGezogen() auf, die prüft, ob die neu gezogene Zahl schon ins Array eingetragen wurde. Falls ja, liefert die Hilfsmethode true zurück und die Erzeugen()-Methode setzt die Schleifenvariable i um eins zurück (was letztlich dazu führt, dass die Schleifeniteration wiederholt wird). Liefert SchonGezogen() den Wert false zurück, wird die gezogene Zufallszahl in das Array der Lottozahlen eingetragen. Nach Abarbeitung der for-Schleife wird in einer do-while-Schleife die Zusatzzahl gezogen.

In Binärdateien schreiben

Um in eine Binärdatei zu schreiben, sind fünf Schritte erforderlich:

1. Einbinden des Namensraums System.IO.
2. Öffnen der Datei und Erzeugung eines FileStream-Objekts für die Datei.
3. Erzeugung eines BinaryWriter-Objekts für den Dateistream.
4. Schreiben in die Datei.
5. Schließen der Datei.

Dabei wird die Methode Speichern() des Lottozahlenprogramms

```
...
59:     public void Speichern()
60:     {
61:         // siehe Abschnitt 15.3.1
...
70:     }
...
```

folgendermaßen erweitert:

```
...
59:     public void Speichern()
60:     {
61:         FileStream datei = new FileStream("Lottozahlen.dat",
                                  FileMode.Create);
62:         BinaryWriter w = new BinaryWriter(datei);
63:
64:         foreach (byte elem in zahlen)
65:             w.Write(elem);
```

```
66:
67:         w.Write(zusatzzahl);
68:
69:         w.Close();
70:     }
...
```

Das Öffnen der Datei und das Einrichten eines Filestreams erledigen wir in einem Schritt, wenn wir ein `FileStream`-Objekt erzeugen.

```
FileStream datei = new FileStream("Lottozahlen.dat",
                                  FileMode.Create);
```

Der `FileStream`-Konstruktor übernimmt als Argumente den Namen der Datei und eine Konstante der `FileMode`-Aufzählung, die dem Konstruktor angibt, zu welchem Zweck die Datei geöffnet werden soll.

FileMode-Konstante	Beschreibung
Append	öffnet eine Datei zum Schreiben. Die Daten werden dabei angehängt. Wenn die Datei nicht existiert, wird sie neu angelegt.
Create	erzeugt eine neue Datei zum Schreiben. Gibt es bereits eine gleichnamige Datei, wird diese überschrieben.
CreateNew	erzeugt eine neue Datei zum Schreiben.
Open	öffnet eine bestehende Datei zum Lesen.
OpenOrCreate	öffnet die Datei zum Lesen. Wenn die Datei nicht existiert, wird sie neu angelegt.
Truncate	öffnet eine Datei zum Schreiben und löscht ihren aktuellen Inhalt.

Tabelle 15.1: Modi zum Öffnen von Dateien

Die nachfolgenden Schritte sind dem Schreiben in Textdateien ganz ähnlich. Wir erzeugen ein `BinaryWriter`-Objekt für die Datei und verwenden dessen `Write()`-Methode, um Daten (unsere Zufallszahlen) in die Datei zu schreiben. Da wir in eine Binärdatei schreiben, brauchen wir die Zahlenwerte nicht in Strings umzuwandeln, sondern können sie direkt in den Stream schreiben. (Eine kleine Einschränkung gibt es: Die `Write()`-Methode muss für den Datentyp der auszugebenden Daten überladen sein.) Zum Schluss wird die Datei geschlossen.

> Die Daten in der Binärdatei sind zwar binär kodiert, aber nicht verschlüsselt. Praktisch jeder Programmierer, der sich mit den Speicherformaten für die elementaren Daten auskennt, kann den Inhalt der Binärdatei zurückverwandeln.

Dateien und Streams

Fazit: Sie können Daten durch das Speichern in Binärdateien zwar vor Blicken neugieriger Anwender verbergen, aber die Kodierung bietet keinen Schutz vor Hackern! Im Übrigen sei angemerkt, dass das Speichern von Daten in Binärdateien nicht vorrangig der Verschlüsselung dient, sondern einfach ein sauberes und effizientes Verfahren zum Speichern darstellt.

Aus Binärdateien lesen

Um aus einer Binärdatei zu lesen, sind fünf Schritte erforderlich:

1. Einbinden des Namensraums System.IO.
2. Öffnen der Datei und Erzeugung eines FileStream-Objekts für die Datei.
3. Erzeugung eines BinaryReader-Objekts für den Dateistream.
4. Lesen aus der Datei.
5. Schließen der Datei.

Dabei wird die Methode Einlesen() des Lottozahlenprogramms

```
...
72:     public void Einlesen()
73:     {
74:         // siehe Abschnitt 15.3.2
...
83:     }
...
```

folgendermaßen erweitert:

```
...
72:     public void Einlesen()
73:     {
74:         FileStream datei = new FileStream("Lottozahlen.dat",
                                             FileMode.Open);
75:         BinaryReader r = new BinaryReader(datei);
76:
77:         for (int i = 0; i < zahlen.Length; ++i)
78:             zahlen[i] = r.ReadByte();
79:
80:         zusatzzahl = r.ReadByte();
81:
82:         r.Close();
83:     }
...
```

Im Vergleich zum Schreiben in Binärdateien gibt es eigentlich nur drei Punkte, die zu beachten sind:

- Sie müssen beim Erzeugen des Filestreams eine `FileMode`-Konstante angeben, die für das Lesen von Daten geeignet ist, beispielsweise `FileMode.Open`.
- Sie müssen eine `BinaryReader`- statt einer `BinaryWriter`-Instanz verwenden.
- Zum Einlesen verwenden Sie passend zu den Datentypen der gespeicherten Daten die folgenden Methoden:
  - `Read()`
  - `ReadBoolean()`
  - `ReadByte()`
  - `ReadBytes()`
  - `ReadChar()`
  - `ReadChars()`
  - `ReadDouble()`
  - `ReadInt16()`
  - `ReadInt32()`
  - `ReadInt64()`
  - `ReadSByte()`
  - `ReadSingle()`
  - `ReadUInt16()`
  - `ReadUInt32()`
  - `ReadUInt64()`

15.4 Zusammenfassung

Heute haben Sie gelernt mit Dateien zu arbeiten. Die Programmiersprache C# behandelt Dateien wie einen Stream, also eine Abfolge von Zeichen. Bevor Sie eine Datei verwenden, müssen Sie einen Stream öffnen und wenn Sie den Stream nicht mehr benötigen, müssen Sie ihn wieder schließen. Eine Datei bzw. einen Stream können Sie im Text- oder Binärmodus öffnen. Öffnen Sie in Ihrem Programm eine Datei, können Sie in diese sowohl Daten schreiben als auch die Daten der Datei lesen.

15.5 Workshop

Der Workshop enthält Quizfragen, die Ihnen helfen sollen, Ihr Wissen zu festigen, und Übungen, die Sie anregen sollen, das eben Gelernte umzusetzen und eigene Erfahrungen zu sammeln. Versuchen Sie, das Quiz und die Übungen zu beantworten und zu verstehen, bevor Sie zur Lektion des nächsten Tages übergehen.

Fragen und Antworten

F *Muss sich die Datei immer im aktuellen Verzeichnis befinden?*

A Nein! Sie können im Dateinamen auch Laufwerk und Pfad mit angeben. Wenn Sie nur den Dateinamen angeben, suchen die Methoden im aktuellen Verzeichnis nach der Datei.

F *Ist es sicherer Daten im Binärmodus zu speichern?*

A Nein! Die Daten in einer Binärdatei sind zwar binär kodiert, aber nicht verschlüsselt! Jeder, der sich mit Speicherformaten für die elementaren Daten auskennt, kann den Inhalt der Binärdatei zurückverwandeln. Die Kodierung bietet hier keinen Schutz.

F *Was passiert, wenn eine Datei nicht geschlossen wird?*

A In der Regel werden die geöffneten Dateien automatisch wieder geschlossen, wenn das Programm beendet wird. In der Regel! Verlassen Sie sich aber nicht darauf. Wenn eine Datei nicht korrekt geschlossen wird, kann man bei einem späteren Zugriff auf diese Datei möglicherweise nicht mehr zugreifen.

Quiz

1. Welchen Namensraum benötigt man unbedingt, um mit Dateien arbeiten zu können?
2. Wie heißen die Klassen, die Sie zum Schreiben in eine Textdatei benötigen?
3. Wie heißen die Klassen, die Sie zum Lesen aus einer Binärdatei benötigen?
4. Wie werden Streams verarbeitet?
5. Was passiert, wenn eine nicht vorhandene Datei geöffnet wird?

Übungen

1. Schreiben Sie ein Programm, das eine Datei auf den Bildschirm ausgibt.
2. Schreiben Sie ein Programm, das die Anzahl der Zeichen einer Datei ermittelt und ausgibt.
3. Schreiben Sie ein Programm, das eine vorhandene Textdatei einliest und diese Daten in eine neue Textdatei kopiert. Alle Buchstaben der neuen Datei sollen Großbuchstaben sein.

Tag 16

Testen und Debuggen

Testen und Debuggen

Nur in den allerseltensten Fällen ist die Arbeit eines Programmierers mit dem erfolgreichen Kompilieren der Anwendung abgeschlossen. Danach beginnt in aller Regel eine umfassende Testphase, verbunden mit Fehlerkorrekturen und erneuten Tests.

Im Einzelnen lernen Sie in diesem Kapitel

- was Debuggen bedeutet und wie man grundsätzlich beim Debuggen vorgeht,
- wie Sie Programme mit einfachen Debug- und Trace-Ausgaben debuggen und überwachen,
- wie Sie mit Hilfe der Direktiven zur bedingten Kompilierung beliebigen Debug- und Testcode in ein Programm einarbeiten,
- wie man Laufzeitfehler mit Hilfe eines Debuggers aufspürt (demonstriert am Beispiel des Visual Studio-Debuggers).

16.1 Grundlagen des Debuggens

Der Begriff »Bug« (englisch für »Wanze«, »Insekt«) wurde übrigens an der Harvard University geprägt, wo eine in die Schaltungen eingedrungene Motte den Computer lahm legte. Heute bezeichnet man mit Bugs Fehler, die zur Laufzeit (also bei Ausführung des Programms) auftreten.

Laufzeitfehler sind meist nur schwer zu finden, weil der Fehler nicht unbedingt dort entstanden sein muss, wo er in Erscheinung tritt. Beispielsweise könnten Sie irgendwo in einem Ausdruck einen Plus-Operator verwendet haben, wo eigentlich ein Minus-Operator hingehört hätte, bemerken aber erst viel später im Programm, im Zuge einer Ausgabe, dass im Programm etwas schief läuft. Solche Fehler lassen sich nicht mit if-Bedingungen oder Ausnahmen abfangen. Wenn sie auftreten, muss man »debuggen«, das heißt, man muss kontrollieren, ob der Programmablauf stimmt und ob in den Variablen zu jedem Zeitpunkt korrekte Werte stehen.

Die primitivste Form des Debuggens sieht so aus, dass man an verdächtigen Stellen des Programms WriteLine()-Ausgaben einfügt, die anzeigen, in welcher Methode oder Schleife sich das Programm gerade befindet und welche Werte bestimmte verdächtige Variablen haben.

Wenn Sie beispielsweise beim Testen eines Programms feststellen, dass es immer dann zum Absturz kommt, sobald ein bestimmter Befehl aus dem Konsolenmenü des Programms aufgerufen wird, lohnt es sich, den Code zur Bearbeitung dieses Befehls näher anzuschauen. Ist der Code umfangreicher, kann man, wie gesagt, WriteLine()-Ausgaben in den Code einfügen, um zu verfolgen, welche Teile des Codes noch ausgeführt werden und welche nicht. Stellt man dabei beispielsweise fest, dass die Ausführung offensichtlich bei Abarbeitung einer bestimmten Schleife außer Kontrolle gerät, lohnt es sich, in jedem Schleifendurchgang die Werte der Variablen auszugeben, die in der Schleife geändert werden. Die ausgegebenen Variablenwerte helfen dann meist zu erkennen, wann und wo der Fehler genau auftritt. Ein prüfender Blick auf den zugehörigen Code sollte schließlich den Fehler enttarnen.

Umfangreichere Programme auf diese Weise zu debuggen, ist jedoch sehr mühselig und zeitaufwändig. Aus diesem Grunde gibt es spezielle Programme, sog. Debugger, die den Programmierer beim Debuggen der Programme unterstützen. Auch die Visual Studio .NET-Umgebung stellt dem Programmierer einen solchen Debugger zur Verfügung.

Meist reicht es nicht, nur den Ablauf des Programms zu überprüfen. Schließlich geht die überwiegende Zahl der Fehler auf Daten zurück, das heißt auf Werte von Konstanten und Variablen, und nicht immer ist es damit getan, sich die Anweisungen zur Manipulation der Daten genauer anzuschauen. Dann brauchen Sie eine Möglichkeit, sich die Werte der Variablen zur Laufzeit anzeigen zu lassen, damit Sie verfolgen können, wie die Anweisungen Ihres Programms die Daten verändern.

Betrachten wir dazu das folgende Programm:

Listing 16.1: wallis.cs

```
01: using System;
02:
03: namespace Kap16
04: {
05:    class CDebug
06:    {
07:
08:       static void Main(string[] args)
09:       {
10:          int i, n;
11:
12:          double dPiHalbe, dFaktor1, dFaktor2;
13:
14:          dPiHalbe = 1;
15:          n = 10;
16:
17:          for(i = 1; i <= n; i++)
18:          {
19:             dFaktor1 = (double)(2*i)/(2*i-1);
20:             dFaktor2 = (double)(2*i)/(2*i+1);
21:             dPiHalbe = dFaktor1 * dFaktor2;
```

Testen und Debuggen

```
22:            Console.WriteLine("{0} (Näherung)",dPiHalbe);
23:         }
24:         Console.WriteLine("PI/2 gleich: {0}",dPiHalbe);
25:         Console.ReadLine();
26:      }
27:   }
28: }
```

Die Schleife soll dazu dienen, eine Näherung für den Wert PI/2 zu berechnen. Nach der Formel von John Wallis geht die Produktreihe gegen PI/2, wenn n unendlich groß wird. Je größer also n gewählt wird, umso genauer nähert die obige Schleife den Wert von PI/2 an. Jedenfalls täte sie das, wenn sich da nicht ein kleiner Fehler eingeschlichen hätte. Bevor wir uns allerdings diesem Fehler zuwenden, möchte ich Ihr Augenmerk auf die Berechnung der beiden Faktoren und dort speziell auf die explizite Typumwandlung der Zähler in double-Werte lenken.

Dies hat mit einer Eigentümlichkeit des Divisionsoperators »/« zu tun, der für die Division eines Integer-Ausdrucks durch einen beliebigen Wert einen Integer-Wert als Ergebnis zurückliefert, sodass die Nachkommastellen abgeschnitten werden und das Ergebnis verfälscht wird. Um sicherzustellen, dass uns nicht der entscheidende Teil der Division verloren geht, wandeln wir den Zähler explizit in einen double-Wert um (es würde im Übrigen auch schon reichen, als Faktor 2.0 statt 2 anzugeben).

Kommen wir zurück zu unserem eigentlichen Problem. Um herauszufinden, warum die Funktion nicht den gewünschten Näherungswert für PI/2 liefert, wollen wir untersuchen, welche Werte die Variablen in der Funktion annehmen.

Geben Sie dazu die Variablen dFaktor1, dFaktor2 und dPiHalbe aus:

Listing 16.2: wallisAnalyse.cs

```
01: using System;
02:
03: namespace Kap16
04: {
05:    class CDebug
06:    {
07:
08:       static void Main(string[] args)
09:       {
10:          int i, n;
11:
```

Grundlagen des Debuggens

```
12:          double dPiHalbe, dFaktor1, dFaktor2;
13:
14:          dPiHalbe = 1;
15:          n = 10;
16:
17:          for(i = 1; i <= n; i++)
18:          {
19:             dFaktor1 = (double)(2*i)/(2*i-1);
20:             Console.WriteLine("Faktor1: {0}",dFaktor1);
21:             dFaktor2 = (double)(2*i)/(2*i+1);
22:             Console.WriteLine("Faktor2: {0}",dFaktor2);
23:             dPiHalbe = dFaktor1 * dFaktor2;
24:             Console.WriteLine("PiHalbe: {0}",dPiHalbe);
25:          }
26:          Console.WriteLine("PI/2 gleich: {0}",dPiHalbe);
27:          Console.ReadLine();
28:       }
29:    }
30: }
```

```
Faktor1: 2
Faktor2: 0,666666666666667
PiHalbe: 1,33333333333333
Faktor1: 1,33333333333333
Faktor2: 0,8
PiHalbe: 1,06666666666667
Faktor1: 1,2
Faktor2: 0,857142857142857
PiHalbe: 1,02857142857143
Faktor1: 1,14285714285714
Faktor2: 0,888888888888889
PiHalbe: 1,01587301587302
Faktor1: 1,11111111111111
Faktor2: 0,909090909090909
PiHalbe: 1,01010101010101
Faktor1: 1,09090909090909
Faktor2: 0,923076923076923
PiHalbe: 1,00699300699301
Faktor1: 1,07692307692308
Faktor2: 0,933333333333333
PiHalbe: 1,00512820512821
Faktor1: 1,06666666666667
Faktor2: 0,941176470588235
PiHalbe: 1,00392156862745
Faktor1: 1,05882352941176
Faktor2: 0,947368421052632
```

```
PiHalbe: 1,0030959752322
Faktor1: 1,05263157894737
Faktor2: 0,952380952380952
PiHalbe: 1,00250626566416
PI/2 gleich: 1,00250626566416
```

Beim Betrachten der Ausgabe können Sie feststellen, dass dPiHalbe sich von Iteration zu Iteration nicht PI/2, sondern dem Wert 1 annähert, während die Faktoren dFaktor1 und dFaktor2 anscheinend korrekt berechnet werden.

Der Fehler liegt natürlich darin, dass der Variablen dPiHalbe immer nur das Ergebnis der aktuellen Iteration zugewiesen wird, statt dieses mit dem letzten Wert von dPiHalbe zu multiplizieren. Im Programm fehlt also nur ein winziges Multiplikationszeichen * und die korrekte Zeile sollte lauten:

```
dPiHalbe *= dFaktor1 * dFaktor2;
```

Wenn Sie alle Fehler auf diese Art und Weise analysieren müssten, wären Sie nur noch damit beschäftigt, Console.WriteLine()-Zeilen einzubauen und wieder zu entfernen, was natürlich wenig effizient ist. Beste Gelegenheit, uns in den folgenden Abschnitten mit dem Debugger von Visual Studio .NET zu beschäftigen und die Debug-Klassen kennen zu lernen.

16.2 Debug, Trace und die defensive Programmierung

Die .NET-Laufzeitumgebung stellt die beiden Klassen Debug und Trace über den Namensbereich System.Diagnostic zur Verfügung. Funktional unterscheiden sich die beiden Klassen nicht, nur in der Verwendung im Programm. Trace-Klassen findet man unter Umständen auch in Softwarepaketen, bei denen die Testphase beendet ist und die als Finalversionen veröffentlicht wurden. Die Debug-Klasse wird vorwiegend in der Entwicklung eines Programms eingesetzt.

Bedingte Methoden

Eine bedingte Methode wird in der Programmierung dann eingesetzt, wenn Anweisungen, Operationen, Manipulationen usw. nur dann ausgeführt werden sollen, wenn die Kompilierung auf eine bestimmte Art erfolgt. Eine typische Anwendung für bedingte Methoden ist der sog. Debug-Build, eine besondere Programmversion, bei der zusätzliche Aufgaben zur Validierung und/oder Prüfung des Codes ausgeführt werden. Eine bedingte Methode kann man in C# mit dem Conditional-Attribut erzeugen. Betrachten wir hierzu das folgende Listing.

Listing 16.3: bedMethode.cs

```
01: using System;
02: using System.Diagnostics;
03:
04: namespace Kap16
05: {
06:
07:    class CBedingteMethode
08:    {
09:       static void Main(string[] args)
10:       {
11:          int iErg = 0;
12:
13:          CDebug oDbg = new CDebug(10);
14:          oDbg.BedMeth();
15:
16:          Console.WriteLine("Testlauf mit Fehler: {0}",oDbg.k);
17:          iErg = 1 / oDbg.k;
18:          Console.ReadLine();
19:       }
20:    }
21:
22:    class CDebug
23:    {
24:       public int k;
25:
26:       public CDebug(int i)
27:       {
28:          this.k = i;
29:       }
30:
31:       [Conditional("DEBUG")]
32:       public void BedMeth()
33:       {  //Validierung
34:          //Prüfung
35:          //Manipulation
36:          if(k >= 10)
37:          {
38:             Console.WriteLine("Status: 0");
39:             k = 0;
40:          }
41:       }
42:    }
43: }
```

```
Status: 0
Testlauf mit Fehler: 0

Unbehandelte Ausnahme: System.DivideByZeroException: Es wurde versucht,
durch null zu teilen.
```

Um mit bedingten Methoden arbeiten zu können, wird der Namensraum System.Diagnostics eingebunden:

```
02: using System.Diagnostics;
```

Die Klasse Debug enthält in Zeile 31 das Conditional-Attribut mit der Bedingungszeichenfolge DEBUG. Setzt man das Attribut [Conditional("DEBUG")] vor eine Methode, überprüft der Compiler diese Bedingungszeichenfolge. Es besteht auch die Möglichkeit, mehrere Debugversionen (z.B. [Conditional("DEBUG2")], [Conditional("DEBUG3")]) für das Programm zu erstellen bzw. verschiedene Varianten durchzuspielen. Wird das Programm mit der Compileroption /d:DEBUG (bzw. /d:DEBUG2, /d:DEBUG3 usw.) kompiliert, so werden die Anweisungen der Methode BedMeth() (oder auch andere Methoden für die verschiedenen Debugversionen) ausgeführt.

```
csc /d:DEBUG bedMethode.cs
```

Erfolgt die Kompilierung ohne Definition der Bedingungszeichenfolge DEBUG, wird die Methode BedMeth() nicht aufgerufen und es wird kein Fehler in Zeile 17 produziert, da die Variable k im Programmablauf nicht auf 0 gesetzt wird.

Assert-Anweisung

In C# existieren nicht nur bedingte Methoden, sondern auch bedingte Anweisungen. Diese bedingten Anweisungen werden Assert-Anweisungen genannt und überprüfen eine Bedingung, die als Argument der Assert()-Methode übergeben wird. Dabei formulieren Sie in dieser Methode, die vorhersagbare oder erwartete Ergebnisse produzieren sollte, eine Bedingung, die im Normalfall erfüllt ist. Wird die Bedingung jedoch nicht erfüllt, so wissen Sie, dass im Programmfluss ein Fehler produziert wurde und können z.B. einen Text ausgeben lassen.

Da man auf diese Weise sehr einfach Informationen über nicht erwartete Zustände erhält, wird Assert() häufig eingesetzt, vor allem in Verbindung mit großen und sehr komplexen Programmen in der Entwicklungs- und Testphase (als Debugversion). Hier ist es nämlich oft leichter, einen erwarteten Zustand als Bedingung vorauszusetzen, als alle nicht erwarteten Zustände zu kontrollieren, vor allem, wenn diese nicht bekannt sind.

Debug, Trace und die defensive Programmierung

In dem obigen Beispiel *bedMethode.cs* wird die Variable k auf 0 gesetzt, wenn k größer oder gleich 10 ist und in der Laufzeit des Programms ein Fehler verursacht.

```
31:        [Conditional("DEBUG")]
32:        public void BedMeth()
33:        {   //Validierung
34:            //Prüfung
35:            //Manipulation
36:            if(k >= 10)
37:            {
38:                Console.WriteLine("Status: 0");
39:                k = 0;
40:            }
41:        }


17:        iErg = 1 / oDbg.k; //FEHLER Division durch 0.
```

Man kann stattdessen hier auch die Assert()-Methode aufrufen, die eine vordefinierte Assert-Anweisung als Argument besitzt. Diese könnte dann eine Meldung ausgeben, wenn die Variable k größer oder gleich 10 ist. Betrachten wir einmal das folgende Programm und sehen uns die Arbeitsweise der Assert()- Methode mit der enthaltenen Assert-Anweisung k > 10 als übergebenes Argument an.

Listing 16.4: bedAnweisung.cs

```
01: using System;
02: using System.Diagnostics;
03:
04: namespace Kap16
05: {
06:     class CBedingteMethode
07:     {
08:         static void Main(string[] args)
09:         {
10:             int iErg = 0;
11:
12:             Debug.Listeners.Clear();
13:             Debug.Listeners.Add(new
                           TextWriterTraceListener(Console.Out));
14:             CDebug oDbg = new CDebug(5);
15:             oDbg.BedMeth();
16:
17:             Console.WriteLine("Testlauf mit Fehler : {0}",oDbg.k);
18:
19:             iErg = 1 / oDbg.k;
```

Testen und Debuggen

```
20:
21:            Console.ReadLine();
22:        }
23:    }
24:
25:    class CDebug
26:    {
27:        public int k;
28:
29:        public CDebug(int i)
30:        {
31:            this.k = i;
32:        }
33:
34:        [Conditional("DEBUG")]
35:        public void BedMeth()
36:        { //Validierung
37:            //Prüfung
38:            //Manipulation
39:            //if(k >= 10)
40:            //{
41:                Debug.Assert(k > 10,"nicht erlaubt");
42:            //}
43:        }
44:    }
45: }
```

Fehler: nicht erlaubt
Testlauf mit Fehler : 5

Die Methode BedMeth()überprüft die Variable k. Bei Nichterfüllen wird in Zeile 41 die Assert()-Methode aufgerufen und der Text "nicht erlaubt" ausgegeben. An dieser Stelle wird standardmäßig ein Dialogfenster mit dem Fehler angezeigt. Assert()-Aufrufe und Debugausgaben werden standardmäßig an die Empfänger der Auflistung des Debug.Listeners (die Listeners erzeugen eine formatierte Ausgabe der aktuellen Debugausgabe) geschickt. Um die Ausgabe z.B. an die Konsole (als Empfänger) umleiten zu können, enthält das Programm in Zeile 12 und 13 zwei Listeners-Aufrufe:

```
...
12:        Debug.Listeners.Clear();
13:        Debug.Listeners.Add(new
                    TextWriterTraceListener(Console.Out));
...
```

Die Zeile 12 löscht die Auflistung des `Listeners`, um das standardmäßige Dialogfeld zu entfernen und fügt der Auflistung des `Listeners` in Zeile 13 den Empfänger `Console.Out` hinzu. Somit werden die Texte jetzt direkt an die Konsole gesendet.

16.3 Direktiven und die defensive Programmierung

Mit Hilfe von Direktiven ist es in C# möglich, Codeteile im Programm während der Kompilierung zu steuern. Am häufigsten findet man Direktiven in der defensiven Programmierung. Unter der defensiven Programmierung versteht man, dass Code zur Fehleranalyse eingebunden wird, entweder zusätzlich oder als Ersatz für bestehenden Code. Für den Einsatz von Direktiven stehen Ihnen folgende Schlüsselwörter zur Verfügung:

Direktive	Beschreibung
`#define`	definiert ein Symbol
`#else`	Beginn eines `else`-Blocks
`#elif`	Kombination `else if`
`#endregion`	Ende einer Region
`#endif`	beendet eine `#if`-Anweisung
`#if`	`#if`-Anweisung
`#error`	meldet einen Fehler beim Kompilieren
`#line`	Zeilennummer
`#region`	Beginn einer Region
`#undef`	löscht ein Symbol
`#warning`	meldet eine Warnung beim Kompilieren

Tabelle 16.1: Direktiven

Codesteuerung mit #define, #undef und #if, #endif

Direktiven erkennt man an dem #-Zeichen, das vor dem Schlüsselwort steht. Verwendet man Direktiven im Programm, so müssen diese zuvor definiert werden. Die Syntax der Definition von Direktiven sieht folgendermaßen aus:

`#define NAME`

Testen und Debuggen

Benötigt man das Symbol NAME in einem Programm nicht mehr, so wird die Definition am Beginn eines Programms mit

#undef NAME

wieder rückgängig gemacht.

> NAME bezeichnet man allgemein auch als Symbol der Direktive.

Mit der Direktive #define kann man nun seinen Code während der Kompilierung steuern. Um aber Codeteile mit Hilfe von Direktiven steuern zu können, benötigen Sie zusätzlich mindestens zwei Schüsselwörter.

#if

und

#endif

Mit den jetzt vier bekannten Direktiven können wir ein Programm schreiben und uns die Steuerung von Codeteilen genauer betrachten.

Listing 16.5: einfacheDirektiven.cs

```
01: #define TESTLAUF
02: //#undef TESTLAUF
03: using System;
04:
05: namespace Kap16
06: {
07:     class CAusgabe
08:     {
09:         static void Main(string[] args)
10:         {
11:
12: #if TESTLAUF
13:     Console.WriteLine("--- Testlauf ---");
14: #endif
15:
16:             int iZahl1 = 0;
17:             int iZahl2 = 0;
18:             int iErgebnis = 0;
19:
20:             CCalc oCalc = new CCalc();
21:
```

```
22:           Console.Write("Geben Sie die erste Zahl ein:");
23:           iZahl1 = Convert.ToInt32(Console.ReadLine());
24:           Console.Write("Geben Sie die zweite Zahl ein:");
25:           iZahl2 = Convert.ToInt32(Console.ReadLine());
26:
27: #if TESTLAUF
28:    iZahl1 = 5;
29:    iZahl2 = 7;
30: #endif
31:
32:           iErgebnis = oCalc.Add(iZahl1, iZahl2);
33:           Console.WriteLine("Das Ergebnis:{0}",iErgebnis);
34:
35: #if TESTLAUF
36:    Console.WriteLine("--- Testlauf beendet ---");
37: #endif
38:
39:           Console.ReadLine();
40:       }
41:    }
42:
43:    class CCalc
44:    {
45:       public int Add(int Val1, int Val2)
46:       {
47:          return Val1 + Val2;
48:       }
49:
50:       public int Sub(int Val1, int Val2)
51:       {
52:          return Val1 - Val2;
53:       }
54:
55:       public int Mul(int Val1, int Val2)
56:       {
57:          return Val1 * Val2;
58:       }
59:
60:       public int Div(int Val1, int Val2)
61:       {
62:          return Val1 / Val2;
63:       }
64:    }
65: }
```

```
--- Testlauf ---
Geben Sie die erste Zahl ein:1
Geben Sie die zweite Zahl ein:1
Das Ergebnis:12
--- Testlauf beendet ---
```

Zunächst fällt auf, dass nicht das Schlüsselwort using die erste Zeile füllt, sondern die #define-Direktive. Der Grund dafür liegt unter anderem auch darin, dass Sie in der Lage sind, das Einbinden oder Weglassen von verschiedenen using-Direktiven (Namensräume) steuern zu können. In der Zeile 1 wird das Symbol TESTLAUF definiert. Somit weiß der Compiler, dass das Symbol TESTLAUF aktiv ist, und die Codesteuerung im Quellcode mit diesem Symbol erfolgt.

```
01: #define TESTLAUF
```

Die Anweisung der #if-Direktive

```
12: #if TESTLAUF
```

prüft während der Kompilierung, ob das Symbol TESTLAUF aktiv ist. Ist das der Fall, wird die Anweisung in Zeile 13

```
13:     Console.WriteLine("--- Testlauf ---");
```

mitkompiliert. Wird das Symbol TESTLAUF mit #undef deaktiviert, so wird die Anweisung in Zeile 13 nicht mitkompiliert. Sie können das Ergebnis testen, indem Sie den Kommentar // in Zeile 2 entfernen.

```
02: #undef TESTLAUF
```

Läuft das Programm im Testmodus – das Symbol TESTLAUF ist also aktiviert – werden die beiden Variablen iZahl1 und iZahl2 standardmäßig mit den Werten 5 und 7 belegt und somit das Ergebnis immer abhängig von den beiden Werten gemacht. Bei der Addition erhält man im Testlauf z. B. immer das Ergebnis 12.

```
27: #if TESTLAUF
28:     iZahl1 = 5;
29:     iZahl2 = 7;
30: #endif
```

Die Zeilen 35 bis 37 geben eine Meldung aus, dass der Testlauf beendet ist.

Das Beispiel *einfacheDirektiven.cs* wird, solange die Anweisung #undef TESTLAUF in Zeile 2 auskommentiert ist, immer im Testlauf ausgeführt. Sie können aber das Verhalten des Compilers bzw. des Programms auch mit der Compileroption /define:*Symbolname* steuern. Mit dieser Option aktivieren Sie das angegebene Symbol und beeinflussen damit die Kompilierung. Dazu ein Beispiel:

```
csc /define:TESTLAUF2 einfacheDirektiven.cs
```

Direktiven und die defensive Programmierung

Hiermit weisen Sie den Compiler darauf hin, dass das Symbol mit dem Namen TESTLAUF im Code Gültigkeit hat und dieses bei der Kompilierung berücksichtigt werden muss. Als nächster Schritt müssen die Zeilen 1 und 2

```
01: //#define TESTLAUF
02: //#undef TESTLAUF
```

auskommentiert werden, da sonst die Compileroption nicht die gewünschte Wirkung zeigen würde. (Im Programm würde dann grundsätzlich das angegebene Symbol aktiviert werden, auch wenn Sie ein anderes beim Kompilieren übergeben.)

Benötigen Sie eine Version Ihres Programms ohne den Testlauf, können Sie das Programm *einfacheDirektiven.cs* wie gewohnt kompilieren:

```
csc einfacheDirektiven.cs
```

#warning- und #line-Direktive und der Vorteil von Direktiven

Das vorherige Beispiel sollte Ihnen ein Gefühl für die Handhabung von Direktiven geben. Sie sehen aber, dass die Steuerung der Codeteile sehr eingeschränkt ist. Sie werden sich in diesem Moment sicherlich fragen, worin der Sinn von Direktiven liegt. Eine gewöhnliche if-Anweisung hätte hier doch auch gereicht. Bei dem vorhergehenden Beispiel muss ich Ihnen Recht geben. Direktiven haben aber einen gewaltigen Vorteil gegenüber der normalen Ablaufsteuerung. Analysieren wir diesen Vorteil einmal anhand des nächsten Beispiels.

Listing 16.6: weitereDirektiven.cs

```
01: using System;
02:
03: namespace Kap16
04: {
05:     class CAusgabe
06:     {
07:         static void Main(string[] args)
08:         {
09:
10: #if TESTLAUF
11:     Console.WriteLine("--- Testlauf ---");
12: #warning Programm läuft im Testlauf
13: #line 1000
14: #endif
15:
16:         int iZahl1 = 0;
17:         int iZahl2 = 0;
18:         int iErgebnis = 0;
19:
```

```
20:        CCalc oCalc = new CCalc();
21:
22:        Console.Write("Geben Sie die erste Zahl ein:");
23:        iZahl1 = Convert.ToInt32(Console.ReadLine());
24:        Console.Write("Geben Sie die zweite Zahl ein:");
25:        iZahl2 = Convert.ToInt32(Console.ReadLine());
26:
27: #if TESTLAUF
28:    iZahl1 = 5;
29:    iZahl2 = 7;
30: #endif
31:
32:        iErgebnis = oCalc.Add(iZahl1, iZahl2);
33:        Console.WriteLine("Das Ergebnis:{0}",iErgebnis);
34:
35: #if TESTLAUF
36:    Console.WriteLine("--- Testlauf beendet ---");
37: #endif
38:
39:        Console.ReadLine();
40:      }
41:    }
42:
43:    class CCalc
44:    {
45: #if TESTLAUF
46:      public int Add(int Val1, int Val2)
47:      { //Testroutinen für die Methode Add()
48:        return 0;
49:      }
50: #else
51:      public int Add(int Val1, int Val2)
52:      {
53:        return Val1 + Val2;
54:      }
55: #endif
56:      public int Sub(int Val1, int Val2)
57:      {
58:        return Val1 - Val2;
59:      }
60:
61:      public int Mul(int Val1, int Val2)
62:      {
63:        return Val1 * Val2;
64:      }
65:
66:      public int Div(int Val1, int Val2)
67:      {
```

Direktiven und die defensive Programmierung

```
68:            return Val1 / Val2;
69:        }
70:    }
71: }
```

Kompiliert man das Programm mit *csc weitereDirektiven.cs*, erhält man folgende Ausgabe:

```
Geben Sie die erste Zahl ein:5
Geben Sie die zweite Zahl ein:5
Das Ergebnis:10
```

Wird dagegen das Programm mit csc /define:TESTLAUF weitereDirektiven.cs kompiliert, gibt der Compiler eine Warnung aus:

weitereDirektiven.cs(12,10): warning CS1030: #warning: 'Programm läuft im Testlauf'

```
--- Testlauf ---
Geben Sie die erste Zahl ein:5
Geben Sie die zweite Zahl ein:5
Das Ergebnis:0
--- Testlauf beendet ---
```

Um die Arbeitsweise der Direktiven noch einmal genauer unter die Lupe zu nehmen, wurden zwei verschiedene Versionen des Programms *weitereDirektiven.cs* erzeugt. Bei der ersten Version mit dem Ergebnis 10 wurden die Direktiven ignoriert. Genauer gesagt, das fertige Programm *weitereDirektiven.exe* wurde ohne die Anweisungen der Direktiven kompiliert. Diesem Programm fehlen die Zeilen 10 bis 14, 27 bis 30, 35 bis 37 und 45 bis 50. Ersatzweise – aus der Sicht des Compilers – kann man das Programm folgendermaßen darstellen:

```
...
43:    class CCalc
44:    {

51:        public int Add(int Val1, int Val2)
52:        {
53:            return Val1 + Val2;
54:        }

56:        public int Sub(int Val1, int Val2)
57:        {
58:            return Val1 - Val2;
59:        }
60:
61:        public int Mul(int Val1, int Val2)
```

559

```
62:        {
63:            return Val1 * Val2;
64:        }
65:
66:        public int Div(int Val1, int Val2)
67:        {
68:            return Val1 / Val2;
69:        }
...
```

Und darin liegt der Vorteil! Es können nämlich je nach Option komplette Programmblöcke von der Kompilierung ausgenommen (bzw. hinzugefügt) werden, das heißt der IL-Code wird für die ausgenommenen Quellcodeteile erst gar nicht erzeugt. Sie können damit verschiedene Varianten (z.B. Vollversion, Schulversion, Sharewareversion, Debugversion, usw.) eines Programms handhaben.

In der ersten Variante wird das Programm im normalen Modus, nicht im Testlauf, ausgeführt, wobei die Methode Add() als Rückgabewert das Ergebnis des Ausdrucks in Zeile 53 liefert. Die Zeilen 46 bis 49 existieren nicht in der kompilierten Version des Programms.

Anders bei der zweiten Variante, die mit der Compileroption */define:TESTLAUF* kompiliert wurde. Als Rückgabewert erhält man den Wert 0. Hier werden die Zeilen 51 bis 54 nicht in die kompilierte Version des Programms übernommen.

Im Programm werden zwei weitere Direktiven verwendet: #warning und #line.

```
12: #warning Programm läuft im Testlauf
13: #line 1000
```

Die Zeile 12 generiert eine benutzerdefinierte Warnung, die während des Kompiliervorganges ausgegeben wird. Somit weiß z.B. ein anderer Entwickler, der das Programm zum erstenmal kompiliert, dass das Programm auf diese Weise für den Testlauf erzeugt wird. Die Zeile 12 führt zu folgender Ausgabe:

```
weitereDirektiven.cs(12,11): warning CS1030: #warning: 'Programm läuft
im Testlauf'
```

In der Zeile 13 wurde eine #line-Direktive eingesetzt. Diese bewirkt, dass die aktuelle Zeile eine neue Startnummer erhält, der Compiler also ab dieser Stelle nicht mehr die wirklichen Zeilennummern des Quellcodes verwendet, sondern benutzerdefinierte. Konkret wird mit #line 1000 die aktuelle Zeile mit der Startnummer 1000 versehen, die folgende Zeile bekommt 1001 usw. Der Vorteil ist, dass man bestimmte Quellcodeteile, in denen ein Fehler vermutet wird, durch eigene Zeilennummernbereiche kennzeichnen kann und auf diese Weise mehr Transparenz bei der Fehlersuche erhält. Sie können z.B. in 1000-er Schritten die Methoden einer Klasse für den Testlauf durchnummerieren.

#region – #endregion

Die beiden Direktiven #region und #endregion erlauben es, Codeteile derart zu kennzeichnen, dass sie innerhalb von Visual Studio .NET ein- und ausgeblendet werden können. Auf diese Weise lassen sich Codeteile – nicht nur solche für Debugzwecke – zeitweise verstecken, wodurch die Übersicht erhöht wird.

Fügen Sie in der Programmierumgebung von Visual Studio .NET folgende Direktiven dem Quellcode von *weitereDirektiven.cs* hinzu:

```
...
26:         #region SetzeTestWerte
27: #if TESTLAUF
28:     iZahl1 = 5;
29:     iZahl2 = 7;
30: #endif
31:         #endregion
...
```

Die Auswirkung der #region- und #endregion-Direktiven ist rein visueller Natur:

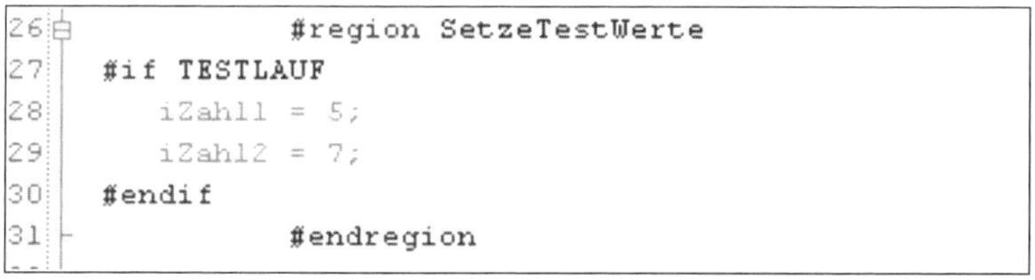

Abbildung 16.1: #region- und #endregion-Direktiven

In der Zeile 26 sehen Sie einen Knoten, der jetzt geöffnet ist. Wenn Sie diese Codeteile bei der Programmierung stören, können Sie diesen Knoten zuklappen, indem Sie mit der Maus auf den Knoten klicken.

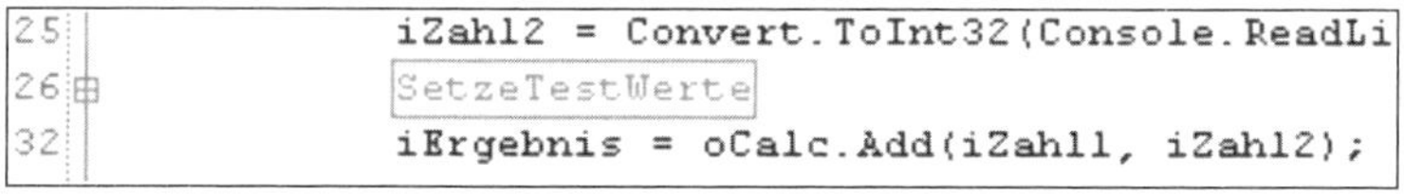

Abbildung 16.2: Zugeklappte Region

16.4 Der Visual Studio-Debugger

Ein Debugger ist ein Programm, das bei der Fehlersuche, Diagnose und Fehlerbeseitigung hilft. Es erlaubt, Inhalte von Variablen und Objekten zur Laufzeit anzuzeigen, die Programmausführung an bestimmten Stellen zu unterbrechen und Codeteile schrittweise auszuführen. Ohne Debugger ist eine effektive Softwareentwicklung kaum denkbar.

Testen und Debuggen

In der Praxis besteht eine Debug-Sitzung typischerweise aus 3 Schritten, die mehrfach hintereinander wiederholt werden, bis die Ursache gefunden und beseitigt ist:

1. **Programm im Debugger ausführen.** Um das Programm, das Sie gerade in der Visual Studio-IDE bearbeiten, im Debugger auszuführen, rufen Sie den Befehl DEBUGGEN/STARTEN auf. Nach Aktivierung des Debuggers wird dieser Befehl im Menü durch den Befehl DEBUGGEN/WEITER ersetzt, mit dem Sie ein im Debugger angehaltenes Programm fortsetzen können.

2. **Programmausführung anhalten.** An den Stellen des Programms, die Ihnen verdächtig vorkommen und in denen Sie einen Fehler vermuten, halten Sie die Ausführung des Programms an. Dazu setzen Sie Haltepunkte oder lassen das Programm schrittweise ausführen.

3. **Programmzustand prüfen.** Bevor Sie das Programm weiter ausführen lassen, sehen Sie sich in den Anzeigefenstern des Debuggers (Aufruf über DEBUGGEN/FENSTER) Informationen über den aktuellen Zustand des Programms an, beispielsweise den Inhalt von Variablen, den Zustand des Aufrufstacks oder der Register. Mit Hilfe dieser Informationen versuchen Sie Rückschlüsse auf Ort und Art des Fehlers zu ziehen.

Vorbereitung des Programms für das Debuggen

Um die für den Debugger erforderlichen Debug-Informationen in ein Programm aufzunehmen, müssen Sie das Programm in der Debug-Konfiguration kompilieren.

Projekteinstellungen und Konfigurationen

In der Visual Studio-Umgebung können Sie über das Dialogfeld EIGENSCHAFTENSEITEN (Aufruf über den Menübefehl ANSICHT/EIGENSCHAFTENSEITEN; im Projektmappen-Explorer muss der Projektknoten ausgewählt sein) festlegen, wie das aktuelle Programm zu kompilieren ist, in welches Verzeichnis die erzeugten Dateien kopiert werden sollen usw. Um Ihnen die Arbeit mit den Projekteinstellungen zu vereinfachen, bietet Visual Studio die Möglichkeit, den jeweils aktuell ausgewählten Satz von Projekteinstellungen in Form einer »Konfiguration« zu speichern, und stellt gleich zwei Konfigurationen standardmäßig zur Verfügung:

Debug	In dieser Konfiguration sind die Schalter zur Aufnahme von Debug-Informationen für den Debugger gesetzt, Optimierungen sind dagegen deaktiviert. Verwenden Sie diese Konfiguration während der Arbeit an Ihrem Projekt.
Release	In dieser Konfiguration sind die Schalter zur Aufnahme von Debug-Informationen für den Debugger deaktiviert, Optimierungen sind eingeschaltet. Diese Konfiguration ist für die abschließende Erstellung des fertigen Programms gedacht.

Über den Befehl ERSTELLEN/KONFIGURATIONS-MANAGER können Sie eine bestehende Konfiguration auswählen (und auch neue Konfigurationen anlegen). Über das Dialogfeld EIGENSCHAFTENSEITEN (Aufruf über ANSICHT/EIGENSCHAFTENSEITEN) lassen sich bestehende Konfigurationen anpassen (Sie müssen nur im Listenfeld KONFIGURATION die gewünschte Konfiguration auswählen und dann die Projekteinstellungen auf den verschiedenen Seiten bearbeiten).

Programm in Debugger laden und starten

Nachdem Sie Ihre Anwendung mit den Debug-Einstellungen kompiliert haben, können Sie die Anwendung im Debugger ausführen.

Rufen Sie dazu den Befehl DEBUGGEN/STARTEN auf. Das Programm wird dann ganz, bis zur Anforderung einer Benutzereingabe oder bis zu einem zuvor von Ihnen gesetzten Haltepunkt, ausgeführt.

Wenn Sie eine Debug-Sitzung starten, erscheinen abhängig von Ihren Visual Studio-Einstellungen verschiedene Debug-Fenster.

Der nächste Schritt besteht darin, die Anwendung gezielt anzuhalten, um sich dann über den aktuellen Zustand des Programms zu informieren.

Programm anhalten

Ein laufendes Programm kann

- entweder mit Hilfe des Befehls DEBUGGEN/ALLE UNTERBRECHEN oder
- mit Hilfe von Haltepunkten

angehalten werden.

Haltepunkte setzen

Die einfachste Möglichkeit, einen Haltepunkt zu setzen, besteht darin, mit der Maus in die graue Spalte links neben der Quelltextzeile zu klicken (oder den Cursor an die gewünschte Position im Quellcode zu bewegen und F9 zu drücken). Ein roter Punkt links der Programmzeile zeigt an, dass in der Quelltextzeile ein Haltepunkt gesetzt wurde (siehe Abbildung 16.3). Kommt der Debugger bei der Ausführung des Programms zu dem Code, der dieser Quelltextzeile entspricht, hält er das Programm an und ermöglicht Ihnen die Kontrolle der Variablen des Programms (siehe Debug-Fenster).

```
Wallis.cs*
Kap16.CDebug                    Main(string[] args)
          double dPiHalbe, dFaktor1, dFaktor2;

          dPiHalbe = 1;
          n = 10;

          for(i = 1; i <= n; i++)
          {
              dFaktor1 = (double)(2*i)/(2*i-1);
              dFaktor2 = (double)(2*i)/(2*i+1);
              dPiHalbe= dFaktor1 * dFaktor2;
              Console.WriteLine("{0}  (Näherung)",dPiHalbe);
          }
```

Abbildung 16.3: Haltepunkt setzen

Haltepunkte deaktivieren oder löschen

Um einen Haltepunkt zu löschen, klicken Sie auf den roten Punkt in der grauen Spalte (oder setzen Sie den Cursor in die Zeile mit dem Haltepunkt und drücken Sie erneut die Taste F9).

Wollen Sie den Haltepunkt gesetzt lassen (für spätere Verwendung), ihn aber im Moment beim Debuggen nicht berücksichtigen, können Sie ihn im Haltepunktfenster deaktivieren. Rufen Sie dazu das Haltepunktfenster auf (Befehl DEBUGGEN/FENSTER/HALTEPUNKTE) und deaktivieren Sie den Haltepunkt, indem Sie auf die zugehörige Optionsschaltfläche klicken (das Häkchen verschwindet). Ein weiterer Klick schaltet den Haltepunkt wieder ein.

Programm schrittweise ausführen

Interessant ist aber nicht nur das Anhalten des Programms im Debugger, sondern auch die schrittweise Ausführung:

Debug-Befehl	Kürzel	Beschreibung
EINZELSCHRITT	F11	führt die jeweils nächste Programmzeile Ihrer Quelldatei aus. Ist in dieser Programmzeile ein Methodenaufruf enthalten, verzweigt die Einzelschrittausführung in diese Methode.
PROZEDURSCHRITT	F10	ähnlich wie EINZELSCHRITT. Die schrittweise Ausführung verzweigt jedoch nicht in Methoden. Stattdessen werden Methoden vollständig – als Einheit – ausgeführt.
AUSFÜHREN BIS RÜCKSPRUNG	⇧ + F11	führt die aktuelle Methode aus.

Tabelle 16.2: Befehle zur schrittweisen Ausführung

Der Visual Studio-Debugger

Die in der Tabelle aufgelisteten Befehle zur schrittweisen Ausführung sind nach dem Start der Debug-Sitzung verfügbar.

Die Debug-Fenster

Die Debug-Fenster sind die Ausgabefenster des Debuggers. Hier kann man sich Informationen über den aktuellen Zustand des Programms (Werte von Variablen, Aufrufstack) anzeigen lassen. Alle Debug-Fenster können über das Menü DEBUGGEN/FENSTER aufgerufen werden.

Das Fenster Überwachen

Name	Wert	Typ
dPiHalbe	1.0	double
dFaktor1	0.0	double
dFaktor2	0.0	double

Abbildung 16.4:
Das Fenster Überwachen

Dieses Fenster dient dazu, Werte ausgewählter Variablen zu überwachen.

- Um eine neue Variable zur Überwachung einzurichten, klicken Sie einfach in die leere Schablone in der Spalte NAME, und geben Sie den Namen der zu überwachenden Variablen (oder einen Ausdruck) ein. Alternativ können Sie einen Namen auch per Ziehen und Ablegen aus Ihrem Quelltext in das Feld ziehen.

- In der Spalte WERT wird der aktuelle Inhalt der Variablen angezeigt (bei Ausdrücken der Wert des berechneten Ausdrucks). Wenn Sie hier einen Wert ändern, wird die Änderung an das Programm weitergereicht. Sie können auf diese Weise das Programm einfach für verschiedene Variablenwerte testen.

- Um eine Variable aus der Überwachungsliste zu streichen, markieren Sie den Eintrag der Variablen, und drücken Sie die [Entf]-Taste.

- Zur übersichtlicheren Verwaltung der zu überwachenden Ausdrücke stellt Ihnen das Fenster vier einzelne Seiten zur Verfügung, die Sie über das Untermenü DEBUGGEN/FENSTER/ÜBERWACHEN aufrufen können.

> Um sich schnell über den Inhalt einer aktuellen Variablen zu informieren, können Sie statt dieses Fensters auch die Debugger-Unterstützung des Texteditors nutzen. Positionieren Sie hierfür einfach den Mauszeiger auf den Bezeichner

565

der Variablen und lassen Sie den Mauszeiger kurze Zeit an dieser Position. Daraufhin wird der Variableninhalt in einem Textfeld angezeigt.

Das Fenster Aufrufliste

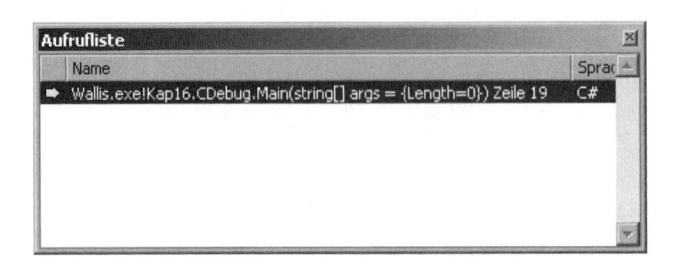

Abbildung 16.5:
Das Fenster Aufrufliste

Dieses Fenster zeigt, welche Methoden bis zum Erreichen der aktuellen Ausführungsposition aufgerufen (und noch nicht beendet) wurden. Sie können in diesem Fenster also die Aufrufabfolge der Methoden (einschließlich der Parameterwerte) und den aktuellen Zustand des Programmstacks kontrollieren.

Die Variablen-Fenster Auto, Lokal und This

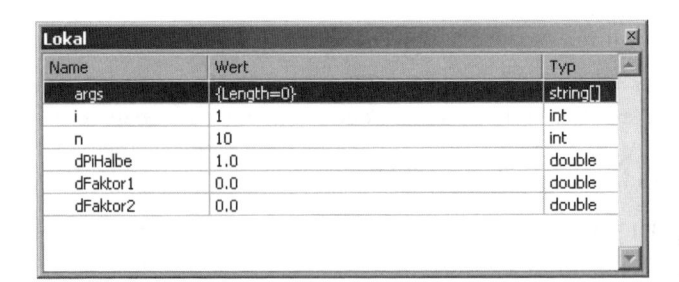

Abbildung 16.6:
Das Fenster Lokal

Mit Hilfe dieser Fenster können Sie sich schnell und bequem über die Inhalte der aktuellen Variablen informieren.

- Das Fenster AUTO zeigt Informationen über die Variablen der aktuellen Anweisung sowie der vorangegangenen Anweisung an.

- Das Fenster LOKAL zeigt die Namen und Werte aller lokalen Variablen der aktuellen Methode an. Wenn Sie durch das Programm gehen, werden je nach Kontext andere Variablen angezeigt.

- Das Fenster THIS zeigt Namen und Inhalt des Objekts an, auf das der this-Zeiger gerichtet ist. Alle Basisklassen des Objekts werden automatisch eingeblendet.

Variablen zur Überwachung können in diesen Fenstern nicht eingerichtet werden. Verwenden Sie für diesen Zweck das Fenster ÜBERWACHEN.

Die Fenster Arbeitsspeicher, Register, Disassembly

Diese drei Fenster zeigen den Inhalt des Arbeitsspeichers, das Prozessorregister sowie den disassemblierten Quellcode.

Weitere Debug-Möglichkeiten

Neben den oben vorgestellten klassischen Debug-Optionen stellen Ihnen IDE und Debugger noch drei weitere sehr interessante Debug-Möglichkeiten zur Verfügung:

- DatenInfo,
- Schnellüberwachung und
- Bearbeiten und Fortfahren.

DatenInfo

DatenInfo ähnelt dem bekannten QuickInfo, das in den meisten Anwendungsprogrammen kurze Hinweise zu Schaltflächen und anderen Steuerelementen anzeigt, wenn der Mauszeiger kurze Zeit darüber positioniert wird. Entsprechend funktioniert das DatenInfo: Bewegen Sie den Mauszeiger während des Debug-Vorgangs auf den Namen eines Symbols, das ausgewertet werden kann, wird der Wert des Symbols in einem kleinen Kästchen angezeigt (siehe Abbildung 16.7).

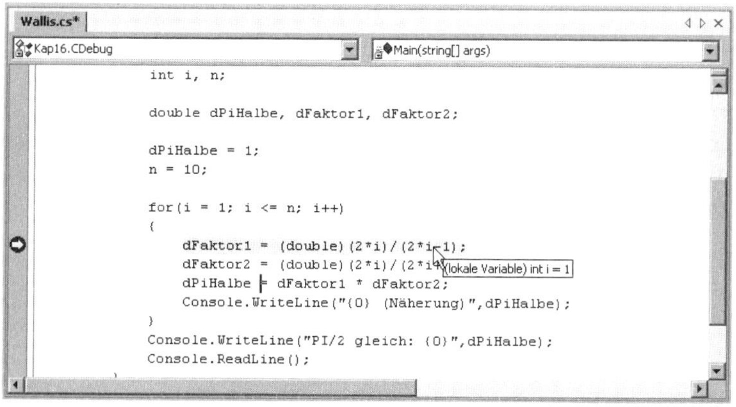

Abbildung 16.7: DatenInfo im Debug-Modus

Schnellüberwachung

Genügen Ihnen die Informationen des DatenInfos nicht, können Sie den Dialog SCHNELLÜBERWACHUNG aufrufen (siehe Abbildung 16.8). Wählen Sie dazu aus dem Menü DEBUGGEN den Eintrag SCHNELLÜBERWACHUNG aus. Befindet sich der Cursor auf einem Symbolnamen, erscheint das Symbol automatisch in dem Dialog. Ist stattdessen ein Ausdruck markiert, wird dieser in dem Dialog aufgelistet.

Die Funktion und der Aufbau des Dialogs SCHNELLÜBERWACHUNG gleicht der Funktion und dem Aufbau des Fensters ÜBERWACHEN. In der Spalte WERT können Sie die Werte der Variablen auch ändern.

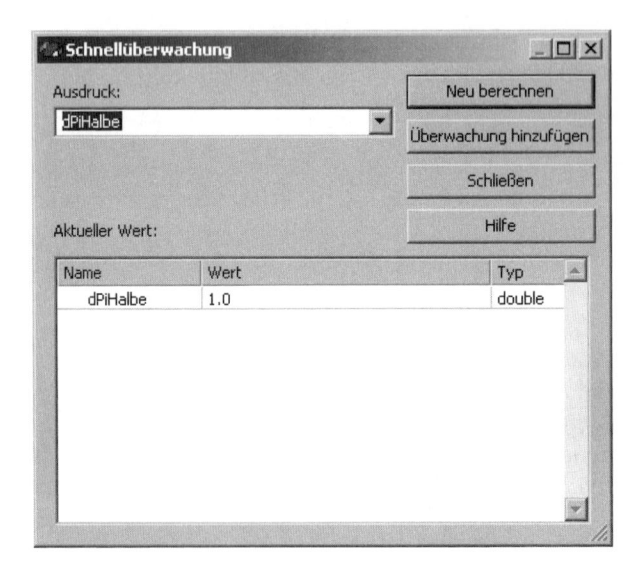

Abbildung 16.8: Schnellüberwachung

Bearbeiten und Fortfahren

Kompilierte Programme haben üblicherweise den Nachteil, dass sie recht unbequem zu debuggen sind. Wurde während einer Debug-Sitzung ein Fehler entdeckt, muss der Programmierer üblicherweise die Debug-Sitzung beenden, den Fehler im Editor beseitigen, die Anwendung neu kompilieren und dann erneut im Debugger testen.

Mit Visual Studio haben Sie die Möglichkeit, ein Programm während des Debuggens zu bearbeiten und dann mit der aktuellen Debug-Sitzung fortzufahren.

Wenn Sie während des Debuggens einen Fehler ausfindig gemacht haben, gehen Sie folgendermaßen vor:

1. Ändern Sie den Quelltext.

2. Rufen Sie den Befehl DEBUGGEN/CODEÄNDERUNGEN ÜBERNEHMEN auf und warten Sie, bis der Code automatisch neu kompiliert wurde. (Wenn Sie die Debug-Sitzung nach einem Haltepunkt fortsetzen, können Sie auf den Befehlsaufruf verzichten.)

3. Fahren Sie mit Ihrer Debug-Sitzung fort.

16.5 Zusammenfassung

Heute haben Sie erfahren, wie man bei der Software-Entwicklung mit Fehlern im Programm umgeht – die Fehler lokalisiert, analysiert und eliminiert.

Der klassische Vorgang des Debuggens ist, das Programm Schritt für Schritt, Zeile für Zeile zu analysieren, die Werte der Variablen zu kontrollieren und eventuelle logische Fehler zu beseitigen.

Aber genügt das? Für die meisten Anwendungen mag dies ausreichen. Für große, komplexe Systeme, an die hohe Maßstäbe an Betriebssicherheit, Stabilität und fehlerfreier Ausführung gelegt werden, kann es ratsam sein, mit Hilfe der Compiler-Direktiven die Strategie der defensiven Programmierung anzuwenden. Dabei wird die Entwicklung eines Softwaresystems häufig von hinten begonnen, d.h. es wird zuerst eine Testumgebung aufgesetzt und Schablonen mit bedingt kompilierbarem Code angefertigt, die von Anfang an verschiedene Testmodi implementieren. Der eigentliche Programmcode wird nach und nach hinzugefügt. Mit dieser Vorgehensweise können potenziell fehlerauslösende Situationen künstlich erzeugt und von Anfang an in die Entwicklungs- und Debugphase einfließen.

16.6 Workshop

Der Workshop enthält Quizfragen, die Ihnen helfen sollen, Ihr Wissen zu festigen, und Übungen, die Sie anregen sollen, das eben Gelernte umzusetzen und eigene Erfahrungen zu sammeln. Versuchen Sie, das Quiz und die Übungen zu beantworten und zu verstehen, bevor Sie zur Lektion des nächsten Tages übergehen.

Fragen und Antworten

F *Welcher Unterschied besteht zwischen den Konfigurationen Debug und Release?*

A In der Debugkonfiguration eines Programms sind die Debug-Informationen für den Debugger gesetzt. Der Debugcode, der durch diese Konfiguration erstellt wird, enthält keine Optimierungen und ist größer. Die Releasekonfiguration eines Programms ist das fertige Produkt der Entwicklung. Hier existieren keine Debug-Informationen. Der Compiler optimiert hierbei den Code.

F *Sollte man die Symbole bei der Verwendung von Direktiven am besten im Programm definieren oder bei der Kompilierung?*

   A Wenn Sie in einem Programm Direktiven verwenden, ist es ratsam, dass Sie die Symbole bei der Kompilierung mit angeben. Der Nachteil, der bei der Definition von Symbolen im Programm entsteht, ist jener, dass Sie von außen keinen Einfluss mehr nehmen können und die Programmstruktur nicht steuern können.

F *Ist die defensive Programmierung nicht zu umständlich und zeitaufwändig?*

   A Ja und Nein! Die defensive Programmierung ergibt nur in komplexen, großen Programmen Sinn. Bei einfachen Programmen ist der Debugger die beste Lösung. Die defensive Programmierung wird z.B. gerne bei Systemen, die die Sicherheit betreffen, eingesetzt, um zu testen, wie das Programm bei Grenzwerten und Fehlern reagiert.

Quiz

1. Wie definiert / aktiviert man Symbole im Programmcode?
2. Wie definiert man Symbole mit Hilfe des Compilers / Compileroption?
3. Welcher Namensraum wird benötigt, wenn man mit Debug- und Traceklassen arbeiten möchte?
4. Wie kann man im Programm mit Hilfe von Direktiven die Zeilennummer, die der Compiler anzeigt, ändern?
5. Welche Arten von Fehlern werden durch den Compiler entdeckt?
6. Mit welchen Direktiven können Sie Teile des Programmcodes in Regionen aufteilen?

Übungen

1. Was wird in der Konsole ausgegeben – »Testlauf« oder »Kein Testlauf«?

   ```
   #define TESTLAUF

   using System;

   namespace Kap16
   {
   ```

```
    class Class1
    {
#if !TESTLAUF
      static void Main(string[] args)
      {
         Console.WriteLine("Kein Testlauf");
         Console.ReadLine();
      }
#else
      static void Main(string[] args)
      {
         Console.WriteLine("Testlauf");
         Console.ReadLine();
      }
#endif
    }
}
```

2. Wird folgender Code richtig ausgeführt? Wenn nicht, verbessern Sie diesen und ändern Sie den Code so, dass die Methode Main() des »Testlauf« mit der Zeilennummer 1000 beginnt.

```
#define TESTLAUF

using System;

#if TESTLAUF
namespace Kap16
#else
namespace KapXX
#endif
{
    class CTest
    {
#if !TESTLAUF
      static void Main(string[] args)
      {
         Console.WriteLine("Testlauf ?");
         Console.ReadLine();
      }
#else
      static void Main(string[] args)
      {
         Console.WriteLine("Testlauf ?");
         Console.ReadLine();
      }
#endif
```

Testen und Debuggen

```
    }
}
```

3. Finden Sie den Fehler!

```csharp
#define TESTLAUF
#define TESTLAUF1

#if TESTLAUF
#warning Programm läuft im Testmodus allgemein
#elif TESTLAUF1
#warning Programm läuft im Testmodus 1
#endif

using System;

namespace Kap16
{
    class CTest
    {
#if !TESTLAUF
        static void Main(string[] args)
        {
            Console.WriteLine("Testlauf ?");
            Console.ReadLine();
        }
#else
        static void Main(string[] args)
        {
            Console.WriteLine("Testlauf ?");
            Console.ReadLine();
        }
#endif
    }
}
#undef TESTLAUF
```

Tag 17

Von der Klasse zur Komponente

Von der Klasse zur Komponente

Die Wiederverwendung von Code ist ein Prinzip, das sich schon zu den Anfängen der Programmierung immer mehr durchgesetzt hat. Wiederverwendbarer Code erhöht die Produktivität in der Entwicklung und verbilligt die Kosten bei der Softwareproduktion. Die berühmte Redewendung – Warum das Rad zweimal erfinden? – ist ein wesentlicher Grundsatz in der Programmierung. Um wiederverwendbaren Code zu erstellen, sind Komponenten das geeignete Mittel. Wird eine Komponente erstellt, optimiert, getestet und anschließend verwendet, so *funktioniert* sie. Bei der Verwendung von Komponenten ist das die wichtigste Eigenschaft – die Komponente verrichtet den Dienst zuverlässig und man kann sie nutzen, ohne sich Gedanken darüber machen zu müssen, wie sie intern arbeitet.

Heute lernen Sie

- einfache Komponenten zu erstellen,
- den Umgang mit Assistenten von Visual Studio .NET,
- die Basics zur Threadprogrammierung,
- den Unterschied zwischen Prozess und Thread,
- den Unterschied zwischen Multitasking und Multithreading.

17.1 Eine einfache Komponente erstellen

Dieser Abschnitt führt Sie Schritt für Schritt mit Hilfe von Assistenten zur fertigen Komponente.

Erste Schritte

Sie werden sehen, dass Komponenten für das .NET Framework sehr leicht zu erstellen sind. Im Prinzip dient eine Komponente als Bibliothek für Klassen, Methoden usw. Hierin verpackt man alle programmtechnischen Aufgaben, die man des Öfteren benötigt. Visual Studio .NET ermöglicht es, mit einfachen Schritten eine Komponente zu erstellen.

1. Starten Sie zunächst Visual Studio .NET.
2. Wählen Sie den Befehl DATEI/NEU/PROJEKT...
3. Klicken Sie auf den Ordner VISUAL C#-PROJEKTE, anschließend markieren Sie die VORLAGE KLASSENBIBLIOTHEK.

Eine einfache Komponente erstellen

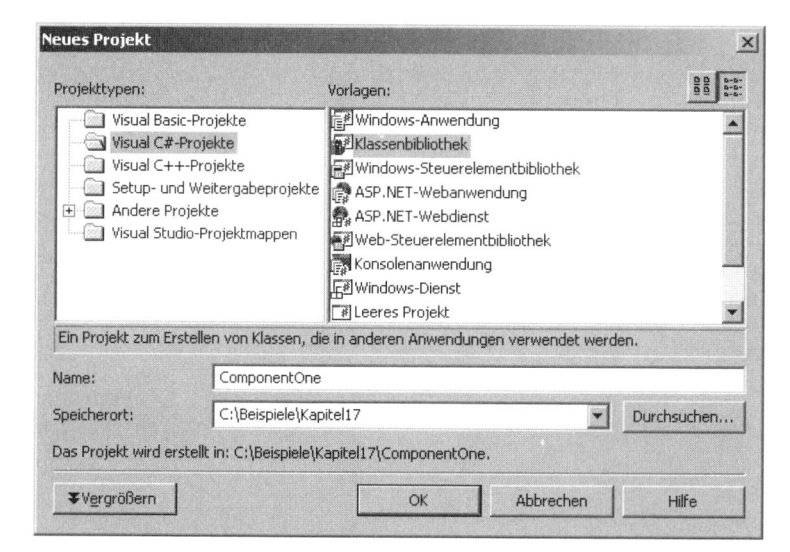

Abbildung 17.1: Neues Projekt

4. In der Textbox NAME tragen Sie einen Namen für die Komponente ein. In unserem Fall vergeben wir den Namen *ComponentOne*.

5. Klicken Sie auf OK, das Projekt wird nun erstellt.

6. Im Textbereich von Visual Studio .NET sehen Sie jetzt folgenden Quellcode:

```
01: using System;
02:
03: namespace ComponentOne
04: {
05:    /// <summary>
06:    /// Zusammenfassende Beschreibung für Class1.
07:    /// </summary>
08:    public class Class1
09:    {
10:       public Class1()
11:       {
12:          //
13:          // TODO: Fügen Sie hier die Konstruktorlogik hinzu
14:          //
15:       }
16:    }
17: }
```

Das Auffallende an diesem Projekt ist, dass der Quellcode keine Methode `Main()` enthält. Somit ist auch klar, dass diese Komponente nicht direkt aufgerufen werden kann. Das Projekt enthält eine Klasse `Class1` und deren Konstruktor. Passen wir nun die Komponente auf die Namenskonvention des Buches an. Der Namensraum `ComponentOne` wird ersetzt durch `Kap17`. Den Namen der Klasse und des Konstruktors ändern wir in `CCom1`. Die Zeilen 5 bis 7 und 12 bis 14 können wir vorerst einmal löschen. Der Quellcode der Komponente sieht dann folgendermaßen aus:

```
01: using System;
02:
03: namespace Kap17
04: {
05:     public class CCom1
06:     {
07:         public CCom1()
08:         {
09:         }
10:
11:     }
12: }
```

So weit, so gut. Betrachten wir einmal den dargestellten Quellcode in der KLASSENANSICHT. Gehen Sie hierzu im Menü auf ANSICHT/KLASSENANSICHT. Nach dem Aufruf sollten Sie folgendes Fenster sehen.

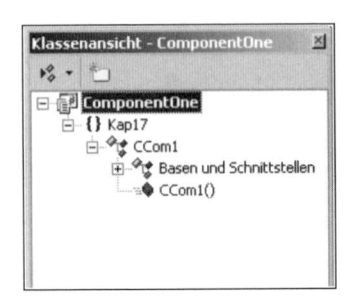

Abbildung 17.2:
Klassenansicht

In der KLASSENANSICHT sieht man alle Namensräume, Klassen, Methoden, Eigenschaften usw., die zu der Komponente gehören, strukturiert gegliedert. Unsere Komponente `ComponentOne` enthält den Namensraum `Kap17`, der durch die beiden geschweiften Klammern gekennzeichnet wird. Der Namensraum `Kap17` enthält eine Klasse namens `CCom1`, die durch drei miteinander verbundene Rechtecke gekennzeichnet ist, mit dem Konstruktor `CCom1()`, symbolisiert durch einen violetten Quader.

Eine Methode einbinden

Wenn Sie jetzt eine Methode hinzufügen wollen, können Sie das direkt im Quellcode machen, oder Sie verwenden hierzu den Assistenten, den die Entwicklungsumgebung bereitstellt.

Eine einfache Komponente erstellen

1. Markieren Sie hierzu in der KLASSENANSICHT die Klasse CCom1.
2. Öffnen Sie das Kontextmenü mit der rechten Maustaste.
3. Rufen Sie den Befehl HINZUFÜGEN auf.
4. Wählen Sie den Menüpunkt METHODE HINZUFÜGEN... aus.

Daraufhin wird der C#-Methoden-Assistent gestartet.

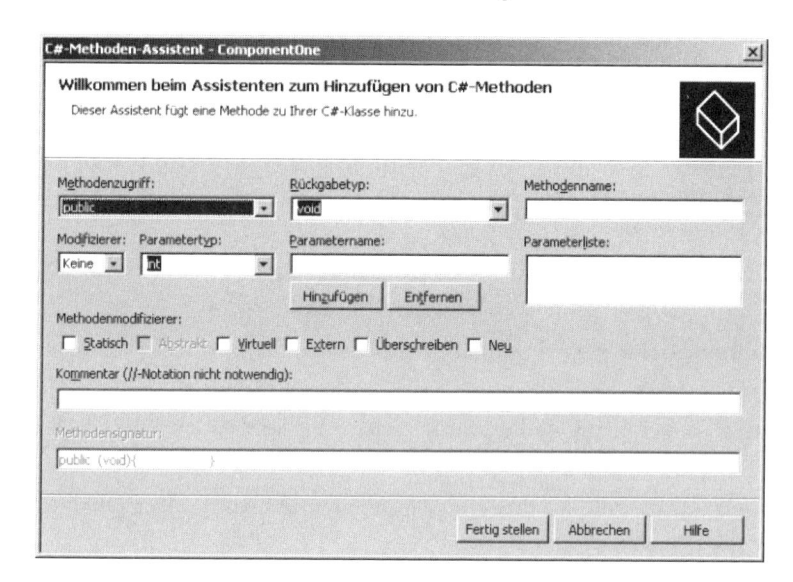

Abbildung 17.3: C#-Methoden-Assistent

Im oberen Bereich erstellen Sie die Methodendefinition. Hier können Sie den Zugriff auf die Methode definieren, den Rückgabewert angeben und der Methode einen Namen zuweisen. Etwas weiter unten legen Sie die Parameter fest, die die Methode enthalten soll. In dem Bereich METHODENMODIFIZIERER können Sie noch spezielle Modifikationen der Methode angeben. Im langen Eingabefeld darunter lassen sich der Methode noch Kommentare mitgeben, die die Methode beschreiben. In der untersten – nicht beschreibbaren – Zeile wird abhängig von Ihrer Auswahl die Signatur der Methode angezeigt.

Die Komponente, die hier entwickelt wird, soll den Vor- und Nachnamen einer Person einlesen und diese in Großbuchstagen umwandeln. Der Zugriff auf die Methode ist public, der Rückgabewert ein string und der Name der Methode ist FormatName(). Diese Methode enthält zwei Parameter, die den Nachnamen und Vornamen aufnehmen. Hierzu gehen Sie mit Hilfe des C#-Methoden-Assistenten folgendermaßen vor:

1. Wählen Sie im Feld METHODENZUGRIFF public aus.
2. Wählen Sie im Feld RÜCKGABETYP den Datentyp string.
3. Als Name für die Methode geben Sie im Feld METHODENNAME den Text FormatName ein.

Von der Klasse zur Komponente

Betrachten Sie nebenbei die METHODENSIGNATUR. Diese Signatur darf nur einmal in einer Klasse vorkommen:

public string *FormatName*(void){}

Als Nächstes fügen wir der Methode im zweiten Bereich des C#-Methoden-Assistenten Parameter hinzu.

1. Das Feld MODIFIZIERER enthält den Wert KEINE, da die Parameter, die hier für die Methode erzeugt werden sollen, Werteparameter darstellen.
2. Im Feld PARAMETERTYP wird der Datentyp des Parameters festgelegt. In unserem Fall der Typ string.
3. Im Feld PARAMETERNAME wird ein eindeutiger Name für den Parameter vergeben. Da die Methode die Information von Nachnamen und Vornamen benötigt, geben Sie in das Feld den Text vorname ein.
4. Fügen Sie mit Klick auf HINZUFÜGEN den soeben erstellten Parameter in die PARAMETERLISTE ein.
5. Führen Sie die Schritte 1 bis 4 noch einmal durch, aber jetzt mit dem Parameternamen nachname.
6. Fügen Sie nun die Methode dem Quelltext hinzu, indem Sie auf FERTIG STELLEN klicken.

Sie sehen jetzt im Quelltext, dass die Methode hier implementiert wurde. Der Quelltext sollte jetzt folgendermaßen aussehen.

```
using System;

namespace Kap17
{
    public class CCom1
    {
        public CCom1()
        {
        }

        public string FormatName(string vorname, string nachname)
        {
            return null;
        }
    }
}
```

Sollte Ihnen im C#-Methoden-Assistenten ein Fehler unterlaufen sein, so brauchen Sie den Vorgang nicht noch einmal zu wiederholen. Passen Sie die Methode im Quelltext einfach so an, wie er oben dargestellt ist.

Eine Eigenschaft einbinden

Die Komponente soll auch noch zwischen Herr und Frau unterscheiden können. Diese Funktionalität wird hier mit einer Eigenschaft realisiert. Hierzu gibt es ebenfalls einen Assistenten, den C#-Eigenschaften-Assistenten. Gehen Sie folgendermaßen vor:

1. Markieren Sie in der KLASSENANSICHT die Klasse CCom1.
2. Öffnen Sie das Kontextmenü mit der rechten Maustaste.
3. Rufen Sie den Befehl HINZUFÜGEN auf.
4. Wählen Sie den Menüpunkt EIGENSCHAFT HINZUFÜGEN... aus.

Daraufhin wird der C#-Eigenschaften-Assistent gestartet.

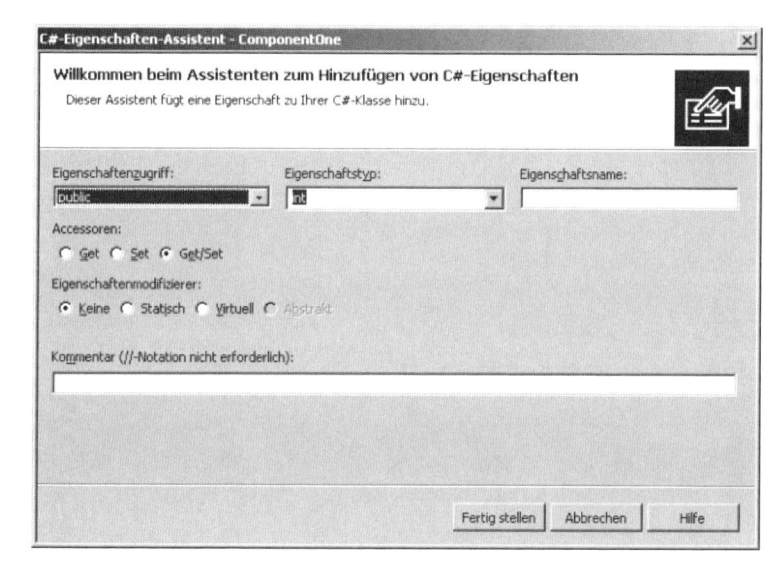

Abbildung 17.4: C#-Eigenschaften-Assistent

Im oberen Bereich legen Sie den Zugriff auf die Eigenschaft fest sowie den Datentyp und den Namen. Etwas weiter unten steuern Sie die Lese- bzw. Schreibberechtigung der Eigenschaft (nur lesen, nur schreiben oder beides). Unter EIGENSCHAFTENMODIFIZIERER kann man noch zusätzliche Modifikationen vornehmen, um das Verhalten der Eigenschaft für die Verwendung dieser zu ändern. Die lange Eingabezeile unten dient zum Kommentieren der Eigenschaft.

Die Eigenschaft, die hier benötigt wird, ist die Unterscheidung zwischen der Anrede Herr oder Frau. Da exakt zwei Werte benötigt werden, eignet sich der Datentyp `bool` für die Aufgabe, wobei `true` für Herr und `false` für Frau verwendet werden soll. Gehen Sie hierzu folgendermaßen vor:

1. Im Feld EIGENSCHAFTSZUGRIFF wählen Sie für den Zugriff auf die Eigenschaft public aus.
2. Der Datentyp für die Eigenschaft soll vom Typ bool sein. Wählen Sie hierzu im Feld EIGENSCHAFTSTYP den Eintrag bool aus.
3. Da es sich um eine Anrede handeln soll, benennen Sie im Feld EIGENSCHAFTSNAME die Eigenschaft mit Anrede.
4. Der Eigenschaftswert soll sowohl gesetzt als auch gelesen werden können. Wählen Sie im Bereich ACCESSOREN die Option GET/SET.
5. Fügen Sie nun die Eigenschaft dem Quelltext hinzu, indem Sie auf FERTIG STELLEN klicken.

Der Quelltext der Komponente sieht nach der Erstellung der Eigenschaft folgendermaßen aus:

```
using System;

namespace Kap17
{
    public class CCom1
    {
        public CCom1()
        {
        }

        public string FormatName(string vorname, string nachname)
        {
            return null;
        }

        public bool Anrede
        {
            get
            {
                return true;
            }
            set
            {
            }
        }
    }
}
```

Auch hier gilt wieder: Sollte Ihnen bei der Erstellung der Eigenschaft ein Fehler unterlaufen sein, können Sie diesen problemlos im Quelltext beheben.

Weiteren Code hinzufügen

Der strukturelle Aufbau der Komponente ist soweit fertig und theoretisch könnte man die Komponente schon in einem Programm verwenden. Aber was nützt schon eine leere Komponente ohne Funktionalität! Die verschiedenen Assistenten, die Visual Studio .NET z. B. für die Erstellung von Methoden und Eigenschaften anbietet, implementieren nur die Struktur der Elemente. Nun liegt es am Entwickler, die einzelnen Elemente mit entsprechender Funktionalität auszustatten.

Die Methode FormatName() hat die Aufgabe, die Namen in Großbuchstaben umzuwandeln. Diese Funktionalität müssen wir in die Methode FullName() implementieren:

```
...
public string FormatName(string vorname, string nachname)
{
   string sFullName;
   sFullName = vorname + " " + nachname;
   return sFullName.ToUpper();
}
...
```

Die Methode FullName() deklariert hier eine lokale Variable namens sFullName vom Typ string. Diese Variable soll den Wert von vorname und nachname aufnehmen und mit der Methode ToUpper() in Großbuchstaben umwandeln. Der so formatierte Name wird dann anschließend an das aufrufende Programm zurückgegeben.

Die Komponente enthält auch noch als weiteres Element eine Eigenschaft namens Anrede. So wie der Quellcode der Eigenschaft jetzt arbeitet, wird immer der Wert true – Herr – zurückgegeben. Auch hier muss der Programmierer Hand anlegen:

```
   public class CCom1
   {
      bool bAnrede = true;

      public CCom1()
      {
      }
...
...
...
public bool Anrede
{
   get
   {
      return bAnrede;
   }
```

Von der Klasse zur Komponente

```
    set
    {
       bAnrede = value;
    }
  }
}
...
```

Hierzu wird eine globale Variable `bAnrede` in der Klasse `CCom1` deklariert und mit dem Wert `false` initialisiert. Für die Lebensdauer der Komponente enthält die Variable `bAnrede` den im aufrufenden Programm gesetzten Wert, `true` oder `false`. Jetzt, wo die einzelnen Elemente mit Funktionalität ausgestattet sind, können wir die Komponente erstellen lassen. Vergleichen Sie zuvor noch einmal den hier abgebildeten Quellcode mit Ihrem Ergebnis.

Listing 17.1: Class1.cs des Projekts ComponentOne

```
using System;

namespace Kap17
{
   public class CCom1
   {
      bool bAnrede = true;

      public CCom1()
      {
      }

      public string FormatName(string vorname, string nachname)
      {
         string sFullName;
         sFullName = vorname + " " + nachname;
         return sFullName.ToUpper();
      }

      public bool Anrede
      {
         get
         {
            return bAnrede;
         }
         set
         {
            bAnrede = value;
         }
      }
   }
}
```

Erstellen der Komponente

Wenn Sie mit Visual Studio .NET arbeiten, ist das Erstellen einer Komponente ein Leichtes. Gehen Sie hierzu im Menü von Visual Studio .NET auf den Menüpunkt ERSTELLEN und klicken anschließend auf den Menüpunkt PROJEKTMAPPE ERSTELLEN. Nun sollte folgendes Ergebnis im Ausgabefenster stehen:

```
------ Erstellen gestartet: Projekt: ComponentOne, Konfiguration: Debug .NET ------

Ressourcen werden vorbereitet...
Verweise werden aktualisiert...
Hauptkompilierung wird durchgeführt...

Build abgeschlossen -- 0 Fehler, 0 Warnungen
Satellitenassemblies werden erstellt...



---------------------- Fertig ----------------------

    Erstellen: 1 erfolgreich, 0 fehlgeschlagen, 0 übersprungen
```

Komponenten kann man aber auch manuell kompilieren. Für das Beispiel oben gehen Sie folgendermaßen vor:

`csc /t:library ComponentOne.cs`

Mit der Compileroption `/t:library` teilen Sie dem Compiler mit, dass er aus der Datei *ComponentOne.cs* eine Bibliothek – Komponente – kompilieren soll. Die Datei, die daraus resultiert, sieht folgendermaßen aus:

`ComponentOne.dll`

Das ist die Komponente, die erstellt worden ist. Im Gegensatz zu ausführbaren Dateien, die die Dateierweiterung *.exe* besitzen, weist die Komponentendatei die Dateierweiterung *.dll* auf.

17.2 Der Client – Das Testprogramm

Der Unterschied zu allen vorhergehenden Programmbeispielen ist, dass eine Komponente nicht direkt ausgeführt werden kann und zusätzlich andere Compileroptionen benötigt. Um aber die Komponente testen zu können, muss man eine kleine Anwendung schreiben. Am besten eignet sich hier ein Konsolenprogramm, das die erstellte Komponente aufruft und verwendet.

Das Konsolenprogramm

Um die Komponente testen zu können, benötigen wir ein Konsolenprogramm. Hierzu müssen wir in Visual Studio .NET ein Konsolen-Projekt erstellen. Am besten fügen Sie dem vorhandenen Komponenten-Projekt ein Konsolen-Projekt hinzu, um eine bessere Übersicht über alle Teile des Programms zu haben. Gehen Sie dazu folgendermaßen vor:

1. Markieren Sie im PROJEKTMAPPEN-EXPLORER Ihre Projektmappe ComponentOne.

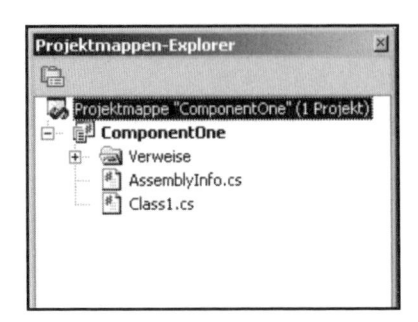

Abbildung 17.5: Projektmappen-Explorer

2. Öffnen Sie anschließend mit der rechten Maustaste das Kontext-Menü. Wählen Sie den Menüpunkt HINZUFÜGEN aus und klicken auf NEUES PROJEKT...

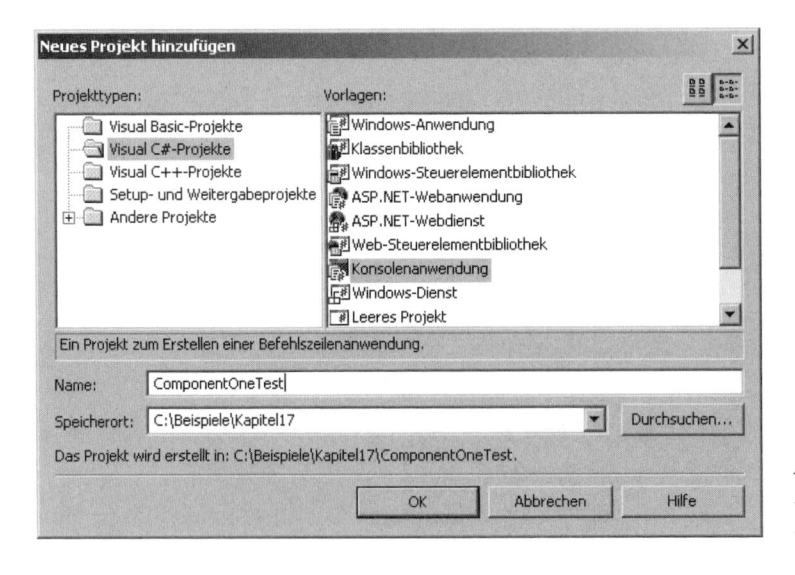

Abbildung 17.6: Neues Konsolen-Projekt

3. Wählen Sie im Ordner VISUAL C#-PROJEKTE die Vorlage KONSOLENANWENDUNG aus und vergeben als Projektname ComponentOneTest.

4. Bestätigen Sie mit OK.

Der Client – Das Testprogramm

Im Textbereich von Visual Studio .NET sehen Sie jetzt folgenden Quellcode:

```
using System;

namespace ComponentOneTest
{
   /// <summary>
   /// Zusammenfassende Beschreibung für Class1.
   /// </summary>
   class Class1
   {
      /// <summary>
      /// Der Haupteinstiegspunkt für die Anwendung.
      /// </summary>
       [STAThread]
      static void Main(string[] args)
      {
         //
         // TODO: Fügen Sie hier Code hinzu, um die Anwendung zu
         //       starten
         //
      }
   }
}
```

Betrachten Sie auch den PROJEKTMAPPEN-EXPLORER. Hier sind jetzt zwei Projekte zu sehen. Das Projekt ComponentOne und das Projekt ComponenteOneTest. Das Projekt ComponentOne ist mit fetten Buchstaben geschrieben. Dies bedeutet, dass das Projekt von Visual Studio .NET als Startprojekt herangezogen wird. Wie Sie aber bereits wissen, kann man Komponenten nicht direkt ausführen. Deshalb wurde ja das zweite Projekt ComponentOneTest hinzugefügt. Wir müssen der Programmierumgebung mitteilen, dass wir das Projekt ComponentOneTest als Startprojekt festlegen möchten. Gehen Sie hierzu folgendermaßen vor:

Abbildung 17.7:
Projektmappen-Explorer – 2 Projekte

1. Markieren Sie das Projekt ComponentOneTest.
2. Öffnen Sie mit der rechten Maustaste das Kontextmenü.
3. Wählen Sie den Menüpunkt ALS STARTPROJEKT FESTLEGEN aus.

Nachdem Sie die Schritte 1 bis 3 ausgeführt haben, sollte nun das Projekt ComponentOneTest fett geschrieben sein. Wird nun das Programm gestartet, fungiert die Konsolenanwendung als Startprojekt.

Referenzieren

In der Programmierumgebung von Visual Studio .NET sind zwar die beiden Projekte – Komponente und Testprogramm – zusammengefasst, jedoch sind beide noch nicht zueinander in Beziehung gesetzt. Um im Testprogramm die Komponente verwenden zu können, muss eine Referenz auf die Komponente eingerichtet werden. Hierzu gehen Sie folgendermaßen vor:

1. Wählen Sie im Menü von Visual Studio .NET den Menüpunkt PROJEKT aus.
2. Rufen Sie in diesem Menü den Menüpunkt VERWEIS HINZUFÜGEN... auf.

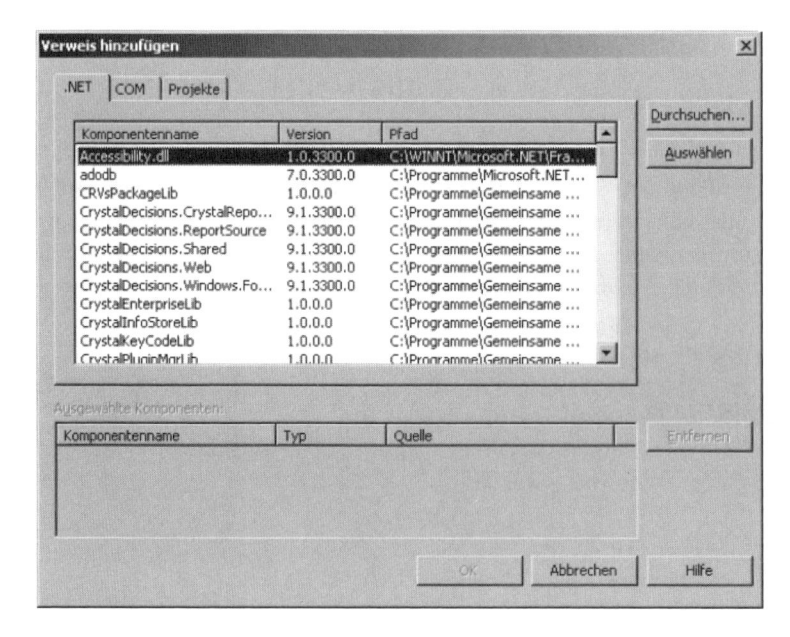

Abbildung 17.8: Referenzieren

3. Klicken Sie auf DURCHSUCHEN...

Der Client – Das Testprogramm

4. Wählen Sie Ihre Komponente ComponentOne.dll im Verzeichnis .../ComponentOne/bin/Debug aus.

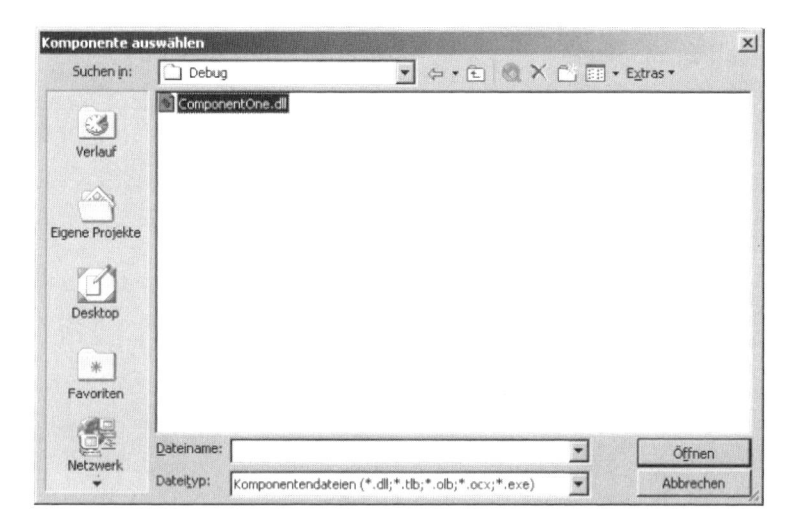

Abbildung 17.9: Komponente auswählen

5. Bestätigen Sie die ausgewählte Komponente mit ÖFFNEN.

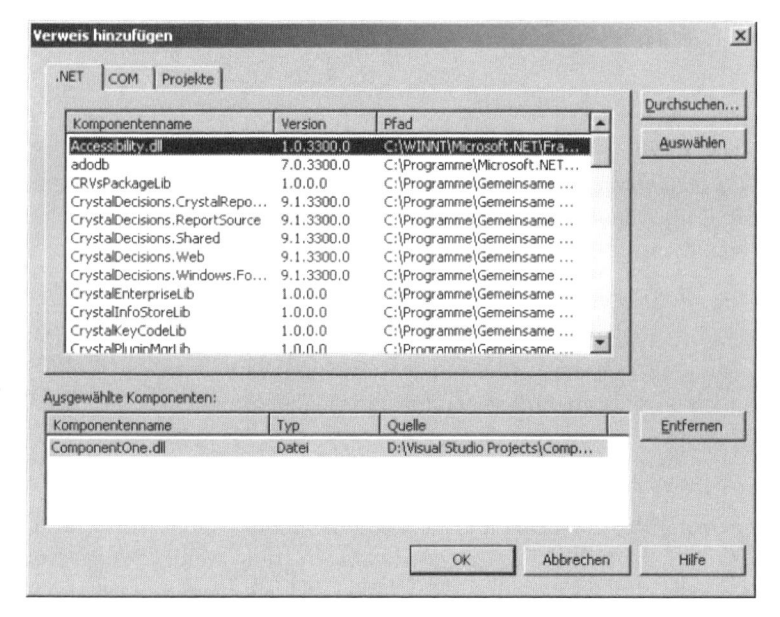

Abbildung 17.10: ComponentOne.dll als Referenz hinzufügen

Die gewählte Komponente sollte jetzt in der Liste AUSGEWÄHLTE KOMPONENTEN: aufgelistet sein. Auf diese Art und Weise können Sie mehrere Komponenten gleichzeitig für ein Projekt referenzieren.

6. Bestätigen Sie anschließend mit OK.

Erst zu diesem Zeitpunkt hat das Projekt ComponentOneTest von der Existenz der Komponente *ComponentOne.dll* Kenntnis. Sie können auch im PROJEKTMAPPEN-EXPLORER sehen, dass das Projekt ComponentOneTest eine weitere Referenz ComponentOne enthält.

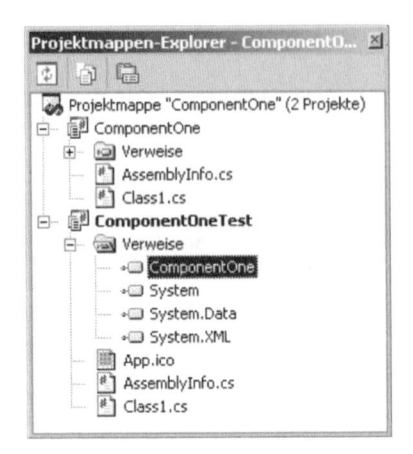

Abbildung 17.11:
ComponentOneTest mit Referenz auf ComponentOne.dll

Der Client-Code

Das Testprogramm *ComponentOneTest* enthält jetzt eine Referenz zu der Komponente *ComponentOne.dll*. Die Komponente ComponentOne.dll enthält eine Klasse CCom1, die man in gewohnter Weise instantiieren kann:

```
CCom1 oBriefkopf = new CCom1();
```

Das Projekt ComponentOneTest enthält zwar die Referenz auf die Komponente, aber das Programm weiß immer noch nicht, wo die Komponente zu finden ist. Die erste Möglichkeit besteht darin, dass man eine volle Qualifizierung für die Instanzbildung der Klasse CCom1 verwendet:

```
Kap17.CCom1 oBriefkopf = new Kap17.CCom1();
```

Die zweite und auch bessere Möglichkeit ist die Verwendung der using-Direktive. Besser deshalb, weil der Quellcode übersichtlicher dargestellt werden kann, weniger Tipparbeit erforderlich ist und weil man zu Beginn des Quellcodes alle Namensbereiche bzw. Komponenten übersichtlich aufgelistet hat.

Der Client – Das Testprogramm

```
using System;
using Kap17;
...
...
   static void Main(string[] args)
       {
           CCom1 oBriefkopf = new CCom1();
       }
...
```

Jetzt können Sie die Komponente testen:

Listing 17.2: class1.cs aus TestComponentOne

```
01: using System;
02: using Kap17;
03:
04: namespace TestComponentOne
05: {
06:    class Class1
07:    {
08:       static void Main(string[] args)
09:       {
10:          CCom1 oBriefkopf = new CCom1();
11:
12:          oBriefkopf.Anrede = true;
13:          string sFullName =
                 oBriefkopf.FormatName("Shinja Tomoya Heinrich",
                                       "Strasser");
14:
15:          if(oBriefkopf.Anrede)
16:             Console.WriteLine("Sehr geehrter Herr {0}",
                                  sFullName);
17:          else
18:             Console.WriteLine("Sehr geehrte Frau {0}",
                                  sFullName);
19:
20:          Console.ReadLine();
21:       }
22:    }
23: }
```

Sehr geehrter Herr SHINJA TOMOYA HEINRICH STRASSER

In der Zeile 2 wird der Namensbereich `Kap17` der Komponente `ComponentOne.dll` eingebunden. Die Zeile 10 instantiiert ein Objekt `oBriefkopf` der Klasse `CCom1`. Nach dem Vorgang der Instantiierung kann man auf die Elemente der Komponente zugreifen. In der Zeile 12 wird die Eigenschaft `Anrede` auf den Wert `true` gesetzt und somit eine Art Anrede-Herr-Klasse gebildet. Die Zeile 13 ruft die Methode `FormatName()` auf und übergibt dieser die Vornamen und den Nachnamen als Argumente der Methode `FormatName()`. Gleichzeitig wird eine Variable `sFullName` vom Typ `string` deklariert und mit dem formatierten Namen des Rückgabewertes der Methode `FormatName()` initialisiert. Mit der Eigenschaft `Anrede` und dem formatierten Namen wird die Ausgabe der Anrede und des Namens gesteuert. In der Zeile 15 wird abgefragt, ob die Eigenschaft `oBriefkopf.Anrede` den Wert `true` enthält. Ist das der Fall, wird die Anweisung in Zeile 16 ausgeführt und der Name mit dem Wort `Herr` qualifiziert. Handelt es sich um eine Frau, muss die Eigenschaft in Zeile 12 auf `false` gesetzt werden:

```
12:        oBriefkopf.Anrede = false;
```

Ist die Bedingung der `if`-Anweisung in Zeile 15 `false`, wird die Anweisung in Zeile 18 ausgeführt und der Name mit dem Wort Frau qualifiziert.

Besitzen Sie die Programmierumgebung Visual Studio .NET nicht, müssen Sie die Referenzierung manuell durchführen. Dem Compiler muss auch hier die passende Compileroption mitgegeben werden, um eine Referenz zu der Komponente herstellen zu können. Die Compilerzeile lautet somit:

```
csc /r:ComponentOne.dll ComponentOneTest.cs
```

Die Compileroption /r: teilt dem Compiler mit, dass er die Datei *ComponentOneTest.cs* kompilieren soll und eine Referenz zu der Komponente *ComponentOne.dll* einbinden muss.

Sie sehen, dass das Erstellen und Verwenden einer Komponente gar nicht so schwer ist. Mit der Kenntnis der Klassenkonzepte, die Thema der zweiten Woche waren, sind Sie jetzt in der Lage, richtige Funktionsbibliotheken zu erstellen und zu verwenden.

17.3 Kleine Einführung in die Thread-Programmierung

Bevor wir uns mit der Thread-Programmierung beschäftigen, benötigen wir einige grundlegende Designansätze und entsprechendes Hintergrundwissen. Eine Komponente ist nicht gleich eine Komponente. Auch hier gibt es verschiedene Arten und Möglichkeiten der Entwicklung.

Der Prozess

Starten wir ein Programm bzw. eine Anwendung, erzeugen wir einen Prozess. Im Sinne der OOP bedeutet dies, dass ein Prozess eine laufende oder ausführende Instanz eines Programms oder einer Anwendung ist. Solche Prozesse können entweder genau einmal ausgeführt werden oder auch mehrfach nebeneinander existieren.

Programmfaden

In der allgemeinen Programmierung existiert auch die Bezeichnung Programmfaden. Ein Programmfaden ist ein durchlaufener Ausführungspfad, der sich durch Klassen, Methoden, Anweisungen usw. abbildet. Als Abbildung eines Programmfadens existieren zwei Arten von Fäden:

- terminierter Faden
- non-terminierter Faden

Der terminierte Faden besitzt einen Start- und einen Endpunkt, während ein non-terminierter Faden nur einen Startpunkt besitzt und die Programmstruktur immer wiederholt.

Prozessstart

Allgemein wird ein Prozess vom Betriebssystem gestartet. Das Betriebssystem benötigt einen Startpunkt, um eine ausführende Instanz starten zu können. In unserem Fall ist das die Methode Main(), die dem Betriebssystem als Einstiegspunkt dient. Hier beginnt also der Programmfaden der Anwendung.

Multitasking

Multitasking ist primär eine Eigenschaft des Betriebssystems, sekundär eine der Hardware. Unter Multitasking versteht man die Abarbeitung mehrerer quasi-paralleler bzw. paralleler Prozesse, die auf einem Prozessor oder mehreren Prozessoren laufen.

Arbeiten Prozesse nur mit einem Prozessor, also quasi-parallel, so muss diese Parallelität serialisiert werden. Realisiert wird dieses serielle Multitasking (ein Widerspruch in sich) durch sog. Zeitfenster. Jeder Prozess (Task) enthält einen Teil von diesem Zeitkuchen, in der er seine Arbeit verrichten kann, bis der nächste Prozess an der Reihe ist.

Die Größe der (Zeit-)Kuchenstücke, die ein Prozess bekommt, kann kooperativ (non-präemptiv) oder unterbrechend (präemptiv) sein. In einem kooperativen System entscheidet der Prozess, wann er den Prozessor wieder freigibt. Bei einem präemptiven System erfolgt die Verteilung der Zeitfenster für die einzelnen Prozesse durch das Betriebssystem, die durch eine Prioritätenliste festgelegt wird. Je nach Priorität erhält jeder Prozess eine gewisse Prozessorzeit.

Multithreading

Wenn Multitasking eine Eigenschaft des Betriebssystems ist, so kann man sich schon im Groben vorstellen, was es mit dem Multithreading auf sich hat. Beim Multithreading wird die Multitasking-Fähigkeit auf die Programmebene verlagert. Die physikalische Unterscheidung zwischen Multitasking und Multithreading wird mit den oben besprochenen Programmfäden abgebildet. Verlagert man die Parallelität nun auf die Programmebene, bezeichnet man diese als parallele Programmfäden bzw. Fäden (threads). Multithreading ist also nichts anderes als eine weitere Ebene der Parallelität.

Designansätze mit Singlethread und Multithread

Diese Designansätze sollen Ihnen in der Zukunft die Entscheidung erleichtern, ob, wann und wo sie die verschiedenen Thread-Arten verwenden. Der Begriff Programmfaden soll Ihnen die Möglichkeit geben, eine gewisse visuelle Vorstellung über die Abläufe zu erlangen.

Zuerst muss man sich im Klaren sein, dass ein Programm bzw. ein Prozess einen oder mehrere Threads (Fäden) enthalten kann. Existieren mehrere Threads, besteht die Möglichkeit, dass diese sich synchronisieren müssen oder miteinander konkurrieren (Datenbanken, Dateien, Drucker, ...). Der Programmierer muss sich überlegen, welche Ressourcen und Elemente von diesen Threads gemeinsam genutzt werden (z.B. Drucker), oder ob einem Thread individuell eine Ressource oder ein Element zugeordnet wird (z.B. eine spezielle Datei).

17.4 Thread-Programmierung

Jetzt, wo wir in der Lage sind, Komponenten zu entwickeln und den richtigen Ablauf von der Erstellung über die Referenzierung bis zur Verwendung der Komponente kennen, wenden wir uns der Thread-Programmierung zu. Wir wissen bereits, dass ein Thread eine zweite Ebene der Parallelität abbildet. Diese zweite Ebene ist die Programmebene.

In diesem Kapitel werden nicht alle Möglichkeiten und Ansätze der Thread-Programmierung erklärt. Vielmehr dient dieses Kapitel dazu, Ihnen eine kleine Einführung in die Thread-Programmierung zu geben und Sie für die Zukunft auf fortgeschrittene Themen vorzubereiten.

Thread-Programmierung

Um Threads zu ermöglichen, benötigen wir den folgenden Namensraum:

System.Threading;

Dieser Namensraum enthält alles, was erforderlich ist, um Multithread-Programme zu schreiben. Betrachten wir einmal das folgende Listing:

Listing 17.3: thread1.cs – *Programmieren mit Threads*

```
01: using System;
02: using System.Threading;
03:
04: public class CThread1
05: {
06:    public void ThreadOne()
07:    {
08:       for (int i = 0; i < 10; i++)
09:       {
10:          Console.WriteLine("Thread 1: {0}", i);
11:       }
12:    }
13:
14:    public void ThreadTwo()
15:    {
16:       for (int i = 0; i < 10; i++)
17:       {
18:          Console.WriteLine("Thread 2: {0}", i);
19:       }
20:    }
21: }
22:
23: public class CUse
24: {
25:    public static void Main()
26:    {
27:       CThread1 oThread = new CThread1();
28:
29:       Thread thread1 =
                  new Thread(new ThreadStart(oThread.ThreadOne));
30:       Thread thread2 =
                  new Thread(new ThreadStart(oThread.ThreadTwo));
31:       thread1.Start();
32:       thread2.Start();
33:
34:       Console.ReadLine();
35:    }
36: }
```

Von der Klasse zur Komponente

```
Thread 1: 0
Thread 1: 1
Thread 1: 2
Thread 1: 3
Thread 1: 4
Thread 1: 5
Thread 1: 6
Thread 1: 7
Thread 1: 8
Thread 1: 9
Thread 2: 0
Thread 2: 1
Thread 2: 2
Thread 2: 3
Thread 2: 4
Thread 2: 5
Thread 2: 6
Thread 2: 7
Thread 2: 8
Thread 2: 9
```

Die Zeilen 4 bis 21 enthalten eine typische Klasse mit zwei Methoden `ThreadOne()` und `ThreadTwo()`, die jeweils eine for-Schleife im Methodenrumpf ausführen, die von 0 bis 9 zählt und bei jedem Durchlauf in die Konsole schreibt.

In der Zeile 27 wird die Klasse `CThread1` instantiiert. Die Zeile 29 und 30

```
Thread thread1 = new Thread(new ThreadStart(oThread.ThreadOne));
Thread thread2 = new Thread(new ThreadStart(oThread.ThreadTwo));
```

sind das entscheidende Thema dieses Kapitels. Die Klasse `Thread` erstellt und überwacht die einzelnen Threads, vergibt die Priorität und meldet den Status der Threads. Wenn wir zum Vergleich die visuelle Darstellung der Fäden zu Hilfe nehmen, so wird in diesem Teil des Programms jeweils ein neuer Faden (`thread1` und `thread2`) erstellt. Wir wissen, dass ein Prozess einen oder mehrere Threads enthalten kann. Der Konstruktor der Klasse `Thread` benötigt die Information, was er als Thread starten soll. Das geschieht hier mit `ThreadStart()`. Die beiden Threads `thread1` und `thread2` werden anschließend in den Zeilen 31 und 32 durch die Methode `Start()` ausgeführt.

Multithreading mit Thread.Sleep

In der Praxis ist es häufig so, dass man ein Programm entwickelt und die wahren Umgebungsbedingungen künstlich erzeugen muss. Um z.B. eine Verzögerung zu simulieren, kann man die Methode `Sleep()` der Klasse `Thread` verwenden. Eine weitere wichtige

Eigenschaft dieser Methode ist, dass während der Ruhephase des aktuell laufenden Threads ein anderer Thread seine Arbeit verrichten kann, wodurch eine Art Parallelität erzeugt wird. Das folgende Listing zeigt Ihnen die Funktionsweise der Methode Thread. Sleep().

Listing 17.4: thread2.cs – Sleep()

```
01: using System;
02: using System.Threading;
03:
04: public class CThread1
05: {
06:    public void ThreadOne()
07:    {
08:       for (int i = 0; i < 10; i++)
09:       {
10:          Thread threadNow = Thread.CurrentThread;
11:          Console.WriteLine("Thread({1}): {0}",
                              i,threadNow.Name);
12:          Thread.Sleep(1000);
13:       }
14:    }
15: }
16:
17: public class CUse
18: {
19:    public static void Main()
20:    {
21:       CThread1 oThread = new CThread1();
22:
23:       Thread thread1 = new Thread(
                          new ThreadStart(oThread.ThreadOne));
24:       Thread thread2 = new Thread(
                          new ThreadStart(oThread.ThreadOne));
25:
26:       thread1.Name = "thread1";
27:       thread2.Name = "thread2";
28:
29:       thread1.Start();
30:       thread2.Start();
31:
32:       Console.ReadLine();
33:    }
34: }
```

Von der Klasse zur Komponente

```
Thread(thread1): 0
Thread(thread2): 0
Thread(thread1): 1
Thread(thread2): 1
Thread(thread1): 2
Thread(thread2): 2
Thread(thread1): 3
Thread(thread2): 3
Thread(thread1): 4
Thread(thread2): 4
Thread(thread1): 5
Thread(thread2): 5
Thread(thread1): 6
Thread(thread2): 6
Thread(thread1): 7
Thread(thread2): 7
Thread(thread1): 8
Thread(thread2): 8
Thread(thread1): 9
Thread(thread2): 9
```

In der Zeile 21 wird ein Objekt oThread der Klasse CThread1 erzeugt. Die Zeilen 21 und 24 erstellen neue Threads der Methode ThreadOne. Mit der Methode Thread.Sleep() kann man hier z.B. die beiden Threads thread1 und thread2 parallel laufen lassen, die die gleiche Funktionalität besitzen, aber verschiedene Aufgaben ausführen.

Um die einzelnen Threads zu kennzeichnen, kann man jedem Thread einen Namen zuweisen. Hierfür existiert die Eigenschaft Name. In der Zeile 26 und 27 werden für die einzelnen Threads Namen vergeben, die man zur gegebenen Zeit wieder auslesen kann.

```
29:     thread1.Start();
30:     thread2.Start();
```

Die Zeilen 29 und 30 starten die beiden Threads, thread1 und thread2.

Die Methode ThreadOne() in Zeile 6 bis 14 enthält eine for-Schleife, die von 0 bis 9 zählt. Da man zur Laufzeit nicht weiß, wie viele Threads erzeugt werden, kann man mit der Eigenschaft CurrentThread den aktuell laufenden Thread ermitteln:

```
10:     Thread threadNow = Thread.CurrentThread;
```

threadNow enthält die Eigenschaften des aktuell laufenden Threads. Somit kann man z.B. den Namen des Threads auslesen. In der Zeile 11 wird genau das gemacht:

```
11:     Console.WriteLine("Thread({1}): {0}",i,threadNow.Name);
```

Die Zeile 12 enthält die Methode `Sleep()`. Hier wird dem aktuellen Thread mitgeteilt, dass dieser 1000 Millisekunden, also 1 Sekunde, warten muss und einen anderen Thread seine Arbeit verrichten lässt. In unserem Fall ist das der Thread `thread2`.

```
12:         Thread.Sleep(1000);
```

Da beide Threads die gleiche Methode der Klasse `CThread1` aufrufen, wechselt die Ausgabe zwischen `thread1` und `thread2`.

17.5 Zusammenfassung

Heute haben Sie ein wenig in die Welt der Komponentenprogrammierung hineingeschnuppert. Mit diesem Einstieg steht Ihnen nichts mehr im Weg, Funktionsbibliotheken für Ihre Zwecke zu erstellen und diese in Ihren Programmen zu verwenden. Sie werden mit der Zeit feststellen, dass die Verwendung von Komponenten die Programmierung übersichtlicher und einfacher gestaltet.

17.6 Workshop

Der Workshop enthält Quizfragen, die Ihnen helfen sollen, Ihr Wissen zu festigen, und Übungen, die Sie anregen sollen, das eben Gelernte umzusetzen und eigene Erfahrungen zu sammeln. Versuchen Sie, das Quiz und die Übungen zu beantworten und zu verstehen, bevor Sie zur Lektion des nächsten Tages übergehen.

Fragen und Antworten

F *Welcher wesentliche Unterschied besteht zwischen den Dateiendungen .exe und .dll?*

A Dateien, die die Endung .exe besitzen, können direkt ausgeführt werden, im Gegensatz zu Dateien mit der Endung .dll. Letztere dienen als Funktionsbibliotheken, die spezielle Aufgaben ausführen und in einer Komponente gekapselt sind.

F *Können gleichzeitig und nebeneinander gleichnamige Komponenten existieren und verwendet werden?*

A Ja, die CLR bietet die Möglichkeit. Dies ist sehr nützlich, wenn man in verschiedenen Programmen mit verschiedenen Komponentenversionen arbeitet.

F Haben die Klassenkonzepte der zweiten Woche auch in Komponenten Gültigkeit?

A Ja! In den Komponenten kommen diese erst so richtig zur Geltung. Die Klassenkonzepte der zweiten Woche können Sie 1:1 in die Komponentenprogrammierung übernehmen.

Quiz

1. Welche Dateiendung haben Klassenbibliotheken?
2. Wie kompiliert man manuell Klassenbibliotheken mit Hilfe des Compilers / Compileroption?
3. Wie referenziert man manuell eine Komponente zu einer Anwendung mit Hilfe des Compilers / Compileroptionen?
4. Was ist ein Prozess?
5. Was ist Multitasking?
6. Was ist Multithreading?
7. Welchen Namensraum benötigt man zur Thread-Programmierung?
8. Wann und wie wird ein Thread gestartet?

Übungen

1. Erstellen Sie eine Komponente, die die vier Grundrechenarten enthält und verwenden Sie diese anschließend in einer Konsolenanwendung.
2. Lagern Sie die Klasse CThread1 des Beispiels *thread1.cs* in eine Komponente aus, und erstellen Sie eine Konsolenanwendung, die die Komponente aufruft und das Programm ausführt.
3. Simulation von Druckthreads. Ergänzen Sie das folgende Listing um die eigentliche Druckfunktion. Dabei sollen Druckaufträge von der Methode Main() angenommen werden, wobei nach fünf erfolglosen Druckversuchen abgebrochen werden soll. Die Druckversuche sollen im Sekundentakt wiederholt werden.

```
using System;
using System.Threading;

public class CDrucken
{
    public void Drucken()
```

Workshop

```
      {
         ...
      }

      public void Druckauftrag(int iAuftrag)
      {
         ...
      }
   }

   public class CUse
   {
      public static void Main()
      {
         CDrucken oThread = new CDrucken();

         oThread.Druckauftrag(1);
         Thread.Sleep(1500);

         oThread.Druckauftrag(2);
         Thread.Sleep(2000);

         oThread.Druckauftrag(3);

         Console.ReadLine();
      }
   }
```

GUI-Programmierung: Fenster und Steuerelemente

GUI-Programmierung: Fenster und Steuerelemente

Bisher haben wir ausschließlich Konsolenprogramme erstellt. Unter Microsoft Windows werden diese Programme im Kontext eines Konsolenfensters ausgeführt (je nach Windows-Version als MS-DOS-Eingabeaufforderung oder einfach nur als Eingabeaufforderung bezeichnet). Es gibt unzählige Anwendungsmöglichkeiten für Konsolenprogramme – einfache Dienst- und Kalkulationsprogramme, Steuerprogramme, CGI-Programme zur Unterstützung von Websites, Server-Programme usw.

Wenn man allerdings als Anwender (und welcher Programmierer spielt nicht gerne auch einmal mit den Programmen seiner Kollegen) gewohnt ist, vorwiegend mit GUI-Anwendungen, also Programmen mit einer auf Fenstern basierenden, grafischen Benutzeroberfläche, zu arbeiten, entsteht über kurz oder lang das drängende Bedürfnis, die eigenen C#-Programme doch auch mit einer schönen grafischen Oberfläche zu versehen und, statt in der Konsole, in einem eigenen Fenster auszuführen.

Der heutige und der morgige Tag sollen Sie in die Erstellung von GUI-Anwendungen einführen. Wenn Sie tiefer in die GUI-Entwicklung einsteigen möchten, darf ich Ihnen das Buch »Jetzt lerne ich Visual C# .NET« empfehlen.

Im Einzelnen lernen Sie in diesem Kapitel

- wie das Codegerüst einer GUI-Anwendung aussieht,
- wie Sie GUI-Anwendungen kompilieren,
- wie GUI-Anwendungen mit dem Windows-Betriebssystem zusammenarbeiten,
- wie Sie Fenster erzeugen und konfigurieren,
- wie Sie mit Steuerelementen programmieren,
- wie Sie GUI-Anwendungen in Visual Studio erstellen.

18.1 Die erste GUI-Anwendung

Denkt man an die vielen Elemente und Merkmale von GUI-Anwendungen – Fenster, Schaltflächen, Eingabefelder, Menüs, Mausunterstützung etc. –, so könnte man leicht der Annahme verfallen, dass die Entwicklung von GUI-Anwendungen eine äußerst komplizierte Angelegenheit ist. Nun, sie ist es nicht unbedingt. Wenn man nämlich das Glück hat, über eine leistungsfähige Klassenbibliothek zu verfügen, die die Funktionalität der verschiedenen GUI-Elemente in ihren Klassen kapselt, kann sich die GUI-Programmierung als erstaunlich einfach erweisen. Es wird Sie daher sicher freuen zu hören, dass das .NET-Framework über eine hervorragende Klassenbibliothek zur GUI-Programmierung verfügt. Ihr Name ist *Windows Forms* und ihre Klassen sind in dem Namensbereich System.Windows.Forms definiert. Mit Hilfe dieser Bibliothek werden Sie heute und morgen den Einstieg in die GUI-Programmierung wagen.

Ein einfaches Code-Gerüst

Mit Hilfe von Windows Forms können Sie in 16 Zeilen ein komplettes GUI-Programm schreiben:

Listing 18.1: GUI_Geruest.cs

```
01: using System;
02: using System.Windows.Forms;
03:
04: namespace Kap18
05: {
06:    public class CHauptfenster : Form
07:    {
08:       static void Main()
09:       {
10:          CHauptfenster fenster = new CHauptfenster();
11:          fenster.Text = "Die erste GUI-Anwendung";
12:
13:          Application.Run(fenster);
14:       }
15:    }
16: }
```

Vergleicht man dieses Codegerüst mit dem Pendant für Konsolenanwendungen, so fallen vier wesentliche Änderungen auf:

Die erste Änderung findet sich gleich in Zeile 2. Hier wird der Namensbereich für die Windows Forms-Klassen eingebunden.

Die zweite Änderung betrifft Zeile 6. Die Hauptklasse der Anwendung wird von der Windows Forms-Klasse Form abgeleitet.

Die Klasse Form ist die Basisklasse für alle Anwendungsfenster. Indem die Hauptklasse des Programms von der Klasse Form abgeleitet wird, wird sie zu einer Fenster-Klasse, deren Objekte Fenster repräsentieren.

Wie Sie wissen, ist eine Klasse lediglich eine allgemeine Beschreibung, ein Bauplan für die Erzeugung der eigentlichen Objekte, die die Klasse beschreibt. Es reicht daher nicht, eine Fenster-Klasse zu definieren, es muss auch ein Objekt der Klasse erzeugt werden.

Dies ist die dritte Änderung: In der Main()-Methode wird ein Fenster-Objekt vom Typ der Klasse CHauptfenster erzeugt (Zeile 10). In der darauf folgenden

GUI-Programmierung: Fenster und Steuerelemente

Zeile wird der Text-Eigenschaft des Fenster-Objekts ein String zugewiesen. Die Text-Eigenschaft, die natürlich von der Klasse Form geerbt wurde, enthält den Text des Fenstertitels. Zeile 11 legt also fest, welcher Text in der Titelleiste des Fensters angezeigt werden soll.

Die vierte und letzte wichtige Änderung gegenüber den Konsolenanwendungen ist der Aufruf der Application.Run()-Methode in Zeile 13.

Run() ist eine statische Methode der vordefinierten Windows Forms-Klasse Application. Ihre Aufgabe ist es, die Anwendung in die sog. Message Loop (Meldungsschleife) eintreten zu lassen. Ein paar Abschnitte weiter unten werden Sie noch mehr über die Message Loop erfahren; im Moment merken Sie sich einfach, dass nahezu jede GUI-Anwendung über eine solche Message Loop verfügt und dass es ihr zu verdanken ist, dass die Anwendung nicht gleich wieder beendet wird. Solange nämlich die Message Loop durchlaufen wird, solange kehrt auch die Run()-Methode nicht zurück und solange wird die Anwendung weiter ausgeführt.

Als Argument wird Run() das weiter oben erzeugte Fenster-Objekt übergeben. Auf diese Weise wird eine Verbindung zwischen Message Loop und Fenster hergestellt, die dafür sorgt, dass einerseits das Fenster automatisch angezeigt und andererseits die Schleife beim Schließen des Fensters automatisch beendet wird.

Kompilierung von GUI-Anwendungen

Bevor wir in den nächsten Abschnitten etwas tiefer in die Grundlagen der GUI-Anwendungen einsteigen werden, sollten wir die obige Anwendung noch kompilieren und ausführen.

Je nachdem, wie Ihr System eingerichtet ist, genügt es, wenn Sie den Compiler zusammen mit dem Namen der Quelldatei von der Konsole aus aufrufen. Für den csc-Compiler von Microsoft könnte dies wie folgt aussehen:

PROMPT:> csc GUI_Geruest.cs

Sollte dieser Aufruf nicht zum gewünschten Erfolg führen, müssen Sie dem Compiler explizit mitteilen, dass Sie eine GUI-Anwendung erstellen möchten, und ihm anzeigen, wo er die Windows Forms-Klassen findet.

Welche Art von Anwendung erzeugt werden soll, können Sie dem Compiler mit Hilfe der Compiler-Option /t mitteilen. Für diese sind folgende Werte definiert: exe, winexe, library und module. Der Wert winexe steht für GUI-Anwendungen.

Die Implementierungen der Windows Forms-Klassen sind in der Linkbibliothek *System.Windows.Forms.dll* enthalten. Mit der Option /r können Sie eine Referenz auf diese Bibliothek übergeben. Der vollständige Aufruf sieht danach wie folgt aus:

```
PROMPT:> csc /t:winexe /r:System.Windows.Forms.dll GUI_Geruest.cs
```

Wenn Sie hingegen mit einer integrierten Entwicklungsumgebung arbeiten, beispielsweise mit Visual Studio .NET, brauchen Sie lediglich die passende Projektvorlage auszuwählen (für Visual Studio .NET wäre dies WINDOWS-ANWENDUNG). Die interne Projektverwaltung sorgt dann automatisch dafür, dass der korrekte Zieldateityp eingestellt und die nötigen Referenzen gesetzt werden. (Mehr zur GUI-Programmierung mit Visual Studio .NET in Abschnitt 18.5).

Wenn Sie das fertig erstellte Programm nun aufrufen, erscheint auf dem Desktop das Hauptfenster des Programms (siehe Abbildung 18.1).

Abbildung 18.1:
Das Fenster der GUI-Anwendung

Zugegeben, die Anwendung ist nicht gerade sehr nützlich. Aber immerhin: Sie können die Größe des Fensters anpassen, Sie können das Fenster verschieben, minimieren, wiederherstellen und schließen.

Windows, Fenster und Hauptfenster

Was ist eigentlich ein Fenster?

Wenn Sie den Konstruktor einer Fensterklasse aufrufen, erzeugen Sie mehr als nur ein Objekt der betreffenden Klasse. Sie erzeugen gleichzeitig auch ein echtes Fenster. Ein solches Fenster ist letztlich eine Datenstruktur, die von Windows verwaltet und auf dem Bildschirm angezeigt wird. Dass Sie das Fenster auf dem Bildschirm anklicken, verschieben, mit anderen Fenstern verdecken und wieder in den Vordergrund holen können, verdanken Sie Windows.

Wenn Sie also den Konstruktor einer Fensterklasse aufrufen, erzeugen Sie ein echtes Windows-Fenster, registrieren es unter dem Windows-Betriebssystem und lassen sich ein C#-Objekt zurückliefern, das dieses Fenster repräsentiert und über das Sie das Fenster bearbeiten und manipulieren können.

> In den weiteren Ausführungen werden wir nicht mehr zwischen Windows-Fenster und Fenster-Objekt unterscheiden, sondern meist einfach von Fenstern sprechen.

Was ist ein Hauptfenster?

Ein Hauptfenster ist ein ganz normales Fenster, das sich aber durch bestimmte Merkmale von den übrigen Fenstern unterscheidet:

- Es wird automatisch beim Start der Anwendung angezeigt,
- es stellt einen Großteil, wenn nicht die gesamte Funktionalität der Anwendung zur Verfügung,
- und wenn es geschlossen wird, wird auch die Anwendung beendet.

Diese Eigenschaften sind es, die das Hauptfenster im Bewusstsein der Anwender mit der Anwendung verschmelzen lassen. (Denken Sie beispielsweise an Word. Das Dialogfenster der Rechtschreibprüfung ist ebenso ein Fenster von Word wie das Hauptfenster mit der Menüleiste. Trotzdem werden Sie Word mit seinem Hauptfenster und nicht mit irgendeinem Dialogfenster verbinden.)

Die Anwendung *GUI_Codegeruest* verfügt nur über ein einziges Fenster und so liegt es nahe, dieses zu einem Hauptfenster zu machen. Dies geschieht in Zeile 13, wenn das Fenster als Argument an die Run()-Methode übergeben wird. Letztere zeigt das übergebene Fenster auf dem Bildschirm an und kehrt zurück, wenn das Fenster geschlossen wird (was üblicherweise zur Beendigung der Anwendung führt, es sei denn, Sie würden hinter dem Run()-Aufruf noch Code einfügen).

18.2 Das Fenster konfigurieren

Die Klasse Form definiert eine ganze Reihe von Eigenschaften, über die Sie das Aussehen und Verhalten des erzeugten Fensters konfigurieren können. Eine dieser Eigenschaften haben Sie bereits gesehen: die Text-Eigenschaft, die den Titel des Fensters enthält.

Das Fenster konfigurieren

Weitere interessante und häufig benötigte Eigenschaften sind in den folgenden Tabellen zusammengefasst.

> Für eine vollständige Liste schlagen Sie bitte in der Online-Hilfe oder Dokumentation Ihres Compilers nach.

Größe und Position

Eigenschaft	Beschreibung
Width	Breite des Fensters in Pixel
Height	Höhe des Fensters in Pixel
Top	X-Koordinate der linken, oberen Ecke des Fensters auf dem Bildschirm
Left	Y-Koordinate der linken, oberen Ecke des Fensters auf dem Bildschirm

Tabelle 18.1: Größe und Position

Die folgenden Anweisungen erzeugen beispielsweise ein Fenster, das 300 Pixel breit, 100 Pixel hoch und ganz in der linken oberen Ecke des Desktops positioniert ist:

```
CHauptfenster fenster = new CHauptfenster();

fenster.Left = 0;
fenster.Top = 0;
fenster.Width  = 300;
fenster.Height = 100;
```

Titelleiste

Eigenschaft	Beschreibung
Text	Text der Titelleiste
MinimizeBox	Boolescher Wert, der angibt, ob die Schaltfläche zum Minimieren des Fensters angezeigt werden soll
MaximizeBox	Boolescher Wert, der angibt, ob die Schaltfläche zum Maximieren des Fensters angezeigt werden soll

Tabelle 18.2: Titelleiste

Eigenschaft	Beschreibung
HelpButton	boolescher Wert, der angibt, ob die Hilfe-Schaltfläche des Fensters angezeigt werden soll
ControlBox	boolescher Wert, der angibt, ob das Systemmenü und die Titelleistenschaltfläche des Fensters angezeigt werden soll

Tabelle 18.2: Titelleiste (Forts.)

Die folgenden Anweisungen erzeugen beispielsweise ein Fenster mit dem Titel »Hallo«, das über keine Schaltflächen zum Minimieren oder Maximieren verfügt:

```
CHauptfenster fenster = new CHauptfenster();

fenster.Text = "Hallo";
fenster.MinimizeBox = false;
fenster.MaximizeBox = false;
```

> Die Schaltflächen zum Minimieren oder Maximieren werden nur dann ausgeblendet, wenn beide Eigenschaften auf `false` gesetzt werden. Wenn Sie nur eine Eigenschaft auf `false` setzen, wird die entsprechende Schaltfläche lediglich deaktiviert.
>
> Die Hilfe-Schaltfläche wird nur dann angezeigt, wenn `HelpButton` auf `true` und `MinimizeBox` und `MaximizeBox` auf `false` gesetzt sind.

Die Eigenschaft `ControlBox` wird meist verwendet, wenn die Titelleiste ganz ausgeblendet werden soll. Um allein das Systemmenü auszublenden, weist man üblicherweise der Eigenschaft `FormBorderStyle` den Wert `FormBorderStyle.FixedDialog` zu.

Rahmen und Funktionalität

Eigenschaft	Beschreibung
FormBorderStyle	Rahmentyp; ein Wert der Aufzählung `FormBorderStyle`
ShowInTaskbar	boolescher Wert, der angibt, ob für das Fenster eine Schaltfläche in der Taskleiste angezeigt werden soll
TopMost	boolescher Wert, der angibt, ob das Fenster über anderen, Nicht-TopMost-Fenstern angezeigt werden soll

Tabelle 18.3: Fensterfunktionalität

Die Eigenschaft `FormBorderStyle` bestimmt nicht nur das Aussehen, sondern auch die Funktionalität des Rahmens. Erlaubte Werte sind:

- `FormBorderStyle.Fixed3D` erzeugt ein Fenster mit dreidimensionalem Rahmen. Die Größe des Fensters kann nicht durch Ziehen des Rahmens verändert werden.
- `FormBorderStyle.FixedSingle` erzeugt ein Fenster mit normalem Rahmen. Die Größe des Fensters kann nicht durch Ziehen des Rahmens verändert werden.
- `FormBorderStyle.FixedDialog` erzeugt ein Fenster mit dickem Rahmen und ohne Systemmenü (Dialogfenster-Typus). Die Größe des Fensters kann nicht durch Ziehen des Rahmens verändert werden.
- `FormBorderStyle.FixedToolWindow` erzeugt ein Fenster mit normalem Rahmen, ohne Systemmenü, ohne Minimieren- und Maximieren-Schaltfläche und mit verkleinerter Schließen-Schaltfläche (Werkzeugfenster-Typus). Die Größe des Fensters kann nicht durch Ziehen des Rahmens verändert werden.
- `FormBorderStyle.None`: kein Rahmen.
- `FormBorderStyle.Sizable`: normaler Rahmen. Die Größe des Fensters kann durch Ziehen des Rahmens verändert werden.
- `FormBorderStyle.SizableToolWindow` erzeugt ein Fenster mit normalem Rahmen, ohne Systemmenü, ohne Minimieren- und Maximieren-Schaltfläche und mit verkleinerter Schließen-Schaltfläche (Werkzeugfenster-Typus). Die Größe des Fensters kann durch Ziehen des Rahmens verändert werden.

Die folgenden Anweisungen erzeugen ein Fenster mit dreidimensionalem, nicht veränderbarem Rahmen, das stets über allen anderen Nicht-TopMost-Fenstern angezeigt wird (d.h., das Fenster ist immer im Vordergrund, auch wenn versucht wird, ein anderes Fenster darüber zu bewegen, das es eigentlich verdecken müsste).

```
CHauptfenster fenster = new CHauptfenster();

fenster.TopMost = true;
fenster.FormBorderStyle = FormBorderStyle.Fixed3D;
```

Farben und Hintergrundbilder

Hintergrundfarbe

Über die Eigenschaft `BackColor` können Sie die Hintergrundfarbe des Fensters, genauer gesagt seines Clientbereichs, bestimmen.

GUI-Programmierung: Fenster und Steuerelemente

Der *Clientbereich* eines Fensters ist seine Arbeitsfläche, also letztlich das gesamte Fenster abzüglich Titelleiste, Rahmen sowie etwaiger Menü-, Symbol- und Statusleisten.

Als Wert müssen Sie `BackColor` ein Objekt der Struktur `Color` zuweisen, die im Namensbereich `System.Drawing` definiert ist. Um nun `BackColor` eine Farbe zuzuweisen, gehen Sie am einfachsten so vor, dass Sie den Namensbereich `System.Drawing` einbinden und dann auf eine der vielen Eigenschaften zugreifen, die `Color`-Objekte für vordefinierte Farben zurückliefern:

```
AliceBlue, AntiqueWhite, Aqua, Aquamarine, Azure ... Black, BlanchedAlmond, Blue, BlueViolet, Brown ... Cyan, DarkBlue, DarkCyan, DarkGoldenrod, DarkGray, DarkGreen ... Fuchsia ... Gold, Goldenrod, Gray, Green ... LightBlue, LightCoral, LightCyan ... Magenta, Maroon ... Pink, Plum ... Red, RosyBrown ... Violet, Wheat, White ... Yellow, YellowGreen
```
– die Liste ist schier endlos.

```
using System.Drawing;
...

fenster.BackColor = Color.Gold;
```

Wenn Sie die Hintergrundfarbe des Fensters dagegen an das auf dem jeweiligen System eingerichtete Farbschema anpassen möchten, verwenden Sie eine der Farben aus `System.Drawing.SystemColors`:

```
ActiveBorder, ActiveCaption, ActiveCaptionText, AppWorkspace, Control ... Desktop ... HighlightText ... InactiveBorder ... Menu ... Window, WindowFrame, WindowText
```
– auch hier gibt es eine große Auswahl.

Sie können auch neue Farben erzeugen, beispielsweise mit Hilfe der statischen Methode `FromArgb()`. Diese ist überladen und kann mit unterschiedlichen Argumenten aufgerufen werden. Eine Möglichkeit ist, der Methode `int`-Werte zwischen 0 und 255 zu übergeben, die die Rot-, Grün- und Blauanteile der Farbe angeben.

```
fenster.BackColor = Color.FromArgb(255, 0, 0);   // Rot
```

RGB-Farben

Die Codierung von Farben durch Rot-, Grün- und Blauanteile bezeichnet man auch als RGB-Codierung.

Die RGB-Codierung beruht auf dem Gesetz, dass man durch Variation der Farbintensitäten für die drei Lichtfarben Rot, Grün und Blau sämtliche Farben mischen kann. Werden beispielsweise rotes, grünes und blaues Licht in voller Intensität ausgestrahlt, erhält man Weiß. Ist die Intensität aller drei Farben gleich Null (d.h., es wird kein Licht ausgestrahlt), erhält man Schwarz.

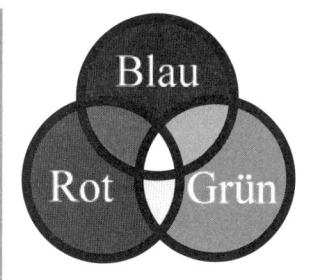

Abbildung 18.2: Das RGB-Farbmodell

Die Farbe Rot wäre also eine RGB-Farbe mit vollem Rotanteil ohne Grün- oder Blauanteile. In einer Farbdefinition werden die einzelnen Anteile üblicherweise als Dezimalwerte zwischen 0 und 255 oder als Hexadezimalwerte zwischen 0 und FF angegeben.

```
Color.FromArgb(255, 0, 0);
Color.FromArgb(0xFF, 0x0, 0x0);
```

Hintergrundbild

Über die Eigenschaft `BackgroundImage` lässt sich ein Bild als Hintergrund für das Fenster anzeigen.

Beispielsweise könnten Sie auf diese Weise für ein Fenster fester Größe ein Hintergrundmuster statt einer Hintergrundfarbe wählen.

1. Erzeugen Sie mit Hilfe eines geeigneten Grafikprogramms ein Hintergrundbild passender Größe.
2. Speichern Sie die Bilddatei in einem von C# unterstützten Format (beispielsweise BMP oder JPG) im Verzeichnis Ihres C#-Programms.
3. Binden Sie im Code des Programms den Namensbereich `System.Drawing` ein.
4. Laden Sie das Bild mit der statischen Methode `Image.FromFile()` und weisen Sie es der Eigenschaft `BackgroundImage` zu.

Listing 18.2: Hintergrundbild.cs

```
using System;
using System.Windows.Forms;
using System.Drawing;

namespace Hallo
{
    public class CHauptfenster: System.Windows.Forms.Form
    {
        static void Main()
        {
```

```
        CHauptfenster fenster = new CHauptfenster();
        fenster.Text = "Hintergrundbild";

        fenster.BackgroundImage = Image.FromFile("muster.jpg");

        Application.Run(fenster);
    }
  }
}
```

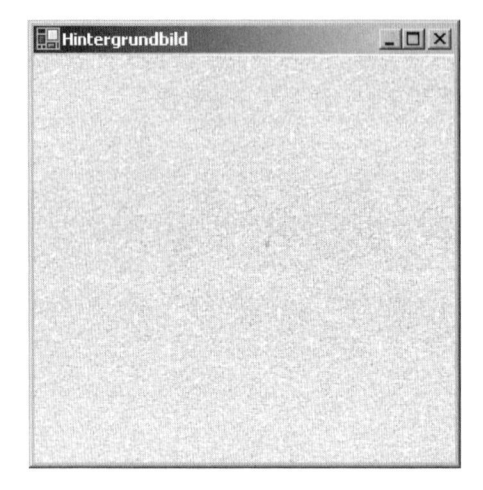

Abbildung 18.3:
Fenster mit Hintergrundbild

18.3 Auf Ereignisse reagieren

Konsolenanwendungen haben ein einfaches »Weltbild«. Sie erwarten, dass alle Eingaben über die Tastatur an sie gerichtet sind und dass sie ihre Ausgaben nur an die Konsole schicken müssen, damit diese auf dem Bildschirm erscheinen.

GUI-Anwendungen gehen dagegen davon aus, dass auf dem Rechner mehrere Anwendungen gleichzeitig laufen. Alle diese Anwendungen müssen sich Bildschirm und Eingabegeräte wie Tastatur und Maus teilen. Dies geht nur mit Hilfe einer Erweiterung des Betriebssystems, des sog. Windowing-Systems oder Windows-Managers. Aufgabe des Windowing-Systems ist es, den Bildschirm mit den geöffneten Fenstern der Anwendungen zu verwalten und die Kommunikation zwischen den Anwendungen und den Anwendern zu ermöglichen. Wenn Sie also mit der Maus auf eine Schaltfläche in einem Fenster klicken, wird dieses Ereignis vom Windowing-System abgefangen – nicht von der Anwendung selbst! Das Windowing-System ermittelt dann die Anwendung, zu der das Fenster mit dieser Schaltfläche gehört und schickt der Anwendung eine entsprechende Meldung.

Es genügt daher nicht, dass eine GUI-Anwendung eine grafische Benutzeroberfläche aufbaut und präsentiert, sie muss auch in der Lage sein, die vom Windowing-System verschickten Meldungen abzufangen und auszuwerten.

Die Message Loop

Für das Abfangen der Meldungen sorgt die sog. Message Loop. Die Message Loop ist letztendlich nichts anderes als eine große `while`-Schleife, die während der gesamten Laufzeit des Programms ausgeführt wird. Die Schleife prüft, ob eine neue Meldung für die Anwendung empfangen wurde. Wenn ja, wird diese Meldung der zuständigen Behandlungsmethode zugeführt. Wenn nein, tritt die Schleife in den nächsten Durchgang ein. Das Beste an der Message Loop ist, dass Sie sie nicht selbst programmieren müssen. In C#-Anwendungen ist sie in der `Run()`-Methode versteckt.

Der Aufbau der `Main()`-Methode wird dadurch schon besser verständlich:

```
static void Main()
{
   CHauptfenster fenster = new CHauptfenster();
   fenster.Text = "Die erste GUI-Anwendung";
   
   Application.Run(fenster);
}
```

Die Anwendung erzeugt ein Fenster, richtet dieses durch Übergabe an `Run()` als Hauptfenster ein und tritt in die Message Loop ein. Fortan wartet die Anwendung auf Meldungen, verarbeitet diese und wartet weiter. Zum Schluss, wenn das Hauptfenster vom Anwender geschlossen wird, empfängt die Anwendung vom Betriebssystem die Meldung, dass sie sich beenden soll. Dann wird die Message Loop verlassen und `Run()` kehrt zurück.

Wenn Sie möchten, dass Ihre Anwendung mehr macht, als `Run()` aufzurufen und die Meldungen einer Standardverarbeitung zuzuführen, die die Meldungen schluckt, ohne weiteren Code auszuführen, müssen Sie keinen weiteren Code in der `Main()`-Methode aufsetzen, sondern Behandlungsmethoden schreiben.

Meldungen und Ereignisbehandlung

Nicht jede Meldung muss behandelt werden – zum Glück, denn jede Anwendung empfängt im Laufe ihres Bestehens eine Vielzahl der verschiedensten Meldungen: Meldungen über Mausklicks, Mausbewegungen, Tastaturereignisse, Aktivierung von Fenstern und Steuerelementen und vieles andere mehr. Die Message Loop fängt alle diese Meldungen ab und führt sie, sofern Sie nichts anderes vorgesehen haben, einer Standardverarbeitung zu, die meist darin besteht, dass die Meldung ignoriert wird.

Was aber ist mit den Meldungen, die Sie abfangen möchten? Hier kommt wieder die Windows Forms-Klassenbibliothek ins Spiel. Diese Klassenhierarchie ist so aufgebaut, dass von der Anwendung empfangene Meldungen intern verarbeitet, aussortiert und der Außenwelt in Form von Ereignissen präsentiert werden.

Für Sie bedeutet dies, dass Sie nicht selbst in die Verarbeitung der Meldungen eingreifen müssen, sondern nur auszuwählen brauchen, auf welches der von den Windows Forms-Klassen angebotenen Ereignisse Sie reagieren möchten. Für dieses Ereignis setzen Sie dann eine passende Ereignisbehandlungsmethode auf.

Ereignisse und Meldungen

Für das Verständnis der Ereignisbehandlung in GUI-Anwendungen ist es wichtig, zwischen allgemeinen Ereignissen, Meldungen und C#-Ereignissen zu unterscheiden, obwohl alle drei Formen zusammenhängen, ja unterschiedliche Erscheinungsbilder der gleichen Sache sind. Dazu ein Beispiel:

Angenommen der Anwender klickt mit der Maus in das Fenster Ihrer Anwendung. Dies ist ein Ereignis im allgemeinen Sinne. Da es vom Anwender ausgelöst wird, bezeichnet man es üblicherweise auch als Anwender- oder Benutzerereignis (im Gegensatz zu Systemereignissen, die vom Betriebssystem ausgelöst werden).

Das Windowing-System fängt dieses Benutzerereignis ab und sendet es – jetzt in Form einer Meldung – an Ihre Anwendung. Die Meldung wird in der Message Loop der Anwendung entgegengenommen und durch die Hierarchie der Windows Forms-Klassen geleitet, bis sie bei dem Objekt ankommt, das für die Bearbeitung der Meldung zuständig ist – in diesem Fall das Form-Objekt, welches das Fenster repräsentiert. Dieses verarbeitet die Meldung. All dies geschieht intern in den Windows Forms-Klassen. Doch jetzt kommt die zweite Verwandlung.

Wenn die Windows Forms-Klasse der Ansicht ist, dass es für den Benutzer der Klasse (sprich Sie!) interessant sein könnte, in die Behandlung der Meldung einzugreifen, definiert sie ein passendes C#-Ereignis. Für das Klicken mit der Maus heißt dieses Ereignis beispielsweise Click. Der interne Behandlungscode der Klasse prüft, ob für das Click-Ereignis eine Ereignisbehandlungsmethode registriert wurde und führt diese gegebenenfalls aus.

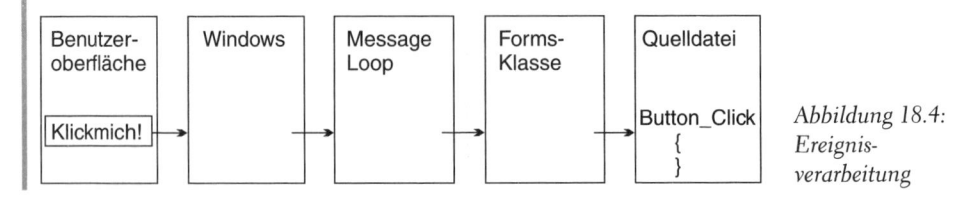

Abbildung 18.4: Ereignisverarbeitung

Mausklicks im Fenster abfangen

Wenn Sie auf ein Benutzerereignis reagieren möchten, besteht der erste Schritt darin, in Erfahrung zu bringen,

- wie das zugehörige Windows Forms-Ereignis lautet,
- wie das Delegate-Objekt zur Registrierung von Ereignisbehandlungsmethoden heißt,
- von welchem Typ die Ereignisargumente sind.

Die beste Referenzquelle ist hierfür die Online-Hilfe des Compilers oder eine gute .NET Framework-Dokumentation. Tabelle 18.4 zeigt eine kleine Auswahl.

Ereignis	Beschreibung
Activated	wird ausgelöst, wenn das Fenster aktiviert wird (bespielsweise wieder in den Vordergrund geholt wird) Delegate: `EventHandler` Argumente: `object`, `EventArgs`
Click	wird ausgelöst, wenn in das Fenster geklickt wird Delegate: `EventHandler` Argumente: `object`, `EventArgs`
Closed	wird ausgelöst, nachdem das Fenster geschlossen wurde Delegate: `EventHandler` Argumente: `object`, `EventArgs`
Closing	wird ausgelöst, wenn das Fenster geschlossen wird Delegate: `CancelEventHandler` Argumente: `object`, `CancelEventArgs`
DoubleClick	wird ausgelöst, wenn in das Fenster doppelt geklickt wird Delegate: `EventHandler` Argumente: `object`, `EventArgs`
KeyPress	Wird ausgelöst, wenn eine Taste gedrückt wird, während das Fenster aktiviert ist Delegate: `KeyPressEventHandler` Argumente: `object`, `KeyPressEventArgs`
MouseDown	wird ausgelöst, wenn die Maus über dem Fenster steht und eine Maustaste gedrückt wird Delegate: `MouseEventHandler` Argumente: `object`, `MouseEventArgs`

Tabelle 18.4: Fenster-Ereignisse

Ereignis	Beschreibung
MouseMove	wird ausgelöst, wenn die Maus über dem Fenster bewegt wird Delegate: `MouseEventHandler` Argumente: `object, MouseEventArgs`
MouseUp	wird ausgelöst, wenn die Maus über dem Fenster steht und eine gedrückte Maustaste losgelassen wird Delegate: `MouseEventHandler` Argumente: `object, MouseEventArgs`
Resize	wird ausgelöst, wenn die Größe des Fensters verändert wird Delegate: `EventHandler` Argumente: `object, EventArgs`

Tabelle 18.4: Fenster-Ereignisse (Forts.)

Wenn Sie sich über Ereignis, Delegate und Signatur der zulässigen Ereignisbehandlungsmethode erkundigt haben, können Sie eine passende Ereignisbehandlungsmethode schreiben.

Alle Windows Forms-Ereignisbehandlungsmethoden definieren zwei Parameter:

- einen Parameter vom Typ `object`, dem beim Aufruf der Methode eine Referenz auf das auslösende Objekt übergeben wird,

- einen Parameter vom Typ `EventArgs` (oder einer abgeleiteten Klasse), über den gegebenenfalls nähere Informationen zu dem Ereignis übergeben werden. Diese Informationen können Sie in der Ereignisbehandlungsmethode abfragen und verwenden. (Die Klasse `MouseEventArgs` definiert beispielsweise Eigenschaften `Button`, `X` und `Y`, in denen die gedrückte Maustaste und die Koordinaten des Klicks gespeichert werden.)

Den Namen der Ereignisbehandlungsmethode können Sie frei wählen. Üblich ist, den Namen aus dem Objekt, für das das Ereignis ausgelöst wurde, und dem Art des Ereignisses zusammenzusetzen, beispielsweise `fenster_Click`.

```
protected void fenster_Click(object sender, System.EventArgs e)
{
    ... // Behandlungscode
}
```

Zu guter Letzt registrieren Sie die Ereignisbehandlungsmethode für das Ereignis.

```
Click += new System.EventHandler(fenster_Click);
```

Das folgende Programm wählt beispielsweise bei jedem Mausklick im Fenster eine neue Hintergrundfarbe aus.

Listing 18.3: Mausklick.cs

```csharp
01: using System;
02: using System.Windows.Forms;
03: using System.Drawing;
04:
05: namespace Kap18
06: {
07:    public class CHauptfenster: Form
08:    {
09:       Random zz;
10:
11:       protected void fenster_Click(object sender,
12:                                    System.EventArgs e)
13:       {
14:          this.BackColor = Color.FromArgb(zz.Next(0,256),
15:                                          zz.Next(0,256),
16:                                          zz.Next(0,256));
17:       }
18:
19:       public CHauptfenster()
20:       {
21:          zz = new Random();
22:
23:          Text = "Bitte mit Maus in Fenster klicken";
24:
25:          Click += new System.EventHandler(fenster_Click);
26:       }
27:
28:       static void Main()
29:       {
30:          Application.Run( new CHauptfenster() );
31:       }
32:    }
33: }
```

Der Code des Programmgerüsts wurde hier ein wenig umgestellt. In der `Main()`-Methode wird jetzt nur noch `Run()` aufgerufen. Das Fenster-Objekt wird direkt beim Aufruf von `Run()` erzeugt. Der Code zur Konfiguration des Fensters wurde in den Konstruktor der Fensterklasse ausgelagert.

Dort wird auch die Ereignisbehandlungsmethode für das `Click`-Ereignis eingerichtet (Zeile 25).

Die Ereignisbehandlungsmethode selbst ist in den Zeilen 11 bis 17 definiert. Sie erzeugt mit Hilfe der statischen `Color`-Methode `FromArgb()` und ad hoc gezogener Zufallszahlen eine `Color`-Farbe, die als Hintergrundfarbe verwendet wird.

18.4 Das Fenster mit Steuerelementen bestücken

Als Steuerelemente bezeichnet man die verschiedenen Oberflächenelemente, die jedem von der täglichen Arbeit mit GUI-Anwendungen bekannt sind: Schaltflächen, Eingabefelder, Listenfelder, Optionsfelder, Bildlaufleisten etc.

Im .NET-Framework gehen alle diese Steuerelemente auf eine gemeinsame Basisklasse zurück, auf `Control`. Die Programmierung mit den verschiedenen Steuerelementen wird dadurch erheblich erleichtert. Zum einem verfügen alle Steuerelemente über die gleiche Grundausstattung von Eigenschaften, Methoden und Ereignissen, zum anderen können die Steuerelemente nach dem immer gleichen Schema eingerichtet werden.

Programmieren mit Steuerelementen

Von der Klasse `Control` erben die Steuerelemente unter anderem:

- die Eigenschaft `Controls` – eine dynamische Datenstruktur, in der alle Steuerelemente, die dem aktuellen Steuerelement untergeordnet sind (Kind-Steuerelemente), aufgelistet werden können
- Eigenschaften, die das Aussehen des Steuerelements festlegen – `BackColor`, `Background Image`, `Enabled`, `Focused`, `Font`, `ForeColor`, `Visible`
- Eigenschaften, die Größe und Position festlegen – `Height`, `Width`, `Size`, `Left`, `Top`, `Right`, `Bottom`, `Location`
- Methoden wie `Show()`, `Hide()`, `Focus()` oder `Select()`
- Ereignisse wie `Click`, `Enter`, `GotFocus`, `KeyDown`, `KeyPress`, `KeyUp`, `Leave`, `MouseDown`, `MouseMove`, `MouseUp`, `MouseWheel`, `Paint`, `Resize`

Die grundlegende Einrichtung, Konfiguration und Ereignisbehandlung ist demnach für alle Steuerelemente gleich.

Um ein Fenster mit einem beliebigen Steuerelement zu bestücken, gehen Sie wie folgt vor:

1. Deklarieren Sie in der Fensterklasse eine Variable vom Typ des Steuerelements.
2. Erzeugen Sie im Konstruktor des Fensters ein Steuerelement-Objekt.

3. Positionieren und dimensionieren Sie das Steuerelement.
4. Konfigurieren Sie das Steuerelement.
5. Nehmen Sie das Steuerelement in die `Controls`-Datenstruktur des Fensters auf. (Dieser Schritt ist notwendig, damit das Steuerelement automatisch mit dem Fenster angezeigt wird.)
6. Sie behandeln gegebenenfalls Ereignisse des Steuerelements.

Am Beispiel eines statischen Textfeldes werden wir diese sechs Schritte im nächsten Abschnitt durchexerzieren.

Textfelder

Textfelder verwenden Sie, wenn Sie in einem Fenster Text ausgeben möchten. Der Text eines Textfeldes kann vom Programm, nicht aber vom Anwender verändert werden. Textfelder verfügen daher eher selten über eine eigene Ereignisbehandlung. Die Windows Forms-Klasse für Textfelder heißt `Label`.

Die Definition eines Textfeld-Feldes könnte wie folgt aussehen:

```
public class CHauptfenster : Form
{
    Label       labelAusgabe;
```

Im Konstruktor des Fensters kann dann ein `Label`-Objekt erzeugt, mit dem Feld verbunden, dimensioniert und positioniert werden:

```
public CHauptfenster()
{
    ...
    labelAusgabe = new Label();
    labelAusgabe.Height = 30;
    labelAusgabe.Width = 350;
    labelAusgabe.Left = 50;
    labelAusgabe.Top = 50;
```

Textfelder dienen bekanntlich dazu, einen Text anzuzeigen. Die Konfiguration eines Textfeldes dreht sich daher ganz um den anzuzeigenden Text. Mit Hilfe der Eigenschaften `Font` und `ForeColor` können Sie Schriftart und Schriftfarbe festlegen; für die Ausrichtung des Textes im Steuerelement gibt es die Eigenschaft `TextAlign`. Den Text selbst weisen Sie der Eigenschaft `Text` zu:

```
labelAusgabe.Text = "Hallo Windows!";
labelAusgabe.Font = new System.Drawing.Font("Arial", 20);
labelAusgabe.ForeColor = System.Drawing.Color.Chartreuse;
labelAusgabe.TextAlign = ContentAlignment.TopLeft;
```

GUI-Programmierung: Fenster und Steuerelemente

Schließlich nehmen Sie das Steuerelement in die Controls-Datenstruktur des Fensters auf:

```
Controls.Add(labelAusgabe);
}
```

> **Hinweis:** Wenn Sie möchten, dass die Größe des Textfeldes an die Größe des anzuzeigenden Textes angepasst wird, setzen Sie die Eigenschaft AutoSize auf true.

Das folgende Programm verwendet ein Label-Textfeld zur Begrüßung des Anwenders.

Listing 18.4: Textfelder.cs

```
01: using System;
02: using System.Windows.Forms;
03: using System.Drawing;
04:
05: namespace Kap18
06: {
07:    public class CHauptfenster : Form
08:    {
09:       Label     labelAusgabe;
10:
11:    public CHauptfenster()
12:    {
13:       Text   = "Begruessung";
14:       Width  = 400;
15:       Height = 250;
16:
17:       labelAusgabe = new Label();
18:       labelAusgabe.Height = 30;
19:       labelAusgabe.Width = 350;
20:       labelAusgabe.Left = (this.Width/2) -
21:                            (labelAusgabe.Width/2);
22:       labelAusgabe.Top = 50;
23:       labelAusgabe.Text = "Hallo Windows!";
24:       labelAusgabe.Font =
                            new System.Drawing.Font("Arial", 20);
25:       labelAusgabe.TextAlign =
                            ContentAlignment.MiddleCenter;
26:       Controls.Add(labelAusgabe);
27:    }
28:
29:    static void Main()
30:    {
```

```
31:         Application.Run( new CHauptfenster() );
32:     }
33: }
34: }
```

Das Feld für das Textfeld wird in Zeile 9 definiert. Alles Weitere findet im Konstruktor statt.

In Zeile 17 wird das eigentliche Textfeld erzeugt, in den Zeilen 18 und 19 werden Höhe und Breite festgelegt.

Damit das Programm einen ordentlichen Eindruck macht, soll die Begrüßung horizontal zentriert im Fenster ausgegeben werden. Um dies zu erreichen, müssen Sie

- das Textfeld im Fenster zentrieren (Zeile 20) und,
- den Text im Textfeld zentrieren (Zeile 25).

Zum Schluss wird das Textfeld in die Controls-Datenstruktur aufgenommen.

Abbildung 18.5:
Fenster des Programms Textfelder.cs

Schaltflächen

Schaltflächen sind Elemente, die mit einer bestimmten Aktion verbunden sind. Wenn der Anwender die Schaltfläche anklickt, wird die Aktion ausgeführt. Zur Einrichtung einer Schaltfläche gehört daher auch die Einrichtung einer passenden Ereignisbehandlung.

Das Fenster des folgenden Programms enthält ein Textfeld und eine Weiter-Schaltfläche. Wenn der Anwender auf die Schaltfläche klickt, werden im Textfeld nacheinander die sechs Schritte zur Einrichtung von Steuerelementen angezeigt.

Listing 18.5: Schaltflaechen.cs

```
01: using System;
02: using System.Windows.Forms;
03: using System.Drawing;
04:
05: namespace Kap18
06: {
07:    public class CHauptfenster : Form
08:    {
09:       readonly  int ANZAHL_SCHRITTE;
10:       Label     labelAusgabe;
11:       Button    btnWeiter;
12:       string[]  schritte;
13:       int       aktSchritt;
14:
15:       public CHauptfenster()
16:       {
17:          ANZAHL_SCHRITTE = 6;
18:          schritte = new String[ANZAHL_SCHRITTE];
19:          schritte[0] = "1. Feld für Steuerelement definieren.";
20:          schritte[1] = "2. Steuerelement-Objekt erzeugen.";
21:          schritte[2] = "3. Steuerelement positionieren.";
22:          schritte[3] = "4. Steuerelement konfigurieren.";
23:          schritte[4] = "5. Steuerelement in Controls aufnehmen.";
24:          schritte[5] = "6. Ereignisse für Steuerelement abfangen.";
25:
26:          Text   = "Steuerelemente einrichten";
27:          Width  = 400;
28:          Height = 250;
29:
30:          labelAusgabe = new Label();
31:          labelAusgabe.Height = 30;
32:          labelAusgabe.Width = 350;
33:          labelAusgabe.Left = (this.Width/2) -
                                 (labelAusgabe.Width/2);
34:          labelAusgabe.Top = 50;
35:          labelAusgabe.Text = schritte[aktSchritt++];
36:          labelAusgabe.Font =
                          new System.Drawing.Font("Arial", 12);
37:          labelAusgabe.TextAlign =
                          ContentAlignment.MiddleCenter;
38:          Controls.Add(labelAusgabe);
39:
40:          btnWeiter = new Button();
41:          btnWeiter.Height = 30;
```

```
42:        btnWeiter.Width = 100;
43:        btnWeiter.Left = (this.Width/2) - (btnWeiter.Width/2);
44:        btnWeiter.Top = 170;
45:        btnWeiter.Text = "Weiter";
46:        Controls.Add(btnWeiter);
47:
48:        btnWeiter.Click +=
                   new System.EventHandler(btnWeiter_Click);
49:
50:     }
51:
52:     protected void btnWeiter_Click(object sender,
                              System.EventArgs e)
53:     {
54:        labelAusgabe.Text = schritte[aktSchritt++];
55:        aktSchritt %= ANZAHL_SCHRITTE;
56:     }
57:
58:
59:     static void Main()
60:     {
61:        Application.Run( new CHauptfenster() );
62:     }
63:  }
64: }
```

Neben den Feldern für das Textfeld und die Schaltfläche definiert die Fensterklasse ein String-Array schritte[] (Zeile 12) für die auszugebenden Texte. Im Konstruktor wird das Array erzeugt und mit den Strings gefüllt (Zeilen 18 bis 24).

Die readonly-Konstante ANZAHL_SCHRITTE gibt die Anzahl der Strings im Array an; im Feld aktSchritt wird festgehalten, welcher String als Nächstes ausgegeben werden soll.

In den Zeilen 30 bis 38 wird das Textfeld erzeugt und eingerichtet, in den Zeilen 40 bis 48 die Schaltfläche. Die letzte Anweisung, Zeile 48, richtet die Ereignisbehandlungsmethode für das Click-Ereignis der Schaltfläche ein. Die Ereignisbehandlungsmethode trägt den Namen btnWeiter_Click und ist darunter in den Zeilen 52 bis 56 definiert. Sie sorgt dafür, dass der nächste String aus schritte im Textfeld angezeigt wird. Die Modulo-Operation in Zeile 55 sorgt dafür, dass die Ausgabe nach Erreichen des letzten Strings wieder von vorne beginnt.

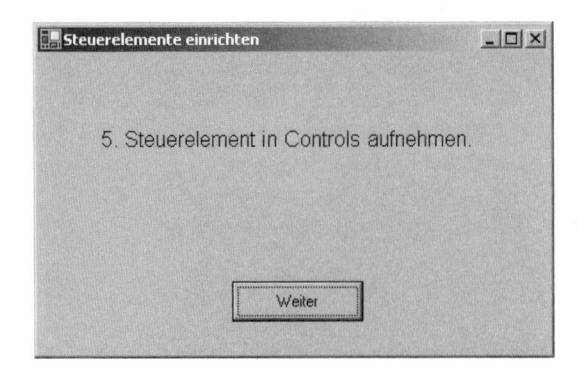

Abbildung 18.6:
Fenster des Programms Schaltflaechen.cs

Weitere Steuerelemente

Nach der Lektüre des vorangehenden Abschnitts dürfte es kein Problem mehr für Sie sein, beliebige Steuerelemente zu erzeugen und einzurichten, sofern Sie nur den Namen der zugehörigen Windows Forms-Klasse wissen (siehe hierzu Tabelle 18.5). Um aber sinnvoll mit einem Steuerelement programmieren zu können, müssen Sie auch dessen Besonderheiten, seine Funktion, seine speziellen Eigenschaften, Methoden und Ereignisse kennen. Schauen wir uns unter diesem Gesichtspunkt noch ein paar Steuerelemente an.

Eingabefelder

Eingabefelder sind Textfelder, deren Inhalt der Anwender bearbeiten kann. In C# werden Eingabefelder als Objekte der Klasse `TextBox` erzeugt.

Über die Eigenschaft `Text` können Sie einen Text in das Textfeld ausgeben oder umgekehrt den vom Anwender eingegebenen Text auslesen.

Mit Hilfe der Methode `AppendText()` können Sie einen weiteren Text an den bestehenden Text des Textfeldes anhängen.

Soll sich das Textfeld über mehrere Zeilen erstrecken, müssen Sie die Eigenschaft `Multiline` auf `true` setzen und die Höhe des Textfelds entsprechend vergrößern.

Wenn Sie möchten, dass der Text im Textfeld nicht vom Anwender bearbeitet werden kann, setzen Sie die Eigenschaft `ReadOnly` auf `true`.

```
TextBox eingabefeld1;
TextBox eingabefeld2;
...
eingabefeld2.ReadOnly = true;     // Anwender kann Text nicht ändern
eingabefeld2.Text = eingabefeld1.Text;
```

Listenfelder

Listenfelder sind Objekte der Klasse `ListBox`. Sie verwahren die in sie eingefügten Elemente in einem dynamischen Container namens `Items`.

Mit Hilfe der Methoden `Add()`, `Insert()`, `AddRange()`, `Remove()` und `RemoveAt()` können Sie Elemente hinzufügen oder löschen.

Auf einzelne Elemente im Listenfeld können Sie per Index zugreifen.

Über die Eigenschaft `SelectionMode` können Sie festlegen, wie viele Elemente im Listenfeld gleichzeitig markiert werden können. Welche Elemente markiert sind, entnehmen Sie der Eigenschaft `SelectedItems`.

```
ListBox listenfeld;
...
listenfeld.Add(eingabefeld1.Text);
eingabefeld2.Text = listenfeld.Items[0];
```

Kontrollkästchen

Kontrollkästchen sind Optionen mit einem quadratischen Kästchen neben der Beschriftung. Der Anwender kann die Option aktivieren oder deaktivieren. Gesetzte Optionen zeigen ein Häkchen im Kästchen an.

Kontrollkästchen werden als Objekte der Klasse `CheckBox` erzeugt.

Um ein Kontrollkästchen vom Programm aus zu setzen oder den Zustand des Kontrollkästchens abzufragen, greifen Sie auf die Eigenschaft `Checked` zu.

```
CheckBox kontrollkaestchen;
...
if (kontrollkaestchen.Checked)
    eingabefeld1.Text = "Hallo";
else
    eingabefeld1.Text = "Auf Wiedersehen";
```

Optionsfelder

Optionsfelder ähneln den Kontrollkästchen, haben aber statt eines Kästchens eine Scheibe neben der Beschriftung, in der ein Punkt angezeigt wird, wenn das Optionsfeld gesetzt ist.

Optionsfelder werden als Objekte der Klasse `RadioButton` erzeugt.

Um ein Optionsfeld vom Programm aus zu setzen oder den Zustand des Optionsfelds abzufragen, greifen Sie auf die Eigenschaft `Checked` zu.

```
RadioButton optionsfeld1;
RadioButton optionsfeld2;
RadioButton optionsfeld3;
...
if (optionsfeld1.Checked)
    eingabefeld1.Text = "Warm";
else if (optionsfeld2.Checked)
    eingabefeld1.Text = "Lauwarm";
else if (optionsfeld3.Checked)
    eingabefeld1.Text = "Kalt";
```

Optionsfelder können gruppiert werden. Von den Optionsfeldern einer Gruppe kann immer nur ein Optionsfeld gleichzeitig gesetzt sein. Gruppen erzeugen Sie mit Hilfe des Steuerelements GroupBox. Alle Optionsfelder, die Sie mit Hilfe der Add()-Methode von GroupBox in ein GroupBox-Element einfügen, bilden eine Gruppe. Die Optionsfelder, die direkt in das Fenster eingefügt werden, bilden ebenfalls eine Gruppe.

```
RadioButton optionsfeld1;
RadioButton optionsfeld2;
RadioButton optionsfeld3;
GroupBox gruppe1;
...
optionsfeld1 = new RadioButton();
optionsfeld2 = new RadioButton();
optionsfeld3 = new RadioButton();
gruppe1 = new GroupBox ();

gruppe1.Controls.Add(optionsfeld1);
gruppe1.Controls.Add(optionsfeld2);
gruppe1.Controls.Add(optionsfeld3);
```

Weitere Steuerelemente

Es gibt noch eine ganze Anzahl weiterer Steuerelemente (siehe Tabelle 18.5). Über die Besonderheiten der einzelnen Steuerelemente können Sie sich in der Online-Hilfe Ihres Compilers informieren.

Steuerelement-Klasse	Beschreibung
Label	statisches Textfeld
LinkLabel	Textfeld mit Hyperlink-Aussehen
TextBox	Textfeld, dessen Inhalt vom Anwender bearbeitet werden kann (Eingabefeld)

Tabelle 18.5: Ausgewählte Steuerelementklassen

Steuerelement-Klasse	Beschreibung
RichTextBox	Textfeld, dessen Inhalt formatiert werden kann
Button	Schaltfläche
CheckBox	Kontrollkästchen
RadioButton	Optionsfeld
ListBox	Listenfeld
ComboBox	Kombinationsfeld
ListView	Listenansicht
TreeView	Hierarchische Ansicht
StatusBar	Statusleiste
PictureBox	zur Anzeige von Grafiken
DateTimePicker	zur Auswahl eines Datums
Panel	Container-Steuerelement
GroupBox	zur Gruppierung von Steuerelementen
TabControl	Registerseiten-Element

Tabelle 18.5: Ausgewählte Steuerelementklassen (Forts.)

18.5 GUI-Anwendungen mit Visual Studio

Die Erstellung von GUI-Anwendungen ist zweifelsohne eine fesselnde und faszinierende Angelegenheit. Sie kann aber auch recht mühselig sein, beispielsweise wenn Sie eine größere Anzahl Steuerelemente erzeugen und konfigurieren müssen oder wenn Sie ein Fenster mit neun Optionsfeldern, verteilt auf drei Gruppen, bestücken möchten. Insbesondere das Platzieren und Dimensionieren der Steuerelemente im Fenster kann schnell zur Qual werden.

Glücklich, wer da eine integrierte Entwicklungsumgebung mit grafischem Designer zum Aufbau von GUI-Oberflächen besitzt. Lassen wir den heutigen Tag daher mit einem Loblied auf die integrierten Entwicklungsumgebungen, exemplarisch vertreten durch Visual Studio, ausklingen.

GUI-Programmierung: Fenster und Steuerelemente

Projekte für GUI-Anwendungen

GUI-Entwicklung in Visual Studio beginnt, wer hätte es gedacht, mit dem Anlegen eines passenden Projekts. Ein passendes Projekt ist in diesem Falle ein WINDOWS-ANWENDUNG-Projekt.

1. Legen Sie also ein C#-Projekt an, das auf der Vorlage WINDOWS-ANWENDUNG basiert. Als Projektname geben Sie Fahrenheit an.

Nach Bestätigen des Dialogs werden Sie erfreut feststellen, dass Visual Studio bereits ein Fenster für Sie angelegt und in den UI-Designer geladen hat (siehe Tabelle 18.8). Doch eins nach dem anderen.

Werfen Sie einen Blick in den Projektmappen-Explorer. Visual Studio hat die für das Projekt angelegte Quelldatei *Form1.cs* genannt – ein Hinweis darauf, dass die Datei eine Fensterklasse enthält.

Öffnen Sie nun das Kontextmenü zu dem Projektknoten und wählen Sie den Befehl EIGENSCHAFTEN aus. Auf der Seite ALLGEMEINE EIGENSCHAFTEN/ALLGEMEIN können Sie sehen, dass als Ausgabetyp WINDOWS-ANWENDUNG eingestellt ist. Dies ist also das Pendant zur Compiler-Option /t:winexe!

Es gibt noch eine weitere Änderung gegenüber den Konsolenanwendungsprojekten zu beachten: das vordefinierte Code-Gerüst.

Das Codegerüst

Wenn Sie im Arbeitsbereichfenster auf den Knoten der Quelldatei doppelklicken, wird die Datei als grafisches Fenster in den Designer geladen. Um den Quellcode des Fensters zu betrachten, müssen Sie

- entweder im Kontextmenü der Quelldatei den Befehl CODE ANZEIGEN auswählen oder
- mit der rechten Maustaste in den Designer klicken und den Befehl CODE ANZEIGEN aufrufen.

2. Laden Sie den Code des Fensters in den Editor.

Löscht man die Kommentare aus dem Code, sieht dieser wie folgt aus:

Listing 18.6: Aus Form1.cs

```
01: using System;
02: using System.Drawing;
03: using System.Collections;
```

```
04: using System.ComponentModel;
05: using System.Windows.Forms;
06: using System.Data;
07:
08: namespace Kap18
09: {
10:    public class Form1 : System.Windows.Forms.Form
11:    {
12:       private System.ComponentModel.Container components = null;
13:
14:       public Form1()
15:       {
16:          InitializeComponent();
17:       }
18:
19:       protected override void Dispose( bool disposing )
20:       {
21:          if( disposing )
22:          {
23:             if (components != null)
24:             {
25:                components.Dispose();
26:             }
27:          }
28:          base.Dispose( disposing );
29:       }
30:
31:       #region Windows Form Designer generated code
32:
33:       private void InitializeComponent()
34:       {
35:          this.components =
                              new System.ComponentModel.Container();
36:          this.Size = new System.Drawing.Size(300,300);
37:          this.Text = "Form1";
38:       }
39:       #endregion
40:
41:
42:       static void Main()
43:       {
44:          Application.Run(new Form1());
45:       }
46:    }
47: }
```

Die wichtigste Änderung gegenüber unseren Codegerüsten ist die Methode Initialize-Component(), die in den Zeilen 31 bis 39 definiert ist und im Konstruktor in Zeile 16 aufgerufen wird.

GUI-Programmierung: Fenster und Steuerelemente

Mit dieser Methode hat es eine besondere Bewandtnis. Der UI-Designer benutzt sie zum Speichern des von ihm erzeugten Codes. Wenn Sie also später im Designer ein neues Steuerelement in das Fenster einbetten, es mit der Maus dimensionieren und positionieren und dann mit Hilfe des Eigenschaftenfensters konfigurieren, erzeugt der Designer im Hintergrund den zugehörigen Quellcode und schreibt ihn in die Methode `InitializeComponent()`.

> Wenn Sie wollen, können Sie das Codegerüst direkt ausführen. Es erzeugt ein leeres, aber funktionstüchtiges Fenster.

Oberflächenerstellung im UI-Designer

Wie sieht nun die Arbeit im UI-Designer aus? Beginnen wir damit, dass wir kontrollieren, ob alle wichtigen Teile des UI-Designers angezeigt werden. Neben dem Designer selbst sind dies:

- die Werkzeugleiste, die unter der Rubrik WINDOWS FORMS eine Liste der verschiedenen Steuerelemente präsentiert (sollte die Werkzeugleiste auf Ihrem System nicht angezeigt werden, rufen Sie den Befehl ANSICHT/TOOLBOX auf),

- das Eigenschaftenfenster, mit dessen Hilfe Sie die Steuerelemente konfigurieren und mit Ereignisbehandlungsmethoden verbinden können (sollte das Eigenschaftenfenster auf Ihrem System nicht angezeigt werden, rufen Sie den Befehl ANSICHT/EIGENSCHAFTENFENSTER auf).

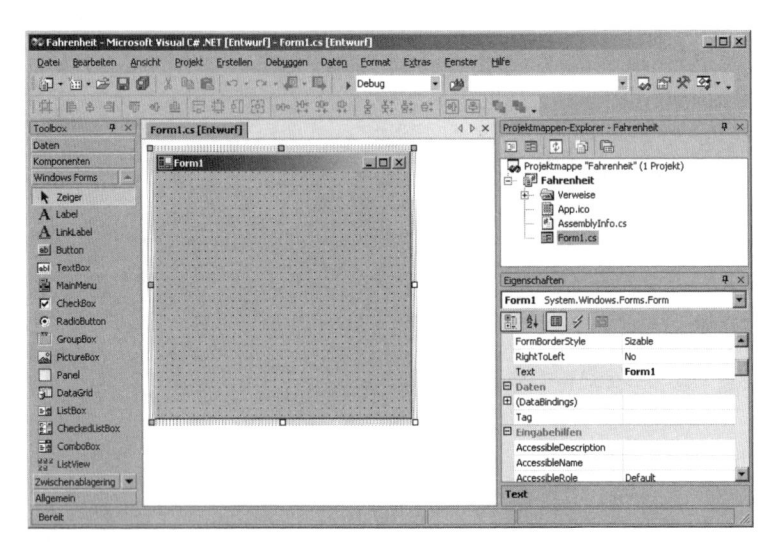

Abbildung 18.7: GUI-Design in Visual Studio

Steuerelemente aufnehmen

Um ein Steuerelement in das Fenster einzufügen, wählen Sie das gewünschte Steuerelement zuerst per Mausklick in der Werkzeugleiste aus. Danach klicken Sie im Fenster auf die ungefähre Position, an der das Element eingefügt werden soll. Wenn Sie möchten, können Sie die Maustaste auch gedrückt halten und mit gedrückter Maustaste einen Rahmen aufziehen. Das Steuerelement wird dann gleich dimensioniert und beim Loslassen der Maus in den vorgegebenen Rahmen eingepasst.

3. Fügen Sie auf diese Weise zwei Textfelder, zwei Eingabefelder und eine Schaltfläche in das Fenster ein.

Schauen Sie sich danach noch einmal den Quellcode von *Form1.cs* an. Der UI-Designer hat am Anfang der Klassendefinition Felder für die Steuerelemente definiert. Die Anweisungen für die Erstellung, Positionierung und Dimensionierung der Steuerelemente steht in der Methode `InitializeComponent()`.

Steuerelemente positionieren und dimensionieren

Einmal eingefügte Steuerelemente können einfach mit der Maus verschoben oder durch Aufziehen des Markierungsrahmens dimensioniert werden.

Wenn Sie genau festlegen möchten, wie breit oder hoch ein Steuerelement sein soll bzw. wo es positioniert werden soll, können Sie die betreffenden Pixelwerte im Eigenschaftenfenster eingeben (siehe nächster Abschnitt).

Möchten Sie ein Element im Fenster zentrieren, markieren Sie das Element (Anklicken mit der Maus) und klicken Sie auf eines der Symbole HORIZONTAL ZENTRIEREN bzw. VERTIKAL ZENTRIEREN in der LAYOUT-Symbolleiste.

Wenn Sie die Größe mehrerer Elemente angleichen möchten, markieren Sie die Elemente (erstes Element anklicken, dann bei gedrückter Strg-Taste die weiteren Elemente markieren) und klicken Sie auf eines der Symbole BREITE ANGLEICHEN, HÖHE ANGLEICHEN bzw. GRÖSSE ANGLEICHEN in der LAYOUT-Symbolleiste.

Falls Sie den Zwischenraum zwischen mehreren Elementen angleichen möchten, markieren Sie die Elemente (siehe oben) und klicken Sie auf eines der ABSTAND-Symbole in der LAYOUT-Symbolleiste.

Wenn Sie mehrere Elemente aneinander ausrichten möchten, markieren Sie die Elemente (siehe oben) und klicken Sie auf eines der AUSRICHTEN-Symbole in der LAYOUT-Symbolleiste.

> Wenn Sie mehrere Elemente markieren und zueinander ausrichten oder gleichmäßig dimensionieren bzw. verteilen, wird das zuletzt markierte Element als Referenz verwendet.

4. Dimensionieren und positionieren Sie die Elemente in Anlehnung an Abbildung 18.10.

5. Dimensionieren Sie auch das Fenster.

Steuerelemente konfigurieren

Zur Konfiguration der Steuerelemente verwenden Sie das Eigenschaftenfenster.

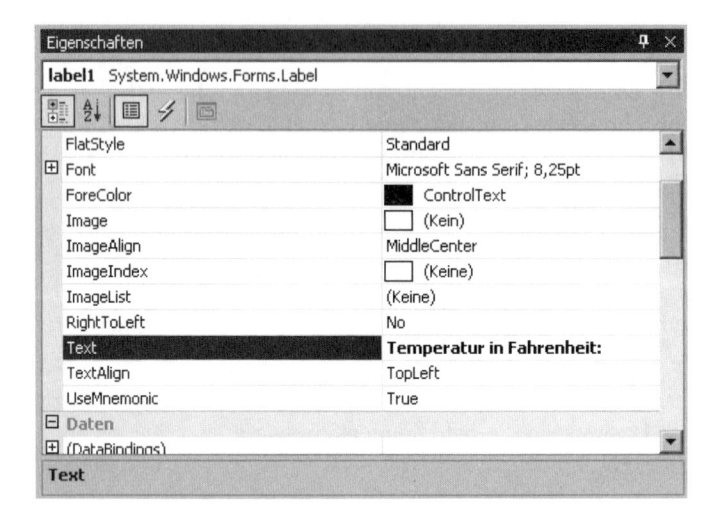

Abbildung 18.8:
Das Eigenschaftenfenster

Das Eigenschaftenfenster bezieht sich immer auf das Steuerelement, das im Designer markiert ist (bzw. das Steuerelement, das im oberen Listenfeld des Eigenschaftenfensters ausgewählt ist). So können Sie über das Eigenschaftenfenster die Eigenschaften eines Steuerelements schnell und bequem setzen.

6. Setzen Sie für beide Textfelder die Schriftgröße auf 10 Punkt hoch (Eigenschaft FONT.SIZE). Geben Sie für das erste Textfeld den Text »Temperatur in Fahrenheit:« und für das zweite Textfeld den Text »Temperatur in Celsius:« ein (Eigenschaft TEXT).

7. Löschen Sie für beide Eingabefelder den Standardtext (Eigenschaft TEXT). Wandeln Sie das zweite Eingabefeld in ein nicht-editierbares Textfeld um (Eigenschaft READONLY).

8. Geben Sie als Titel für die Schaltfläche »Umrechnen« ein (Eigenschaft TEXT).

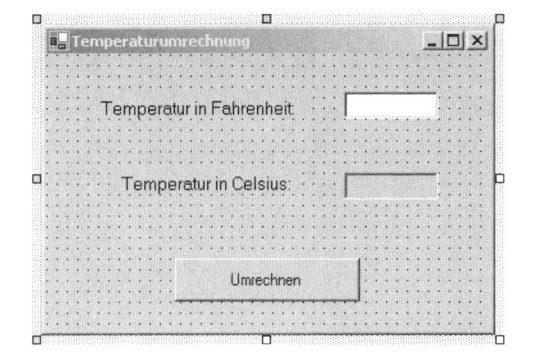

Abbildung 18.9:
Das fertig bestückte Fenster

Ereignisbehandlungsmethoden für Steuerelemente einrichten

Zu guter Letzt möchten wir noch eine Ereignisbehandlungsmethode für das `Click`-Ereignis der Schaltfläche schreiben. Diese soll den Wert aus dem ersten TextBox-Feld einlesen, in Grad Celsius umrechnen und dann in das zweite TextBox-Feld ausgeben.

Ereignisse von Steuerelementen können ebenfalls über das Eigenschaftenfenster eingerichtet werden. Sie müssen lediglich das betreffende Steuerelement auswählen und dann in der Symbolleiste des Eigenschaftenfensters auf das Symbol EREIGNISSE klicken. Die Anzeige im Eigenschaftenfenster wechselt und es erscheint eine Liste der für das Element unterstützten Ereignisse.

Wenn Sie in das Feld neben einem Ereignis einen Bezeichner eingeben und anschließend die Eingabetaste drücken, richtet Visual Studio eine gleichnamige Ereignisbehandlungsmethode ein und springt in deren Definition. Wenn Ihnen kein guter Name einfällt, doppelklicken Sie einfach in das Feld – Visual Studio verwendet dann als Name eine Kombination aus Steuerelement-Objektname und Ereignisbezeichner.

9. Doppelklicken Sie in das Feld neben dem `Click`-Ereignis.

```
private void button1_Click(object sender, System.EventArgs e)
{

}
```

10. Setzen Sie den Code zur Umrechung in Celsius auf:

```
private void button1_Click(object sender, System.EventArgs e)
{
   double dFahrenheit = Convert.ToDouble(textBox1.Text);
   double dCelsius    = (dFahrenheit - 32) * 5.0 / 9.0;

   textBox2.Text = dCelsius.ToString("F");
}
```

GUI-Programmierung: Fenster und Steuerelemente

11. Kompilieren Sie das Programm und führen Sie es aus.

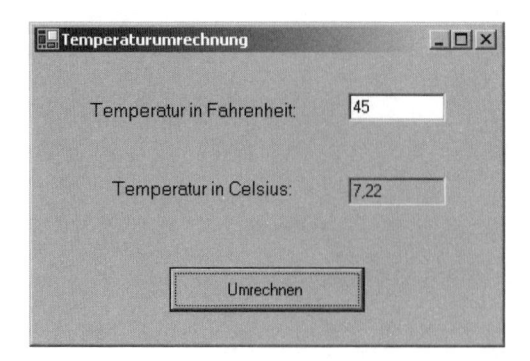

Abbildung 18.10:
Das fertige Programm

Den vollständigen Programmquelltext finden Sie auf der Buch-CD.

18.6 Zusammenfassung

Heute haben Sie gelernt, wie Sie mit Hilfe der Windows Forms-Klassen einfache GUI-Anwendungen schreiben können. Sie sind zwar noch nicht so weit, dass Sie Anwendungen wie Word oder Visual Studio implementieren können, aber das hat ja wohl auch niemand ernstlich erwartet – oder etwa doch? Nun, die Windows-GUI-Programmierung ist ein weites Feld, das nicht in ein oder zwei Tagen zu erobern ist. Immerhin sind die Grundlagen gelegt. Sie wissen jetzt, was Fenster und Steuerelemente sind und wie Sie in Verbindung mit Fenstern und Steuerelementen programmieren. Sie haben auch ein wenig über die Meldungsverarbeitung unter Windows erfahren und sollten in der Lage sein, Ereignisbehandlungscode für Benutzerereignisse zu schreiben.

18.7 Workshop

Der Workshop enthält Quizfragen, die Ihnen helfen sollen, Ihr Wissen zu festigen, und Übungen, die Sie anregen sollen, das eben Gelernte umzusetzen und eigene Erfahrungen zu sammeln. Versuchen Sie, das Quiz und die Übungen zu beantworten und zu verstehen, bevor Sie zur Lektion des nächsten Tages übergehen.

Fragen und Antworten

F   Muss die Klasse des Hauptfensters als `public` deklariert sein?

A   Nein.

F   Bei der Aufzählung der Elemente der Klasse `Control` ist mir aufgefallen, dass viele dieser Elemente auch für `Form` definiert sind. Ist dies Zufall?

A   Nein, natürlich nicht. Der Grund für diese auffälligen Übereinstimmungen ist, dass die Klasse `Form` ebenfalls von `Control` abgeleitet ist.

F   Es ist wirklich sehr praktisch, dass die Windows Forms-Klassen passende Ereignisse zu den verschiedenen Windows-Meldungen anbieten. Wenn ich die Erläuterungen richtig verstanden habe, gibt es aber nicht zu jeder Windows-Meldung ein zugehöriges Ereignis. Was mache ich, wenn ich auf eine solche Meldung reagieren möchte?

A   Tatsächlich gibt es etliche Meldungen, für die es grundsätzlich oder auch nur in der einen oder anderen Windows Forms-Klasse kein zugehöriges Ereignis gibt. Meist ist dies nicht tragisch, da es sich üblicherweise um Meldungen handelt, die nur sehr selten abgefangen und behandelt werden müssen. Sollte die direkte Behandlung von Meldungen dennoch einmal nötig werden, so ist dies selbstverständlich möglich. Das Verfahren ist allerdings ungleich komplizierter als die normale Ereignisbehandlung, sodass eine Beschreibung im Rahmen dieses Buches weder sinnvoll noch möglich ist.

Quiz

1. Von welcher Klasse werden Fenster-Klassen abgeleitet?
2. Wie wird ein Fenster zum Hauptfenster einer Anwendung?
3. Wie lautet die Eigenschaft für den Titel von Schaltflächen?
4. Wie lautet die Eigenschaft für den Zustand von Optionsfeldern?
5. Was ist der Unterschied zwischen Kontrollkästchen und Optionsfeldern?

Übungen

1. In Abschnitt »Ein einfaches Code-Gerüst« haben Sie gesehen, wie man mit Hilfe von Windows Form in 16 Zeilen eine vollständige GUI-Anwendung schreiben kann. Wie viele Zeilen umfasst das kleinste denkbare Windows Forms-GUI-Programm? (Aber nicht mogeln und mehrere Anweisungen in eine Zeile schreiben.)

GUI-Programmierung: Fenster und Steuerelemente

2. Was geschieht, wenn Sie das Fenster der Anwendung beim Aufruf von Run() nicht als Argument übergeben?

3. Erzeugen Sie ein Fenster fester Größe und ohne Systemmenü, das 400 Pixel breit und 300 Pixel hoch ist und die Farbe des Desktops als Hintergrundfarbe verwendet.

4. Implementieren Sie das folgende Konsolenprogramm zur Berechnung des Body Mass Index als GUI-Anwendung.

Listing 18.7: BodyMass_Konsole.cs

```
using System;

namespace Kap18
{
   class CBodyMass
   {
      static void Main(string[] args)
      {
         double dGroesse;
         double dGewicht;
         double dIndex;
         string sAusgabe;

         Console.WriteLine("Body Mass Index \n\n");
         Console.Write("Geben Sie Ihre Körpergröße in cm an: ");
         dGroesse = Convert.ToDouble(Console.ReadLine());
         Console.Write("Geben Sie Ihr Gewicht in kg an: ");
         dGewicht = Convert.ToDouble(Console.ReadLine());

         dIndex = dGewicht/Math.Pow(dGroesse/100, 2);

         sAusgabe = " " + dIndex.ToString("F");

         if (dIndex < 20)
            sAusgabe += ", Sie sind untergewichtig!";
         else if (dIndex >= 25)
            sAusgabe += ", Sie sind übergewichtig!";
         else
            sAusgabe += ", Sie haben Normalgewicht!";

         Console.WriteLine();
         Console.WriteLine(sAusgabe);
      }
   }
}
```

Tag 19

GUI-Programmierung: Menüs, Dialoge, Grafik

GUI-Programmierung: Menüs, Dialoge, Grafik

Allein mit der Erstellung steuerelementbestückter Fenster wollen wir uns nicht zufrieden geben. Heute werden Sie erfahren, wie Sie Ihren GUI-Anwendungen mit Hilfe von Menüs, Dialogfeldern und Grafikausgaben mehr Flair verleihen.

Im Einzelnen lernen Sie in diesem Kapitel

- wie man in ein Fenster zeichnet,
- wie man Menüs aufbaut,
- wie man Tastaturkürzel für Menüs einrichtet,
- wie man Dialogfelder anzeigt,
- welche vordefinierten Dialogfelder es gibt.

19.1 Grafik

Bisher haben Sie den Clientbereich des Fensters lediglich als eine Fläche angesehen, auf der Sie Steuerelemente ablegen und die Sie gegebenenfalls über die Form-Eigenschaften `BackColor` oder `BackgroundImage` einfärben. Es ist aber auch möglich, direkt in den Clientbereich eines Fensters zu zeichnen – etwa um eine Sinusfunktion anzuzeigen, ein animiertes Logo auszugeben oder um den Anwender mit der Maus Kreise und andere Figuren zeichnen zu lassen.

Wie dies geht, ist Thema dieses Abschnitts. Beachten Sie aber bitte, dass die Ausgabe von Grafiken und die Unterstützung von Zeichenoperationen ein sehr weites Feld sind. Die Grundlagen erfahren Sie hier, alles Weitere bleibt Ihrem Forschungsdrang und Arbeitseifer überlassen.

Grafik-Grundlagen

Solange Sie mit Fenstern und Steuerelementen arbeiten, kümmert sich das Windowing-System um sämtliche Zeichenoperationen. Wenn der Anwender beispielsweise das Hauptfenster Ihrer Anwendung auf dem Desktop verschiebt, sorgt das Windowing-System dafür, dass das Fenster an der neuen Position auf den Bildschirm gezeichnet und an der alten Position der Desktop-Hintergrund restauriert wird. Gleiches gilt für den Fall, dass der Anwender ein Fenster minimiert und später wieder in Normalgröße anzeigen lässt. Auch hier kümmert sich das Windowing-System darum, dass das Fenster mitsamt aller enthaltenen Steuerelemente[1] wieder an seiner ursprünglichen Desktop-Position auf den Bildschirm gezeichnet wird.

---

1 Allerdings nur, wenn die Steuerelemente in der `Controls`-Eigenschaft eingetragen sind!

Dies ist ein Glück für uns, denn es erspart uns das Aufsetzen der zugehörigen Zeichenbefehle und die Auseinandersetzung mit der zugrunde liegenden Hardware (Grafikkarte, Monitor). Das Windowing-System zeichnet das Fenster Pixel für Pixel in den Speicher der Grafikkarte, die den Monitor mit den entsprechenden Signalen versorgt, sodass das richtige Bild auf dem Monitor erscheint.

Wollen wir selbst in ein Fenster zeichnen, könnten wir dazu prinzipiell direkt in den betreffenden Bereich im Speicher der Grafikkarte schreiben. Wir müssten dann allerdings zuerst feststellen, was für eine Grafikkarte auf dem Computer installiert ist, welche Treiberbefehle für den Zugriff auf die Karte verwendet werden können und wo im Speicher der Grafikkarte das Abbild des Fensters gerade gespeichert ist. Sie werden sicher zustimmen, dass eine solche Vorgehensweise nicht unbedingt Lust auf Grafikprogrammierung macht.

Gerätekontexte und Graphics-Objekte

Als Ausweg aus der Hardwarefalle unterstützt Windows das Konzept der Gerätekontexte. Ein *Gerätekontext* ist vereinfacht ausgedrückt eine Leinwand im Arbeitsspeicher des Computers, in die der Programmierer mit Hilfe relativ einfacher Befehle zeichnen kann, ohne sich große Gedanken um die zugrunde liegende Hardware machen zu müssen.

In C# werden Gerätekontexte durch Objekte der Klasse Graphics repräsentiert. Diese kapseln nicht nur den Gerätekontext, sondern bieten auch Eigenschaften und Methoden an, mit denen Sie in den Gerätekontext zeichnen können.

In ein Fenster zu zeichnen, bedeutet daher,

- ein Graphics-Objekt zu generieren, das als Leinwand für das Fenster dient und
- mit den Methoden des Graphics-Objekts in die Leinwand zu zeichnen.

> Nach dem gleichen Verfahren können Sie auch in Steuerelemente zeichnen.

Das Paint-Ereignis

Es gibt noch eine Eigentümlichkeit der Grafikausgabe zu beachten, die mit dem automatischen Zeichnen des Fensters durch das Windowing-System zu tun hat.

Angenommen, Sie hätten sich irgendwo im Code einer Ereignisbehandlungsmethode der Anwendung ein Graphics-Objekt für Ihr Fenster besorgt und mit dessen Hilfe eine Linie in das Fenster gezeichnet. Wenn der Anwender das betreffende Ereignis auslöst, wird die Linie gezeichnet. Falls der Anwender das Fenster danach mit einem anderen Fenster verdeckt und später wieder in den Vordergrund holt, ist die Linie verschwunden. Warum?

GUI-Programmierung: Menüs, Dialoge, Grafik

Das Windowing System kann das in den Vordergrund geholte Fenster rekonstruieren und neu zeichnen, nicht aber etwaige von Ihnen erzeugte Zeichenausgaben. Grundsätzlich gehen also alle selbst erzeugten Zeichenausgaben verloren, wenn das Fenster vom Windowing System teilweise oder ganz neu gezeichnet wird. Dieser Zustand ist natürlich unvertragbar. Aus diesem Grunde teilt das Windowing System den Fenstern mit, wenn es sie neu zeichnet, d.h., es verschickt eine Paint-Meldung. Das Fenster kann die Meldung abfangen und als Antwort auf die Meldung seine Zeichenausgabe selbst rekonstruieren.

Als .NET-Framework-Programmierer brauchen wir die Paint-Meldung natürlich nicht selbst abzufangen, wir schreiben einfach eine Ereignisbehandlungsmethode für das Paint-Ereignis des Fensters.

Ereignisbehandlungsmethoden für Paint-Ereignisse übernehmen als zweites Argument ein PaintEventArgs-Objekt. Dieses enthält ein Feld Graphics, das die Leinwand des Fensters repräsentiert. Wenn Sie also dauerhaft in ein Fenster zeichnen wollen,

- schreiben Sie eine Paint-Ereignisbehandlungsmethode und
- zeichnen in das Graphics-Objekt, das mit dem PaintEventArgs-Argument übergeben wurde.

Text ausgeben

Zum Einstieg in die Grafikprogrammierung werden wir in diesem Abschnitt einen einfachen Text in ein Fenster zeichnen (statt den Text über ein Label-Steuerelement auszugeben).

Listing 19.1: TextZeichnen.cs

```
01: using System;
02: using System.Drawing;
03: using System.Windows.Forms;
04:
05: namespace Kap19
06: {
07:   public class CHauptfenster : Form
08:   {
09:     public CHauptfenster()
10:     {
11:       Width  = 450;
12:       Height = 220;
13:       Text = "Text zeichnen";
14:       Paint += new PaintEventHandler(CHauptfenster_Paint);
15:     }
16:
```

```
17:        private void CHauptfenster_Paint(object sender,
                                           PaintEventArgs e)
18:        {
19:            Font schrift = new Font("Times New Roman", 24);
20:            SolidBrush pinsel = new SolidBrush(Color.Maroon);
21:
22:            e.Graphics.DrawString("Hallo Programmierer",
                                      schrift, pinsel,50,50);
23:        }
24:
25:        static void Main()
26:        {
27:            Application.Run(new CHauptfenster());
28:        }
29:    }
30: }
```

Kommen wir gleich zu dem Code für die Zeichenausgabe. In Zeile 14 wird eine Methode namens CHauptfenster_Paint als Behandlungsmethode für das Paint-Ereignis des Fensters registriert. Darunter – in den Zeilen 17 bis 23 – ist die Methode definiert.

Aufgabe der Methode soll es sein, den Text »Hallo Programmierer« auszugeben. Wie ist dies zu bewerkstelligen?

Denken Sie daran, dass die Methode im Zuge der Behandlung der Paint-Meldung intern von der Form-Klasse aufgerufen wird. Dabei wird ihr als Argument ein PaintEventArgs-Objekt übergeben, dessen Graphics-Feld auf ein für das Fenster gültiges Graphics-Objekt verweist. Über die Methoden dieses Objekts können Sie in das Fenster zeichnen.

Die Methode zum Zeichnen von Text heißt DrawString(). Die Anweisung

```
e.Graphics.DrawString("Hallo Programmierer", schrift, pinsel,50,50);
```

aus Zeile 22 zeichnet also den Text »Hallo Programmierer« ab der Pixelposition 50, 50 in das Fenster. Die Argumente schrift und pinsel legen fest, in welchem Font und mit welchem Pinsel der Text gezeichnet werden soll.

Das schrift-Objekt wird als Objekt der Klasse Font erzeugt (Zeile 19):

```
Font schrift = new Font("Times New Roman", 24);
```

Das pinsel-Objekt wird als Objekt der Klasse SolidBrush erzeugt (Zeile 20):

```
SolidBrush pinsel = new SolidBrush(Color.Maroon);
```

Pinsel können Sie auch als Objekte der Klassen TextureBrush und LinearGradientBrush erzeugen. Wenn Sie Text ausgeben, bestimmt der Pinsel Farbe und Textur des Schriftzugs.

Abbildung 19.1:
Fenster mit gezeichnetem Text

Zeichnen

Um Grafiken aus Linien und geometrischen Figuren zu zeichnen, gehen Sie genauso wie beim Zeichnen von Text vor. Sie müssen lediglich andere Graphics-Methoden aufrufen. Das folgende Programm verwendet zum Beispiel die Methoden DrawEllipse() und FillEllipse(), um zehn verschiedenfarbige Flecken in ein Fenster zu zeichnen.

Listing 19.2: Fleckenzeichnen.cs

```
01: using System;
02: using System.Drawing;
03: using System.Windows.Forms;
04:
05: namespace Kap19
06: {
07:     public class CHauptfenster : Form
08:     {
09:         Random zz;
10:
11:         public CHauptfenster()
12:         {
13:             Width  = 420;
14:             Height = 220;
15:             Text = "Flecken zeichnen";
16:             Paint += new PaintEventHandler(CHauptfenster_Paint);
17:
18:             zz = new Random();
19:         }
20:
21:         private void CHauptfenster_Paint(object sender,
                                            PaintEventArgs e)
22:         {
```

```
23:            Pen stift = new Pen(Color.Black, 3);
24:
25:            for (int i = 0; i < 10; ++i)
26:            {
27:                Color farbe = Color.FromArgb(zz.Next(0,256),
                                                zz.Next(0,256),
                                                zz.Next(0,256));
28:                SolidBrush pinsel = new SolidBrush(farbe);
29:
30:                int x = zz.Next(0, 400);
31:                int y = zz.Next(0, 200);
32:                int w = zz.Next(50);
33:                int h = w;
34:
35:                e.Graphics.DrawEllipse(stift, x, y, w, h);
36:                e.Graphics.FillEllipse(pinsel, x, y, w, h);
37:            }
38:        }
39:
40:        static void Main()
41:        {
42:            Application.Run(new CHauptfenster());
43:        }
44:    }
45: }
```

Wieder ist der gesamte Code zur Zeichenausgabe in der Paint-Ereignisbehandlungsmethode zusammengefasst.

In einer for-Schleife werden zehn Flecken zufälliger Größe und Farbe an zufälligen Positionen ausgegeben.

Die Ränder der Flecken zeichnet die Methode DrawEllipse(). Als Argumente werden der Methode ein Pen-Objekt und die Abmaße des umschließenden Rechtecks (definiert durch x-y-Koordinaten für die linke obere Ecke, Breite und Höhe) übergeben. Wenn Sie als Rechteck ein Quadrat angeben (Breite und Höhe gleich), wird die gezeichnete Ellipse zum Kreis.

Ausgefüllt werden die Flecken mit der FillEllipse()-Methode, der wir einen Pinsel von zufälliger Farbe übergeben.

Grundsätzlich werden Pen-Objekte zum Zeichnen von Umrissen und Brush-Objekte zum Ausfüllen von Flächen verwendet.

GUI-Programmierung: Menüs, Dialoge, Grafik

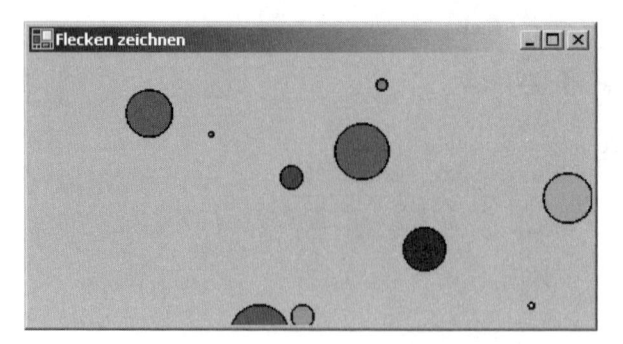

Abbildung 19.2:
Fenster mit eingezeichneten Flecken

19.2 Menüs

Menüleisten gehören heute zur Standardausrüstung fast aller größeren Anwendungen. Sie sind zusammengesetzt aus einer Reihe von Popup-Menüs, die wiederum jedes eine Reihe von Menübefehlen (und eventuell Untermenüs) enthalten. Entsprechend gestaltet sich der Aufbau eigener Menüleisten.

Eigene Menüs aufbauen

Um eine Menüleiste einzurichten, gehen Sie wie folgt vor:

1. Erzeugen Sie das Hauptmenü.

   Hauptmenüs sind in C# Objekte der Klasse `MainMenu`.

   ```
   public class CHauptfenster : Form
   {
       private MainMenu menue;
       
       public CHauptfenster()
       {
           menue = new MainMenu();
   ```

2. Fügen Sie dem Hauptmenü die einzelnen Popup-Menüs hinzu.

   Hierzu greifen Sie auf die Eigenschaft `MenuItems` des `MainMenu`-Objekts zu und rufen dessen `Add()`-Methode auf. Der Methode brauchen Sie dann nur noch den Titel für das Popup-Menü zu übergeben, und das Popup-Menü ist eingerichtet. Die `Add()`-Methode liefert eine Referenz auf das neu angelegte Popup-Menü zurück, die Sie in einer `MenuItem`-Variable speichern, um im nächsten Schritt Menübefehle in das Popup-Menü einfügen zu können.

   ```
   MenuItem popup1 = menue.MenuItems.Add("Popup1");
   ```

3. Fügen Sie den Popup-Menüs die Menübefehle hinzu.

   Auch die `MenuItem`-Elemente, die die Popup-Menüs repräsentieren, verfügen über eine Eigenschaft `MenuItems` mit einer `Add()`-Methode. Mit Hilfe dieser Methode können Sie Menübefehle in ein Popup-Menü aufnehmen.

   Als Argumente übergeben Sie der Methode ein `MenuItem`-Objekt und einen Delegate, der auf die zugehörige Ereignisbehandlungsmethode verweist.

   ```
   popup1.MenuItems.Add(new MenuItem("Befehl 1",
                        new EventHandler(Befehl1_Click)));
   ...
   ```

   Das `MenuItem`-Objekt repräsentiert den Menübefehl. Den Titel für den Menübefehl übergeben Sie dem `MenuItem`-Konstruktor.

4. Schreiben Sie die Ereignisbehandlungsmethode für die Menübefehle.

   ```
   protected void Befehl1_Click(object sender,
                                System.EventArgs e)
   {
       label.Text = "Befehl 1";
   }
   ```

5. Speichern Sie das komplette Menü in der `Form`-Eigenschaft `Menu`. Dieser Schritt richtet das erzeugte Menü als Menü des Fensters ein.

   ```
   Menu = menue;
   ```

Die Vorgehensweise ist ziemlich geradlinig und einleuchtend. Ein Punkt bedarf allerdings einer genaueren Erläuterung.

Popup-Menüs und Menübefehle sind in C# beides Objekte der Klasse `MenuItem`. Man fasst beide daher auch unter dem Begriff »Menüelement« zusammen. Dies wirft die Frage auf, wie C# zwischen einem Popup-Menü und einem einfachen Menüelement unterscheidet? Die Antwort ist ganz einfach. `MenuItem`-Objekte verfügen, wie Sie oben gesehen haben, über eine Eigenschaft `MenuItems`. Wenn Sie dieser Eigenschaft mit Hilfe der `Add()`-Methode untergeordnete Menüelemente hinzufügen, wird das `MenuItem`-Objekt zu einem Popup-Menü. Bleibt die Eigenschaft `MenuItems` leer, handelt es sich bei dem `MenuItem`-Objekt um einen einfachen Menübefehl.

Das folgende Programm demonstriert den Aufbau eines kleinen Menüsystems.

Listing 19.3: Menue.cs

```
01: using System;
02: using System.Drawing;
03: using System.Windows.Forms;
04:
```

```
05: namespace Kap19
06: {
07:     public class CHauptfenster : Form
08:     {
09:         private Label label;
10:         private MainMenu menue;
11:
12:         public CHauptfenster()
13:         {
14:             Width = 450;
15:             Height = 200;
16:             Text = "Hauptfenster mit Menü";
17:
18:             label = new Label();
19:             label.AutoSize = true;
20:             label.Left = 70;
21:             label.Top = 70;
22:             label.Font = new Font("Arial", 14);
23:             label.Text = "Kein Befehl aufgerufen";
24:             Controls.Add(label);
25:
26:             // Menü aufbauen
27:             // Hauptmenü
28:             menue = new MainMenu();
29:
30:             // 1. Popupmenü
31:             MenuItem popup1 = menue.MenuItems.Add("Popup1");
32:             popup1.MenuItems.Add(new MenuItem("Befehl 1",
                                 new EventHandler(Befehl1_Click)));
33:             popup1.MenuItems.Add(new MenuItem("Befehl 2",
                                 new EventHandler(Befehl2_Click)));
34:             popup1.MenuItems.Add(new MenuItem("Befehl 3",
                                 new EventHandler(Befehl3_Click)));
35:
36:
37:             // 2. Popupmenü
38:             MenuItem popup2= menue.MenuItems.Add("Popup2");
39:             popup2.MenuItems.Add(new MenuItem("Befehl 4",
                                 new EventHandler(Befehl4_Click)));
40:             popup2.MenuItems.Add(new MenuItem("Befehl 5",
                                 new EventHandler(Befehl5_Click)));
41:
42:             // Menü mit Hauptfenster verbinden
43:             Menu = menue;
44:         }
45:
```

```
46:     static void Main()
47:     {
48:         Application.Run(new CHauptfenster());
49:     }
50:
51:     protected void Befehl1_Click(object sender,
                                    System.EventArgs e)
52:     {
53:         label.Text = "Befehl 1";
54:     }

        ...

67:     protected void Befehl5_Click(object sender,
                                    System.EventArgs e)
68:     {
69:         label.Text = "Befehl 5";
70:     }
71: }
72: }
```

In Zeile 10 wird ein Feld für das Hauptmenü definiert. Dies ist nicht unbedingt nötig, da die Referenz auf das erzeugte Menü zum Schluss in der Menu-Eigenschaft des Fensters gespeichert wird (sodass man über diese Eigenschaft jederzeit auf das Menü zugreifen kann). Es hat aber den Vorteil, dass Sie mit einem Blick auf die Felderliste der Fensterklasse feststellen können, ob das Fenster über ein Menü verfügt oder nicht.

Erzeugt wird das Hauptmenü in Zeile 28. In den Zeilen 31 bis 34 wird das erste Popup-Menü, in den Zeilen 38 bis 40 das zweite Popup-Menü eingerichtet.

In Zeile 43 wird der Verweis auf das Hauptmenü in der Form-Eigenschaft Menu gespeichert, damit das Menü auch im Hauptfenster angezeigt wird.

Die Ereignisbehandlungsmethoden zu den Menübefehlen sind am Ende des Programms definiert (Zeilen 51 bis 70).

Menübefehle konfigurieren

Menübefehle besitzen eine ganze Reihe von Eigenschaften, die Aussehen und Verhalten der Elemente bestimmen.

GUI-Programmierung: Menüs, Dialoge, Grafik

Abbildung 19.3: Das Hauptfenster mit dem Menü

Eigenschaft	Beschreibung
Checked	zeigt ein Häkchen neben dem Menübefehl an
RadioCheck	zeigt einen Punkt statt eines Häkchens neben dem Menübefehl an
Enabled	aktiviert oder deaktiviert den Menübefehl
ShortCut	Tastaturkürzel für den Menübefehl (Werte der Aufzählung ShortCut)
ShowShortCut	bestimmt, ob Tastaturkürzel neben Menübefehl angezeigt wird

Tabelle 19.1: Ausgewählte Eigenschaften für Menübefehle

Wenn Sie einen Menübefehl weiter konfigurieren möchten, beispielsweise um ein Tastaturkürzel mit dem Befehl zu verbinden oder den Befehl anfangs zu deaktivieren, erzeugen Sie zuerst das Menüelement und speichern den Verweis darauf in einer MenuItem-Variablen. Dann konfigurieren Sie das Menüelement und fügen es in ein Popup-Menü ein:

```
menuebefehl1 = new MenuItem();

menuebefehl1.Text = "Wähle mich!";
menuebefehl1.ShortCut = ShortCut.Ins;
menuebefehl1.Click += new EventHandler(menuebefehl1_Click);

popup1.MenuItems.Add(menuebefehl);
```

Falls Sie möchten, dass ein Menübefehl über eine Kombination aus [Alt]-Taste und Buchstabe aufgerufen werden kann, setzen Sie im Titel des Menüelements ein kaufmännisches Und (&) vor den betreffenden Buchstaben:

```
menuebefehl1.Text = "Wähle &mich!";
```

Beenden-Befehle

Wenn Sie ein Menüsystem anbieten, dann sollte das Menü auch über einen Beenden-Befehl verfügen. Die Einrichtung eines solchen Menübefehls ist sicherlich keine Schwierigkeit mehr für Sie, doch wie können Sie die Anwendung von der Ereignisbehandlungsmethode des Menübefehls aus beenden?

Denken Sie daran, dass eine Anwendung automatisch beendet wird, wenn Ihr Hauptfenster geschlossen wird. Der beste Weg ist daher, auf das Form-Objekt zuzugreifen, welches das Hauptfenster repräsentiert und dessen Close()-Methode aufzurufen. Ist die Ereignisbehandlungsmethode eine Methode der Hauptfensters, brauchen Sie nur Close() aufzurufen:

```
Close();
```

Ist der Zugriff auf das Hauptfenster nicht möglich, rufen Sie die Methode Application.Exit() auf.

Menüs mit Visual Studio

In Visual Studio können Sie Ihre Menüs vollständig mit Hilfe des UI-Designers aufbauen, was natürlich entsprechend komfortabler als die Quellcodeeingabe ist.

Wählen Sie in der Werkzeugleiste das Symbol für die Menüleiste aus und klicken Sie in Ihr Fenster. Das Menü wird sofort als leere Schablone unter der Titelleiste des Fensters angezeigt. Wenn Sie jetzt in die Schablone einen Text eingeben, wird dieser als Titel des Menüelements genommen. Rechts und unterhalb der Menüelemente werden neue Schablonen angezeigt. So können Sie Ihr Menüsystem nach und nach aufbauen.

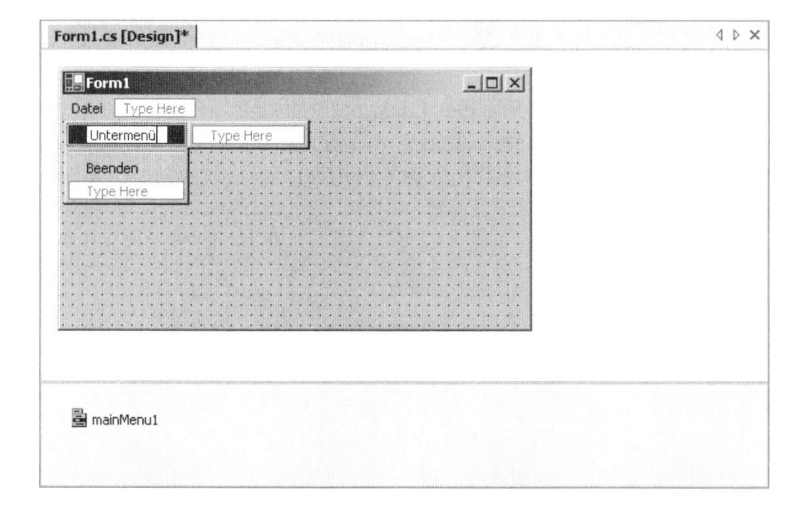

Abbildung 19.4: Menübearbeitung in Visual Studio

GUI-Programmierung: Menüs, Dialoge, Grafik

Um ein Element nachträglich zu konfigurieren, wählen Sie es im Menüsystem aus und wechseln Sie zur weiteren Bearbeitung ins Eigenschaftenfenster.

19.3 Dialogfenster

Dialogfenster sind Fenster, die die Anwendung bei Bedarf anzeigt, um den Anwender auf etwas hinzuweisen oder um Eingaben von ihm entgegen zu nehmen.

Dialogfenster einrichten

Dialogfenster sind in C# letztlich ganz normale Fenster. Allerdings können Dialogfenster üblicherweise nicht in der Größe verändert werden und besitzen kein Systemmenü. Dafür verfügen Dialogfenster meist über eine OK- sowie eine Abbrechen-Schaltfläche zum Schließen des Dialogs. Dies sollten Sie beim Einrichten eines Dialogs beachten.

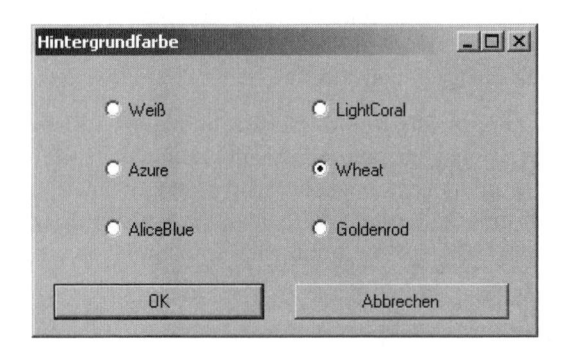

Abbildung 19.5:
Ein Beispieldialog

Betrachten Sie den Dialog aus Abbildung 19.5. Der Dialog besteht aus einem Fenster fester Größe, ohne Systemmenü und mit Schaltflächen zum Beenden. Der Anwender kann über den Dialog eine von sechs Farben auswählen. Schauen wir uns an, wie der Dialog implementiert ist.

Listing 19.4: Dialog.cs

```
01: using System;
02: using System.Drawing;
03: using System.Windows.Forms;
04:
```

```
05: namespace Kap19
06: {
07:     public class CDialog : Form
08:     {
09:         public RadioButton radioButton1;
10:         public RadioButton radioButton2;
11:         public RadioButton radioButton3;
12:         public RadioButton radioButton4;
13:         public RadioButton radioButton5;
14:         public RadioButton radioButton6;
15:         public Button btnOK;
16:         public Button btnAbbrechen;
17:
18:         public CDialog()
19:         {
20:             radioButton1 = new RadioButton();
21:             radioButton2 = new RadioButton();
22:             radioButton3 = new RadioButton();
23:             radioButton4 = new RadioButton();
24:             radioButton5 = new RadioButton();
25:             radioButton6 = new RadioButton();
26:             btnOK = new Button();
27:             btnAbbrechen = new Button();
28:
29:
30:             radioButton1.Location = new System.Drawing.Point(48,
                                                                 24);
31:             radioButton1.Text = "Weiß";
32:
33:             radioButton2.Location = new System.Drawing.Point(48,
                                                                 64);
34:             radioButton2.Text = "Azure";
35:
36:             radioButton3.Location = new System.Drawing.Point(48,
                                                                 104);
37:             radioButton3.Text = "AliceBlue";
38:
39:             radioButton4.Location = new System.Drawing.Point(192,
                                                                 24);
40:             radioButton4.Text = "LightCoral";
41:
42:             radioButton5.Location = new System.Drawing.Point(192,
                                                                 64);
43:             radioButton5.Text = "Wheat";
44:
45:             radioButton6.Location = new System.Drawing.Point(192,
```

```
                                                          104);
46:          radioButton6.Text = "Goldenrod";
47:
48:          btnOK.DialogResult = DialogResult.OK;
49:          btnOK.Location = new System.Drawing.Point(12, 152);
50:          btnOK.Size = new System.Drawing.Size(147, 24);
51:          btnOK.Text = "OK";
52:          btnOK.Click +=
                     new System.EventHandler(FensterSchließen);
53:
54:          btnAbbrechen.DialogResult = DialogResult.Cancel;
55:          btnAbbrechen.Location = new System.Drawing.Point(180,
                                                              152);
56:          btnAbbrechen.Size = new System.Drawing.Size(147, 24);
57:          btnAbbrechen.Text = "Abbrechen";
58:          btnAbbrechen.Click +=
                     new System.EventHandler(FensterSchließen);
59:
60:          AcceptButton = btnOK;
61:          CancelButton = btnAbbrechen;
62:          Width = 350;
63:          Height = 210;
64:
65:          Controls.Add(btnOK);
66:          Controls.Add(btnAbbrechen);
67:          Controls.Add(radioButton1);
68:          Controls.Add(radioButton2);
69:          Controls.Add(radioButton3);
70:          Controls.Add(radioButton4);
71:          Controls.Add(radioButton5);
72:          Controls.Add(radioButton6);
73:
74:          FormBorderStyle = FormBorderStyle.FixedDialog;
75:          Text = "Hintergrundfarbe";
76:       }
77:
78:       private void FensterSchließen(object sender,
                                        System.EventArgs e)
79:       {
80:          Close();
81:       }
82:    }
83: }
```

Konzentrieren wir uns auf die Punkte, die das Fenster zu einem Dialog machen:

- die Konfiguration der Titelzeile und des Rahmens und
- die Einrichtung der Schaltflächen.

Der erste Punkt ist schnell erledigt. Der `FormBorderStyle`-Eigenschaft des Dialogs wird der Wert `FormBorderStyle.FixedDialog` zugewiesen (Zeile 74). Die Größe des Fensters ist danach fixiert und das Systemmenü entfernt.

Etwas aufwändiger ist die Einrichtung der OK- und ABBRECHEN-Schaltflächen zum Schließen des Dialogs. Da beim Klick auf die Schaltflächen das Dialogfenster geschlossen werden soll, wurde eine entsprechende Ereignisbehandlungsmethode definiert (Zeilen 78 bis 81) und für das `Click`-Ereignis der Schaltflächen registriert (Zeilen 52 und 58).

Dies allein reicht aber noch nicht. Verlässt der Anwender den Dialog durch Drücken der OK-Schaltfläche, möchte er, dass die Einstellungen, die er im Dialog vorgenommen hat, ausgewertet und übernommen werden. Drückt er die ABBRECHEN-Schaltfläche, sollen die Einstellungen ignoriert werden. Es muss daher einen Weg geben, wie der Dialog seinem Aufrufer mitteilen kann, welche Schaltfläche zum Verlassen des Dialogs gedrückt wurde. Dieser Weg führt über die Methode `ShowDialog()`, die zum Anzeigen des Dialogs verwendet wird. Diese liefert den Wert der `DialogResult`-Eigenschaft der gedrückten Schaltfläche zurück. Zur Unterstützung dieses feinen Mechanismus werden den `DialogResult`-Eigenschaften der Schaltflächen die Werte `DialogResult.OK` bzw. `DialogResult.Cancel` zugewiesen.

Viele Anwender sind gewöhnt, Dialoge durch Drücken der ⏎-Taste abzuschicken, bzw. durch Drücken der Esc-Taste abzubrechen. Um dieses Verhalten zu unterstützen, weisen Sie den Eigenschaften `AcceptButton` und `CancelButton` der Dialogklasse die Referenzen auf die zugehörigen Schaltflächen zu (Zeilen 60 und 61).

Dialogfenster anzeigen

Das Aufsetzen der Dialogfenster-Klasse ist nur ein Teil der Arbeit. Der zweite Teil besteht darin, den Dialog anzuzeigen.

Betrachten Sie dazu den folgenden Code. Er enthält die Definition eines Hauptfensters mit einem kleinen Menü. Der Menübefehl »Einstellungen« ruft den Dialog aus Abschnitt »Dialogfenster einrichten« auf und stellt die Hintergrundfarbe des Hauptfensters nach den Vorgaben des Dialogs ein.

GUI-Programmierung: Menüs, Dialoge, Grafik

Listing 19.5: Hauptfenster.cs

```
01: using System;
02: using System.Drawing;
03: using System.Windows.Forms;
04:
05: namespace Kap19
06: {
07:     public class CHauptfenster : Form
08:     {
09:         private MainMenu mainMenu1;
10:         private MenuItem popup1;
11:         private MenuItem popup2;
12:         private MenuItem mbBeenden;
13:         private MenuItem mbDialog;
14:
15:         public CHauptfenster()
16:         {
17:             mainMenu1 = new MainMenu();
18:             popup1 = new MenuItem();
19:             popup2 = new MenuItem();
20:             mbBeenden = new MenuItem();
21:             mbDialog = new MenuItem();
22:
23:             mainMenu1.MenuItems.Add(popup1);
24:             mainMenu1.MenuItems.Add(popup2);
25:
26:             popup1.Index = 0;
27:             popup1.MenuItems.Add(mbBeenden);
28:             popup1.Text = "&Programm";
29:
30:             popup2.Index = 1;
31:             popup2.MenuItems.Add(mbDialog);
32:             popup2.Text = "&Einstellungen";
33:
34:             mbBeenden.Index = 0;
35:             mbBeenden.Text = "&Beenden";
36:             mbBeenden.Click +=
                        new System.EventHandler(mbBeenden_Click);
37:
38:             mbDialog.Index = 0;
39:             mbDialog.Text = "&Hintergrundfarbe";
40:             mbDialog.Click +=
                        new System.EventHandler(mbDialog_Click);
41:
42:             Width = 400;
```

```
43:            Height = 230;
44:            Menu = mainMenu1;
45:            Text = "Programm mit Dialog";
46:        }
47:
48:        static void Main()
49:        {
50:            Application.Run(new CHauptfenster());
51:        }
52:
53:        private void mbBeenden_Click(object sender,
                                       System.EventArgs e)
54:        {
55:            Close();
56:        }
57:
58:        private void mbDialog_Click(object sender,
                                      System.EventArgs e)
59:        {
60:            CDialog dialogfenster = new CDialog();
61:
62:            if (dialogfenster.ShowDialog(this) == DialogResult.OK)
63:            {
64:                if (dialogfenster.radioButton1.Checked)
65:                    BackColor = Color.White;
66:                else if (dialogfenster.radioButton2.Checked)
67:                    BackColor = Color.Azure;
68:                else if (dialogfenster.radioButton3.Checked)
69:                    BackColor = Color.AliceBlue;
70:                else if (dialogfenster.radioButton4.Checked)
71:                    BackColor = Color.LightCoral;
72:                else if (dialogfenster.radioButton5.Checked)
73:                    BackColor = Color.Wheat;
74:                else if (dialogfenster.radioButton6.Checked)
75:                    BackColor = Color.Goldenrod;
76:            }
77:        }
78:    }
79: }
```

Der gesamte Code zum Aufruf und zur Auswertung des Dialogs ist in der Ereignisbehandlungsmethode mbDialog_Click() zusammengefasst.

In Zeile 60 wird ein Dialogfenster erzeugt. Der Dialog erscheint aber noch nicht auf dem Bildschirm. Dies geschieht erst beim Aufruf der ShowDialog()-Metohode, der der Form halber der Verweis auf das übergeordnete Fenster als Argument mitgegeben wird (Zeile 62).

Die weitere Ausführung der Methode `mbDialog_Click()` wird jetzt so lange unterbrochen, wie der Dialog angezeigt wird. Erst wenn der Anwender den Dialog geschlossen hat, kehrt die Methode `ShowDialog()` zurück und `mbDialog_Click()` wird weiter ausgeführt. In Zeile 62 wird auch überprüft, ob der Rückgabewert der `ShowDialog()`-Methode gleich `DialogResult.OK` ist. Wenn ja, bedeutet dies, dass der Anwender die OK-Schaltfläche gedrückt hat und die Einstellungen im Dialog übernommen werden sollen. In diesem Fall wird geprüft, welche Option im Dialog gesetzt ist und der Hintergrund des Hauptfensters wird entsprechend gesetzt.

Kompilierung des Beispiels

Der Quellcode für das obige Beispiel wurde auf zwei Quellcodedateien verteilt: *Dialog.cs* und *Hauptfenster.cs*. Dies ist zwar nicht unbedingt notwendig, sorgt aber für eine modularere und übersichtlichere Codeverteilung.

Um das Programm mit der Kommandozeilenversion des csc-Compilers zu erstellen, rufen Sie den Compiler einfach mit beiden Dateien als Argumenten auf. Die EXE-Datei übernimmt den Namen der Quellcodedatei, die die `Main()`-Methode enthält:

```
Prompt:> csc Dialog.cs Hauptfenster.cs
```

Wenn Sie mit Visual Studio arbeiten, legen Sie ein Anwendungsprojekt an und fügen diesem über den Befehl PROJEKT/WINDOWS FORM HINZUFÜGEN ein weiteres Fenster hinzu. Danach können Sie die beiden Fenster des Projekts bearbeiten. (Alternativ löschen Sie die Quelldatei des Projekts und nehmen über den Befehl PROJEKT/VORHANDENES ELEMENT HINZUFÜGEN Kopien der Quellcodedateien von der Buch-CD in das Projekt auf.)

Vordefinierte Dialoge

In der Bibliothek des .NET-Frameworks gibt es auch einige vordefinierte Dialoge, die Sie nur noch aufzurufen brauchen. Hierzu gehören:

Das Meldungsfenster

Wenn Sie den Benutzer über irgendwelche besonderen Vorkommnisse in der Anwendung informieren möchten, rufen Sie die Methode `MessageBox.Show()` auf.

Als Argumente übergeben Sie den Text der Meldung und den Titel des Fensters:

```
MessageBox.Show("Dies ist eine Meldung","Meldung");
```

Wenn Sie möchten, können Sie zusätzlich festlegen, welche Schaltflächen das Meldungsfenster anbieten soll, beispielsweise OK, OKCancel, YesNo oder AbortRetryIgnore:

```
MessageBox.Show("Nochmal versuchen?","Fehler",
                MessageBoxButtons.AbortRetryIgnore);
```

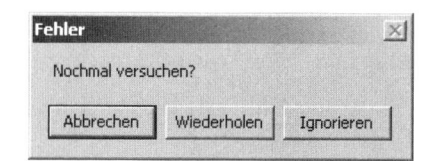

*Abbildung 19.6:
Meldungsfenster*

Datei öffnen

Das Dialogfenster zum Öffnen einer Datei müssen Sie als Objekt der Klasse OpenFileDialog erzeugen und durch Aufruf von ShowDialog() anzeigen.

Die im Dialog ausgewählte Datei können Sie direkt durch Aufruf der Methode OpenFile() öffnen. Ansonsten lesen Sie den Dateinamen (einschließlich Pfad) aus der Eigenschaft FileName aus.

```
Stream einStream;
OpenFileDialog dlgDateiOeffnen = new OpenFileDialog();

dlgDateiOeffnen.InitialDirectory = "c:\\temp" ;
dlgDateiOeffnen.Filter = "Textdateien (*.txt)|*.txt" ;

if(dlgDateiOeffnen.ShowDialog() == DialogResult.OK)
{
    if((einStream = dlgDateiOeffnen.OpenFile())!= null)
    {
        ...
        einStream.Close();
    }
}
```

Farbauswahl

Das Dialogfenster zur Auswahl einer Farbe müssen Sie als Objekt der Klasse ColorDialog erzeugen und durch Aufruf von ShowDialog() anzeigen.

Die im Dialog ausgewählte Farbe können Sie aus der Eigenschaft Color auslesen.

```
ColorDialog dlgFarbauswahl = new ColorDialog();
dlgFarbauswahl.ShowDialog();
steuerelement.BackColor = dlgFarbauswahl.Color;
```

Weitere vordefinierte Dialoge

Weitere vordefinierte Dialoge sind:

- `SaveFileDialog` - zum Speichern eine Datei
- `FontDialog` - zur Auswahl einer Schrift
- sowie die Druckdialoge `PageSetupDialog`, `PrintDialog` und `PrintPreviewDialog`.

Informationen zum Gebrauch dieser Dialoge finden Sie in der Online-Hilfe oder Dokumentation Ihres Compilers.

19.4 Zusammenfassung

Der heutige Tag hat Sie tiefer in den Dschungel der GUI-Entwicklung geführt. Ich weiß nicht, wie Sie es sehen, aber für mich geht die größte Faszination von den Möglichkeiten der Grafikprogrammierung aus. Leider konnten wir nur an der Oberfläche dieses interessanten Themas kratzen, aber immerhin: Die Grundlagen sind gelegt und Sie können sich selbst weiter in die Grafikprogrammierung einarbeiten.

Die beiden anderen Themen des heutigen Tages waren im Vergleich dazu etwas pragmatischer. Sie haben gelernt, wie Sie Ihre Fenster mit Menüs ausstatten und wie Sie Dialogfenster definieren und verwenden.

19.5 Workshop

Der Workshop enthält Quizfragen, die Ihnen helfen sollen, Ihr Wissen zu festigen, und Übungen, die Sie anregen sollen, das eben Gelernte umzusetzen und eigene Erfahrungen zu sammeln. Versuchen Sie, das Quiz und die Übungen zu beantworten und zu verstehen, bevor Sie zur Lektion des nächsten Tages übergehen.

Fragen und Antworten

F Soweit ich verstanden habe, schickt das Windowing-System immer dann eine Paint-Meldung an ein Fenster, wenn das Fenster neu gezeichnet werden muss. Wann aber ist das?

A Die wichtigsten Fälle sind das Verschieben, das in den Vordergrund holen und das Wiederherstellen nach einer Minimierung (Ablage in Task-Leiste). Zum Verschieben muss das Fenster nicht rekonstruiert werden, folglich wird keine Paint-

Workshop

Meldung gesendet. Wird das Fenster in den Vordergrund geholt, wird eine Paint-Meldung gesendet und der Code der betreffenden Ereignisbehandlungsmethode ausgeführt. Das Windowing-System rekonstruiert aber nur den Teil des Fensters, der zuvor verdeckt war. Wird das Fenster nach einer Minimierung wiederhergestellt, wird eine Paint-Meldung gesendet und das Fenster komplett neu gezeichnet. Mit Hilfe des Programms *Fleckenzeichnen.cs* können Sie diese Fälle ausprobieren.

F *Ich möchte einen Dialog anzeigen, aber ich möchte nicht, dass die eigentliche Anwendung angehalten wird, bis der Dialog geschlossen wird. Ist dies möglich?*

A Ja. Dialoge, die die Ausführung der Anwendung anhalten, bezeichnet man als modale Dialoge. Das Gegenstück sind die nicht-modalen Dialoge. Ob ein Dialog modal ist oder nicht, hängt lediglich von der Methode ab, die Sie zum Anzeigen des Dialogs verwenden. `ShowDialog()` erzeugt einen modalen Dialog, `Show()` einen nicht-modalen. Beachten Sie, dass das Abfragen und Schließen für nicht-modale Dialoge komplizierter ist als für modale Dialoge.

F *Wo finde ich mehr Unterstützung und weitere Informationen zur GUI-Programmierung?*

A Zum einem in der Online-Hilfe Ihres Compilers, zum anderen in der entsprechenden Fachliteratur, beispielsweise auch in meinem Buch »Jetzt lerne ich Visual C# .NET«.

Quiz

1. Welche Klasse kapselt Gerätekontexte?
2. Welche Klasse stellt uns die Methoden zum Zeichnen in Fenster und Steuerelemente zur Verfügung?
3. Wie kann eine Anwendung sich selbst beenden?
4. Warum sieht man beim Aufruf des Dialogfensters aus Abschnitt 19.3 nicht, welche Option beim letzten Aufruf ausgewählt worden ist?
5. Wie muss das Dialog-Beispiel aus Abschnitt 19.3 erweitert werden, damit bei jedem neuen Aufruf des Dialogfensters die beim letzten Aufruf ausgewählte Option voreingestellt ist?

GUI-Programmierung: Menüs, Dialoge, Grafik

Übungen

1. Schreiben Sie ein GUI-Programm mit zwei Menübefehlen BILD LADEN und BEENDEN. Wenn der Anwender den »Bild laden«-Befehl aufruft, soll der »Datei Öffnen«-Dialog angezeigt und die ausgewählte Bilddatei als Hintergrundbild des Hauptfensters dargestellt werden.

2. Informieren Sie sich in der Online-Hilfe oder Dokumentation Ihres Compilers über folgende `Graphics`-Zeichenmethoden:

   - `DrawArc()`
   - `DrawImage()`
   - `DrawLine()`
   - `DrawPolygon()`
   - `DrawRectangle()`
   - `FillRectangle()`
   - `Flush()`
   - `Clear()`

   Zu dieser Aufgabe gibt es keine Lösung.

> # Tag 20

Attribute und die Ausnahmebehandlung

Attribute und die Ausnahmebehandlung

Anwendungen werden immer komplexer und umfangreicher. Die Entwicklung wird meist auf mehrere Programmierer und Teams verteilt. Hier den Überblick zu behalten und dann auch noch hundertprozentig fehlerfrei zu programmieren, ist in den meisten Fällen nicht möglich oder würde enorme Kosten mit sich bringen. Es wäre aber doch eine große Erleichterung, wenn in einer Klasse oder Methode Informationen darüber abgelegt werden könnten, wer der Autor dieser Klasse oder Methode ist. Im Fehlerfall könnte dann dem Autor z.B. eine E-Mail mit der Fehlermeldung und dem Zeitpunkt, zu dem der Fehler auftrat, gesendet werden. Eine derartige Funktionalität – in Verbindung mit der Ausnahmebehandlung – kann man ganz einfach mit Attributen verwirklichen.

Die Ausnahmebehandlung ist ebenfalls ein wichtiger Bestandteil der Programmierung. Sie ermöglicht uns Fehler abzufangen, gegebenenfalls zu beheben oder zu umgehen, ohne dass das Programm abgebrochen wird. Durch das Erstellen benutzerdefinierter Ausnahmeklassen kann man auf Fehler individuell und intelligent reagieren.

Heute lernen Sie

- was Attribute sind,
- wo Attribute eingesetzt werden,
- welche Vorteile Attribute in der Programmierung haben,
- eigene Attribute zu erstellen,
- die Arten der Fehler und wie man sie abfangen kann,
- benutzerdefinierte Ausnahmeklassen zu erstellen und anzuwenden.

20.1 Attribute

Die Laufzeitumgebung von .NET und somit auch C# unterstützt die Verwendung von Attributen. Attribute kann man mit Notizen vergleichen, die für die einzelnen Elemente in einem Quellcode (Klassen, Methoden usw.) gemacht werden können.

Auf diese Informationen – Attribute – kann man auch zur Laufzeit des Programms zugreifen. Außerdem erlauben es Attribute, das Laufzeitverhalten eines Programms zu steuern.

Neben den existierenden Attributen, die das .NET-Framework bereitstellt, kann man mit benutzerdefinierten Attributen zusätzliche Informationen (für Debugging, Fehlerbehandlung, usw.) anbringen und damit die Effizienz bei der Softwareentwicklung weiter erhöhen.

Sie erinnern sich sicher noch an Kapitel 1, in dem die Metadaten erwähnt werden. In diesen Metadaten werden auch die Informationen der Attribute gespeichert.

Um Ihnen eine klarere Vorstellung davon zu geben, welche enormen Vorteile Attribute haben, machen wir ein kleines Beispiel. Verwenden wir hierzu wieder die Addition zweier Zahlen. Die Methode `Add()` ist öffentliches Mitglied der Klasse `CCalc`.

```
...
public Class CCalc
{
   ...
   public int Add(int i, int j)
   {
      return i + j;
   }
   ...
}
```

Aus dieser Klasse können Sie eine Komponente erstellen lassen. Wie man eine Komponente erstellt, haben Sie bereits in Kapitel 17 erfahren. Stellen Sie sich vor, dass Sie den Auftrag erhalten, Ihre Applikation oder Komponente, die bislang für den Einsatz unter Windows konzipiert war, nun auch für den serverseitigen Einsatz im Internet umzubauen. Im nächsten Kapitel werden Sie dazu mehr erfahren.

Früher – in Verbindung mit konventionellen Technologien (Visual Basic, ASP usw.) – hätte dies schon fast eine Neuentwicklung bedeutet. Nicht so bei C# und .NET.

Es genügen einige kleinere Modifikationen. Bezug nehmend auf das obige Listing sehen diese Änderungen so aus:

```
...
using System.Web.Services;
...
public class CCalc : Web Service
{
   [WebMethod]
   public int Add(int i, int j)
   {
      return i + j;
   }
...
```

Nach diesem kurzen Abstecher wollen wir uns wieder mit den Attributen beschäftigen; die Web-Programmierung wird das Thema des nächsten Kapitels sein. Das Beispiel zeigt aber ganz gut eine Einsatzmöglichkeit für Attribute. Betrachten Sie den Code:

`[WebMethod]`

Attribute und die Ausnahmebehandlung

Hier weist das Attribut `WebMethod` darauf hin, dass die Methode `Add()` Teil des *XML Web Service* ist. Anders ausgedrückt, das Attribut ist eine Art »interne Notiz« der Methode `Add()`.

Es existieren aber auch noch andere Attribute, z.B. in Komponenten, deren Instanzen Transaktionen durchführen

```
...
[Transaction(TransactionOption.Required)]
    public class CCalc : ServicedComponent
...
```

oder bei Aktionen, die von bestimmten Benutzerrechten abhängen (Thema Sicherheit)

```
[PrincipalPermission(SecurityAction.Demand, Role=@"Shinja")]
private int Add(int i, int j)
{
    ...//Shinja darf die Methode ausführen
    ...
}
```

und bei vielen weiteren Anwendungen.

In diesem Kapitel möchte ich aber den Focus auf die benutzerdefinierten Attribute legen und Ihnen deren Vorzüge näher bringen. In der Regel gewöhnt man sich dann schnell an die bereits vorhandenen Attribute, wenn man weiß, wie Attribute verwendet werden und welche Vorteile sie mit sich bringen.

Attribute werden in eckige Klammern gesetzt und vor die zugehörigen Elemente geschrieben:

```
[Attribut]
public class CName
...
```

Benutzerdefinierte Attribute verwenden

Benutzerdefinierte Attribute lagert man am besten in eine eigene Klasse aus, um den eigentlichen Code nicht mit zusätzlichen Codezeilen zu überfrachten. Nehmen Sie einmal an, dass Sie Ihre benutzerdefinierten Attribute in der Klasse `CDevAttribute` ausgelagert haben. In einer weiteren Klasse `CUsingAttr` verwenden Sie die benutzerdefinierten Attribute. Um auf die Attribute der Klasse `CUsingAttr` zugreifen zu können, benötigen Sie folgende Zeile:

```
CDevAttribute attr =
(CDevAttribute)Attribute.GetCustomAttribute(typeof(CUsingAttr),
typeof(CDevAttribute));
```

Wir greifen hierzu auf die Klasse Attribute mit der Methode GetCustomAttribute() zu. Diese benötigen wir, um auf die benutzerdefinierten Attribute zugreifen zu können. Die Methode GetCustomAttribute() benötigt zwei Argumente. Beide Argumente übergeben die Typinformation der beiden Klassen CUsingAttr und CDevAttribute. Der Rückgabewert der Methode GetCustomAttribute() wird anschließend noch in den Datentyp CDevAttribute konvertiert und der Variablen attr zugewiesen.

Wenn Ihnen noch manches ein wenig unverständlich ist, so müssen Sie sich keine Sorgen machen. Die folgenden Listings bringen Licht ins Dunkle.

Benutzerdefinierte Attribute erstellen

Um mit benutzerdefinierten Attributen arbeiten zu können, müssen diese natürlich zunächst einmal erzeugt werden. Um die Übersichtlichkeit zu verbessern und Ihnen den Überblick über die Arbeitsweise der einzelnen Teilbereiche zu erleichtern, lagere ich die Klassen in eigene Dateien aus.

Beginnen wir einmal, eine eigene benutzerdefinierte Attribut-Klasse zu schreiben.

Listing 20.1: DevAttribute.cs

```
01: using System;
02:
03: namespace Kap20
04: {
05:     [AttributeUsage(AttributeTargets.Class)]
06:     public class CDevAttribute : System.Attribute
07:     {
08:         private string abteilung;
09:         private string email;
10:         private string entwickler;
11:
12:         public CDevAttribute(string sAbteilung, string sEmail,
                                 string sEntwickler)
13:         {
14:             abteilung = sAbteilung;
15:             email = sEmail;
16:             entwickler = sEntwickler;
17:         }
18:
19:         public virtual string Abteilung
20:         {
21:             get
22:             {
```

```
23:                return abteilung;
24:            }
25:        }
26:
27:        public virtual string Email
28:        {
29:            get
30:            {
31:                return email;
32:            }
33:        }
34:
35:        public virtual string Entwickler
36:        {
37:            get
38:            {
39:                return entwickler;
40:            }
41:        }
42:    }
43: }
```

Die wichtigste Zeile in diesem Programm ist die Zeile 5:

```
05:    [AttributeUsage(AttributeTargets.Class)]
```

Mit AttributeUsage vor der Attribut-Klasse und dem Argument AttributeTargets.Class gibt man an, dass diese Attribute für Klassen verwendet werden können. Es besteht natürlich auch die Möglichkeit, anderen Elementen wie z. B. einer Methode benutzerdefinierte Attribute zuzuweisen.

Die Zeile 6 sieht auf den ersten Blick nicht allzu aufregend aus. Um aber eine funktionierende Attribut-Klasse zu erstellen, muss die System.Attribute-Klasse in die CDevAttribute-Klasse implementiert werden.

```
06:    public class CDevAttribute : System.Attribute
```

Der Konstruktor in Zeile 12 bildet das Attribut ab. Die weiteren Zeilen kann man nun nach seinen Bedürfnissen und Anforderungen gestalten. Sollten Sie keine Entwicklungsumgebung besitzen, können Sie diese Datei folgendermaßen kompilieren:

csc /t:library DevAttribute.cs

Benutzerdefinierte Attribute anwenden

Benutzerdefinierte Attribute werden genauso angewendet wie die vorhandenen Attribute (z. B. `WebMethode`-Attribut). In unserem Fall handelt es sich um ein Attribut, das auf Klassen angewendet werden kann. So müssen wir unmittelbar oberhalb der Klassendefinition das Attribut einfügen:

Listing 20.2: usingAttr.cs

```
01: using System;
02:
03: namespace Kap20
04: {
05:     [CDev("Software-C#-Appartment", "ShinjaS@ppedv.de",
            "Strasser Shinja")]
06:     public class CUsingAttr
07:     {
08:         public void TestAttr()
09:         {
10:             Console.WriteLine("Klasse mit Attribute");
11:         }
12:     }
13: }
```

Diese Klasse soll eine komplexe Anwendung darstellen. Um Sie aber nicht mit irrelevanten Zeilen zu konfrontieren, halte ich die eigentliche Anwendung sehr kurz. Das Programm enthält eine Klasse `CUsingAttr` mit einer öffentlichen Methode `TestAttr()`. Das Besondere an diesem Programm ist die Zeile 5. Diese enthält nun das benutzerdefinierte Attribut `CDev`.

Warum `CDev`? Heißt unser Attribut nicht `CDevAttribute`? Nun, es hat alles seine Richtigkeit damit. Die Verwendung von Attributen ist nur ein wenig gewöhnungsbedürftig. Verwenden Sie das gerade erstellte Attribut `CDevAttribute` in einer Anwendung, fällt das Wort `Attribute` weg. Das verwendete Attribut heißt deswegen `CDev` und nicht `CDevAttribute`.

Sollten Sie keine Entwicklungsumgebung besitzen, können Sie diese Datei folgendermaßen kompilieren:

csc /r:DevAttribute.dll /t:library usingAttr.cs

Benutzerdefinierte Attribute ausgeben

Bevor wir ein abschließendes Ergebnis erzielen, müssen Sie noch einmal einige Codezeilen schreiben. Aber die Arbeit lohnt sich.

Attribute und die Ausnahmebehandlung

Listing 20.3: ausgabe.cs

```
01: using System;
02:
03: namespace Kap20
04: {
05:     class CAusgabe
06:     {
07:
08:         static void Main(string[] args)
09:         {
10:             CDevAttribute attr =
                     (CDevAttribute)Attribute.GetCustomAttribute(
                                        typeof(CUsingAttr),
                                        typeof(CDevAttribute));
11:
12:             Console.WriteLine(attr.Abteilung);
13:             Console.WriteLine(attr.Email);
14:             Console.WriteLine(attr.Entwickler);
15:
16:             CUsingAttr oCls = new CUsingAttr();
17:             oCls.TestAttr();
18:             Console.ReadLine();
19:         }
20:     }
21: }
```

Software-C#-Appartment
ShinjaS@ppedv.de
Strasser Shinja
Klasse mit Attribute

Die Zeile 10 wurde schon oben besprochen. Sie ist notwendig, um Attribute auslesen zu können. In den Zeilen 12 bis 14 werden nun die Attribute ausgegeben.

Sollten Sie keine Entwicklungsumgebung besitzen, können Sie diese Datei folgendermaßen kompilieren:

csc /r:devattribute.dll,usingattr.dll ausgabe.cs

20.2 Ausnahmebehandlung

Ein Programm sollte weitestgehend fehlerfrei sein. Für die Praxis trifft dies aber nicht zu, gerade sehr umfangreiche Programme weisen in aller Regel unzählige Fehler auf. Trotzdem sollten Sie als Programmierer den Grundsatz beherzigen, alles dafür zu tun, dass Ihr Programm nicht nur annähernd fehlerfrei ist, sondern auch auf unerwartete Situationen entsprechend vorbereitet ist.

Zunächst einmal muss man allgemein wissen, welche Fehler es gibt und wie sie entstehen, um diese abfangen zu können. Hier unterscheidet man drei große Gruppen von Fehlern. Die nachstehende Liste gilt auch als chronologischer Fehlerbaum, der von der Entwicklung (Quellcodeeingabe) bis zum Programmlauf reicht.

- *Syntaktische Fehler.* Diese entstehen, wenn man beim Schreiben des Quellcodes entsprechende Fehleingaben wie Tippfehler macht. Diese Art von Fehler ist für den Programmlauf nicht gefährlich, weil das Programm erst gar nicht kompiliert werden kann. Der Compiler meldet entsprechende syntaktische Fehler, in der Regel unter Angabe der Zeilennummer und einer näheren Beschreibung (z.B., dass das abschließende Semikolon in einer Zeile fehlt).

- *Logische Fehler.* Diese Art von Fehler ist sehr allgemein zu sehen – der Bereich reicht von falschen Konstanten, verwechselnden Variablennamen bis zu Endlosschleifen, die durch eine nie oder immer erfüllte Bedingung entstehen. In sicherheitsrelevanten Systemen können logische Fehler – z.B. durch falsche Berechnungen – verheerend sein. Durch entsprechenden Einsatz eines Debuggers können verschiedene Szenarien simuliert und potenzielle Fehler im Vorfeld erkannt werden.

- *Laufzeitfehler.* Laufzeitfehler sind Fehler, die zum Programmabbruch führen, falls diese nicht entsprechend abgefangen werden. Typische Laufzeitfehler sind Überlauf (ein Wert überschreitet das Fassungsvermögen eines Datentyps), Datenträgerfehler (Kapazität des Datenträgers erschöpft) und andere Zugriffsfehler (z.B. auf einen nicht erreichbaren Drucker).

Einfache Fehlerbehandlung

Eine einfache Möglichkeit, Fehler abzufangen (z.B. Eingabefehler vom Benutzer), ist die Verwendung von Elementen der Ablaufsteuerung, z.B. `if`, `if-else`, `case` usw.

Es existieren aber noch eine Vielzahl von anderen Fehlern, die auf diese Weise nicht abgefangen werden können. Dazu ein Beispiel:

Listing 20.4: einfacheFehler.cs

```
01: using System;
02:
03: namespace Kap20
04: {
05:    class CEinfach
06:    {
07:       static void Main(string[] args)
08:       {
09:          int iZahl1 = 0;
10:          int iZahl2 = 0;
11:
12:          Console.Write("Geben Sie die erste Zahl ein: ");
13:          iZahl1 = Convert.ToInt32(Console.ReadLine());
14:
15:          Console.Write("Geben Sie die zweite Zahl ein: ");
16:          iZahl2 = Convert.ToInt32(Console.ReadLine());
17:
18:          if(iZahl2 == 0)
19:             Console.Write("Fehler: Division durch 0");
20:          else
21:             Console.WriteLine("Ergebnis:{0}", iZahl1/iZahl2);
22:
23:          Console.ReadLine();
24:       }
25:    }
26: }
```

```
Geben Sie die erste Zahl ein: 5
Geben Sie die zweite Zahl ein: 0
Fehler: Division durch 0
```

Wie die Ausgabe zeigt, wird hier zwar eine Division durch 0 verhindert. Gibt man aber einen zu großen Wert – außerhalb des Integerbereichs – ein wie

9999999999

wird ein Fehler produziert. Derartige Fehler können mit der `if-else`-Anweisung nicht oder nur mit inakzeptablem Aufwand abgefangen werden. In solchen Fällen hilft aber die Ausnahmebehandlung (Exceptionhandling) weiter.

Ausnahmen abfangen mit try und catch

Der Fehler, der im Programm oben durch die Eingabe 999999999 erzeugt wurde, gehört zur Gruppe der Laufzeitfehler. Hier wird der Wertebereich des Datentyps Integer überschritten. Der Fehler wurde vom Benutzer ausgelöst und die Aufgabe des Programmierers ist es, auch solche Fehler zu bedenken und abzufangen.

Die beiden Schlüsselwörter try und catch ermöglichen uns, Ausnahmen zu behandeln. Den Teil, der den Code enthält, der ausgeführt werden soll, wenn keine Ausnahme eintritt, bezeichnet man als try-Block oder try-Zweig. Den Teil, der ausgeführt werden soll, wenn es zu einer Ausnahme kommt, bezeichnet man als catch-Block oder catch-Zweig.

»Try« bedeutet übrigens »versuche« und »catch« »fange«. Es soll also erst einmal versucht werden, den Code im try-Zweig auszuführen. Gelingt dies nicht, da es zu einer Ausnahme kommt, wird stattdessen der catch-Zweig abgearbeitet – »Catch«, weil der JIT-Compiler gewissermaßen eine Exception (Ausnahme) wirft, die »aufgefangen« werden muss.

Die Syntax von try und catch sieht folgendermaßen aus:

```
try
{
//überwachte Anweisungen
}
catch
{
//Anweisungen für die Fehlerbehandlung
}
```

Der try- und catch-Block treten paarweise in einem Programm auf, folglich ist ein try-Zweig ohne folgenden catch-Zweig nicht zulässig. Betrachten wir einfach einmal das nächste Listing, um die Funktionsweise und die Handhabung von try und catch zu demonstrieren.

Listing 20.5: trycatch.cs

```
01: using System;
02:
03: namespace Kap20
04: {
05:     class CTryCatch
06:     {
07:         static void Main(string[] args)
08:         {
09:             int iZahl1 = 0;
10:             int iZahl2 = 0;
11:             int iErgebnis = 0;
12:
13:             Console.Write("Erste Zahl: ");
14:             iZahl1 = Convert.ToInt32(Console.ReadLine());
15:             Console.Write("Zweite Zahl: ");
16:             iZahl2 = Convert.ToInt32(Console.ReadLine());
```

Attribute und die Ausnahmebehandlung

```
17:
18:                try
19:                {
20:                    iErgebnis = iZahl1 / iZahl2;
21:                }
22:                catch
23:                {
24:                    Console.WriteLine("Fehler wurde abgefangen");
25:                }
26:
27:                Console.WriteLine("Ergebnis: {0}",iErgebnis);
28:                Console.ReadLine();
29:            }
30:        }
31: }
```

Erste Zahl: **5**
Zweite Zahl: **0**
Fehler wurde abgefangen
Ergebnis: 0

Der try-Block von Zeile 18 bis 21 enthält eine Anweisung, deren Ausführung überwacht werden soll. Falls iZahl2 den Wert 0 besitzt, wird eine Ausnahme – *Division durch Null* – ausgelöst, woraufhin der try-Block verlassen und die Anweisungen im catch-Block ausgeführt werden. Sie sehen, dass sich auch die Division durch Null ohne Einsatz von if-else behandeln lässt, wie alle Laufzeitfehler.

20.3 Mit Fehlerinformationen arbeiten

Um auf einzelne Fehler individuell reagieren zu können, benötigen wir die Information, um welchen Fehler es sich handelt. Hierzu kann man im catch-Zweig einen Parameter mit angeben, der die Fehlerinformation enthält. Die Fehlerinformation wird von der Klasse Exception zur Verfügung gestellt. Die Syntax des catch-Blocks sieht dann folgendermaßen aus:

```
catch(Exception e)
{
  ...
}
```

Auswerten kann man den Fehler mit Hilfe der angegebenen Objektvariablen (im Beispiel e). Das folgende Listing zeigt Ihnen, wie Sie auf die Fehlerinformation zugreifen können.

Listing 20.6: trycatch2.cs

```
01: using System;
02:
03: namespace Kap20
04: {
05:    class CTryCatch
06:    {
07:       static void Main(string[] args)
08:       {
09:          int iZahl1 = 0;
10:          int iZahl2 = 0;
11:          int iErgebnis = 0;
12:
13:          Console.Write("Erste Zahl: ");
14:          iZahl1 = Convert.ToInt32(Console.ReadLine());
15:          Console.Write("Zweite Zahl: ");
16:          iZahl2 = Convert.ToInt32(Console.ReadLine());
17:
18:          try
19:          {
20:             iErgebnis = iZahl1 / iZahl2;
21:          }
22:          catch(Exception e)
23:          {
24:             Console.WriteLine("Fehler {0} wurde abgefangen", e);
25:             Console.WriteLine("Fehlerbeschreibung:");
26:             Console.WriteLine("Beschreibung: {0}", e.Message);
27:             Console.WriteLine("Quelle: {0}", e.Source);
28:             Console.WriteLine("StackTrace: {0}", e.StackTrace);
29:             Console.WriteLine("TargetSite: {0}", e.TargetSite);
30:          }
31:
32:          Console.WriteLine("Ergebnis: {0}",iErgebnis);
33:          Console.ReadLine();
34:       }
35:    }
36: }
```

Erste Zahl: **5**
Zweite Zahl: **0**

Fehler System.DivideByZeroException: Es wurde versucht, durch null zu teilen.   at Kap20.CTryCatch.Main(String[] args) wurde abgefangen
Fehlerbeschreibung:
Beschreibung: Es wurde versucht, durch null zu teilen.

```
Quelle: trycatch2
StackTrace:    at Kap20.CTryCatch.Main(String[] args)
TargetSite: Void Main(System.String[])
Ergebnis: 0
```

Die Anweisung in Zeile 20 produziert hier einen Fehler, der durch die *Division durch Null* entsteht. Der `catch`-Block, beginnend in Zeile 22, besitzt nun ein Objekt e, das die Fehlerinformationen enthält. In den weiteren Zeilen 24 bis 29 wird der Fehler auf verschiedene Arten ausgegeben.

20.4 1 catch, 2 catch, ...

Falls verschiedenartige Ausnahmen auftreten können, kann es sinnvoll sein, mehrere `catch`-Blöcke zu verwenden. Je nachdem, welche Art einer Ausnahme ausgelöst wird, kann dann unterschiedlich darauf reagiert werden. Hierzu existiert eine Liste von vordefinierten Ausnahmen. Einige davon werden wir im weiteren Verlauf verwenden.

Listing 20.7: trycatch3.cs

```
01: using System;
02:
03: namespace Kap20
04: {
05:     class CTrycatch
06:     {
07:         static void Main(string[] args)
08:         {
09:             int iZahl1 = 0;
10:             int iZahl2 = 0;
11:             int iErgebnis = 0;
12:
13:             try
14:             {
15:                 Console.Write("Erste Zahl: ");
16:                 iZahl1 = Convert.ToInt32(Console.ReadLine());
17:                 Console.Write("Zweite Zahl: ");
18:                 iZahl2 = Convert.ToInt32(Console.ReadLine());
19:
20:                 iErgebnis = iZahl1 / iZahl2;
21:             }
22:
23:             catch(OverflowException e)
```

```
24:            {
25:                Console.WriteLine("Überlauf");
26:                //Console.WriteLine("{0}",e);
27:            }
28:
29:            catch(DivideByZeroException e)
30:            {
31:                Console.WriteLine("Division durch Null");
32:                //Console.WriteLine("{0}",e);
33:            }
34:
35:            catch(Exception e)
36:            {
37:                Console.WriteLine("Fehler {0} wurde abgefangen", e);
38:            }
39:
40:            Console.WriteLine("Ergebnis: {0}",iErgebnis);
41:            Console.ReadLine();
42:        }
43:    }
44: }
```

Erste Zahl: **9999999999**
Überlauf
Ergebnis: 0

Erste Zahl: **5**
Zweite Zahl: **0**
Division durch Null
Ergebnis: 0

Lassen Sie sich nicht durch die beiden Warnungen des Compilers verunsichern:

warning CS0168: Die Variable 'e' ist deklariert, aber wird nicht verwendet.

Diese treten in Verbindung mit den beiden Objektvariablen e in Zeile 23 und 29 auf. Da die Zeilen 26 und 32 auskommentiert sind, werden die Variablen nicht verwendet.

Wie Sie feststellen werden, wird jetzt bereits die Eingabe überwacht, da es natürlich auch bei der Eingabe zu Fehlern kommen kann. Der try-Block erstreckt sich von der Zeile 13 bis 21. Ein typischer vorhersehbarer Fehler ist der Überlauf eines Datentyps. Diesen Fehler wollen wir in diesem Programm explizit abfangen. Hierzu benötigen wir die OverflowException-Klasse, die wir hier in der Zeile 23 einsetzen. Gibt ein Benutzer eine Zahl ein, die außerhalb des Wertebereichs des Typs Integer der Variable `iZahl1` oder `iZahl2` liegt, wird die Fehlerbehandlungsroutine in Zeile 23 ausgelöst. Diese besteht in diesem Programm nur aus einer einzigen Anweisung in Zeile 25. Möchten Sie zusätzlich die Fehlermeldung ausgeben, müssen Sie in Zeile 26 die Kommentarzeichen entfernen.

In diesem Programm kann aber auch in Zeile 20 ein vorhersehbarer Fehler ausgelöst werden. Dieser entsteht, wenn in der Variable `iZahl2` eine 0 steht. Ist das der Fall, erhält man eine Fehlermeldung, die darauf hinweist, dass versucht wurde, durch Null zu dividieren. Um den Fehler explizit abfangen zu können, benötigen wir die `DivideByZeroException`-Klasse, die in Zeile 29 eingesetzt wird.

Für sonstige, unvorhersehbare Fehler sowie Fehler, die nicht explizit abgefangen werden müssen, benötigen wir wieder die `Exception`-Klasse, die in Zeile 35 ihre Arbeit verrichtet.

Wollen Sie in einem Programm explizit auf bestimmte Fehler reagieren, so müssen die `catch`-Blöcke der expliziten Fehlerbehandlungsroutinen vor der allgemeinen Fehlerbehandlungsroutine stehen. Halten Sie sich nicht daran, meldet der Compiler einen Fehler.

try-catch-finally

Der `finally`-Block erlaubt uns, zusätzliche Anweisungen auszuführen die außerhalb der `catch-try`-Blöcke liegen. In den meisten Fällen benötigt man den `finally`-Block, um abschließende Arbeiten und Bereinigungen auszuführen. Das folgende Beispiel wertet eine Benchmarkliste aus, die die Anzahl von Personen einer Organisation in aufsteigender Reihenfolge enthält. Bei der Erstellung der Liste hat sich aber ein Fehler eingeschlichen. Die Liste ist eine einfache Textdatei. Legen Sie hierzu im Verzeichnis C:\ eine Textdatei *daten.txt* mit folgenden Werten an:

```
100
200
300
400
Vierhundertfünfzig
500
```

Die Aufgabe des Programms liegt darin, den statistischen Mittelwert zu berechnen, wenn möglich.

Listing 20.8: trycatchfinally.cs

```
01: using System;
02: using System.IO;
03:
04: namespace Kap20
05: {
06:    class CCTryCatchFinally
07:    {
08:       static void Main(string[] args)
09:       {
10:          int iAvg = 0;
11:
12:          CBenchmark oBench = new CBenchmark();
13:
14:          oBench.GetAvgFromFile(@"C:\daten.txt");
15:          Console.WriteLine(iAvg);
16:          Console.ReadLine();
17:       }
18:    }
19:
20:    class CBenchmark
21:    {
22:       public int GetAvgFromFile(string file)
23:       {
24:          int iVal = 0;
25:          string BenchVal = "";
26:
27:          FileStream f = new FileStream(file, FileMode.Open);
28:
29:          try
30:          {
31:             StreamReader sr = new StreamReader(f);
32:
33:             while((BenchVal = sr.ReadLine()) != null)
34:             {
35:                iVal += Convert.ToInt32(BenchVal);
36:             }
37:             f.Close();
38:          }
39:
40:          catch(Exception e)
41:          {
42:             Console.WriteLine(e);
43:          }
44:
45:          finally
```

```
46:            {
47:                f.Close();
48:            }
49:
50:            return iVal;
51:        }
52:    }
53: }
```

System.FormatException: Die Eingabezeichenfolge hat das falsche Format.
   at System.Number.ParseInt32(String s, NumberStyles style, NumberFormatInfo info)
   at System.Int32.Parse(String s, NumberStyles style, IFormatProvider provider)
   at System.Int32.Parse(String s)
   at System.Convert.ToInt32(String value)
   at Kap20.CBenchmark.GetAvgFromFile(String file)
0

In der Zeile 14 wird die Datei als Argument der Methode GetAvgFromFile() übergeben. (Das @-Zeichen vor der Stringkonstante erlaubt, die doppelten Backslashes in der Pfadangabe durch einfache zu ersetzen, was die Übersichtlichkeit erhöht.)

Die while-Schleife in Zeile 33 liest jetzt so lange Daten aus der Datei, bis das Ende der Datei erreicht ist. Aber unsere Textdatei *daten.txt* besitzt einen (absichtlich eingebauten) Fehler, der das Konvertieren in einen Int32-Wert unmöglich macht. Die Ausnahme wird in der Zeile 35 ausgelöst und die Programmausführung im catch-Block in Zeile 40 fortgesetzt. Die Zeile 37 im try-Block wurde daher nicht ausgeführt, was zur Folge hat, dass die Datei nicht geschlossen wird. Diese übersprungene Anweisung wird in unserem Programm nun vom finally-Block ausgeführt.

Der finally-Block ergibt natürlich erst Sinn, wenn man mehrere catch-Blöcke nacheinander verwendet. Statt in jeden catch-Block die abschließenden Anweisungen aufzunehmen, fasst man diese im finally-Block zusammen.

Lokal, Global – try-catch-finally

Der Gültigkeitsbereich von Variablen ist auch von den try-catch-finally-Blöcken abhängig. Deklarieren Sie z.B. eine Variable i im try-Block, ist diese in den darauf folgenden catch-Blöcken unbekannt.

```
try
{
   int i = 5;
   ...
}
catch(Exception e)
{
   Console.WriteLine(i);
   ...
}
```

Dies wird unweigerlich einen Fehler bei der Kompilierung auslösen, da die Variable i im catch-Block nicht bekannt ist.

Unser Benchmark-Beispiel fängt bis jetzt nur Fehler ab, die durch fehlerhafte Daten in der Datei *daten.txt* ausgelöst werden. Was aber passiert, wenn die Datei, auf die das Programm zugreift, nicht existiert? Betrachten wir noch einmal einen Teil des vorherigen Beispiels:

```
26:
27:             FileStream f = new FileStream(file, FileMode.Open);
28:
29:             try
30:             {
31:                StreamReader sr = new StreamReader(f);
32:
```

Es nützt nichts, wenn man die Zeile 27 hier in den try-Block verschiebt. Der Grund: Der finally-Block könnte nun die Datei nicht mehr schließen, da die Variable f nur im try-Block bekannt ist. Wir müssen also eine Schachtelung der Ausnahmebehandlung vornehmen.

Listing 20.9: trycatchfinally2.cs

```
01: using System;
02: using System.IO;
03:
04: namespace Kap20
05: {
06:    class CCTryCatchFinally
07:    {
08:       static void Main(string[] args)
09:       {
10:          int iAvg = 0;
11:
12:          CBenchmark oBench = new CBenchmark();
13:
14:          iAvg=oBench.GetAvgFromFile(@"C:\xxxxxxxx.txt");
```

Attribute und die Ausnahmebehandlung

```
15:            Console.WriteLine(iAvg);
16:            Console.ReadLine();
17:        }
18:    }
19:
20:    class CBenchmark
21:    {
22:        public int GetAvgFromFile(string file)
23:        {
24:            int iVal = 0;
25:            string BenchVal = "";
26:
27:            try
28:            {
29:                FileStream f = new FileStream(file, FileMode.Open);
30:
31:                try
32:                {
33:                    StreamReader sr = new StreamReader(f);
34:
35:                    while((BenchVal = sr.ReadLine()) != null)
36:                    {
37:                        iVal += Convert.ToInt32(BenchVal);
38:                    }
39:                    f.Close();
40:                }
41:
42:                catch(Exception e)
43:                {
44:                    Console.WriteLine(e);
45:                }
46:
47:                finally
48:                {
49:                    f.Close();
50:                }
51:
52:                return iVal;
53:            }
54:
55:            catch(FileNotFoundException e)
56:            {
57:                Console.WriteLine("Datei nicht gefunden");
58:                return -2;
59:            }
60:
```

```
61:            catch(Exception e)
62:            {
63:                Console.WriteLine("Es sind Fehler aufgetreten");
64:                return -3;
65:            }
66:
67:            return -1;
68:        }
69:    }
70: }
```

> Datei nicht gefunden
> -2

In den Zeilen 31 bis 35 hat sich im Prinzip nichts geändert. Existiert die angegebene Datei nicht, so wird aber in der Zeile 29 ein Fehler ausgelöst. Da die Variable f auch im `finally`-Block in Zeile 47 bekannt sein soll, muss diese natürlich oberhalb des `try-catch-finally`-Blocks deklariert werden. Das bedeutet, dass oberhalb der einzelnen Blöcke ein weiterer – übergeordneter – `try`-Block eingefügt werden muss. Somit erstreckt sich der übergeordnete `try`-Block über die Zeilen 27 bis 53. Ist die angegebene Datei nicht vorhanden, so wird der `catch`-Block in Zeile 55 ausgeführt.

Eigene Ausnahmen auslösen

Das Erzeugen einer eigenen Ausnahme ist in der Programmiersprache C# nicht schwer. Hierzu benötigen wir lediglich das Schlüsselwort

```
throw(ausnahme);
```

Durch die Anweisung `throw` (wörtlich: »werfe!«) wird eine Ausnahme erzeugt. Das folgende Listing demonstriert dies:

Listing 20.10: eigeneAusnahme.cs

```
01: using System;
02:
03: namespace Kap20
04: {
05:     class CEigeneAusnahme
06:     {
07:         static void Main(string[] args)
08:         {
```

Attribute und die Ausnahmebehandlung

```
09:         int iZahl1 = 0;
10:         int iZahl2 = 0;
11:
12:
13:         Console.Write("Erste Zahl: ");
14:         iZahl1 = Convert.ToInt32(Console.ReadLine());
15:         Console.Write("Zweite Zahl: ");
16:         iZahl2 = Convert.ToInt32(Console.ReadLine());
17:
18:         try
19:         {
20:            if(iZahl2 == 0)
21:               throw(new DivideByZeroException());
22:         }
23:
24:         catch(Exception e)
25:         {
26:            Console.WriteLine(e);
27:         }
28:
29:         Console.ReadLine();
30:      }
31:    }
32: }
```

Erste Zahl: **5**
Zweite Zahl: **0**
System.DivideByZeroException: Es wurde versucht, durch null zu teilen.
   at Kap20.CEigeneAusnahme.Main(String[] args)

In der Zeile 21 wird eine Ausnahme `DivideByZeroException` ausgelöst. Das Schlüsselwort new erzeugt hier eine neue Ausnahmedefinition vom Typ `DivideByZeroException`.

Es ist natürlich ungewöhnlich, eine vordefinierte Fehlerklasse des .NET-Frameworks, wie z.B. die DivideByZeroException, manuell auszulösen. Aber eine Division durch Null kann auch ein vorhersehbarer Fehler sein, der unter keinen Umständen in Aktion treten darf oder soll.

```
20:         if(iZahl2 == 0)
            {
21:             throw(new DivideByZeroException());
            }
            else
            {
```

```
                    //komplexe Berechnung die einige Sekunden dauert
                    ...
                }
```

Hier möchte man unter keinen Umständen die Berechnung durchführen lassen, da man letztendlich erst nach einigen Sekunden die Fehlermeldung erhalten würde. Fängt man den Fehler ab, möchte man aber auch nicht auf die Fehlermeldung verzichten. Deshalb wird hier manuell eine Ausnahme erzeugt. Durch diese Vorgehensweise, vorhersehbare Fehler manuell abzufangen, kann man unter Umständen die Geschwindigkeit eines Programms erhöhen.

Eigene Exception-Klasse definieren

Die Programmiersprache C# ermöglicht uns das Erstellen eigener Fehlerklassen, die man je nach Bedürfnis auf die eigenen Probleme im Programm anpassen kann. Verwendet man z.B. ein E-Mail-Versendeprogramm und treten hier Fehler auf, kann man eine Logfile-Methode in die Fehlerklasse einbringen, die dann ein Logfile generiert.

Listing 20.11: exceptionclass.cs

```
01: using System;
02:
03: namespace Kap20
04: {
05:     class CPopConnect
06:     {
07:         static void Main(string[] args)
08:         {
09:             string sPop3 = "pop3.ppedv.de";
10:             CPopConnectSend oSend = new CPopConnectSend();
11:             try
12:             {
13:                 oSend.SendMail(sPop3);
14:             }
15:
16:             catch(PopConnectException e)
17:             {
18:                 Console.WriteLine(e.Message);
19:                 Console.WriteLine(e.InnerException);
20:             }
21:
22:             Console.ReadLine();
23:         }
24:
```

```
25:        class PopConnectException : Exception
26:        {
27:            public PopConnectException()
28:            {
29:            }
30:
31:            public PopConnectException(string message)
32:                : base(message)
33:            {
34:              //Logfileroutine
35:              Console.WriteLine("Eintrag ins Logfile");
36:            }
37:
38:            public PopConnectException(string message,
                                          Exception inner)
39:                : base(message,inner)
40:            {
41:            }
42:        }
43:
44:        class CPopConnectSend
45:        {
46:            public void SendMail(string pop3account)
47:            {
48:                bool bCon = true;
49:                //auf pop3 verbinden
50:                //verbinden fehlgeschlagen
51:                //bCon = false
52:                bCon = false;
53:                if(bCon)
54:                {
55:                    //versende Email
56:                }
57:                else
58:                    throw(new PopConnectException
                            ("Verbindung fehlgeschlagen"));
59:            }
60:        }
61:    }
62: }
```

Eintrag ins Logfile
Verbindung fehlgeschlagen

Beginnen wir mit der eigenen `Exception`-Klasse in den Zeilen 25 bis 42. In der Zeile 25 wird die `Exception`-Klasse in die `PopConnectException`-Klasse abgeleitet. Die Verwendung dafür sehen Sie anschließend bei der Definition der Konstruktoren.

```
25:        class PopConnectException : Exception
26:        {
27:            public PopConnectException()
28:            {
29:            }
30:
```

Der interessante Teil der `Exception`-Klasse ist folgender:

```
31:            public PopConnectException(string message)
32:                : base(message)
```

Hier wird die Logfilegenerierung mit eingebaut und ein Hinweis gegeben, dass ein Eintrag in das Logfile geschehen ist. Je nach Wunsch können Sie hier komplexe Routinen einbauen.

```
33:            {
34:                //Logfileroutine
35:                Console.WriteLine("Eintrag ins Logfile");
36:            }
37:
38:            public PopConnectException(string message,
                   Exception inner)
39:                : base(message,inner)
40:            {
41:            }
42:        }
```

Die Zeilen 44 bis 60 enthalten den Code der Klasse `CPopConnectSend`. Diese Klasse ist in dem Programm dafür zuständig, E-Mails zu verschicken. Bei der Simulation wird in Zeile 53 die Variable `bCon` auf `false` gesetzt und somit simuliert, dass der POP3-E-Mail-Server nicht gefunden wurde. Dadurch wird eine benutzerdefinierte Ausnahme ausgelöst, die in Zeile 58 abgefangen wird.

```
58:throw(new PopConnectException("Verbindung fehlgeschlagen"));
```

Das Schlüsselwort `throw` löst hier eine Ausnahme aus. Jetzt muss nur sichergestellt werden, welche Art von Ausnahme ausgelöst wird.

```
new PopConnectException("Verbindung fehlgeschlagen")
```

Durch diese Anweisung wird eine Ausnahme der Exception-Klasse `PopConnect Exception` ausgelöst und der Grund für diese Ausnahme als Argument übergeben.

Versucht das Programm in Zeile 13 eine E-Mail zu verschicken, wird durch die Simulation eine Ausnahme erzeugt und in den Zeilen 18 und 19 Informationen darüber ausgegeben.

20.5 Zusammenfassung

Heute haben Sie gelernt, wie man benutzerdefinierte Attribute und Ausnahme-Klassen erstellt und diese benutzt. Attribute dienen nicht nur dazu, die Programmierung zu erleichtern, sondern man kann damit auch den Programmlauf verändern und manipulieren.

Die Ausnahmebehandlung gehört zu den wichtigsten Bausteinen der Programmierung. Ohne sie wären Programme nicht immer leicht zu entwickeln und im schlimmsten Fall würde das Programm bei einem Fehler einfach abgebrochen werden. Um auf ausgelöste Fehler mit der richtigen Fehlerbehandlung reagieren zu können, kann man die Exception-Klasse verwenden. Vorweg sollte man alle erwarteten Fehler – z.B. Datei nicht vorhanden – abfangen und den Benutzer auf diese auch hinweisen. Bei unerwarteten Fehlern ist das meist nicht so einfach. Am besten geben Sie die Fehlernummer und die Fehlerbeschreibung aus (Log-File, Messagebox), sodass der Benutzer Ihrer Software diese melden kann, woraufhin Sie den Fehler reproduzieren und beheben können.

Fragen und Antworten

F   *Muss man eine benutzerdefinierte Exception-Klasse für die Fehlerbehandlung erstellen, wenn man einen Fehler auslösen möchte? Wieso kann man das nicht gleich im aktuellen Programmcode behandeln?*

   A   Sie müssen natürlich keine benutzerdefinierte Exception-Klasse erstellen, wenn Sie einen eigens erzeugten Fehler behandeln möchten. Aber Fehler sind meist nichts einmaliges, sondern wiederholen sich in den verschiedensten Programmteilen. Sie müssten hier überall den gleichen Code schreiben. Des Weiteren ist die Programmstelle, die den Fehler erzeugt, nicht immer die optimale Stelle für eine Fehlerbehandlung. Der dritte Vorteil liegt in der Übersichtlichkeit. Alle Routinen befinden sich an einem Platz bzw. in einer Klasse.

F   *Muss jede Methode eine eigene Fehlerbehandlung besitzen?*

   A   Nein. Wenn sich mehrere Methoden nacheinander aufrufen und in der letzten Methode ein Fehler ausgelöst wird, reicht er diesen so lange an die übergeordneten Methoden weiter, bis eine Fehlerbehandlung aufgerufen werden kann. Manche Programmierer verwenden diese Methode für ein schnelles Verlassen von

Zusammenfassung

Programmteilen, indem sie einfach einen Fehler auslösen. Diesen (unsauberen) Programmierstil sollte man aber nur verwenden, wenn keine andere Möglichkeit besteht.

F   Welche Datentypen können die Parameter von Attributen besitzen?

A   `bool`, `byte`, `char`, `double`, `float`, `int`, `long`, `short`, `string`, `System.Type` und Aufzählungen (enums). Mit den genannten Datentypen spielt es keine Rolle, ob die Parameter Objekte oder Arrays sind.

Quiz

1. Was ist ein `try`-Block?
2. Was ist ein `catch`-Block?
3. Wie werden Exception-Objekte erzeugt?
4. Welche Aufgabe hat der `finally`-Block?
5. Wie greift man auf die Informationen eines Attributs zu?
6. Wie wird folgende Attribut-Klasse angewendet?

   ```
   ...
   public class CTestAttribute : System.Attribute

   public CTestAttribute(string Test1, string Test2)
   ```

Übungen

1. Schreiben Sie die benutzerdefinierte Attributklasse und deren Anwendung (Abschnitt »Benutzerdefinierte Attribute erstellen«, »Benutzerdefinierte Attribute anwenden«, »Benutzerdefinierte Attribute ausgeben«) so um, dass Sie nur für Methoden verwendet werden kann. Kleiner Tipp:

   `typeof(CUsingAttr).GetMethod("TestAttr")`

2. Wir erweitern das Beispiel 1. Die Methode `TestAttr()` löst jetzt einen Fehler aus:

   ```
   using System;

   namespace Kap20
   {
      public class CUsingAttr
      {
         [CDev("Software-C#-Appartment", "ShinjaS@ppedv.de",
   ```

```
        "Strasser Shinja")]
    public void TestAttr()
    {
        Console.WriteLine
        ("Klasse mit Attribut und Fehlerbehandlung");
        throw(new AttrAndException("FEHLER"));
    }
  }
}
```

3. Schreiben Sie eine benutzerdefinierte Exception-Klasse `AttrAndException`. Legen Sie hierzu eine neue Datei namens *UE2Exception.cs* an. Fangen Sie in der Ausgabe CAusgabe von Beispiel 1 den künstlich erzeugten Fehler ab und geben die Daten der Attribute zusätzlich zur Fehlermeldung aus.

XML Web Services in .NET

XML Web Services in .NET

Das letzte Kapitel dieses Buches verlässt ein wenig die bekannte Umgebung von C# und widmet sich den Web Services. Internet und .NET-Framework sind aber eng verzahnt – anders ausgedrückt, wurde das .NET-Framework letztlich auch dazu entwickelt, um die Integration von Anwendungen für das Internet – v.a. das World Wide Web – zu vereinfachen. Somit darf natürlich ein Kapitel über das Thema Web Services nicht fehlen. Sie werden hier viele neue Begriffe und Vorgehensweisen kennen lernen, die es Ihnen ermöglichen, selbst Anwendungen für das Web zu schreiben und bestehende C#-Anwendungen für das Web anzupassen.

Heute lernen Sie

- den Einsatz des Internet Information Servers (IIS),
- das Schreiben von ASP.NET-Anwendungen,
- Grundlagen zu XML,
- Grundlagen zu SOAP,
- was ein Web Service ist,
- wie man Web Services erstellt und anwendet.

21.1 Vorbereitungen

Bevor wir uns mit der Entwicklung von Webanwendungen beschäftigen, müssen einige Vorbereitungen getroffen werden. Abhängig von Ihrer Installation können diese unterschiedlich ausfallen.

Läuft der IIS ?

Wenn Sie Webanwendungen entwickeln wollen, benötigen Sie eine Art Testumgebung, um die Ergebnisse in einem Webbrowser sehen zu können. Diese Testumgebung ist der Internet Information Server (IIS). Prüfen Sie, ob der IIS auf Ihrem System aktiviert ist und führen Sie dazu folgende Schritte aus:

1. Öffnen Sie hierzu das Menü START/EINSTELLUNGEN/SYSTEMSTEUERUNG/VERWALTUNG.
2. Öffnen Sie in der Verwaltung den Menüpunkt DIENSTE.
3. Weist der Dienst WWW-PUBLISHINGDIENST den Status *Gestartet* auf, kontrollieren Sie, ob der Dienst IIS-ADMIN-DIENST ebenfalls gestartet ist. Trifft dies für beide

Dienste zu, läuft der IIS und Sie können das Fenster wieder schließen. Wenn das Statusfeld des WWW-PUBLISHINGDIENSTES leer ist, führen Sie die Schritte 4 und 5 aus.

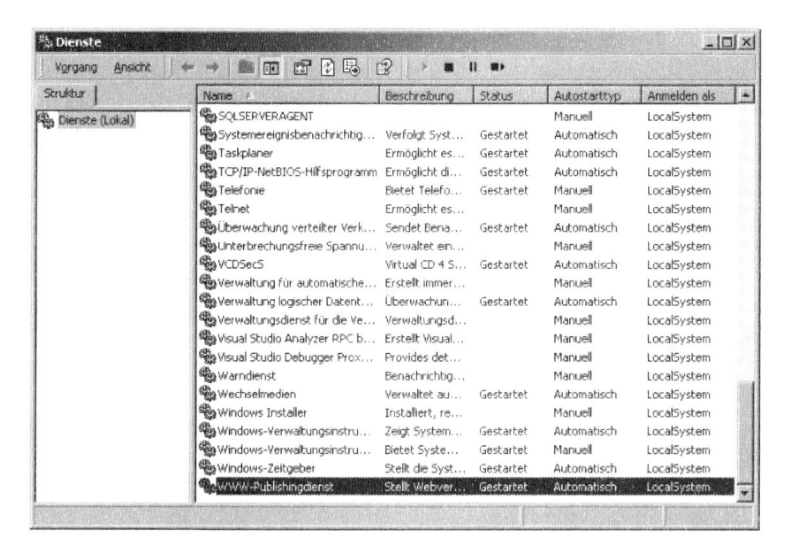

Abbildung 21.1:
Dienste

4. Markieren Sie den Dienst WWW-PUBLISHINGDIENST und öffnen ihn mit einem Doppelklick.

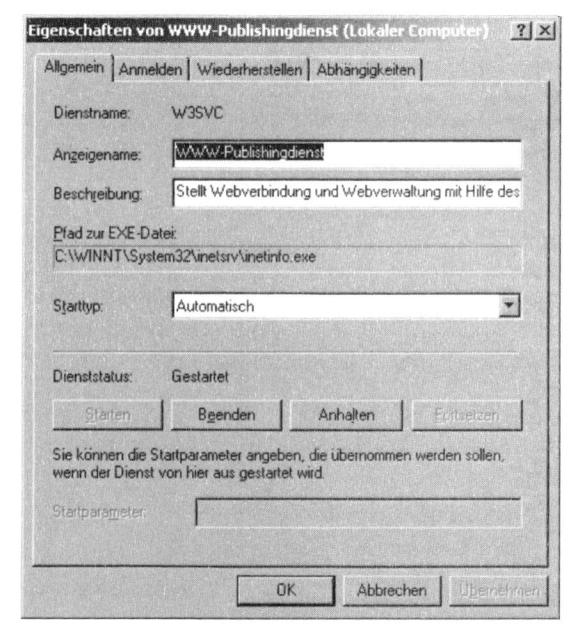

Abbildung 21.2:
Eigenschaften von WWW-Publishingdienst

5. Setzen Sie die Eigenschaft STARTTYP im Eigenschaftsdialog des WWW-PUBLISHING-DIENSTES auf *Automatisch*. Klicken Sie anschließend auf die Schaltfläche STARTEN und bestätigen mit OK.

> Fehlt der Dienst WWW-PUBLISHINGDIENST, müssen Sie diesen zuerst installieren. Führen Sie hier die Schritte aus, die im Handbuch Ihres Betriebssystems stehen. Prüfen Sie anschließend nochmals nach, ob der IIS auf Ihrem System läuft.

Laufen ASP.NET-Anwendungen?

Auch wenn der IIS betriebsbereit ist, bedeutet dies noch lange nicht, dass ASP.NET-Anwendungen ausgeführt werden. Der IIS kontrolliert die Datei, die ausgeführt werden soll auf ihre Dateierweiterung. Handelt es sich um eine ASP.NET-Anwendung, besitzen die Dateien die Dateierweiterung .aspx.

```
http://www.IhrDomainName.de/aspnet.aspx
```

Der IIS benötigt eine Verknüpfung zu der Datei *aspnet_isapi.dll*, damit .aspx-Dateien erkannt und ausgeführt werden können.

Prüfen Sie hierzu die Konfiguration Ihres IIS und führen Sie hierzu folgende Schritte aus.

1. Öffnen Sie im Menü START/EINSTELLUNGEN/SYSTEMSTEUERUNG die Verwaltung.
2. Öffnen Sie in der Verwaltung den INTERNET-DIENSTE-MANAGER.

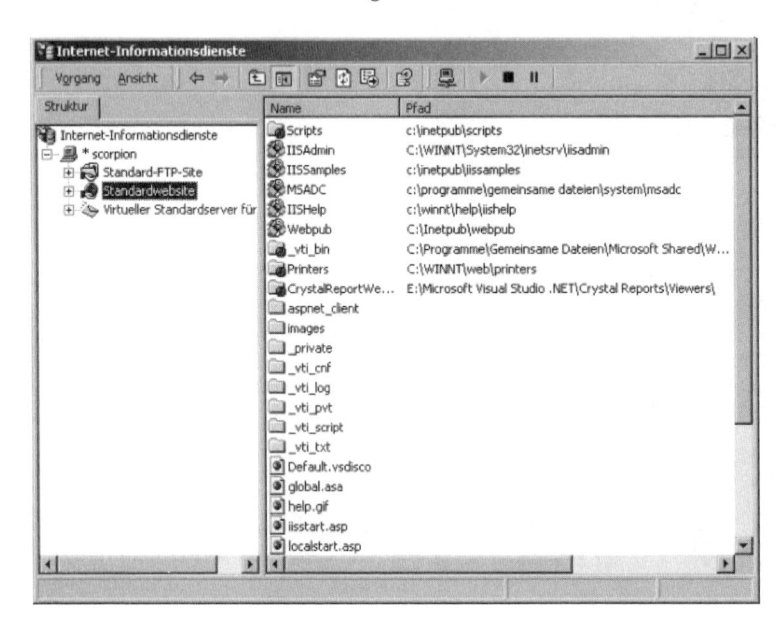

Abbildung 21.3: Internet-Informationsdienste

Vorbereitungen

3. Öffnen Sie mit der rechten Maustaste die EIGENSCHAFTEN der STANDARDWEBSITE und gehen Sie auf den Menüpunkt BASISVERZEICHNIS.

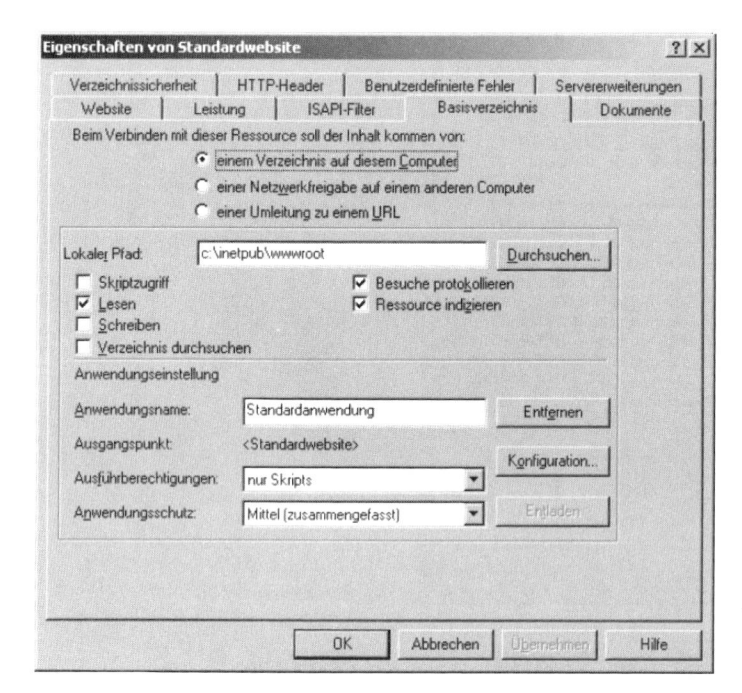

Abbildung 21.4: Eigenschaften des Standardwebs

4. Klicken Sie hier auf die Schaltfläche KONFIGURATION..., um den Konfigurationsdialog zu öffnen (siehe Abbildung 21.5).

Im Konfigurationsdialog sehen Sie alle Dateierweiterungen und die dazugehörigen ausführbaren Dateien. Um festzustellen, ob ASP.NET-Anwendungen auf Ihrem System ausgeführt werden, können Sie hier eine visuelle Prüfung durchführen. Wenn alles installiert ist, sollten Sie folgende Dateierweiterungen in der Liste sehen:

.asax, .ascx, .ashx, .asmx, .aspx, .axd, .vsdisco, .rem, .soap, .config, .cs, .csproj, .vb, .vbproj, .webinfo, .licx, .resx, .resources

Sollten diese Dateierweiterungen fehlen, kann man diese manuell im Konfigurationsdialog einbinden. Eine einfachere Möglichkeit und ohne zusätzliche Konfigurationsarbeiten stellt die Anwendung *aspnet_regiis.exe* dar. Mit dieser Anwendung werden alle benötigten Schritte und Konfigurationsarbeiten durchgeführt. Fehlen in Ihrem Konfigurationsdialog die oben genannten Dateierweiterungen, gehen Sie folgendermaßen vor.

1. Starten Sie die KONSOLE bzw. EINGABEAUFFORDERUNG.

2. Wechseln Sie in das .NET-Framework-Verzeichnis (meist *C:\WINNT\Microsoft. NET\Framework\v1.0.3705*).

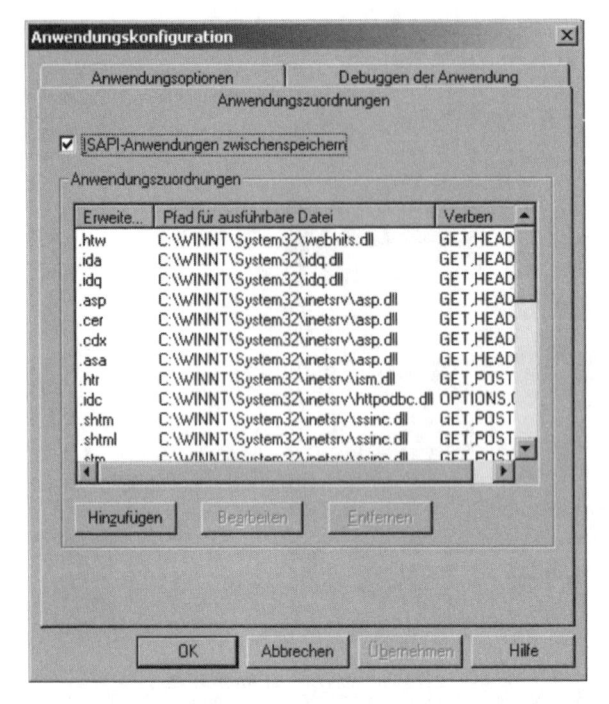

Abbildung 21.5:
Konfiguration des Standardwebs

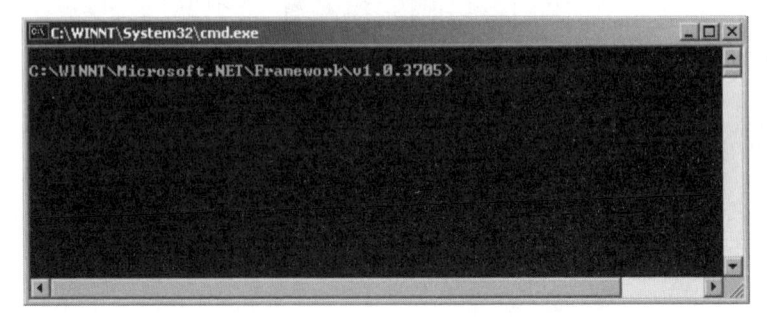

Abbildung 21.6:
Ausführungsort von aspnet_regiis.exe

> Bei der Erstellung dieses Buches lautete die Versionsnummer des .NET-Frameworks v1.0.3705. Der Verzeichnisname kann sich je nach verwendeter Version des .NET-Frameworks natürlich ändern.

3. Um den IIS zu konfigurieren, führen Sie die Datei *aspnet_regiis.exe* mit dem Parameter -i aus. Beenden Sie sicherheitshalber zuvor alle laufenden Anwendungen.

```
aspnet_regiis.exe -i
```

4. Nun sollte Ihr System bereit sein, ASP.NET-Anwendungen auszuführen.

21.2 XML - veni, vidi, vici

XML kam, sah und siegte. Was aber ist XML genau? XML heißt ausgesprochen »eXtensible Markup Language« und ist ein Dokumentenverarbeitungsstandard, der vom W3C-Konsortium vorgeschlagen wurde. Das W3C-Konsortium ist für die Überwachung von Standards wie z.B. HTML zuständig. An und für sich ist XML nichts Neues, sondern eine vereinfachte Teilmenge der »Standard Generalized Markup Language«, kurz SGML. SGML ist ein internationaler Dokumentationsstandard und in seiner Art sehr akademisch. SGML ist für die industrielle Softwareentwicklung nur eingeschränkt nützlich und einsetzbar. Ziel des W3C-Konsortiums war es, SGML in einer Art und Weise abzuleiten, dass es für die industrielle Softwareentwicklung und somit für das Internet nutzbar wurde. XML war geboren.

XML bezeichnet man auch als eine Metasprache, die es dem Entwickler ermöglicht, eigene Auszeichnungen (Markups) für Dokumente zu erstellen und damit das Dokument zu formatieren. HTML könnte man dagegen als Formatierungssprache bezeichnen. HTML hat einen gravierenden Nachteil; der Wortschatz für Auszeichnungen ist statisch und abhängig von der Verwendung des aktuellen Browsers bzw. HTML-Parsers.

> Der HTML-Parser ist für die Verarbeitung der Formate zuständig. Bedingt durch den statischen Befehlssatz und Versionsunterschiede sowie auf Grund unterschiedlicher Implementierungen werden HTML-Dokumente nicht in jedem Browser identisch dargestellt; die Anpassung der Dokumente, sodass die Unterschiede weitgehend kompensiert werden, ist bei der Webentwicklung entsprechend aufwändig.

Da HTML eine statische Formatierungssprache ist, können wir mit Hilfe von sog. Tags Daten, die ausgegeben werden sollen, formatieren. Angenommen, Sie möchten in einem HTML-Dokument den fett geschriebenen Text `Hello HTML` ausgeben, so müssen Sie diesen Text folgendermaßen formatieren:

```
...
fett: <b>Hello HTML</b>
...
```

Ein Webbrowser, wie z.B. der Internet Explorer, gibt dann Folgendes aus:

Abbildung 21.7:
Ein HTML-Dokument

Das Formatierungszeichen bzw. das Element <b> ... </b> für Fettschrift (bold) ist HTML-spezifisch und festgelegt. In XML dagegen können Sie eigene Elemente definieren und darin die Daten kapseln. Angenommen, Sie benötigen ein Format, mit dessen Hilfe die Bücher eines Verlages ausgeben werden sollen. Dazu müssen Sie lediglich das Format und die Elemente festlegen:

Listing 21.1: xml.xml

```
<marktundtechnik>
    <reihe21Tage>
        <buch1>
            <titel>C# in 21 Tage</titel>
            <autor>Dirk Louis Strasser Shinja</autor>
        </buch1>
        <buch2>
            <titel>weitere titel</titel>
            <autor>weitere autoren</autor>
        </buch2>
    </reihe21Tage>
    <reiheXXX>
        <buch1>
            <titel>XXX</titel>
            <autor>Strasser</autor>
        </buch1>
        <buch2>
            <titel>YYY</titel>
            <autor>Louis</autor>
        </buch2>
    </reiheXXX>
</marktundtechnik>
```

Der Internet Explorer stellt diese Definition folgendermaßen dar:

```
- <marktundtechnik>
  - <reihe21Tage>
    - <buch1>
        <titel>C# in 21 Tage</titel>
        <autor>Dirk Louis Strasser
               Shinja</autor>
      </buch1>
    - <buch2>
        <titel>weitere titel</titel>
        <autor>weitere autoren</autor>
      </buch2>
    </reihe21Tage>
  - <reiheXXX>
    - <buch1>
        <titel>XXX</titel>
        <autor>Strasser</autor>
      </buch1>
    - <buch2>
        <titel>YYY</titel>
        <autor>Louis</autor>
      </buch2>
    </reiheXXX>
  </marktundtechnik>
```

Abbildung 21.8:
Ein XML-Dokument

21.3 SOAP - Simple Object Access Protocol

SOAP ist ein Mechanismus, der in sich einfach und gut überschaubar ist. SOAP ermöglicht den Austausch von Informationen bzw. Daten in einer strukturierten und typisierten Umgebung. Der Austausch von dezentralen Daten von einem Computer zu einem anderen ist mit dem Mechanismus SOAP auf eine sehr einfache Art möglich. Hierbei ist sogar die Problematik der Firewalls von Computern kein Problem mehr, da SOAP es uns ermöglicht, durch Firewalls Informationen und Daten zu transportieren. Das Simple Object Access Protokoll ist keine Programmiersprache mit einem Programmiermodell, wie wir es bereits von C# kennen, sondern eine Beschreibung einer Anwendung, die eine eigene interne Semantik enthält. Den Mechanismus von SOAP kann man theoretisch selbst konzipieren und entwickeln. Aber warum das Rad zweimal erfinden? Mit den Standards von HTML und XML kann man den Mechanismus von SOAP ebenfalls nutzen. SOAP ist ein Protokoll, das auf dem XML-Standard basiert und durch drei verschiedene Teile beschrieben wird.

Der erste Teil definiert ein Regelwerk, das dazu dient, zu beschreiben, was in der Nachricht enthalten ist. Des Weiteren wird in diesem Regelwerk auch spezifiziert, von wem die

Nachricht auf welche Art verarbeitet werden soll und ob Daten vorhanden sein müssen oder ob es sich um optionale Daten handelt.

Der zweite Teil enthält die Serialisierung, also eine Kodier- und Ordnungsregel, die die Instanzen von Datentypen der Anwendung beschreibt.

Der dritte Teil weist eine Art Konvention auf, die die Antworten auf diese (eine Darstellung, die Remoteprozeduraufrufe und -antworten wiedergibt) beschreiben.

Nach der etwas trockenen Theorie ist es Zeit, ein anschauliches Beispiel zu liefern. Betrachten Sie einmal das folgende Listing:

```
<?xml version="1.0" encoding="utf-8"?>
   <soap:Envelope xmlns:xsi="http://www.w3.org/2001/XMLSchema-instance"
xmlns:xsd="http://www.w3.org/2001/XMLSchema" xmlns:soap="http://
schemas.xmlsoap.org/soap/envelope/">
   <soap:Body>
      <Add xmlns="http://tempuri.org/">
         <i>int</i>
         <j>int</j>
      </Add>
   </soap:Body>
</soap:Envelope>
```

Es fällt auf, dass die bekannte Methode Add() abgebildet wird.

```
[WebMethod()]
public int Add(int i, int j)
{
   return i + j;
}
```

21.4 Hello Web Service

Jetzt, wo wir wissen, was SOAP und XML sind, können wir uns an die Arbeit machen und einen Web Service erstellen. Stellen Sie sich einmal vor, dass Sie irgendwo auf einem weit entfernten Computer eine Komponente betreiben. Diese Komponente verarbeitet in einem komplexen System aus Daten und Algorithmen seine Arbeit. Sie als Entwickler benötigen spezielle Methoden dieser Komponente. Da die Verarbeitung der Daten auf dem entfernten Computer ablaufen soll, besteht eine Schwierigkeit. Wie können Sie diese Methoden nutzen, ohne die Komponente lokal auf Ihrem Computer installieren zu müssen? Die Antwort ist ein Web Service. Sie schicken die Daten, die die Methode zu Ihrer Verarbeitung benötigt, an den Web Service und erhalten anschließend das Ergebnis. Als Beispiel verwenden wir wieder die CCalc-Klasse, aber jetzt in einem Web Service integriert.

Erstellen eines Web Service

Das Erstellen eines Web Service ist sehr einfach. Starten Sie hierzu Visual Studio .NET und erstellen Sie ein neues Projekt. Vergeben Sie für den Web Service im Eingabefeld SPEICHERORT den Namen WSCalc und bestätigen das Projekt mit der Schaltfläche OK.

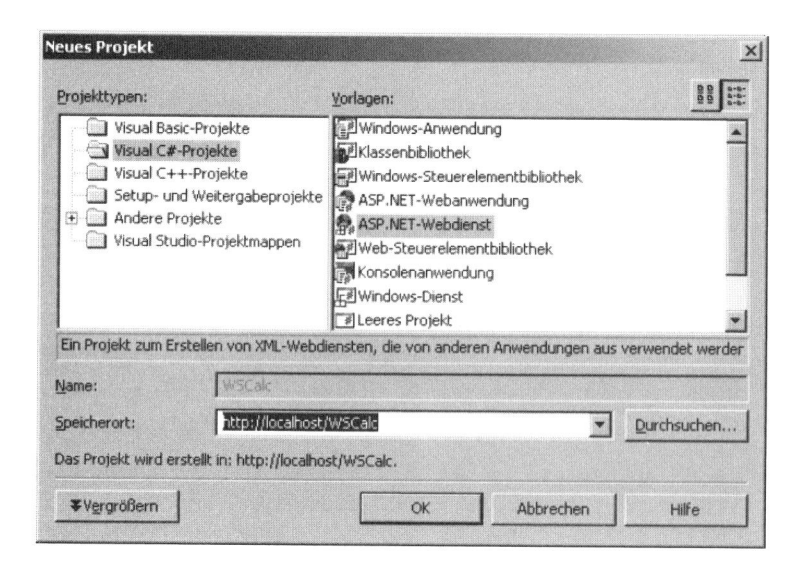

Abbildung 21.9:
Web Service erstellen

Markieren Sie im PROJEKTMAPPEN-EXPLORER die Datei *Service1.asmx*. Klicken Sie auf diese Datei mit der rechten Maustaste, um das Kontextmenü aufzurufen. Klicken Sie anschließend auf den Menüpunkt CODE ANZEIGEN.

Abbildung 21.10:
Web Service – .asmx-Datei

Im Quellcodeeditor von Visual Studio .NET sehen Sie nun folgende Codezeilen (darunter eine ganze Reihe an Codezeilen, die wir für unsere Zwecke nicht unbedingt benötigen):

Listing 21.2: Service1.asmx.cs

```
using System;
using System.Collections;
using System.ComponentModel;
using System.Data;
using System.Diagnostics;
using System.Web;
using System.Web.Services;

namespace WSCalc
{
   /// <summary>
   /// Zusammenfassende Beschreibung für Service1.
   /// </summary>
   public class Service1 : System.Web.Services.WebService
   {
      public Service1()
      {
         //CODEGEN: Dieser Aufruf ist für den ASP.NET-Webdienst-
         //         Designer erforderlich.
         InitializeComponent();
      }

      #region Component Designer generated code

      // Erforderlich für den Webdienst-Designer
      private IContainer components = null;

      /// <summary>
      /// Erforderliche Methode für die Designerunterstützung.
      /// Der Inhalt der Methode darf nicht mit dem Code-Editor
      /// geändert werden.
      /// </summary>
      private void InitializeComponent()
      {
      }

      /// <summary>
      /// Die verwendeten Ressourcen bereinigen.
      /// </summary>
      protected override void Dispose( bool disposing )
      {
```

```
         if(disposing && components != null)
         {
            components.Dispose();
         }
         base.Dispose(disposing);
      }

      #endregion

      // WEBDIENSTBEISPIEL
      // Der HelloWorld()-Beispieldienst gibt die Zeichenfolge
      // Hello World zurück.
      // Entfernen Sie den Kommentar in folgenden Zeilen. Speichern
      // und erstellen Sie anschließend das Projekt.
      // Drücken Sie F5, um den Webdienst zu testen.
//      [WebMethod]
//      public string HelloWorld()
//      {
//         return "Hello World";
//      }
   }
}
```

Um den Blick auf das Wesentliche eines Web Service zu beschränken, ändern Sie die Codezeilen des Web Service folgendermaßen:

Listing 21.3: Quellcode des Web Service

```
01: using System;
02: using System.Web.Services;
03:
04: namespace WSCalc
05: {
06:    class CCalc : System.Web.Services.Web Service
07:    {
08:       [WebMethod()]
09:       public int Add(int i, int j)
10:       {
11:          return i + j;
12:       }
13:
14:       [WebMethod()]
15:       public int Sub(int i, int j)
16:       {
17:          return i - j;
```

```
18:         }
19:
20:         [WebMethod()]
21:         public int Mul(int i, int j)
22:         {
23:             return i * j;
24:         }
25:
26:         [WebMethod()]
27:         public int Div(int i, int j)
28:         {
29:             if(j == 0)
30:                 return 0;
31:             else
32:                 return i / j;
33:         }
34:     }
35: }
```

Um zu prüfen, ob der Web Service richtig ausgeführt wird, drücken Sie F5. Sie sollten dann Folgendes in Ihrem Browser sehen.

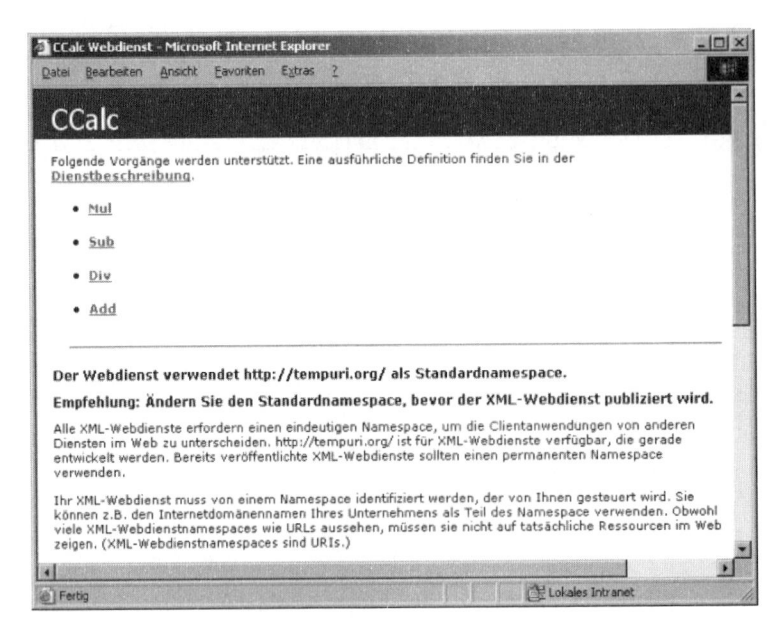

Abbildung 21.11: Ausführen des Web Service

Im Wesentlichen ist hier eine Klasse CCalc abgebildet, die jetzt nicht als Klasse im herkömmlichen Sinn oder in Form einer Komponente in einem Programm verwendet wird, sondern als Web Service arbeitet. Das erkennt man auch in der Zeile 6

```
06:    class CCalc : System.Web.Services.Web Service
```

in der die Web Service-Basisklasse implementiert wird. Ein weiteres Kennzeichen für einen Web Service sind die Attribute der einzelnen Methoden.

```
[WebMethod()]
```

Nun ist der Web Service bereits fertig gestellt. Sie sehen, dass die Programmierung eines Web Service sich nicht stark von dem unterscheidet, wie wir es von C# gewohnt sind. Der entscheidende Unterschied besteht darin, dass das Ergebnis jetzt im Browser zu sehen ist und dass man einen Web Service auch direkt aufrufen kann, im Gegensatz zu einer Komponente.

Implementieren eines Web Service

Wenn Sie den Web Service CCalc im Internet veröffentlichen, so kann jeder, der eine Berechnung mit Ihrem Web Service ausführen möchte, darauf zugreifen. Sie können natürlich auch Sicherheiten einbauen, sodass nicht jeder Internetbenutzer auf Ihren Web Service zugreifen kann. Wie aber kann man auf einen Web Service zugreifen? Dazu ist ebenfalls kein großer Aufwand notwendig. Am besten fügen wir dem bestehenden Projekt ein weiteres hinzu.

1. Öffnen Sie im Menü DATEI/PROJEKT HINZUFÜGEN den Menüpunkt NEUES PROJEKT...

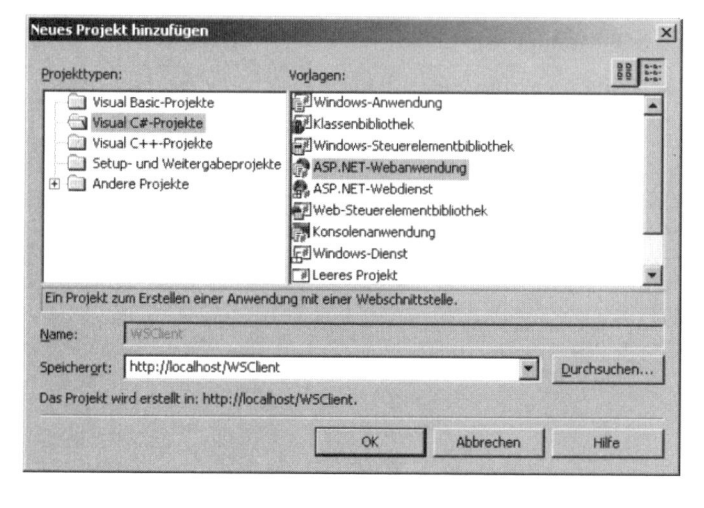

*Abbildung 21.12:
ASP.NET-Anwendung hinzufügen*

2. Markieren Sie im Ordner VISUAL C#-PROJEKTE die Vorlage ASP.NET-WEBANWEN-DUNG und vergeben für das Projekt den Namen WSClient. Bestätigen Sie anschließend mit OK.

3. Im PROJEKTMAPPEN-EXPLORER sehen Sie jetzt die beiden Projekte. Markieren Sie das Projekt WSClient und öffnen Sie mit der rechten Maustaste das Kontextmenü. Klicken Sie auf den Menüpunkt ALS STARTPROJEKT FESTLEGEN, um die ASP.NET-Anwendung zum Startprojekt zu machen.

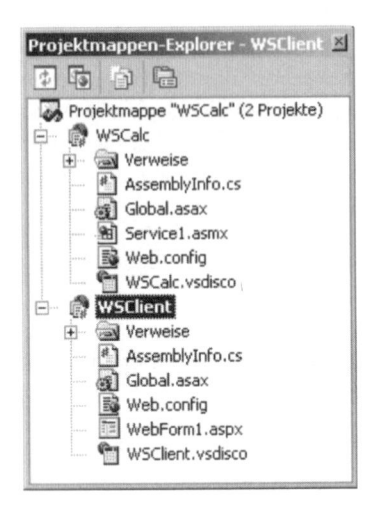

Abbildung 21.13: Verweis hinzufügen

4. Als nächsten Schritt müssen wir dem Projekt WSClient eine Referenz hinzufügen, um auf den Web Service WSCalc zugreifen zu können. Markieren Sie hierzu im Projekt WSClient den Ordner VERWEISE. Öffnen Sie mit der rechten Maustaste das Kontextmenü und klicken Sie auf den Menüpunkt VERWEIS HINZUFÜGEN...

5. Doppelklicken Sie hier den Komponentennamen *System.Web.Services.dll* und bestätigen Sie die ausgewählte Komponente mit OK.

6. Jetzt müssen wir, ähnlich wie bei der Komponentenentwicklung, eine Referenz zu dem Web Service WSCalc in das Projekt WSClient implementieren. Markieren Sie hierzu das Projekt WSClient im PROJEKTMAPPEN-EXPLORER und öffnen mit der rechten Maustaste das Kontextmenü. Wählen Sie den Menüpunkt WEBVERWEIS HINZUFÜGEN... aus.

7. Geben Sie im Feld ADRESSE die URL *http://localhost/wscalc/service1.asmx* des Web Service CCalc ein und bestätigen diese mit der ⏎-Taste.

Hello Web Service

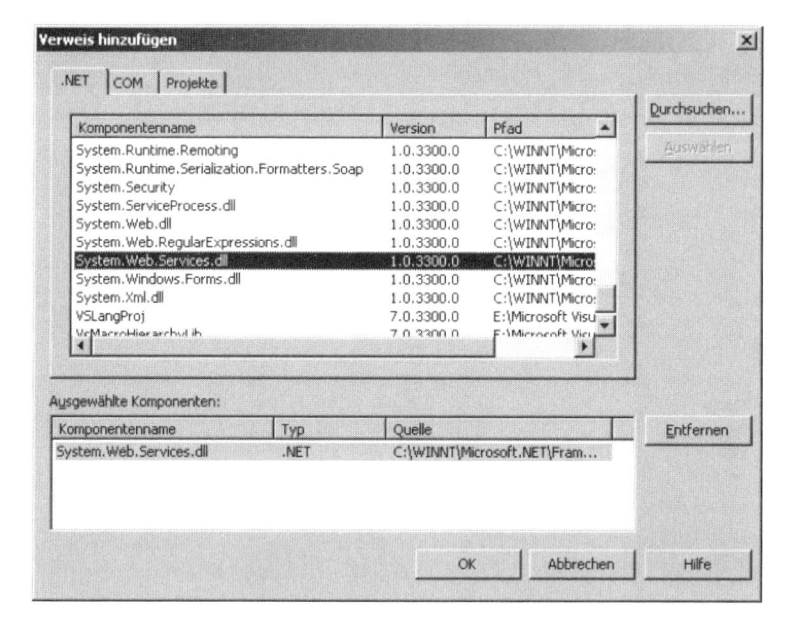

Abbildung 21.14:
Die Komponente
System.Web.
Services.dll

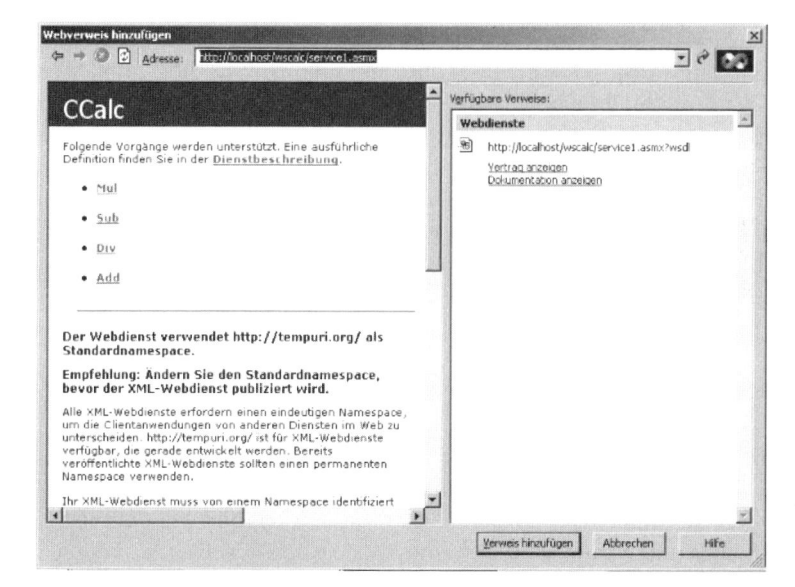

Abbildung 21.15:
Webreferenz
hinzufügen

8. Fügen Sie die Webreferenz mit der Schaltfläche VERWEIS HINZUFÜGEN dem Projekt `WSClient` hinzu.

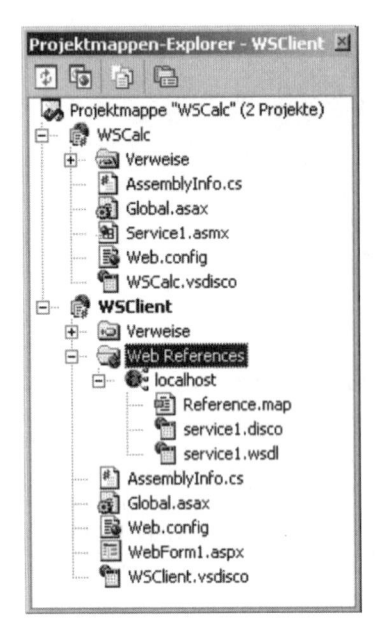

Abbildung 21.16:
Ort der Webreferenz

Ein .aspx-Dokument ist in zwei miteinander verknüpfte Dateien aufgeteilt. Der visuelle Teil eines .aspx-Dokuments endet mit der Erweiterung .aspx. Der Quellcode, der sich hinter einem .aspx-Dokument befindet, endet für C#-Webanwendungen mit der Erweiterung .aspx.cs. Dieser Teil wird auch »Code behind« genannt. In unserem Beispiel enthält das Projekt WSClient die Datei *WebForm1.aspx*, die für die Ausgabe an den Browser zuständig ist, und die Datei *WebForm1.aspx.cs*, die die serverseitige Logik des .aspx-Dokuments enthält. Möchten Sie z.B. eine Textbox in das Formular WebForm1 einbinden, so müssen Sie dies in der Datei *WebForm1.aspx* durchführen.

Verwenden eines Web Service

Jetzt, wo wir die Verknüpfungen und Abhängigkeiten erstellt haben, können wir den Web Service WSCalc ansprechen. Wechseln Sie hierzu in den PROJEKTMAPPEN-EXPLORER und markieren im Projekt WSClient die Datei *Webform1.aspx*. Öffnen Sie hier mit der rechten Maustaste das Kontextmenü und wählen den Menüpunkt DESIGNER ANZEIGEN. Im Quellcodeeditor von Visual Studio .NET sehen Sie nun folgenden Code:

Listing 21.4: WebForm1.aspx

```
01: <%@ Page language="c#" Codebehind="WebForm1.aspx.cs" AutoEventWireup="false"
    Inherits="WSClient.WebForm1" %>
02: <!DOCTYPE HTML PUBLIC "-//W3C//DTD HTML 4.0 Transitional//EN" >
03: <HTML>
04:     <HEAD>
05:         <title>WebForm1</title>
06:         <meta content="Microsoft Visual Studio 7.0"
                 name="GENERATOR">
07:         <meta content="C#" name="CODE_LANGUAGE">
08:         <meta content="JavaScript" name="vs_defaultClientScript">
09:         <meta
                 content="http://schemas.microsoft.com/intellisense/ie5"
                 name="vs_targetSchema">
10:     </HEAD>
11:     <body MS_POSITIONING="GridLayout">
12:         <form id="Form1" method="post" runat="server">
13:
14:         </form>
15:     </body>
16: </HTML>
```

Fügen Sie in Zeile 13 folgenden Code hinzu:

```
<asp:TextBox id="TextBox1" style="Z-INDEX: 101; LEFT: 18px; POSITION: absolute;
TOP: 16px" runat="server" Width="131px" Height="26px"></asp:TextBox>
```

Jetzt enthält das Webformular *WebForm1.aspx* eine Textbox, die wir dazu verwenden können, das Ergebnis der Berechnungen des Web Service ausgeben zu lassen. Als nächsten Schritt müssen wir den serverseitigen Quellcode ändern, um auf den Web Service zugreifen zu können. Markieren Sie hier wieder die Datei *WebForm1.aspx* des WSClient-Projekts. Öffnen Sie mit der rechten Maustaste das Kontextmenü und wählen den Menüpunkt CODE ANZEIGEN aus. Im Quellcode-Editor von VS.NET sehen Sie folgende Codezeilen:

Listing 21.5: WebForm1.aspx.cs - Code behind

```
01: using System;
02: using System.Collections;
03: using System.ComponentModel;
04: using System.Data;
05: using System.Drawing;
06: using System.Web;
07: using System.Web.SessionState;
08: using System.Web.UI;
09: using System.Web.UI.WebControls;
```

```
10: using System.Web.UI.HtmlControls;
11: using WSClient.localhost;
12:
13: namespace WSClient
14: {
15:    /// <summary>
16:    /// Zusammenfassende Beschreibung für WebForm1.
17:    /// </summary>
18:    public class WebForm1 : System.Web.UI.Page
19:    {
20:        protected System.Web.UI.WebControls.TextBox TextBox1;
21:        private void Page_Load(object sender, System.EventArgs e)
22:        {
23:            // Hier Benutzercode zur Seiteninitialisierung einfügen
24:        }
25:
26:        #region Web Form Designer generated code
27:        override protected void OnInit(EventArgs e)
28:        {
29:            //
30:            // CODEGEN: Dieser Aufruf ist für den ASP.NET Web
31:            // Form-Designer erforderlich.
32:            InitializeComponent();
33:            base.OnInit(e);
34:        }
35:
36:        /// <summary>
37:        /// Erforderliche Methode für die Designerunterstützung.
38:        /// Der Inhalt der Methode darf nicht mit dem Code-Editor
39:        /// geändert werden.
40:        /// </summary>
41:        private void InitializeComponent()
42:        {
43:            this.Load += new System.EventHandler(this.Page_Load);
44:        }
45:        #endregion
46:    }
47: }
```

Das ist der C#-Code, der hinter dem *WebForm1.aspx*-Dokument liegt. In der Zeile 23 müssen wir nun den zusätzlichen Quellcode einbinden, um auf den Web Service zugreifen zu können. Sollte in Ihrem Quellcode die Zeile 11

```
11: using WSClient.localhost;
```

fehlen, tragen Sie das jetzt nach. Die Zeile 11 bindet den Web Service in die bestehende Anwendung ein. Jetzt fehlen nur noch einige wichtige Kleinigkeiten. Um auf die Methoden des Web Service zugreifen zu können, müssen wir die `CCalc`-Klasse instantiieren. Danach kann man auf gewohnte Art und Weise z.B. auf die Methode `Add()` zugreifen:

```
...
private void Page_Load(object sender, System.EventArgs e)
    {
        // Hier Benutzercode zur Seiteninitialisierung einfügen
        CCalc myCCalc = new CCalc();
        TextBox1.Text = myCCalc.Add(5,7).ToString();
    }
...
```

Die Arbeiten sind nun abgeschlossen. Nun können Sie das Ergebnis testen, indem Sie mit F5 die Anwendung starten.

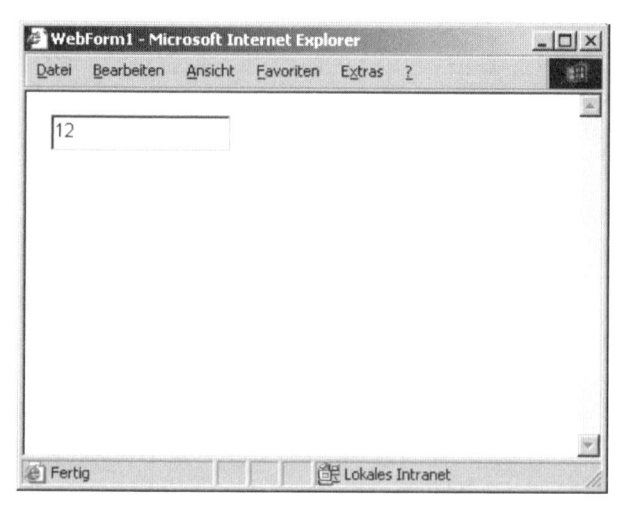

Abbildung 21.17: Ausgabe des Web Service

21.5 Zusammenfassung

Heute haben Sie gelernt, wie man einen Web Service erstellt und verwendet. Ein großer Vorteil von Web Services ist, dass man auf Komponenten entfernter Computer ohne große Mühe zugreifen kann. Die Arbeit verrichtet der entfernte Computer. Das daraus resultierende Ergebnis können Sie auf Ihrem Computer auswerten und weiterverwenden.

Fragen und Antworten

F Benötigen Webanwendungen immer einen IIS?

A Ja! Der Internet Information Server dient dazu, Webseiten einer Webapplikation abzulegen und zu verwalten. Je nachdem, welche Dateiendung Sie im Browser aufrufen (z. B. .aspx in der Datei *default.aspx*), steuert der IIS die Ausführung der Seite, überwacht die Berechtigungen usw.

F Was ist das W3C?

A Das W3C ist ein Gremium, das für die Überwachung von Standards – v. a. für das Internet – zuständig ist. Auch wenn die Standards nicht bindend sind, sollten sich die Browserhersteller daran halten. Diese Browser enthalten sog. Textprozessoren, die die Inhalte der Webseiten interpretieren.

F Kann man .aspx-Anwendungen auch in verschiedenen Programmiersprachen des .NET-Frameworks schreiben?

A Ja. Innerhalb einer Seite dürfen aber nicht mehrere Programmiersprachen gemischt werden.

Quiz

1. Aus welchem Standard leitet sich XML ab?
2. Was ist XML für eine Sprache?
3. Welches Element verarbeitet die Formate in einem Browser?
4. Welchen Namensraum benötigt ein Web Service?
5. Welches Attribut benötigt man, um Methoden eines Web Service ausführen zu können?

Übungen

1. Welche Basisklasse benötigen Klassen eines Web Service?
2. Wie werden Web Services aufgerufen?
3. Wie werden ASP.NET-Seiten aufgerufen?
4. Erstellen Sie aus den Übungen des Buches Web Services.

Rückblick 3. Woche

Das folgende Programm vereint viele fortgeschrittene Techniken, die Sie in diesen drei Wochen in harter Arbeit gelernt haben. Der erste Schritt ist die Entwicklung einer Komponente, die dann im zweiten Schritt in eine Windows-Anwendung eingebunden wird.

Die Komponente

Die hier vorgestellte Komponente enthält die Berechnungen für die vier Grundrechnungsarten. Es werden eine Attributklasse und eine Exceptionklasse in die Komponente implementiert.

Listing: CCalc.cs

```
001:   using System;
002:
003:   namespace Calculator
004:   {
005:       [DevCalc("Software-Appartment-C#", "strasser@shinja.net",
               "Strasser Shinja","Calculator.CCalc()")]
006:       public class CCalc
007:       {
008:           private double[] mem;
009:
010:           public CCalc()
011:           {
012:               mem = new double[10];
013:           }
014:
015:           #region Addieren
016:           public double Add(double z1, double z2)
017:           {
018:               return z1 + z2;
019:           }
020:           public double Add(double z1, double z2,
               params object[] addElements)
021:           {
022:               double dblErgebnis = 0;
```

```
023:
024:            dblErgebnis = z1 + z2;
025:            if(addElements.Length > 0)
026:            {
027:                foreach(object oElem in addElements)
028:                {
029:                    dblErgebnis += Convert.ToDouble(oElem);
030:                }
031:            }
032:            return dblErgebnis;
033:        }
034:        #endregion
035:
036:        #region Subtrahieren
037:        public double Sub(double z1, double z2)
038:        {
039:            return z1 - z2;
040:        }
041:        public double Sub(double z1, double z2, params object[] subElements)
042:        {
043:            double dblErgebnis = 0;
044:
045:            dblErgebnis = z1 - z2;
046:            if(subElements.Length > 0)
047:            {
048:                foreach(object oElem in subElements)
049:                {
050:                    dblErgebnis -= Convert.ToDouble(oElem);
051:                }
052:            }
053:            return dblErgebnis;
054:        }
055:        #endregion
056:
057:        #region Multiplizieren
058:        public double Mul(double z1, double z2)
059:        {
060:            return z1 * z2;
061:        }
062:        public double Mul(double z1, double z2, params object[] mulElements)
063:        {
064:            double dblErgebnis = 0;
065:
066:            dblErgebnis = z1 * z2;
```

```
067:            if(mulElements.Length > 0)
068:            {
069:                foreach(object oElem in mulElements)
070:                {
071:                    dblErgebnis *= Convert.ToDouble(oElem);
072:                }
073:            }
074:            return dblErgebnis;
075:        }
076:        #endregion
077:
078:        #region Dividieren
079:        public double Div(double z1, double z2)
080:        {
081:            if(z2 == 0.0)
082:            {
083:                throw(new CCalcExceptions
                  ("Sie haben durch null dividiert"));
084:            }
085:            else
086:                return z1 / z2;
087:        }
088:        public double Div(double z1, double z2,
           params object[] divElements)
089:        {
090:            double dblErgebnis = 0;
091:
092:            dblErgebnis = z1 / z2;
093:            if(divElements.Length > 0)
094:            {
095:                foreach(object oElem in divElements)
096:                {
097:                    dblErgebnis /= Convert.ToDouble(oElem);
098:                }
099:            }
100:            return dblErgebnis;
101:        }
102:        #endregion
103:
104:        #region Interner Speicher
105:        public double[] memory (params object[] AddToMem)
106:        {
107:            if(AddToMem.Length > 0)
108:            {
109:                mem[Convert.ToInt32(AddToMem.GetValue(0))] =
                   Convert.ToDouble(AddToMem.GetValue(1));
```

Rückblick 3. Woche

```
110:            }
111:            return mem;
112:        }.
113:        #endregion
114:    }
115: }
```

In Zeile 5 wird ein benutzerdefiniertes Attribut mit dem Namen `DevCalc` definiert. Dieses stellt Informationen über den Ersteller der Klasse `CCalc()` und den Namensraum, in dem die Klasse enthalten ist, zur Verfügung.

```
05:    [DevCalc("Software-Appartment-C#", "strasser@shinja.net", "Strasser Shinja","Calculator.CCalc()")]
```

In Zeile 8 wird eine Variable `mem` verwendet, die als interner Speicher des Taschenrechners zur Verfügung steht. In Zeile 12 wird die Variable `double[] mem` mit dem Wert 10 initialisiert; somit kann man auf 10 freie Speicherplätze vom Typ `double` zugreifen. Die #region-Direktiven gruppieren die einzelnen Grundrechnungsarten, um die Übersicht zu verbessern. Diese Technik sollte möglichst immer bei großen Programmen eingesetzt werden. Jede Grundrechnungsart besitzt eine überladene Methode, mit der man sog. optionale Parameter mit übergeben kann.

Listing: CCalcAttributes.cs

```
...(double z1, double z2, params object[] (add|sub|mul|divElements)
01: using System;
02:
03: namespace Calculator
04: {
05:    [AttributeUsage(AttributeTargets.Class)]
06:    public class DevCalcAttribute : System.Attribute
07:    {
08:        private string sAbteilung;
09:        private string sEmail;
10:        private string sEntwickler;
11:        private string sKlasse;
12:
13:        public DevCalcAttribute(string abteilung, string email,
           string entwickler, string klasse)
14:        {
15:            sAbteilung = abteilung;
16:            sEmail = email;
17:            sEntwickler = entwickler;
18:            sKlasse = klasse;
19:        }
20:
```

```csharp
21:        public virtual string Abteilung
22:        {
23:            get
24:            {
25:                return sAbteilung;
26:            }
27:        }
28:
29:        public virtual string Email
30:        {
31:            get
32:            {
33:                return sEmail;
34:            }
35:        }
36:
37:        public virtual string Entwickler
38:        {
39:            get
40:            {
41:                return sEntwickler;
42:            }
43:        }
44:
45:        public virtual string Klasse
46:        {
47:            get
48:            {
49:                return sKlasse;
50:            }
51:        }
52:    }
53: }
```

Die Attributklasse `DevCalcAttribute` ermöglicht eine sichere Form der Entwicklung. Somit werden die Klassen in einem Programm einem bestimmten Entwickler zugeordnet. Dies kann unter Umständen nützlich sein, wenn Fehler ausgelöst werden. Mit Kenntnis des Namens des jeweiligen Entwicklers kann man z.B. diesem eine E-Mail zuschicken, wenn in einer Klasse ein Fehler ausgelöst wird. Auf das Attribut kann jederzeit und überall zugegriffen werden.

Rückblick 3. Woche

Listing: CCalcExceptions.cs

```
using System;
using System.IO;

namespace Calculator
{
   public class CCalcExceptions : Exception
   {
      public CCalcExceptions()
      {
      }

      public CCalcExceptions(string message)
         : base(message)
      {
         StreamWriter swLogfile;
         swLogfile = File.AppendText(@"c:\Calc.log");
         swLogfile.WriteLine(DateTime.Now.ToString());
         swLogfile.Close();
         Console.WriteLine("Eintrag ins Logfile");
      }

      public CCalcExceptions(string message, Exception inner)
         : base(message,inner)
      {
      }
   }
}
```

Neben den vorgefertigten Exceptionklassen lassen sich auch benutzerdefinierte Exceptionklassen in ein Programm einbinden. Hier ergeben sich viele Vorteile. Zum einen kann man damit benutzerdefinierte Fehler auslösen und behandeln, zum anderen kann man spezielle Routinen und Ausnahmebehandlungen realisieren. Hier wird z.B. eine Log-Datei eingesetzt, in die Informationen zu den ausgelösten Fehlern geschrieben werden.

A

Ausführung der Beispielprogramme

Ausführung der Beispielprogramme

Auf der Buch-CD finden Sie alle in diesem Buch besprochenen Beispielprogramme. Idealerweise sollten Sie die Beispiele allerdings nicht von der Buch-CD kopieren, sondern mit Hilfe der Anleitungen im Buchtext nachprogrammieren. Sofern Sie dabei auf Schwierigkeiten stoßen, können Sie die Quelltexte auf der Buch-CD als Referenz und zur Problemanalyse verwenden.

A.1 Programmerstellung mit dem csc-Compiler

Um die Beispielprogramme von der Buch-CD mit dem csc-Konsolencompiler des .NET-Frameworks zu erstellen, gehen Sie wie folgt vor:

1. Kopieren Sie die cs-Datei des Programms in ein passendes Verzeichnis auf Ihrer Festplatte.

2. Klicken Sie im Windows Explorer mit der rechten Maustaste auf die kopierte Datei und rufen Sie den Befehl EIGENSCHAFTEN auf. Falls die Datei schreibgeschützt sein sollte, heben Sie den Schreibschutz auf, indem Sie die betreffende Option deaktivieren.

3. Rufen Sie die Windows-Konsole auf (START/PROGRAMME/(MS-DOS-)EINGABEAUFFORDERUNG oder START/PROGRAMME/ZUBEHÖR/EINGABEAUFFORDERUNG).

4. Wechseln Sie in der Konsole mit Hilfe des `cd`-Befehls in das Verzeichnis, in dem sich die Quellcodedatei befindet (beispielsweise `cd c:\meineProgramme`).

5. Kompilieren Sie die Datei mit folgendem Befehl:

    ```
    csc Dateiname.cs
    ```

    Dateiname.cs ersetzen Sie dabei durch den richtigen Dateinamen, beispielsweise *HalloDotNet1.cs*.

    Sollten Sie eine Fehlermeldung der Art »Befehl oder Dateiname nicht gefunden« erhalten, haben Sie entweder den Namen des Compilers bzw. der Datei falsch eingetippt oder die Quelldatei befindet sich nicht in dem aktuellen Verzeichnis (Letzteres können Sie durch Eingabe von `dir` kontrollieren). Weitere mögliche Fehlerursache: Der csc-Compiler wurde nicht korrekt installiert.

6. Führen Sie das Programm in der Konsole aus, indem Sie den Namen der EXE-Datei eintippen und die Taste [↵] drücken.

A.2 Programmerstellung mit Visual Studio

Um die Beispielprogramme von der Buch-CD mit Visual C# .NET zu erstellen, gehen Sie wie folgt vor:

1. Rufen Sie Visual C# .NET auf. Falls nach dem Programmstart irgendwelche Quelldateien angezeigt werden oder bereits eine Projektmappe geöffnet sein sollte, schließen Sie diese.

2. Legen Sie ein neues Projekt an. Rufen Sie dazu den Befehl DATEI/NEU/PROJEKT auf. In dem Dialogfenster NEUES PROJEKT

   - klicken Sie unter PROJEKTTYPEN auf den Eintrag VISUAL C#-PROJEKTE und wählen Sie unter VORLAGEN die Option KONSOLENANWENDUNG aus,

   - geben Sie einen Namen für das Projekt im Feld NAME ein. Am übersichtlichsten dürfte es sein, das Projekt nach der Quelltextdatei zu benennen,

   - wählen Sie im Feld SPEICHERORT ein übergeordnetes Verzeichnis für das Projekt aus (Visual Studio wird unter diesem Verzeichnis ein Unterverzeichnis für das Projekt anlegen, das den gleichen Namen wie das Projekt trägt),

   - bestätigen Sie abschließend mit OK.

Visual Studio legt jetzt das neue Projekt an. Zu dem Projekt gehört auch bereits eine Quelldatei mit einem passenden Grundgerüst. Sie können nun so vorgehen, dass Sie die Quelltextdatei von der Buch-CD in einen beliebigen Editor laden (beispielsweise den Notepad-Editor aus dem Windows-Zubehör-Verzeichnis) und den Quelltext über die Zwischenablage in die Quelldatei des Projekts kopieren oder:

3. Löschen Sie die von Visual Studio angelegte Datei, indem Sie die Datei im Projektmappen-Explorer markieren und die `Entf`-Taste drücken.

4. Kopieren Sie mit Hilfe des Windows Explorers die Quelldatei des Programms von der Buch-CD in das von Visual Studio angelegte Projektverzeichnis.

5. Klicken Sie im Windows Explorer mit der rechten Maustaste auf die kopierte Datei und rufen Sie den Menüpunkt EIGENSCHAFTEN auf. Falls die Datei schreibgeschützt sein sollte, heben Sie den Schreibschutz auf, indem Sie die betreffende Option deaktivieren.

6. Nehmen Sie die Projektdatei über den Befehl PROJEKT/VORHANDENES ELEMENT HINZUFÜGEN in das Projekt auf.

7. Wenn Sie sich die Quelldatei zur Kontrolle im Editor ansehen möchten, doppelklicken Sie auf den Eintrag der Quelldatei im Projektmappen-Explorer.

8. Speichern Sie zur Sicherheit das Projekt (Befehl DATEI/ALLE SPEICHERN).

Ausführung der Beispielprogramme

9. Lassen Sie das Programm erstellen. Rufen Sie dazu den Menüpunkt ERSTELLEN/ERSTELLEN auf.

10. Führen Sie das Programm aus. Rufen Sie den Befehl DEBUGGEN/STARTEN OHNE DEBUGGEN auf oder drücken Sie ⌊Strg⌋+⌊F5⌋.

> Weitere Informationen zur Arbeit mit Visual Studio .NET finden Sie in Kapitel 2 und dem anschließenden Anhang B zur Erstellung von Programmen aus mehreren Dateien.

Programme aus mehreren Dateien

Programme aus mehreren Dateien

Mit der Zeit werden Ihre Programme immer komplexer und umfangreicher. Sie verwenden mehrere Klassen, um den Code zu modularisieren. Irgendwann ist es jedoch nicht mehr effizient, den Quellcode in einer einzigen, großen Quelldatei aufzubewahren. Es bietet sich dann an, den Quellcode auf mehrere Dateien zu verteilen.

B.1 Wie verteilt man Code auf mehrere Dateien?

Zuerst einmal müssen Sie wissen, wie Sie die Quelldateien anlegen.

- Wenn Sie mit dem csc-Compiler oder einem anderen Kommandozeilen-Compiler arbeiten, legen Sie die Dateien einfach mit Ihrem bevorzugten Texteditor an und speichern Sie sie in einem gemeinsamen Verzeichnis.

- Falls Sie mit Visual Studio .NET arbeiten, richten Sie zuerst Ihr Projekt ein. Um dem Projekt eine weitere Quelldatei hinzuzufügen, rufen Sie den Befehl PROJEKT/NEUES ELEMENT HINZUFÜGEN auf und wählen im erscheinenden Dialogfeld das Symbol CODEDATEI aus. Wenn Sie in der zusätzlichen Quelldatei eine neue Klasse definieren wollen, können Sie auch im Dialogfeld das Symbol KLASSE oder direkt den Befehl PROJEKT/KLASSE HINZUFÜGEN aufrufen. Visual C# legt dann nach Ihren weiteren Angaben ein Codegerüst für die neue Klasse an. Um eine bestehende Quelldatei (die Sie vielleicht aus einem anderen Projekt kopiert haben) in ein Projekt aufzunehmen, verwenden Sie den Befehl PROJEKT/VORHANDENES ELEMENT HINZUFÜGEN.

Weiterhin müssen Sie sich überlegen, wie Sie Ihren Code auf die verschiedenen Dateien verteilen. Eine Grundregel besagt:

eine Klasse – eine Datei

Dies ist, wie gesagt, nur eine Regel, keine verbindliche Vorschrift. Es lohnt sich aber meist, sie zu beherzigen. Des Weiteren sollten Sie sich überlegen, Ihre Klassen in Namensräumen zu organisieren (siehe Anhang C).

B.2 Wie kompiliert man Programme aus mehreren Dateien?

Um ein Programm aus mehreren Quelldateien zu erstellen, gehen Sie wie folgt vor:

csc-Compiler

Wenn Sie mit dem csc-Compiler oder einem anderen Kommandozeilen-Compiler arbeiten, müssen Sie beim Aufruf des Compilers die zu dem Programm gehörenden Quelldateien angeben:

```
csc datei1.cs datei2.cs
```

Die Reihenfolge, in der die Dateien angegeben werden, spielt beim csc-Compiler keine Rolle. Die EXE-Datei des Programms trägt als Voreinstellung den Namen der Datei, die die Main()-Methode enthält.

Visual Studio .NET

Wenn Sie mit Visual Studio .NET arbeiten, brauchen Sie nur wie gewohnt den Menüpunkt ERSTELLEN/ERSTELLEN aufzurufen. Die Projektverwaltung von Visual Studio .NET sorgt automatisch dafür, dass alle zum Projekt gehörenden Dateien kompiliert werden.

C

Namensräume

Namensräume

Die Klassen, Strukturen, Aufzählungen usw. des .NET-Frameworks sind in den sog. Namensräumen organisiert. Jeder Namensraum enthält spezielle Funktionalitäten, die man in der Entwicklung benötigt. Möchten Sie z.B. Dateioperationen in einem Programm verwenden, benötigen Sie den Namensraum System.IO. Hier eine Auswahl wichtiger und häufig verwendeter Namensräume:

C.1 Übersicht

System.CodeDom

System.Collections

System.ComponentModel

System.Configuration

System.Data

System.Diagnostics

System.DirectoryServices

System.Drawing

System.EnterpriseServices

System.Globalization

System.IO

System.Management

System.Messaging

System.Net

System.Net.Sockets

System.Reflection

System.Resources

System.Runtime.xxx (enthält weitere Namensräume)

System.Security

System.ServiceProcess

System.Text

System.Threading

Übersicht

System.Timers

System.Web

System.UI

System.Windows.Forms

System.Xml

System.CodeDom

Der Namensraum CodeDom enthält ein Objektmodell (Document Object Model – DOM) für die Darstellung und Strukturierung eines Quellcodedokuments. Mit CodeDom sind Sie z.B. in der Lage, defekten Code auszutauschen und mit CodeDom.Compiler diesen zu kompilieren. Ändert sich der Quellcode in regelmäßigen Abständen, so können Sie mit Hilfe von CodeDom.Compiler einen virtuellen Codegenerator bzw. Codecompiler erstellen.

System.Collections

bietet Funktionalitäten für die verschiedenen Auflistungen von Objekten wie z.B. Arrays oder Hashtabellen. Bei Verwendung dieses Namensraums können Sie z.B. mit der Comparer-Klasse zwei Objekte auf ihre Äquivalenz überprüfen oder mit der Bit-Array-Klasse ein komprimiertes Array von Bitwerten verwalten.

System.ComponentModel

enthält Funktionalitäten, mit denen Sie sowohl zur Entwurfszeit als auch zur Laufzeit das Verhalten von Komponenten und Steuerelementen beeinflussen können. Zusätzlich weist dieser Namensraum viele nützliche Konvertierungsklassen auf. Benutzerdefinierte Steuerelemente können mit dem ComponentModel.Design-Namensraum in die Entwurfszeitumgebung aufgenommen werden, wodurch sich Einfluss auf deren Verhalten nehmen lässt.

System.Configuration

bietet Funktionalitäten für das programmgesteuerte Verwalten der Konfigurationseinstellungen des .NET Frameworks. Dies ist sehr nützlich, wenn Sie z.B. Fehler in den Konfigurationsdateien behandeln wollen. Mit Hilfe des Configuration.Install-Namensraums können Sie benutzerdefinierte Installationsprogramme schreiben. Der Configuration.Assemblies-Namensraum ermöglicht dem Entwickler, auf das Assembly-Manifest zuzugreifen und dort Änderungen vorzunehmen.

System.Data

enthält Funktionalitäten, mit deren Hilfe Sie auf verschiedenste Datenquellen (z.B. SQL-Server) zugreifen bzw. Daten manipulieren können. Ermöglicht wird dies durch die ADO.NET-Architektur und den .NET-Datenprovider. Ein .NET-Datenprovider beschreibt den Zugriff auf Datenquellen über spezielle Auflistungen von Klassen.

System.Diagnostics

bietet Funktionalitäten, mit deren Hilfe Sie z.B. Systemprozesse überwachen, in Ereignisprotokolle schreiben oder mit Leistungsindikatoren in Interaktion treten können. So erlaubt z.B. die Process-Klasse, lokale Systemprozesse zu starten bzw. zu beenden. Außerdem enthält dieser Namensraum Klassen, mit deren Hilfe Sie die Ausführung von Code verfolgen bzw. debuggen können.

System.DirectoryServices

stellt Funktionalitäten bereit, mit deren Hilfe Sie einen einfachen Zugriff auf das Active Directory haben. Hierzu stehen Technologien und Provider wie ADSI (Active Directory Services Interface), IIS (Internet Information Services), LDAP (Lightweight Directory Access Protocol) usw. zur Verfügung. ADSI stellt die Technologie dar und besitzt die Schnittstellen für die Interaktion zum Active Directory, wie z.B. das Verwalten von Benutzerkonten, Druckern usw.

System.Drawing

bietet Routinen für die GDI+-Grafikfunktionen. So können Sie z.B. mit der Pen-Klasse einfache Linien und Kurven zeichnen.

System.EnterpriseServices

enthält Funktionalitäten, die es ermöglichen, auf COM+-Dienste zuzugreifen. COM+ stellt ein Programmiermodell für Komponenten bereit. So wird z.B. durch die ServicedComponent-Klasse eine Möglichkeit geschaffen, dass COM+-Klassen, aber auch .NET-Frameworkklassen einen gemeinsamen Kontext verwenden können.

System.Globalisation

stellt Funktionalitäten zur Verfügung, mit deren Hilfe Sie kulturspezifische Informationen definieren können. Diese betreffen u.a. die Sprache bzw. das Land oder die Region, den Kalender, bestimmte Formatierungsmuster für Währung, Zahlen und Datum, aber auch die Reihenfolge der Sortierung für Zeichenfolgen. Mit der `CultureInfo`-Klasse erhalten Sie Informationen über diese Formatierungen, über den verwendeten Kalender oder das Schriftsystem.

System.IO

stellt Funktionalitäten bereit, die es ermöglichen, in Datenströme (Streams) und Dateien zu schreiben bzw. diese synchron oder asynchron zu lesen.

System.Management

enthält Funktionalitäten, die es ermöglichen, auf Verwaltungsinformationen bzw. auf Verwaltungsereignisse über die WMI(Windows Management Instrumentation)-Infrastruktur zuzugreifen. Sie erhalten z.B. Informationen über die Prozessorauslastung und den freien Speicherplatz auf der Festplatte.

System.Messaging

stellt Funktionalitäten zur Verfügung, die es z.B. ermöglichen, Meldungswarteschlangen zu verwalten, überwachen, senden oder zu empfangen.

System.Net

enthält Funktionalitäten, die für die verschiedenen Protokolle im Netzwerk eine einfache Programmierschnittstelle bereitstellen.

System.Reflection

bietet Funktionalitäten, die es ermöglichen, z.B. geladene Typen oder Methoden in einer Assemblierung zu ermitteln bzw. eine verwaltete Ansicht darüber zu erhalten.

System.Resources

enthält Funktionalitäten, mit deren Hilfe Sie kulturabhängige Ressourcen erstellen, speichern bzw. verwalten.

System.Runtime.xxx

enthält eine Vielzahl von Namensräumen, die es z.B. ermöglichen, eigene Compiler zu schreiben, verteilte Anwendungen zu entwickeln, Objekte zu serialisieren usw.

System.Security

bildet das Sicherheitssystem der CLR ab und enthält Funktionalitäten, die es dem Entwickler ermöglichen, Sicherheitsaspekte abzufragen bzw. diese zu setzen.

System.ServiceProcess

stellt Funktionalitäten zur Verfügung, mit deren Hilfe Dienstanwendungen gesteuert, implementiert bzw. installiert werden können. Eine Dienstanwendung ist eine ausführbare Datei und besitzt keine Benutzeroberfläche.

System.Text

enthält Funktionalitäten für die Darstellung, Konvertierung und Formatierung von ASCII-, Unicode-, UTF-7- und UTF-8-Zeichencodierungen.

System.Threading

bietet Funktionalitäten für die Multithreadprogrammierung. Es werden auch Klassen zum Planen von Threads bereitgestellt und auch Klassen für Benachrichtigung sowie das Auflösen von Deadlocks (Verklemmungen). Die ThreadPool-Klasse ermöglicht z.B. das Verwalten von Gruppen von Threads. Zum Synchronisieren von Threads steht die Mutex-Klasse zur Verfügung.

System.Timers

enthält Funktionalitäten, mit deren Hilfe Sie z.B. ein Elapsed-Ereignis in einem bestimmen Intervall auslösen können. Das Intervall des serverseitigen Zeitgebers ist periodisch und wurde in einer Multithreadumgebung entwickelt, was einen Wechsel zwischen verschiedenen Threads ermöglicht, die das Elapsed-Ereignis behandeln können.

System.Web

bietet Funktionalitäten, die eine Kommunikation zwischen Browser und Server ermöglichen bzw. den Cache verwalten, Cookies bearbeiten oder Dateien übertragen. Für Informationen einer HTTP-Anforderung (Request) steht die HttpRequest-Klasse bereit. Für die Verwaltung der HTTP-Ausgabe dient die HttpResponse-Klasse.

System.UI

enthält Funktionalitäten, mit deren Hilfe Sie serverseitige ASP.NET-Steuerelemente erstellen können. Des Weiteren sind hier Klassen für Datenbindung, Anzeigestatus und Analyse für Steuerelemente verfügbar.

System.Windows.Forms

stellt Funktionalitäten zur Verfügung, mit deren Hilfe Sie Windows-Anwendungen erstellen können.

System.Xml

enthält Funktionalitäten für die Verarbeitung von XML. Die unterstützten Standards für die Verarbeitung sind:

1. DOM Level 1 Core – *http://www.w3.org/TR/REC-DOM-Level-1/*
2. DOM Level 2 Core – *http://www.w3.org/TR/DOM-Level-2/*
3. XML 1.0 – *http://www.w3.org/TR/1998/REC-xml-19980210*
4. XML-Namespaces – *http://www.w3.org/TR/REC-xml-names/*
5. XPath-Ausdrücke – *http://www.w3.org/TR/xpath*
6. XSD-Schemas – *http://www.w3.org/2001/XMLSchema*
7. XSLT-Transformationen – *http://www.w3.org/TR/xslt*

D

CSC-Compiler-optionen

CSC-Compileroptionen

Der C#-Compiler erzeugt ausführbare Dateien (.exe), Dynamic Link Library-Dateien (.dll) und Codemodule-Dateien (Netmodule-Dateien). Die Optionen zu Kompilierung stehen in zwei Varianten zur Verfügung:

csc Dateiname.cs /option und

csc Dateiname.cs -option

Beide haben die gleiche Auswirkung. Im weiteren Text wird die erste Variante (/option) verwendet.

Der C#-Compiler wird durch Eingabe des Namens – csc – in der Befehlszeile aufgerufen. Nach der Installation können Sie den Compiler vorerst nur im Verzeichnis C:\WINNT\Microsoft.NET\Framework\v1.0.3705 ausführen (der Name des Verzeichnisses v1.0.3705 kann variieren). Um das Programm csc.exe aus jedem Verzeichnis aufrufen zu können, müssen Sie zunächst die Datei VCVARS32.BAT ausführen. Diese Datei fügt den Compiler (csc.exe) und den Pfad zum Compiler in die Umgebungsvariablen ein. Gehen Sie hierzu folgendermaßen vor:

- Wechseln Sie in der Eingabeaufforderung zum Unterverzeichnis Vc7\bin Ihrer Installation.
- Führen Sie die Datei VCVARS32.bat aus, indem Sie VCVARS32 eingeben.
- Jetzt sollte der C#-Compiler aus jedem Verzeichnis aufrufbar sein.

> Die Datei VCVARS32.bat kann unter Umständen von Computer zu Computer einen unterschiedlichen Inhalt aufweisen. Wenn die Datei nicht vorhanden ist, kopieren Sie auf keinen Fall diese von einem anderen Computer. Führen Sie eventuell noch einmal das Setup-Programm aus.

D.1 Syntax und Regeln des C#-Compilers in der Befehlszeile

- Argumente werden durch ein Leerzeichen oder Tabstopp getrennt.
- Das Zirkumflexzeichen (^) wird nicht als Escape- oder Trennzeichen erkannt. Der Befehlszeilenparser verarbeitet diese Zeichen vollständig, bevor es dem argv-Array übergeben wird.
- Um Zeichenfolgen mit Leerzeichen als ein zusammengehöriges Argument zu übergeben, setzen Sie die Zeichenfolge in Anführungszeichen ("). Beispiel: "Das ist ein Argument".

- Anführungszeichen innerhalb eines Arguments werden mit Hilfe der Escapesequenz (\«) übergeben. Diese Zeichenfolge wird im Argument als literales Anführungszeichen interpretiert.
- Der umgekehrte Schrägstrich (\) wird, sofern dieser nicht unmittelbar vor einem Anführungszeichen steht, als solcher interpretiert.

```
"Das ist ein Backslash \ "
"Das ist ein Anführungszeichen \"
```

D.2 Compileroptionen nach Kategorie sortiert

Optimierung

Option	Zweck
/filealign:n	gibt die Größe der einzelnen Abschnitte in der Ausgabedatei an. Gültige Werte sind 512, 1024, 2048, 4096, 8192 und 16384. Hierbei handelt es sich um Byteangaben. Manchmal ist es hilfreich, die Abschnittsgröße der Ausgabedatei zu ändern, z.B. bei kleineren Geräten (Handhelds).
/optimize	aktiviert bzw. deaktiviert Optimierungen

Ausgabedateien

Option	Zweck
/doc:datei	generiert aus den Kommentaren im Quellcode eine XML-Dokumentationsdatei
/out:datei	gibt die Ausgabedatei an
/target:format	gibt das Format der Ausgabedatei an: /target:exe /target:library /target:module /target:winexe

CSC-Compileroptionen

.NET Framework-Assemblies

Option	Zweck
/addmodule:*dateiliste*	gibt die Module an, die Bestandteil dieser Assembly sein sollen
/lib:*verzeichnisliste*	gibt die Position von Assemblies an, auf die mit /reference verwiesen wurde
/nostdlib	verhindert das Importieren der Standardbibliothek (*mscorlib.dll*)
/reference:*dateiliste*	importiert die Metadaten aus der angegebenen Datei, die eine Assembly enthält

Debuggen/Fehlerüberprüfung

Option	Zweck
/bugreport:*datei*	erstellt eine Datei mit einem Bugreport
/checked	überprüft die Ganzzahlarithmetik, die außerhalb des Wertebereichs von Datentypen liegen und zur Laufzeit eine Ausnahme auslösen. Liefert eine Ganzzahlarithmetikanweisung einen Wert außerhalb des Wertebereichs und wird zusätzlich bei der Kompilierung /checked+ oder /checked gesetzt, wird eine Ausnahme zur Laufzeit erzeugt. Bei /checked- erzeugt diese Anweisung dagegen keine Ausnahme zur Laufzeit.
/debug	gibt Debuginformationen aus
/fullpaths	gibt den genauen Pfad zur Datei in der Compilerausgabe an. Da bei den Fehlermeldungen nur der Name der Datei angezeigt wird, kann man mit /fullpaths zusätzlich den vollständigen Pfad mit ausgeben lassen.
/nowarn:*liste*	unterdrückt Warnungen; für *liste* die zu unterdrückenden Warnungsnummern einsetzen
/warn:*n*	legt eine bestimmte Warnstufe fest (*n* im Bereich von 0 bis 4)
/warnaserror	Warnungen werden als Fehler interpretiert

Präprozessor

Option	Zweck
/define:*symbolliste*	Definiert die Präprozessorsymbole. Mit der Option /define definiert man ein oder mehrere Symbole in einem Programm. Die Auswirkung ist die gleiche, als wenn man in der Quelldatei die #define-Präprozessordirektive verwendet. Mehrere Symbolnamen kann man mit einem Semikolon trennen, z. B. /define:DEBUG;TESTLAUF1.

Ressourcen

Option	Zweck
/linkresource:*datei*	erstellt einen Hyperlink zu einer verwalteten Ressource
/resource:*date*	implementiert eine .NET Framework-Ressource in die Ausgabedatei
/win32icon:*datei*	fügt eine Symbolgrafikdatei (.ico) in die Ausgabedatei ein
/win32res:*datei*	fügt eine Win32-Ressource in die Ausgabedatei ein

Sonstige

Option	Zweck
@*datei*	gibt eine Antwortdatei an. In diese Datei können Sie Quellcodedateien eintragen, die zu kompilieren sind. Es lassen sich auch Compileroptionen verwenden. Die Syntax ist die gleiche wie beim Aufruf des CSC-Compilers in der Eingabeaufforderung.
/? oder /help	listet alle Compileroptionen auf
/baseaddress:*adresse*	gibt die Basisadresse zum Laden einer .dll-Datei an
/codepage:*codepage*	gibt für alle Quellcodedateien die Codepage an
/incremental	Die Quellcodedateien werden inkrementell kompiliert.
/main: *namespace .class* (Kurzform: /m)	gibt die bevorzugte Main()-Methode an
/noconfig	Die Quellcodedatei wird nicht mit der globalen oder lokalen Version von csc.rsp kompiliert. csc.rsp verweist auf die .NET Assemblies, die mit Visual Studio .NET aufgenommen werden würden.

CSC-Compileroptionen

Option	Zweck
/nologo	unterdrückt die Compiler-Copyrightmeldung
/recurse:*platzhalter*	durchsucht die Unterverzeichnisse nach zu kompilierenden Quelldateien. Organisiert man seine Quellcodedateien in Unterverzeichnisse, so muss man nicht jedes Mal diese mit angeben. Hier genügt das übergeordnete Verzeichnis. Die Unterverzeichnisse werden mit der Option /recurse automatisch bei der Kompilierung durchlaufen.
/unsafe	erzeugt nichtverwalteten Code. C# bzw. das .NET-Framework organisiert, reserviert und verwirft reservierten Speicher mit Hilfe des Garbage Collectors automatisch. Möchte man aber die Speicherverwaltung selbst kontrollieren oder mit Zeigern arbeiten, kann man das nur mit nichtverwaltetem Code.
/utf8output	Je nach Konfiguration (Kultur, Land usw.) kann es vorkommen, dass die Compilerausgaben nicht ordnungsgemäß in der Konsole angezeigt werden. Mit Hilfe der Option /utf8output leiten Sie die Compilerausgabe in eine Datei um, wobei die UTF-8-Codierung eingesetzt wird.

D.3 Compilerfehler CS0001 bis CS9999

Meldet der Compiler einen Fehler, werden bestimmte Fehlernummern im Fehlertext mit angegeben. Diese Fehlernummern bewegen sich im Bereich von CS0001 bis CS9999. Eine Erklärung der Fehler finden Sie in der Hilfefunktion von Visual Studio .Net. Geben Sie hierzu die Fehlernummer (z.B. CS0001) im Index der Hilfefunktion ein. Alternativ markieren Sie im Ausgabefenster von Visual Studio .NET die Fehlermeldung und drücken F1.

Workshop-
Lösungen

Tag 1

Quiz

1. Welcher Unterschied besteht zwischen den beiden Methodennamen `Main()` und `main()`?

   Die Methode `Main()` beschreibt den Einstiegspunkt eines Programms. Hier beginnt das Programm mit seinen Anweisungen. Die Methode `main()` hingegen ist ein beliebiger Methodenname und hat keine besondere Bedeutung.

2. Wie werden Argumente einer C#-Konsolenanwendung getrennt?

   Die einzelnen Argumente der Konsolenanwendung werden durch ein Leerzeichen getrennt. Sind im Argument jedoch selbst Leerzeichen enthalten (da mehrere Wörter oder Zahlen übergeben werden), muss der Inhalt in doppelte Anführungszeichen (") gesetzt werden:

   testprogramm.exe »Nur ein Argument«

3. Wie kompiliert man folgendes C#-Programm ohne eine Fehlermeldung?

   ```
   namespace Kap1
   {
      using System;

      public class CEins
      {
         public static void Main(string[] args)
         {
            Console.WriteLine("wesentlich");
         }
      }

      public class CZwei
      {
         public static void main(string[] args)
         {
            Console.WriteLine("unwesentlich");
         }
      }
   }
   ```

   Dieses Programm kann man ohne besondere Compileroptionen kompilieren, da die Methode `main()` nicht als zweiter möglicher Einstiegspunkt gilt.

   csc dateiname.cs

Übungen

1. Was bedeutet Base Framework und welche Komponenten beinhaltet es?

   Das Base Framework ist kein physikalischer Entwurf des .NET Frameworks. Es ist eine gedankliche Einteilung, die die Begriffserklärungen erleichtert. Wenn man von Base Framework spricht, so ist nicht das gesamte .NET Framework gemeint, sondern nur die Common Language Runtime sowie die Class Libraries.

2. Wie sieht eine Fehlermeldung aus, die der C#-Compiler erzeugt?

   Name des Quellcodes(Zeile,Spalte) : Fehlernummer : Fehlerbeschreibung

3. Erläutern Sie folgende Fehlermeldung:

   Workshop.cs(23,40): error CS0017: Das Programm 'Workshop.exe' hat mehr als einen Einstiegspunkt definiert: LetzteFrage.CEins.Main(string[])'

   Das Programm besitzt mehr als einen Einstiegspunkt, die durch die Compileroption nicht explizit angegeben wurde. Der Fehler liegt in `Zeile 23, Spalte 40`. Es handelt sich um die Klasse `CEins`, die im Namensraum `LetzteFrage` liegt.

Tag 2

Quiz

1. Wie beginnen Sie die Arbeit an einer neuen Konsolenanwendung?

   Mit dem Anlegen eines neuen C#-Projekts, basierend auf der Vorlage KONSOLEN-ANWENDUNG.

2. Wie öffnen Sie ein bestehendes Projekt?

   Mit dem Befehl DATEI/PROJEKTMAPPE ÖFFNEN und der Auswahl des übergeordneten Arbeitsbereichs oder der Projektdatei.

3. Wie laden Sie die Datei eines Projekts zur Bearbeitung in den Editor?

   Sofern die Datei nicht schon automatisch geladen wurde, durch Doppelklick auf den zugehörigen Knoten im Projektmappen-Explorer.

4. Wie können Sie zwischen mehreren in den Editor geladenen Dateien hin und her wechseln?

   Über die Reiter am oberen Rand des Editors.

Workshop-Lösungen

5. Wie kompilieren und erstellen Sie ein Projekt?

   Mit dem Befehl ERSTELLEN/<PROJEKTNAME> ERSTELLEN oder über den Befehl ERSTELLEN im Kontextmenü des Projektknotens.

6. Wie testen Sie ein Projekt?

   Mit dem Befehl DEBUGGEN/STARTEN OHNE DEBUGGEN.

Übungen

1. Erstellen Sie mit Hilfe von Visual Studio ein neues Konsolenprogramm, das Sie namentlich begrüßt.

   Zu dieser Übung gibt es keine explizite Lösung. Folgen Sie einfach den Ausführungen in Abschnitt 2.2 und wandeln Sie den auszugebenden Text ab.

2. Legen Sie ein übergeordnetes Verzeichnis für die Beispielprogramme dieses Buches an. Legen Sie darunter eine Projektmappe für Tag 3 an. Fügen Sie dieser Projektmappe Projekte für die Beispielprogramme aus Tag 3 hinzu.

   Zum Anlegen einer neuen Projektmappe rufen Sie den Befehl DATEI/NEU/LEERE PROJEKTMAPPE auf. Als Vorlage wählen Sie LEERE PROJEKTMAPPE, als Name geben Sie Kapitel03 oder Tag03 ein und als Speicherort das neu anzulegende, übergeordnete Verzeichnis, beispielsweise *C:\Beispiele*.

   Um der Projektmappe ein Projekt für eines der Programme aus Tag 3 hinzuzufügen, gehen Sie so vor, dass Sie den Befehl DATEI/NEU/PROJEKT aufrufen, den Projekttyp VISUAL C#-PROJEKTE und die Vorlage KONSOLENANWENDUNGEN auswählen, den Namen des Programms als Projektnamen eingeben und – dies ist der entscheidende Punkt – die Option ZU PROJEKTMAPPE HINZUFÜGEN setzen.

Tag 3

Quiz

1. Welche Variablennamen sind zulässig?

   ```
   7Tage          //falsch, beginnt mit einer Ziffer
   _specialOrder  //richtig
   Postleitzahl   //richtig
   Eingang.Daten  //falsch, Punkt im Variablennamen
   Ausgang_Daten  //richtig
   decimal        //falsch, decimal ist ein Schlüsselwort
   ```

```
    Bez Name            //falsch, Leerzeichen im Variablennamen
    Fläche              //funktioniert, Umlaute/ ß sollten aber
                        //nicht in Variablennamen enthalten sein.
```

2. Welche Deklarationen sind zulässig?

```
    int 123;                    //falsch
    char Buchstabe;             //falsch (korrekt ist char)
    long lZahl1, lZahl2;        //richtig
    int iZahl1, long iZahl2;    //falsch
    bool bWahl1 bWahl2;         //falsch
    short Arg = 7 + 7;          //richtig
```

3. Wird folgendes Listing ausgeführt, oder wird eine Fehlermeldung ausgegeben?

```
    static void Main()
    {
        int iZahl = 0;
        string sAlter = "27 Jahre";

        iZahl = Convert.ToInt32(sAlter);//Fehler
        Console.WriteLine(iZahl);
    }
```

Die Stringkonstante »27 Jahre« ist kein gültiges Zahlenformat.

Übungen

1. Mit welchen Datentypen würden Sie folgende Variablennamen deklarieren?

   Vorname,
   Alter,
   Groesse,
   Augenfarbe,
   Gewicht,
   Geschlecht

   ```
   string Vorname;
   byte Alter;
   float Groesse;
   string Augenfarbe;
   float Gewicht;
   bool Geschlecht;
   ```

2. Deklarieren Sie eine Konstante, die den Wert von PI auf 4 Nachkommastellen abbildet.

   ```
   const float PI = 3.1416;
   ```

3. Deklarieren Sie einen Aufzählungstyp, der die Tageszeiten Morgen, Mittag, Abend und Mitternacht enthält.

```
enum Tageszeiten
{
    Morgen,
    Mittag,
    Abend,
    Mitternacht
};
```

4. Deklarieren und initialisieren Sie eine Variable decimal vom Typ decimal mit dem Wert 7,3.

```
decimal @decimal = 7.3m;
```

Tag 4

Quiz

1. Wie bezeichnet man die folgende Anweisung und was bewirkt diese?

   ```
   a = 1 + 1;
   ```

   Diese Art der Anweisung wird als Zuweisung bezeichnet. Die Variable a enthält nach der Zuweisung den Wert 2.

2. Was ist ein Ausdruck?

   Alles, was einen Wert – numerisch oder String – als Ergebnis liefert, bezeichnet man als Ausdruck.

3. Welche Prioritäten haben diese Operatoren?

   a. >= oder >
   b. != oder ==
   c. == oder <
   d. * oder +

   a. gleiche Priorität
   b. gleiche Priorität
   c. < hat größere Priorität
   d. * hat größere Priorität

4. Welche Werte enthalten die Variablen a und b?

   ```
   iCount = 10;

   a = iCount++;
   b = ++iCount;
   ```

a besitzt den Wert 10 und b den Wert 12.

Übungen

1. Schreiben Sie ein Programm, welches 2 int-Werte von der Konsole einliest und die größere der beiden Zahlen ausgibt.

   Listing: Uebung1.cs

   ```
   using System;

   namespace Kap4
   {
      class CU1
      {
         static void Main(string[] args)
         {
            int a = 0;
            int b = 0;

            Console.WriteLine("Erste Zahl:");
            a = Convert.ToInt32(Console.ReadLine());
            Console.WriteLine("Zweite Zahl:");
            b = Convert.ToInt32(Console.ReadLine());

            if(a > b)
               Console.WriteLine(a);
            else
               Console.WriteLine(b);

            Console.ReadLine();
         }
      }
   }
   ```

2. Wie lässt sich folgende Verschachtelung von if-Anweisungen vermeiden?

   ```
   if(i > 100)
      if(i < 1000)
         Anweisung;
   ```

   Durch einen logischen Und-Operator:

   ```
   if(i > 100 && i < 1000)
         Anweisung;
   ```

3. Ist das Programm lauffähig?

```
using System;
namespace ConsoleApplication2
{class CU4{static void Main(string[] args){int a = 1;int b = 7;int c = 3;
b = a++;
c = ++a;Console.WriteLine(b);Console.WriteLine(a);if(a = b)
Console.WriteLine("Hallo");Console.ReadLine();}}}
```

Nein, da die Bedingung keinen Vergleichsoperator besitzt.

4. Formatieren Sie die Übung 3 derart, dass diese leichter lesbar wird und beheben Sie den Fehler, wenn einer existiert.

Listing: Uebung4.cs

```
using System;

namespace ConsoleApplication2
{
   class CU4{static void Main(string[] args)
   {
      int a = 1;
      int b = 7;
      int c = 3;
      b = a++;
      c = ++a;
      Console.WriteLine(b);
      Console.WriteLine(a);
      if(a == b)
      Console.WriteLine("Hallo");
      Console.ReadLine();}
   }
}
```

Tag 5

Quiz

1. Welcher Unterschied besteht zwischen diesen beiden Codezeilen?

```
Console.WriteLine("{0},{1}", 5,3);
Console.WriteLine("{1},{0}", 5,3);
```

Die Reihenfolge der Ausgabe unterscheidet sich. In der ersten Codezeile wird 5,3 ausgegeben, in der zweiten Codezeile 3,5.

2. Was ist hier falsch?

```
Console.WriteLine("Hallo "Shinja" ");
Console.WriteLine("Ergebnis:/t{0}", iErg);
```

In der ersten Zeile wird ein Fehler ausgelöst, da die Stringkonstante vor dem »S« beendet wird. Um eine korrekte Ausgabe zu erzielen, muss man die beiden Anführungszeichen bei `"Shinja"` jeweils durch die Escape-Sequenz \« ersetzen (also `\"Shinja\"`). In der zweiten Zeile wird zwar kein Fehler produziert; hier sollte aber wohl eine Tabulator-Escape-Sequenz erzeugt werden, was jedoch nicht die gewünschte Wirkung hat, da statt eines Backslashes (\) ein Slash (/) verwendet wird.

3. Was bewirken die folgenden Escape-Sequenzen?

```
\\
\n
\t
\a
```

Backslash, neue Zeile, Tabulator, Signalton

Übungen

1. Wie werden diese Ausgaben formatiert?

```
Console.WriteLine("{0}",1234.567);
Console.WriteLine("{0}",1234.567);
Console.WriteLine("{0}",1234.567);
Console.WriteLine("{0:#,#;(#,#);'-'}", 100000);
Console.WriteLine("{0:#,#;(#,#);'-'}", -100000);
Console.WriteLine("{0:#,#;(#,#);'-'}", 0);
1234,567
1234,567
1234,567
100.000
(100.000)
-
```

2. Schreiben Sie die folgende Codezeile so um, dass die Ausgabe mit Platzhaltern realisiert wird.

```
Console.WriteLine("Das Ergebnis von " + a + " + " + b + "=" + c);
```

Lösung:

```
Console.WriteLine("Das Ergebnis von {0} + {1} = {2}",a ,b ,c);
```

3. Entfernen Sie die Leerzeichen der Stringkonstante.

   ```
   string sName = "    Strasser Shinja        \t   ";
   Console.WriteLine(sName);
   ```

   Lösung:

   ```
   Console.WriteLine(sName.Trim());
   ```

4. Ersetzen Sie den Teilstring »str.« in »straße« und entfernen Sie die unnötigen Leerzeichen.

   ```
   string sStrasse = "    Teststr. 5\t    \t   ";
   Console.WriteLine(sStrasse.Replace("str.","straße ").Trim());
   ```

Tag 6

Quiz

1. Worin unterscheidet sich die `for`- von einer `while`-Schleife?

   Die `while`-Schleife enthält nur einen Bedingungsteil, während die `for`-Schleife zusätzlich noch eine Initialisierung und einen Inkrement-/Dekrementteil besitzt.

2. Worin unterscheidet sich die `while`- von einer `do-while`-Schleife?

   Die `do-while`-Schleife wird mindestens einmal durchlaufen.

3. Worauf müssen Sie Acht geben, wenn Sie Schleifenkonstruktionen ineinander verschachteln?

   Verschachtelte Schleifenkonstruktionen dürfen sich nicht ineinander kreuzen. Eine innere (verschachtelte) Schleife muss von der äußeren vollständig eingeschlossen werden.

4. Wie läuft programmtechnisch die `for`-Schleife ab?

   ```
   int iWert = 0;

   for(int i = 1; i <= 1000; i++)
      iWert += i;
   ```

   ```
   i wird deklariert und mit 1 initialisiert.
   i wird überprüft (i <= 1000 -> true).
   iWert+=i; wird ausgeführt.
   i wird im Reinitialisierungsbereich um 1 inkrementiert.
   i wird überprüft (i <= 1000 -> true).
   ```

```
iWert+=i; wird ausgeführt.
i wird im Reinitialisierungsbereich um 1 inkrementiert.
i wird überprüft (i <= 1000 -> true).
...
```

Übungen

1. Wie lautet der Wert von i nach der folgenden Anweisung beim ersten Aufruf?

   ```
   for(i = 0; i < 10; i++)
   ```

   i enthält nach dem ersten Aufruf 0.

2. Was passiert im folgenden Codefragment?

   ```
   int i = 0;
   
   while(i < 7)
   {
      Console.WriteLine(i);
   }
   ```

   Da die Variable i nicht inkrementiert wird, kommt es zu einer Endlosschleife.

3. Schreiben Sie ein Programm, das die E-Mail-Adresse eines Benutzers abfragt und überprüft, ob in dieser das Zeichen @ enthalten ist. Bedenken Sie, dass der Benutzer auch am Anfang oder am Ende Leerzeichen eingeben kann, die entfernt werden müssen. Des Weiteren sollen alle E-Mail-Adressen in Kleinbuchstaben verarbeitet werden.

Listing: Uebung3.cs

```
using System;

namespace Kap6
{
   class CEmail
   {
      static void Main(string[] args)
      {
         string sMail = "";
         bool bOK = false;
         
         while(!bOK)
         {
            Console.Write("E-Mail-Adresse eingeben: ");
            sMail = Console.ReadLine().Trim().ToLower();
```

```
            if(sMail.IndexOf("@") < 0)
            {
               bOK = false;
               Console.WriteLine("@ in E-Mail fehlt");
            }
            else
            {
               bOK = true;
               Console.WriteLine("E-Mail korrekt");
            }
         }
         Console.ReadLine();
      }
   }
}
```

Tag 7

Quiz

1. Was ist eine lokale Variable?

   Eine lokale Variable ist nur innerhalb eines Blocks sichtbar (gültig). Ein Block kann ein Methodenrumpf sein, aber auch der Anweisungsblock einer for-Schleife.

2. Was ist eine direkte Rekursion?

   Eine Methode, die sich selbst aufruft.

3. Was versteht man unter Überladen von Methoden?

   Die Möglichkeit, dass mehrere gleichnamige Methoden nebeneinander existieren können, die sich nur durch die Methodendefinition unterscheiden.

4. Wie deklarieren Sie eine Methode, die keinen Wert zurückliefert?

   Mit void.

5. Was versteht man unter Gültigkeitsbereich?

   Der Gültigkeitsbereich beschreibt die Sichtbarkeit bzw. Lebensdauer von Variablen.

Übungen

1. Wird folgendes Programm richtig ausgeführt?

    ```
    using System;

    namespace Kap7
    {
       class CUE
       {
          static void Main(string[] args)
          {
             int a = 3;
             int b = 5;
             Add(a,b);
             Console.WriteLine(b);
             Console.ReadLine();
          }

          private static void Add(int i, ref int j)
          {
             j = i + j;
          }
       }
    }
    ```

    Nein, da beim Methodenaufruf Add() das Schlüsselwort ref vor der Variablen nicht mit übergeben wird.

2. Welche Werte besitzen die Variablen i, j und k nach dem Methodenaufruf Add()?

    ```
    using System;

    namespace Kap7
    {
       class CUE2
       {
          static void Main(string[] args)
          {
             int i = 3;
             int j = 5;
             int k = 0;

             Add(i, ref j, out k);
             Console.WriteLine(i + "-" + j + "-" + k);
             Console.ReadLine();
          }

          private static void Add(int i, ref int j, out int k)
    ```

```
        {
            k = i + --j;
        }
    }
}
```

Die Variable i besitzt den Wert 3, j den Wert 4 und k den Wert 7.

3. Schreiben Sie ein Programm, das die Potenz einer Zahl berechnet, mit Hilfe der direkten Rekursion.

Listing: Uebung3.cs

```
using System;

namespace Kap7
{
    class CPotenz
    {
        static void Main(string[] args)
        {
            long lZahl = 0;
            int  iPotenz = 0;

            do
            {
                Console.Write("Geben Sie eine Zahl ein: ");
                lZahl = Convert.ToInt64(Console.ReadLine());
                Console.Write("{0} zur Potenz: ",lZahl);
                iPotenz = Convert.ToInt32(Console.ReadLine());

                Console.WriteLine("Ergebnis:{0}",Potenz(lZahl,iPotenz));
                Console.ReadLine();
            }
            while(lZahl != 0 && iPotenz != 0);

        }

        static long Potenz(long i, int j)
        {
            if(j <= 1)
                return i;
            else
                return i * Potenz(i, --j);
        }
    }
}
```

Tag 8

Quiz

1. Worin besteht die Grundidee der objektorientierten Programmierung?

   In der Kapselung von Daten und Methoden in einem Datentyp.

2. Welche Zugriffsspezifizierer gibt es für Klassen, welche für Klassenelemente?

   Klassen können als `public` oder `internal` (Standard), Klassenelemente als `public`, `internal`, `protected`, `protected internal` oder `private` (Standard) deklariert werden.

3. Was versteht man unter der öffentlichen Schnittstelle einer Klasse?

   Die Elemente einer Klasse, die Benutzer der Klasse verwenden können. Je nachdem, wo die Klasse verwendet wird (ob im gleichen oder in einem anderen Programm) sind dies die `internal`- und `public`- oder nur die `public`-Elemente der Klasse.

4. Welcher Unterschied besteht zwischen Referenz- und Werttypen?

   Objekte von Referenztypen werden mit `new` erzeugt und auf dem Heap angelegt. Variablen von Referenztypen enthalten lediglich Verweise auf die Objekte. Variablen von Werttypen enthalten dagegen direkt die ihnen zugewiesenen Werte.

5. Welche zwei Fehler sind in der folgenden Klassendefinition enthalten? Was ist zum Aufbau der Klasse zu sagen?

   ```
   Demo
     {
     int x;
     int y;
     public demo()
        {
        x = 0;
        y = 0;
        }
     }
   ```

   Das Schlüsselwort `class` wurde vergessen und der Konstruktorname stimmt nicht mit dem Klassennamen überein. Ansonsten ist die Klasse ziemlich nutzlos, da sie außer dem Konstruktor nur `private`-Elemente enthält.

Übungen

1. In der Methode `Kassieren()` der Klasse `CKaffeeautomat` wird zweimal Rückgeld ausgegeben. Solange dies mit einer Zeile Code erledigt werden kann, ist dies kein Problem.

Wenn der Code zum Auszahlen des Rückgelds jedoch umfangreicher wird, ist es sinnvoller, ihn in eine eigene Methode auszulagern. (Dies hat unter anderem den Vorteil, dass man bei Änderungen oder Korrekturen den Code nur einmal und nicht zweimal überarbeiten muss.) Erweitern Sie die Klasse CKaffeeautomat um eine eigene Methode zum Auszahlen des Rückgelds und rufen Sie diese in Kassieren() auf.

Listing: Aus Uebung1.cs

```csharp
using System;

namespace Kap8
{
   class CKaffeeautomat
   {
      ...

      void RueckgeldAuszahlen(double betrag)
      {
         Console.WriteLine("Rückgeld: {0}", betrag);
      }

      internal bool Kassieren(double preis, double einnahme)
      {
         double dRueckgeld = einnahme - preis;

         // Automat kann nicht rausgeben
         if (dRueckgeld > geldbestand)
         {
            Console.WriteLine("Sorry, Ich kann nicht "
                              + "rausgeben!");
            RueckgeldAuszahlen(einnahme);
            return false;
         }

         geldbestand += einnahme - dRueckgeld;

         RueckgeldAuszahlen(dRueckgeld);
         return true;
      }
   }
   ...
}
```

Beachten Sie, dass die Methode RueckgeldAuszahlen() private ist. Sie soll lediglich intern von der Methode Kassieren() aufgerufen werden, ein Zugriff von außen ist nicht erwünscht (und würde zu Fehlern führen, da das ausgezahlte Geld dann nicht vom Geldbestand abgezogen werden würde).

2. Implementieren Sie eine Klasse CVektor zur Addition und Subtraktion zweidimensionaler Vektoren.

Listing: Aus Uebung2.cs

```
public class CVektor
{
   public double x;
   public double y;

   // Konstruktor
   public CVektor()
   {
      x = 0;
      y = 0;
   }

   // Methoden
   public void Addieren(CVektor v2)
   {
      x += v2.x;
      y += v2.y;
   }

   public void Subtrahieren(CVektor v2)
   {
      x -= v2.x;
      y -= v2.y;
   }
}
```

Den Quelltext der Klasse finden Sie auf der Buch-CD in der Datei *Uebung2.cs*. Diese enthält neben der Klasse CVektor auch eine Main()-Methode zum Testen der Klasse CVektor.

3. Wie würden Sie die Klasse CVektor erweitern, damit man für Objekte der Klasse die Länge abfragen kann?

Intuitiv würden Sie die Länge wohl zuerst als public-Feld definieren. Nach kurzer Überlegung werden Sie aber feststellen, dass dies keine gute Idee ist. Die Länge eines Vektors hängt nämlich von den Endkoordinaten x und y ab. (Sie ist gleich der Wurzel aus der Summe der Quadrate von x und y.) Wenn Sie die Länge als public-Feld definieren, kann es daher schnell passieren, dass der Benutzer der Klasse für ein CVektor-Objekt die Länge neu festlegt, aber vergisst, die Koordinaten x und y anzupassen.

Sicherer ist es, die Länge als private-Feld zu definieren, und in allen Methoden, die die Werte von x und y ändern (also sowohl in Addieren() wie auch in Subtrahieren()) auch die Länge neu zu berechnen.

Unter Umständen führt dies aber dazu, dass die Länge sehr häufig unnötig berechnet wird – beispielsweise in einem Programm, das mit vielen Vektoren arbeitet, diese fleißig addiert und subtrahiert, aber selten deren Länge abfragt.

Aus diesem Grund – und weil es beim weiteren Ausbau der Klasse CVektor schnell passieren kann, dass man in einer Methode der Klasse x oder y verändert, ohne daran zu denken, den Wert des Länge-Feldes anzupassen – ist es effizienter und sicherer, das »Merkmal« Länge in Form einer public-Methode zu implementieren, die die Länge nur bei Bedarf aus den Koordinaten x und y berechnet:

```
public double GetLaenge()
{
    return Math.Sqrt(x*x + y*y);
}
```

Tag 9

Quiz

1. Wie kann man einem int-Feld den Anfangswert 3 zuweisen (zwei Möglichkeiten)?

   Das Feld kann bei der Definition initialisiert werden:

   ```
   int einFeld = 3;
   ```

   Der Anfangswert kann im Konstruktor zugewiesen werden:

   ```
   public Klassenname()
   {
       einFeld = 3;
   }
   ```

2. Worin besteht der Unterschied zwischen der echten Initialisierung und der Zuweisung im Konstruktor?

   Die echte Initialisierung ist schneller und effizienter, aber auch weniger flexibel, da nur Literale und Werte konstanter Felder zugewiesen werden können.

3. Auf welche Elemente einer Klasse kann eine statische Methode der Klasse zugreifen?

Auf alle anderen statischen Elemente und auf die Konstruktoren der Klasse.

4. Was ist der Unterschied zwischen einem Ersatz- und einem Standardkonstruktor?

   Ein Standardkonstruktor ist ein Konstruktor, der keine Parameter definiert. Der Ersatzkonstruktor ist der Konstruktor, dem der Compiler Klassen zuweist, die keinen eigenen Konstruktor definieren. Der Ersatzkonstruktor ist ein Standardkonstruktor mit leerem Anweisungsteil.

5. Wie kann man in einer Methode auf verdeckte Klassenfelder zugreifen?

   Durch Voranstellung des this-Verweises.

6. Was gilt es bei der Definition eines eigenen Destruktors zu beachten?

   Destruktoren tragen den Namen der Klassen, haben eine vorangestellte Tilde (~), keinen Rückgabetyp und keine Parameter.

Übungen

1. Implementieren Sie für die Klasse CKonto eine Eigenschaft zum Abfragen des Kontostandes.

   Listing: Aus Uebung1.cs

```
public class CKonto
{
   double kontostand;

   public CKonto()
   {
      kontostand = 0;
   }

   public double Kontostand
   {
      get
      {
         return kontostand;
      }
   }

   public void Einzahlen(double betrag)
   {
      kontostand += betrag;
   }
```

```csharp
      public double Abheben(double betrag)
      {
         if (betrag <= kontostand)
         {
            kontostand -= betrag;
            return betrag;
         }
         else
            return 0;
      }
   }
```

2. Schreiben Sie eine Klasse für Potenzen. Die Klasse soll zwei Felder, basis und exponent, besitzen, einen Konstruktor mit zwei Argumenten definieren, der den Feldern Anfangswerte zuweist, und drei Eigenschaften zur Verfügung stellen, über die man Basis, Exponent und Potenzwert abfragen kann.

Listing: Uebung2.cs

```csharp
using System;

namespace Kap9
{
   public class CPotenzen
   {
      double basis;
      double exponent;

      public CPotenzen(double basis, double exp)
      {
         this.basis = basis;
         this.exponent = exp;
      }

      public double Basis
      {
         get
         {
            return basis;
         }
      }
      public double Exponent
      {
         get
         {
            return exponent;
```

```
         }
      }
      public double Potenz
      {
         get
         {
            return Math.Pow(basis, exponent);
         }
      }
   }

   class CHauptklasse
   {

      static void Main(string[] args)
      {
         CPotenzen oPotenz = new CPotenzen(2,4);
         Console.WriteLine(" Basis    : " + oPotenz.Basis);
         Console.WriteLine(" Exponent : " + oPotenz.Exponent);
         Console.WriteLine(" Potenz   : " + oPotenz.Potenz);
      }
   }
}
```

Zum Abfragen der Werte werden drei Nur-Lesen-Eigenschaften implementiert. Die letzte Eigenschaft Potenz berechnet den zurückzuliefernden Wert aus den Feldern basis und exponent.

3. Erweitern Sie die Klasse CSean aus Abschnitt 9.9 derart, dass von CSean auch Objekte erzeugt werden können, die nicht auf das Geoeffnet-Ereignis reagieren.

Die Klasse muss dazu lediglich um einen Standardkonstruktor erweitert werden, der für seine Objekte keine Ereignisbehandlungsmethode registriert:

Listing: Aus Uebung3.cs

```
class CSean
{
   CLaden laden;

   public CSean()
   {
   }
   ...
```

4. Schreibe Sie das Programm *Ereignisse.cs* aus Abschnitt 9.9 so um, dass die von den CSean- und CMaria-Objekten registrierten Ereignisbehandlungsmethoden automatisch für alle erzeugten CLaden-Objekte gelten.

Um dies zu erreichen, brauchen Sie lediglich das Ereignis in der Klasse CLaden als static zu deklarieren.
Der Konstruktor der Klasse CSean muss dann kein CLaden-Objekt mehr übernehmen, sondern kann über den Klassennamen auf das Ereignis zugreifen.
(Die Klasse CMaria müsste analog dazu ebenfalls überarbeitet werden, wurde aber im folgenden Listing ausgespart.)

Listing E.1: Uebung4.cs

```
using System;

namespace Kap9
{
   // Delegate für Ereignis
   public delegate void GeoeffnetEventHandler();

   public class CLaden
   {
      // Ereignisdefinition
      public static event GeoeffnetEventHandler Geoeffnet;

      private bool offen = false;
      public bool Offen
      {
         get
         {
            return offen;
         }
         set
         {
            offen = value;
            OnGeoeffnet();        // Ereignis auslösen
         }
      }

      // Löst Ereignis aus und bearbeitet es
      public void OnGeoeffnet()
      {
         if (Offen == true)
         {
```

```csharp
            Console.WriteLine("\n Laden wurde geöffnet\n");

            if (Geoeffnet != null)
               Geoeffnet();
         }
         else
            Console.WriteLine("\n Laden wurde geschlossen\n");
      }

   }
   class CSean
   {
      public CSean()
      {
         // Ereignis abonnieren
         CLaden.Geoeffnet +=
                   new GeoeffnetEventHandler(LadenGeoeffnet);
      }

      // Bei Eintritt des Ereignisses ausführen
      private void LadenGeoeffnet()
      {
         Console.WriteLine("\t Yippieh!");
      }
   }
   class CHauptklasse
   {

      static void Main(string[] args)
      {
         CLaden oBuchladen = new CLaden();
         CLaden oKramladen = new CLaden();

         CSean  oSean  = new CSean();

         Console.WriteLine("\n Buchladen:");
         oBuchladen.Offen = !oBuchladen.Offen;
         oBuchladen.Offen = !oBuchladen.Offen;
         oBuchladen.Offen = !oBuchladen.Offen;

         Console.WriteLine("\n Kramladen:");
         oKramladen.Offen = !oKramladen.Offen;
         oKramladen.Offen = !oKramladen.Offen;
      }
   }
}
```

Tag 10

Quiz

1. Wie heißt die Klasse, auf denen Arrays basieren und die uns all diese nützlichen Methoden und Eigenschaften zur Programmierung mit Arrays zur Verfügung stellt?

   `System.Array`. Für Aufrufe statischer Elemente können Sie das Alias `Array` verwenden.

2. Mit welchem Index greift man auf das letzte Element eines 20-elementigen Arrays zu?

   Mit dem Index 19. (Die Indizierung beginnt mit dem Wert 0.)

3. Kann man die Größe eines Array-Objekts nachträglich ändern?

   Nein. Arrays sind statisch.

4. Wie viele Elemente enthält das Array `double[3][10][2]`?

   Das Array enthält 3 * 10 * 2 = 60 Elemente.

5. Wie ermittelt man den größten zulässigen Index für ein Array?

   Hierfür gibt es verschiedene Möglichkeiten. Sie können mit `Length` oder `GetLength()` die Anzahl Elemente im Array (bzw. der angegebenen Dimension des Arrays) bestimmen und davon 1 abziehen, Sie können aber auch die Methode `GetUpperBounds()` aufrufen (ebenfalls mit Angabe der gewünschten Array-Dimension).

Lösungen

1. Schreiben Sie ein Programm, das die ersten 32 Potenzen von 2 berechnet, in einem Array speichert und danach ausgibt.

   Listing: Uebung1.cs

   ```
   using System;

   namespace Kap10
   {
      class CArrays
      {
         static void Main(string[] args)
         {
            long[] potenzen = new long[32];
   ```

```csharp
            potenzen[0] = 1;
            for (int i = 1; i < potenzen.Length; ++i)
            {
                potenzen[i] = potenzen[i-1]*2;
            }

            foreach (long elem in potenzen)
            {
                Console.WriteLine(" " + elem);
            }
        }
    }
}
```

Beachten Sie, dass der Wert von 2^{32} zu groß ist, um noch in einer int-Variablen abgelegt werden zu können. Das Array muss daher als long-Array angelegt werden.

2. Deklarieren Sie ein zweidimensionales Array, das ein Tic-Tac-Toe-Spiel darstellt.

Listing: Uebung2.cs

```csharp
using System;

namespace Kap10
{
    class CArrays
    {
        static void Main(string[] args)
        {
            char[,] tttSpiel = { {' ', ' ', ' '},
                                 {' ', ' ', ' '},
                                 {' ', ' ', ' '}};

            tttSpiel[1,1] = 'X';    // Erster Spieler
            tttSpiel[1,0] = 'O';    // Zweiter Spieler
            tttSpiel[0,0] = 'X';
            tttSpiel[0,1] = 'O';
            tttSpiel[2,2] = 'X';

            for(int z = 0; z <= tttSpiel.GetUpperBound(0); ++z)
            {
                for(int s = 0; s <= tttSpiel.GetUpperBound(1); ++s)
                {
                    Console.Write(" " + tttSpiel[z, s] + " ");
```

```
            }
            Console.WriteLine();
        }
    }
}
```

Das Beispiel zeigt nebenbei, wie Sie mehrdimensionale Arrays initialisieren können und wie `GetUpperBound()` verwendet wird.

3. Geben Sie mit `foreach` die Elemente eines zweidimensionalen Arrays in einer Zeile aus.

Listing: Uebung3.cs

```
using System;

namespace Kap10
{
    class CArrays
    {
        static void Main(string[] args)
        {
            int[,] zahlen = { {11, 12, 13, 14, 15},
                              {21, 22, 23, 24, 25},
                              {31, 32, 33, 34, 35}};

            foreach(int elem in zahlen)
                Console.Write(" " + elem);

            Console.WriteLine();
        }
    }
}
```

Beachten Sie, dass in diesem Beispiel die Elementwerte die Indizes nachahmen, über die man auf die Elemente zugreift (nur dass die Werte mit 1 statt mit 0 beginnen, da es keine Zahlen 00, 01, 02 etc. gibt). Auf das Element mit dem Wert 11 kann man über `zahlen[0,0]` zugreifen, auf das Element mit dem Wert 12 über `zahlen[0,1]` usw.

Wenn `foreach` die Elemente in der Reihenfolge ausgibt, in der sie intern gespeichert sind und diese Reihenfolge so aussieht, dass für ein Element einer niedrigeren Dimension zuerst alle Elemente der höheren Dimension abgelegt werden, müsste die Ausgabe des Programms wie folgt aussehen:

11 12 13 14 15 21 22 23 24 25 31 32 33 34 35

4. Geben Sie mit zwei verschachtelten foreach-Schleifen die int-Elemente eines int[][]-Arrays aus.

Listing: Uebung4.cs

```
using System;

namespace Kap10
{
   class CArrays
   {
      static void Main(string[] args)
      {
         int[] z1 = {1, 2, 3, 4, 5};
         int[] z2 = {11, 22, 33, 44, 55};
         int[] z3 = {3, 3, 3, 3, 3};
         int[][] zahlen = new int[3][];
         zahlen[0] =  z1;
         zahlen[1] =  z2;
         zahlen[2] =  z3;

         foreach(int[] unterarray in zahlen)
            foreach(int elem in unterarray)
               Console.Write(" " + elem);

         Console.WriteLine();
      }
   }
}
```

Tag 11

Quiz

1. Wie greift man in einer Methode einer abgeleiteten Klasse auf geerbte protected-Elemente zu?

   Der Zugriff kann direkt über den Elementnamen erfolgen.

2. Wie greift man in einer Methode einer abgeleiteten Klasse auf geerbte private-Elemente zu?

Workshop-Lösungen

Der Zugriff kann nur über ein geerbtes public-, protected-, internal- oder internal protected-Element (Methode, Eigenschaft) erfolgen.

3. Welche Zugriffsspezifizierer geben geerbte Elemente nach außen weiter?

   Die Zugriffsspezifizierer, die ihnen in der Basisklasse verliehen wurden.

4. Kann der Konstruktor einer abgeleiteten Klasse den private-Elementen seiner Basisklasse Werte zuweisen?

   Ja, aber nicht direkt, sondern nur über den Aufruf eines geerbten nicht-private-Elements (Basisklassenkonstruktor, Methode, Eigenschaft).

5. Wie kann man in einer Methode, die eine andere Methode verdeckt, eben diese verdeckte Methode aufrufen?

   Über das Schlüsselwort base.

6. Wie lautet die Ausgabe des folgenden Programms? (Programmieren Sie es nicht nach! Überlegen Sie sich die Antwort so.)

```
class CBasis
{
   protected int feld;
   public int Feld
   {
      get
      {
         return feld;
      }
      set
      {
         feld = value;
      }
   }
}

class CAbgeleitet : CBasis
{
   public int feld;
}

class CHauptklasse
{
   static void Main(string[] args)
   {
      CAbgeleitet obj = new CAbgeleitet();

      obj.feld = 12;
```

```
            Console.WriteLine(obj.Feld);
      }
}
```

Die Ausgabe lautet 0. Das Feld feld aus der abgeleiteten Klasse verdeckt das gleichnamige geerbte protected-Feld. Wenn in der Main()-Methode also in feld der Wert 12 gespeichert wird, landet dieser in dem feld-Element der abgeleiteten Klasse. Die in der WriteLine()-Methode aufgerufene geerbte Eigenschaft greift aber, da sie selbst Teil des Basisklassenunterobjekts ist, auf das feld-Element des Basisklassenunterobjekts zu. Dieses enthält immer noch den vom Compiler zugewiesenen Initialisierungswert 0.

Übungen

1. Schreiben Sie für die Klasse CAbgeleitet einen Konstruktor, der allen drei Feldern der Klasse Anfangswerte zuweist.

   Listing: Uebung1.cs

```
using System;

namespace Kap11
{
   class CBasis
   {
      int basisFeld;

      public CBasis(int param)
      {
         basisFeld = param;
      }
   }

   class CAbgeleitet : CBasis
   {
      public int abgFeld1;
      public int abgFeld2;

      public CAbgeleitet(int param1, int param2, int param3)
            : base(param1)
      {
         abgFeld1 = param2;
         abgFeld2 = param3;
      }
   }
```

```
class CHauptklasse
{
   static void Main(string[] args)
   {
      CAbgeleitet obj = new CAbgeleitet(1, 2, 3);
   }
}
```

2. Was ist falsch an dem folgenden Code?

```
class CBasis
{
   int basisFeld;

   CBasis(int param)
   {
      basisFeld = param;
   }
}

class CAbgeleitet : CBasis
{
   public int abgFeld1;
   public int abgFeld2;

   public CAbgeleitet(int param1, int param2, int param3)
         : base(param1)
   {
      abgFeld1 = param2;
      abgFeld2 = param3;
   }
}
```

Der Konstruktor der Basisklasse ist private und kann daher nicht vom Konstruktor der Klasse CAbgeleitet aufgerufen werden.

3. Erweitern Sie die Klassen CBasis und CAbgeleitet aus Übung 1 um zwei gleichnamige Methoden Ausgeben() zur Ausgabe der Felder.

Listing: Uebung3.cs

```
using System;

namespace Kap11
{
   class CBasis
```

```csharp
{
   int basisFeld;

   public CBasis(int param)
   {
      basisFeld = param;
   }

   public void Ausgeben()
   {
      Console.WriteLine(" basisFeld : " + basisFeld);
   }
}

class CAbgeleitet : CBasis
{
   public int abgFeld1;
   public int abgFeld2;

   public CAbgeleitet(int param1, int param2, int param3)
      : base(param1)
   {
      abgFeld1 = param2;
      abgFeld2 = param3;
   }

   new public void Ausgeben()
   {
      base.Ausgeben();
      Console.WriteLine(" abgFeld1  : " + abgFeld1);
      Console.WriteLine(" abgFeld2  : " + abgFeld2);
   }
}

class CHauptklasse
{
   static void Main(string[] args)
   {
      CAbgeleitet obj = new CAbgeleitet(1, 2, 3);

      obj.Ausgeben();
   }
}
}
```

4. Warum wird bei Ausführung des folgenden Programms nur der Wert des Felds basis-Feld ausgegeben?

```csharp
using System;

namespace Kap11
{
    class CBasis
    {
        int basisFeld;

        public CBasis(int param)
        {
            basisFeld = param;
        }

        public void Ausgeben()
        {
            Console.WriteLine(" basisFeld : " + basisFeld);
        }
    }

    class CAbgeleitet : CBasis
    {
        public int abgFeld1;
        public int abgFeld2;

        public CAbgeleitet(int param1, int param2, int param3)
           : base(param1)
        {
            abgFeld1 = param2;
            abgFeld2 = param3;
        }

        new void Ausgeben()
        {
            base.Ausgeben();
            Console.WriteLine(" abgFeld1  :  " + abgFeld1);
            Console.WriteLine(" abgFeld2  :  " + abgFeld2);
        }
    }

    class CHauptklasse
    {
        static void Main(string[] args)
        {
```

```
        CAbgeleitet obj = new CAbgeleitet(1, 2, 3);

        obj.Ausgeben();
    }
  }
}
```

In diesem Programm liegt der Fehler in der Verdeckung der Methode `Ausgeben()`. Genau genommen, liegt der Fehler in der nicht stattfindenden Verdeckung. Die Methode `Ausgeben()` wird in der Klasse `CAbgeleitet` nämlich mit einem anderen Zugriffsspezifizierer (`private`) deklariert. Die Folge ist, dass über das Objekt `obj` die geerbte `public`-Methode aufgerufen wird. Diese gibt aber natürlich nur den Wert des Feldes `basisFeld` aus.

Tag 12

Quiz

1. Welche Elemente eines Objekts vom Typ A können Sie aufrufen, wenn Sie den Objektverweis in einer Variablen vom Typ B speichern (wobei B die Basisklasse von A sei)?

   Nur die Elemente, die in B (dem Typ der Variablen) definiert sind. Allerdings können für virtuelle Methoden und Eigenschaften von B die Implementierungen in A ausgeführt werden, wenn A die virtuellen Elemente überschrieben hat.

2. Welche drei Schlüsselwörter sind an der Deklaration und Überschreibung virtueller Methoden beteiligt?

   `virtual`, `abstract` und `override`.

3. Was wird für eine virtuelle, was für eine abstrakte Methode vererbt?

   Virtuelle Methoden vererben ihre Schnittstelle (Name, Parameter, Rückgabetyp, Zugriffsspezifizierer) und ihren Code (Anweisungsteil). Abstrakte Methoden vererben nur eine Schnittstelle.

4. Welche Klassen verfügen über keine `GetType()`-Methode?

   Keine. In C# gehen alle Klassen auf `System.Object` zurück, von der sie die Methode `GetType()` erben.

5. Welche Zugriffsspezifizierer können Sie den Elementen einer Schnittstelle zuweisen?

   Keine. Schnittstellenelemente sind immer `public`.

6. Welche Zugriffsspezifizierer können Sie Schnittstellenelementen bei der Implementierung in einer Klasse zuweisen?

Nur public (der Zugriffsspezifizierer muss mit dem Zugriff in der Schnittstellendefinition übereinstimmen). Wenn Sie dem Element bei der Implementierung in der Klasse den Schnittstellennamen voranstellen, geben Sie keinen Zugriffsspezifizierer an.

Übungen

1. Leiten Sie von der nachfolgend definierten Klasse CMitarbeiter zwei Klassen CLehrling und CGeschaeftsfuehrer ab. Schreiben Sie die Klasse CMitarbeiter so um, dass Sie die Methode WirdBefoerdert() in den Klassen CLehrling und CGeschaeftsfuehrer überschreiben können.

   Hier ist eine mögliche Lösung zu dieser Aufgabe. Beachten Sie, dass an der Klasse Mitarbeiter außer der virtual-Deklaration von WirdBefoerdert() keine weiteren Änderungen vorgenommen werden mussten.

   Listing: Uebung1.cs

```
using System;

namespace Kap12
{
   // Basisklasse
   class CMitarbeiter
   {
      protected string name;
      protected int gehalt;

      public CMitarbeiter(string name, int gehalt)
      {
         this.name   = name;
         this.gehalt = gehalt;
      }

      public string Name
      {
         get { return name; }
      }

      public int Gehalt
      {
         get { return gehalt; }
      }
```

```csharp
      public virtual void WirdBefoerdert()
      {
         gehalt += 1000;
      }
   }

   // Abgeleitete Klassen
   class CLehrling :  CMitarbeiter
   {
      public CLehrling(string name, int gehalt)
                     : base(name, gehalt) {}

      public override void WirdBefoerdert()
      {
         gehalt += 200;
      }
   };

   class CGeschaeftsfuehrer: CMitarbeiter
   {
      public CGeschaeftsfuehrer(string name, int gehalt)
                     : base(name, gehalt) {}

      public override void WirdBefoerdert()
      {
         gehalt = (int) Math.Round(gehalt * 1.5);
      }
   };


   class CHauptklasse
   {
      static void Main(string[] args)
      {
         CMitarbeiter[] personal = new CMitarbeiter[4];

         personal[0] = new CLehrling("Hans", 600);
         personal[1] = new CMitarbeiter("Stefanie", 2200);
         personal[2] = new CMitarbeiter("Jochen", 2700);
         personal[3] = new CGeschaeftsfuehrer("Claudia", 4500);

         foreach(CMitarbeiter m in personal)
            Console.WriteLine(m.Name + " verdient derzeit "
                           + m.Gehalt + " Euro.");
```

```csharp
            Console.WriteLine("\nAllgemeine Beförderung\n");

            foreach(CMitarbeiter m in personal)
                m.WirdBefoerdert();

            foreach(CMitarbeiter m in personal)
                Console.WriteLine(m.Name + " verdient jetzt "
                                  + m.Gehalt + " Euro.");
        }
    }
}
```

2. Verwandeln Sie die Eigenschaft Gehalt in eine virtuelle Eigenschaft, die Sie in der Klasse CGeschaeftsfuehrer so überschreiben, dass nur ein nach unten korrigierter Betrag zurückgeliefert wird (um keinen Unfrieden in der Firma zu stiften).

In der Klasse CMitarbeiter müssen Sie dazu lediglich die Eigenschaft als virtual deklarieren:

```csharp
class CMitarbeiter
{
   ...
   public virtual int Gehalt
   {
      get { return gehalt; }
   }

   public virtual void WirdBefoerdert()
   {
      gehalt += 1000;
   }
};
```

In der Klasse CGeschaeftsfuehrer überschreiben Sie die Eigenschaft:

Listing: Aus Uebung2.cs

```csharp
class CGeschaeftsfuehrer: CMitarbeiter
{
   public Geschaeftsfuehrer(string name, int gehalt)
      : base(name, gehalt) {}

   public override void WirdBefoerdert()
   {
      gehalt = (int) Math.Round(gehalt * 1.5);
   }
   public override int Gehalt
```

```
      {
         get { return (int) Math.Round(gehalt / 1.5); }
      }
};
```

3. Was ist falsch an folgendem Programm?

   Das Programm arbeitet an sich korrekt, doch wird hier die Vererbung falsch eingesetzt, denn ein Zylinder ist kein Kreis. Stattdessen sollte die Klasse CZylinder zwei CKreis-Objekte einbetten.

4. Korrigieren Sie das Beispiel aus Übung 3 mit Hilfe einer Schnittstelle IFiguren.

Listing: Uebung4.cs

```
using System;

namespace Kap12
{
   interface IFiguren
   {
      double Flaeche();
   }

   class CKreis : IFiguren
   {
      protected double radius;

      public CKreis(double r)
      {
         radius = r;
      }

      public double Flaeche()
      {
         return Math.PI * Math.Pow(radius,2);
      }
   }

   class CZylinder : IFiguren
   {
      protected double hoehe;
      protected double radius;
      public CZylinder(double h, double r)
```

Workshop-Lösungen

```csharp
      {
         hoehe = h;
         radius = r;
      }

      public double Flaeche()
      {
         return (2 * Math.PI * Math.Pow(radius, 2) +
                 2 * Math.PI * radius * hoehe);
      }
   }

   class CHauptklasse
   {
      static void Main()
      {
         string sEingabe;
         Console.WriteLine("Möchten Sie eine Kreisfläche (k) "
                     + "oder eine Zylinderfläche (z) berechnen?");

         sEingabe = Console.ReadLine();
         if ( sEingabe == "k")
         {
            Console.Write("\n Radius : ");
            double r = Convert.ToDouble(Console.ReadLine());
            CKreis oKreis = new CKreis(r);

            Console.WriteLine();
            Console.WriteLine(" Kreisfläche    : {0:F6}",
                              oKreis.Flaeche());
         }
         else if (sEingabe == "z")
         {
            Console.Write("\n Radius : ");
            double r = Convert.ToDouble(Console.ReadLine());
            Console.Write("\n Höhe : ");
            double h = Convert.ToDouble(Console.ReadLine());
            CZylinder oZyl= new CZylinder(h, r);

            Console.WriteLine();
            Console.WriteLine(" Zylinderfläche: {0:F6}",
                              oZyl.Flaeche());
         }
      }
   }
}
```

Tag 13

Quiz

1. Wie heißt die Methode, die Sie überschreiben sollten, wenn die Objekte Ihrer Klasse kopierbar sein sollen? In welcher Schnittstelle ist diese Methode definiert?

   Die Methode heißt `Clone()` und sie ist in der Schnittstelle `ICloneable` definiert.

2. Wie heißt die Methode, die Sie überschreiben sollten, wenn die Objekte Ihrer Klasse sortierbar sein sollen? In welcher Schnittstelle ist diese Methode definiert?

   Die Methode heißt `CompareTo()` und sie ist in der Schnittstelle `IComparable` definiert.

3. Wie heißt die Methode, die Sie überschreiben sollten, wenn die Objekte Ihrer Klasse in Strings umwandelbar sein sollen? Wo ist diese Methode definiert?

   Die Methode heißt `ToString()` und sie ist in `System.Object` definiert.

4. Wie heißt die Methode, die Sie überschreiben sollten, wenn die Objekte Ihrer Klasse vergleichbar sein sollen? Wo ist diese Methode definiert?

   Die Methode heißt `Equals()` und sie ist in `System.Object` definiert.

5. Kann der +=-Operator überladen werden?

   Ja und nein! Der Operator += selbst kann wie die anderen zusammengesetzten Operatoren nicht überladen werden. Sie können aber die zugrunde liegenden einfachen Operatoren überladen (also +, * etc.), deren neues Verhalten automatisch für die entsprechenden zusammengesetzten Operatoren übernommen wird.

Übungen

1. Sehen Sie sich das folgende Programm an. Erzeugen Sie am Ende der `Main()`-Methode eine eigenständige, tiefe Kopie des Objekts `obj` und geben Sie es zur Kontrolle aus. (Verändern Sie nicht die Klassendefinition, verwenden Sie keine `if`-Verzweigungen und hängen Sie nur neue Codezeilen am Ende der Methode an.)

   Die Lösung besteht darin, die Kopie mit dem zweiten Konstruktor zu erzeugen und als Argumente die entsprechenden Felder des Objekts `obj` zu übergeben:

   Listing: Aus Uebung1.cs

```
static void Main(string[] args)
{
   CDemo obj;
```

Workshop-Lösungen

```
        Console.Write("Tippen Sie 1 oder 2 ein: ");
        string sEingabe = Console.ReadLine();

        if (sEingabe == "1")
           obj = new CDemo();
        else
           obj = new CDemo("Nanu?", 123);

        Console.WriteLine("\n " + obj.ToString());

        // Kopie erzeugen
        CDemo oKopie = new CDemo(obj.str, obj.obj.feld);
        Console.WriteLine("\n " + oKopie.ToString());
    }
```

2. Welche Veränderungen in der Klasse `CDemo` würden dazu führen, dass Sie von dem Objekt `obj` keine exakte Kopie mehr erstellen könnten?

    Es würde bereits genügen, wenn das `private`-Feld `zahl` von den beiden Konstruktoren der Klasse `CDemo` mit unterschiedlichen Werten initialisiert würde! Sie sehen, das tiefe Kopieren ist kaum möglich, wenn nicht die Klasse selbst eine passende Methode zur Verfügung stellt.

3. Überladen Sie den ==-Operator für den Vergleich von `CVektor`-Objekten.

    Wenn Sie den ==-Operator überladen, müssen Sie auch den !=-Operator überladen (außerdem empfiehlt es sich, `Equals()` zu überschreiben, siehe Kapitel 13).

Listing: Uebung3.cs

```
using System;

namespace Kap13
{
    class CVektor
    {
        double x;
        double y;

        // Konstruktoren
        public CVektor()
        {
            x = 0;
            y = 0;
        }

        public CVektor(double xKoord, double yKoord)
```

```csharp
    {
        x = xKoord;
        y = yKoord;
    }

    // Methoden
    public void Addieren(CVektor v2)
    {
        x += v2.x;
        y += v2.y;
    }

    public void Subtrahieren(CVektor v2)
    {
        x -= v2.x;
        y -= v2.y;
    }

    static public CVektor Addieren(CVektor v1, CVektor v2)
    {
        return new CVektor(v1.x + v2.x, v1.y + v2.y);
    }

    static public CVektor Subtrahieren(CVektor v1, CVektor v2)
    {
        return new CVektor(v1.x - v2.x, v1.y - v2.y);
    }

    static public bool operator == (CVektor v1, CVektor v2)
    {
        return (v1.x == v2.x) && (v1.y == v2.y);
    }

    static public bool operator != (CVektor v1, CVektor v2)
    {
        return !(v1 == v2);
    }
}


class Hauptprogramm
{
    static void Main()
    {
        CVektor oVekt1 = new CVektor(0, 124);
        CVektor oVekt2 = new CVektor(0, 124);
```

```
           if (oVekt1 == oVekt2)
              Console.WriteLine("Vektoren sind gleich!");
           else
              Console.WriteLine("Vektoren sind ungleich!");

           oVekt2.Addieren(new CVektor(55, -30));

           if (oVekt1 == oVekt2)
              Console.WriteLine("Vektoren sind gleich!");
           else
              Console.WriteLine("Vektoren sind ungleich!");

      }
   }
}
```

Tag 14

Quiz

1. Wie kann ein Programm die aktuelle Uhrzeit bestimmen?

   ```
   DateTime uhrzeit1 = DateTime.Now;
   Console.WriteLine("Aktuelle Zeit: {0:T}", uhrzeit1);
   ```

2. Wie erzeugt man ganzzahlige Zufallszahlen im Bereich [1, 10]?

   ```
   Random zufallszahlen = new Random();
   int zahl = zufallszahlen.Next(1,11);
   ```

3. Wie erzeugt man ganzzahlige Zufallszahlen im Bereich [-10, 10]?

   ```
   Random zufallszahlen = new Random();
   int zahl = zufallszahlen.Next(0,21) - 10;
   ```

4. Wie heißt die Klasse zur Erzeugung von Zeitgebern? Welche beiden Elemente eines Zeitgebers müssen Sie konfigurieren?

   Die Klasse zur Erzeugung von Zeigebern heißt Timer, die zu konfigurierenden Elemente sind Interval (Zeit zwischen zwei Timer-Ereignissen) und Elapsed (Timer-Ereignis, für das eine Ereignisbehandlungsmethode registriert wird).

5. Wie könnte man ein dynamisches Array von Strings mit Hilfe eines Hashtable-Containers simulieren?

   Indem man als Schlüssel Integer-Werte und als Werte Strings verwendet.

Übungen

1. Schreiben Sie ein Programm, das mit Hilfe zweier `DateTime`-Objekte folgende Ausgabe erzeugt:

   Immanuel Kant wurde am 22.04.1724 geboren und starb im Jahre 1804.

   Lösung:

   Listing: Uebung1.cs

   ```
   using System;

   namespace Kap14
   {
      class CUebung1
      {
         static void Main(string[] args)
         {
            DateTime geburtstagKants = new DateTime( 1724, 4, 22);
            DateTime todesJahr       = new DateTime( 1804, 2, 12);

            Console.WriteLine("Immanuel Kant wurde am {0:d} geboren"
                             + " und starb im Jahre {1}.",
                             geburtstagKants,
                             todesJahr.Year);
         }
      }
   }
   ```

2. Messen Sie, wie lange das obige Programm zur Berechnung der Daten und zur Ausgabe braucht. (Messen Sie beide Werte getrennt voneinander.)

   Listing: Uebung2.cs

   ```
   using System;

   namespace Kap14
   {
      class CUebung2
      {
         static void Main(string[] args)
         {
            long lmesspunktA1 = DateTime.Now.Ticks;

            DateTime geburtstagKants = new DateTime( 1724, 4, 22);
   ```

Workshop-Lösungen

```
            DateTime todesJahr      = new DateTime( 1804, 2, 12);

            long lmesspunktA2 = DateTime.Now.Ticks;

            long lmesspunktB1 = DateTime.Now.Ticks;

            Console.WriteLine("Immanuel Kant wurde am {0:d} geboren"
                  + " und starb im Jahre {1}.",
                  geburtstagKants,
                  todesJahr.Year);

            long lmesspunktB2 = DateTime.Now.Ticks;

            Console.WriteLine();
            Console.WriteLine("Datumsberechnung dauerte {0} Nanosek.",
                      lmesspunktA2 - lmesspunktA1);

            Console.WriteLine("Ausgabe dauerte {0} Nanosek.",
                lmesspunktB2 - lmesspunktB1);
        }
    }
}
```

Immanuel Kant wurde am 22.04.1724 geboren und starb im Jahre 1804.

Datumsberechnung dauerte 0 Nanosek.
Ausgabe dauerte 200288 Nanosek.

Wie Sie der Ausgabe entnehmen können, sind Ausgaben (oder allgemein Zugriffe auf Konsole, Tastatur oder Dateien) im Vergleich zu anderen Operationen meist sehr zeitaufwändig.

3. Schreiben Sie ein Programm, das über die Tastatur eine beliebige Anzahl von Werten einliest und deren Mittelwert berechnet. Notieren Sie sich dann für die nächste Woche, wie lange Sie jeden Tag fernsehen (in Minuten), und rufen Sie das Programm auf, um den durchschnittlichen Fernsehkonsum pro Tag zu berechnen.

Listing: Uebung3.cs

```
using System;
using System.Collections;

namespace Kap14
{
    class CUebung3
    {
```

```csharp
static void Main()
{
   ArrayList zahlen = new ArrayList();
   string sEingabe;

   Console.WriteLine("Werte eingeben (b zum Beenden)");
   Console.WriteLine();
   do
   {
      Console.Write("Wert eingeben: ");
      sEingabe = Console.ReadLine();

      if (sEingabe == "b")
         break;

      zahlen.Add(Convert.ToInt32(sEingabe));
   } while (true);

   double dSumme = 0;

   System.Collections.IEnumerator Enumerator =
      zahlen.GetEnumerator();
   while ( Enumerator.MoveNext() )
      dSumme += Convert.ToDouble(
         Convert.ToString(Enumerator.Current) );

   Console.WriteLine();
   Console.WriteLine("Der Mittelwert der eingegebenen"
      + " Werte beträgt : {0:F0}", dSumme/zahlen.Count);
}
```

Werte eingeben (b zum Beenden)

Wert eingeben: **125**
Wert eingeben: **30**
Wert eingeben: **165**
Wert eingeben: **0**
Wert eingeben: **0**
Wert eingeben: **15**
Wert eingeben: **140**
Wert eingeben: **b**

Der Mittelwert der eingegebenen Werte beträgt : 67

Tag 15

Quiz

1. Welchen Namensraum benötigt man unbedingt, um mit Dateien arbeiten zu können?

   System.IO

2. Wie heißen die Klassen, die Sie zum Schreiben in eine Textdatei benötigen?

   File und StreamWriter.

3. Wie heißen die Klassen, die Sie zum Lesen aus einer Binärdatei benötigen?

   FileStream und BinaryReader.

4. Wie werden Streams verarbeitet?

   Die Stream-Ausgabe in eine Datei ist standardmäßig gepuffert und wird später blockweise in die Datei geschrieben. Da diese Dateizugriffe sehr zeitintensiv sind, ist das Verfahren der Pufferung wesentlich effizienter. Sie können explizit das Leeren des Puffers durch die Flush()-Methode ausführen oder die Datei schließen.

5. Was passiert, wenn eine nicht vorhandene Datei geöffnet wird?

   Das Programm gibt eine Ausnahme zurück und stürzt ab. Man kann mit Hilfe der File-Methode FileExists() oder durch Abfangen der Ausnahme einen Absturz des Programms verhindern.

Übungen

1. Schreiben Sie ein Programm, das eine Datei auf den Bildschirm ausgibt.

   Listing: Uebung1.cs

```
using System;
using System.IO;

namespace Kap15
{
    class CBildschirmausgabe
    {
        static void Main(string[] args)
        {
            StreamReader datei;
```

```
            datei = File.OpenText("panther.txt");

            Console.Write(datei.ReadToEnd());
            Console.ReadLine();

            datei.Close();

        }
    }
}
```

2. Schreiben Sie ein Programm, das die Anzahl der Zeichen einer Datei ermittelt und ausgibt.

Listing: Uebung2.cs

```
using System;
using System.IO;

namespace Kap15
{
    class CBuchstaben
    {
        static void Main(string[] args)
        {
            StreamReader datei;
            int iCnt = 0;

            datei = File.OpenText("panther.txt");
            iCnt = datei.ReadToEnd().Length;

            Console.Write(iCnt.ToString());
            Console.ReadLine();

            datei.Close();

        }
    }
}
```

3. Schreiben Sie ein Programm, das eine vorhandene Textdatei einliest und diese Daten in eine neue Textdatei kopiert. Alle Buchstaben der neuen Datei sollen Großbuchstaben sein.

Listing: Uebung3.cs

```
using System;
using System.IO;

namespace Kap15
{
   class CGrossbuchstaben
   {
      static void Main(string[] args)
      {
         StreamReader eingabeDatei;
         StreamWriter ausgabeDatei;
         string sText = "";

         eingabeDatei = File.OpenText("panther.txt");
         sText = eingabeDatei.ReadToEnd().ToUpper();

         ausgabeDatei = File.AppendText("panther2.txt");
         ausgabeDatei.Write(sText);

         eingabeDatei.Close();
         ausgabeDatei.Close();

      }
   }
}
```

Tag 16

Quiz

1. Wie definiert / aktiviert man Symbole im Programmcode?

   Symbole definiert bzw. aktiviert man mit #define.

2. Wie definiert man Symbole mit Hilfe des Compilers / Compileroption?

   csc /define:NAME dateiname.cs

3. Welcher Namensraum wird benötigt, wenn man mit Debug- und Traceklassen arbeiten möchte?

   Man benötigt den Namensraum System.Diagnostics.

4. Wie kann man im Programm mit Hilfe von Direktiven die Zeilennummer, die der Compiler anzeigt, ändern?

   Mit `#line`, dahinter die Zeilennummer.

5. Welche Arten von Fehlern werden durch den Compiler entdeckt?

   Der Compiler entdeckt nur Syntaxfehler. Logische Fehler und Laufzeitfehler werden vom Compiler nicht erkannt.

6. Mit welchen Direktiven können Sie Teile des Programmcodes in Regionen aufteilen?

   Mit #region und #endregion.

Übungen

1. Was wird in der Konsole ausgegeben – »Testlauf« oder »Kein Testlauf«?

   ```
   #define TESTLAUF

   using System;

   namespace Kap16
   {
      class CTest
      {
   #if !TESTLAUF
         static void Main(string[] args)
         {
            Console.WriteLine("Kein Testlauf");
            Console.ReadLine();
         }
   #else
         static void Main(string[] args)
         {
            Console.WriteLine("Testlauf");
            Console.ReadLine();
         }
   #endif
      }
   }
   ```

   In der Konsole wird die Stringkonstante »Testlauf« ausgegeben, da !TESTLAUF als Bedingung der #if-Direktive angegeben ist.

2. Wird folgender Code richtig ausgeführt? Wenn nicht, verbessern Sie diesen und ändern Sie den Code so, dass die Methode Main() des »Testlauf« mit der Zeilennummer 1000 beginnt.

Das Programm wird richtig ausgeführt. Der Quellcode muss folgendermaßen geändert werden, um der Methode `Main()` im Testlauf die Zeilennummer 1000 zuzuweisen:

```
#define TESTLAUF

using System;

#if TESTLAUF
namespace Kap16
#else
namespace KapXX
#endif
{
   class CTest
   {
#if !TESTLAUF
      static void Main(string[] args)
      {
         Console.WriteLine("Testlauf ?");
         Console.ReadLine();
      }
#else
#line 999
      static void Main(string[] args)
      {
         Console.WriteLine("Testlauf ?");
         Console.ReadLine();
      }
#endif
   }
}
```

3. Finden Sie den Fehler!

```
#define TESTLAUF
#define TESTLAUF1

#if TESTLAUF
#warning Programm läuft im Testmodus allgemein
#elif TESTLAUF1
#warning Programm läuft im Testmodus 1
#endif

using System;

namespace Kap16
{
```

```
    class CTest
    {
#if !TESTLAUF
    static void Main(string[] args)
    {
        Console.WriteLine("Testlauf ?");
        Console.ReadLine();
    }
#else
    static void Main(string[] args)
    {
        Console.WriteLine("Testlauf ?");
        Console.ReadLine();
    }
#endif
    }
}
#undef TESTLAUF
```

Der Fehler liegt in der letzten Zeile des Programms. #undef wird hier falsch verwendet. Mit #define und #undef kann man keine bestimmte Region aktivieren und wieder deaktivieren.

Tag 17

Quiz

1. Welche Dateiendung haben Klassenbibliotheken?

   .dll

2. Wie kompiliert man manuell Klassenbibliotheken mit Hilfe des Compilers (Compileroption?)

   `csc /t:library Dateiname.cs`

3. Wie referenziert man manuell eine Komponente zu einer Anwendung mit Hilfe des Compilers (Compileroptionen)?

   `csc /r:DateinameCom.dll DateinameAnw.cs`

4. Was ist ein Prozess?

   Im Sinne der OOP bedeutet ein Prozess eine laufende oder ausführende Instanz eines Programms oder einer Anwendung.

Workshop-Lösungen

5. Was ist Multitasking?

    Multitasking ist primär eine Eigenschaft des Betriebssystems, sekundär eine der Hardware. Unter Multitasking versteht man die Abarbeitung mehrerer quasi-paralleler bzw. paralleler Prozesse, die auf einem Prozessor oder mehreren Prozessoren laufen.

6. Was ist Multithreading?

    Beim Multithreading wird die Multitasking-Fähigkeit auf die Programmebene verlagert. Multithreading ist nichts anderes als eine weitere Ebene der Parallelität.

7. Welchen Namensraum benötigt man zur Thread-Programmierung?

    `System.Threading`

8. Wann und wie wird ein Thread gestartet?

    Ein Thread wird erst mit der Methode `Start()` der Thread-Klasse gestartet.

Übungen

1. Erstellen Sie eine Komponente, die die vier Grundrechenarten enthält und verwenden Sie diese anschließend in einer Konsolenanwendung.

    Die Komponente könnte wie folgt aussehen:

    Listing: Calc.cs

    ```
    using System;

    namespace Kap17
    {
       public class CCalc
       {
          public int Add(int i,int j)
          {
             return i + j;
          }
          public int Sub(int i,int j)
          {
             return i - j;
          }
          public int Mul(int i,int j)
          {
             return i * j;
          }
          public int Div(int i,int j)
    ```

```
            {
                return i / j;
            }
        }
    }
```

Eine Konsolenanwendung könnte diese Komponente wie folgt verwenden:

Listing: useCalc.cs

```
using System;
using Kap17;

namespace UseMathCom
{
    class CUseCalc
    {
        static void Main(string[] args)
        {
            int iErg = 0;

            CCalc oCalc = new CCalc();

            iErg = oCalc.Add(5,3);
            Console.WriteLine("Ergebnis: {0}", iErg);
            Console.ReadLine();
        }
    }
}
```

2. Lagern Sie die Klasse CThread1 des Beispiels *thread1.cs* in eine Komponente aus und erstellen Sie eine Konsolenanwendung, die die Komponente aufruft und das Programm ausführt.

Die aus *thread1.cs* ausgelagerte Komponente sieht wie folgt aus:

Listing: Com.cs

```
    using System;

    namespace Kap17
    {
        public class CThread1
        {
            public void ThreadOne()
            {
```

```
            for (int i = 0; i < 10; i++)
            {
                Console.WriteLine("Thread 1: {0}", i);
            }
        }

        public void ThreadTwo()
        {
            for (int i = 0; i < 10; i++)
            {
                Console.WriteLine("Thread 2: {0}", i);
            }
        }
    }
}
```

Die zugehörige Konsolenanwendung könnte folgendermaßen implementiert sein:

Listing: useCom.cs

```
using System;
using System.Threading;
using Kap17;


public class CUse
{
    public static void Main()
    {
        CThread1 oThread = new  CThread1();

        Thread thread1 =
                new Thread(new ThreadStart(oThread.ThreadOne));
        Thread thread2 =
                new Thread(new ThreadStart(oThread.ThreadTwo));
        thread1.Start();
        thread2.Start();

    Console.ReadLine();
    }
}
```

3. Simulation von Druckthreads. Ergänzen Sie das folgende Listing um die eigentliche Druckfunktion. Dabei sollen Druckaufträge von der Methode Main() angenommen werden, wobei nach fünf erfolglosen Druckversuchen abgebrochen werden soll. Die Druckversuche sollen im Sekundentakt wiederholt werden.

Listing: Uebung3.cs

```csharp
using System;
using System.Threading;

public class CDrucken
{
   public void Drucken()
   {
      int iVersuche = 0;

      while(true)
      {
         //Drucker ist offline
         if(iVersuche >= 5)
         {
            Console.WriteLine("Druckauftrag {0} abgebrochen",
                              Thread.CurrentThread.Name);
            break;
         }
         else
         {
            Console.WriteLine("{0} Versuch Druckauftrag {1} zu drucken",
++iVersuche, Thread.CurrentThread.Name);
            Thread.Sleep(1000);
         }
      }
   }

   public void Druckauftrag(int iAuftrag)
   {
      Console.WriteLine("Druckauftrag {0} empfangen",iAuftrag);

      CDrucken oThread = new CDrucken();
      Thread StartDrucken =
                  new Thread(new ThreadStart(oThread.Drucken));
      StartDrucken.Name = "Auftrag" + iAuftrag;

      Console.WriteLine("Starte Druckauftrag {0}",iAuftrag);

      StartDrucken.Start();

      Console.WriteLine("Druckauftrag {0} gestartet",iAuftrag);
   }
}
```

```
public class CUse
{
   public static void Main()
   {
      CDrucken oThread = new CDrucken();

      oThread.Druckauftrag(1);
      Thread.Sleep(1500);

      oThread.Druckauftrag(2);
      Thread.Sleep(2000);

      oThread.Druckauftrag(3);

      Console.ReadLine();
   }
}
```

Tag 18

Quiz

1. Von welcher Klasse werden Fenster-Klassen abgeleitet?

   Von `System.Windows.Forms.Form`

2. Wie wird ein Fenster zum Hauptfenster einer Anwendung?

   Indem Sie es als Argument an `Application.Run()` übergeben.

3. Wie lautet die Eigenschaft für den Titel von Schaltflächen?

   `Text`

4. Wie lautet die Eigenschaft für den Zustand von Optionsfeldern?

   `Checked`

5. Was ist der Unterschied zwischen Kontrollkästchen und Optionsfeldern?

   Kontrollkästchen verwenden Kastensymbole, Optionsfelder verwenden Scheibensymbole.
   Kontrollkästchen werden als Objekte der Klasse `CheckBox` erzeugt, Optionsfelder als Objekte der Klasse `RadioButton`.
   Optionsfelder können gruppiert werden, wobei von den Optionsfeldern einer Gruppe immer nur ein Optionsfeld gleichzeitig gesetzt sein kann.

Tag 18

Übungen

1. In Abschnitt »Ein einfaches Code-Gerüst« haben Sie gesehen, wie man mit Hilfe einer Windows Form in 16 Zeilen eine vollständige GUI-Anwendung schreiben kann. Wie viele Zeilen umfasst das kleinste denkbare Windows Forms-GUI-Programm? (Aber nicht mogeln und mehrere Anweisungen in eine Zeile schreiben.)

   Das Minimalprogramm umfasst neun Zeilen:

   Listing: Uebung1.cs

   ```
   using System.Windows.Forms;

   public class CHauptfenster : Form
   {
      static void Main()
      {
         Application.Run(new CHauptfenster());
      }
   }
   ```

2. Was geschieht, wenn Sie das Fenster der Anwendung beim Aufruf von Run() nicht als Argument übergeben?

   Es wird nicht angezeigt. Wenn Sie es durch Aufruf der Form()-Methode Show() anzeigen lassen, führt das Schließen des Fensters nicht zum Beenden der Anwendung.

3. Erzeugen Sie ein Fenster fester Größe und ohne Systemmenü, das 400 Pixel breit und 300 Pixel hoch ist und die Farbe des Desktops als Hintergrundfarbe verwendet.

   Listing: Uebung3.cs

   ```
   using System;
   using System.Windows.Forms;
   using System.Drawing;

   namespace Kap18
   {
      class CHauptfenster : Form
      {
         static void Main()
         {
            CHauptfenster fenster = new CHauptfenster();
            fenster.Text = "Hauptfenster";

            fenster.Left = 50;
   ```

```
                fenster.Top    = 50;
                fenster.Width  = 400;
                fenster.Height = 300;
                fenster.FormBorderStyle = FormBorderStyle.FixedDialog;
                fenster.BackColor = System.Drawing.SystemColors.Desktop;

                Application.Run(fenster);
            }
        }
    }
```

4. Implementieren Sie das angegebene Konsolenprogramm zur Berechnung des Body Mass Index als GUI-Anwendung.

   Hier eine mögliche Lösung:

Listing: Uebung4.cs

```
using System;
using System.Drawing;
using System.Windows.Forms;

namespace BodyMass_GUI
{
    public class CHauptfenster : Form
    {
        private Label label1;
        private Label label2;
        private Label label3;
        private TextBox textBox1;
        private TextBox textBox2;
        private TextBox textBox3;
        private Button button1;

        public CHauptfenster()
        {
            InitializeComponent();
        }

        private void InitializeComponent()
        {
            textBox1 = new System.Windows.Forms.TextBox();
            textBox2 = new System.Windows.Forms.TextBox();
            textBox3 = new System.Windows.Forms.TextBox();
            button1 = new System.Windows.Forms.Button();
            label1 = new System.Windows.Forms.Label();
```

```csharp
label2 = new System.Windows.Forms.Label();
label3 = new System.Windows.Forms.Label();
//
// textBox1
//
textBox1.Font =
   new System.Drawing.Font("Microsoft Sans Serif", 12F);
textBox1.Left = 316;
textBox1.Top  = 39;
textBox1.Width = 96;
textBox1.Height = 26;
textBox1.Text = "";
//
// textBox2
//
textBox2.Font =
   new System.Drawing.Font("Microsoft Sans Serif", 12F);
textBox2.Left = 316;
textBox2.Top  = 79;
textBox2.Width = 96;
textBox2.Height = 26;
textBox2.Text = "";
textBox2.Text = "";
//
// textBox3
//
textBox3.BackColor = System.Drawing.Color.Turquoise;
textBox3.Font =
   new System.Drawing.Font("Microsoft Sans Serif", 10F);
textBox3.Left = 170;
textBox3.Top  = 207;
textBox3.Width = 242;
textBox3.Height = 23;
textBox3.Text = "";
textBox3.ReadOnly = true;
textBox3.Text = "";
//
// button1
//
button1.Font =
   new System.Drawing.Font("Microsoft Sans Serif", 10F);
button1.Left = 32;
button1.Top  = 127;
button1.Width = 240;
button1.Height = 24;
button1.Text = "Body Mass Index berechnen";
```

```
button1.TextAlign =
            System.Drawing.ContentAlignment.MiddleLeft;
button1.Click +=
            new System.EventHandler(this.button1_Click);
//
// label1
//
label1.Font =
   new System.Drawing.Font("Microsoft Sans Serif", 12F);
label1.Left = 32;
label1.Top =  39;
label1.Width  = 240;
label1.Height =  24;
label1.Text = "Ihre Größe in cm : ";
//
// label2
//
label2.Font =
   new System.Drawing.Font("Microsoft Sans Serif", 12F);
label2.Left = 32;
label2.Top =  79;
label2.Width  = 240;
label2.Height =  24;
label2.Text = "Ihr Gewicht in kg : ";
//
// label3
//
label3.Font =
   new System.Drawing.Font("Microsoft Sans Serif", 10F);
label3.Left = 32;
label3.Top =  208;
label3.Width  = 144;
label3.Height =  24;
label3.Text = "Ihr Body Mass Index : ";
//
// Hauptfenster
//
Width = 450;
Height = 300;
BackColor = System.Drawing.Color.Turquoise;
Name = "Hauptfenster";
Text = "Body Mass Index";
Controls.Add(textBox1);
Controls.Add(textBox2);
Controls.Add(textBox3);
Controls.Add(button1);
```

```csharp
         Controls.Add(label1);
         Controls.Add(label2);
         Controls.Add(label3);
      }

      static void Main()
      {
         Application.Run(new CHauptfenster());
      }

      private void button1_Click(object sender,
                                 System.EventArgs e)
      {
         double dGroesse;
         double dGewicht;
         double dIndex;
         string sAusgabe;

         // Werte aus Eingabefeldern auslesen
         dGroesse = Convert.ToDouble(textBox1.Text);
         dGewicht = Convert.ToDouble(textBox2.Text);

         dIndex = dGewicht/Math.Pow(dGroesse/100, 2);

         sAusgabe = " " + dIndex.ToString("F");

         if (dIndex < 20)
            sAusgabe += ". Sie sind untergewichtig!";
         else if (dIndex >= 25)
            sAusgabe += ". Sie sind übergewichtig!";
         else
            sAusgabe += ". Sie haben Normalgewicht!";

         // Ergebnis ausgeben
         textBox3.Text = sAusgabe;
      }
   }
}
```

Workshop-Lösungen

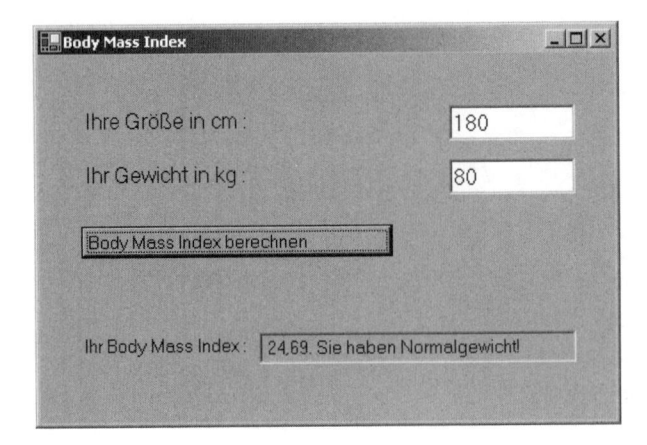

Abbildung E.1:
Das Fenster zu Uebung4.cs

Tag 19

Quiz

1. Welche Klasse kapselt Gerätekontexte?

   Die Klasse Graphics.

2. Welche Klasse stellt uns die Methoden zum Zeichnen in Fenster und Steuerelemente zur Verfügung?

   Ebenfalls die Klasse Graphics.

3. Wie kann eine Anwendung sich selbst beenden?

   Durch Aufruf der Close()-Methode des Hauptfensters oder durch Aufruf der Methode Application.Exit().

4. Warum sieht man beim Aufruf des Dialogfensters aus Abschnitt 19.3 nicht, welche Option beim letzten Aufruf ausgewählt worden ist?

   Weil bei jedem Aufruf der Ereignisbehandlungsmethode ein komplett neues Dialogfenster erzeugt wird.

5. Wie muss das Dialog-Beispiel aus Abschnitt 19.3 erweitert werden, damit bei jedem neuen Aufruf des Dialogfensters die beim letzten Aufruf ausgewählte Option voreingestellt ist?

   Sie müssen in der Hauptfenster-Klasse ein Feld definieren, in dem Sie nach Beenden des Dialogs mit OK speichern, welches Optionsfeld ausgewählt war. Vor dem Anzeigen des Dialogs können Sie dann diese Information verwenden, um die Checked-Eigenschaft des zugehörigen Optionsfelds auf true zu setzen.

Übungen

1. Schreiben Sie ein GUI-Programm mit zwei Menübefehlen BILD LADEN und BEENDEN. Wenn der Anwender den »Bild laden«-Befehl aufruft, soll der »Datei Öffnen«-Dialog angezeigt und die ausgewählte Bilddatei als Hintergrundbild des Hauptfensters dargestellt werden.

Listing: Uebung1.cs

```
01: using System;
02: using System.Drawing;
03: using System.Windows.Forms;
04:
05: namespace Kap19
06: {
07:     public class CHauptfenster : Form
08:     {
09:         private MainMenu menue;
10:
11:         public CHauptfenster()
12:         {
13:             Width = 450;
14:             Height = 200;
15:             Text = "Bildbetrachter";
16:
17:             // Menü aufbauen
18:             menue = new MainMenu();
19:
20:             // 1. Popupmenü
21:             MenuItem popup = menue.MenuItems.Add("&Programm");
22:             popup.MenuItems.Add(new MenuItem("Bild &laden",
23:                 new EventHandler(Befehl1_Click)));
24:             popup.MenuItems.Add(new MenuItem("&Beenden",
25:                 new EventHandler(Befehl2_Click)));
26:
27:             // Menü mit Hauptfenster verbinden
28:             Menu = menue;
29:         }
30:
31:         static void Main()
32:         {
```

```
33:          Application.Run(new CHauptfenster());
34:       }
35:
36:       protected void Befehl1_Click(object sender,
                                      System.EventArgs e)
37:       {
38:          OpenFileDialog dlgDateiOeffnen = new OpenFileDialog();
39:
40:          dlgDateiOeffnen.Filter =
                   "Bilddateien (*.jpg; *.bmp)|*.jpg; *.bmp" ;
41:
42:          if(dlgDateiOeffnen.ShowDialog() == DialogResult.OK)
43:          {
44:             BackgroundImage =
                   Image.FromFile(dlgDateiOeffnen.FileName);
45:
46:             Size groesse = new Size();
47:             groesse.Width  = BackgroundImage.Width;
48:             groesse.Height = BackgroundImage.Height;
49:             ClientSize = groesse;
50:
51:             Text = dlgDateiOeffnen.FileName;
52:          }
53:       }
54:
55:       protected void Befehl2_Click(object sender,
                                      System.EventArgs e)
56:       {
57:          Close();
58:       }
59:    }
60: }
```

Am interessantesten ist zweifelsohne der Code zum Laden der Bilder.

In Zeile 38 wird ein Datei-Öffnen-Dialog erzeugt. Da die Klasse für den Dialog im .NET-Framework vordefiniert ist, brauchen Sie nur den Konstruktor aufzurufen.

Um zu verhindern, dass der Anwender aus Versehen oder in böser Absicht eine Datei eines nicht unterstützten Dateiformats auswählt, wird in Zeile 40 die Filter-Eigenschaft des Dialogs so gesetzt, dass nur JPG- und BMP-Dateien ausgewählt werden können.

Hat der Anwender eine passende Datei ausgewählt und den Dialog mit Klick auf die Öffnen-Schaltfläche beendet, wird die ausgewählte Bilddatei geöffnet, geladen und an BackgroundImage zugewiesen (Zeile 44).

Die nächsten vier Zeilen passen die Größe des Clientbereichs des Fensters (Eigenschaft `ClientSize`) an die Abmaße des geladenen Bildes an.

Zu guter Letzt werden Pfad und Name der Bilddatei in die Titelzeile des Fensters geschrieben.

Abbildung E.2: Uebung1.cs mit geladenem Bild

Tag 20

Quiz

1. Was ist ein `try`-Block?

   Im `try`-Block liegen die Anweisungen, in denen Fehler (Exceptions) ausgelöst werden können.

2. Was ist ein `catch`-Block?

   Der `catch`-Block verarbeitet die Exceptions, die im `try`-Block ausgelöst wurden.

3. Wie werden `Exception`-Objekte erzeugt?

   throw(new TestException("Fehler"));

Workshop-Lösungen

4. Welche Aufgabe hat der `finally`-Block?

   Der `finally`-Block führt Abschlussarbeiten der Methode aus (z.B. Objekte aus dem Speicher entfernen).

5. Wie greift man auf die Informationen eines Attributs zu?

   ```
   CTestAttribute attr =
   (CTestAttribute)Attribute.GetCustomAttribute(typeof(KlasseBenutztAttribut),
   typeof(CTestAttribute));
   ```

6. Wie wird folgende Attribut-Klasse angewendet?

   ```
   ...
   public class CTestAttribute : System.Attribute

   public CTestAttribute(string Test1, string Test2)
   [Test("Paramter1", "Parameter2")]
   ```

Übungen

1. Schreiben Sie die benutzerdefinierte Attributklasse und deren Anwendung (Abschnitte »Benutzerdefinierte Attribute erstellen«, »Benutzerdefinierte Attribute anwenden«, »Benutzerdefinierte Attribute ausgeben«) so um, dass sie nur für Methoden verwendet werden kann.

   Listing: UE1Attr.cs

   ```
   using System;

   namespace Kap20
   {
       [AttributeUsage(AttributeTargets.Method)]
       public class CDevAttribute : System.Attribute
       {
           private string abteilung;
           private string email;
           private string entwickler;

           public CDevAttribute(string sAbteilung, string sEmail,
                           string sEntwickler)
           {
              abteilung = sAbteilung;
              email = sEmail;
              entwickler = sEntwickler;
           }
   ```

```
      public virtual string Abteilung
      {
        get
        {
          return abteilung;
        }
      }

      public virtual string Email
      {
        get
        {
          return email;
        }
      }

      public virtual string Entwickler
      {
        get
        {
          return entwickler;
        }
      }
    }
  }
```

2. Hier wird nur das [AttributeUsage(AttributeTargets.Method)] verändert.

Listing: UE1UseAttr.cs

```
using System;

namespace Kap20
{
   public class CUsingAttr
   {
      [CDev("Software-C#-Appartment", "ShinjaS@ppedv.de",
       "Strasser Shinja")]
      public void TestAttr()
      {
         Console.WriteLine("Klasse mit Attribute");
      }
   }
}
```

Das Attribut wird vor der gewünschten Methode TestAttr() verwendet.

Workshop-Lösungen

Listing: UE1Ausgabe.cs

```
using System;

namespace Kap20
{
   class CAusgabe
   {
      static void Main(string[] args)
      {
         CUsingAttr oCls = new CUsingAttr();
         CDevAttribute attr =
(CDevAttribute)Attribute.GetCustomAttribute(typeof(CUsingAttr).GetMethod("Test
Attr"),typeof(CDevAttribute));

         oCls.TestAttr();

         Console.WriteLine(attr.Abteilung);
         Console.WriteLine(attr.Email);
         Console.WriteLine(attr.Entwickler);
         Console.ReadLine();
      }
   }
}
```

Da natürlich Klassen, Methoden usw. Attribute verwenden können, muss man explizit darauf hinweisen, dass man die Attribute von der Methode TestAttr() auslesen möchte.

3. Wir erweitern das Beispiel 1. Die Methode TestAttr() löst jetzt einen Fehler aus:

Listing: UE2UseAttr.cs

```
using System;

namespace Kap20
{
   public class CUsingAttr
   {
      [CDev("Software-C#-Appartment", "ShinjaS@ppedv.de",
       "Strasser Shinja")]
      public void TestAttr()
      {
         Console.WriteLine
         ("Klasse mit Attribut und Fehlerbehandlung");
```

```
            throw(new AttrAndException("FEHLER"));
      }
   }
}
```

4. Schreiben Sie eine benutzerdefinierte Exception-Klasse AttrAndException. Legen Sie hierzu eine neue Datei namens *UE2Exception.cs* an. Fangen Sie in der Ausgabe CAusgabe von Beispiel 1 den künstlich erzeugten Fehler ab und geben die Daten der Attribute zusätzlich zur Fehlermeldung aus.

Listing: UE2Exeption.cs

```
using System;

namespace Kap20
{
   class AttrAndException : Exception
   {
      public AttrAndException()
      {
      }

      public AttrAndException(string message)
         : base(message)
      {
         //Fehlertext
         Console.WriteLine("Attribut und Exception");
      }

      public AttrAndException(string message, Exception inner)
         : base(message,inner)
      {
      }
   }
}
```

Wie gehabt, eine kleine Exception-Klasse namens AttrAndException:

Listing: UE2Ausgabe.cs

```
using System;

namespace Kap20
{
   class CAusgabe
   {
      static void Main(string[] args)
```

Workshop-Lösungen

```
        {
            CUsingAttr oCls = new CUsingAttr();
            CDevAttribute attr =
(CDevAttribute)Attribute.GetCustomAttribute(typeof(CUsingAttr).GetMethod("Test
Attr"),typeof(CDevAttribute));

                try
                {
                   oCls.TestAttr();
                }
                catch(AttrAndException e)
                {
                   Console.WriteLine(e.Message);
                   Console.WriteLine("Bitte wenden Sie sich an:");
                   Console.WriteLine(attr.Abteilung);
                   Console.WriteLine(attr.Email);
                   Console.WriteLine(attr.Entwickler);
                }

                Console.ReadLine();
            }
        }
    }
```

Wird nun hier ein Fehler ausgelöst, dann erhält man zu der Fehlermeldung auch noch die Information, wer die Methode, Klasse usw. programmiert hat. In der Exception-Klasse könnte man eine E-Mail-Senderoutine einbauen, sodass automatisch die Fehlermeldung zum Programmierer geschickt wird.

Tag 21

Quiz

1. Aus welchem Standard leitet sich XML ab?

    Aus dem SGML-Standard.

2. Was ist XML für eine Sprache?

    XML ist eine Metasprache.

3. Welches Element verarbeitet die Formate in einem Browser?

    Der Parser

4. Welchen Namensraum benötigt ein Web Service?

   `System.Web.Services`

5. Welches Attribut benötigt man, um Methoden eines Web Service ausführen zu können?

   `[WebMethod()]`

Übungen

1. Welche Basisklasse benötigen Klassen eines Web Service?

   `System.Web.Services.Web Service`

2. Wie werden Web Services aufgerufen?

   Über Dateien mit der Endung .asmx.

3. Wie werden ASP.NET-Seiten aufgerufen?

   Über Dateien mit der Endung .aspx.

4. Erstellen Sie aus den Übungen des Buches Web Services.

   Hier lassen wir Ihrer Fantasie freien Lauf ...

Unicode-Zeichen

Unicode-Zeichen

Unicode-Zeichen können Sie mit Hilfe der Escape-Sequenz \u und nachfolgendem Unicode-Code in Strings einbauen. So erzeugt beispielsweise folgende Zeile:

```
Console.WriteLine("Hallo Sm\u00E5land!");
```

die Ausgabe

```
Hallo Småland!
```

ASCII 0 bis 127

Code	Zeichen	Code	Zeichen	Code	Zeichen	Code	Zeichen
0000	NULL	0020	SP	0040	@	0060	`
0001	STX	0021	!	0041	A	0061	a
0002	SOT	0022	»	0042	B	0062	b
0003	ETX	0023	#	0043	C	0063	c
0004	EOT	0024	$	0044	D	0064	d
0005	ENQ	0025	%	0045	E	0065	e
0006	ACK	0026	&	0046	F	0066	f
0007	Ton	0027	'	0047	G	0067	g
0008	Backspace	0028	(	0048	H	0068	h
0009	hor. Tab	0029	)	0049	I	0069	i
000A	Neue Zeile	002A	*	004A	J	006A	j
000B	vert, Tab	002B	+	004B	K	006B	k
000C	Vorschub	002C	,	004C	L	006C	l
000D	Car. Return	002D	-	004D	M	006D	m
000E	SO	002E	.	004E	N	006E	n
000F	SI	002F	/	004F	O	006F	o
0010	DLE	0030	0	0050	P	0070	p
0011	DC1	0031	1	0051	Q	0071	q

Tabelle F.1: Unicode-Zeichen

Code	Zeichen	Code	Zeichen	Code	Zeichen	Code	Zeichen
0012	DC2	0032	2	0052	R	0072	r
0013	DC3	0033	3	0053	S	0073	s
0014	DC4	0034	4	0054	T	0074	t
0015	NAK	0035	5	0055	U	0075	u
0016	SYN	0036	6	0056	V	0076	v
0017	ETB	0037	7	0057	W	0077	w
0018	CAN	0038	8	0058	X	0078	x
0019	EM	0039	9	0059	Y	0079	y
001A	SUB	003A	:	005A	Z	007A	z
001B	ESC	003B	;	005B	[	007B	{
001C	FS	003C	<	005C	\	007C	|
001D	CAN	003D	=	005D	]	007D	}
001E	EM	003E	>	005E	^	007E	~
001F	SUB	003F	?	005F	_	007F	DEL

Tabelle F.1: Unicode-Zeichen (Forts.)

Unicode-Zeichen (Umlaute und Sonderzeichen)

Code	Zeichen	Code	Zeichen	Code	Zeichen	Code	Zeichen
00A0	NBSP	00B8	¸	00D0	Ð	00E8	è
00A1	¡	00B9	¹	00D1	Ñ	00E9	é
00A2	¢	00BA	º	00D2	Ò	00EA	ê
00A3	£	00BB	»	00D3	Ó	00EB	ë
00A4	¤	00BC	¼	00D4	Ô	00EC	ì
00A5	¥	00BD	½	00D5	Õ	00ED	í

Tabelle F.2: Unicode-Zeichen (Umlaute und Sonderzeichen)

Unicode-Zeichen

Code	Zeichen	Code	Zeichen	Code	Zeichen	Code	Zeichen
00A6	¦	00BE	¾	00D6	Ö	00EE	î
00A7	§	00BF	¿	00D7	×	00EF	ï
00A8	¨	00C0	À	00D8	Ø	00F0	ð
00A9	©	00C1	Á	00D9	Ù	00F1	ñ
00AA	ª	00C2	Â	00DA	Ú	00F2	ò
00AB	»	00C3	Ã	00DB	Û	00F3	ó
00AC	¬	00C4	Ä	00DC	Ü	00F4	ô
00AD	-	00C5	Å	00DD	Ý	00F5	õ
00AE	®	00C6	Æ	00DE	Þ	00F6	ö
00AF	¯	00C7	Ç	00DF	ß	00F7	÷
00B0	°	00C8	È	00E0	à	00F8	ø
00B1	±	00C9	É	00E1	á	00F9	ù
00B2	²	00CA	Ê	00E2	â	00FA	ú
00B3	³	00CB	Ë	00E3	ã	00FB	û
00B4	´	00CC	Ì	00E4	ä	00FC	ü
00B5	µ	00CD	Í	00E5	å	00FD	ý
00B6	¶	00CE	Î	00E6	æ	00FE	þ
00B7	·	00CF	Ï	00E7	ç	00FF	ÿ

Tabelle F.2: Unicode-Zeichen (Umlaute und Sonderzeichen) (Forts.)

Glossar

Ableitung

Von *Ableitung* oder *Vererbung* spricht man, wenn eine neue Klasse auf der Grundlage einer bereits bestehenden Klasse definiert wird. Die neu definierte Klasse bezeichnet man dabei als *abgeleitete Klasse*, die bereits bestehende Klasse nennt man *Basisklasse*. Die abgeleitete Klasse erbt die Elemente der Basisklasse.

Abstrakte Klasse

Als *abstrakte Klasse* bezeichnet man eine Klasse, die eine oder mehrere abstrakte Methoden (Methoden ohne Definitionsteil) enthält und üblicherweise vor allem als Schnittstellenvorgabe für Klassenhierarchien dient. Von abstrakten Klassen können keine Objekte gebildet werden. Abstrakte Methoden und abstrakte Klassen werden durch das Schlüsselwort `abstract` gekennzeichnet.

Argumente

Argumente sind Werte, die man beim Aufruf einer Methode an deren Parameter übergibt.

Array

Ein *Array* ist eine Datenstruktur, in der man mehrere Variablen eines Datentyps vereinen kann.

Attribute

Attribute sind Informationen, die bei der Kompilierung zusammen mit den Metadaten des Programms gespeichert und zur Laufzeit abgefragt werden können.

Ausdruck

Ein *Ausdruck* ist eine Kombination aus Werten, Variablen und Operatoren.

Bibliothek

Eine *Bibliothek* ist eine Sammlung nützlicher Klassen, die man in einem Programm verwenden kann.

Block

Ein *Block* beinhaltet eine oder mehrere Anweisungen, die durch geschweifte Klammern zusammengefasst sind.

Boxing

Als *Boxing* bezeichnet man in C# die Möglichkeit, einen Werttyp in ein Objekt zu verwandeln. Man kann sich das so vorstellen, dass das Objekt wie eine Box über den Wert gestülpt wird – daher der Begriff Boxing.

Den umgekehrten Vorgang – die Rückverwandlung eines »eingeboxten« Werts – bezeichnet man als *Unboxing*.

casting

Casting ist der englische Begriff für die *explizite Typumwandlung*.

Common Language Specification (CLS)

Die *CLS* ist notwendig, um unabhängig von der implementierten Sprache zu sein und mit anderen Objekten kommunizieren zu können. Die CLS ist ein Regelwerk, das eine Teilmenge des allgemeinen Typensystems definiert.

Common Type System (CTS)

Das *CTS* legt fest, wie Typen zur Laufzeit verwaltet, verwendet bzw. deklariert werden. Es ist neben der CLS ein wichtiger Bestandteil der sprachübergreifenden Integration bei der Laufzeitunterstützung.

Compiler

Der *Compiler* ist ein Programm, das den Quelltext eines Programms in *Zwischencode* (allgemein P-Code [Pseudo-Code] oder Bytecode [Java], bei C# spricht man von *IL-Code*) oder *Maschinencode* übersetzt.

Debugger

Der *Debugger* ist ein Hilfsprogramm, das ein anderes Programm schrittweise ausführen kann und weitere Funktionen zur Fehlersuche, -analyse und -beseitigung zur Verfügung stellt.

Dekrement

Ein *Dekrement* verringert den Wert einer Variablen um 1.

Destruktor

Ein *Destruktor* ist eine spezielle Methode, die bei Auflösung der Objekte der Klasse aufgerufen wird (Pendant zum *Konstruktor*, muss aber nur selten definiert werden.)

Eigenschaft

Eien *Eigenschaft* ist eine Kombination aus get- und/oder set-Block. Sie gestattet den methodenvermittelten Zugriff auf Felder unter Beibehaltung der Syntax des normalen Feldzugriffs.

Ereignis (event)

Ein *Ereignis* ist eine Aktion, die nicht vom Programm selbst, sondern vom Benutzer oder System ausgelöst wird. Ein Beispiel für ein Benutzerereignis ist ein Mausklick.

Feld

Ein *Feld* ist eine Variable, die in einer Klasse deklariert ist und von der jedes Objekt der Klasse eine Kopie erhält.

Information Hiding

Information Hiding ist die Zielsetzung des Klassendesigns, die besagt, dass Klassen die Details ihrer Implementierung vor dem Programmierer, der die Klassen verwendet, verbergen sollen. Die Klasse soll wie eine Blackbox erscheinen. Je weniger der Programmierer über die Klasse wissen muss, umso einfacher und sicherer kann er sie einsetzen.

Inkrement

Ein *Inkrement* erhöht den Wert einer Variablen um 1.

Instanz

Eine *Instanz* ist das Objekt eines Klassentyps.

Integrierte Entwicklungsumgebung

Bei der Programmerstellung ist der Programmierer auf eine Reihe von Hilfsprogrammen angewiesen (Editor, Compiler, Linker, Debugger). Eine *integrierte Entwicklungsumgebung* (wie Visual Studio .NET) ist ein Programm, das eine gemeinsame Benutzeroberfläche zur Verfügung stellt, von der aus man diese Programme aufrufen und bedienen kann.

Interpreter

Ein *Interpreter* ist ein Programm, das nicht maschinenspezifischen Code schrittweise in maschinenspezifischen Code übersetzt und ausführt.

Iteration

Eine *Iteration* bezeichnet einen Schleifendurchgang

Jitter (Just-in-Time-Compiler, JIT-Compiler)

Ein *Jitter* ist ein Compiler, der aus maschinenunabhängigem Zwischencode (IL-Code bei C#) Maschinencode erzeugt. Dies geschieht erst bei Bedarf, beim Aufruf eines Programms bzw. des Programmmoduls, das angefordert wird. Durch intelligente Pufferung muss die Kompilierung nicht bei jedem Aufruf erneut erfolgen.

Klassen

Klassen umfassen und repräsentieren Objekte mit gemeinsamen Eigenschaften und Verhaltensweisen.

Konkatenation

Unter *Konkatenation* versteht man das Aneinanderhängen von Strings.

Konsolenanwendungen

Konsolenanwendungen sind Programme ohne grafische Oberfläche, die ihre Ein- und Ausgabe über die Betriebssystemkonsole (unter Windows die Eingabeaufforderung) abwickeln.

Konstruktor

Ein *Konstruktor* ist eine Spezielle Methode, die bei Einrichtung (Instanzbildung) der Objekte der Klasse aufgerufen wird.

Laufzeitbibliothek

Eine *Laufzeitbibliothek* ist eine spezielle Klassenbibliothek, die fest zum Standardumfang des .NET-Frameworks gehört und deren Klassen jeder C#-Programmierer verwenden kann.

Literal

Ein *Literal* ist ein konstanter Wert, der als Wert direkt in den Quelltext geschrieben wird.

Methoden

Methoden sind mit Namen versehene Anweisungsblöcke, die als Teil einer Klasse definiert werden. Durch Aufruf des Methodennamens kann man den Anweisungsblock der Methoden ausführen. Eine Methode wird über ein aus der Klasse instantiiertes Objekt aufgerufen. Es gibt aber auch statische Methoden (als `static` definiert), die direkt über den Klassennamen – also ohne dass ein Objekt instantiiert werden muss –, aufgerufen werden können.

Namensraum (namespace)

In C# kann man Klassendefinitionen in *Namensräume* einschließen. Auf diese Weise lassen sich Namenskonflikte durch Verwendung gleicher Klassennamen vermeiden. (Interessant bei der Erstellung größerer Software-Projekte, an denen gleichzeitig mehrere Programmierer arbeiten, oder bei denen mehrere Bibliotheken verwendet werden.)

.NET-Framework

Das *.NET-Framework* ist die Umgebung, in der C#-Programme ausgeführt werden und zu der unter anderem der JIT-Compiler und die Klassen der Laufzeitbibliothek gehören.

Objekte

Dem Begriff des *Objekts* kommen in der Programmierung je nach Kontext verschiedene Bedeutungen zu:

- In objektorientierten Modellen bezeichnet man als Objekte real existierende oder abstrakte Dinge, mit denen das Programm später arbeiten soll und für die man Klassen definieren wird.

- In einem objektorientierten Programm ist ein Objekt eine explizite Manifestierung einer Klasse. Um auf das Objekt zugreifen und mit ihm arbeiten zu können, weist man es einer Variablen vom Typ der Klasse zu.

- Ganz allgemein bezeichnet man in der Programmierung auch Datenkomplexe, die im Speicher abgelegt sind, als Objekte (Speicherobjekte).

Objektorientierung

In der *objektorientierten Programmierung* werden Probleme gelöst, indem man Objekte identifiziert, diese in Form von Klassen implementiert und dann mit diesen Klassen weiterarbeitet. Ein großer Teil des Programmieraufwands fließt dabei in die Implementierung einer entsprechenden Klasse zur Beschreibung der Objekte. Die solide Implementierung der Klasse zahlt sich beim Schreiben des weiteren Programmcodes aus: Der Programmierer kann mit den Objekten der Klasse (und eventuell definierten statischen Elementen) arbeiten und sich auf die korrekte Implementierung der Klasse verlassen. Der resultierende Code ist dank der Klassen leichter zu verstehen, zu warten und wieder zu verwenden. Darüber hinaus steht die objektorientierte Sichtweise der menschlichen Art und Weise, Dinge zu sehen und zu klassifizieren, näher als der Umgang mit elementaren Datentypen.

Operatorenüberladung

Eine *Operatorenüberladung* bezeichnet die Verbindung mehrerer Implementierungen mit genau *einem* Operator. Der Compiler kann anhand der Zahl und der Datentypen der Operanden feststellen, welche Implementierung auszuführen ist.

overloading

Overloading ist der englische Begriff für Überladung. Er wird gelegentlich fälschlicherweise im Kontext von Klassenhierarchien und Polymorphismus verwendet. Es ist zwar möglich, geerbte Methoden in der abgeleiteten Klasse zu überladen (zusätzliche Definition mit anderen Parametern), wenn es jedoch um die Implementierung polymorphen Verhaltens geht, muss man die geerbte Methode überschreiben (overriding), d.h. für die gleichen Parameter neu definieren.

Parameter

Parameter sind Variablen einer Methode, die in den runden Klammern hinter dem Methodennamen deklariert und die beim Aufruf der Methode mit den Werten initialisiert werden, die der Aufrufer der Methode übergibt (siehe Argumente).

Polymorphismus

Der *Polymorphismus* erlaubt es, durch Überschreibung geerbter Methoden auf unterschiedlichen Objekten gleichnamige Operationen auszuführen. Beispielsweise könnte man zwei Klassen `Kreis` und `Rechteck` von einer gemeinsamen Basisklasse `GeomForm` ableiten. Beide abgeleitete Klassen erben die virtuelle Methode `zeichnen()`. Das Zeichnen eines Kreises bedarf aber ganz anderer Operationen als das Zeichnen eines Rechtecks. Durch Überschreiben der geerbten Methode `zeichnen()` in den abgeleiteten Klassen ist es möglich, den Namen der Methode beizubehalten und sie mit einer klassenspezifischen Implementierung zu verbinden. Der Polymorphismus abgeleiteter Klassen ist ein besonders interessantes Konzept der objektorientierten Programmierung, das am sinnvollsten in Verbindung mit überschriebenen Methoden eingesetzt wird.

Puffer

Ein- und Ausgabeoperationen über Streams werden meist standardmäßig *gepuffert*, um die Ausführungsgeschwindigkeit zu erhöhen.

RAM

RAM bezeichnet einen Arbeitsspeicher.

Schleife

Eine *Schleife* ist ein Programmkonstrukt zur Mehrfachausführung von Anweisungsblöcken.

Schnittstelle (interface)

Ganz allgemein bezeichnet man jede Spezifikation, die den Datenaustausch zwischen zwei Einheiten vermittelt, als *Schnittstelle* (so bilden die Parameter und der Rückgabewert die Schnittstelle einer Methode; analog dazu bilden die `public`- und `protected`-Elemente einer Klasse die Schnittstelle einer Klasse).

Im Besonderen ist in C# eine Schnittstelle eine Definition von Eigenschaften und Methoden ohne Anweisungsblöcke. Klassen, die sich von einer Schnittstelle ableiten, verpflichten sich, die Eigenschaften und Methoden der Schnittstelle zu implementieren und somit die in der Schnittstelle vorgegebenen Elemente zum Teil ihrer Schnittstelle zur Außenwelt zu machen.

SOAP

SOAP ist ein XML-basierendes Protokoll, mit dem man typbezogene Informationen über das Internet austauschen kann. Diese Informationen sind strukturiert und können extrem modular aufgebaut sein und beliebig erweitert werden. SOAP enthält keine Semantik für Anwendung und Transport.

Standardkonstruktor

Ein *Standardkonstruktor* ist ein Konstruktor, der ohne Argumente aufgerufen werden kann.

Stream

Stream bezeichnet den Datenstrom zwischen einer Ein- oder Ausgabeeinheit und dem Programm.

String

Ein *String* ist eine Zeichenkette.

Strukturen

Strukturen werden im Prinzip wie Klassen definiert, allerdings mit dem Schlüsselwort struct (statt class). Strukturen kennen keine Vererbung (obwohl auch sie letztendlich auf den Basistyp object zurückgehen). Obwohl Objekte von selbst definierten Strukturen wie Klassenobjekte mit new erstellt werden, handelt es sich bei den Strukturen nicht um Referenztypen, sondern um Werttypen.

Überladung

Mit *Überladung* bezeichnet man die Zuweisung mehrerer Operationen an einen Operator oder die Definition mehrerer Methoden eines Namens. Im Falle der Operatorenüberladung kann der Compiler anhand der Zahl und der Typen der Operanden feststellen, welche Operation auszuführen sind. Im Falle der Methodenüberladung zieht der Compiler die Zahl und Typen der Parameter zur eindeutigen Identifizierung des aufzurufenden Methodenblocks heran.

Überschreibung

Von *Überschreibung* spricht man, wenn man in einer abgeleiteten Klasse für eine geerbte Methode eine neue, individuelle Implementierung (Anweisungsblock) definiert. Der Sinn ist, dass die abgeleitete Klasse auf einen entsprechenden Methodenaufruf in spezifischer Weise reagiert. Zur korrekten Implementierung ist es erforderlich, Methoden, die überschrieben werden sollen, in der Basisklasse als virtual und in der abgeleiteten Klasse als override zu deklarieren. Überschreibung ist daher das Konzept, das Polymorphismus ermöglicht (Overriding).

Variable

Variablen sind Zwischenspeicher, in denen man Werte ablegen kann. Jede Variable verfügt über einen Namen, den man bei der Definition der Variablen angibt und über den man den aktuellen Wert der Variablen abfragen oder ihr einen neuen Wert zuweisen kann.

Vererbung

Klassen lassen sich in Klassenhierarchien zusammenfassen. Abgeleitete Klassen können die Eigenschaften der übergeordneten Klasse übernehmen (*erben*).

Verzweigung

Eine *Verzweigung* ist ein Programmkonstrukt zur alternativen Ausführung von Anweisungsblöcken.

Web Services

Die Kommunikation via SOAP ist z.B. durch die Verwendung von *Web Services* (Webdiensten) möglich. Ein Webdienst enthält Methoden, über die die Informationen transportiert werden.

Whitespace

Whitespaces sind Zeichen, die Leerräume erzeugen: Leerzeichen, Tabulatoren, Zeilenumbruch.

Zugriffsspezifizierer

Die *Zugriffsspezifizierer* `public`, `internal`, `protected` und `private` kommen bei der Klassendefinition zum Einsatz und regeln die Sichtbarkeit und Verfügbarkeit der Klasse und ihrer Elemente.

Stichwortverzeichnis

Symbole
.aspx   692
.NET Framework   23
–, .NET Enterprise Server   23
–, .NET-Technologie   23
–, Common Language Runtime   23
–, Common Language Specification   396
–, Common Type System   397
–, Plattform   23
–, sprachübergreifende
   Implementierungen   396
–, sprachübergreifende Laufzeitumgebung   24
–, Webservices   23
–, Windows Forms   602
@ (String-Literale)   527
\   147
\«   147
\n   147
\r   147
\t   147

Zahlen
0   147
0-Formatierung   153

A
a   147
Ablaufsteuerung   173
–, Schleifen   183
   break   192
   continue   193
   do-while   187
   for   188
   foreach   342
   goto   183
   while   184
–, Sprunganweisungen   192
–, Verzweigungen   174
   Alternativzweig   174
   if   174

if-else   176
   Mehrfachauswahl   174
   switch   178
abstract   423
abstrakte Klassen   423
AND   135
Anweisungen   107, 108
–, Leeranweisungen   110
–, Verbundanweisungen   111
AppendText() (File)   527
Arbeitsspeicher   82
Argumente   42, 201
ArrayList (Klasse)   496
Arrays   337
–, als Parameter   351
–, Basisklassen   425
–, definieren   339
–, Dimensionslänge   353
–, durchsuchen   349
–, dynamische   496
–, Elemente
      Datentyp   339
      durchlaufen   341
      Objekte   343
      Zugriff   340
–, Elementreihenfolge umkehren   349
–, foreach-Schleife   342
–, Größe   339
–, größter erlaubter Index   762
–, in Schleifen durchlaufen   341
–, Indexierung   340
–, initialisieren   341
–, kopieren   346
      Clone()   346
      Copy()   347
      CopyTo()   347
–, Länge   344
–, mehrdimensionale   351
      Ausgabe   353
      Definition   352

Stichwortverzeichnis

    Initialisierung   764
    Zugriff   352
–, Sort()   472
–, sortieren   348
–, Speicherverwaltung   340
–, System.Array   340
–, Teile löschen   346
–, Unterarrays   355
–, von Arrays   355
    Ausgabe   356
    Definition   355
    Zugriff   356
aspnet_regiis.exe   693
assembly   34
Attribute   662
–, Attribute (Klasse)   665
–, AttributeTargets.Class   666
–, AttributeUsage()   666
–, benutzerdefiniert   662, 664, 665, 667
–, CLS-Kompatibilität   397
–, GetCustomAttribute()   665
–, Sicherheit   664
–, System.Attribute (Klasse)   666
–, Transaktionen   664
–, Typinformation   665
Aufzählung   100
Ausdrücke   107, 112
Ausführung (Execution)   29
Ausgabe   37, 143
Ausnahmebehandlung   669
–, benutzerdefinierte Exception-Klasse   683
–, catch   670
–, chronologischer Fehlerbaum   669
–, DivideByZeroException   676
–, eigene Ausnahmen   681
–, einfache Fehlerbehandlung   669
–, Exception (Klasse)   672
–, finally   676
–, Gruppen von Fehlern   669
–, Gültigkeitsbereich   678
–, Laufzeitfehler   669
–, logische Fehler   669
–, mit Fehlerinformationen arbeiten   672
–, OverflowException   675
–, Schachtelung   679
–, syntaktische Fehler   669
–, throw()   681
–, try   670

B

b   147
Backslash   147
base   379, 388, 421
Basisklassen
–, abstrakte   422, 423
–, als Parameter   428
–, Arrays   425
–, Überschreibung   416, 421
–, virtuelle Methoden   416
Basisklassenkonstruktoren   376
bedingte Methoden   548
Bedingungsoperator   138
Beispielprogramme erstellen
–, mit csc-Compiler   31, 718
–, mit Visual Studio   54, 719
benutzerdefinierte Formatierung   152
Bestandteile eines C#-Programms   35
–, class   36
–, Kommentare   35
–, Main()   36
–, namespace   36
Bibliotheken   390
Binärformat   83
BinaryReader (Klasse)   538
BinaryWriter (Klasse)   536
Bindung
–, dynamische   419
–, späte   420
–, statische   419
BitArray (Klasse)   503
black box   198
Blockdarstellung   111, 132
boolean   91
Boxing   269
break   192
Buch-CD   717
Button (Klasse)   621
byte   85

C

C#   22
–, CLS-Kompatibilität   397
–, Compiler   34
    Beispielprogramme erstellen   31
    Bibliotheken erstellen   390
    csc.exe   29
    Optionen   733
    Verweise einrichten   392
    Visual Studio   47
–, komponentenbasiert   22
–, Programmiersprache   22
–, Referenztypen   266
–, Speicherbereinigung   313
–, Werttypen   266
CASE-Tools   272
casten   94
catch   670
char   85
CheckBox (Klasse)   625
class   36, 37, 249
Clientbereich   610, 803
Clone()   461
Close()   649
Close() (StreamReader)   531
Close() (StreamWriter)   527
CLR – Common Language Runtime   25
–, Ausführung   25
–, Garbage Collector   25
–, Managed Code   25
–, Speichermanagement   25
CLS – Common Language Specification   396
CLS-Kompatibilität   397
ColorDialog (Klasse)   657
CompareTo()   445, 472
Compiler   27
–, Beispielprogramme erstellen   31
–, Bibliotheken erstellen   390
–, csc.exe   29
–, Debug-Informationen aufnehmen   562
–, Optionen   40, 733
    /d   550
    /define   560
    /r   590
    /t:library   583

–, Verweise einrichten   392
–, Visual Studio   47
Console (Klasse)   37
const   100, 289
Container   493
–, Anzahl Elemente   494
–, ArrayList   496
–, auf Elemente zugreifen   495
–, BitArray   503
–, durchlaufen   494
–, einrichten   494
–, Hashtable   498
–, Kapazität   494
–, Queue   500
–, Schnittstellen   493
–, SortedList   499
–, Stack   501
continue   193
Control (Klasse)   618
Convert (Klasse)   144
Copy() (File)   528
CreateText() (File)   528
CTS – Common Type System   397

D

Darstellungsarten   132
–, Blockdarstellung   132
–, Blöcke   111
–, Camel Case   75
–, Pascal Case   75
–, Upper Case   75
Datei öffnen-Dialog   657
Dateien   523
–, Binärdateien   525, 531
    lesen   538
    schreiben   536
–, Dateiende erkennen   530
–, kopieren   528
–, löschen   528
–, öffnen   527, 530, 537
–, OpenFileDialog   657
–, Pfadangaben   527
–, Pufferung   528
–, schließen   527

Stichwortverzeichnis

–, Textdateien 525
   lesen 528
   schreiben 525
–, verschieben 528
Datenobjekt 210
–, global 212
–, lokal 211
Datenströme 524
Datentypen 81
–, Arrays 337
–, Aufzählungstyp 100
–, boolean 91
–, byte 85
–, char 85
–, decimal 89
–, double 88
–, enum 100
–, float 87
–, Genauigkeit 88
–, GetType() 99
–, innere Struktur 81
–, integer 82
–, Klassen 243, 249
–, long 85
–, Referenztypen 266
–, short 84
–, Standardwerte 287
–, string 144
–, System.Int16 84
–, System.Int64 84
–, Werttypen 266
   Boxing 269
   Unboxing 270
DateTime (Klasse) 157, 484, 489
Datum 484
–, ausgeben 486
–, DateTime 484
–, ermitteln 484
–, Kalender 487
–, manipulieren 485
Debug (Klasse) 548
Debuggen 543
–, bedingte Methoden 548
–, Conditional-Attribut 550
–, Debug (Klasse) 548
–, Debug.Listeners (Auflistung) 552
–, Trace (Klasse) 548

Debugger
–, Visual Studio 67, 561
   Anzeigefenster 565
   Haltepunkte 563
   Programm anhalten 563
   Programm laden 563
   Programm schrittweise ausführen 564
decimal 89
defensive Programmierung 548
Definition
–, Arrays 339
–, Aufzählungstypen 100
–, Delegates 322
–, Destruktor 312
–, Eigenschaften 301
–, Felder 287
–, Indizierer 318
–, Klassen 249
–, Konstruktor 305
–, Methoden 198
–, Schnittstellen 439
–, Strukturen 279
–, Typdefinitionen 316
–, Variablen 76
Dekrementoperator 119
Delegates 321
–, aufrufen 323
–, einrichten 322
–, Ereignisse 325
–, mit mehreren Methoden verbinden 330
–, mit Methoden verbinden 323
–, Typdefinition 322
Delete() (File) 528
Design
–, Klassen 271
–, Vererbung 399
Destruktoren 312
–, eigene 313
–, Speicherbereinigung 313
Dialogfenster 650
–, anzeigen 653
–, ColorDialog-Klasse 657
–, Datei öffnen 657
–, einrichten 650
–, Farbauswahl 657
–, Meldungsfenster 656
–, MessageBox-Klasse 656

–, OpenFileDialog-Klasse 657
–, Show() 656, 659
–, ShowDialog() 655
–, vordefinierte 656
Direktiven 553
–, #define 553
–, #elif 553
–, #else 553
–, #endif 553
–, #endregion 553
–, #error 553
–, #if 553
–, #line 553
–, #region 553
–, #undef 553
–, #warning 553
–, Symbol 554
DLLs (dynamische Linkbibliotheken) 390
double 88
do-while 187
Downcast 449
DrawEllipse() 643
DrawString() 641

E

echtes Literal 88, 97
Eigenschaften 299
–, abstrakte 423
–, get-Teil (Lesezugriff) 301
–, Indizierer 318
–, Nur-Lesen 303
–, Nur-Schreiben 303
–, privates Datenelement 301
–, set-Teil (Schreibzugriff) 301
–, Überschreibung 421, 774
–, Verdeckung 386
–, Zugriffsmethode 301
Ein- u. Ausgabe
–, Console (Klasse) 37
–, ReadLine() 81
–, WriteLine() 37
Ein- und Ausgabe 143
–, aus Binärdateien lesen 538
–, aus Textdateien lesen 528
–, Benutzeroberfläche 148
–, Convert (Klasse) 144

–, Datenstrom 144
–, Escape-Sequenzen 146
–, in Binärdateien schreiben 536
–, in Textdateien schreiben 525
–, Konsole 144
–, Objekte 475
–, ReadLine() 146
–, Sonderzeichen 146
–, Typumwandlung 144
Einbettung 401
Eingabefelder 624
elementare Datentypen 81
Elementfunktionen 198
else 130, 176
Entry Points 39
Entwicklungsumgebung 48
Equals() 465
Ereignisse 325
–, abonnieren 329
–, auslösen 328
–, behandeln 615
–, Delegate definieren 327
–, Fensterereignisse 615
–, für alle Objekte einer Klasse abfangen 335
–, für ein Objekt abfangen 327
–, GUI-Programmierung 612
–, Mausklicks 615
–, mit mehreren Methoden verbinden 330
–, Paint 639
–, veröffentlichen 327
–, versus Meldungen 614
–, Zeitgeber 489
Escape-Sequenzen 102, 146
Events 325
Exit() 649
Exponentialdarstellung 149
eXtensible Markup Language 695

F

f 147
Fall-Formatierung 156
Farben
–, ColorDialog 657
–, RGB-Farben 610
Fehlerbeschreibung 39
Fehlermeldungen 39

Fehlernummer 39
Felder 250, 287
–, Gültigkeitsbereich 251
–, Initialisierung 287
–, konstante Felder 288
–, Objekte 288
–, statische Felder 290
Fenster 605
–, Clientbereich 610, 803
–, Dialogfenster 650
–, Ereignisse 615
–, erzeugen 603, 606
–, Farben 609
–, Fensterklasse 603
–, Größe 607
–, Hauptfenster 606
–, Hintergrundbilder 609, 611
–, in Fenster zeichnen 638
–, konfigurieren 606
–, Menüs 644
–, Position 607
–, Rahmen 608
–, schließen 649
–, Titelleiste 607
File (Klasse) 528
FileExists() (File) 528
FileMode (Aufzählung) 537
FileStream (Klasse) 536, 538
FillEllipse() 643
finally 676
Flags 503
float 87
Flush() (StreamWriter) 528
for 188
–, Bedingungsbereich 190
–, Initialisierungsbereich 190
–, Reinitialisierungsbereich 190
–, Syntax 188
foreach 342
Form (Klasse) 603
Formatieren 146
–, 0-Formatierung 153
–, allgemein 152
–, Aufzählungen 162
–, benutzerdefiniert 152
–, DateTime 157

–, Datums- und Zeitformatierung 160
–, Datumsformatierung 159
–, Fall-Formatierung 156
–, Formatierungszeichen 149
–, Gleitkommazahlen 150
–, Gruppen 154
–, Kreuz-Formatierung 153
–, literale Formatierung 156
–, Now 157
–, Prozent 155
–, spezielle 151
–, Standardformatierung von Zahlen 149
–, Today 158
–, Währungsformat 150
–, Zahlen 149
–, Zeitformatierung 160
führenden Nullen 149

G

Garbage Collector 25, 81
Gerätekontexte 639
GetHashCode() 468
GetType() 433
Gleitkommazahlen 150
globale Datenobjekte 212
Glossar 815
goto 183
Grafik 638
–, DrawEllipse() 643
–, DrawString() 641
–, FillEllipse() 643
–, Gerätekontexte 639
–, Graphics-Klasse 639
–, Grundlagen 638
–, Paint-Ereignis 639
–, Pen-Klasse 643
–, SolidBrush-Klasse 641
–, Zeichnen 640, 642
Graphics (Klasse) 639
gregorianischer Kalender 487
Gültigkeitsbereich 210
–, Felder 251
–, lokale Variablen 251
GUI-Programmierung 601
–, Code-Gerüst 603
–, Control-Klasse 618

–, Dialogfenster 650
    anzeigen 653
    Datei öffnen-Dialog 657
    einrichten 650
    Farbauswahl 657
    Meldungsfenster 656
    vordefinierte 656
–, Ereignisse 612
    behandeln 615
    Fensterereignisse 615
    Mausklicks 615
    versus Meldungen 614
–, Fenster 605
    Clientbereich 610
    erzeugen 603, 606
    Form 603
    Hintergrundbilder 611
    konfigurieren 606
–, Form 603
–, Gerätekontexte 639
–, Grafik 638
–, Hauptfenster 606
–, Kompilierung 604
–, Menüs 644
    ALT-Kombinationen 648
    aufbauen 644
    Beenden-Befehl 649
    deaktivieren 648
    konfigurieren 647
    Menübefehle 645
    mit Visual Studio 649
    Popup-Menüs 644
    Tastaturkürzel 648
–, Message Loop 604, 613
–, Paint-Ereignis 639
–, Programme beenden 649
–, Steuerelemente 618
    Eigenschaften 618
    Eingabefelder 624
    einrichten 618
    Ereignisse 618
    Kontrollkästchen 625
    Listenfelder 625
    Methoden 618
    Optionsfelder 625
    Schaltflächen 621
    Textfelder 619, 624
    Übersicht 626
–, Visual Studio 627
–, Windows Forms 602
–, Zeichnen 642

H
Hashtabellen 468, 498
Hashtable (Klasse) 498
Heap 267

I
ICloneable 461
IComparable 445, 472
IEnumerable 494
if 127, 174
if-else 130, 176
IIS-Admin-Dienst 690
indirekte Rekursion 218
Indizierer 318
Initialisierung
–, Arrays 341
–, Felder 287
–, Variablen 76
Inkrementoperator 119
Instanzen 259, 265
Instanzvariable 292
integer 82
Integer-Division 546
interface 439
Intermediate Language 26
–, Compiler 27
–, IL-Code 26
–, JIT-Compiler 27, 28
–, Metadaten 27
–, Native Code 28
internal 250, 257
internal protected 257
Internet Information Server – IIS 690
Internet-Dienste-Manager 692

J
JIT-Compiler 28
–, Jitter 28

K

Kalender 487
Kapselung 242
Kellerautomaten (Stapel) 501
Klammern
–, geschweifte 111
–, Operatorenrangfolge 123
Klassen 242, 249
–, abgeleitete Klassen 363
–, abstrakte 423
–, Basisklassen 363
–, Boxing 269
–, class 249
–, Container-Klassen 493
–, definieren 249
–, Design 271
    abstrakte Basisklassen 422
    Black Box 275
    CASE-Tools 272
    Einfachheit 276
    Elementauswahl 272
    Funktionensammlungen 278
    Information Hiding 275
    Konstruktor 273
    öffentliche Schnittstelle 275
    Sicherheit 277
    Standardkonstruktor 274
    Überschreibung 421
    Ziele 271
    Zugriffsrechte 275
–, Eigenschaften 299
    privates Datenelement 301
    Überschreibung 421, 774
    Zugriffsmethode 301
–, Einbettung 401
–, Elemente
    Delegates 321
    Destruktoren 312
    Eigenschaften 299
    Ereignisse 325
    Felder 250, 287
    Indizierer 318
    Konstruktoren 254, 259, 296, 303
    Methoden 251, 292
    statische Felder 290

    statische Methoden 296
    Typdefinitionen 316
    Zugriff von außen 256
–, Instanzen 265
–, Konstruktoren 296, 303
–, Mehrfachvererbung 435
–, Methoden
    statische Methoden 296
    Überschreibung 416
    virtuelle Methoden 416
–, Objekte 259, 265
    an Variablen zuweisen 266
    ausgeben 475
    erzeugen 259, 266
    kopieren 454
    mit Operatoren bearbeiten 476
    vergleichen 465
–, Polymorphie 411
–, Schutzmechanismen 299
–, System.Object 404
–, this 293
–, Typidentifizierung 434
–, Unboxing 270
–, Vererbung 361
–, versus Schnittstellen 439
–, versus Strukturen 279
–, Zugriffsspezifizierer
    für die Klasse 250
    für die Klassenelemente 255
    internal 250, 257
    internal protected 257
    private 257
    protected 257
    public 250, 257
Klassenansicht (Visual Studio) 66
Klassenhierarchien 403
Klassenvariable 292
Kommentare 35
Kompilierung 27, 28, 52
–, GUI-Programmierung 604
–, Mehrdateienprogramme 656
Komponente 574
–, Assistenten 576
–, C#-Eigenschaften-Assistent 579
–, C#-Methoden-Assistent 577

–, Dateierweiterung .dll   583
–, Eigenschaft einbinden   579
–, erstellen   574
–, Klassenansicht   576
–, kompilieren   583
–, manuell kompilieren   583
–, manuelle Referenzierung   590
–, Methode einbinden   576
–, Methodensignatur   578
–, referenzieren   586
–, Startprojekt festlegen   586
–, struktureller Aufbau   581
–, Testprogramm   583
Konsole   144
Konstanten   97, 288
–, Beispiele   97
–, literale   88, 97
–, Spezifizierer   98
–, Stringkonstante   97
–, symbolische   97, 99
Konstruktoren   254, 259, 303
–, Basisklassenkonstruktoren   376
–, Ersatzkonstruktor   304
–, private Konstruktoren   296
–, Standardkonstruktor   254, 274, 307
–, this   311
–, überladen   309
–, Vererbung   376
Kontrollkästchen   625
Kontrollstrukturen   174
Konvertierungsfehler
–, checked   96
–, Überlauf   96
–, vermeiden   96
–, Wertebereichsüberschreitung   96
kooperatives System   591
Kopieren   454
–, Arrays   346
–, Clone()   461
–, flaches Kopieren   456
–, ICloneable   461
–, MemberwiseClone()   456
–, Objektverweise   455
–, tiefes Kopieren   461
Kreuz-Formatierung   153

L
Label (Klasse)   619
Laufzeitfehler   669
Laufzeittypidentifizierung   430
Leeranweisung   186
ListBox (Klasse)   625
Listenfelder   625
literale Formatierung   156
Literalkonstante   88, 97
Lösungen (zu den Übungen)   739
logische Fehler   669
logische Operatoren   135
lokale Datenobjekte   211
long   85

M
Main()   36
MainMenu (Klasse)   644
mathematische Operatoren   114
Meldungsfenster   656
MemberwiseClone()   456
Menüs   644
–, ALT-Kombinationen   648
–, aufbauen   644
–, Beenden-Befehl   649
–, deaktivieren   648
–, konfigurieren   647
–, MainMenu-Klasse   644
–, Menübefehle   645
–, MenuItem-Klasse   644
–, mit Visual Studio   649
–, Popup-Menüs   644
–, Tastaturkürzel   648
MenuItem (Klasse)   644
Message Loop   604, 613
MessageBox (Klasse)   656
Methoden   197, 251, 292
–, abstrakte   423
–, AppendText()   527
–, Array-Parameter   351
–, Aufruf   198
–, Basisklassenparameter   428
–, Clone()   461
–, Close()   527, 531
–, CompareTo()   472
–, Copy()   528

–, CreateText()   528
–, Definition   198
–, Delegates   321
–, Delete()   528
–, Elementfunktionen   198
–, Equals()   465
–, FileExists()   528
–, Flush()   528
–, generische   428
–, GetHashCode()   468
–, Konstruktoren   254, 303
–, MemberwiseClone()   456
–, Methodenkopf   199
–, Methodenrumpf   199
–, Move()   528
–, Next()   491
–, OpenText()   528
–, Parameter   200
–, Parameternamen   200
–, Peek()   530
–, periodisch aufrufen   489
–, Read()   530
–, ReadLine()   530
–, rekursiv   215
–, Signatur   220
–, Sort()   348, 472
–, Split()   531
–, statische Methoden   219, 296
–, this   293, 294
–, Überladung   219
–, Überschreibung   416
   Bindung   419
   Regeln   421
–, Verdeckung   385
–, virtuelle Methoden   416
–, Write()   527, 537
–, WriteLine()   527
Minimalausdrücke   112
Modulo   117
Move() (File)   528
Multitasking   591
Multithreading   592

N

Näherungswert für PI/2 berechnen   546
Namensräume   37
–, Collections   493
–, System.Diagnostic   548
–, System.IO   525, 536, 538
–, System.Threading   593
–, System.Windows.Forms   602
namespace   36
natürliches Literal   88, 97
new   259, 266, 384, 388
Next() (Array)   491
NOT   136
Null-Zeichen   147

O

Object (Klasse)   404
–, Equals()   465
–, MemberwiseClone()   456
–, ToString()   475
Objekte   242, 259, 265, 288
–, an Variablen zuweisen   266
–, Arrays von Objekten   343
–, ausgeben   475
–, erzeugen   259, 266
–, kopieren   454
   Clone()   461
   flaches Kopieren   456
   ICloneable   461
   MemberwiseClone()   456
   tiefes Kopieren   461
   Verweise   455
–, mit Operatoren bearbeiten   476
–, Typidentifizierung   433
–, vergleichen   465
   CompareTo()   472
   Equals()   465
   Gleichheit   465
   Größenvergleiche   472
Objektorientierte Programmierung
   (OOP)   238
–, Grundgedanke   239
–, Information Hiding   275
–, Instanzbildung   259, 265
–, Kapselung   242
–, Klassen   242
–, Mehrfachvererbung   435

–, Objekte   242
–, Schnittstellen   435
–, Schreibkonventionen   244
–, Schutzmechanismen   299
–, statische Klassenelemente   290, 296
–, Überschreibung   416
–, Vererbung   361
–, virtuelle Methoden   416
–, Vorteile   248
   Modularisierung   248
   Sicherheit   248
   Wiederverwendbarkeit   248
Objektvariable   292
Objektzähler   291
OpenFileDialog (Klasse)   657
OpenText() (File)   528
operator   476
Operatoren   107, 113, 114
–, additiv   124
–, Bedingungsoperator   138
–, Inkrement-Dekrement   119
–, logische   135
–, Modulo   117
–, multiplikativ   124
–, Priorität   123
–, typeof()   434
–, überladen   476
–, Vergleichsoperatoren   126
–, zusammengesetzte   121
–, Zuweisungsoperator   113
optionale Parameter   207
Optionsfelder   625
OR   135
out   204
override   418

P
Parameter   197, 200
–, Arten   202
–, definieren   200
–, optional   206, 207
–, Referenzparameter   202
–, variable Parameterliste   206
–, vom Typ object   206
–, von Basisklassentypen   428
params   206
Peek() (StreamReader)   530

Pen (Klasse)   643
Pi berechnen   546
Polymorphie   411
–, abstrakte Basisklassen   422
–, Basisklassen-Arrays   425
–, Basisklassenparameter   428
–, Bedeutung   412
–, Bindung   419
–, Schnittstellen   442
–, Überschreibung   416, 421
–, virtuelle Methoden   416
Positionssystem   82
Postfix-Dekrement-Operator   119
Postfix-Inkrement-Operator   119
Postfix-Semantik   120
präemptives System   591
Präfix-Dekrement-Operator   119
Präfix-Inkrement-Operator   119
Präfix-Semantik   120
private   257
Programme
–, Ablaufsteuerung   173
–, Ausführung   29
–, Beispielprogramme auf Buch-CD   717
–, Debuggen   543
–, Einsprungspunkt   38
–, Erstellung   31, 50
–, Hauptbestandteile   35
–, Kommentare   35
–, Kompilierung   28, 52
–, mehrere Quelldateien   721
–, Namensräume   37
Programmerstellung
–, mit csc-Compiler   31, 718
–, mit Visual Studio   50, 719
Programmfaden   591
Projektverwaltung (Visual Studio)   54
protected   257, 372
Prozent-Formatierung   155
Prozess   591
–, ausführende Instanz   591
–, Einstiegspunkt   591
–, Multitasking   591
–, nonpräemptiv   591
–, parallele   591
–, präemptiv   591
–, Prioritätenliste   592

–, Programmfaden   591
–, Prozessstart   591
–, quasi-parallele   591
–, serialisiert   591
–, Task   591
public   36, 250, 257

Q
Queue (Klasse)   500

R
RadioButton (Klasse)   625
Random (Klasse)   491
Read() (StreamReader)   530
ReadLine() (StreamReader)   530
readonly   289
ref   202
Referenzen   266
–, Delegates   321
–, Referenzparameter   202
–, Referenztypen   266, 268
Referenzieren   586
Reinitialisierung   190
Rekursion   215
–, direkte   215
–, indirekte   215
–, Wendepunkt   218
rekursive Methoden   215
Restwertoperator   117
Reverse() (Array)   349
RGB-Farben   610
Run()   603
Runden   151

S
sbyte   85
Schaltflächen   621
Schleifen   183
–, Arrays durchlaufen   341
–, break   192
–, continue   193
–, do-while   187
–, for   188
–, foreach   342
–, fußgesteuerte Schleife   187
–, goto   183

–, kopfgesteuerte   184
–, Schleifenfuß   187
–, Schleifenkopf   189
–, Schleifenrumpf   190
–, while   184
Schlüsselwörter   79
–, @   80
–, abstract   423
–, base   379, 388, 421
–, break   192
–, checked   96
–, class   36, 37, 249
–, const   289
–, continue   193
–, do-while   187
–, else   176
–, enum   100
–, for   188
–, goto   183
–, if   174
–, interface   439
–, internal   250, 257
–, internal protected   257
–, namespace   36
–, new   259, 384, 388
–, out   204
–, override   418
–, private   257
–, protected   257, 372
–, public   250, 257
–, readonly   289
–, ref   202
–, sealed   406
–, static   290
–, string   144
–, struct   279
–, switch   178
–, this   293
–, unsafe   83
–, using   37
–, virtual   416
–, while   184
Schnittstellen   435
–, definieren   439
–, ICloneable   461
–, IComparable   445, 472

–, IEnumerable   494
–, implementieren   440
–, Namenskonflikte   447
–, nutzen   442
–, Polymorphie   442
–, versus Klassen   439
–, versus Vererbung   437
–, Vorteile   437
sealed   406
Seitenvorschub   147
short   84
Show()   656, 659
ShowDialog()   655
Signalton   147
Singlethread   592
SOAP   697
–, Konvention   698
–, Mechanismus   697
–, Regelwerk   697
–, Serialisierung   698
SolidBrush (Klasse)   641
Sonderzeichen   146
Sort()   348, 472
SortedList (Klasse)   499
Sortieren   348
Speicherbereinigung
–, Destruktor   313
–, Garbage Collector   25, 44
Speicherverwaltung   267
–, Arrays   340
–, Heap   267
–, Stack   267
Spezifizierer   87, 98
Split() (string)   531
Sprunganweisungen   192
Sprungmarke   183
Stack   267
Stack (Klasse)   501
Standard Generalized Markup Language –
      SGML   695
Standardwerte   287
Startprojekt festlegen   586
static   36, 290, 476
statische Methoden   219
Steuerelemente   618
–, Control   618
–, Eigenschaften   618

–, Eingabefelder   624
–, einrichten   618
–, Ereignisse   618
–, Kontrollkästchen   625
–, Listenfelder   625
–, Methoden   618
–, Optionsfelder   625
–, Schaltflächen   621
–, Textfelder   619, 624
–, Übersicht   626
StreamReader (Klasse)   528
Streams   524
StreamWriter (Klasse)   525
String.Compare()   446
Strings   143
–, aus Objekten   475
–, einfügen   168
–, ersetzen   168
–, Escape-Sequenzen   146
–, kopieren   168
–, Länge   170
–, löschen   168
–, Methoden   164
–, vergleichen   164, 446
–, vorbereiten   169
struct   279
Strukturen   279
Suchen   349
Suffix   87, 98
switch   178
–, case-Zweig   179
–, default-Zweig   179
syntaktische Fehler   669
System.Array   340
System.Int16   84
System.Int64   84
System.Object   404
System.String   144

T
Tabulator
–, horizontal   147
–, vertikal   147
TextBox (Klasse)   624
Textfelder   619, 624

Stichwortverzeichnis

this   293
–, in der Konstruktordeklaration   311
–, in Methoden   293
–, Zugriff auf verdeckte Felder   295
Thread   590
–, Arten   592
–, Ausführungspfad   591
–, CurrentThread (Thread)   596
–, Designansätze   590, 592
–, Multithreading   592
–, non-terminierter Faden   591
–, Programmfaden   591
–, Programmierung   592
–, Singlethread   592
–, Sleep() (Thread)   594
–, terminierter Faden   591
–, Thread (Klasse)   594
TimeSpan (Klasse)   487
Trace (Klasse)   548
try   670
Typdefinitionen   316
Type   433
typeof()   434
Typidentifizierung   430
–, GetType()   433
–, Klassen   434
–, Objekte   433
–, Type   433
–, typeof()   434
Typumwandlung   93
–, Boxing   269
–, casten   94
–, Downcast   449
–, explizite Konvertierung   93
–, Fehler   94
–, implizite Konvertierung   92
–, Konvertierungsanweisung   94
–, Konvertierungsarten   93
–, Unboxing   270
–, Upcast   449

U

Überlaufbits   95
Überschreibung   416
–, Bindung   419
–, Regeln   421
Übersetzungseinheiten   375

Uhrzeit   484
–, ausgeben   486
–, DateTime   484
–, ermitteln   484
–, manipulieren   485
UI-Designer (Visual Studio)   67
ulong   85
unäre Operatoren   119
Unboxing   270
Unicode   86, 812
Unicode-Zeichensatz   811
unsafe   83
unsigned integer   84
Upcast   449
ushort   84
using   37, 38

V

v   147
Variablen   71, 72, 210
–, Arrays   339
–, Darstellungsarten   75
–, Daten   72, 73
–, Felder   251
–, Formatierungsprobleme   73
–, für Objekte   266
–, Gültigkeitsbereich   210, 251
–, Instanzvariable   292
–, Klassenvariable   292
–, Konstanten   71
–, Konvention   74
–, Leitfaden   74
–, lokale   251
–, mehrere Daten gleichen Datentyps verwalten   339
–, Mehrfachdeklaration   77
–, Name   72, 73
–, Namensgebung   73, 74
–, Objektvariable   292
–, Syntax   76
–, Terminologie   292
–, Typ   72
–, Typinformation   74
–, Typisierung   73
–, Variablen und Konstanten   71
–, Variablendefinition   76
–, Variablendeklaration   75

–, Variableninitialisierung   76
Verdeckung   383, 771
–, Eigenschaften   386
–, Methoden   385
–, new-Schlüsselwort   388
–, this   295
–, Zugriff auf verdeckte Elemente   387
Vererbung   361
–, abgeleitete Klassen   363
–, abstrakte Basisklassen   422
–, Basisklassen   363
–, Basisklassenunterobjekte   368
–, Eigenschaften überschreiben   421, 774
–, Einsatzgebiete   399
–, Elemente verdecken   383, 771
–, geerbte Elemente
   Initialisierung   375
   Überladung   382
   Verdeckung   383, 771
   Zugriff   366
–, Grundprinzip   363
–, Klassenhierarchien   403
–, Konstruktoren   376
–, Methoden überladen   382
–, Methoden überschreiben   416
–, Polymorphie   411
   abstrakte Basisklassen   422
   Bindung   419
–, Syntax   363
–, System.Object   404
–, über Modulgrenzen hinweg   390
–, über Sprachgrenzen hinweg   396
–, Überschreibung   416, 421
–, und Klassen-Design   399
–, versus Einbettung   401
–, versus Schnittstellen   437
–, virtuelle Methoden   416
–, Zugriff auf überschriebene Methoden   421
–, Zugriffsspezifizierer   370
Vergleiche   465
–, CompareTo()   472
–, Equals()   465
–, Gleichheit   465
–, Größenvergleiche   472
–, Objekte von Klassen   445
–, Strings   446

Vergleichsoperatoren   126
Verschachtelung   132
Verweis hinzufügen   586
Verzweigungen   174
–, Alternativzweig   174
–, else-Zweig   176
–, geschachtelte bedingte Anweisungen   176
–, if   174
–, if-else   176
–, if-Zweig   176
–, Mehrfachauswahl   174
–, switch   178
virtual   416
virtuelle Methoden   416
Visual Basic .NET   396
Visual Studio   47, 719
–, Ausgabefenster   63
–, Beispielprogramme erstellen   54, 719
–, Bibliotheken anlegen   390
–, C#-Eigenschaften-Assistent   579
–, C#-Methoden-Assistent   577
–, Compiler   62
   Aufrufe   62
   Fehlermeldungen   63
   Konfiguration   64
–, Debug-Fenster
   Aufrufliste   566
   Überwachen   565
   Variablen   566
–, Debugger   67, 561
   Anzeigefenster   565
   Bearbeiten und Fortfahren   568
   Dateninfo   567
   Debug-Informationen   562
   Haltepunkte   563
   Programm anhalten   563
   Programm laden   563
   Programm schrittweise ausführen   564
   Schnellüberwachung   568
–, Editor   59
   Anweisungsvervollständigung   60
   Dateien laden   59
   Debug-Unterstützung   567
   Einzug   60
   Klassenliste   61
   Parameterinfo   61

Quickinfo 62
Syntaxhervorhebung 60
Syntaxkontrolle 60
–, Eigenschaftenseiten 64
–, Entwicklungsumgebung 48
–, GUI-Programmierung 627
–, Klassenansicht 66
–, Programmerstellung 50
–, Projekte
   anlegen 50
   ausführen 53
   Dateien 56
   Debug-Informationen 562
   kompilieren 52, 62
   Konfiguration 64
   Konfigurationen 562
   öffnen 59
   Projekteinstellungen 562
   schließen 59
   speichern 58
–, Projektmappen 57
–, Projektmappen-Explorer 57
–, Projektverwaltung 54
–, starten 49
–, UI-Designer 67
–, Verweise einrichten 394

W

W3C-Konsortium 695
Währungsformat 150
Währungsinformation 151
Wagenrücklauf 147
Wallis-Produkt 546
Warteschlangen 500
Web Service 698
–, erstellen 699
–, implementieren 703
–, verwenden 706
Attribute
–, 663
Webservice
–, 703
–, .aspx 692
–, aspnet_isapi.dll 692
–, aspnet_regiis.exe 693
–, Basisklasse 703
–, HTML-Parser 695
–, IIS 690
–, Internet-Dienste-Manager 692
–, SGML 695
–, System.Web.Services.dll 704
–, Web Referenz 705
–, XML 695
Wertebereich
–, Short 84
Wertparameter 202
Werttypen 266
while 184
Whitespaces 108
Write() (BinaryWriter) 537
Write() (StreamWriter) 527
WriteLine() (StreamWriter) 527
WWW-Publishingdienst 690

X

XML 695
XML Web Service 664

Z

Zähler 291
Zahlen
–, Standardformatierung 149
–, Zufallszahlen 491
Zeilenumbruch 147
Zeitgeber 489
Zeitmessung 487
Zufallszahlen 491
Zugriff
–, Zugriffsebenen 370
–, Zugriffsspezifizier 250, 255, 370
Zugriffsspezifizierer 250, 255, 370
–, bei der Vererbung 370
–, internal 250, 257
–, internal protected 257
–, private 257
–, protected 257, 372
–, public 250, 257
Zuweisungsoperator 113

... aktuelles Fachwissen rund um die Uhr – zum Probelesen, Downloaden oder auch auf Papier.

www.InformIT.de

InformIT.de, Partner von **Markt+Technik**, ist unsere Antwort auf alle Fragen der IT-Branche.

In Zusammenarbeit mit den Top-Autoren von Markt+Technik, absoluten Spezialisten ihres Fachgebiets, bieten wir Ihnen ständig hochinteressante, brandaktuelle Informationen und kompetente Lösungen zu nahezu allen IT-Themen.

wenn Sie mehr wissen wollen ...   **www.InformIT.de**

Schritt für Schritt zum Profi!

...in **21** Tagen

Dirk Louis/Christian Wenz
Dynamic WebPublishing
ISBN 3-8272-6003-5
€ 49,95 [D] / sFr 88,00

Markt+Technik

Markt+Technik-Produkte erhalten Sie im Buchhandel, Fachhandel und Warenhaus.
Markt+Technik · Martin-Kollar-Straße 10−12 · 81829 München · Telefon (0 89) 4 60 03-0 · Fax (0 89) 4 60 03-100
Aktuelle Infos rund um die Uhr im Internet: www.mut.de · E-Mail: bestellung@mut.de

Markt+Technik

Schritt für Schritt zum Profi!

...in **21** Tagen

Devan Shepherd
XML
ISBN 3-8272-**6265**-8, 576 Seiten, 1 CD-ROM
€ 49,95 [D] / € 51,40 [A]

Einsteiger / Fortgeschrittene

Egal, was Sie entwickeln: An der der eXtensible Markup Language (XML) werden Sie in Zukunft nur noch schwer vorbeikommen. Damit Ihnen der Einstieg in diese Schlüsseltechnologie so leicht wie möglich fällt, geben wir Ihnen mit »XML in 21 Tagen« ein Tutorial in die Hand, das Sie anhand vieler realitätsnaher Beispiele und Übungen sicher mit der praktischen XML-Arbeit vertraut macht. Optimal zugeschnitten ist das Buch dabei auf diejenigen, die bereits etwas Programmiererfahrung in anderen Sprachen mitbringen. Es eignet sich jedoch auch sehr gut für ambitionierte Anfänger.

Sie lernen gern in kompakten Zeiteinheiten? Mit diesen didaktisch ausgereiften Lehrbüchern steigen Sie gründlich und strukturiert in die Programmierung ein. Jedes Kapitel mit Praxisworkshops und F&A-Sessions.

Unter **www.mut.de** finden Sie das Angebot von Markt+Technik.